ENCYCLOPÉDIE
MÉTHODIQUE.

DICTIONNAIRE
DES JEUX,

Faisant suite au Tome III des MATHÉMATIQUES.

$B^{''} n°. 7.$

A PARIS;

Chez PANCKOUCKE, Hôtel de Thou, rue des Poitevins,

M. DCC. XCII.

AVERTISSEMENT.

» Comme il y a, dit Montefquieu, une infinité de chofes fages
» qui font menées d'une manière très-folle, il y a auffi des
» folies qui font conduites d'une manière très-fage. »

Ce n'eft fans doute pas au rang des chofes fages que nous
prétendons mettre le Jeu : mais fi c'eft une folie, la pratique
en eft fi ancienne & fi générale, qu'il a paru convenable d'ajouter
au recueil des connoiffances humaines celle des différens Jeux
& des règles auxquelles on doit s'affujettir en jouant. Après être
entré dans les détails relatifs à chaque Jeu, on les termine par
un vocabulaire explicatif des termes ufités par les Joueurs, quand
ils font occupés au Jeu dont on a parlé.

A

AMBIGU.

AMBIGU. JEU DES CARTES, qui eſt un mélange de pluſieurs eſpèces de jeux, d'où lui eſt venu le nom qu'il porte.

L'ambigu ſe joue avec quarante cartes, c'eſt-à-dire, avec un jeu entier, dont on a diſtrait les douze figures.

La valeur de chaque carte eſt fondée ſur le nombre des points qu'elle repréſente. Ainſi, l'as ne repréſentant qu'un point, a moins de valeur que le deux, le deux en a moins que le trois, &c.

Le nombre des joueurs peut s'étendre depuis deux juſqu'à ſix; chacun met au jeu un ou pluſieurs jetons, qu'on appelle, la vade ou la poule. On convient du temps ou du nombre de coups que durera le partie: on fait enſuite décider, par le ſort, quel ſera le joueur qui fera le premier. Celui-ci mêle les cartes, & après avoir fait couper par le joueur qui eſt à ſa gauche, il diſtribue deux cartes l'une après l'autre à chaque joueur, en commençant par la droite.

Le joueur auquel les cartes diſtribuées conviennent, dit baſta, pour annoncer qu'il en eſt ſatisfait, & il met au jeu un jeton ou deux ſelon la convention. Si au contraire ſes cartes ne rempliſſent pas ſon objet, il en écarte une ou toutes les deux, & on lui en rend autant qu'il en a écartées.

Enſuite le diſtributeur des cartes mêle une ſeconde fois le talon, &, après avoir fait couper comme auparavant, il diſtribue à chaque joueur deux nouvelles cartes: par ce moyen chacun en a quatre.

Après avoir examiné ces cartes, celui qui en eſt content, dit qu'il s'y tient, autrement il dit je paſſe. Si tous les autres en uſent de même, le dernier qui eſt le diſtributeur des cartes, met deux jetons au jeu, indépendamment de ceux par leſquels la poule eſt formée & de ceux de la batterie, & il oblige par ce moyen tous les autres à garder leur jeu.

Obſervez que le joueur qui croit avoir beau jeu, peut propoſer la quantité de jetons que bon ... ſemble: ſi perſonne ne les tient,

il lève la batterie; & le diſtributeur des cartes ou le dernier, doit en outre lui donner deux jetons, à moins qu'il ne faſſe lui-même la vade.

Obſervez auſſi, que ſi pluſieurs des joueurs veulent tenir la vade, chacun peut écarter les cartes qu'il juge à propos, ſans qu'il ait alors le droit de renvier avant que les joueurs qui tiennent la vade aient écarté, & qu'on leur ait diſtribué autant de cartes qu'ils en déſirent, juſqu'à concurrence de quatre.

Les écarts étant terminés, chacun parle ſelon ſon rang: celui qui a ou qui veut feindre d'avoir mauvais jeu, dit qu'il paſſe. Si tous s'énoncent de même, la vade reſte pour le coup ſuivant.

Mais ſi l'un des joueurs a ou veut faire croire qu'il a beau jeu, il renvie en mettant au jeu quelques jetons de plus que ceux qui y ſont: dans ce cas, les autres joueurs peuvent tenir ces jetons, ou paſſer; chacun peut même renvier de nouveau; mais ſi perſonne n'a tenu le premier renvi, celui qui l'a fait, lève tout, & ſe fait payer, par les autres joueurs, la valeur de ce qu'il a en points, prime, ſéquence, tricon, flux, ou fredon.

Lorſqu'au contraire le renvi eſt tenu, & que chacun a ceſſé de renvier; les joueurs intéreſſés au coup, doivent mettre leur jeu à découvert, afin de connoître celui qui a gagné.

Les chances pour gagner, ſont le point, la prime, la ſéquence, le tricon, le flux & le fredon.

Le point conſiſte dans l'aſſemblage de ceux que réuniſſent deux ou pluſieurs cartes d'une même eſpèce, comme cœur, carreau, &c.

Une ſeule carte ne compte pas pour le point: ainſi, quoiqu'un dix repréſente dix points, il ne vaut pas un deux & un trois réunis, qui enſemble n'en repréſentent que cinq.

Pareillement, trois cartes d'une même eſpèce l'emportent ſur deux, quoique celles-ci

A

Prime. C'est un jeu composé de quatre cartes d'une couleur particulière.

Renvier. C'est proposer une somme d'argent par-dessus la vade.

Séquence. C'est la réunion de trois ou quatre cartes d'une même couleur qui se suivent sans intermédiaire ; ainsi, un quatre, un cinq & un six de cœur ou de carreau, &c. forment une séquence.

Talon. C'est ce qui reste de cartes après

qu'on a donné à chaque joueur le nombre qu'il lui en faut.

Tenir. C'est accepter de jouer ce qu'un autre a proposé.

Tricon. C'est un jeu composé de trois différentes cartes qui représentent chacune un même point, comme trois deux, trois cinq, &c.

Vade. C'est la somme dont un des joueurs ouvre le jeu.

B

BALLON.

BALLON. C'est moins un jeu qu'un exercice qui fit autrefois partie de la sphéristique des anciens.

Ce jeu se pratique par le moyen d'une vessie enveloppée d'un cuir léger, ou d'une peau passée & peinte qu'on jete en l'air, & qu'on reprend à chaque bond ou rebond, pour la rejeter encore. Le ballon a la forme d'un globe : on se le renvoye par le moyen de la main ou du pied. Cet exercice sert souvent de récréation à la jeunesse. *Voyez* SPHÉRISTIQUE.

BASSETTE. (la.)

Jeu de hazard qui a été fort en vogue à Paris, sous le règne de Louis XIV, & qu'on ne joue plus aujourd'hui. C'est une espèce de Pharaon auquel on a substitué ce dernier jeu qui est maintenant en usage. Ainsi *voyez* PHARAON.

BELLE. (la)

Sorte de jeu de hazard, dont le principal instrument est un tableau aux numéros duquel correspondent d'autres numéros renfermés dans un sac, d'où on les tire pour indiquer les parties gagnantes de ce tableau. (1)

(1) *Voyez* aux Planches la Figure 2.

La belle a été imaginée par un Italien, qui l'a mise en vogue à Paris.

Le tableau, qui, comme nous venons de le dire, en est le principal instrument, est divisé en treize colonnes, de huit numéros chacune. Ainsi le tableau contient 104 numéros.

Les joueurs sont un banquier & des pontes. Le nombre de ceux-ci n'est point borné.

Le banquier a un sac qui contient cent quatre étuis en forme d'olives, dans chacun desquels se trouve un parchemin roulé, où est écrit un numéro du tableau. Ce sac est surmonté d'une espèce de casque à la partie inférieure duquel il y a une ouverture garnie d'un ressort, par où un ponte introduit dans ce casque, un des étuis dont on a parlé, que le ressort empêche de rentrer dans le sac.

Cette introduction n'a lieu qu'après que le sac a été bien remué, & les étuis mêlés, tant par le banquier, que par les pontes, pour que le hazard dirige seul l'évènement.

Lorsque chaque ponte a fait son jeu, c'est-à-dire, qu'il a placé sur le tableau les jetons ou l'argent qu'il veut risquer, le banquier ouvre le casque avec la clef destinée pour cet effet ; il en tire l'étui, & en fait sortir le numéro, qu'il montre à la galerie, & qu'il lit à haute voix ; il s'occupe ensuite du soin de payer les parties que ce numéro fait gagner. Le payement consiste en une somme proportionnée à la mise que le ponte a faite sur la chance gagnante.

Quand les payements sont achevés, tout ce qu'il y a sur le tableau appartient au banquier, il le retire, remet l'étui & le numéro forti dans le fac, & les pontes placent de nouveau fur le tableau ce qu'ils veulent jouer. Le jeu continue de cette manière, auffi long-temps qu'on le juge à propos.

Au jeu de la *belle*, les chances font fingulièrement variées & multipliées:

Les principales font;

1°. Le plein :.

2°. Le demi-plein :

3°. Le carré :

4°. La colonne droite :

5°. Deux colonnes droites groupées:

6°. La colonne tranfverfale :

7°. Deux colonnes tranfverfales groupées:

8°. Le petit côté, & le grand côté:

9°. Le pair & l'impair :

10°. La couleur noire & la couleur rouge:

11°. Le pair du petit ou du grand côté :

12°. L'impair du petit ou du grand côté :

13°. La couleur noire du petit ou du grand côté:

14°. La couleur rouge du petit ou du grand côté:

15°. Les terminaifons :

16°. La bordure du tableau :

17°. Enfin, l'intérieur du tableau.

Avant de passer à l'explication de ces différentes chances, & du payement auquel chacune affujettit le banquier, il convient de faire connoître particulièrement toutes les parties du tableau.

La première des treize colonnes dont nous avons dit qu'il étoit compofé, s'étend depuis le numéro 1 jufqu'au numéro 8 inclufivement; la feconde, depuis le numéro 9 jufqu'au numéro 16; la troifième, depuis le numéro 17, jufqu'au numéro 24; la quatrième, depuis le numéro 25, jufqu'au numéro 32; la cinquième, depuis le numéro 33; jufqu'au numéro 40; & la fixième depuis le numéro 41, jufqu'au numéro 48.

Ces fix colonnes prifes enfemble, forment ce qu'on appelle le petit côté.

La feptième colonne eft remarquable par les effets qu'on verra qu'elle produit : elle comprend les numéros 49 à 56, on la défigne fous le nom de colonne du banquier.

La huitième colonne s'étend, depuis le numéro 57, jufqu'au numéro 64; la neuvième, depuis le numéro 65, jufqu'au numéro 72; la dixième, depuis le numéro 73,

jufqu'au numéro 80; la onzième, depuis le numéro 81, jufqu'au numéro 88; la douzième, depuis le numéro 89, jufqu'au numéro 96; & la trezième & dernière, depuis le numéro 97, jufqu'au numéro 104.

Ces fix dernières colonnes réunies, compofent le grand côté.

Les 13 colonnes dont on vient de parler, s'appellent colonnes droites, pour les diftinguer des colonnes tranfverfales qui ne font qu'au nombre de huit.

La première de celles-ci, eft compofée du premier numéro de chacune des fix premières & des fix dernières colonnes droites : elle renferme par conféquent 12 numéros.

Les fept autres colonnes tranfverfales font pareillement compofées chacune d'un numéro des mêmes colonnes droites. Ainfi la feconde colonne tranfverfale eft compofée du fecond numéro de chacune de ces colonnes droites; la troifième, du troifième numéro, &c.

Le pair général confifte dans les numéros pairs qui fe trouvent fur le tableau, depuis le numéro 2, jufqu'au numéro 48, & depuis le numéro 58, jufqu'au numéro 104.

L'impair général comprend les numéros impairs, depuis le numéro 1, jufqu'au numéro 47, & depuis le numéro 57, jufqu'au numéro 103.

Le pair du petit côté eft renfermé dans les 24 numéros pairs qui s'étendent, depuis 2, jufqu'à 48; & le pair du grand côté, dans les 24 autres numéros pairs, que contient le tableau depuis le numéro 58 jufqu'au numéro 104.

L'impair du petit côté, s'entend des 24 numéros impairs de ce côté, & l'impair du grand côté, des 24 pareils numéros de ce dernier côté.

Comme un numéro peint en noir eft toujours fuivi d'un numéro peint en rouge, il faut appliquer à la couleur noire & à la couleur rouge, ce que nous venons de dire des pairs & des impairs, tant généraux que des côtés.

On appelle *terminaifon*, la finale de chaque nombre : il y a par conféquent la terminaifon des uns, la terminaifon des deux, la terminaifon des trois & ainfi du reste, jufqu'à la terminaifon des dix ou des zéros.

La terminaifon des uns, comprend les numéros 1, 11, 21, 31, 41, 51, 61, 71, 81, 91 & 101. Celle des deux, les numéros: 2, 12, 22, &c. & ainfi du refte.

Les terminaifons font figurées à la tête du tableau, par les numéros 1, 2, 3, 4, 5, 6, 7, 8, 9 & o.

Nous allons maintenant indiquer la manière de jouer chacune de chances dont on a parlé, & faire connoître ce qu'elles produifent au ponte, qui gagne pour les avoir adoptées.

La première & la plus confidérable des chances, eft celle du plein: on la joue en plaçant fur un feul numéro ce qu'on veut rifquer. Si par exemple, vous mettez fix francs fur le numéro 15, & que ce numéro vienne à fortir du fac, le banquier vous paye 96 écus de fix francs ou 24 louis.

On joue le demi-plein, en plaçant fa mife entre deux numéros. Si l'un de ces deux numéros vient à fortir, le banquier paye au ponte 48 fois la mife de celui-ci.

On joue le carré, en plaçant la mife dans un angle commun à quatre numéros. Si l'un de ces quatre numéros fort, le ponte gagne 24 fois la fomme qu'il a expofée.

Pour jouer la colonne droite, on place fon argent à la partie, foit fupérieure, foit inférieure de cette colonne indifféremment. Lorfqu'il vient à fortir un des huit numéros dont cette colonne eft compofée, le ponte reçoit douze fois l'argent qu'il a rifqué.

On joue deux colonnes droites groupées, en plaçant la mife à la partie fupérieure ou inférieure de la ligne qui fépare ces deux colonnes l'une de l'autre. S'il fort un des feize numéros qu'elles renferment, le banquier paye fix fois la mife du ponte.

On joue une colonne tranfverfale, en plaçant la mife à l'une des parties latérales du tableau, vis-à-vis des numéros de cette colonne: quand il fort un des douze numéros dont elle eft compofée, le ponte reçoit huit fois fa mife.

On joue deux colonnes tranfverfales groupées, en plaçant la mife à l'une des parties latérales du tableau, fur la ligne qui fépare ces colonnes l'une de l'autre: S'il fort un des 24 numéros qu'elles renferment, le

banquier paye quatre fois la mife du ponte.

Il y a fur le tableau, l'indication des endroits où le ponte doit placer fon argent, lorfqu'il veut jouer au petit côté ou au grand côté, au pair général ou à l'impair général, & à la couleur noire ou à la couleur rouge: s'il fort un numéro de chacune de ces fix chances, le banquier paye deux fois la mife du ponte.

On joue le pair, foit du petit, foit du grand côté, en plaçant fa mife à côté d'un des numéros pairs, les plus voifins de la partie latérale du tableau que l'on a adoptée: s'il fort un numéro pair de cette partie, le banquier paye quatre fois la mife.

Ce que nous venons de dire du pair, s'applique pareillement à l'impair, ainfi qu'aux couleurs, foit de l'un, foit de l'autre côté.

On joue une terminaifon, en plaçant fon argent fur la cafe où elle eft figurée. S'il fort un des dix numéros, dont la terminaifon choifie eft compofée, on reçoit 96 fois la dixième partie de ce qu'on a expofé.

Il faut remarquer que les terminaifons des uns, des 2, des 3 & des 4, font compofées chacune d'onze numéros. Ainfi, lorfqu'on adopte une de ces quatre terminaifons, où l'on exclut de la mife le 101, s'il s'agit de la terminaifon des uns; le 102, fi c'eft la terminaifon des 2, &c.; ou fi l'on ne veut rien exclure, on ajoute à la mife un dixième en fus.

La bordure du tableau eft compofée de trente-huit numéros, favoir: les feize qui forment, tant la première que la dernière colonne droite, & le premier numéro ainfi que le dernier de chacune des onze autres colonnes droites.

Quand il fort un numéro de cette chance, le ponte qui l'a joué, reçoit du banquier 96 fois le trente-huitième de ce qu'il a expofé. Si, par exemple, on a placé 38 liv. fur la bordure, elle produit à celui qui gagne 96 livres.

L'intérieur du tableau comprend tous les numéros qui ne font pas de la bordure. Ils font au nombre de foixante-fix. S'il fort un numéro de cette chance, le ponte qui l'a jouée, reçoit quatre-vingt-feize fois la foixante-fixième partie de ce qu'il a expofé. Si par exemple, fa mife a été de 33 livres, le banquier lui paye 48 liv.

Quand il vient à fortir un numéro de la colonne du banquier, qui, comme on l'a vu, s'étend depuis le numéro 49, jufqu'au numéro 56, les pontes perdent en totalité les mifes qu'ils ont faites au pair & à l'impair général, ainfi qu'au pair & à l'impair, tant du petit côté que du grand côté.

La même règle s'applique à toutes les mifes qu'on a faites aux couleurs & aux côtés.

On conçoit par là que l'avantage d'un banquier de *belle*, eft très-confidérable. En effet, il eft de la treizième partie de tout l'argent que les pontes expofent: en voici la preuve fenfible. Suppofons qu'un ponte place un écu fur chacun des cent quatre numéros, celui qui fortira ne lui rendra que 96 écus, & par conféquent il en reftera huit en pur bénéfice au banquier.

Cet avantage certain pour le banquier, au préjudice des pontes, n'a pas peu contribué à faire défendre nommément le jeu de la *belle*, par arrêt de réglement du parlement de Paris, du 12 décembre 1777, & enfuite par une déclaration du roi du 1 mars 1781.

Vocabulaire explicatif des termes ufités au jeu de la Belle.

Banquier. C'eft celui contre lequel les pontes joüent leur argent.

Bordure. C'eft le nom fous lequel on défigne trente-huit numéros, qui font les feize formant tant la première que la dernière colonne droite, & le premier numéro, ainfi que le dernier de chacune des onze autres colonnes droites.

Carré. On donne ce nom à quatre numéros groupés, tels que 1, 2, 9 & 10, entre lefquels, & dans l'angle qui leur eft commun, on place fa mife, pour en obtenir vingt-quatre fois le payement, s'il vient à fortir un de ces quatre numéros.

Colonne droite. On défigne ainfi la réunion des huit numéros qui fe fuivent immédiatement l'un l'autre, depuis la partie fupérieure du tableau, jufqu'à la partie inférieure. Ainfi, les numéros qui s'étendent, depuis un jufqu'à huit, forment fur le tableau, la première colonne droite.

Colonnes droites groupées. On défigne ainfi deux colonnes droites contiguës qui ont entre elles une ligne à la partie fupérieure ou inférieure de laquelle le ponte place fon argent, pour obtenir fix fois autant, s'il vient à fortir un numéro de ces deux colonnes.

Colonne du banquier. C'eft le nom qu'on donne à la colonne du milieu du tableau, laquelle s'étend depuis le numéro 49 jufqu'au numéro 56 inclufivement: elle eft ainfi appelée à caufe des avantages qu'elle produit au banquier, en lui faifant gagner la totalité des mifes qui ont été faites au pair, à l'impair, aux côtés, &c.

Colonne tranfverfale. On donne ce nom à une fuite de douze numéros pris fur une même ligne, dans les fix premières & les fix dernières colonnes droites.

Colonnes tranfverfales groupées. On défigne ainfi deux colonnes tranfverfales contiguës, ayant entr'elles une ligne qui s'étend d'une partie latérale du tableau, à l'autre partie, & à l'extrémité de laquelle le ponte place fon argent, pour en obtenir quatre fois autant, s'il vient à fortir un numéro de ces deux colonnes.

Couleur noire. On donne ce nom à la totalité des numéros peints fur le tableau.

Couleur noire du grand côté. On défigne ainfi les numéros qui font peints en noir, dans les fix dernières colonnes droites du tableau. Et l'on appelle *couleur noire du petit côté*, les numéros peints en noir, dans les fix premières colonnes droites.

Couleur rouge. On donne ce nom à la totalité des numéros peints en rouge fur le tableau.

Couleur rouge du grand côté. Ce font les numéros qui font peints en rouge dans les fix dernières colonnes droites du tableau. Et l'on appelle *couleur rouge du petit côté*, les numéros peints en rouge, dans les fix premières colonnes droites.

Demi-plein. C'eft la mife que fait un ponte fur la ligne qui fépare deux numéros l'un de l'autre.

Galerie. C'eft le nom qu'on donne aux pontes & aux fpectateurs pris en général. C'eft dans ce fens qu'on dit que, quand il s'élève quelque difficulté entre le banquier &

un ponte , *c'est la galerie qui doit la décider.*

Grand côté. C'est la totalité des numéros que contiennent les six dernières colonnes droites.

Impair. On désigne ainsi tous les nombres impairs des six premières & des six dernières colonnes droites.

Impair du grand côté. C'est la totalité des nombres impairs , qui se trouvent dans les six dernières colonnes droites. Et l'on appelle *impair du petit côté* , les nombres impairs des six premières colonnes droites.

Intérieur. C'est la totalité des numéros qui ne sont pas compris dans la bordure.

Numéro. C'est le nom qu'on donne à chacun des cent quatre nombres qui composent le tableau , & à ceux que renferme le sac d'où l'on tire à chaque coup, celui que le banquier doit lire , pour indiquer les parties perdantes & gagnantes.

Pair. C'est la totalité des nombres pairs des six premières & des six dernières colonnes droites.

Pair du grand côté. Ce sont les nombres pairs que contiennent les six dernières colonnes droites. Et l'on appelle *pair du petit côté* , les nombres pairs des six premières colonnes droites.

Petit côté. C'est la totalité des numéros que renferment les six premières colonnes droites.

Plein. C'est la mise que fait un ponte sur un seul numéro.

Ponte. On désigne sous ce nom , les joueurs qui font des mises sur le tableau.

Terminaison. C'est la finale de chaque nombre.

BELLE, FLUX ET TRENTE-UN. Sorte de jeu des cartes, qui tire sa dénomination des chances principales qui le composent.

Pour jouer ce jeu, on emploie 52 cartes, c'est-à-dire, le jeu entier : rien n'empêche que le nombre des joueurs ne s'étende depuis deux jusqu'à dix ou douze personnes.

On a trois paniers , destinés à recevoir les mises dont les joueurs sont convenus.

Le premier de ces paniers, contient ce que doit produire la *belle* , le second, ce que doit produire le *flux* , & le troisième , ce que doit produire le *trente-un*, aux joueurs qui viennent à gagner ces chances.

On fixe la durée de la partie à un certain espace de temps , ou à un nombre quelconque de coups.

Lorsque le prix & la durée de la partie sont réglés , le joueur que le sort a désigné pour distribuer les cartes , les mêle , présente à couper , & donne en premier lieu, en commençant par la droite , deux cartes couvertes à chaque joueur ; il en distribue ensuite une troisième qu'il découvre. Le joueur qui a ainsi la plus haute carte découverte, sans qu'il y ait de concurrence , gagne ce que contient le panier de la *belle.* Pour cette chance , la plus haute carte est le roi , & successivement la dame , le valet , l'as , le dix, &c.

Mais s'il arrive qu'il y ait concurrence, c'est-à-dire, que deux joueurs aient chacun une carte de même ordre , qui soit la plus haute de celles qu'on a découvertes, aucun d'eux ne tire le panier : il reste pour le coup suivant ; & comme on ajoute une nouvelle mise à la première , le panier donne au second coup , un produit double à celui qui le gagne.

Lorsque la *belle* est jugée , on passe à l'examen du flux , qui consiste à avoir trois cartes de la même couleur. Ici , ce n'est pas le roi , c'est l'as qui a la prééminence. On le compte pour onze points, & chaque figure pour dix. Ainsi , un flux composé d'un as , d'un roi & d'une dame , vaudroit trente-un points, & l'emporteroit sur le roi , la dame & le valet , qui n'en vaudroient que trente.

Si deux joueurs ont chacun un flux , & que le point de l'un soit égal à celui de l'autre , on suit la même règle que pour la *belle.* Le panier reste pour le coup suivant ; &, à cause de la nouvelle mise qu'on y ajoute, il donne un double produit à celui qui le gagne. On peut , au surplus , convenir de le laisser pour le coup suivant sans y rien ajouter.

Après que le sort a prononcé sur le flux, on

on s'occupe du trente-un. C'est par le moyen des points que présentent les cartes des joueurs que cette chance-ci se décide. On compte l'as pour onze points, chaque figure pour dix, & les autres cartes pour les points qui y sont imprimés : ainsi, le deux vaut deux points, le quatre, quatre points, &c.

Le point de trente-un est le plus favorable; mais il ne faut pas l'outre-passer, car un point de plus empêche qu'on puisse concourir pour gagner : ainsi, lorsque les trois cartes d'un joueur ne forment qu'un point éloigné de celui de trente-un, il demande qu'on ajoute une carte aux trois premières qu'on lui a données ; mais si les trois cartes font, par exemple, 28, 29 ou 30 points, il n'en prend ordinairement point de nouvelles dans la crainte d'outre-passer 31, & il déclare qu'il s'y tient : la même chose se pratique envers chaque joueur, selon son rang, & lorsqu'on a donné une carte à chacun de ceux qui l'ont demandée, on recommence un nouveau tour pour donner carte encore à ceux qui veulent en ajouter à leur jeu.

Quand aucun joueur ne demande plus de carte, soit parce qu'il est satisfait de son point, ou qu'il a outre-passé trente-un, on accuse le jeu, & celui qui a trente-un, ou qui, sans outre-passer ce point, en approche de plus près, gagne ce que contient le panier de cette troisième chance : il faut néanmoins, pour cela, qu'aucun des joueurs n'ait un jeu égal au sien : car, dans le cas d'égalité des deux meilleurs jeux, le panier resteroit pour le coup suivant.

On observera que, quand un joueur a obtenu trente-un, soit par les trois cartes qu'il a d'abord reçues, soit par celles qu'il a ajoutées à ces trois premières, il doit le déclarer, parce que par-là il empêche qu'on ne donne de nouvelles cartes aux autres joueurs, & il gagne le panier, s'il est alors le seul dont le jeu forme le point de trente-un.

Vocabulaire explicatif des termes usités au jeu de Belle, Flux & Trente-un.

Belle. On donne ce nom à la plus haute carte de celles qui ont été données découvertes aux différents joueurs.

Cartes couvertes. Ce sont les cartes qu'on

distribue aux joueurs sans les montrer, à la différence de celles qu'on découvre en les distribuant.

Couper. C'est séparer en deux parties un jeu de cartes, avant de distribuer à chaque joueur les cartes qu'il doit avoir.

Figure. On donne ce nom aux cartes peintes, telles que les rois, les dames & les valets.

Flux. C'est la réunion de trois cartes de la même couleur dans un seul jeu.

Mêler. C'est battre les cartes avant d'en faire la distribution.

Point. C'est le nombre que composent ensemble plusieurs cartes. On le dit aussi du nombre que produit chaque carte.

Trente-un. C'est une chance du jeu, qui consiste, soit à former le nombre de trente-un, soit à en approcher le plus près sans l'outre-passer.

B Ê T E. (la)

Sorte de jeu des cartes, auquel peuvent jouer ensemble 2, 3, 4 ou 5 personnes.

On se sert de trente-deux cartes, dont la plus haute est le roi & la plus basse le sept : On se sert aussi de fiches et de jetons qui valent un prix convenu.

L'enjeu de chaque joueur est d'une fiche et deux jetons, à quoi celui qui distribue les cartes ajoute un jeton.

Après que le sort a indiqué la place de chacun, & le joueur qui doit distribuer les cartes, celui-ci les mêle, présente à couper, & donne ensuite cinq cartes à chaque joueur, en commençant par la droite.

Ces cartes ne se distribuent point en une seule fois, mais en plusieurs tours : on en donne d'abord à chaque joueur deux & ensuite trois ; ou trois, & ensuite deux : ou deux, une & deux, en trois tours : au reste, le joueur qui a adopté une manière de distribuer les cartes, est obligé de continuer cette manière, durant toute la partie.

Quand chaque joueur a ses cinq cartes, celui qui les a distribuées retourne la première de celles dont le talon est composé ; & cette carte retournée forme l'a-tout, ou la triomphe.

Cela étant fait le joueur qui est à la droite de celui qui a distribué les cartes, a la parole, & annonce qu'il passe, ou qu'il joue : s'il passe, les joueurs qui sont à sa droite, ont comme lui successivement la parole, pour annoncer s'ils passent, ou s'ils jouent : lorsque l'un d'eux dit qu'il joue, celui qui est immédiatement à la droite du distributeur des cartes, commence à jouer par telle carte qu'il juge à propos. Les autres sont obligés de fournir chacun une carte de même couleur, & de plus, celle qu'ils peuvent avoir supérieure à la carte qui est jouée. Si, par exemple, on a commencé par l'as, le joueur suivant qui a le roi, le valet & le dix, est obligé de mettre au moins le valet sur l'as : s'il n'a mis que le valet, & que celui qui doit jouer après lui, ait la dame & le neuf, ce dernier doit jouer la dame : mais si le premier avoit joué le roi, le second pourroit garder la dame & ne fournir que le neuf.

Quand on n'a aucune carte de la couleur jouée, on est obligé de couper si l'on a de l'a-tout. On surcoupe, si l'on a un a-tout supérieur. Lorsque la carte jouée est coupée, le joueur suivant fournit indifféremment la plus haute ou la plus basse carte qu'il peut avoir de la valeur jouée & coupée. S'il n'a aucune carte de cette couleur, il fournit telle autre carte qu'il juge à propos.

Il faut, qu'en employant les cartes comme on vient de le dire, celui qui fait jouer fasse trois levées pour gagner le coup : il peut néanmoins gagner encore, en ne faisant que deux levées ; mais, il faut que ce soit les deux premières ; & qu'aucun des autres joueurs n'en fasse trois.

Le joueur qui a gagné, soit par trois ou par deux levées comme on vient de le dire, emporte une fiche & l'un des jetons que chaque joueur a mis au jeu, plus, le troisième jeton exposé par le distributeur des cartes : si d'ailleurs le gagnant a le roi d'a-tout, il emporte encore le second jeton, qui fait partie de l'enjeu de chaque joueur : comme ce second jeton est affecté au roi d'a-tout, il appartient indistinctement à tout joueur qui a ce roi dans la main, lorsque le coup se joue. Il y a néanmoins exception pour le cas où celui qui a le roi d'a-tout, & faisant jouer, vient à perdre : dans cette circonstance, le jeton reste pour le coup suivant.

Nous ajouterons que si le distributeur des cartes vient à retourner un roi pour faire la triomphe, il tire les jetons affectés au roi, si le coup vient à se jouer.

Quand celui qui a fait jouer ne gagne pas, il fait une *bête* & cette *bête*, est d'une somme égale à celle qu'il auroit gagnée, s'il eut fait les levées nécessaires pour cet effet : ainsi, lorsque le coup est simple, & que les joueurs sont au nombre de cinq, la *bête* est d'une fiche & six jetons ; car, celui qui fait cette *bête*, auroit, en gagnant, emporté une fiche, plus, un jeton de chaque joueur & deux du distributeur des cartes. On voit par là, que dans le calcul de ce qui doit former une *bête*, on ne fait pas entrer le jeton affecté au roi d'a-tout.

La *bête* qu'un joueur fait, se met au jeu pour le coup suivant. Si ce coup-ci il le fait encore une *bête*, elle est pareillement d'une somme égale à celle qu'on auroit perçue en gagnant. Ainsi, cette seconde *bête* seroit, 1°. du jeton mis d'abord au jeu par chaque joueur ; 2°. du jeton que chacun de ceux qui auroient distribué les cartes y auroient ajouté ; 3°. de la fiche du premier coup & de celle du second coup ; 4°. enfin, d'une fiche & six jetons, formant la première *bête*.

On ne met au jeu la seconde *bête*, que quand la première est tirée : celui qui vient à gagner le troisième coup, emporte donc cette première *bête* ; plus, les jetons que chaque joueur a mis au jeu ; & enfin, une fiche pour chacun des trois coups joués ; car, il va une fiche à chaque coup ; & quand les cinq premiers coups sont finis, chacun des cinq joueurs remet de nouveau une fiche au jeu, pour commencer le second tour.

S'il arrive qu'en gagnant on fasse la *vole*, on emporte non-seulement les fiches, les jetons, & la *bête* qui sont au jeu, mais encore les autres *bêtes* qu'on a pu faire depuis qu'il y en a une au jeu : on reçoit en outre un jeton de chaque joueur. Il importe par conséquent que les joueurs réunissent leurs efforts contre celui qui fait jouer, afin d'empêcher cette vole.

D'un autre côté, si celui qui a déclaré jouer, ne fait aucune levée, ce qu'on appelle *être dévolé* ou à la *dévole*, il double ce qui est sur le jeu, fait autant de *bêtes* qu'il auroit pu en gagner, & donne un jeton à chaque joueur.

Lorsqu'il s'est fait plusieurs *bêtes* sur celle qui est au jeu, elles se jouent successivement l'une après l'autre, en commençant par la plus forte : tant que ces *bêtes* durent, il n'y a que le distributeur des cartes qui mette un jeton au jeu, les autres joueurs n'y en mettent point excepté toutefois le jeton qui est affecté au roi d'a-tout.

Lorsqu'un des acteurs fait jouer, & qu'un autre se trouve dans la main un jeu avec lequel il croit qu'il pourra faire trois levées, il déclare qu'il *joue contre* : c'est ce qu'on appelle *contrer*. Il résulte de ce combat, que si le premier vient à perdre, il fait la *bête* simple ; mais si c'est le second, il la fait double : il suit de-là que les autres joueurs sont intéressés à jouer de manière à faire perdre, s'ils le peuvent, celui qui a *contré*.

C'est au joueur qui fait une levée, à jouer le premier pour la levée suivante, & les autres continuent en commençant par celui qui est à la droite de ce premier.

Le joueur qui renonce, fait la *bête*.

Celui qui donne mal, paye un jeton à chacun, & refait.

Si le jeu est faux, parce qu'il manque quelque carte, ou qu'il y en a plus qu'il ne doit y en avoir, le coup où s'on s'apperçoit est nul ; mais on ne peut pas revenir contre les coups joués antérieurement.

Lorsqu'un joueur a dit, *je passe*, ou *je joue*, il ne peut plus se rétracter.

Cependant lorsque tous les joueurs ont passé, il dépend de chacun d'eux d'aller en *curieuse*. Pour courir cette chance, on met un jeton au jeu ; on supprime la première triomphe, & l'on retourne la carte suivante, qui devient la triomphe. Celui ou ceux qui ont été en *curieuse*, peuvent faire jouer à la couleur de la curieuse ; du reste, on suit les règles ordinaires du jeu.

VOCABULAIRE explicatif des termes usités au jeu de la Bête.

A-tout. C'est la couleur dont est la triomphe.

Avoir la parole. C'est être en tour de dire ce qu'on veut faire sur le coup qui se joue.

Bête. C'est une sorte d'amende à laquelle

chaque joueur est soumis en différens cas, comme quand il renonce, ou qu'il ne fait pas les levées nécessaires pour gagner, &c.

Contrer. C'est annoncer qu'on joue contre celui qui a le premier déclaré qu'il jouoit.

Couper. C'est séparer en deux un jeu de cartes avant de distribuer à chaque joueur les cartes qu'il doit avoir.

Couper, se dit aussi de l'action d'employer une triomphe sur la couleur jouée.

Curieuse. C'est la nouvelle carte qu'on retourne pour former une seconde triomphe, quand tous les joueurs ont passé sur la première.

Dévole. C'est ce qui résulte de l'action de celui qui a fait jouer, quand il ne fait aucune levée.

Donner. C'est distribuer les cartes aux joueurs après les avoir mêlées, & qu'on a fait couper.

Fiche. C'est une marque qui représente dix jetons.

Jeton. C'est une pièce qui sert de monnoie au jeu & qui est le dixième d'une fiche.

Jouer. C'est déclarer qu'on s'engage à faire les levées nécessaires pour gagner ce qui va sur le coup, ou à faire la *bête*.

Levée. C'est une main qu'on a faite en jouant.

Mêler. C'est battre les cartes avant d'en faire la distribution.

Passer. C'est ne point ouvrir le jeu, ou renoncer à jouer sur le coup.

Refaire. C'est recommencer la distribution des cartes.

Renoncer. C'est ne pas fournir de la couleur jouée, quand on le peut.

Retourner. C'est, quand les cartes sont distribuées, découvrir la première carte du talon pour former la triomphe.

Surcouper. C'est mettre une triomphe plus forte sur celle avec quoi un joueur précédent a coupé la carte jouée.

Talon. C'est ce qui reste de cartes quand on a distribué à chaque joueur celles qu'il lui faut.

Triomphe. C'est la couleur qui emporte toutes les autres cartes.

Vole. C'est l'action de faire toutes les levées.

BÊTE-OMBRÉE. (la)

C'eſt un jeu de cartes, auquel on joue entre deux, trois, quatre ou cinq perſonnes.

On ſe ſert d'un jeu de piquet, ou de trente-deux cartes, dont la plus haute eſt le roi, & la plus baſſe le ſept.

On ſe ſert auſſi communément de jetons pour former l'enjeu, à moins qu'on ne joue aux écus. Dans ce cas-ci, les écus s'emploient au lieu de jetons.

L'enjeu de chaque joueur eſt d'un jeton ; mais celui qui diſtribue les cartes met un jeton de plus.

Lorſque le ſort a fixé la place de chaque joueur, & indiqué celui qui doit diſtribuer les cartes, ce dernier les mêle, les préſente à couper, & donne enſuite, en commençant par la droite, cinq cartes à chaque joueur.

Il diſtribue ces cinq cartes en deux parties : il en donne d'abord trois à chaque joueur, & enſuite deux, ou deux, & enſuite trois.

Les cartes étant ainſi diſtribuées, celui qui les a reçues le premier a la parole : il doit annoncer de trois choſes l'une ; ſavoir, qu'il *paſſe*, ou qu'il *demande*, ou qu'il *joue ſans prendre*.

Lorſqu'il déclare qu'il paſſe, la parole appartient au joueur qui eſt à ſa droite, & ſucceſſivement aux autres dans le même ordre. Si tous ont jugé à propos de paſſer, on remêle les cartes, & celui qui a eu la parole le premier les diſtribue, après avoir ajouté un jeton à ſon enjeu.

Quand celui qui eſt le premier à jouer déclare qu'il *demande*, & que les autres joueurs paſſent ſans le renvier ; il annonce la couleur dont il veut faire la triomphe : enſuite il fait un écart compoſé des cartes qu'il croit lui être inutiles, & il en reprend au talon autant qu'il en a écartées. Il faut qu'avec ce nouveau jeu, il faſſe ſeul trois levées pour gagner le coup.

Nous allons rendre ſenſible ce procédé par un exemple : ſuppoſons que le joueur qui a la parole, ait dans ſa main le roi & la dame de carreau, & avec cela trois baſſes cartes des autres couleurs, il eſt évident qu'en créant le carreau *triomphe* ou *a-tout*, il eſt ſûr de faire deux levées avec ſon roi & ſa dame ;

mais comme deux levées ſont inſuffiſantes pour gagner, il demande, dans l'eſpoir d'échanger ſes mauvaiſes cartes contre de meilleures, que le ſort lui fournira, en en prenant de nouvelles au talon.

S'il vient à être trompé dans ſon eſpoir, & que les nouvelles cartes qu'il a priſes, ne puiſſent pas lui faire faire la troiſième levée dont il a beſoin pour gagner, il perd le coup, & fait une *bête* égale à la ſomme de tout ce qu'il auroit tiré.

Le joueur qui a demandé, peut être renvié par quelqu'un de ceux qui ont la parole après lui. Ce renvi ſe fait, en diſant qu'on joue *ſans prendre*. En ce cas, le joueur qui a demandé, a la liberté de jouer lui-même *ſans prendre* : mais s'il ne le fait pas, ſon adverſaire annonce qu'il joue en une telle couleur, & cette couleur forme l'a-tout ou la triomphe. Il faut que, pour gagner, celui qui joue *ſans prendre*, faſſe trois levées avec ſon propre jeu, ſans aller au talon. S'il manque à faire ces trois levées, il fait une *bête* égale à ce qu'il auroit tiré en gagnant, & paye en outre à chaque joueur un jeton, comme il l'auroit reçu de chacun d'eux s'il eut gagné.

On peut pareillement renvier le joueur qui joue ſans prendre, en annonçant qu'on entreprend *la vole*. Si celui qui a joué *ſans prendre*, a de ſon côté un jeu de vole, il peut empêcher l'effet du renvi, en déclarant que lui-même entreprend la vole.

Le joueur qui a entrepris la vole & qui vient à gagner, tire, non-ſeulement tout ce qu'on a mis au jeu, mais encore toutes les *bêtes* qu'on a pu faire, & qui ne devoient régulièrement être jouées qu'aux coups ſubſéquents. Chaque joueur eſt d'ailleurs obligé de lui payer deux jetons.

Quand au contraire celui qui a entrepris la vole manque ſon objet, il fait une *bête*, dont la ſomme eſt égale au double de ce que la vole lui auroit produit s'il l'eut faite. Il eſt en outre tenu de payer deux jetons à chaque joueur.

Quand il s'eſt fait pluſieurs *bêtes* ſur celle qui eſt au jeu, on les joue l'une après l'autre, en commençant par la plus forte : tant que ces *bêtes* durent, il n'y a que le diſtributeur des cartes, qui mette un jeton au jeu ; les autres joueurs ſont diſpenſés d'y en mettre.

Celui qui réunit dans ſon jeu le roi, la

dame & le valet d'a-tout, a ce qu'on appelle *trois matadors*; s'il a en outre l'as & le dix de la même couleur, cela fait cinq matadors. Les autres joueurs lui doivent payer chacun un jeton par matador.

Il y a néanmoins un cas où le joueur qui a trois ou quatre matadors, est obligé de les payer lui-même à ses adversaires. Ceci a lieu, quand il a déclaré entreprendre la vole, & qu'il ne l'a point faite.

Le joueur qui a fait une levée, doit jouer le premier pour la levée suivante, & les autres continuent, en commençant par la droite de celui qui a joué le premier.

Le joueur qui renonce, fait la *bête*.

Il en est de même de celui qui *sous-force*; ceci a lieu, quand un joueur ayant deux cartes de la couleur jouée, dont une supérieure à la carte qu'on a jouée & l'autre inférieure, il ne fournit que l'inférieure.

Celui qui donne mal, doit refaire, après avoir ajouté un jeton à son enjeu.

Lorsqu'on n'a aucune carte de la couleur jouée, on est obligé de couper si l'on a de l'a-tout : sinon on est puni, comme pour avoir renoncé.

Quand le jeu est faux parce qu'il manque quelque carte ou qu'il y en a plus qu'il ne doit y en avoir, le coup où l'on découvre ce vice est nul; mais, on ne revient pas contre les coups joués antérieurement.

Le joueur qui a gagné sans prendre, ou qui fait la vole, ou qui a eu les matadors, doit, avant qu'on ait coupé pour le coup suivant, demander les jetons que ces chances produisent, sous peine d'en être privé.

Quand un joueur, autre que celui qui fait jouer vient à faire trois levées, il gagne codille, & il tire ce que celui qui a joué auroit tiré s'il eut gagné.

VOCABULAIRE explicatif des termes usités à la Bête-ombrée.

A-tout. C'est la couleur dont on a fait la triomphe.

Avoir la parole. C'est être en tour de dire ce qu'on veut faire sur le coup qui se joue.

Bête. C'est une sorte d'amende à laquelle les joueurs sont assujettis en différens cas,

comme quand ils renoncent ou qu'ils ne font pas les levées nécessaire pour gagner, &c.

Codille. Il se dit du gain que fait un joueur, quand sans avoir fait jouer, il vient à faire trois levées.

Couper. C'est séparer en deux un jeu de cartes, avant de distribuer à chaque joueur les cartes qu'il lui faut.

Couper. Se dit aussi de l'action d'employer une triomphe sur la couleur jouée.

Demander. C'est annoncer qu'on a dessein de jouer en écartant, si personne ne joue sans prendre.

Donner. C'est distribuer les cartes aux joueurs, après les avoir mêlées, & qu'on a fait couper.

Ecart. Ce sont les cartes qu'on a mises à part, pour en prendre d'autres au talon.

Ecarter. C'est former un écart.

Jeton. C'est une pièce qui sert de monnoie au jeu.

Jeu faux. C'est un jeu où il y a trop ou pas assez de cartes.

Jouer sans prendre. C'est annoncer qu'on s'engage à faire les levées nécessaires pour gagner, sans faire aucun écart.

Levée. C'est une main qu'on a faite en jouant.

Matadors. On désigne sous ce nom la réunion des trois premières triomphes, qui sont le roi, la dame & le valet dans la main d'un joueur. Et, par extension, on appelle encore *matadors*, les triomphes qui suivent immédiatement les trois premières, & qui les accompagnent.

Mêler. C'est battre les cartes avant de les distribuer.

Passer. C'est ne point ouvrir le jeu ou renoncer à jouer sur le coup.

Refaire. C'est recommencer la distribution des cartes.

Renoncer. C'est ne pas fournir de la couleur jouée, quoiqu'on en ait dans son jeu.

Renvier. C'est obliger celui qui a demandé à jouer sans prendre, ou celui qui veut jouer sans prendre, à entreprendre la vole, à moins qu'il ne juge à propos de renoncer à son jeu, pour laisser jouer l'adversaire qui a renvié.

Sans prendre. Il se dit tout-à-la-fois de l'action de jouer sans écarter, & du paiement qui a lieu, quand on gagne ou qu'on perd en jouant de cette manière.

Sous-forcer. C'est mettre une carte inférieure sur celle qui est jouée, au lieu d'y mettre la supérieure qu'on a en main.

Surcouper. C'est mettre une triomphe plus forte sur celle avec quoi un joueur précédent a coupé la carte jouée.

Talon, C'est ce qui reste de cartes, quand on a distribué à chaque joueur, celles qu'il lui faut.

Triomphe. C'est la couleur qui emporte toutes les autres cartes.

Vole. C'est l'action de faire toutes les levées.

BILLARD.

Ce terme s'emploie en trois acceptions différentes. Il signifie en premier lieu, un jeu d'adresse & d'exercice, qui consiste à faire rouler une balle d'ivoire pour en frapper une autre, & la faire entrer dans des trous appellés *blouses.*

On donne pareillement le nom de *billard,* à la table sur laquelle les joueurs s'exercent. Le *billard* est composé de quatre parties principales ; savoir : la table, le tapis, le fer & les bandes. La table est quarrée, oblongue, garnie de quatre bandes de bois, rembourées de lisières de drap, & couvertes d'un drap vert, attaché en dessus avec des cloux de cuivre. Aux quatre coins de la table & au milieu des longues bandes, sont pratiqués des trous ou des blouses pour recevoir les billes ; & aux deux tiers de la longueur de la table, vers le haut, est un fer appellé *passe.* (*)

Enfin, on appelle *billard,* la masse ou le bâton recourbé, avec lequel on pousse les billes. Il est ordinairement garni par le gros bout, ou d'ivoire ou d'os simplement. On peut même se passer de cette garniture. On tient cet instrument par le petit bout, & l'on pousse la bille avec l'autre bout.

On distingue plusieurs sortes de parties de *billard,* pour chacune desquelles on suit des regles particulières.

(*) *Voyez* aux Planches la Figure II.

Ainsi, il y a, 1°. la partie de *billard* ordinaire ;

2°. La partie *tout de doublet* ;

3°. La partie *tout de bricole.*

4°. La partie appellée *le jeu de la guerre.*

5°. La partie à *sauver cinq blouses.*

6°. La partie, *qui perd gagne* ;

7°. La partie qu'on appelle, *sans passer la raie des milieux.*

8°. Enfin, le jeu de la *carambole.*

Regles de la partie ordinaire.

Cette partie se joue communément en seize points, entre deux personnes.

1°. On débute par l'acquit. Celui qui, d'un seul coup a placé sa bille au plus près de la bande de l'extrémité opposée à celle où il se trouve, a le droit de donner l'acquit.

2°. L'acquit doit se donner & se tirer à hauteur de corde d'un seul coup de *billard* : si un joueur le donnoit en deux coups, son adversaire pourroit le faire recommencer.

3°. Pour donner l'acquit & pour le tirer, on doit être dans le *billard* : c'est pourquoi on tire à chaque coin du *billard* une raie de niveau, & les joueurs sont tenus d'avoir les deux pieds entre ces raies.

4°. Le joueur qui donne son acquit, est maître de sa bille, & peut par conséquent la ramener à lui, tant qu'elle n'a pas passé les milieux.

5°. Lorsqu'en donnant l'acquit, un joueur se blouse dans un coin ou dans un milieu, après l'avoir passé, c'est à son adversaire à donner l'acquit.

6°. Lorsque la bille d'un joueur qui donne son acquit, reste en deçà des milieux, après avoir touché la bande ou les fers, l'acquit est bon.

7°. Le joueur qui tire l'acquit, ne peut reprendre sa bille, après l'avoir touchée droite, quand même elle n'auroit pas passé les milieux.

8°. Le joueur qui manque à toucher la bille de son adversaire, perd un point.

9°. Celui qui *billarde,* c'est-à-dire, qui touche les deux billes avec l'instrument dont il joue, perd un point.

10°. Le joueur qui par méprise, vient à jouer la bille de son adversaire, perd un point.

11°. Si l'on joue sans avoir mis un pied à terre, on perd un point.

12°. Le joueur qui manque à toucher, & qui en même-temps blouse, ou fait sauter sa bille, perd trois points.

13°. Le joueur qui blouse sa bille, ou la fait sauter, sans manquer à toucher, ne perd que deux points.

14°. Lorsqu'un joueur met sa bille & celle de son adversaire dans une ou deux blouses, ou qu'il fait sauter les deux billes, il perd deux points.

15°. Celui qui met dans la blouse la bille seule de son adversaire, ou la fait sauter, gagne deux points.

16°. Si un joueur souffloit sur sa bille roulante, il perdroit deux points; & s'il souffloit sur celle de son adversaire, il n'en perdroit qu'un : dans ce cas-ci les billes seroient relevées, & celui qui auroit gagné le point, donneroit son acquit.

17°. Quand un joueur blouse, ou fait sauter la bille de son adversaire, & qu'ensuite il touche la sienne pour en arrêter le mouvement, il perd deux points.

18°. Si l'un des joueurs vient à rompre les billes arrêtées, en renvoyant à son adversaire le billard ou l'instrument dont ils se servent l'un & l'autre, il ne perd rien : on remet alors, d'après l'avis des spectateurs, ou la convention des joueurs, les billes à la place où elles étoient auparavant.

Mais il en est différemment, lorsqu'un joueur rompt les billes qui roulent encore sur le tapis. Dans ce cas, s'il a rompu les deux billes, ou la sienne seul, il perd deux points : mais s'il n'a rompu que celle de son adversaire, il ne perd qu'un point, & celui qui profite du coup donne l'acquit.

19°. Lorsqu'un joueur renvoyant à son adversaire le billard, ou quelqu'autre instrument, vient à rompre sa propre bille, avant qu'elle ait touché celle de son adversaire, il perd trois points, & celui qui les gagne donne l'acquit.

20°. Si, après avoir manqué à toucher, un joueur rompt la bille de son adversaire, il ne perd qu'un point, & l'on remet la bille à sa place.

21°. S'il arrive que quelqu'un des spectateurs heurte un joueur au moment où il joue son coup, & qu'il en résulte le dérangement de sa bille, il doit recommencer le coup,

après que la bille a été remise à l'endroit où elle étoit avant d'être mise en mouvement.

22°. Lorsqu'une bille arrêtée sur le bord d'une blouse vient à y tomber avant que l'autre bille qui roule encore sur le tapis l'ait touchée, le coup est nul, & l'on doit remettre les billes où elles étoient auparavant, pour le recommencer.

23°. Mais si, en jouant sur une bille arrêtée au bord d'une blouse, le joueur se perd, ou fait sauter sa bille, avant de toucher celle de son adversaire, il perd trois points, quand même cette dernière bille, arrêtée au bord d'une blouse, viendroit à y tomber, par l'effet du mouvement qu'auroit produit sur le billard l'autre bille, en sautant, ou en entrant dans une blouse.

24°. Le joueur qui a le fer, entre sa bille & celle de son adversaire, ne peut forcer ce fer, ni détourner sa bille, sans perdre un point : il faut qu'il joue à coup sec, ou en bricole.

25°. Lorsque celui qui joue sur une bille collée aux fers, vient à la blouser en touchant la branche des fers à laquelle cette bille étoit collée, il gagne deux points; mais s'il ne touche que la branche opposée, il perd un point, quoiqu'il ait fait rémuer la bille collée par le mouvement communiqué à toute la passe. La raison en est qu'il ne suffit pas de toucher le fer, il faut aussi toucher la bille.

26°. Si, en commençant la partie, les joueurs ne sont pas convenus de jouer à *tout coup bon*, celui qui touche deux fois sa bille, perd un point; mais il n'est pas obligé d'avertir de sa faute son adversaire.

27°. Quand un joueur billarde, ou touche deux fois sa bille, & que son adversaire en fait la remarque à haute voix, avant que les billes soient reposées, ce dernier ne gagne qu'un point, quand même l'autre viendroit ensuite à se blouser sans toucher : mais si, en pareille circonstance, on garde le silence jusqu'à ce que les billes soient reposées, on pourra tirer du coup tout l'avantage qu'il présentera; ainsi, dans le cas où le joueur qui a billardé ou touché deux fois, viendroit à se perdre sans toucher, son adversaire qui n'auroit pas fait remarquer la faute, compteroit trois points.

28°. Lorsqu'un joueur qui n'a point touché la bille de son adversaire, la fait néanmoins remuer, soit en se jetant sur le billard, ou par quelqu'autre mouvement que ce soit, il perd un point.

29°. Quand un joueur traîne, il doit en avertir son adversaire, avant de commencer la partie, sinon il est obligé de l'achever sans traîner; car s'il quittoit alors la partie, il la perdroit.

30°. Si l'on veut jouer de la queue durant la partie, il faut qu'avant de la commencer, on ait obtenu, pour cet effet, le consentement de son adversaire: autrement il pourroit s'y opposer, et empêcher l'usage de cet instrument, tant que la partie dureroit, laquelle on ne pourroit, d'ailleurs, quitter sans la perdre.

31°. S'il résulte du coup d'un joueur que les billes arrêtées se touchent, celui qui doit jouer après lui, est obligé de toucher la bille de son adversaire, de manière qu'il la fasse remuer, sinon il perd un point.

32°. Quand la bille qui roule vient à être arrêtée par quelque spectateur, le coup est nul, & se recommence après qu'on a remis les billes en place.

33°. Le coup seroit pareillement nul & se recommenceroit, si un joueur venoit à faire une faute, pour avoir été heurté par quelque spectateur au moment où il jouoit.

34°. Si la bille de celui qui a joué vient à sauter, & que son adversaire la remette sur le tapis, le coup est bon, & le joueur ne perd rien: mais, si l'adversaire, en remettant la bille sur le tapis, la fait entrer dans une blouse, le coup est nul, & celui qui a joué donne son acquit.

35°. Il en est différemment, quand la bille qui a sauté est remise sur le tapis par quelque spectateur: en ce cas, celui qui a joué, perd deux points.

36°. Lorsqu'un joueur fait sauter la bille de son adversaire, il gagne deux points, quand même cette bille seroit remise sur le tapis en touchant celui à qui elle appartient, ou quelqu'un des spectateurs.

37°. Si un joueur voulant coller sa bille à la bande du billard, arrêtoit pour cet effet, cette bille avec son billard, ou qu'en revenant de la bande, elle touchât au billard de ce joueur, il perdroit trois points.

38°. Lorsqu'un joueur manque à toucher, ou veut faire un pour un, il est obligé de passer la bille de son adversaire, & de toucher sa bande, si ce dernier l'exige.

39°. Si un joueur prêt à jouer son coup, fait mouvoir sa bille en laissant tomber son billard sur le tapis, ou la touche de côté sans toucher celle de son adversaire, il perd un point, & son coup est joué; & même il perdroit trois points, si le mouvement qu'il a donné à sa bille, la faisoit entrer dans une blouse.

40°. Lorsqu'un joueur, dont la bille est près de la bande, passe par-dessus cette bille, en voulant la jouer avec la masse de son billard, il perd trois points: il en seroit de même, si après avoir décollé sa bille, & l'avoir conduite avec le bout de sa masse, il l'arrêtoit ou la détournoit.

41°. Rien n'empêche de changer de billard quand on veut, à moins qu'en commençant la partie, on ne soit convenu de jouer avec le même billard, tant qu'elle dureroit.

42°. Lorsqu'un joueur fait avantage de quelques points à son adversaire, & que celui qui compte le jeu oublie cet avantage, celui qui le reçoit, peut y revenir durant toute la partie.

43°. Quand deux billes se trouvent touchant l'une à l'autre au-dessus d'une blouse, sans être ni dedans, ni dehors, elles sont censées n'être plus sur le tapis, & celui qui a joué le coup, perd deux points.

44°. Lorsqu'un joueur vient à billarder, ou à toucher deux fois sa bille, sans qu'on soit convenu de *jouer à tout coup bon*, il perd un point, & celui qui le gagne donne son acquit.

45°. Si un joueur dit à celui dont la bille est derrière les fers, qu'il doit jouer *coup sec ou bricolle*, il ne peut jouer en traînant, & sans bricolle, qu'il ne perde un point: la même règle doit s'observer relativement à la bille qui est au-dessous des fers.

46°. Quand une bille qu'on a fait sauter du tapis, s'arrête sur la bande, elle est censée sautée, & le joueur qui a joué le coup, perd deux points, si cette bille est la sienne, ou il en gagne deux, si c'est celle de son adversaire.

47°. Le joueur qui joue sur une bille roulante, perd un point.

48°.

48°. Il en est de même de celui qui joue la bille de son adversaire.

49°. Celui qui lève sa bille sans permission, perd pareillement un point.

50°. Lorsqu'après avoir joué, un joueur laisse son billard sur le tapis, & que sa bille vient à y toucher, il perd deux points; mais il n'en perd qu'un, si la bille qui touche à son billard est celle de son adversaire.

51°. Quand les joueurs conviennent de relever les billes, celui qui devoit jouer donne l'acquit.

51°. Lorsqu'il ne manque à un joueur qu'un point pour gagner la partie, il ne peut le demander, dans quelque position que ce soit, ou du moins le consentement que son adversaire donneroit à sa demande, ne produiroit aucun effet, parce que ce consentement seroit regardé comme une surprise.

53°. Quand un joueur vient à quitter, & que celui qui reste trouve à l'instant un autre joueur pour faire sa partie, il doit avoir le billard préférablement à tout autre.

54°. Mais si deux joueurs, ne voulant plus jouer l'un contre l'autre, ont chacun un nouvel adversaire, ils doivent tirer au plus près de la bande, pour savoir auquel des deux le billard restera.

55°. Lorsque deux joueurs quittent le billard, et que deux autres le prennent, les premiers ne peuvent le reprendre, dès que l'un des nouveaux entrans a gagné deux points par une bille faite, quand même les frais du maître ne seroient pas encore payés.

56°. Un joueur perd la partie, lorsqu'il quitte, ou qu'il veut la remettre sans le consentement de son adversaire.

57°. Lorsque l'un des joueurs sauve à l'autre cinq blouses, la partie se joue en dix points, & en douze, s'il ne sauve qu'un côté.

58°. Quand on ne joue que les frais, ou pour boire, celui qui perd la partie, paye le maître du billard ; mais si l'on joue de l'argent, celui qui gagne paye les frais, & si son gain ne suffit pas pour cet effet, les deux joueurs payent le surplus par moitié.

59°. Lorsqu'un joueur a fait un pari avec quelque particulier, & qu'ensuite les deux joueurs conviennent de quitter la partie, le pari devient nul quel que soit l'avantage de l'un des parieurs, attendu que ceux-ci doivent se conformer aux résolutions des joueurs :

mais cette règle reçoit une exception pour le cas où les parieurs seroient convenus qu'en quelqu'état que seroit la partie, *qui plus auroit, tireroit :* alors le parieur qui auroit l'avantage du point, gagneroit le pari.

60°. Les parties & les paris équivoques sont nuls.

61°. L'argent qu'on joue, ou qu'on parie, doit être mis au jeu.

62°. La queue du bistoquet est toujours permise, pourvu néanmoins qu'on en joue du bout, n'étant pas permis de jouer d'aucun des côtés de quelque instrument que ce soit.

63°. Quand un joueur joue son coup, il lui est défendu de tenir les fers à pleine main, ni même entre deux doigts, sous peine de perdre un point ; mais il peut y toucher d'un seul doigt, lorsqu'il joue de la queue.

64°. Si l'une des deux billes se trouve aux environs des fers, & qu'il n'y a pas à jouer *coup sec,* il faut aller en droiture sur l'autre bille.

65°. Tout joueur qui traîne doit traîner droit sur la bille ; & s'il marche en traînant, il perd un point.

66°. Tout joueur perd pareillement un point quand il frappe sur le tapis avec son *billard,* ou autrement, tandis que la bille roule.

Règles de la partie appellée TOUT DE DOUBLET.

1°. Les parties tout de doublet se jouent en dix points.

2°. Les billes faites par contre-coup, sont réputées doublées, & le joueur qui les a faites gagne deux points.

3°. Les billes qu'on fait en bricolle, ou à coup de talon, sont nulles.

Règles de la partie appellée TOUT DE BRICOLE.

1°. Quand des joueurs sont convenus de jouer *tout de bricole,* & que l'un des deux touche la bille de son adversaire avant d'avoir touché aucune bande, il perd un point.

2°. La bricole de fer est bonne dans toutes sortes de parties.

3°. Lorsqu'un joueur, sans avoir touché aucune bande, touche la bille de son adver-

C

faire, & vient enfuite à fe bloufer, ou à fe faire fauter, il perd trois points.

40. Si un joueur, après avoir touché en bricolle la bille de fon adverfaire, fe bloufe ou fe fait fauter, il perd deux points.

Règles de la partie appelée LE JEU DE LA GUERRE.

Cette partie peut avoir lieu entre trois, quatre, cinq, fix, fept, huit ou neuf joueurs. On a autant de billes numerotées qu'il y a de joueurs : ces billes fe tirent au fort, & le numéro que chacune porte, indique le tour où doit jouer le joueur à qui elle appartient.

10. On ne peut pas fe mettre devant la paffe, fans le confentement de tous les joueurs.

20. Le joueur qui, au lieu de jouer fa bille, joue celle d'un autre, perd la bille & le coup.

30. Le joueur qui, en jouant, touche les deux billes, perd fa bille & le coup, & l'on remet l'autre à fa place.

40. Celui qui paffe fur les billes, perd la bille & le coup, & l'on doit mettre cette bille dans la bloufe.

50. Le joueur qui fait une bille, & peut butter après, gagne la partie.

60. Celui qui butte fous la paffe gagne la partie, quand même les joueurs feroient au nombre de neuf.

70. La règle veut qu'on tire les billes à quatre doigts de la corde.

80. Il n'eft pas permis de fauver d'enjeu, à moins qu'on ne foit repaffé.

90. Celui qui perd fon tour à jouer, ne peut rentrer qu'à la feconde partie.

100. Ceux qui entrent nouvellement au jeu, n'ont pas la liberté de tirer le premier coup fur les billes : en plaçant les leurs où ils jugent à propos, ils doivent tirer la paffe à quatre doigts de la corde.

110. Lorfque les joueurs ne font qu'au nombre de cinq, on doit faire une bille avant de paffer.

120. S'ils ne font que trois ou quatre, il n'eft pas permis de paffer jufqu'aux deux derniers.

130. Quand le joueur, qui tire à quatre doigts de la corde, fait paffer une bille, elle eft bien paffée.

140. Celui qui touche une bille avec la

fienne, & fe noye, perd la partie, & la bille touchée doit refter où elle s'eft arrêtée.

150. Lorfqu'un joueur, qui touche une bille en jouant, la noye avec la fienne, il perd la partie, & la bille touchée fe remet où elle étoit.

160. Lorfque, du côté de la paffe, un joueur fait paffer une bille qu'il efpère gagner, & qu'il ne gagne pas, elle doit refter où elle fe trouve, s'il y a encore quelqu'un à jouer ; mais s'il n'y a plus perfonne, on la remet à fa place.

170. Auffitôt qu'un joueur a perdu, il ne peut rentrer au jeu que la partie ne foit entièrement gagnée.

180. Les billes noyées appartiennent à celui qui butte.

190. Celui qui joue avant fon tour, ne perd que le coup, & non la bille : ainfi il peut revenir à fon rang.

Règles de la partie à SAUVER CINQ BLOUSES.

10. Lorfqu'un joueur fauve à l'autre cinq bloufes pour une, à perte & à gain, la partie fe joue en douze points.

20. Si celui des deux joueurs qui a la bloufe à perte & à gain, ne parle point du faut, il fe compte pour l'un comme pour l'autre, fur cette bloufe.

30. Quand le joueur qui n'a qu'une bloufe à perte & à gain, met la bille de fon adverfaire, foit feule, foit avec la fienne, dans cette bloufe, il gagne deux points : il les gagne pareillement lorfqu'il a auffi le faut à perte & à gain fur la même bloufe, & qu'il vient à faire fauter la bille de fon adverfaire, ou les deux billes enfemble.

40. Le joueur qui n'ayant qu'une bloufe à perte & à gain, vient à fe perdre dans cette bloufe, ne perd rien : la même règle s'obferve à l'égard du faut.

50. Lorfque le joueur qui n'a qu'une bloufe à perte & à gain, fait fauter une des deux billes, & met l'autre dans fa bloufe, il gagne deux points.

Règles de la partie QUI PERD GAGNE.

10. A la partie qui perd gagne, le joueur

qui bloufe fa bille, ou la fait fauter, gagne deux points.

2º. Il en eft de même du joueur qui bloufe, ou fait fauter les deux billes.

3º. Mais lorfqu'un joueur bloufe, ou fait fauter la bille feule de fon adverfaire, il perd deux points, & ce dernier donne l'acquit.

Règles de la partie, SANS PASSER LA RAIE DES MILIEUX.

1º. Lorfqu'un des deux joueurs fait refter la bille de fon adverfaire fur la raie qu'on a formée fur le tapis, il ne perd rien ; mais pour peu que la bille outre-paffe cette raie du côté défendu, il perd un point.

2º. Si un joueur fait paffer la bille de fon adverfaire au côté qui lui eft défendu, & que, par le même coup, il fe bloufe ou fe faffe fauter, il perd trois points.

3º. Quand un joueur fe bloufe ou fe fait fauter, fans qu'il faffe paffer du côté défendu la bille de fon adverfaire, il perd deux points.

Règles de la partie appellée LE JEU DE LA CARAMBOLE.

1º. La partie fe joue en vingt points, & l'on y emploie trois billes dont deux blanches, à l'ordinaire, & la troifième qu'on nomme carambole, eft de couleur rouge.

2º. Les joueurs tirent d'abord à la bande, & celui qui en eft le plus près joue le premier fur la carambole.

3º. La carambole doit être placée au milieu de la paffe, entre les deux fers, & elle eft bonne par-tout où elle fe trouve faite.

4º. Celui qui joue le premier, doit placer fa bille fur une marque pratiquée au milieu de la raie de la corde, vis-à-vis de la carambole : celui qui joue le fecond fe place de même, & il peut jouer fur telle bille qu'il juge à propos, pourvu qu'elle ne foit pas dans la partie inférieure du billard.

5º. On doit avoir le corps & les deux pieds dans le billard, pour tirer du but.

6º. Lorfque les billes fe trouvent cachées par les fers, ou couvertes par une bille, & que le joueur doit jouer coup fec, s'il ne le joue pas, il perd un point, & s'il arrive qu'il carambole ou faffe quelque bille, il ne gagne

rien : fi au contraire il vient à fe perdre, il perd autant de points qu'il auroit pu en gagner.

7º. Quand un joueur a joué hors du but ou même du billard fans qu'on l'en ait empêché, le coup eft bon.

8º. Lorfqu'un joueur joue la bille d'un autre fans qu'on l'ait averti de fa méprife, le coup eft bon.

9º. Celui qui joue la carambole perd trois points : on relève alors toutes les billes, & le joueur qui a gagné le coup joue le premier.

10º. Le joueur qui carambole, c'eft-à-dire, qui avec fa bille touche les deux autres, gagne deux points, pourvu toutefois qu'il ne fe perde pas ; car, s'il fe perdoit, fon adverfaire gagneroit deux points.

11º. Le joueur qui fait la bille blanche, gagne deux points ; mais s'il vient à fe perdre, c'eft fon adverfaire qui gagne les deux points.

12º. Quand un joueur fait la carambole, il gagne trois points, pourvu qu'en même-temps il ne fe perde pas ; car, s'il fe perdoit, ce feroit fon adverfaire qui les gagneroit.

13º. Le joueur qui fait la bille blanche & carambole, gagne quatre points : s'il fait la rouge & carambole, il gagne cinq points ; & fi en carambolant il fait tout-à-la-fois la rouge & la bille de fon adverfaire, il gagne fept points : mais, fi dans quelqu'un de ces cas, il vient en même-temps à fe perdre, il lui en coûte autant de points qu'il en auroit gagnés, s'il ne fe fût pas perdu.

14º. On ne gagne rien quand on fait fauter la bille de fon adverfaire, ou la carambole : mais fi du même coup, on carambole, on gagne deux points, & fi l'on fait la rouge on en gagne cinq, pourvu qu'en même temps on ne fe perde pas, car fi ce cas arrivoit, on perdroit autant de points qu'on auroit pu en gagner.

15º. Lorfqu'un joueur fait fauter fa bille en tirant fur la blanche, il perd deux points, & s'il tiroit fur la rouge, il en perd trois : mais fi en faifant fauter fa bille, il carambole, il n'en perd que deux : fi du même coup, il fait la blanche, & carambole, & faute, il perd quatre points, & cinq, s'il fait la rouge : enfin s'il arrive qu'en faifant fauter fa bille, il faffe les deux autres en carambolant, il perd fept points.

16º. Quand un joueur fait fauter la bille de

son adverfaire, et que celui-ci la renvoye, elle eft réputée dehors du billard, & l'adverfaire doit recommencer du but: celui qui a joué compte d'ailleurs, à l'exception du faut, les points qu'il a pu gagner du coup.

170. Celui qui billarde ou qui queute, perd un point, & fa bille fe relève.

180. Aucune bille ne doit fe relever, qu'il ne fe foit fait quelque faux coup ; autrement celui qui en releveroit, perdroit autant de points qu'il auroit touché de billes, & chacune feroit remife à fa place. La même règle s'applique aux billes qu'on dérange dans quelque coup que ce foit.

190. Si la carambole fe trouvoit faite ou hors du billard, & que quelqu'un jouât avant qu'elle fût remife à fa place, il ne pourroit rien gagner, & perdroit un point.

200. Lorfqu'un joueur qui eft caché, ne joue pas le coup fec qu'on lui a dit de jouer, il ne peut pareillement rien gagner du coup, & il perd un point : il en perdroit même trois s'il venoit à rompre la bille roulante.

210. Lorfqu'un joueur touche deux fois fa bille, ou qu'il manque à toucher, il perd un point.

220. Lorfque les trois billes fe trouvant jointes enfemble, le joueur n'en fait remuer aucune, il perd un point : s'il en fait remuer une, il ne perd rien, s'il fait remuer la rouge & la blanche, il carambole, & gagne par conféquent deux points : mais s'il vient à pouffer les billes enfemble, il perd un point, & dans ce cas, les billes fe relèvent.

230. Si, en jouant, on dérange quelques billes arrêtées fur le tapis, on perd autant de points qu'il y a eu de billes dérangées, & l'on ne peut tirer aucun avantage du coup: mais fi le joueur ne touche aux billes qu'après que le coup eft confommé et les billes arrêtées, il doit compter ce qu'il a gagné, & perdre enfuite autant de points qu'il a dérangé de billes. En ce cas, chaque bille fe remet à fa place.

240. Lorfqu'un joueur arrête fa bille avant la confommation du coup, il perd autant de points qu'il auroit pu en gagner.

250. Quand un joueur fait paffer deffus ou deffous fa bille ou à côté, le billard ou autre inftrument dont il fe fert, il perd un point, & fa bille fe relève: les autres reftent où elles fe trouvent, & fi quelqu'une a été dérangée, on la remet à fa place.

260. Lorfqu'un joueur a fait la bille de fon adverfaire, & que les autres billes fe trouvent au-deffous de la raie du but, (ce qu'on appelle *le coup de bas*), celui qui doit jouer après lui eft obligé de fe mettre à la marque de la raie du but, et de jouer au coup de talon ou en bricolle : fi la bille fe trouve jufte fur la raie, il eft tenu de jouer de même; mais fi le fort de la bille eft du côté des fers, il peut jouer à l'ordinaire, fans qu'on puiffe exiger qu'il joue au coup de talon, ou en bricolle.

270. Quand la bille d'un joueur occupe la place de la carambole qu'il a bloufée ou fait fauter, celle-ci doit être remife au milieu du *billard* entre les deux bloufes, & celui qui eft en tour de jouer, eft obligé de tirer du but. Si le but fe trouve occupé par une bille & la paffe par une autre, on relève la bille qui eft au but & on la met au milieu : fi le milieu eft pareillement occupé, la bille relevée fe met entre les deux fers.

VOCABULAIRE explicatif des termes ufités au jeu de Billard.

Acquit. C'eft le premier coup qu'on joue pour fe mettre en paffe.

Avantage. Ce font les points qu'un joueur préfumé le plus fort, donne à fon adverfaire pour rendre la partie égale.

Bande. On donne ce nom aux côtés intérieurs d'un *billard*.

Billard. Ce mot fignifie, tout-à-la-fois, le jeu auquel on s'exerce ; la table fur laquelle on fait mouvoir les billes ; & la maffe ou le bâton recourbé, avec lequel on les pouffe.

Billarder. C'eft toucher deux fois la bille avec le *billard*, ou pouffer les deux billes à la fois.

Bille. C'eft une petite boule d'ivoire, avec laquelle on joue au *billard*.

Bille collée. C'eft une bille placée de manière qu'elle eft tout près de la bande.

Bille roulante. C'eft une bille qui eft en mouvement.

Biftoquet. Sorte d'inftrument avec lequel on joue pour éviter de billarder.

Bloufe. On appelle ainfi chaque trou des coins & des côtés d'un *billard*.

Bloufer. C'eft jouer en telle forte que la bille qu'on joue faffe entrer dans une des

blouſes, la bille de celui contre qui on joue.
Et l'on dit *ſe blouſer*, pour dire, mettre ſa
propre bille dans la blouſe.

Bricole. On emploie ce mot, pour ſignifier
le chemin que la bille fait après avoir frappé
une des bandes du *billard*.

Bricoler. C'eſt jouer de bricole.

Carambole. C'eſt le nom qu'on donne à
une bille de couleur rouge, employée avec
deux billes blanches.

Caramboler. C'eſt toucher avec ſa bille, les
deux autres billes.

Coller. C'eſt pouſſer une bille de manière
qu'elle demeure tout près de la bande du
billard.

Décoller. C'eſt éloigner une bille de la
bande du *billard*.

Doublet. C'eſt une manière de jouer qui
conſiſte à faire toucher la bille contre un des
bords du *billard*, pour la faire revenir du
côté oppoſé.

Être en paſſe. C'eſt être dans un lieu du
billard, d'où l'on peut paſſer ſans bricole.

Fer. C'eſt ce qu'on appelle autrement la
paſſe. *Voyez* ce mot.

Frais. C'eſt ce qu'on paye au maître du
billard pour jouer.

Guerre. On appelle *jeu de la guerre*, une
partie de *billard*, qui ſe joue entre un nombre
de joueurs qu'on peut étendre depuis trois
juſqu'à neuf.

Maſſe. C'eſt un bâton recourbé, avec lequel on pouſſe les billes.

Paſſe. C'eſt l'archet ou porte, ſous laquelle
on fait paſſer ſa bille.

Perdre. (*ſe*) C'eſt mettre ſa propre bille
dans une blouſe, ou la faire ſauter.

Point. C'eſt le nombre qu'on marque à
chaque coup du jeu, & celui qu'il faut atteindre pour gagner la partie.

Queue. Sorte d'inſtrument qui ſert à pouſſer
les billes.

Queuter. C'eſt toucher deux fois ſa bille
avec la queue, ou pouſſer les deux billes à la
fois avec cet inſtrument.

Sauter. C'eſt l'action de faire ſauter une
bille du *billard*, en lui faiſant franchir la
bande.

Traîner. C'eſt conduire quelque temps ſa
bille, ſans qu'elle quitte le bout de l'inſtrument.

BIRIBI.

Sorte de jeu de hazard, qui a une grande
analogie avec celui de la belle, dont nous
avons parlé précédemment. Il y a au *biribi*,
comme à la belle un tableau, aux numéros
duquel correſpondent d'autres numéros renfermés dans un ſac, d'où on les tire pour
indiquer les parties qui viennent à gagner.
Mais, il y a cette différence entre le tableau
de la belle & celui du *biribi*, que le premier
contient cent quatre numéros, & que le
ſecond n'en a que ſoixante-dix (*)

Il y a, au jeu dont il s'agit, un banquier
& des pontes en nombre illimité, comme
à la belle.

Lorſque les pontes ont fait leur jeu, qui
conſiſte à placer ſur le tableau ce qu'ils veulent riſquer, le banquier lit le numéro que
le ſort a fait ſortir du ſac, comme à la belle,
& enſuite il paye les parties ſur leſquelles
s'étend ce numéro. Le paiement conſiſte en
une ſomme qui équivaut à ſoixante-quatre
fois la miſe du ponte ſur le numéro ſorti.

Quand les paiemens ſont achevés, on
commence comme à la belle, une nouvelle
partie.

Au *biribi*, les chances ne ſont ni moins
variées ni moins multipliées qu'à la belle:
ainſi, on y joue,

1°. Le plein;
2°. Le demi-plein;
3°. Le carré;
4°. La colonne droite;
5°. Deux colonnes droites groupées;
6°. La colonne tranſverſale;
7°. Deux colonnes tranſverſales groupées.
8°. Le petit côté & le grand côté;
9°. Le pair & l'impair;
10°. La couleur noire & la couleur rouge;
11°. Le pair du petit ou du grand côté;
12°. L'impair du petit ou du grand côté;
13°. La couleur noire du petit ou du grand
côté;
14°. La couleur rouge du petit ou du
grand côté;
15°. Les terminaiſons;

(*) *Voyez* aux Planches la Figure III.

16°. La bordure du tableau;
17°. L'intérieur du tableau.

Avant d'expliquer ces chances & de quels paiemens est tenu le banquier quand elles gagnent, il convient d'énoncer en détail, les différentes parties dont le tableau est composé.

On a vu que le tableau de la belle contenoit treize colonnes droites de huit numéros chacune; mais le tableau du *biribi* n'en contient que neuf. Les quatre premières & les quatre dernières contiennent huit numéros chacune, & celle du milieu, qu'on appelle la colonne du banquier, n'en contient que six. Ainsi, les quatre premières se terminent par le numéro 32; la cinquième s'étend depuis le numéro 33 jusqu'au numéro 38 inclusivement, & les quatre dernières, qui commencent par le numéro 39, sont terminées par le numéro 70.

Les quatre premières colonnes composent ce qu'on appelle le *petit côté*; & les quatre dernières forment le *grand côté*.

Les colonnes transversales sont pareillement au nombre de huit, & elles sont aussi composées chacune de huit numéros, comme les colonnes droites; mais elles diffèrent de celles-ci par l'ordre des numéros. Ainsi, la colonne droite est composée, comme on l'a vu, des huit premiers numéros; la seconde s'étend depuis le numéro 9 jusqu'au numéro 16, &c.

La première colonne transversale, est au contraire, formée par le premier numéro de chacune des quatre premières & des quatre dernières colonnes droites; les sept autres colonnes transversales sont également formées chacune par les numéros subséquents des mêmes colonnes droites: ainsi, la seconde colonne transversale contient le second numéro de chacune de ces colonnes droites; la troisième, le troisième numéro, &c.

Le pair général est composé de tous les nombres pairs qui se trouvent dans les quatre premières, & les quatre dernières colonnes droites: le premier de ces nombres, est le numéro 2, & le dernier, le numéro 70.

L'impair général consiste dans les nombres impairs que renferment les mêmes colonnes.

Le pair du petit côté consiste dans les seize numéros pairs qui font partie des quatre premières colonnes droites; & le pair du grand côté, dans les seize autres numéros pairs que contiennent les quatre dernières colonnes droites.

L'impair du petit côté est composé des seize numéros impairs de ce côté, & l'impair du grand côté, des seize pareils numéros de ce dernier côté.

Un numéro peint en noir étant toujours suivi d'un numéro peint en rouge, ce qu'on vient de dire des pairs & des impairs, tant généraux que des côtés, doit aussi s'appliquer à la couleur noire & à la couleur rouge.

On donne le nom de *terminaison*, à la finale de chaque nombre: il y a, par conséquent, la terminaison des uns, la terminaison des deux, & ainsi du reste, jusqu'à la terminaison des dix, ou des zéros.

La terminaison des uns consiste dans les numéros 1, 11, 21, 31, 41, 51 & 61: celle des deux, dans les numéros 2, 12, &c. & ainsi du reste.

Les terminaisons sont figurées à la tête du tableau par les numéros 1, 2, 3, 4, 5, 6, 7, 8, 9, & 0.

Voici maintenant comme on joue les différentes chances dont on a parlé, & ce qu'elles rendent au ponte qui les a choisies.

La chance la plus importante est celle du plein. On la joue, en plaçant sur un seul numéro ce qu'on veut exposer. Si ce numéro vient à gagner, le banquier paye soixante-quatre fois ce que les pontes y ont mis.

Le demi-plein se joue, en plaçant sa mise sur la ligne qui sépare deux numéros l'un de l'autre. Lorsqu'un de ces deux numéros vient à gagner, le ponte reçoit trente-deux fois ce qu'il a risqué.

Pour jouer le carré on place la mise dans un angle commun à quatre numéros. Lorsqu'un de ces numéros vient à sortir, le ponte gagne seize fois ce qu'il a risqué.

On joue la colonne droite en plaçant la mise à la partie, soit supérieure, soit inférieure de cette colonne. S'il vient à sortir un des huit numéros de la même colonne, le ponte reçoit huit fois sa mise.

Si l'on joue la colonne du banquier, & qu'il en sorte le premier ou le dernier numéro, le ponte reçoit seize fois sa mise: la raison en est que cette colonne n'étant composée que de six numéros, le 33 & le 38 sont censés représenter chacun un numéro sur lequel la mise est en carré.

Pour jouer deux colonnes droites groupées, on place son argent à la partie supérieure ou inférieure de la ligne qui sépare ces deux colonnes l'une de l'autre. S'il sort un des seize numéros de ces colonnes, le banquier doit payer quatre fois la mise du ponte.

Le jeu des colonnes transversales est le même que celui des colonnes droites, quant au payement : mais, au lieu que pour celle-ci, on place l'argent qu'on risque à la partie inférieure ou supérieure, comme on l'a dit, il faut le placer pour jouer celles-là, à l'une des parties latérales du tableau vis-à-vis des numéros d'une de ces colonnes, si on la joue seule, ou sur la ligne qui les sépare l'une de l'autre, si on les joue groupées.

Le tableau indique les endroits où le ponte doit placer son argent, quand il veut jouer au petit côté, ou au grand côté ; au pair général ou à l'impair général, & à la couleur noire, ou à la couleur rouge : lorsqu'il sort un numéro d'une de ces chances, le banquier double la mise du ponte.

Le pair, tant du petit que du grand côté, se joue, en plaçant la mise à côté d'un des numéros pairs les plus proches de la partie latérale du tableau qu'on a adopté : s'il sort un numéro pair de cette partie, le ponte reçoit quatre fois sa mise.

Ce qu'on vient de dire à l'égard du pair, s'applique aussi à l'impair & aux couleurs, tant de l'un que de l'autre côté.

La terminaison se joue en plaçant l'argent sur la case où elle est figurée. S'il sort un des numéros dont la terminaison est composée, le ponte reçoit le même payement qu'aux colonnes, c'est-à-dire, huit fois sa mise : mais comme une terminaison n'est composée que de sept numéros, tandis que la colonne en a huit, il est de règle que les terminaisons venant à sortir par les numéros 1, 2, 3, 4, 5, 6, 7, 8, 9, & 10, le ponte reçoive un double payement.

On joue deux terminaisons groupées, en plaçant sa mise sur la ligne qui les sépare l'une de l'autre. S'il sort un numéro de ces terminaisons, le ponte reçoit quatre fois sa mise, ou huit fois, si ce numéro est une unité.

La bordure du tableau consiste en trente numéros ; savoir, les seize numéros qui composent, tant la première que la dernière colonne droite ; & le premier numéro, ainsi

que le dernier de chacune des sept autres colonnes droites.

S'il sort un numéro de cette chance, le ponte reçoit du banquier soixante - quatre fois le trentième de l'argent joué. Ainsi lorsqu'on a, par exemple, placé 30 écus sur la bordure, elle produit au ponte qui l'a jouée, 64 écus.

L'intérieur du tableau est composé de tous les numéros qui ne sont pas de la bordure. Ils sont au nombre de quarante. Quand il sort un numéro de cette chance, elle produit au ponte qui gagne soixante-quatre fois la quarantième partie de ce qu'il a joué. Si, par exemple, sa mise a été de 40 écus, le banquier lui en paye 64.

Lorsqu'il sort un numéro de la colonne du banquier, qui s'étend, comme on l'a vu, depuis le numéro 33, jusqu'au numéro 38, les pontes perdent en entier les mises qu'ils ont faites au pair & à l'impair général, ainsi qu'au pair & à l'impair, tant du petit que du grand côté.

La même règle s'applique à tout ce que les pontes ont joué aux couleurs & aux côtés.

On voit que le biribi est distribué de manière que le banquier a constamment un avantage de six soixante dixièmes : en voici la preuve : placez 20 sols sur chacun des 70 numéros qui composent le tableau, le banquier payera pour le numéro sorti, 64 livres ; ainsi, il lui restera 6 livres en pur bénéfice.

VOCABULAIRE explicatif des termes usités au Biribi.

Bordure. C'est le nom sous lequel on désigne trente-un numéros, qui sont les seize composant, tant la première que la dernière colonne droite, & le premier numéro ainsi que le dernier de chacune des autres sept colonnes droites.

Banquier. C'est celui contre lequel les pontes jouent leur argent.

Carré. On appelle ainsi quatre numéros groupés, tels que cinq & six, treize & quatorze, entre lesquels & dans l'angle qui leur est commun, on place sa mise pour en être payé seize fois, s'il vient à sortir un de ces quatre numéros.

Colonne droite. On donne ce nom à huit numéros qui se suivent immédiatement l'un l'autre, depuis la partie supérieure du tableau jusqu'à la partie inférieure : ainsi, les numéros qui s'étendent depuis un jusqu'à huit, forment sur le tableau la première colonne droite.

Colonnes droites groupées. On désigne ainsi deux colonnes droites contiguës, qui ont entr'elles une ligne à la partie supérieure ou inférieure de laquelle le ponte place son argent, pour en obtenir quatre fois autant, s'il vient à sortir un numéro de ces deux colonnes.

Colonne du banquier. C'est le nom qu'on donne à la colonne du milieu du tableau, laquelle n'est composée que de six numéros, & s'étend depuis le numéro 33 jusqu'au numéro 38 inclusivement : elle est ainsi appelée, à cause des avantages qu'elle produit au banquier, en lui faisant gagner, quand il en sort quelque numéro, la totalité des mises qui ont été faites au pair, à l'impair, aux couleurs, aux côtés, &c.

Colonne transversale. On donne ce nom à une suite de huit numéros, pris sur une même ligne dans les six premières & les six dernières colonnes droites.

Colonnes transversales groupées. On nomme ainsi deux colonnes transversales contiguës, ayant entr'elles une ligne qui s'étend d'une partie latérale du tableau à l'autre partie, & à l'extrêmité de laquelle le ponte place son argent pour en obtenir quatre fois autant, s'il vient à sortir un numéro de ces deux colonnes.

Couleur noire. On donne ce nom à la totalité des numéros peints en noir sur le tableau.

Couleur noire du grand côté. On désigne ainsi les numéros peints en noir dans les quatre dernières colonnes droites du tableau. Et l'on appelle *couleur noire du petit côté*, les numéros peints en noir dans les quatre premières colonnes droites.

Couleur rouge. On donne ce nom à la totalité des numéros peints en rouge sur le tableau.

Couleur rouge du grand côté. Ce sont les numéros peints en rouge, dans les quatre dernières colonnes droites du tableau. Et l'on appelle *couleur rouge du petit côté*, les numéros peints en rouge dans les quatre premières colonnes droites.

Demi-plein. C'est la mise que fait un

ponte, sur la ligne qui sépare deux numéros l'un de l'autre.

Galerie. On désigne sous ce nom, les pontes & les spectateurs pris en général. C'est dans ce sens qu'on dit, que quand il s'élève quelque difficulté entre le banquier & un ponte, c'est la galerie qui doit la décider.

Grand côté. C'est la totalité des numéros que contiennent les quatre dernières colonnes droites.

Impair. On donne ce nom à la totalité des nombres impairs des quatre premières & des quatre dernières colonnes droites.

Impair du grand côté. On désigne ainsi les nombres impairs qui se trouvent dans les quatre dernières colonnes droites. Et l'on appelle *impair du petit côté*, les nombres impairs des quatre premières colonnes droites.

Intérieur. C'est la totalité des numéros qui ne sont pas compris dans la bordure.

Numéro. C'est le nom qu'on donne à chacun des soixante-dix nombres qui composent le tableau, & à ceux que renferme le sac d'où l'on tire chaque coup, celui que le banquier doit lire à la galerie pour indiquer les parties perdantes & gagnantes.

Pair. C'est la totalité des nombres pairs des quatre premières & des quatre dernières colonnes droites.

Pair du grand côté. Ce sont les nombres pairs que renferment les quatre dernières colonnes droites. Et l'on appelle *pair du petit côté*, les nombres pairs des quatre premières colonnes droites.

Petit côté. C'est la totalité des numéros que contiennent les quatre premières colonnes droites.

Plein. C'est la mise que fait un ponte sur un seul numéro.

Ponte. On désigne sous ce nom les joueurs qui font des mises sur le tableau.

Terminaison. C'est la finale de chaque nombre.

BLANQUE.

Sorte de jeu, qui n'est autre chose qu'une espèce de loterie, par le moyen de laquelle certains

certains petits marchands vendent leurs marchandifes.

Celui qui donne à jouer fe nomme banquier, & ceux qui jouent s'appellent pontes.

Les inftrumens du jeu font un cornet & des dés. Il y a fur chaque pièce de marchandife du banquier, un numero tel qu'il eft poffible que le ponte en amène un femblable, en faifant fortir les dés du cornet. Ainfi, dans le cas où le ponte amèneroit le nombre 15, il gagneroit une des pièces far lefquelles fe trouveroit le même numero, & il auroit la faculté de choifir celle de ces pièces qu'il jugeroit à propos. La fomme à payer au banquier pour avoir le droit de jouer, eft proportionnée à la valeur des pièces dont la loterie eft compofée.

BOUILLOTTE. *Voyez* BRELAN.

BOULES. (*les*)

C'eft un jeu d'exerciçe, qui confifte à faire rouler des *boules* d'un endroit à un autre, & à jouer à qui fera aller fa *boule* plus près de l'endroit marqué pour fervir de but. Deux, trois, quatre, fix perfonnes & même un plus grand nombre peuvent jouer enfemble. Chacun joue pour foi, ou l'on joue deux contre deux, trois contre trois, &c.

Le lieu où l'on établit le jeu eft pour l'ordinaire une allée, à chaque extrémité de laquelle on place un but, & au-delà du but, on pratique un petit foffé appellé *noyon*.

Le nombre des points dont la partie doit être compofée eft arbitraire, & dépend de la convention des joueurs.

Chaque joueur a communément deux *boules* à jouer ; & après que le fort a décidé l'ordre fuivant lequel chacun doit jouer, celui qui a la *boule* tâche de lui imprimer un tel mouvement, qu'elle s'arrête le plus près du but qu'il eft poffible.

Plus un joueur a de *boules* près du but, plus il compte de points, attendu que chacune de ces *boules* lui en produit un.

S'il arrive qu'un joueur, ou quelqu'autre perfonne arrête la *boule* en mouvement, on doit recommencer le coup.

Il eft défendu à un joueur, fous peine de perdre la partie, d'ajouter, en quelque manière que ce foit, une nouvelle force à la *boule* qu'il a d'abord mife en mouvement.

Quand la *boule* eft entrée dans le noyon, & qu'elle eft renvoyée au but, le joueur ne tire de ce retour aucun avantage.

Lorfqu'on s'apperçoit qu'un joueur a joué avant fon tour, il eft tenu de recommencer le coup.

Celui qui a laiffé paffer fon tour fans réclamer, perd fon coup.

Le joueur qui change de *boule* n'eft obligé qu'à reprendre la fienne, & à jouer de nouveau, fi perfonne n'a encore joué après lui : mais fi quelqu'un a joué, il remet fa *boule* à la place de celle dont il s'eft fervi, à moins que celui auquel cette dernière appartient ne confente à jouer avec celle que le premier joueur auroit dû employer.

VOCABULAIRE explicatif des termes ufités au jeu des Boules.

ALLER A L'APPUI DE LA BOULE. C'eft jouer fa *boule* de manière qu'elle puiffe joindre la *boule* de celui avec qui on eft, & la pouffer plus près du but.

AVOIR LA BOULE. C'eft être le premier à jouer.

BOULE. C'eft un corps rond en tout fens, & l'inftrument avec lequel on joue.

BUT. C'eft le point où l'on vife, & auquel on veut atteindre.

NOYON. C'eft un petit foffé au-delà duquel eft une petite éminence de terre, pour mettre obftacle à ce que les *boules* qui roulent excèdent l'efpace dans lequel le jeu eft circonfcrit.

POINT. C'eft ce qu'on marque à chaque coup qu'on a une *boule* plus près du but.

BRELAN. (*le*)

Sorte de jeu de renvi, où l'on joue à deux, à trois, à quatre ou à cinq perfonnes, & où l'on ne donne que trois cartes à chaque joueur.

On diftingue deux efpèces de *brelan*; l'un qu'on nomme *brelan cavé*, & l'autre *bouillotte*.

Au *brelan cavé*, la partie eſt limitée à un certain nombre de coups; & la *bouillotte*, au contraire, dure auſſi long-temps qu'il y a des joueurs pour remplacer ceux qui ſont décavés.

On commence par faire prononcer le ſort ſur la diſtribution des places que les joueurs doivent occuper autour de la table. Si, par exemple, il y a cinq joueurs, on tire du jeu cinq cartes, ſavoir, un roi, une dame, un valet, un dix & un neuf, qu'on mêle, & qu'enſuite on préſente aux joueurs, afin que chacun en prenne une. Celui qui ſe trouve avoir le roi, choiſit la place qu'il juge à propos : la dame ſe place à la droite du roi; le valet à la droite de la dame; le dix à la droite du valet, & le neuf, à la gauche du roi.

C'eſt au joueur qui a le roi à diſtribuer les cartes le premier. Après avoir fait couper par le joueur qu'il a à ſa gauche, il les donne une à une; & quand chaque joueur en a trois, on met en évidence la première du talon, qui eſt ce qu'on appelle la retourne.

Les cartes qu'on employe ſont un jeu de piquet, dont on ôte ordinairement les ſept, ce qui réduit le jeu à 23 cartes.

L'as, qui eſt la principale carte du jeu, vaut onze points : le roi, la dame, le valet & le dix, en valent chacun dix, & les autres cartes en valent autant qu'elles en portent.

Chaque joueur met devant lui un jeton, ou un écu, ſelon la convention; & la totalité des miſes forme ce qu'on appelle la *paſſe*, ou le *jeu*.

La parole appartient, en premier lieu, au joueur qui eſt à la droite du diſtributeur des cartes, & ſucceſſivement à chaque joueur qui ſuit, dans le même ordre.

Celui qui a la parole dit qu'il *paſſe*, ou qu'il *joue*, ſoit le jeu, ſoit une ſomme quelconque priſe dans ſa cave, ou même la totalité de ſa cave.

On paſſe non-ſeulement quand on a mauvais jeu, mais encore lorſqu'on a beau jeu, parce que dans ce cas-ci, on ſe réſerve le droit de renvier celui qui jouera le premier.

S'il arrive que tous les joueurs paſſent, chacun remet au jeu, & l'on donne de nouvelles cartes.

Lorſqu'un joueur, ayant la parole, ouvre le jeu, ſoit en diſant qu'il *joue*, qu'il *fait le jeu*, ou *la paſſe*, ou qu'il propoſe une ſomme

quelconque, qui ne peut être au-deſſous de la paſſe, à moins qu'il n'ait plus qu'un reſte de cave devant lui, le joueur ſuivant eſt obligé ou d'accepter la propoſition, ou de dire qu'il *paſſe*. Dans ce cas-ci, il ne peut plus revenir ſur le coup : mais lorſqu'il a accepté de jouer ce que l'autre a propoſé, il peut renvier, s'il le juge à propos; & ſi le premier joueur n'accepte point le renvi, il perd ce qu'il a d'abord propoſé.

Obſervez que quand le joueur qui a la parole a paſſé, ſans qu'aucun joueur précédent ait ouvert le jeu, il peut rentrer en concurrence avec ceux qui viennent à ouvrir le jeu, ou à faire quelqu'autre propoſition. La même règle s'applique à tous ceux qui ont paſſé, ſans qu'il y ait eu auparavant aucune ouverture du jeu.

Si celui qui a ouvert le jeu vient à être renvié, il peut non-ſeulement accepter le renvi, mais renvier à ſon tour juſqu'à concurrence de tout ce qu'il a devant lui.

Lorſque perſonne ne veut plus renvier, tous les joueurs mettent leurs cartes en évidence ſur le tapis, & ceux qui ont intérêt au coup réuniſſent, par le moyen des cartes qu'ils ont dans la main, celles de même couleur que les autres joueurs ont miſes à découvert. Ainſi celui des joueurs intéreſſés au coup, qui a, par exemple, dans ſa main l'as de carreau, prend pour former ſon jeu tous les carreaux dont les jeux des autres joueurs pouvoient être compoſés.

On a jeu ſûr quand on a *brelan carré*, ou quatrième, c'eſt-à-dire, quand on a trois cartes de différentes couleurs & de même qualité, & qu'une ſemblable carte de la quatrième couleur forme la retourne. Ce *brelan* ſe nomme auſſi *tricon*.

Après le *brelan carré*, celui qui vaut le mieux c'eſt le *brelan* d'as, enſuite c'eſt celui de rois, puis celui de dames, &c. Tout *brelan* l'emporte ſur les couleurs, quel que ſoit le nombre des points qu'on a réunis.

Les exemples que nous allons donner feront connoître plus particulièrement & la manière de jouer le *brelan*, & les évènemens dont ce jeu eſt ſuſceptible.

Nous ſuppoſerons d'abord la partie liée entre cinq joueurs, appelés Pierre, Paul, Louis, Camille & Alexandre. Pierre eſt le diſtributeur des cartes; il a à ſa droite Paul,

& fucceſſivement les autres joüeurs, dans l'ordre où ils viennent d'être nommés.

Premier exemple.

Paul qui a la parole, & dont le jeu eſt compoſé d'un as & d'une autre carte de même couleur, avec une fauſſe, dit qu'il fait le jeu, c'eſt-à-dire, que ſi la miſe de chaque joüeur eſt d'un écu, & que la paſſe ſoit ſimple, il joue cinq écus. Louis, Camille & Alexandre qui n'ont pas jeu à tenir, ou du moins qui ne veulent pas courir le riſque d'être renviés, répondent qu'ils paſſent. Pierre, qui eſt le dernier à parler, & dont le jeu conſiſte dans vingt-un de trèfle, & le valet de cœur, dit qu'il tient le jeu, & rien de plus. Alors les cinq joüeurs mettent leurs cartes ſur le tapis. Paul réunit à ſon jeu toutes les cartes de même couleur que ſon as, & en outre celles de la couleur de ſa fauſſe, quand Pierre n'a point de carte de cette dernière couleur qui ſoit ſupérieure à cette fauſſe. Celui-ci, de ſon côté, raſſemble, pour former ſon jeu, tous les trèfles dont il a l'as, & même tous les cœurs, ſi Paul n'en a point de ſupérieurs au valet, qui fait partie du jeu de Pierre.

Alors chacun des concurrens compte les points produits par la couleur la plus nombreuſe qu'il a en ſa faveur, & celui qui ſe trouve réunir la plus grande quantité de points, gagne le coup.

Comme les points réunis par Pierre peuvent être en nombre égal à ceux qu'a réunis Paul, c'eſt alors le joüeur le plus près de la droite du diſtributeur des cartes, qui gagne le coup. C'eſt ce qu'on appelle *gagner par primauté*.

Cette primauté eſt un avantage conſidérable en faveur du joüeur à qui elle appartient; car il arrive fréquemment qu'on gagne par primauté.

Second exemple.

Paul paſſe; Louis ouvre le jeu; Camille dit qu'il tient le jeu; Alexandre & Pierre paſſent: la parole revient en ce cas à Paul, qui a d'abord paſſé, & il dit qu'il tient auſſi le jeu. C'eſt alors à Camille à parler; & comme il ne juge point à propos de renvier, il dit qu'il ne propoſe rien de plus. Paul qui n'a paſſé que pour avoir occaſion de renvier

ceux qui joüeroient, reprend la parole, & dit qu'il propoſe vingt écus au-delà du jeu. Louis qui a ouvert le jeu, & qui n'a pas jeu à riſquer une ſomme plus forte que la paſſe, dit qu'il ne tient pas, & il paye ce qu'il a engagé. Camille tient le renvi, & s'il a aſſez de confiance en ſon jeu pour imaginer qu'il l'emportera ſur celui de ſon adverſaire, ou que celui-ci ſera intimidé par les riſques qu'il aura à courir, il propoſe à Paul un nouveau renvi. Si ce renvi-ci eſt accepté, & que Paul, de ſon côté, ne veuille plus renvier, on abat les cartes, & le gain du coup ſe décide comme dans le premier exemple.

Troiſième exemple.

Les quatre premiers joüeurs paſſent, & le cinquieme, qui a mauvais jeu, mais beaucoup d'argent dans ſa cave, propoſe tout ſon argent. Son intention en ceci eſt de gagner la paſſe ſans contradiction, en empêchant les autres de courir les riſques de perdre une ſomme conſidérable. Ce coup a communément lieu lorſque la paſſe eſt double ou triple. Quand on réuſſit, cela s'appelle *voler la paſſe*. Au ſurplus, ce genre de témérité ne reſte pas toujours impuni: il arrive ſouvent qu'un joüeur qui connoît dans d'autres joüeurs l'inclination à voler la paſſe, attend leur propoſition pour joüer contre eux ſon argent avec avantage.

Quatrième exemple.

Paul a dans la main trois cartes qui forment trente-un, & la retourne eſt un dix de la même couleur: ainſi, il a quarante & un avec la primauté: c'eſt le meilleur jeu qu'on puiſſe avoir après le *brelan*: Camille a un *brelan* de dix & Alexandre un *brelan* de valets. Il arrive par les renvis que chacun de ces trois joüeurs a engagé ou propoſé tout ce qui forme ſa cave. Mais, la cave de Paul eſt de vingt louis, celle de Camille de quinze, & celle d'Alexandre, n'eſt que de neuf. Il réſulte de cette poſition, qu'Alexandre, ayant le *brelan* ſupérieur, emporte la paſſe, & gagne neuf louis à chacun des deux autres joüeurs. Mais, comme après avoir payé Alexandre, il reſte à Camille ſix louis, Paul, qui perd envers lui, eſt obligé de doubler ces ſix louis. Il ſuit de là, que Paul, dans ce coup , perd quinze louis , & que Camille n'en perd que trois.

Quand un joueur a son dernier jeton ou son dernier écu à la passe, & qu'il a un jeu avec lequel on a coutume de faire la passe, il peut, comme les autres, ouvrir le jeu : c'est ce qu'on appelle *jouer le tapis* ; s'il vient à gagner, il emporte la passe, mais il n'a rien à prétendre de ceux qui ont succombé en la lui disputant.

Celui qui a un *brelan*, reçoit des autres joueurs une somme convenue.

Si sur le coup il y a deux *brelans*, le joueur qui a le *brelan* supérieur, ne paye rien pour le *brelan* inférieur ; mais, les autres joueurs payent chacun les deux *brelans*.

La premiere retourne fait ordinairement le *brelan*, qu'on appelle favori. Par exemple, si cette retourne est un dix, le *brelan* favori est le *brelan* de dix : on le paye double, mais il ne gagne ni le jeu ni les renvis par préférence à un autre *brelan* supérieur.

Le *brelan* carré ou quatrieme, se paye quadruple.

Au *brelan* cavé, on divise en plusieurs parties ou caves, la somme qui, suivant la convention, doit former la mise au jeu de chaque joueur : mais on est libre de caver d'abord la totalité de la mise au jeu, & même d'y ajouter ce qu'on juge à propos.

Quand un joueur a perdu toutes ses caves, il est le maître de s'en tenir à *filer*. c'est-à-dire, qu'il suffit qu'à chaque coup il mette un écu à la passe, si l'on joue aux écus, & qu'il ait un autre écu devant lui : s'il gagne la passe, ceux qui la lui ont disputée ne lui doivent qu'un écu chacun.

Tandis que la partie dure, aucun joueur ne peut rien ôter de sa cave : mais, il est le maître d'y ajouter à tout coup, avant d'avoir vu ses cartes.

A la bouillotte, le joueur décavé est obligé de céder sa place à celui qui, suivant l'ordre établi, doit rentrer le premier. S'il ne se trouve point de rentrant, le joueur décavé peut rester & former une nouvelle cave.

Comme à la bouillotte, la durée de la partie n'est pas déterminée, chaque joueur peut quitter quand il juge à propos.

Le grand art à ce jeu, consiste à engager on argent à propos, & à ne pas le risquer inconsidérément.

Vocabulaire explicatif des termes usités au Brelan.

Avoir la parole. C'est être en tour d'exprimer ce qu'on veut faire sur le coup qui se joue.

Brelan. C'est un jeu composé de trois cartes de même figure & de même point, comme trois as, trois dames, &c.

Brelan carré, ou quatrieme. C'est un *brelan* tel que la carte qui retourne est de même sorte que les trois qu'un des joueurs a dans la main.

Brelan favori. C'est le *brelan* qu'en commençant à jouer, on est convenu de payer double.

Cave. C'est le fonds d'argent que chacun des joueurs met devant soi.

Couper. C'est séparer en deux parties un jeu de cartes, avant de distribuer à chaque joueur les cartes qu'il doit avoir.

Décaver. C'est gagner tout l'argent qu'un joueur a mis devant soi.

Fausse. C'est une carte d'une couleur dont on n'a pas l'as.

Filer. C'est ne mettre au jeu précisément que ce qu'on est obligé d'y mettre.

Jeu. C'est ce que chaque joueur a mis au jeu. On dit *j'y vais du jeu, j'en suis du jeu,* pour dire qu'on joue ce qui compose le jeu.

Jouer le tapis. C'est jouer la passe quand il ne reste plus rien devant soi.

Ouvrir le jeu. C'est faire la premiere vade.

Passe. C'est l'argent qu'on est convenu de mettre au jeu toutes les fois qu'on recommence un nouveau coup.

Passer. C'est ne point ouvrir le jeu, ou ne point tenir la vade que fait un autre joueur.

Point. C'est le nombre que composent ensemble plusieurs cartes d'une même couleur. Il se dit aussi du nombre que produit chaque carte.

Primauté. C'est l'avantage par lequel le joueur qui est le premier à jouer, gagne le coup, quand il a un point égal à celui de son adversaire.

Rentrant. On désigne sous ce nom les joueurs qui doivent remplacer à la *bouillotte* ceux qui viennent à être décavés.

Renvier. C'est mettre une certaine somme d'argent par-dessus la vade.

RETOURNE. C'eſt la carte qu'on retourne, quand chaque joueur a reçu le nombre des cartes qu'il doit avoir.

TALON. C'eſt ce qui reſte de cartes après qu'on a donné à chaque joueur le nombre qu'il lui en faut.

TRICON. Terme ſynonyme de *brelan* carré. *Voyez* ce mot.

VADE. C'eſt la ſomme quelle qu'elle ſoit, dont un des joueurs ouvre le jeu.

VOLER LA PASSE. Il ſe dit du joueur qui ayant mauvais jeu, propoſe une ſomme conſidérable qu'il croit qu'on ne tiendra pas, afin de gagner la paſſe ſans contradiction.

BRISCAN. (*le*)

C'eſt une ſorte de jeu des cartes qui ſe joue entre deux perſonnes avec un jeu de piquet.

Après être convenu de ce qu'on veut jouer, qu'on a tiré la main, & qu'on a coupé, le joueur chargé de diſtribuer les cartes, en donne cinq en deux fois à ſon adverſaire, & il en prend autant pour lui: il retourne enſuite la onzieme carte, qu'il met ſous le talon. Cette carte déſigne la couleur d'a-tout. Le joueur qui n'a pas donné les cartes, commence à jouer: c'eſt enſuite à celui qui fait la levée que le droit de jouer le premier eſt dévolu. Il faut obſerver qu'à chaque levée, les deux joueurs remplacent chacun la carte qu'ils ont jouée, par une autre carte qu'ils prennent au talon: celui qui a fait la levée, prend carte le premier.

Les cartes ſont ſupérieures l'une à l'autre dans l'ordre ſuivant: l'as eſt ſupérieur au dix; le dix au roi; le roi, à la dame; la dame, au valet; le valet au neuf; le neuf au huit, & le huit au ſept.

Pour gagner la partie, il faut avoir fait ſix cents points avant ſon adverſaire. Les chances qui peuvent ſervir à réunir ces points, ſont les quintes, les quatrièmes & les tierces, tant d'a-tout que des autres couleurs: les quatre as, les quatre dix, les quatre rois, les quatre dames, & les quatre valets; les mariages; la réunion de cinq figures, ou de cinq cartes blanches, ou de cinq a-touts dans la main d'un joueur; un as, un dix ou une figure de retourne; l'as d'a-tout; la priſe de la derniere carte du talon; les cinq dernieres

levées; le plus de levées; la valeur de chacune des cinq plus hautes cartes, & la vole.

Les trois dernieres cartes, qui ſont le neuf, le huit & le ſept, ne donnent par elles-mêmes aucun point: on les appelle *baſſes cartes*.

On diſtingue quatre ſortes de quintes; ſavoir, la quinte majeure compoſée de l'as, du roi, de la dame, du valet & du dix d'une même couleur; la quinte au roi, compoſée du roi, de la dame, du valet, du dix & du neuf; la quinte à la dame, compoſée de la dame, du valet, du dix, du neuf & du huit; & la quinte au valet, compoſée du valet, du dix & des trois baſſes cartes.

La quinte majeure vaut communément trois cents points; la quinte au roi, cent cinquante points; la quinte à la dame, cent points; & la quinte au valet, cinquante. Lorſque ces quintes ſont dans la couleur d'a-tout, celui qui les a compte deux fois ce qu'elles valent en couleur ordinaire. Ainſi la quinte majeure vaut en a-tout ſix cents points; la quinte au roi, trois cents, &c.

Il y a cinq quatrièmes; ſavoir, la quatrième majeure, compoſée de l'as, du roi, de la dame & du valet d'une même couleur; la quatrieme au roi, compoſée du roi, de la dame, du valet & du dix; la quatrieme à la dame, compoſée de la dame, du valet, du dix & du neuf; la quatrieme au valet, compoſée du valet, du dix, du neuf & du huit; & la quatrieme au dix, compoſée du dix & des trois baſſes cartes.

La quatrième majeure vaut en couleur ordinaire, cent points; la quatrieme au roi, quatre-vingt points; la quatrieme à la dame, ſoixante points; la quatrieme au valet, quarante points; & la quatrieme au dix, trente points. Quand ces quatrièmes ſont dans la couleur d'a-tout, celui qui les a compte deux fois ce qu'elles valent en couleur ordinaire. Ainſi la quatrième majeure vaut en a-tout, deux cents points; la quatrieme au roi, cent ſoixante, &c.

Il y a ſix tierces; ſavoir, la tierce majeure, compoſée de l'as, du roi & de la dame d'une même couleur; la tierce au roi, compoſée des trois figures d'une couleur; la tierce à la dame, compoſée de la dame, du valet & du dix; la tierce au valet, compoſée du valet, du dix & du neuf; la tierce au dix, compoſée du dix, du neuf & du huit; & la tierce au neuf, compoſée des trois baſſes cartes.

La tierce majeure vaut en couleur ordinaire soixante points ; la tierce au roi, cinquante points ; la tierce à la dame, quarante points ; la tierce au valet, trente points ; la tierce au dix, vingt points, & la tierce au neuf, dix points. Si ces tierces sont en a-tout, on compte deux fois ce qu'elles valent en couleur ordinaire : ainsi, la tierce majeure vaut en a-tout, cent vingt points ; la tierce au roi, cent points, &c.

Les quatre as réunis valent cent cinquante points ; les quatre dix, cent points ; les quatre rois, quatre-vingt points ; les quatre dames, soixante points, & les quatre valets, quarante points.

Le mariage d'une couleur ordinaire vaut vingt points, & s'il est en a-tout, il en vaut le double.

Les mariages de rencontre ont autant de valeur que ceux qu'on a faits dans son jeu.

Lorsqu'on a dans son jeu cinq figures, on compte vingt points ; & si après avoir joué une de ces figures, le joueur en tire une autre du talon, il compte de nouveau vingt points : ceci se continue aussi long-temps qu'il rentre des figures & qu'on s'en trouve cinq dans la main.

La même règle s'observe à l'égard des cartes blanches qui se trouvent dans un jeu au nombre de cinq : mais il y a cette différence, que pour les figures on compte vingt points, & que pour les cartes blanches on n'en compte que dix.

Quand toutes les cartes du talon sont levées, & qu'un joueur a cinq a-touts dans la main, il compte trente points.

Lorsque celui qui distribue les cartes retourne une figure, un as, ou un dix, il compte dix points.

L'as d'a-tout vaut trente points, à l'exception du cas où il a déjà été compté.

Lorsqu'on lève la dernière carte du talon, on compte dix points.

Le joueur qui fait les cinq dernières levées, compte vingt points.

Quand toutes les cartes sont jouées, le joueur qui a le plus de levées, compte dix points.

Ensuite chaque joueur compte la valeur de chacune des cartes qui se trouvent dans les levées qu'il a faites. Ainsi, il compte onze pour un as, dix pour un dix, quatre pour un roi, trois pour une dame ; & deux pour un valet.

S'il arrive qu'un des joueurs fasse la vole, il gagne la partie.

Quand un joueur a dans sa main le sept d'a-tout, il peut l'échanger contre la carte qui retourne, quelle qu'elle soit, mais il faut que cet échange ait lieu avant de jouer pour la dernière levée des cartes du talon.

Tandis qu'il y a des cartes au talon, on a la liberté de renoncer ; mais lorsqu'elles sont toutes levées, on est obligé de couper la carte de celui qui joue, si l'on n'a pas de la couleur jouée : si l'on a de cette couleur, il faut en fournir, & même une carte supérieure à celle qui est jouée, quand on le peut.

Le joueur qui a compté une tierce, une quatrième ou une quinte dans une couleur, ne peut plus compter une nouvelle tierce, ni une nouvelle quatrième, ni une nouvelle quinte, formée avec quelqu'une des cartes qu'il a d'abord employées pour un même objet : supposons, par exemple, que vous ayez compté une tierce au roi de cœur, & qu'ensuite vous ayez levé au talon l'as de cœur ; cet as formera bien une quatrième, mais vous ne pourrez pas la compter, parce que les cartes dont elle sera formée, auront déjà servi à vous faire compter une tierce.

Vocabulaire explicatif des termes usités au Briscan.

A-TOUT. C'est la couleur dont est la triomphe.

BASSES CARTES. On désigne ainsi les neuf, les huit & les sept, parce qu'ils ne produisent aucun point.

CARTES BLANCHES. Ce sont celles qui sont simplement marquées de quelque couleur, sans être peintes comme les rois, les dames & les valets. Ainsi, l'as, le dix, le neuf, le huit & le sept, sont des cartes blanches.

COUPER. C'est séparer un jeu de cartes en deux, avant de distribuer à chaque joueur les cartes qu'il doit avoir.

Ce mot signifie aussi, employer un a-tout sur la couleur qui est jouée.

FIGURE. On donne ce nom aux cartes peintes qui sont les rois, les dames & les valets.

Levée. C'eſt la main qu'on a faite en jouant.

Mariage. C'eſt la réunion d'un roi & d'une dame de même couleur dans la main d'un joueur.

Mariage de rencontre. C'eſt une levée compoſée d'un roi & d'une dame de même couleur.

Point. C'eſt le nombre qui réſulte de la valeur des cartes dont un jeu eſt compoſé.

Ce mot ſe dit auſſi du nombre qu'on marque à chaque coup de jeu, & de celui dont on eſt convenu pour gagner la partie.

Quatrieme. C'eſt une ſuite de quatre cartes de même couleur. Il y a la quatrième majeure, la quatrième au roi, la quatrième à la dame, la quatrième au valet & la quatrième au dix. La quatrième majeure eſt compoſée de l'as, du roi, de la dame & du valet : les autres quatrièmes tirent leurs dénominations de la première des quatre cartes dont elles ſont formées.

Quinte. C'eſt une ſuite de cinq cartes de même couleur. Il y a la quinte majeure, la quinte au roi, la quinte à la dame & la quinte au valet. La quinte majeure eſt compoſée de l'as, du roi, de la dame, du valet & du dix : les autres quintes tirent leurs dénominations de la première des cinq cartes dont elles ſont formées.

Renoncer. C'eſt mettre une carte d'une autre couleur que celle qui eſt jouée, ſoit qu'on ait de la couleur jouée ou qu'on n'en ait pas.

Retourne. C'eſt la carte qu'on retourne quand chaque joueur a reçu le nombre de cartes qu'il doit avoir.

Talon. C'eſt ce qui reſte de cartes quand chaque joueur en a le nombre qu'il lui en faut.

Tierce. C'eſt une ſuite de trois cartes de même couleur. Il y a la tierce majeure, la tierce au roi, la tierce à la dame, la tierce au valet, la tierce au dix & la tierce au neuf. La tierce majeure eſt compoſée de l'as, du roi & de la dame : les autres tierces tirent leurs dénominations de la première des trois cartes dont elles ſont formées.

Tirer la main. C'eſt faire prononcer le ſort, pour déſigner le joueur qui diſtribuera les cartes.

Vole. C'eſt l'action de faire toutes les mains.

BRUSQUEMBILLE. (la)

Sorte de jeu des cartes, auquel peuvent jouer enſemble deux, trois, quatre ou cinq perſonnes : il y a ſeulement cette différence, que ſi les joueurs ſont au nombre de deux ou de quatre, on emploie un jeu de piquet entier; & que s'ils ſont au nombre de trois ou de cinq, on ſupprime deux ſept, ce qui réduit le jeu à trente cartes.

Lorſque les joueurs ſont au nombre de quatre, ils peuvent s'aſſocier deux contre deux; dans ce cas, chaque joueur communique ſon jeu à ſon aſſocié, & peut lui demander conſeil ſur la manière de jouer.

Les as & les dix ſont les bruſquembilles, & par conſéquent les principales cartes : les autres cartes prévalent l'une ſur l'autre dans l'ordre ſuivant : le roi, la dame, le valet, le neuf, le huit & le ſept.

Après qu'on eſt convenu du prix & de la durée de la partie, & qu'on a tiré la main, le joueur chargé de faire, préſente à couper au joueur qui eſt à ſa gauche, & enſuite il diſtribue trois cartes à chaque joueur, en commençant par la droite : ces cartes peuvent indifféremment ſe donner en une ou en pluſieurs fois.

Les cartes étant données, celui qui a fait retourne la ſuivante de la dernière qu'il a priſe pour lui, & il la place, toute retournée, ſous le talon. C'eſt cette carte qui forme la triomphe. Le joueur qui eſt à la droite du diſtributeur des cartes, jette enſuite ſur le tapis telle carte de ſon jeu qu'il juge à propos, & chacun des autres joueurs en uſe de même : alors ces cartes ſe relevent par celui qui en a fourni une ſupérieure à celle qu'on a d'abord jouée, ou qui a coupé avec une triomphe. Ce dernier remplace la carte qu'il a jouée par une nouvelle qu'il prend au talon, & chaque autre joueur, en commençant par la droite, en fait autant. On continue de même juſqu'à ce qu'on ait levé toutes les cartes du talon.

Suppoſez la partie formée entre cinq joueurs qui ſont : Louis, Antoine, Camille, Pierre & Alexandre : Louis, qui a diſtribué les cartes, a à sa droite, Antoine & successivement les autres joueurs qu'on vient de nommer. La triomphe ou la retourne est un carreau. Antoine ouvre le jeu en jetant sur le tapis la dame de pique : Camille, Pierre & Alexandre jouent ou des piques inférieurs ou des trefles, &c. Louis, qui est le dernier à jouer, & qui a dans sa main l'as de pique, le joue & fait la levée.

Si dans le cas proposé Camille a un pique supérieur à la dame, & qu'il le joue, les joueurs qui sont après lui, pourront faire la levée en coupant avec une triomphe.

Il n'y a point de renonce à la brusquembille : ainsi, on peut en toute circonstance, jouer telle couleur qu'on juge à propos, sur celle qui a d'abord été jouée.

On convient du nombre de coups qu'il faudra jouer avant que la partie soit finie.

Elle se gagne par le moyen des points réunis dans les levées qu'un joueur a faites. Celui qui a su en réunir la plus grande quantité, ou qui le premier a atteint la quantité convenue, emporte les enjeux.

Les points se comptent par la qualité des cartes qui se trouvent dans les levées qu'on a faites. Un as donne onze points, un dix en donne un de moins ; un roi donne quatre points, une dame trois, & un valet deux.

Celui qui joue la principale brusquembille, qui est l'as de triomphe, reçoit deux jetons de chaque joueur.

Le joueur qui fait une levée par le moyen d'un autre as, reçoit également deux jetons de chaque joueur : mais, s'il arrive qu'après avoir joué un as, on ne fasse pas la levée, non-seulement on ne reçoit rien, mais on est encore obligé de payer deux jetons à chaque joueur.

Ce que nous venons de dire des as, s'applique aussi aux dix, avec cette différence que les payemens relatifs aux dix, ne sont que d'un jeton, tandis qu'ils sont de deux jetons à l'égard des as, comme on vient de le voir.

Quand il se trouve une ou plusieurs cartes retournées dans le jeu, on doit remêler.

Lorsque le jeu se trouve défectueux, soit parce qu'il y a trop de cartes, ou qu'il n'y en a pas assez, personne ne peut sur le coup, gagner la partie ; mais il n'y a pas lieu de revenir contre les payemens des brusquembilles,

qui ont été faits avant qu'on s'aperçût de la défectuosité du jeu.

Si dans le jeu il se trouve deux cartes semblables, & qu'on s'en apperçoive avant que le coup soit fini, on cesse de jouer ; mais si le coup étoit fini, il vaudroit comme si le jeu eût été en règle.

Lorsqu'on a joué, on ne peut pas reprendre sa carte, quand même on auroit joué avant son tour.

Si un joueur a pris au talon avant son tour, la carte d'un autre, & l'a mise dans son jeu, il doit la rendre à celui à qui elle appartient, & lui payer la moitié de ce qui est au jeu ; mais s'il n'a fait que voir cette carte sans la joindre à son jeu, il la laisse pour celui à qui elle doit appartenir, & paye deux jetons à chaque joueur.

Lorsqu'en tirant une carte du talon, on en voit une seconde, on est obligé de payer deux jetons à chaque joueur.

Si en jouant deux contre deux, l'un des joueurs voit la carte qui doit appartenir à l'un de ses adversaires, ceux-ci peuvent recommencer la partie ; mais le jeu se continue si la carte vue doit revenir à celui qui l'a vue, ou à son associé.

Le joueur qui n'a accusé qu'un certain nombre de points, quoiqu'il en eût davantage, n'est point admis à rectifier son erreur quand les cartes sont mêlées.

Si l'on quittoit le jeu avant que la partie fût finie, on la perdroit.

Vocabulaire explicatif des termes usités à la Brusquembille.

BRUSQUEMBILLE. On désigne sous ce nom les principales cartes du jeu, qui sont les as & les dix.

COUPER. Ce terme a deux significations : tantôt il se prend pour l'action de séparer un jeu de cartes en deux avant de distribuer à chaque joueur les cartes qu'il doit avoir ; & tantôt il signifie employer une triomphe sur la couleur qui est jouée.

FAIRE. C'est mêler les cartes, faire couper & les distribuer aux joueurs.

LEVÉE. C'est une main qu'on a faite en jouant.

POINT. C'est le nombre qui résulte de la valeur de chaque carte, & celui dont on est convenu pour gagner la partie.

RENONCE.

RENONCE. C'est la carte qu'on met sur celle qui est jouée, & qui en diffère par la couleur.

RETOURNE. C'est la carte qu'on retourne quand on a distribué à chaque joueur le nombre de cartes qu'il doit avoir.

TALON. C'est ce qui reste de cartes quand chaque joueur a celles qu'il lui faut.

TIRER LA MAIN. C'est faire prononcer le sort pour désigner le joueur qui distribuera les cartes.

TRIOMPHE. C'est la couleur de la carte qu'on retourne, & qui emporte toutes les autres cartes.

C

CAVAGNOLE. - COMÈTE.

CAVAGNOLE. Sorte de jeu de hazard, qui est une espèce de *biribi*, où tous les joueurs ont des tableaux, & tirent les boules à leur tour. *Voyez* BIRIBI.

COMÈTE.

Sorte de jeu des cartes auquel on emploie deux jeux entiers, dont on a ôté les as; ainsi chaque jeu se trouve réduit à quarante-huit cartes.

De ces quarante-huit cartes, il y en a quarante-sept de noires dans un jeu, & quarante-sept de rouges dans l'autre jeu. Aux cartes noires on ajoute un *neuf rouge*, & aux cartes rouges un *neuf noir*. Ce neuf rouge & ce neuf noir sont dans chaque jeu ce qu'on appelle *la comète*.

On joue communément la *comète* entre deux personnes; mais on peut aussi la jouer entre trois, quatre ou cinq.

Nous allons d'abord expliquer comment la *comète* se joue entre deux personnes, & nous indiquerons ensuite la manière de la jouer entre trois, quatre ou cinq.

Les comptes du jeu se font avec des jetons & des fiches, qui ont une valeur convenue.

La partie ordinaire est composée de douze rois, chaque roi de deux idés, & chaque idé, de deux coups.

Les joueurs donnent chacun une fois par idé. On distribue les cartes par trois à la fois, jusqu'à ce que chaque joueur en ait dix-huit: les douze qui restent après cette

distribution, forment ce qu'on appelle le talon, que personne n'a le droit d'examiner.

Si l'on a mal donné, le joueur qui est le premier en carte, peut obliger de refaire, à moins qu'il ne juge qu'il lui est avantageux de jouer le coup tel qu'il se trouve, soit qu'il ait une carte de plus ou une de moins.

Quand chacun a vu & arrangé ses cartes, le premier commence à jouer par celle qu'il juge à propos : le but qu'il doit se proposer est de se defaire de tout son jeu, avant que son adversaire se soit defait du sien. Quand un des joueurs n'a plus de cartes, il compte tous les points qui résultent de celles dont son adversaire n'a pas pu se defaire, & il les marque à son profit. Ainsi, le joueur qui a gagné plus de points ou l'autre en deux coups, ou dans une ide, reçoit de son adversaire autant de jetons qu'il a gagné de fois le nombre de dix points, & en outre la quantité de deux ou quatre jetons suivant la convention qu'on a faite à cet égard. C'est ce qu'on appelle, *les jetons de consolation*. Celui qui perd le pari, met d'ailleurs de son côté, un jeton à la queue.

Les cartes se jouent selon l'ordre dans lequel elles se suivent. Supposons que celui qui doit jouer le premier, ait dans son jeu une serie qui s'étende depuis le deux jusqu'au roi; il s'énonce de la manière suivante, en jetant sur le tapis les cartes qu'il désigne: deux, trois, quatre, cinq, six, sept, huit, neuf, dix, valet, dame & roi. Après avoir joué cette dernière carte, il recommence à jouer ou une seule carte, ou une nouvelle série de plusieurs cartes, si son jeu se trouve convenablement disposé pour cet effet.

Si, par exemple, dans les cartes qui lui restent, il y a un deux, & ensuite un cinq, un six & un sept ; il ne doit pas régulièrement jouer ces cartes-ci, parce qu'elles peuvent servir à le faire rentrer en jeu, tandis qu'un deux qui n'a point de carte au-dessous de lui, ne lui présente pas la même espérance : il doit donc jeter son deux & dire, *deux* sans trois : il attend de cette manière que son adversaire joue, en disant trois & quatre sans cinq.

Il faut, autant qu'il est possible, se procurer des *hoc*, attendu que par ce moyen, on se rend en quelque sorte maître du jeu, sur-tout si l'on a la *comète*.

Quand on a dans son jeu quatre cartes semblables, comme quatre huit, quatre sept, &c. on peut les jouer toutes les quatre ensemble ; mais il est en général prudent de n'user de cette liberté, que quand on a des cartes de l'espèce qui est immédiatement au-dessous des quatre cartes semblables, & qu'on n'en garde point de celles qui sont au-dessus.

Si, par exemple, vous aviez quatre sept, trois huit & point de six, vous ne devriez pas jeter vos quatre sept à la fois, parce que les six de votre adversaire lui feroient des *hoc*, & que vous ne pourriez plus rentrer en jeu par les huit. Si au contraire, vous aviez des six & point de huit ou un seul huit, il faudroit jeter à la fois vos quatre sept, & couvertir par ce moyen en *hoc*, les six qui seroient dans votre jeu.

Comme il n'y a que trois neuf dans un jeu ; non compris la *comète* ; ces trois neufs peuvent se jeter ensemble de la même manière que nous avons dit qu'on jetoit quatre sept, quatre huit, &c.

Lorsque le premier, après avoir joué les cartes qui avoient une suite, est obligé de s'arrêter à une carte qu'il n'a pas, & qu'il dit, par exemple, six sans sept ; le second, est obligé de jeter un sept, s'il en a un ; mais, après avoir jeté ce sept, il n'est pas le maître de recommencer par telle carte de son jeu que son intérêt pourroit lui indiquer, il faut qu'il suive l'ordre naturel des

cartes depuis le sept, en remontant jusqu'au roi, qui est la plus haute carte du jeu : après celle-ci, il peut jouer la carte qu'il juge à propos.

Remarquez à ce sujet, que quand les cartes de celui qui joue, ne peuvent point aller de suite & sans interruption jusqu'au roi, & que, par exemple, après avoir dit sept, huit & neuf, il est obligé de dire sans dix : il ne sera pas nécessaire, si son adversaire manque également de dix, qu'il joue le valet, qui est la carte au-dessus du dix ; il pourra, dans cette circonstance, recommencer par telle carte qu'il jugera à propos.

La *comète* a la prérogative de faire *hoc* par-tout ; ainsi, le joueur qui l'a, peut, en jetant les cartes, l'employer pour telle carte qu'il juge à propos : elle est sept, huit, dix, valet, &c., selon la volonté ou l'avantage de celui dans le jeu duquel elle se trouve.

Lorsque le joueur qui n'a pas la *comète* est obligé de s'arrêter à une carte, & de dire par exemple, sept sans huit, celui qui a la *comète*, & qui manque de huit, peut la jeter pour un huit, s'il lui est avantageux d'interrompre la file des cartes de son adversaire, & ensuite il reprend le jeu par la carte qu'il juge à propos : mais, quand celui qui n'a pas la *comète* se défait de ses cartes de suite & dans l'ordre naturel, en remontant d'une basse carte jusqu'au roi, on ne peut pas l'interrompre avec la *comète*.

Quand on a la *comète*, & qu'on n'a point d'autre neuf, on n'est pas obligé, après avoir joué un huit, de la jeter pour neuf : on dit alors huit sans neuf.

La *comète* simple se paye deux jetons au joueur qui l'a dans son jeu, & qui l'emploie avant d'avoir jeté ses autres cartes : dans la même circonstance, elle se paye double, triple, quadruple, quintuple, &c. si elle est restée deux fois, trois fois, quatre fois, cinq fois, &c. dans le talon.

Si la *comète* se place à la dernière carte, comme si l'on termine ainsi ; trois, quatre & *comète*, on la paye double, c'est-à-dire, quatre jetons pour une *comète* simple, huit pour une *comète* double, douze pour une *comète* triple, seize pour une *comète* quadruple, vingt pour une *comète* quintuple, &c.

Toutes ces sommes doublent, si un joueur

parvient à placer, après la dernière carte de son jeu, la *comète* pour neuf : & ceci peut arriver de trois manières différentes, 1°. quand on joue la *comète* après un *hoc* ; 2°. quand on la joue après un roi ; 3°. enfin, quand on la joue après un huit.

Lorsqu'il ne reste plus de cartes dans la main d'un joueur, on compte les points qui résultent des cartes restées dans la main de son adversaire : les figures, c'est-à-dire, les rois, les dames & les valets, se comptent chacun pour dix points, & les autres cartes pour autant de points qu'elles en représentent : si, par exemple, il reste dans la main de votre adversaire un valet, un neuf & un huit, & que ce soit le premier coup de l'ide, vous aurez vingt-sept points à employer à votre profit sur le coup qui doit terminer l'ide : s'il arrive que vous gagniez encore des points le second coup de l'ide, vous les ajoutez à ceux que vous avez gagné le premier coup, & vous en demandez ensuite le payement à raison d'un jeton par dix points. Supposons que vous ayez gagné dans les deux coups quarante à quarante-quatre points, on vous payera quatre jetons, non compris les jetons de consolation : mais si vous aviez gagné quarante-cinq ou quarante-six points, on vous payeroit cinq jetons non compris pareillement les jetons de consolation. Il faut conclure de cet exemple, que depuis un point de reste jusqu'à quatorze, on est payé sur le pied d'une dixaine de points ; depuis 15 jusqu'à 24, sur le pied de deux dixaines ; depuis 25 jusqu'à 34, sur le pied de trois dixaines, &c. C'est ce qu'on appelle marquer de dix points, de vingt points, de trente points, &c.

Les points qu'on gagne sur un coup se comptent deux fois quand on finit par la *comète* : ainsi, lorsque dans ce cas, il reste vingt-sept points à votre adversaire, vous en comptez cinquante-quatre ; & si en finissant vous placez la *comète* pour neuf, vous compterez quatre fois les points qui resteront dans la main de votre adversaire.

Lorsqu'un joueur a filé toutes ses cartes, & que la *comète* reste entre les mains de son adversaire, celui-ci la lui paye double, & les points qui restent avec la *comète*, se comptent deux fois.

Quand un joueur a filé toutes ses cartes

sans interruption depuis la première jusqu'à la dernière, il a fait ce qu'on appelle *opéra* ; en ce cas, il compte deux fois les points qui se trouvent dans la main de son adversaire : si dans cette circonstance la *comète* n'est pas restée au talon, on la lui paye double, soit qu'il l'ait jouée ou qu'elle soit restée dans la main de son adversaire.

Lorsqu'un joueur fait opéra en finissant par la *comète*, on la lui paye quadruple, & il compte à son profit quatre fois les points que son adversaire a dans la main.

Si le joueur qui fait opéra place, en finissant, la *comète* pour neuf, son adversaire la lui paye seize jetons, & les points que renferme le jeu de ce dernier, se comptent huit fois au profit du premier.

Quand en faisant opéra, un joueur place la *comète* pour neuf & y joint les trois autres neuf, c'est le coup le plus considérable qui puisse être fait : son adversaire, en ce cas, paye trente-deux jetons pour la *comète*, & les points que renferme le jeu de ce dernier, se comptent seize fois au profit du premier.

Lorsqu'un joueur fait opéra, & que son adversaire a la *comète*, celui-ci la paye double, & les points qui sont dans son jeu se comptent quatre fois.

Le joueur qui a distribué les cartes, peut aussi faire opéra : ceci arrive, quand après avoir interrompu la file des cartes de celui qui a joué le premier, il parvient à se défaire de ses dix-huit cartes sans interruption.

Dans tous ces cas d'opéra, si la *comète* est restée au talon, un, deux, trois ou quatre coups, on multiplie autant de fois les paiemens que nous avons dit devoir être faits. Ainsi, lorsqu'en faisant opéra vous finissez par mettre la *comète* pour neuf, on doit vous payer autant de fois seize jetons, que la *comète* est restée de coups au talon.

Quand un joueur n'a dans son jeu que des cartes blanches, il compte cinquante points & même cent, si la *comète* est du nombre de ces cartes. Il empêche en outre par là, que son adversaire ne puisse faire opéra.

C'est par le travail de la mémoire, qu'un joueur doit se rappeler les cartes qui sont jouées, pour le guider relativement à celles qu'il lui est avantageux de jouer. Il ne peu

E 2

pas, pour remplir cet objet, se permettre d'examiner les cartes jetées sur le tapis.

Quand les douze rois ou les vingt-quatre ides sont joués, celui qui se trouve gagner quelque chose, ne fut-ce qu'un jeton, emporte ce qu'on a mis à la queue : mais, si dans les vingt-quatre jetons qui composent la queue, il s'en trouve onze du côté d'Alexandre, l'un des joueurs, & treize du côté de Louis, son adversaire, celui-ci perdra deux paris : or, comme chaque pari se paye quatre jetons, à quoi on ajoute sur le tout deux fiches de consolation, Louis, dans le cas proposé, sera tenu de payer à Alexandre deux fiches & huit jetons ; si les paris perdus sont en plus grand nombre, le paiement qu'on vient d'indiquer augmentera de quatre jetons pour chacun de ces paris.

Nous allons maintenant, par des exemples, indiquer quelques manières de jouer la comète.

La partie est liée entre Alexandre & Louis.

Alexandre, premier en cartes, a un jeu composé de quatre deux, deux quatre, un six, un sept, un huit, un neuf, deux dix, deux valets, une dame & trois rois :

Dans cette position, il débute par dire quatre sans cinq : l'adversaire répond en jetant un cinq & les cartes qui sont au-dessus & se suivent jusqu'à la dame inclusivement, & il dit sans roi : Alexandre jette un roi & joue ensuite quatre deux sans trois : Louis jette un trois, & n'ayant plus de quatre, il dit sans quatre : Alexandre met le quatre qui lui reste, & dit sans cinq : Louis met un cinq, sans six : Alexandre jette son six & les cartes qui se suivent jusqu'au roi : il dit ensuite roi, & comme il est maître du jeu, il finit par dix & valet. Si la comète est dans le jeu de Louis, elle est regorgée, & doit être payée double à Alexandre, qui d'ailleurs, en ce cas, compte deux fois les points que Louis a gardés dans son jeu.

Exemple d'un jeu disposé pour faire opéra sans la comète.

Alexandre, premier en cartes, a un jeu composé d'un deux, deux trois, deux quatre, un cinq, un six, un sept, un huit, trois neuf, un dix, un valet, deux dames & deux rois : il commence par jeter un deux, un trois, un quatre, un cinq, un six, un sept,

un huit, trois neuf, un dix, un valet, une dame & un roi : il joue ensuite une dame & un roi ; & comme il est maître du jeu, il finit par le trois & le quatre qui lui restent de ses dix-huit cartes.

En ce cas, les points que l'adversaire a dans son jeu se comptent doubles, ou quatre fois, si la comète s'y trouve.

Exemple d'un jeu disposé pour faire opéra par le moyen de la comète.

Alexandre a un jeu composé d'un deux, deux trois, un quatre, deux cinq, deux six, deux sept, deux huit, un neuf, un dix, un valet, une dame, un roi & la comète. Il jette d'abord un deux, un trois, un quatre, un cinq, un six, un sept, un huit, un neuf, un dix, un valet, une dame & un roi : il dit ensuite, trois, comète, cinq, six, sept & huit ; ou cinq, six, sept, huit, comète & trois.

Les points qu'en ce cas l'adversaire a dans son jeu, se comptent deux fois.

Exemple d'un jeu disposé pour faire opéra en finissant par la comète.

Louis a son jeu composé d'un deux, d'un trois, d'un quatre, d'un cinq, de quatre sept, d'un huit, d'un neuf, d'un dix, de deux valets, de deux dames, de deux rois & de la comète : il commence par jeter les quatre sept, & les cartes qui sont au-dessus jusqu'au roi : ensuite il se défait du valet, de la dame & du roi qui lui restent ; & il finit en jouant deux, trois, quatre, cinq & comète.

Le joueur qui fait un tel opéra, compte à son profit quatre fois les points que renferme le jeu de son adversaire.

Exemple d'un jeu propre à faire opéra, en finissant par employer la comète pour neuf.

Alexandre, premier en cartes, a un jeu composé d'un deux, d'un trois, d'un quatre, d'un cinq, d'un six, de deux sept, de quatre huit, d'un neuf, d'un dix, d'un valet, d'une dame, d'un roi & de la comète.

Il jete en premier lieu un deux, un trois, un quatre, un cinq, un six, un sept, quatre huit, un neuf, un dix, un valet, une dame

& un roi : il dit ensuite, six & sept sans huit ; & comme son adversaire est aussi obligé de dire sans huit, puisqu'il n'y en a plus au jeu, il reprend & dit, *comète* pour neuf.

En faisant un tel opéra, on compte huit fois les points que renferme le jeu de l'adversaire.

Exemple d'un jeu disposé pour faire opéra, en finissant par la comète *& les trois autres neuf.*

Louis, premier en cartes, a son jeu composé d'un trois, d'un quatre, d'un cinq, d'un six, d'un sept, d'un huit, des quatre neuf, y compris la *comète*, de deux dix, de deux valets, de deux dames & de deux rois: il joue d'abord dix, valet, dame & roi, deux fois : ensuite il dit trois, quatre, cinq, six, sept, huit & quatre neuf.

Le joueur qui fait un tel opéra, compte à son profit, seize fois les points que renferme le jeu de son adversaire.

L'opéra peut aussi se faire par le joueur qui est le dernier en cartes. Il faut, pour cela, qu'à la première interruption de la file des cartes de son adversaire, il se défasse de suite de toutes les siennes. Voici un exemple de cette espèce d'opéra.

Le jeu d'Alexandre, dernier en cartes, est composé d'un deux, d'un trois, d'un quatre, d'un cinq, d'un six, d'un sept, d'un huit, d'un neuf, de quatre dix, de deux valets, deux dames & deux rois : Louis, premier en cartes, joue deux, trois, quatre, cinq, six, sept, huit & neuf, sans dix : Alexandre jette ses quatre dix, un valet, une dame & un roi : il joue ensuite valet, dame & roi ; & il finit en disant deux, trois, quatre, cinq, six, sept, huit & neuf.

Les opéras qui se font par un joueur dernier en cartes, produisent en sa faveur les mêmes effets que les opéras que fait un joueur premier en cartes. Ainsi, ce que nous avons dit de ceux-ci, doit également s'appliquer à ceux-là.

De la manière de jouer la comète *à trois, à quatre & à cinq personnes.*

Quand on joue au nombre de trois per-

sonnes, on ne distribue que douze cartes à chaque joueur, & il en reste douze au talon.

Celui des joueurs qui s'est défait le premier de toutes ses cartes, reçoit des deux autres, le paiement des points qu'ils ont dans leurs mains, & celui des deux dont les points sont en plus grand nombre, met un jeton à la queue. Si les deux joueurs auxquels il reste des cartes, avoient chacun un même nombre de points, ils seroient tenus l'un comme l'autre, de mettre à la queue. Cette queue doit appartenir au joueur qui, à la fin de la partie, gagne le plus.

Lorsque le joueur, premier en cartes, ayant filé une suite de cartes, est obligé de s'arrêter à une qu'il n'a pas, & qu'il dit par exemple, neuf sans dix, le joueur qui est à sa droite jette un dix, s'il en a, & s'il n'en a point, c'est au troisième joueur à jeter cette carte & à continuer : mais, si ce troisième joueur n'a pareillement point de dix, le premier recommence par telle carte qu'il juge à propos.

Si l'on joue la *comète* au nombre de quatre personnes, on donne à chacun dix cartes, & il en reste huit au talon.

Quand les joueurs sont au nombre de cinq, on donne neuf cartes à chacun, & il en reste trois au talon.

De la manière de jouer la comète *en faisant un écart.*

Lorsqu'on est convenu d'écarter, le premier en cartes peut prendre six cartes dans le talon, & il est obligé d'en prendre au moins deux.

Le second peut en prendre trois, & il ne peut pas se dispenser d'en prendre une. Il suit delà qu'il reste toujours au talon, trois cartes, que personne ne doit prendre ni voir.

Si le premier ne prend pas six cartes, il peut voir celles qu'il laisse au second.

Les cartes écartées restent à côté du joueur qui peut les regarder quand il le juge à propos.

Si les joueurs sont au nombre de trois, le premier peut aussi prendre six cartes au talon, & les deux autres chacun trois. Dans ce cas, les douze cartes du talon sont employées.

Quand les joueurs sont au nombre de

quatre, le premier prend au talon quatre cartes, le second deux, & les autres chacun une.

Si l'on joue cinq ensemble, le talon n'étant composé que de trois cartes, on ne fait point d'écart.

VOCABULAIRE explicatif des termes usités à la Comète.

Cartes blanches. On dit qu'on a *cartes blanches*, quand il n'y a dans son jeu ni roi, ni dame, ni valet.

Confolation. Terme qu'on emploie pour désigner une partie du payement auquel est assujetti le joueur qui perd envers celui qui gagne le pari.

Dernier en cartes. On désigne ainsi le joueur qui doit jouer le dernier.

Ecart. Il se dit des cartes qu'on a mises à part pour en prendre d'autres.

Figure. On donne ce nom aux rois, aux dames & aux valets.

Filer les cartes. C'est se défaire d'une certaine quantité de cartes qui se suivent immédiatement l'une l'autre.

Hoc. C'est une carte dont la supérieure n'est pas dans les mains des joueurs, & qui, étant jouée, rend celui auquel elle appartient maître de recommencer par telle carte qu'il juge à propos, pourvu que son adversaire ne l'ait pas interrompu par le moyen de la *comète.*

Ide. Ce mot se dit des deux coups qui se jouent pour la décision d'un pari.

Marquer. C'est gagner le pari.

Opera. C'est l'action de se défaire de toutes ses cartes successivement, sans avoir été interrompu par son adversaire.

Pari. C'est le résultat des deux coups qui forment l'ide: celui qui perd le pari est obligé de mettre à la queue.

Point. C'est le nombre qui résulte de la valeur de chaque carte.

Premier en cartes. C'est le joueur qui doit jouer le premier.

Queue. C'est la totalité des jetons que dans le cours de la partie on a mis aux paris, & qu'emporte le joueur qui, à la fin des douze rois, gagne plus qu'aucun autre.

Roi. Terme dont on se sert pour exprimer deux ides.

Talon. C'est ce qui reste de cartes après qu'on a donné à chaque joueur le nombre qu'il lui en faut.

COMMERCE.

Sorte de jeu des cartes, auquel on peut jouer depuis trois personnes jusqu'à douze.

Les cartes qu'on emploie à ce jeu, sont au nombre de cinquante-deux, c'est-à-dire, un jeu entier: l'as, qui est la principale carte du jeu, vaut onze points; les figures, dont le roi est la première, en valent chacune dix, & les autres cartes, autant qu'elles en présentent.

On se sert aussi de jetons qui ont chacun une valeur convenue. Chaque joueur en met un au jeu en y entrant, & on appelle ces jetons, *la poule.*

Après que le sort a indiqué le joueur qui doit distribuer les cartes & qu'on appelle le *banquier*, il les mêle, fait couper par le joueur qu'il a à sa gauche, & ensuite il donne trois cartes à chaque joueur en commençant par sa droite. Ces cartes peuvent être données l'une après l'autre, ou toutes les trois ensemble. Celles qui restent après que chaque joueur a les siennes, composent le talon; & ce talon se nomme la *banque*. Le banquier change à tout coup, & chaque joueur le devient à son tour.

La partie dure un ou plusieurs tours, selon la convention qu'on fait à cet égard en entrant au jeu.

S'il arrive que le jeu soit faux ou qu'on ait mal donné, ou qu'il y ait une carte retournée dans le jeu, on recommence le coup.

Comme il y a au jeu du *commerce*, trois chances pour gagner la poule, chaque joueur doit tâcher de se procurer celle qui, par la nature de ses cartes, paroît la plus facile à obtenir.

Ces chances sont le point, la séquence & le tricon.

Le point consiste dans deux ou trois cartes d'une même couleur: ainsi, l'as & le dix de cœur donnent pour point vingt & un: la dame, le neuf & le huit de carreau, donnent pour point vingt-sept : une seule carte ne fait pas point. On conçoit que le plus fort point gagne de préférence au plus foible.

La séquence se forme par la réunion de trois cartes qui se suivent immédiatement l'une l'autre. Ainsi un as, un roi & une dame, composent la principale séquence : un quatre, un trois & un deux, donnent aussi une séquence, mais la moindre de toutes. La séquence supérieure l'emporte sur l'inférieure, mais celle-ci gagne par préférence au point quelque considérable qu'il soit.

Le tricon consiste dans la réunion de trois cartes de même figure, comme trois as, trois dames, trois dix, trois six, &c. Le tricon supérieur l'emporte sur l'inférieur, mais celui-ci gagne par préférence au point & à la séquence.

Il suit delà, que quand il n'y a ni séquence ni tricon dans le jeu, c'est le plus fort point qui gagne la poule : ensuite c'est la plus haute séquence, quand il n'y a point de tricon ; &, enfin le plus haut tricon, quand il s'en trouve plusieurs.

Lorsque les cartes sont données, le banquier met le talon devant lui, & fait cette question : qui veut commercer ?

Le premier en cartes, après avoir vu son jeu, répond qu'il veut commercer pour argent ou pour troc : les autres joueurs font successivement & chacun à son tour, l'une ou l'autre de ces réponses.

Si l'on dit qu'on veut commercer pour argent, c'est demander au banquier une carte du talon à la place d'une autre carte qu'il lui donne & qu'il met sous le talon : on lui paye pour cette carte un jeton.

Si l'on dit qu'on veut commercer troc pour troc, c'est dire, qu'on veut changer une carte contre une de celles du joueur qu'on a à sa droite, & il n'en coûte rien pour cela. Ainsi, chaque joueur, l'un après l'autre, & selon le rang où il se trouve placé, commerce jusqu'à ce qu'il ait trouvé ce qu'il cherche.

Aussi-tôt qu'un joueur s'est formé le point, la séquence ou le tricon qu'il désiroit, il montre son jeu, & les autres sont obligés de cesser tout commerce ; il faut qu'alors ils s'en tiennent à leur jeu tel qu'il le trouve.

Il faudroit également que chaque joueur s'en tînt à son jeu, tel qu'il seroit, si le premier en cartes, satisfait du sien, le mettoit en évidence sans vouloir commercer.

Dans ce cas, comme dans tous les autres où l'un des joueurs a arrêté le commerce, celui qui a le plus fort point, la plus haute séquence ou le tricon supérieur, gagne la poule, & l'on en prépare une autre par de nouveaux enjeux.

Le banquier a des avantages & des désavantages qui lui sont propres :

1°. Il retire de ceux qui commercent pour argent, un jeton par chaque carte qu'il délivre du talon ;

2°. Le banquier ne donne rien à personne pour commercer à la banque ;

3°. S'il arrive que le point, la séquence ou le tricon soient égaux entre le banquier & d'autres joueurs, le banquier gagne la poule par préférence à ces joueurs ;

4°. Le banquier peut commercer au troc comme les autres joueurs. Dans ce cas, il fournit sans argent une carte de son jeu au joueur qui est à sa gauche ;

5°. Quel que soit le jeu que le banquier ait en main, il est obligé, quand il ne gagne pas la poule, de donner un jeton à celui qui la gagne ;

6°. Le banquier qui ayant point, séquence ou tricon, ne gagne pas la poule, parce qu'un autre joueur a un point ou une séquence ou un tricon supérieur, est tenu de donner un jeton à chaque joueur, quand même il n'auroit rien retiré de la banque.

Vocabulaire explicatif des termes usités au jeu du Commerce.

Banquier. C'est le joueur qui a distribué les cartes.

Banque. On donne ce nom aux cartes qui composent le talon.

Commercer. C'est l'action d'échanger une carte contre une autre, soit qu'on la tire de la banque ou de la main de son voisin. On commerce par argent quand on tire la carte de la banque, & l'on commerce troc pour troc, lorsqu'on la tire de la main de son voisin.

Couper. C'est séparer le jeu de cartes en deux parties, avant de distribuer à chaque joueur les cartes qu'il doit avoir.

Figure. On donne ce nom aux cartes peintes

qui font, les rois, les dames & les valets.

Point. C'est le nombre qui résulte de la valeur de deux ou trois cartes d'un jeu.

Poule. C'est la totalité des enjeux.

Séquence. Suite de trois cartes de même couleur dans le rang que le jeu leur donne.

Talon. C'est ce qui reste de cartes, après qu'on a donné à chaque joueur le nombre qu'il lui en faut.

Tricon. C'est un jeu composé de trois cartes de même figure & de même point, comme trois as, trois valets, trois sept, &c.

COMMÉRE, *accommodez-moi.*

Sorte de jeu des cartes, qui a beaucoup de rapport avec celui du commerce dont on a parlé précédemment.

Le nombre des joueurs peut s'étendre jusqu'à huit ou dix personnes. Les cartes dont on se sert sont au nombre de cinquante-deux : c'est ce qu'on appelle un jeu entier. Les enjeux se forment avec des jetons qui ont chacun une valeur convenue. Chaque joueur en met deux au jeu en y entrant, & ces jetons composent ce qu'on appelle la poule.

Le joueur que le sort a désigné pour distribuer les cartes, les mêle, fait couper par la personne qui est à sa gauche, & ensuite il distribue trois cartes l'une après l'autre, ou toutes les trois ensemble à chaque joueur, en commençant par la droite. Les cartes non distribuées composent ce qu'on appelle le talon, qui reste sur le tapis.

Il y a trois chances pour gagner la poule : ce sont le point, la séquence & le tricon. Ainsi, chaque joueur doit avoir en vue de se procurer la chance pour laquelle son jeu paroît plus particulièrement disposé.

Le point consiste dans la réunion des nombres produits par trois cartes d'une même couleur. On observe à ce sujet, que l'as donne onze, chaque figure dix, & les autres cartes, autant de points que chacune en présente. Ainsi, l'as, le huit & le sept de carreau donnent pour point, vingt-six. Le point le plus fort l'emporte sur le plus foible. Si le point d'un joueur est égal à celui d'un autre, le premier en cartes, gagne par préférence. C'est ce qu'on appelle gagner par primauté.

La séquence est composée de trois cartes qui se suivent immédiatement l'une l'autre. Un as, un roi & une dame, forment la plus haute séquence, comme un quatre, un trois & un deux, forment la moindre. La séquence supérieure l'emporte sur l'inférieure ; mais la moindre séquence gagne par préférence au point ; si deux séquences sont égales, c'est la primauté qui l'emporte.

Le tricon consiste dans la réunion de trois cartes de même figure, comme trois as, trois dix, trois sept, &c. Le tricon supérieur l'emporte sur l'inférieur, mais celui-ci gagne par préférence à la séquence.

Il suit de ce qu'on vient de dire, que quand il n'y a au jeu ni séquence, ni tricon, la poule doit appartenir au joueur qui a le plus haut point, ou la primauté, si plusieurs points sont égaux.

Pour obtenir quelqu'une des chances dont on a parlé, le premier en cartes sort de son jeu une carte inutile, & en la passant au joueur qu'il a à sa droite, il lui dit, *commère, accommodez-moi* ? Celui-ci rend une carte de son jeu en échange, & si celle qu'il a reçue ne forme pas son jeu comme il le désire, il en use envers le joueur qui est à sa droite comme on en a usé envers lui. Cette marche se continue de même d'un joueur à l'autre, jusqu'à ce qu'il y en ait un qui soit satisfait de son jeu, ou qui ait trouvé ce qu'il cherchoit.

Dans ce cas, ce dernier étale son jeu et oblige les autres joueurs à étaler chacun le leur. On examine alors les jeux pour reconnoître celui qui doit l'emporter. Si l'on vient à gagner par le point, on ne tire que la poule ; si l'on gagne par une séquence, non-seulement on tire la poule, on reçoit encore un jeton de chaque joueur ; & enfin, si l'on gagne par tricon, on tire la poule & deux jetons de chaque joueur.

Il arrive quelquefois que les joueurs, après s'être plusieurs fois défait de leurs cartes inutiles, ne trouvent point à s'accommoder avec les cartes qu'ils reçoivent respectivement : dans ce cas, celui qui a fait, prend le talon, & donne une nouvelle carte à chaque joueur, en échange de celle qu'il considère comme

comme inutile : cette dernière se remet alors sous le talon.

Celui qui le premier a son jeu formé, peut, en l'étalant, empêcher les autres de faire aucun échange de leurs cartes pour s'en procurer de meilleures.

VOCABULAIRE explicatif des termes usités au jeu dont on vient de parler.

Couper. C'est séparer le jeu de cartes en deux parties, avant de donner à chaque joueur les cartes qu'il lui faut.

Figure. On désigne sous ce nom, les rois, les dames & les valets.

Point. C'est le nombre produit par trois cartes de la même couleur.

Poule. C'est ce que les joueurs ont mis au jeu en y entrant.

Séquence. C'est une suite de trois cartes de même couleur dans le rang que le jeu leur donne.

Talon. C'est ce qui reste de cartes, après qu'on a distribué aux joueurs celles qu'ils doivent avoir.

Tricon. C'est la réunion de trois cartes de même figure & de même point, comme trois rois, trois dix, trois cinq, &c.

COUCOU.

Sorte de jeu des cartes, auquel on peut jouer depuis cinq jusqu'à vingt personnes.

Quand les joueurs ne sont que cinq ou six, on se sert du jeu de piquet ; s'ils sont un plus grand nombre, on emploie le jeu entier ; c'est-à-dire, cinquante-deux cartes.

La première ou la principale carte est le roi, & la dernière ou la moindre est l'as.

Chaque joueur met devant lui dix ou douze jetons, qui ont une valeur convenue.

Après que le sort a indiqué celui qui doit donner les cartes, il les mêle, fait couper par le joueur qu'il a à sa gauche, distribue une carte couverte à chaque joueur, & en prend ensuite trois pour lui, entre lesquelles il choisit celle qui vaut le mieux.

Le joueur qui a reçu carte le premier, dit qu'il est content si la carte lui convient, & si elle ne lui convient pas, il dit à son voisin à droite, *contentez-moi* ; Ce dernier est alors tenu d'échanger sa carte contre celle du premier, à moins qu'il n'ait un roi ; dans ce cas-ci, il répond *coucou* à la

demande, & l'autre est obligé de garder la carte dont il vouloit se défaire.

Le même procédé a lieu d'un joueur à l'autre, jusqu'à ce qu'on en soit venu à celui qui a distribué les cartes.

Ce dernier ne donne point sa carte, mais il répond à la demande du joueur qu'il a à sa gauche, en lui échangeant sa carte contre celle qui est la première du talon, pourvu que ce ne soit pas un roi, car, dans cette circonstance, il n'y auroit pas lieu à l'échange.

Quand le tour est ainsi achevé, chaque joueur met en évidence sa carte sur le tapis, & celui qui se trouve avoir la plus basse, met un jeton au jeu. Il est possible que quatre joueurs mettent au jeu chacun un jeton : cela arrivera, par exemple, s'ils ont chacun un as, qui est la plus basse carte du jeu : s'il n'y a point d'as au jeu, c'est le deux qui paye, & successivement le trois, le quatre, &c. Il est rare que celui qui donne mette au jeu, parce qu'ayant à choisir entre trois cartes, il doit naturellement s'en trouver une supérieure à quelqu'une de celles qu'il a distribuées aux autres joueurs. Il suit de là, qu'il est avantageux de donner le premier.

Quand il ne reste plus de jetons à un joueur, il est obligé de se retirer du jeu. Ainsi, la partie se gagne par celui qui, ayant conservé un ou plusieurs jetons, reste au jeu le dernier.

VOCABULAIRE explicatif des termes employés au jeu du Coucou.

Contentez-moi. C'est demander au joueur qu'on a à sa droite, d'échanger sa carte contre celle qu'on veut lui donner.

Coucou. Expression dont on se sert pour faire connoître qu'on a un roi dans la main.

Couper. C'est séparer le jeu de cartes en deux parties, avant de distribuer à chaque joueur la carte qu'il doit avoir.

Donner. C'est distribuer les cartes.

Talon. C'est ce qui reste de cartes, après que chaque joueur a celles qu'il lui faut.

CUL-BAS,

Sorte de jeu des cartes, auquel peuvent jouer ensemble six à huit personnes.

On se sert d'un jeu entier ; contenant cinquante-deux cartes, & l'on donne à chaque joueur une certaine quantité de jetons qui ont une valeur convenue. On fixe d'ailleurs le nombre de tours que durera la partie. Les joueurs mettent au jeu chacun un jeton par coup.

Celui que le fort a indiqué pour donner les cartes, les mêle, fait couper, & en distribue cinq en deux parties à chaque joueur. Il étale après cela les huit premières cartes du talon sur le tapis. Le reste du talon n'est plus d'aucun usage pour jouer le coup.

Le joueur, premier en cartes, examine si dans son jeu il a quelques cartes semblables à celles qui sont étalées sur le tapis : s'il a, par exemple, dans la main un as, & qu'il se trouve aussi un as dans les cartes étalées, il lève cet as avec le sien & met ces deux cartes de côté : chacun des joueurs qui suivent, en fait autant, en observant néanmoins, qu'aucun ne peut régulièrement lever ni jeter plus d'une carte à la fois.

Il y a néanmoins deux exceptions à cette règle. La première est, qu'un joueur qui a trois cartes de même figure & de même point, comme trois dames, trois sept, trois deux, &c. peut employer ses trois cartes à lever la quatrième de la même espèce, lorsqu'elle se trouve étalée sur le tapis.

La seconde exception a lieu, quand il y a sur le tapis trois cartes de même figure & de même point, comme trois sept, trois huit, trois dix, &c. & que la quatrième se trouve dans la main d'un joueur : celui-ci peut en ce cas, lever les trois cartes étalées avec la quatrième qu'il a dans son jeu.

Si un joueur, dont le tour de jouer est arrivé, n'a dans son jeu aucune carte semblable à celles qui sont étalées sur le tapis, il est obligé de faire *cul-bas*, c'est-à-dire,

de mettre à découvert ses cartes devant lui il faut de plus, qu'il mette au jeu ou à la poule, autant de jetons qu'il lui reste de cartes dont il n'a pas pu se défaire. Alors le joueur suivant peut choisir la carte qu'il lui convient de lever, & la prendre dans les cartes de celui qui a fait *cul-bas*, aussi bien que dans celles qu'on a d'abord étalées.

Le jeu continue de cette manière, tant qu'il reste des cartes dans les mains de tous les joueurs. Mais aussi-tôt que l'un d'entre eux est parvenu à se défaire de toutes les siennes, la poule lui est acquise, & chaque joueur doit d'ailleurs lui donner autant de jetons qu'il lui reste de cartes dans la main.

S'il arrivoit que dans les cinq cartes qu'on donne à chaque joueur en commençant, il se trouvât quatre cartes de la même espèce, comme quatre deux, quatre trois, quatre valets, &c. celui qui auroit ces quatre cartes, pourroit les écarter & en demander d'autres tirées du talon.

VOCABULAIRE explicatif des termes usités au jeu dont on vient de parler.

Couper. C'est séparer le jeu de cartes en deux parties avant de donner.

Cul-bas. Ce sont les cartes qu'un joueur a été obligé d'abattre, pour n'avoir pu en lever aucune de celles qui étoient sur le tapis.

Donner. C'est l'action de distribuer les cartes.

Écarter. C'est l'action de mettre des cartes à part pour en prendre d'autres.

Poule. C'est la totalité de ce que les joueurs ont mis au jeu.

Premier en cartes. Il se dit du joueur qui a la main ou qui doit jouer le premier.

Talon. C'est ce qui reste de cartes, après que chaque joueur a reçu celles qu'il doit avoir.

D

DAMES.

DAMES. C'est un jeu auquel on joue sur un tablier divisé en plusieurs cases, en se servant de certaines petites pièces plates & rondes, les unes blanches & les autres noires, qu'on appelle *dames* ou *pions*.

On distingue deux sortes de *jeux des*

dames : l'un se nomme les *dames à la fran-*
çoise, & l'autre les *dames à la polonoise.*

Le premier est beaucoup moins étendu
& moins varié que le second. Celui-ci se
joue sur un tablier ou damier où il y a
cent cases, & l'on y emploie quarante pions,
vingt blancs & vingt noirs. (*)

Le damier de l'autre n'a que soixante-
quatre cases, & l'on n'y emploie que vingt-
quatre pions, douze blancs & douze noirs.
Ici les pions ne marchent qu'en avant &
ne font qu'un pas à la fois, à moins qu'ils
ne fassent quelque prise : les *dames* ne vont
pas plus vîte ; mais elles peuvent marcher
& prendre en arrière : là au contraire, les
pions prennent en avant & en arrière &
les *dames* sautent plusieurs cases en marchant ;
il suit de là , que les combinaisons au *jeu
des dames à la Polonoise*, sont beaucoup
plus multipliées qu'au *jeu des dames à la*
Françoise. Aussi a-t-on abandonné celui-ci
pour celui-là , qui est , pour ainsi dire,
le seul qu'on joue aujourd'hui : c'est pourquoi nous allons particulièrement nous en
occuper.

Nous avons dit que le damier sur lequel
on joue aux *dames à la Polonoise* avoit
cent cases, & que les joueurs avoient, l'un
vingt pions noirs, & l'autre vingt pions
blancs.

On peut indifféremment placer les pions
sur les cases blanches ou sur les cases noires :
cependant l'usage le plus général en France,
est de les placer sur les cases blanches.

Le damier doit être placé de manière
que le trictrac se trouve à la droite de chaque
joueur. Ce trictrac est relativement aux pions
noirs, les cases 41 & 46 ; & relativement aux
pions blancs, les cases 45 & 50. Ainsi, le
damier se trouve naturellement divisé en
deux parties : les pions noirs occupent les
vingt cases qui s'étendent depuis le n°. 1
jusqu'au n°. 20, inclusivement, & les pions
blancs sont rangés sur un pareil nombre de
cases, depuis le n°. 31 jusqu'au n°. 50.

On voit que par cette distribution, il
reste entre les pions de chaque joueur deux
rangs de cases vides, sur lesquelles se jouent
les premiers pions.

(*) *Voyez* aux Planches la Figure VI.

Les règles du *jeu des dames à la* Polonoise, sont à peu près les mêmes que celles
du jeu des *dames à la* Françoise. Il n'y a
d'autre différence que celle qui doit dériver
de la marche des pions & des *dames*, laquelle, comme on l'a vu, n'est pas la même
dans les deux jeux.

Comme tous les joueurs n'ont pas la même
habileté, il est d'usage, pour rendre une
partie égale, que le plus savant fasse avantage
à son adversaire : cet avantage est plus ou
moins considérable, selon les classes auxquelles les joueurs sont reputés appartenir.

On regarde comme étant de la première
classe, ceux auxquels personne ne peut faire
avantage, & qui, au contraire, en font à
tous les autres.

On range dans la seconde classe, les joueurs
qui reçoivent de ceux de la première classe
quelque leger avantage, comme le demi-
pion, le tiers de pion, la demi-remise,
le tiers de la remise.

Dans la troisième classe, sont compris les
joueurs auxquels on donne le pion ou la
remise.

On met dans la quatrième, ceux qui reçoivent tout-à-la-fois le pion & la remise.

On pourroit beaucoup multiplier ces
classes ; mais, ce ne seroit plus que des joueurs
plus ou moins foibles, auxquels il faudroit,
pour rendre les parties égales, faire de plus
grands avantages que ceux dont sont *susceptibles* les joueurs des quatre premières classes.

PREMIÈRE RÈGLE.

Quand les joueurs sont de force égale, on
doit faire indiquer par le sort, celui qui
jouera le premier ; mais, lorsqu'un joueur
reçoit avantage, il est d'usage qu'il joue
le premier.

IIᵉ RÈGLE.

La marche du pion se fait toujours en
avant , à droite ou à gauche, du blanc sur
le blanc, & en ne faisant qu'un pas à la
fois ; mais, quand il a à prendre, il fait
deux, trois, quatre pas, même davantage
tant qu'il a à prendre, & il peut alors marcher en arrière.

IIIᵉ RÈGLE.

Auſſi-tôt qu'on a touché un pion, on eſt obligé de le jouer, quand aucun obſtacle ne s'y oppoſe ; c'eſt pour cela qu'eſt établie la maxime : *dame touchée, dame jouée.*

IVᵉ RÈGLE.

Un pion eſt cenſé touché, dès qu'on a mis le doigt deſſus : au reſte, on eſt maître de jouer où l'on veut, le pion qu'on a touché quand on ne l'a pas quitté.

Vᵉ RÈGLE.

Si l'on veut toucher un ou pluſieurs pions pour les arranger, on doit auparavant dire, *j'adoube* : autrement on peut être forcé par l'adverſaire, à jouer celui des pions touchés qu'il jugera à propos, pourvu qu'aucun obſtacle n'empêche de le jouer.

VIᵉ RÈGLE.

Lorſqu'un pion a devant lui un autre pion de la couleur qui lui eſt oppoſée, & que derrière celui-ci, il ſe trouve une caſe blanche vide, le premier pion paſſe par deſſus le ſecond, l'enlève & ſe place à la caſe vide.

VIIᵉ RÈGLE.

Et, s'il y a pluſieurs pions de l'adverſaire, derrière chacun deſquels il ſe trouve une caſe blanche vide, le pion qui prend, continue de paſſer par deſſus, ſe place à la dernière caſe vide, & enlève tous les pions par deſſus leſquels il a paſſé.

VIIIᵉ RÈGLE.

Il faut remarquer que, quand il y a pluſieurs pions à prendre, on ne doit en enlever aucun, avant que le pion qui prend ne ſoit poſé ſur la caſe où il faut qu'il s'arrête.

IXᵉ RÈGLE.

Le pion ou la *dame* qui prend, non-ſeulement ne peut pas repaſſer, & doit au contraire s'arrêter ſur la caſe où il a déjà paſſé, & ſur laquelle il y a un pion ou une *dame* qui fait partie de ceux qu'on doit enlever, ſi ce pion ou cette *dame* en a un autre par derrière, quand bien même il y auroit en outre, un ou pluſieurs pions ou *dames* à prendre ; mais encore, le pion ou la *dame* placée derrière le pion ou la *dame* qui doit prendre, a droit de prendre ce pion ou cette *dame*, s'il y a au devant une caſe vide.

L'exemple ſuivant va rendre ſenſible cette règle.

Le joueur aux pions blancs, a un pion ſur chacune des caſes 27, 32, 33 & 37, & une *dame* ſur la caſe 43.

L'adverſaire a un pion noir ſur chacune des caſes 3, 4 & 9, une *dame* ſur la caſe 10, une autre ſur la caſe 13 & un pion ſur la caſe 19.

La *dame* noire de la caſe 13 qui en a quatre à prendre, eſt obligée de ſe placer ſur la caſe 28, parce qu'elle eſt arrêtée par le pion de la caſe 32, qu'elle ne peut enlever qu'après s'être placée : en ſorte que le pion blanc de la caſe 32, qui ſe trouve derrière cette même *dame* noire de la caſe 28, la prend, ainſi que deux autres pions, & va à *dame* à la caſe 5.

Xᵉ RÈGLE.

Quand on a pluſieurs pions à prendre, & qu'en les enlevant on en laiſſe par mégarde un ou pluſieurs ſur le damier, l'adverſaire a le droit de ſouffler, s'il le juge à propos, le pion avec lequel on a pris : au reſte, on eſt maître de ſouffler ou de ne pas ſouffler. Lorſqu'on ne veut pas ſouffler, on oblige l'adverſaire de prendre, & celui-ci ne peut pas s'y refuſer.

XIᵉ RÈGLE.

Si celui qui eſt en droit de ſouffler a levé ou touché le pion à ſouffler, il n'eſt plus le maître de faire prendre, il faut qu'il ſouffle. Cette règle eſt fondée ſur celle-ci : *pion touché, pion joué* ; ce qui ſignifie que, quand on a touché un pion, on eſt tenu de le jouer. En effet, quoique le pion à ſouffler ſoit à votre adverſaire, & qu'il ſemble qu'il n'y a aucun inconvénient à toucher ce que vous ne pouvez pas jouer, néanmoins comme ce pion devient le vôtre, par le droit que vous avez de le souffler, il suit qu'en le touchant, vous touchez un pion qui vous appartient : par conséquent, vous avez commencé un coup que vous êtes tenu d'achever. Ajoutez qu'il suffit que vous ne puissiez jouer le coup sans le commencer en soufflant le pion, pour que vous soyez obligé, après l'avoir touché sans avoir dit *j'adoube*, d'aller jusqu'à la fin du coup, & conséquemment de prendre le pion à souffler & de jouer.

XIIᵉ RÈGLE.

Quand on refuse de prendre on perd la partie. Cette règle est fondée sur ce que refuser de prendre, c'est refuser de jouer; & celui qui refuse de jouer, quitte la partie & doit par conséquent la perdre. Delà, cette maxime, *qui quitte la partie la perd.*

XIIIᵉ RÈGLE.

Lorsqu'un joueur ayant à prendre d'un côté seulement, lève ou touche par erreur un autre pion que celui qui doit prendre, ou qu'ayant à prendre de plusieurs côtés, il lève ou touche un autre pion que celui qui doit prendre du bon côté, l'autre joueur peut, tout-à-la-fois, souffler le pion qui devoit prendre régulièrement, & obliger son adversaire à jouer ce qu'il a touché.

XIVᵉ RÈGLE.

Aussi-tôt qu'on a joué on ne peut plus souffler, si le joueur qui n'a pas pris d'abord prend le coup suivant, ou si le pion qui devoit prendre a changé de position : mais, si les choses restent dans le même état, le joueur qui a négligé de souffler, peut y revenir ou faire prendre, même après plusieurs coups, soit qu'il ait d'abord apperçu ou non, la faute de son adversaire.

XVᵉ RÈGLE.

Un coup est censé joué, lorsqu'on a placé ou quitté le pion.

XVIᵉ RÈGLE.

On est dans le cas d'être soufflé, quand au lieu de prendre le plus ou le plus fort, on prend le moins ou le plus foible.

XVIIᵉ RÈGLE.

On a à prendre le plus, quand il n'y a d'un côté à prendre qu'un ou deux pions, tandis que d'un autre côté, on peut en prendre davantage.

Supposez la position suivante :

Les pions blancs occupent les cases 31, 35, 38, 39, 43, 48.

Les noirs sont placés sur les cases 5, 13, 20, 21, 22, 30, 32.

Il résulte de cette position, que le joueur qui a les blancs, peut prendre de trois manières : premièrement, en partant de la case 39, il y a à prendre les deux pions noirs des cases 30 & 20 : en second lieu, en partant du pion blanc de la case 38, il y a à prendre les pions noirs des cases 32 & 21 : enfin, en partant du même pion blanc de la case 38, on peut prendre les pions noirs des cases 32, 22 & 13.

Cette troisième manière est par conséquent la seule bonne, puisqu'elle présente trois pions à prendre, tandis que chacune des deux autres n'en offre que deux. Il suit delà, que si le joueur des pions blancs prenoit de l'une des deux manières qui ne présentent à prendre que deux pions noirs, le joueur de ceux-ci seroit fondé à le souffler.

XVIIIᵉ RÈGLE.

On a à prendre le plus fort, quand, à nombre égal, il y a des pions d'une part, & des *dames* d'autre part, ou une *dame* & des pions. On conçoit qu'en pareil cas, on doit prendre du côté des *dames* ou de la *dame*, attendu qu'une *dame* vaut mieux qu'un pion.

Voici un exemple à l'appui de la règle:

Il y a un pion blanc sur chacune des cases 31, 35, 38, 39, 43, 48 & 49.

Les cases 3, 5, 9, 20, 22 & 30, sont occupées chacune par un pion noir, & la case 32 par une *dame* noire.

Il suit de cette position, que le joueur des pions blancs a à prendre de deux côtés, un même nombre de pièces; car, en partant de la case 35, il peut prendre les deux pions noirs des cases 30 & 20; & en partant de la case 38, il peut prendre la *dame* noire de la case 32, & le pion noir de la case 22. Or, pour prendre le plus fort, il faut qu'il prenne de cette seconde manière. S'il en usoit autrement, le joueur des noirs seroit fondé à souffler le pion blanc de la case 38, ou il pourroit, s'il le vouloit, obliger son adversaire de prendre la *dame* & le pion noir des cases 32 & 22.

XIXᵉ RÈGLE.

Observez que quand il y a d'une part trois pions à prendre, & d'autre part, un pion & une *dame* ou même deux *dames*, il faut, pour éviter d'être soufflé, prendre les trois pions, attendu qu'ils l'emportent en nombre sur le reste.

XXᵉ RÈGLE.

Quand un pion est arrivé sur une des cases où il doit être damé, on le couvre d'un autre pion de même couleur, & il prend alors le nom de *dame*.

XXIᵉ RÈGLE.

Les pions blancs se dament sur les cases 1, 2, 3, 4, 5, & les pions noirs, sur les cases 46, 47, 48, 49 & 50.

XXIIᵉ RÈGLE.

Remarquez qu'il ne suffit pas qu'un pion passe sur une des cases dont on vient de parler, pour être damé; il faut qu'il y reste placé par un coup qui s'y termine: c'est pourquoi, si un pion arrivé sur une de ces cases, avoit encore à prendre, il faudroit qu'il continuât son chemin & qu'il restât pion. C'est ce qu'on va faire connoître plus particulièrement par l'exemple qui suit:

Supposez que les cases 34, 42 & 43, soient occupées par des pions blancs, & la case 30 par un pion noir. On voit que celui-ci, prenant les pions blancs des cases 34 & 43, arrive à la case 48, qui est une de celles où les pions noirs doivent être damés; mais, dans ce cas, le pion dont il s'agit ne peut pas devenir *dame*, parce qu'ayant à prendre encore le pion blanc de la case 42, il ne fait que passer sur la case 48 pour s'arrêter ensuite sur la case 37, qui n'est pas du nombre de celles où l'on *dame*.

S'il arrivoit dans cette circonstance, que le même pion noir s'arrêtât sur la case 48, & qu'il ne prît que les pions blancs des cases 34 & 43, on pourroit le souffler.

XXIIᵉ RÈGLE.

Une *dame* diffère d'un pion & par la marche & par la manière de prendre.

Elle en diffère par la marche, en ce que comme on l'a déjà dit, le pion ne fait qu'un pas en avant, à moins qu'il ne prenne, & il ne prend que de case en case, au lieu que la *dame* peut aller d'une extrémité du damier à l'autre extrémité, si le passage est libre, c'est-à-dire, si dans cet espace il ne se trouve aucun pion de la couleur de cette *dame*, ou des pions de la couleur opposée qui ne soient pas en prise.

La *dame* diffère du pion par la manière de prendre, en ce qu'elle peut, lorsqu'elle a à prendre, traverser plusieurs cases à la fois, pourvu qu'elles soient vides, ou qu'il s'y trouve des pions de la couleur opposée qui soient en prise, en sorte qu'elle peut tourner à droite, à gauche, & faire quelquefois le tour du damier.

XXIVᵉ RÈGLE.

Quand deux joueurs de force égale restent à la fin d'une partie, l'un avec trois *dames* & l'autre avec une seulement, mais sur la ligne du milieu, cette partie est nécessairement remise, & l'on doit en recommencer une autre.

XXVᵉ RÈGLE.

La *dame* unique n'ayant pas la ligne du milieu, il y a plusieurs coups pour gagner; mais, comme ils ne sont pas forcés, & qu'il faut que la partie ait une fin, il est de règle que le joueur des trois *dames* ne puisse obliger son adversaire à jouer plus de vingt coups, & celui-ci ne peut les refuser, quand même il feroit avantage à celui-là.

XXVIe RÈGLE.

. Lorſque celui qui a les trois *dames* fait avantage, il ne peut également exiger que vingt coups.

XXVIIe RÈGLE.

Mais, ſi l'avantage que fait un joueur conſiſte dans la remiſe, on lui accorde vingt-cinq coups, après leſquels la partie eſt finie, & perdue pour lui, ſi ſon adverſaire a conſervé ſa *dame* juſqu'alors.

XXVIIIe RÈGLE.

Dans une partie où les coups ſont limités, on ne peut les excéder, ſous prétexte que le coup qui excède & qui fait gagner, eſt une ſuite néceſſaire du coup précédent : en pareil cas, la partie eſt gagnée irrévocablement, lorſque le dernier coup fixé eſt joué.

Voici un exemple applicable à cette règle.

Le joueur à qui il reſte trois *dames* blanches, occupe les caſes 13, 25 & 41. Son adverſaire, qui n'a qu'une *dame* noire, eſt ſur la caſe 26.

Dans cette poſition, il y a eu dix-neuf coups de joués, & c'eſt au joueur des *dames* blanches à commencer le vingtième coup. Il donne à prendre la *dame* de la caſe 13 ; la *dame* noire la prend, ſe place à la caſe 3, & termine ainſi le vingtième coup. Alors on ne doit plus jouer, quoiqu'il ſoit évident qu'en continuant, le joueur des *dames* blanches n'auroit pour gagner, qu'à donner à prendre la *dame* de la caſe 41. Mais, il commenceroit par là le vingt-unième coup, & la règle ne veut pas qu'il en ſoit joué plus de vingt.

Il doit en être de même, lorſque les coups ſont limités à vingt-cinq : le vingt-ſixième ne peut pas être joué.

XXIXe RÈGLE.

Un coup n'eſt complet, que quand chaque joueur a joué une fois : ainſi, lorſque celui qui a joué le premier, joue pour la vingtième ou la vingt-cinquième fois, le vingtième ou

la vingt-cinquième coup, n'eſt achevé que quand celui qui a joué le dernier, a auſſi joué pour la vingtième ou la vingt-cinquième fois.

XXXe RÈGLE.

Lorſqu'à la fin d'une partie, un joueur qui n'a qu'une *dame*, offre à ſon adverſaire qui a une *dame* & deux pions, ou deux *dames* & un pion, de lui damer les deux pions ou le pion, afin de compter auſſi-tôt les coups limités ; ce dernier eſt obligé d'accepter l'offre, ſinon le premier peut quitter la partie comme remiſe.

XXXIe RÈGLE.

Quand un joueur fait une fauſſe marche, il dépend de ſon adverſaire de faire rejouer en règle, ou de laiſſer le pion ou la *dame* mal joués ſur la caſe où ils ſe trouvent.

XXXIIe RÈGLE.

Il n'y a aucune faute à jouer un pion qui ne peut pas être joué.

XXXIIIe RÈGLE.

Il n'y a pareillement point de faute à jouer un des pions de ſon adverſaire, attendu qu'on n'a pas le droit de les jouer : on ne pourroit même pas en pareil cas, être ſoufflé ſi l'on avoit à prendre : la raiſon en eſt que pour faire naître le droit de ſouffler, il faut qu'on ait touché des pions qui puiſſent être joués.

XXXIVe RÈGLE.

Lorſqu'un joueur donne à l'autre pour avantage la moitié, le tiers ou le quart de la remiſe ou du pion, il en réſulte pour les deux joueurs, l'obligation de jouer deux, trois ou quatre parties afin de remplir la convention : ces deux, trois ou quatre parties n'en font proprement qu'une dans ce cas : c'eſt pourquoi, ſi l'on donne la revanche, il faut encore en jouer le même nombre.

XXXVe R È G L E.

Une partie doit être jouée jusqu'à la fin, ou elle est perdue pour celui qui la quitte sans le consentement de son adversaire.

XXXVIe R È G L E.

Lorsqu'on joue de l'argent, on doit mettre au jeu à chaque partie : il en est de même quand on parie. On évite par là, toute espèce de difficulté.

XXXVIIe R È G L E.

Si quand on joue de l'argent, un spectateur donne quelque conseil même indirectement à l'un des joueurs, & que celui-ci en profitant, vienne à gagner la partie, ce spectateur indiscret, doit être condamné à payer pour le perdant, & pour ceux qui parioient sur son jeu.

XXXVIIIe R È G L E.

Au reste, soit qu'on joue de l'argent ou qu'on n'en joue pas, il convient que les spectateurs gardent le silence & n'interrompent point les joueurs : mais s'il arrive quelque contestation sur un coup, elle doit être jugée par ceux de ces spectateurs qui ne parient pas : on les prie pour cet effet de s'expliquer, & les joueurs sont tenus de se conformer à leur décision.

Observations sur la remise de la partie.

Quand un des joueurs est réduit à une dame & que l'autre n'en a que trois, il n'y a, comme on l'a déjà dit, aucun coup forcé qui puisse faire gagner la partie à celui-ci : c'est pourquoi entre joueurs de force égale, la plupart des parties sont remises, parce que dans l'attaque rien ne l'emporte sur la défense ; mais, il en est autrement entre deux joueurs, dont l'un est supérieur à l'autre : car, quoiqu'il n'y ait aucun coup forcé pour faire gagner le joueur qui a trois dames, il y en a plusieurs dans lesquels peut donner son adversaire, s'il ne les connoît pas : c'est pour ce dernier qu'on va indiquer les posi-

tions & les coups qu'il doit éviter pour ne pas perdre la partie.

On a parlé précédemment du nombre des coups qui doivent être joués quand on n'a plus qu'une seule dame : il s'agit donc d'éviter les pièges qui peuvent être tendus avant qu'on soit arrivé à ce nombre : cela ne sera pas difficile, si l'on fait attention que le joueur des trois dames n'a que sept coups à tenter pour gagner : & comme il faut qu'il arrange ces coups l'un après l'autre, à mesure qu'il voit que son adversaire en évite un, il n'a souvent pas le temps de les arranger tous ayant l'expiration du terme fixé.

Si le joueur auquel il ne reste qu'une dame, se trouve occuper la ligne diagonale, qui s'étend de la case 5 à la case 46, il lui suffit, pour obtenir la remise de la partie, de porter constamment sa dame d'un bout de cette ligne à l'autre, à moins qu'il n'apperçoive que son adversaire prépare le seul coup par lequel il puisse gagner la partie. Voici ce coup :

La dame blanche est sur la case 46. Les trois dames noires sont sur les cases 15, 16 & 27.

Si la dame blanche, qui est en tour de jouer, alloit à l'autre extrêmité de la ligne, ou jouoit sur les cases 13 ou 14, il est évident qu'elle perdroit la partie, attendu que le joueur des dames lui en donneroit deux à prendre & la prendroit ensuite : mais, rien n'est plus facile que d'éviter ce coup ou un semblable : il suffit pour cela, de se mettre toujours au-dessous du coup de deux de quelque côté qu'il soit arrangé : dans la position qu'on vient d'établir, la dame blanche a quatre cases à son choix, sur lesquelles elle n'a rien à craindre : ce sont les cases 41, 37, 28 & 24. Cela peut servir de guide pour toute autre position.

Mais, il n'en est pas de même quand la ligne du milieu est occupée par le joueur des trois dames : il y a sept espèces de coups qui peuvent lui faire gagner la partie : au reste, pour en empêcher l'effet, il suffit de les connoître & de ne pas les perdre de vue. Nous allons les présenter l'un après l'autre.

Premier coup. Les trois dames blanches occupent les cases 46, 37 & 27.

La dame noire est sur la case 11.

Le joueur des dames blanches en donne
deux

deux à prendre fur la cafe 22, & en conféquence il gagne la partie.

Le même piège peut être tendu de plufieurs
côtés : mais comme il eſt très-apparent &
dès lors facile à éviter, on le met rarement
en ufage.

• *Second coup.* Les trois *dames* blanches
font fur les cafes 19, 27 & 37, & la *dame*
noire fur la cafe 11.

Le joueur des *dames* blanches en donne
deux à prendre à la *dame* noire fur la cafe
22, & le joueur de celle-ci perd de quelque côté qu'il prenne ; car, fi en prenant
il ne va pas jufqu'au fond, c'eſt-à-dire,
jufques fur les cafes 46 & 5, l'autre le reprend ; & s'il va jufqu'au fond de la ligne,
foit à un bout, foit à l'autre, le joueur
des *dames* blanches fe retire au bout oppofé
& le met dans l'impoffibilité de jouer fans
être pris.

Troifième coup. Le joueur des *dames* blanches
occupe les cafes 18, 26, & 28. La *dame*
noire eſt fur la cafe 20.

La *dame* blanche de la cafe 18, eſt portée
fur la cafe 9. La noire eſt obligée de prendre
& de fe placer fur la cafe 5. Alors, le joueur
des *dames* blanches fait une pour une, en
portant la *dame* de la cafe 28 fur la cafe 17.

Quatrième coup. Les trois *dames* blanches
font fur les cafes 10, 36 & 37, & la *dame*
noire fur la cafe 29.

Le joueur des *dames* blanches, donne à
prendre fur la cafe 42, & joue enfuite fur
la cafe 15. Par ce moyen, la *dame* noire fe
trouve enfermée ou ne peut plus être jouée
fans qu'on la joue.

Cinquième coup. Les trois *dames* blanches
font fur les cafes 1, 35 & 49, & la *dame*
noire fur la cafe 17.

Le joueur des *dames* blanches, donne à
prendre fur la cafe 44, & porte enfuite la
dame de la cafe 1 fur la cafe 6. La *dame*
noire qui a été obligée de prendre & de fe
placer fur la cafe 50, ne peut jouer que fur
la cafe 45 : alors, le joueur des *dames* blanches, met la *dame* de la cafe 6 fur la cafe 1,
& fait une pour une.

Sixième coup. Les *dames* blanches occupent les cafes 9, 28 & 35, & la *dame* noire
eſt fur la cafe 21.

Le joueur des *dames* blanches étant en tour
de jouer, porte la *dame* de la cafe 9 fur la
cafe 15 ; dans cette circonſtance, la *dame*

noire ne peut éviter de perdre la partie,
en quelque cafe qu'elle fe place ; elle ne peut
aller, pour n'être pas en prife, ou pour ne
pas être forcée de faire une pour une, que
fur les cafes 26, 22, 38, 27 & 16 ; fi elle va
fur les deux premières, le joueur des *dames*
blanches lui donne à prendre la *dame* de la
cafe 35 fur la cafe 8, & force enfuite l'une
pour une : fi elle fe place fur une des trois
autres cafes, on lui donne à prendre la *dame*
de la cafe 25 fur la cafe 43, & enfuite la
dame de la cafe 28 fur la cafe 44.

Septième coup. Les *dames* blanches font
fur les cafes 7, 35 & 37, & la *dame* noire
fur la cafe 43.

Le joueur des *dames* blanches porte la
dame de la cafe 37 fur la cafe 48 : alors il
n'y a plus aucune place où la *dame* noire
ne doive perdre ; elle ne peut aller fur la
ligne qui s'étend de la cafe 48 à la cafe 25,
puifqu'elle feroit prife par le moyen de l'une
pour une : elle n'a par conféquent, pour fe
placer, que la ligne qui va de la cafe 49 à
la cafe 16 ; or, en s'y plaçant, foit qu'elle
aille jufqu'à l'extrêmité ou qu'elle n'y aille
pas, elle ne peut éviter d'être prife. Il eſt
clair que fi elle va jufqu'à l'extrêmité de la
ligne, le joueur des *dames* blanches lui laiffera
prendre la *dame* de la cafe 7, & reportera
fur la cafe 37, la *dame* de la cafe 48, pour
la donner enfuite à prendre à la *dame* noire
fur la cafe 19, afin de prendre cette dernière
dame avec la blanche de la cafe 35.

Si la *dame* noire vient à reſter fur une
des cafes de la ligne 49 à 16, telle, par
exemple, que la cafe 32, que le joueur aura
jugée la meilleure, parce qu'elle eſt dans
la ligne du milieu, l'autre joueur lui donnera
à prendre la *dame* de la cafe 48 fur la cafe
43 ; & plaçant enfuite la *dame* de la cafe 7
fur la cafe 16, il enfermera, par ce moyen,
la *dame* noire qui ne pourra plus jouer fans
être prife.

Lorſqu'à la fin d'une partie, on fe trouve
avec une *dame* & un pion contre trois *dames*,
le meilleur parti à prendre eſt de donner le
pion auffi-tôt qu'on le peut, attendu qu'on
défend plus aifément la partie quand on n'a
qu'une *dame* feule. C'eſt ce qu'on va prouver
par l'exemple d'une partie gagnée avec trois
dames, contre une *dame* & un pion qu'on
a négligé de donner.

Les trois *dames* blanches, font fur les cafes 20, 24 & 35.

Le pion noir occupe la cafe 15, & la *dame* noire, la cafe 46.

Dans cette pofition, la partie eft perdue pour le joueur des noirs, en quelque endroit qu'il aille fe placer. S'il ne porte pas fa *dame* jufques fur la cafe 5, fon adverfaire ramene la fienne de la cafe 24 fur la cafe 30, ; le pion noir de la cafe 15 prend fur la cafe 24, & la *dame* blanche prend tout. Quand au contraire la *dame* noire eft portée jufques fur la cafe 5, le joueur des *dames* blanches en donne deux à prendre en jouant fur la cafe 14, & gagne ainfi la partie, atter du que le pion noir qui refte eft enfermé ou pris fur le coup, fi la *dame* blanche de la cafe 35, fe place, comme elle doit le faire, fur la cafe 24.

Lorfqu'à la fin d'une partie les joueurs fe trouvent, l'un avec une *dame* feule, & l'autre avec une *dame* & trois pions, il femble que celui ci devroit toujours gagner; cependant la remife de la partie a lieu dans les deux cas fuivans :

Premier cas. La *dame* blanche eft placée fur une des cafes de la ligne du milieu.

Les trois pions noirs occupent les cafes 36, 31 & 26, & la *dame* noire une autre cafe quelle qu'elle foit.

Comme il n'eft pas poffible aux trois pions noirs d'aller à *dame*, tandis que la *dame* blanche occupe la ligne du milieu, & que le joueur de ces pions ne peut tendre aucun piege utile dans la pofition où ils font, la partie eft néceffairement remife.

Second cas. La *dame* blanche eft fur la ligne du trictrac, aux cafes 6 & 50.

Les trois pions noirs occupent les cafes 16, 21 & 26, & la *dame* noire une autre cafe quelle qu'elle foit.

La partie doit être remife par les mêmes moyens que ceux qui la font remettre au premier cas, pourvu qu'on ait foin de porter toujours la *dame* blanche fur les cafes 50 & 6, quand la *dame* noire eft fur les cafes 45 & 1.

La partie doit auffi être remife, quand entre des joueurs de force à peu près égale, il refte quatre *dames* contre deux; voici

néanmoins un coup qui, dans cette pofition, fait gagner les quatre *dames*.

Les cafes 3, 4, 6 & 47, font occupées par les quatre *dames* blanches.

Les deux *dames* noires font fur les cafes 5 & 36.

Le joueur des *dames* blanches portant la *dame* de la cafe 3 fur la cafe 17, fon adverfaire a perdu de quelque maniere qu'il joue : 1°. s'il jouoit la *dame* de la cafe 36, on la lui prendroit ; 2°. il ne peut donc jouer que la *dame* de la cafe 5, & la porter fur les cafes 14, 19, 23, 32, 37, 41 ou 46 : s'il la porte fur une de ces fix premieres cafes, le joueur des *dames* blanches lui en donne deux à prendre, & enfuite il prend les deux *dames* noires : fi cette même *dame* de la cafe 5 eft portée fur la cafe 46, le joueur des blanches en donne pareillement deux à prendre ; & quand la *dame* noire de la cafe 46 qui les a prifes, s'eft placée fur la cafe 11, le joueur des blanches la reprend avec la *dame* de la cafe 6, qu'il porte fur la cafe 22, & force ainfi l'une pour une, qui lui fait gagner la partie.

Il y a des joueurs qui prétendent qu'une partie peut être forcée remife, dans le cas, où il fe trouve cinq *dames* contre deux : mais c'eft une erreur. Il eft vrai que fi le joueur qui a les deux *dames* eft très fupérieur en force à fon adverfaire, & qu'il foit maître de la ligne du milieu, il pourra fe défendre long-temps, & peut-être tellement fatiguer le joueur des cinq *dames*, qu'il lui fera perdre patience, & le déterminera à remettre la partie, pour être difpenfé de la continuer plus long-temps. Au furplus, voici un coup par lequel le joueur des cinq *dames* gagnera la partie contre celui des deux *dames* qui a la ligne du milieu.

Les cinq *dames* blanches occupent les cafes 3, 4, 34, 36 & 45.

Les deux *dames* noires font fur les cafes 5 & 46. C'eft à celui qui les a à jouer :

1°. Il ne peut jouer la *dame* de la cafe 46, que fur les cafes 37, 32, 28 & 19.

2°. S'il la porte fur les trois premieres de ces cafes, le joueur des *dames* blanches donne à prendre la *dame* de la cafe 4 fur la cafe 10. Le joueur des *dames* noires, obligé d'en prendre deux blanches, vient fur la cafe 40, & alors la *dame* blanche de la cafe 45 prend les deux noires.

3°. Le joueur des *dames* noires portant la *dame* de la case 46 sur la case 19, son adversaire joue la *dame* blanche sur la case 14, & fait une pour une : il en reste ensuite quatre contre une, qui gagnent aisément la partie.

4°. Si celui qui a les *dames* noires joue la *dame* de la case 5, il ne peut la porter que sur les cases 19, 28, 32 & 37. S'il la porte sur la case 19, son adversaire fait le coup de deux, en donnant à prendre la *dame* blanche de la case 36 sur la case 41.

S'il la porte sur les cases 28 ou 32, le joueur des *dames* blanches donne à prendre la *dame* de la case 36 sur la case 41, ensuite la *dame* de la case 4 sur la case 10, & après cela, la *dame* de la case 3 sur la case 14 : alors le joueur des *dames* noires, obligé d'en prendre deux blanches & de se porter sur la case 40, ne peut éviter que ses deux *dames* noires ne soient prises.

Enfin, si le joueur des *dames* noires porte sa *dame* de la case 5 sur la case 37, le joueur des blanches, jouera la *dame* de la case 4 sur la case 31, & lorsqu'en prenant, le joueur des noires se sera porté sur la case 26, son adversaire donnera à prendre la *dame* de la case 36 sur la case 31 : alors il faudra que le joueur des noires en prenne deux & se porte sur la case 40. Dans cette position, le joueur des *dames* blanches prendra avec la *dame* de la case 45, se portera sur la case 32, & forcera l'une pour une.

Il y a beaucoup d'autres cas dans lesquels la partie peut être remise ou gagnée, selon que les joueurs sont plus ou moins habiles. Quelques exemples vont appuyer cette proposition.

Premier exemple. Il y a d'un côté trois pions blancs sur les cases 9, 35 & 40 ; & d'un autre côté un pion noir sur la case 33.

Il semble qu'une pareille partie devroit être nécessairement remise : cependant, le joueur savant parviendra à la gagner, quoiqu'auparavant il faille jouer bien des coups. Voici comme il exécutera son plan :

Le pion blanc de la case 9, ira à *dame* sur la case 3.

Le pion noir ne pourra se placer que sur la case 38 ; car, autrement, il seroit enlevé par l'un pour un.

La *dame* blanche se portera sur la case 10.

Le pion noir qui sera en prise, ira à la case 43.

Le joueur des blancs portera le pion de la case 35 sur la case 30.

Le pion noir ira à *dame* sur l'une des cases 48 ou 49 : supposez que ce soit sur la case 48.

Le joueur des blancs placera le pion de la case 40 sur la case 34.

La *dame* noire se retirera sur une des cases de la ligne 48 à 26.

La *dame* blanche ira sur la case 42.

La noire la prendra & se placera sur la case 48.

Le pion blanc de la case 30, ira sur la case 25.

La *dame* noire prendra le pion de la case 34, & se portera sur la case 30.

Alors cette *dame* sera prise par le pion blanc de la case 25.

Si le pion noir, au lieu d'aller à *dame* sur la case 48 préféroit la case 49, la *dame* blanche joueroit de la case 20 à la case 24.

On remarque qu'il y aura de cette manière sept coups de joués de part & d'autre : mais, pour gagner, il faut les appercevoir tous ensemble, depuis le premier jusqu'au dernier ; autrement la partie seroit remise, n'y ayant, pour la gagner, que la seule marche qu'on vient de tracer.

Second exemple. Les cases 7 & 50, sont occupées chacune par un pion blanc.

Il y a un pion noir sur la case 34, & un autre sur la case 45.

On est porté à croire que, dans cette position, la partie sera remise, puisqu'il paroît que le pion noir de la case 34, peut aller à *dame* sans danger. Cependant la partie sera perdue forcément, si le joueur des blancs apperçoit le coup avant de passer à *dame* ; car il n'est pas indifférent qu'il se fasse damer à la case 1 ou à la case 2, comme il en a le choix.

Le pion blanc de la case 7, ira donc à *dame* sur la case 1.

Le pion noir de la case 34, sera obligé de jouer sur la case 39.

Le pion blanc de la case 50, ira à la case 44.

Le pion noir de la case 34, prendra & se trouvera à *dame* sur la case 50.

La *dame* blanche ira sur la case 6.

Alors le joueur des noirs sera enfermé ;

car, s'il donne à prendre la *dame* de la case 50, la *dame* blanche, en prenant, se placera sur cette case.

Troisième exemple. Le joueur des blancs a une *dame* sur la case 1, & occupe avec trois pions, les cases 22, 43 & 49.

Le joueur des noirs a une *dame* sur la case 41, & un pion sur la case 45.

Dans cette position, la partie seroit remise, si le joueur des blancs n'étoit pas d'une certaine force, puisque le joueur des noirs est sur le point de faire une seconde *dame* qu'il paroît difficile d'empêcher. Voici comme le joueur des blancs doit s'y prendre pour gagner.

Il jouera en premier lieu, le pion de la case 43, qu'il mettra sur la case 48.

Le joueur des noirs en prendra 2, & ira sur la ligne où il voudra.

Le joueur des blancs ira ensuite de la case 49 à la case 44.

Le joueur des noirs prendra & ira sur la case 50.

Alors la *dame* blanche passera de la case 1 à la case 6. Le reste s'apperçoit.

Quatrième exemple. Le joueur des blancs a un pion sur chacune des cases 31 & 35.

Le joueur des noirs a un pion sur chacune des cases 26 & 43.

Celui-ci n'ayant qu'un pas à faire pour aller à *dame*, sans danger apparent, il semble qu'on doive regarder la partie comme étant remise; cependant elle est perdue forcément, en jouant de la manière suivante:

Le premier coup, le joueur des blancs va de la case 35 à la case 49, & le joueur des noirs, va de la case 43 se faire damer à la case 48.

Le second coup, le joueur des blancs va de la case 49 à la case 21.

Le joueur des noirs prend, & se porte à la case 17.

Le troisième coup, le joueur des blancs va de la case 31 à la case 26.

Le joueur des noirs prend, & se place sur la case 31.

Le quatrième coup, le joueur des blancs part de la case 26, pour prendre sur la case 37.

Le joueur des noirs se porte de la case 17 à la case 21.

Le cinquième coup, le joueur des blancs

va de la case 37 à la case 31, & son adversaire a perdu la partie.

Cinquième exemple. Le joueur des blancs a un pion sur la case 25, & une *dame* sur chacune des cases 24 & 35.

Le joueur des noirs a un pion sur la case 15, & une *dame* sur la case 46.

Quoique celui-ci ait la ligne du milieu, il aura perdu en quelque case qu'il se place, aussi-tôt que son adversaire aura joué son coup.

Ainsi, ce dernier n'aura qu'à jouer de la case 25 à la case 20 : si le joueur des noirs se porte à la case 5, le joueur des blancs ira de la case 20 à la case 14. Le reste se voit.

Si au contraire le joueur des noirs reste au premier coup, en chemin dans la ligne du milieu, alors le joueur des blancs se portera de la case 24 à la case 30. Le reste se voit.

Sixième exemple. Le joueur des blancs a un pion sur chacune des cases 8, 42 & 45.

Le joueur des noirs a un pion sur chacune des cases 28 & 32.

Dans cette position, la remise de la partie dépend de l'habileté du joueur des blancs, car un pion joué, d'une façon ou d'une autre, change tout.

Le premier coup, le joueur des blancs va de la case 8 à la case 2.

Le joueur des noirs passe de la case 28 à la case 33.

Le second coup, le joueur des blancs va de la case 2 à la case 30.

Le joueur des noirs se porte de la case 33 à la case 38.

Le troisième coup, le joueur des blancs va de la case 42 à la case 33.

Le joueur des noirs passe de la case 32 à la case 37.

Le quatrième coup, le joueur des blancs va de la case 30 à la case 34.

Le joueur des noirs passe de la case 37 à la case 41.

Le cinquième coup, le joueur des blancs va de la case 34 à la case 23.

Le joueur des noirs se porte de la case 46 à la case 42.

Le sixième coup, le joueur des blancs va de la case 23 à la case 5. Le reste se voit.

Si au quatrième coup, le joueur des noirs jouoit de la case 37 à la case 42, alors le joueur des blancs iroit de la cafe 34 à la cafe 48 ; le joueur des noirs paſſeroit de la cafe 42 à la cafe 47 ; celui des blancs, de la cafe 48 à la cafe 34 ; le reſte ſe voit.

Si au cinquième coup, le joueur des noirs alloit de la cafe 41 à la cafe 47, le joueur des blancs, ſe porteroit de la cafe 25 à la cafe 34.

Septième exemple. Chacune des cafes 36, 41, 47 & 48, eſt occupée par un pion blanc.

Il y a un pion noir ſur la cafe 26, & une *dame* noire ſur la cafe 28.

Il ſemble que les blancs, étant loin des cafes où l'on va à *dame*, le joueur qui les a devroit perdre la partie, puiſque ſon adverſaire a une *dame* : cependant l'habileté du premier le fera gagner, ſans que le ſecond puiſſe même parvenir à une remiſe. Voici la manière de jouer dans la poſition dont il s'agit.

Premier coup. Le joueur des blancs va de la cafe 41 à la cafe 37.

Le joueur des noirs ſe porte de la cafe 28 à la cafe 46.

Second coup. Le joueur des blancs va de la cafe 36 à la cafe 31.

Le joueur des noirs part de la cafe 26, prend le pion blanc de la cafe 31, & ſe place ſur la cafe 37.

Troiſième coup. Le joueur des blancs va de la cafe 47 à la cafe 41.

Le joueur des noirs eſt alors obligé de donner le pion de la cafe 37, & enſuite il ſe trouve enfermé.

Si au premier coup le joueur des noirs alloit de la cafe 28 à la cafe 41, le joueur des blancs paſſeroit de la cafe 36 à la cafe 31 : alors le joueur des noirs, partant de la cafe 26, prendroit le pion blanc de la cafe 31, & ſe placeroit ſur la cafe 37.

Le joueur des blancs partiroit après cela de la cafe 47, prendroit ſur la cafe 41, & ſe mettroit ſur la cafe 36. Le reſte ſe voit.

Huitième exemple. La cafe 11 eſt occupée par un pion blanc, & les cafes 17, 42 & 50, chacune par une *dame* de la même couleur.

Il y a un pion noir ſur la cafe 35, & deux *dames* de la même couleur, ſur les cafes 2 & 6.

En enviſageant cette poſition, on préjuge communément que la partie doit être remiſe, puiſqu'il ne ſemble pas poſſible d'éviter la priſe du pion blanc, & que le jeu ſe

réduit par-là à trois *dames* contre deux : cependant quoique le joueur des noirs ait deux manières pour jouer, il perd forcément la partie ; en voici la preuve :

Première manière.

Premier coup. Le joueur des blancs va de la cafe 42 à la cafe 24.

Le joueur des noirs part de la cafe 2, prend le pion blanc de la cafe 11, & ſe place ſur la cafe 16.

Second coup. Le joueur des blancs va de la cafe 24 à la cafe 2.

Le joueur des noirs ſe porte de la cafe 6 à la cafe 33.

Troiſième coup. Le joueur des blancs prend, & va de la cafe 50 à la cafe 11.

Le joueur des noirs prend, & va de la cafe 16 à la cafe 7.

Quatrième coup. Le joueur des blancs prend, & va de la cafe 2 à la cafe 11.

Le joueur des noirs va de la cafe 35 à la cafe 40.

Cinquième coup. Le joueur des blancs va de la cafe 11 à la cafe 6.

Le joueur des noirs ſe porte de la cafe 40 à la cafe 45.

Sixième coup. Le joueur des blancs va de la cafe 6 à la cafe 50, & le joueur des noirs ſe trouve enfermé.

Seconde manière.

Premier coup. Le joueur des blancs va de la cafe 42 à la cafe 24.

Le joueur des noirs prend, & va de la cafe 2 à la cafe 30.

Second coup. Le joueur des blancs va de la cafe 17 à la cafe 39.

Le joueur des noirs prend, & va de la cafe 6 à la cafe 44.

Troiſième coup. Le joueur des blancs prend, & va de la cafe 50 à la cafe 25.

Le joueur des noirs va de la cafe 35 à la cafe 40.

Quatrième coup. Le joueur des blancs va de la cafe 25 à la cafe 39.

Le joueur des noirs paſſe de la cafe 40 à la cafe 45.

Cinquième coup. Le joueur des blancs ſe porte de la cafe 39 à la cafe 50 ; & le joueur des noirs ſe trouve enfermé.

Neuvieme exemple. La case 1 est occupée par une *dame* blanche, & les cases 24, 29, 33 & 34, chacune par un pion blanc.

Il y a, sur chacune des cases 5 & 45, une *dame* noire, & sur la case 25 un pion noir.

Le joueur des noirs ayant deux *dames*, dont une sur la grande ligne, paroît être dans une position propre à gagner ou du moins à nécessiter la remise de la partie; cependant il perdra forcément comme on va le voir.

Premier coup. Le joueur des blancs va de la case 33 à la case 28.

Le joueur des noirs part de la case 5, prend & se place sur la case 46.

Second coup. Le joueur des blancs va de la case 24 à la case 20.

Le joueur des noirs part de la case 25, prend & se place sur la case 14.

Troisieme coup. Le joueur des blancs se porte de la case 29 à la case 23.

Le joueur des noirs part de la case 45, prend & se place sur la case 18.

Quatrieme coup. Le joueur des blancs part de la case 1, prend une *dame* & un pion noir, se met sur la case 5, & le joueur des noirs, qui reste avec une *dame* sur la case 46, ne peut pas la jouer qu'elle ne soit prise.

Dixieme exemple. Les blancs ont une *dame* sur la case 50, & un pion sur chacune des cases 22, 31 & 32.

La case 19 est occupée par une *dame* noire, & les cases 17 & 43, par deux pions noirs.

Il semble que dans cette position la remise soit assurée; cependant la partie est gagnée pour le joueur des blancs, comme on va le prouver.

Premier coup. Le joueur des blancs va de la case 50 à la case 39.

Le joueur des noirs part de la case 19, prend & va se placer à la case 26.

Second coup. Le joueur des blancs part de la case 39, prend & se met sur la case 48. Alors son adversaire ne peut plus jouer sans perdre.

OBSERVATIONS *sur ce que c'est que d'Avoir le coup, & sur les effets qui en résultent.*

Un joueur a le coup, quand son jeu est tellement disposé qu'il a toujours à jouer sans perte, & qu'au contraire son adversaire ne peut jouer sans perdre un ou plusieurs pions,

ou même la partie. Ainsi, on *gagne le coup*, quand, par un évènement quelconque, comme en faisant un pour un, ou deux pour deux, ou même en perdant un pion, on se trouve dans le premier cas, & son adversaire dans le second.

Au commencement d'une partie où la plupart des pions sont sur le damier, on ne voit pas aisément si l'on a le coup, à cause du nombre des pions & des différentes manières dont ils peuvent être joués: mais, quand il n'y a plus que quelques pions de part & d'autre sur le damier, il est plus facile à un joueur de connoître s'il a le coup sur son adversaire. Pour s'en assurer, il joue intérieurement les deux jeux, pion à pion, & il retient à qui ce sera à jouer le dernier. Si celui-ci ne peut le faire sans se mettre en prise, il est évident que c'est l'autre qui aura le coup.

Au reste, c'est le coup qui fait gagner une partie, puisqu'il sert à prendre ou à enfermer les pions de l'adversaire. Ainsi, les coups les plus brillants, ceux qui font gagner le plus de pions, ne servent qu'à faire perdre la partie s'ils font perdre le coup. C'est pourquoi, lorsqu'un habile joueur combine un coup compliqué, il a grand soin d'examiner si après l'avoir exécuté il aura le coup, puisque ce n'est qu'en se procurant cet avantage, que sa combinaison peut lui être utile.

Voici quelques exemples de positions où la partie est gagnée pour le joueur qui a le coup.

Premier exemple. Les cases 23, 33, 42, 47 & 49, sont occupées chacune par un pion blanc.

Il y a un pion noir sur chacune des cases 4, 12, 36 & 41.

Premier coup. Le joueur des noirs va de la case 41 à la case 46, à dame.

Le joueur des blancs passe de la case 23 à la case 18.

Second coup. Le joueur des noirs part de la case 12, prend & se met sur la case 23.

Le joueur des blancs va de la case 33 à la case 28.

Troisieme coup. Le joueur des noirs part de la case 23, prend & se place sur la case 32.

Le joueur des blancs va de la case 41 à la case 37.

Quatrieme coup. Le joueur des noirs part de la case 32, prend & se place sur la case 41.

Le joueur des blancs va de la case 49 à la case 43.

Cinquieme coup. Le joueur des noirs va de la case 4 à la case 9.

Le joueur des blancs passe de la case 43 à la case 39.

Sixieme coup. Le joueur des noirs va de la case 9 à la case 14.

Le joueur des blancs passe de la case 38 à la case 33.

Septieme coup. Le joueur des noirs va de la case 14 à la case 20.

Le joueur des blancs passe de la case 33 à la case 29.

Huitieme coup. Le joueur des noirs va de la case 20 à la case 25.

Le joueur des blancs passe de la case 29 à la case 24.

Alors le joueur des noirs ne peut plus jouer sans perdre, parce que son adversaire a le coup.

Second exemple. Il y a une *dame* blanche sur chacune des cases 6 & 39, & un pion blanc sur chacune des cases 34 & 35.

Les cases 15 & 24, sont occupées chacune par un pion noir, & la case 32 par une *dame* de la même couleur.

Premier coup. Le joueur des blancs va de la case 39 à la case 43.

Le joueur des noirs part de la case 32, prend & se place sur la case 49.

Second coup. Le joueur des blancs va de la case 34 à la case 29.

Le jour des noirs part de la case 24, prend & se met sur la case 33.

Troisieme coup. Le joueur des blancs part de la case 6, prend & se place sur la case 44.

Le joueur des noirs part de la case 49, prend & se met sur la case 40.

Quatrieme coup. Le joueur des blancs part de la case 35, prend & se place sur la case 44.

Le joueur des noirs va de la case 15 à la case 20.

Cinquieme coup. Le joueur des blancs va de la case 44 à la case 39.

Le joueur des noirs passe de la case 20 à la case 25.

Sixieme coup. Le joueur des blancs va de 39 à 34; & comme il a le coup sur le joueur des noirs, ce dernier ne peut plus jouer sans perdre.

Troisieme exemple. Il y a une *dame* blanche

sur la case 45, & un pion de même couleur sur chacune des cases 20 & 24.

Les cases 15 & 14, sont occupées chacune par un pion noir.

Premier coup. Le joueur des blancs va de la case 49 à la case 32.

Le joueur des noirs passe de la case 41 à la case 47.

Second coup. Le joueur des blancs va de la case 32 à la case 10.

Le joueur des noirs part de la case 15, prend & se met sur la case 4.

Troisieme coup. Le joueur des blancs va de la case 20 à la case 15.

Le joueur des noirs part de la case 47, prend & se met sur la case 20.

Quatrieme coup. Le joueur des blancs part de la case 15, prend & se place sur la case 24.

Le joueur des noirs va de la case 4 à la case 10.

Cinquieme coup. Le joueur des blancs va de la case 24 à la case 20.

Le joueur des noirs passe de la case 10 à la case 15.

Sixieme coup. Le joueur des blancs va de la case 20 à la case 14, & comme il a le coup sur le joueur des noirs, celui-ci ne peut plus jouer sans perdre.

OBSERVATIONS *sur le* tant pour tant.

On appelle, *faire tant pour tant*, l'action de donner à prendre à son adversaire un ou plusieurs pions, une ou plusieurs *dames*, pour ensuite se trouver dans une position à lui prendre le même nombre de pièces que celui qu'il a pris.

C'est par le *tant pour tant*, que les joueurs habiles parent des coups & qu'ils en préparent: en effet, a-t-on un jeu embarrassé? on le dégage en faisant un pour un, ou deux pour deux: voit-on dessiner un coup dangereux? on l'évite par un *tant pour tant*: veut-on fortifier le côté foible de son jeu? on y réussit par des *tant pour tant*: veut-on se placer dans un poste avantageux? un *tant pour tant*, fait à propos, y conduira: enfin, c'est par des *tant pour tant*, qu'un pion en tient souvent plusieurs enfermés, & qu'on parvient à gagner le coup.

Il résulte de cet exposé, que le *tant pour tant* n'est point indifférent, & que, malgré qu'il foit le coup le plus fimple du jeu , il procure fouvent des avantages qui font gagner la partie.

Du coup de repos.

Le coup de repos eft une pofition dans laquelle l'un des joueurs a plufieurs fois de fuite à prendre , & l'autre par conféquent autant de coups à jouer librement & fans obftacle. Tandis que le premier joueur fait des prifes, le fecond arrange fes pions de manière à faire un coup que fon adverfaire ne puiffe empêcher ; ou il fe met derrière un ou plufieurs pions en prife. On appelle cela *coup de repos* , par la raifon que le pion du fecond joueur , qui eft derrière ceux de fon adverfaire, ou qui eft difposé pour faire un coup, fe repofe en quelque forte , en attendant fon tour de marcher. Le coup de repos eft prefque toujours occafionné par trop de précipitation de la part de l'adverfaire, qui , voyant un pion en prife, fe met derrière , & fe trouve obligé de le prendre , & donne par là , le temps à fon adverfaire de former un plan avantageux dont l'exécution devient forcée.

Il arrive néanmoins quelquefois , que le coup de repos eft le fruit de la combinaifon d'un joueur.

Exemple d'un coup de repos de la première efpèce.

Les cafes 23 , 29 , 30 , 31 , 34 , 35 , 36 & 48 , font occupées chacune par un pion blanc.

Il y a un pion noir fur chacune des cafes 5 , 7 , 8 , 9 , 10 , 12 , 13 , 18 , 22 , 25 , 26.

Premier coup. Le joueur des blancs va de la cafe 30 à la cafe 24.

Le joueur des noirs part de la cafe 26 , prend & fe place fur la cafe 37.

Second coup. Le joueur des blancs va de la cafe 48 à la cafe 42.

Le joueur des noirs part de la cafe 37 , prend & va à *dame* à la cafe 48.

Troifieme coup. Le joueur des blancs va de la cafe 19 à la cafe 26.

Le joueur des noirs part de la cafe 48 , prend & fe met fur la cafe 30.

Quatrieme coup. Le joueur des blancs va de la cafe 29 à la cafe 23.

Le joueur des noirs part de la cafe 18 , prend & fe met fur la cafe 20.

Cinquieme coup. Le joueur des blancs part de la cafe 35 , prend & va à *dame* à la cafe 4.

Le joueur des noirs part de la cafe 13 , prend & fe met fur la cafe 24.

Sixieme coup. Le joueur des blancs part de la cafe 4 , prend & fe place fur la cafe 15. Le refte s'apperçoit.

On a du remarquer que le pion noir de la cafe 26 , placé derrière le blanc de la cafe 31 qui eft en prife , & que le joueur des blancs laiffe prendre , a donné à ce dernier le temps de difpofer fon jeu de manière à lui faire gagner la partie : comme il falloit plufieurs coups pour atteindre fon but , il s'eft procuré à lui-même plufieurs coups de repos, en obligeant toujours fon adverfaire à prendre. On peut regarder comme le premier coup de repos, la pofition du pion blanc de la cafe 30 , fur la cafe 24, attendu que c'eft cette pofition qui prépare tout. Cependant le véritable coup de repos , eft celui où la *dame* noire de la cafe 48 , a été obligée de prendre le pion blanc de la cafe 34 , & de fe mettre fur la cafe 30 , où le pion blanc de la cafe 35 devoit bientôt la prendre : mais, celui-ci devoit refter en repos , jufqu'à ce que le pion noir de la cafe 18 eût pris les deux pions blancs des cafes 19 & 34 , & fe fût placé fur la cafe 20 , pour ouvrir le paffage au même pion blanc de la cafe 35 , mis par là en activité.

Il eft clair que le coup dont il s'agit , n'a dû fon exiftence qu'à l'inattention du joueur des noirs, qui l'auroit détourné s'il n'eût pas voulu prendre précipitamment le pion blanc de la cafe 31.

Exemple d'un coup de repos de la feconde efpèce.

Il y a un pion blanc fur chacune des cafes 26 , 27 , 33 , 36 , 37 , 38 , 39 , 42 , 43 , 46 , 47 & 49.

Le cafes 2 , 4 , 6 , 7 , 8 , 9 , 16 , 17 , 18 , 19 , 23 & 30 , font occupées chacune par un pion noir.

Premier coup. Le joueur des blancs va de la cafe 27 à la cafe 21.

Le joueur des noirs part de la cafe 16 , prend & fe met fur la cafe 27.

Second

Second coup. Le joueur des blancs va de la cafe 36 à la cafe 31.

Le joueur des noirs part de la cafe 27, prend & fe met fur la cafe 36.

Troifième coup. Le joueur des blancs va de la cafe 37 à la cafe 31.

Le joueur des noirs part de la cafe 36, prend & fe met fur la cafe 27.

Quatrième coup. Le joueur des blancs va de la cafe 33 à la cafe 28.

Le joueur des noirs part de la cafe 23, prend & fe met fur la cafe 32.

Cinquième coup. Le joueur des blancs va de la cafe 39 à la cafe 34.

Le joueur des noirs part de la cafe 30, prend & fe met fur la cafe 37.

Sixieme coup. Le joueur des blancs va de la cafe 47 à la cafe 41, & fe procure par là le coup de repos.

Le joueur des noirs part de la cafe 32, prend & fe met fur la cafe 43.

Septieme coup. Le joueur des blancs part de la cafe 41, prend quatre pions & arrive à *dame* fur la cafe 1.

Le joueur des noirs va de la cafe 43 à *dame* fur la cafe 48.

Huitieme coup. Le joueur des blancs paffe de la cafe 46 à la cafe 41.

Le joueur des noirs va de la cafe 48 à la cafe 25.

Neuvieme coup. Le joueur des blancs va de la cafe 49 à la cafe 43.

Le joueur des noirs part de la cafe 25, prend & fe met fur la cafe 48.

Dixieme coup. Le joueur des blancs va de la cafe 41 à la cafe 37.

Le joueur des noirs part de la cafe 48, prend & fe met fur la cafe 31.

Onzieme coup. Le joueur des blancs part de la cafe 26, prend la *dame* noire & fe met fur la cafe 37.

Alors les noirs ont perdu forcément.

De la Lunette.

Lorfque deux pions d'un même joueur font placés de manière qu'il y a derrière chacun d'eux une cafe vide, & entre eux une autre cafe vide, où l'adverfaire peut fe placer, tela s'appelle une *lunette*. Quand on s'y place, il eft néceffaire qu'un des deux pions foit pris, attendu qu'on ne peut pas les jouer, ni

par conféquent les fauver tous les deux à la fois.

La lunette préfente fréquemment plufieurs pions à prendre, tant d'un côté que d'un autre. Comme elle eft le plus fouvent un piège que tend un joueur adroit, on doit y prendre garde ; car il faut fuppofer que ce n'eft pas fans motif, que l'adverfaire s'expofe à perdre un ou plufieurs pions.

En pareil cas, avant d'entrer dans la lunette, on fe met en idée à la place de celui contre qui l'on joue, & l'on calcule ce que l'on feroit foi-même, fi l'on avoit à jouer fon jeu.

L'exemple fuivant confirmera ce qu'on vient de dire.

Il y a un pion blanc fur chacune des cafes 28, 34, 37, 39, 40 & 48.

Les cafes 12, 13, 14, 16, 24, 25 & 27, font occupées chacune par un pion noir.

Le joueur des noirs étant en tour de jouer, met dans la lunette.

Le joueur des blancs va de la cafe 34 à la cafe 30.

Le joueur des noirs part de la cafe 24, prend quatre pions, & fe met fur la cafe 22.

Alors le joueur des blancs part de la cafe 37, prend cinq pions, va à *dame* fans difficulté, & gagne la partie.

Ce que nous avons dit de la lunette, doit auffi s'appliquer aux autres pions qui fe trouvent en prife. En voici un exemple :

Il y a un pion blanc fur chacune des cafes 26, 27, 29, 30, 33, 34, 35, 38, 40, 42 & 45.

Les cafes 7, 8, 12, 13, 14, 15, 18, 19, 20, 22, 23 & 25, font occupées chacune par un pion noir.

La prife du pion blanc, derrière lequel fe met le pion noir de la cafe 22, n'eft pas à la vérité forcée, puifque, fi le joueur des blancs n'avoit rien de mieux à faire, ce feroit un fimple *un pour un*. Le joueur des noirs, qui ne fuppofe aucune autre intention à fon adverfaire, ne préfume pas qu'il y ait du danger : mais, c'eft précifément en pareil cas qu'il faut redoubler d'attention & éviter de mettre derrière des pions en prife, avant d'avoir bien examiné ce qui pourra en réfulter d'avantageux ou de nuifible.

Dans la pofition précédente, le joueur des blancs paffe, le premier coup, de la cafe 26 à la cafe 21.

H

Le joueur des noirs part de la case 22, prend & se met sur la case 31.

Second coup. Le joueur des blancs va de la case 21 à la case 17.

Le joueur des noirs part de la case 12, prend & se met sur la case 21.

Troisieme coup. Le joueur des blancs va de la case 33 à la case 28.

Le joueur des noirs part de la case 23, prend & se met sur la case 43.

Quatrieme coup. Le joueur des blancs va de la case 42 à la case 38.

Le joueur des noirs part de la case 43, prend & se met sur la case 32.

Cinquieme coup. Le joueur des blancs va de la case 29 à la case 24.

Le joueur des noirs part de la case 20, prend & se met sur la case 29.

Sixieme coup. Le joueur des blancs part de la case 34, prend & va à dame à la case 3.

Le joueur des noirs part de la case 25, prend & se met sur la case 34.

Septieme coup. Le joueur des blancs part de la case 3, prend & gagne la partie.

Observations sur la dame.

La *dame* a des moyens si puissans pour faire gagner une partie, qu'il ne faut pas s'étonner des tentatives continuelles que font les joueurs pour enrichir leur jeu de cette piece intéressante. Mais tous n'obtiennent pas le même succès avec un même degré d'utilité. Ce n'est pas tout faire, que d'aller à *dame*; on ne doit y aller qu'avec prudence, & ne pas faire pour cela plus de sacrifices que n'en permet l'état dans lequel se trouve la partie. Il ne faut pas imiter ces joueurs médiocres qui croient qu'ils ont tout fait quand ils sont à *dame*, & qui ne s'inquietent ni des pions qu'il leur en a coûté, ni de la case plus ou moins favorable où ils se font damer, ni de la position où cette opération met les jeux, ni enfin de ce que leur *dame* deviendra; c'est néanmoins toutes ces choses qu'il faut considérer, pour éviter qu'une *dame* ne soit plus nuisible que profitable.

Au reste, à jeu égal & à force égale, on ne doit point hésiter de sacrifier pour aller à *dame*, un ou deux pions & même trois, sur-tout si l'on empêche son adversaire d'y aller; si la *dame* qu'on va faire doit être libre & en sûreté, si elle peut, sans être prise, regagner les pions qu'elle aura pu coûter, ou si étant prise elle peut également les regagner, par la perte que l'adversaire sera obligé de faire pour s'en débarrasser.

Il n'est en effet rien de plus incommode, que d'avoir contre soi une *dame*, sans en avoir pour soi: on doit, en pareil cas, faire autant d'efforts pour se saisir de la *dame* de son adversaire, que pour en faire une soi-même; mais on doit user de la même prudence & de la même attention. S'il importe de ne pas sacrifier son jeu pour faire une *dame*, il n'importe pas moins d'éviter un pareil sacrifice, dans la vue de s'emparer de la *dame* de son adversaire: le danger est le même dans l'un & l'autre cas, quoiqu'il y ait beaucoup plus de moyens pour prendre une *dame* que pour en faire une. La raison de cette différence est fondée sur la lenteur du pion dans sa marche, & la célérité de la *dame* dans la sienne. Lorsqu'on veut aller à *dame* par quelque coup, on est obligé d'amener par degrés & de case en case les pions de son adversaire au point qui convient, au lieu que, quand on veut prendre une *dame*, on est favorisé par l'étendue de ses pas; on la fait venir d'un bout du damier à l'autre, on lui fait traverser plusieurs lignes & où l'on juge à propos.

La plupart des coups qui prennent une *dame*, sont en général de beaux coups. En voici quelques exemples:

Premier exemple. Il y a un pion blanc sur chacune des cases 19, 25, 26, 35, 36, 39, 42, 44, 45, 47 & 50.

Les cases 3, 12, 22 & 27 sont occupées chacune par une *dame* noire, & les cases 4, 5, 19 & 15, chacune par un pion noir.

Premier coup. Le joueur des blancs va de la case 19 à la case 13.

Le joueur des noirs part de la case 22, prend & se met sur la case 9.

Second coup. Le joueur des blancs va de la case 39 à la case 34.

Le joueur des noirs part de la case 12, prend & se met sur la case 49.

Troisieme coup. Le joueur des blancs va de la case 36 à la case 31.

Le joueur des noirs part de la case 27, prend & se met sur la case 36.

Quatrieme coup. Le joueur des blancs va de la case 26 à la case 21.

Le joueur des noirs part de la cafe 3, prend & fe met fur la cafe 48.

Cinquieme coup. Le joueur des blancs va de la cafe 47 à la cafe 41.

Le joueur des noirs part de la cafe 36, prend & fe met fur la cafe 47.

Sixieme coup. Le joueur des blancs va de la cafe 50 à la cafe 44.

Le joueur des noirs part de la cafe 49, prend & fe met fur la cafe 40.

Septieme coup. Le joueur des blancs part de la cafe 45, prend & fe met fur la cafe 34.

Le joueur des noirs part de la cafe 48, prend & fe met fur la cafe 30.

Huitieme coup. Le joueur des blancs part de la cafe 35, prend & fe met fur la cafe 24.

Le joueur des noirs part de la cafe 47, prend & fe met fur la cafe 20.

Neuvieme coup. Le joueur des blancs part de la cafe 25, prend & fe met fur la cafe 3.

Alors la partie eft perdue pour le joueur des noirs, à qui il refte quatre pions qu'il ne peut jouer fans que fon adverfaire ne les prenne.

Deuxieme exemple. Les cafes 27, 28, 29, 33, 35, 36, 37, 39, 46, 48 & 49, font occupées chacune par un pion blanc.

Il y a une *dame* noire fur la cafe 2, & un pion de la même couleur fur chacune des cafes 3, 8, 12, 15, 16, 18, 19, 20, 25 & 26.

Premier coup. Le joueur des blancs va de la cafe 37 à la cafe 31.

Le joueur des noirs part de la cafe 26, prend & fe met fur la cafe 37.

Second coup. Le joueur des blancs va de la cafe 46 à la cafe 41.

Le joueur des noirs part de la cafe 37, prend & va à *dame* à la cafe 46.

Troifieme coup. Le joueur des blancs va de la cafe 39 à la cafe 34.

Le joueur des noirs part de la cafe 46, prend & fe met fur la cafe 23.

Quatrieme coup. Le joueur des blancs va de la cafe 27 à la cafe 22.

Le joueur des noirs part de la cafe 18, prend & fe met fur la cafe 27.

Cinquieme coup. Le joueur des blancs part de la cafe 29, prend & fe met fur la cafe 7.

Le joueur des noirs part de la cafe 2, prend & fe met fur la cafe 30.

Sixieme coup. Le joueur des blancs part de la cafe 35, prend & va à *dame* fur la cafe 2.

Alors la partie eft perdue pour le joueur des noirs.

Troifieme exemple. Les cafes 30, 31, 32, 34, 35, 36, 43, 45, 48 & 49, font occupées chacune par un pion blanc.

Il y a une *dame* noire fur la cafe 11, & un pion noir fur chacune des cafes 1, 4, 5, 6, 8, 10, 15 & 20.

Premier coup. Le joueur des blancs va de la cafe 49 à la cafe 44.

Le joueur des noirs part de la cafe 11, prend & fe met fur la cafe 50.

Second coup. Le joueur des blancs va de la cafe 43 à la cafe 39.

Le joueur des noirs part de la cafe 50, prend & fe met fur la cafe 26.

Troifieme coup. Le joueur des blancs va de la cafe 48 à la cafe 42.

Le joueur des noirs part de la cafe 26, prend & fe met fur la cafe 48.

Quatrieme coup. Le joueur des blancs va de la cafe 30 à la cafe 25.

Le joueur des noirs part de la cafe 48, prend & fe met fur la cafe 30.

Cinquieme coup. Le joueur des blancs part de la cafe 25, prend & fe met fur la cafe 14.

Le joueur des noirs part de la cafe 10, prend & fe met fur la cafe 19.

Sixieme coup. Le joueur des blancs part de la cafe 35, prend & va à *dame* à la cafe 2.

Alors le joueur des noirs a perdu la partie, attendu que les cinq pions qui lui reftent, peuvent aifément être arrêtés par fon adverfaire.

Nous allons maintenant indiquer différentes pofitions, d'où peuvent réfulter des coups favamment combinés, & propres à faire connoître le talent du joueur qui fait les faifir.

Premiere pofition. Il y a un pion blanc fur chacune des cafes 25, 26, 27, 28, 30, 31, 32, 33, 35, 36, 37, 40, 41, 45 & 48.

Les cafes 6, 7, 8, 9, 11, 13, 14, 15, 16, 17, 18, 19, 21, 23, 24, font occupées chacune par un pion noir.

H 2

Premier coup. Le joueur des blancs va de la case 25 à la case 20.

Le joueur des noirs part de la case 14, prend deux pions blancs & se met sur la case 34.

Second coup. Le joueur des blancs part de la case 40, prend & se met sur la case 20.

Le joueur des noirs part de la case 15, prend & se met sur la case 24.

Troisieme coup. Le joueur des blancs va de la case 35 à la case 30.

Le joueur des noirs part de la case 24, prend & se met sur la case 35.

Quatrieme coup. Le joueur des blancs va de la case 45 à la case 40.

Le joueur des noirs part de la case 35, prend & se met sur la case 44.

Cinquieme coup. Le joueur des blancs va de la case 33 à la case 29.

Le joueur des noirs part de la case 23, prend & se met sur la case 34.

Sixieme coup. Le joueur des blancs va de la case 28 à la case 22.

Le joueur des noirs part de la case 17, prend & se met sur la case 28.

Septieme coup. Le joueur des blancs part de la case 31, prend cinq pions & va à *dame* sur la case 1.

Le joueur des noirs part de la case 21, prend & se met sur la case 32.

Huitieme coup. Le joueur des blancs part de la case 1, prend quatre pions noirs, & se met sur la case 27.

Alors le joueur des noirs a perdu la partie.

Deuxieme position. Il y a un pion blanc sur chacune des cases 27, 28, 32, 33, 35, 36, 37, 38, 39, 40, 42, 43, 44, 45 & 48.

Les cases 3, 6, 7, 8, 9, 12, 13, 14, 16, 17, 18, 19, 23, 24 & 26, sont occupées chacune par un pion noir.

Premier coup. Le joueur des blancs va de la case 35 à la case 30.

Le joueur des noirs part de la case 24, prend & se met sur la case 35.

Second coup. Le joueur des blancs va de la case 33 à la case 29.

Le joueur des noirs part de la case 23, prend & se met sur la case 34.

Troisieme coup. Le joueur des blancs part de la case 39, prend & se met sur la case 30.

Le joueur des noirs part de la case 35, prend & se met sur la case 24.

Quatrieme coup. Le joueur des blancs va de la case 27 à la case 22.

Le joueur des noirs part de la case 18, prend & se met sur la case 27.

Cinquieme coup. Le joueur des blancs part de la case 32, prend & se met sur la case 21.

Le joueur des noirs part de la case 16, prend & se met sur la case 27.

Sixieme coup. Le joueur des blancs va de la case 28 à la case 23.

Le joueur des noirs part de la case 19, prend & se met sur la case 28.

Septieme coup. Le joueur des blancs va de la case 37 à la case 32.

Le joueur des noirs part de la case 28, prend & se met sur la case 37.

Huitieme coup. Le joueur des blancs part de la case 42, prend quatre pions & arrive à *dame* à la case 2.

Il est évident qu'alors le joueur des noirs a perdu la partie.

Troisieme position. Il y a un pion blanc sur chacune des cases 22, 25, 27, 28, 30, 32, 33, 34, 35, 37, 38, 39, 40, 43, 45 & 47.

Les cases 2, 6, 7, 8, 9, 10, 11, 13, 14, 15, 16, 18, 19, 21, 24 & 26, sont occupées chacune par un pion noir.

Premier coup. Le joueur des blancs va de la case 25 à la case 20.

Le joueur des noirs part de la case 14, prend & se met sur la case 25.

Second coup. Le joueur des blancs va de la case 28 à la case 23.

Le joueur des noirs part de la case 19, prend deux pions, & se place sur la case 17.

Troisieme coup. Le joueur des blancs part de la case 30, prend & se met sur la case 19.

Le joueur des noirs part de la case 13, prend & se met sur la case 24.

Quatrieme coup. Le joueur des blancs va de la case 34 à la case 30.

Le joueur des noirs part de la case 25, prend & se met sur la case 34.

Cinquieme coup. Le joueur des blancs part de la case 40, prend deux pions & se met sur la case 20.

Le joueur des noirs part de la case 15, prend & se met sur la case 24.

Sixieme coup. Le joueur des blancs va de la case 37 à la case 31.

Le joueur des noirs part de la cafe 26, prend deux pions & fe met fur la cafe 28.

Septieme coup. Le joueur des blancs part de la cafe 33, prend quatre pions & fe met fur la cafe 15.

Le joueur des noirs part de la cafe 21, prend & fe met fur la cafe 32.

Huitieme coup. Le joueur des blancs part de la cafe 38, prend & fe met fur la cafe 27.

Quoiqu'il refte alors huit pions noirs contre fept blancs, le joueur des noirs n'a pas moins perdu la partie, attendu que rien n'empêche le joueur des blancs d'aller à *dame.*

Quatrieme pofition. Il y a un pion blanc fur chacune des cafes 14, 24, 25, 30, 32, 33, 35, 37, 38, 41, 42, 45, 47, 48 & 49.

Les cafes 1, 3, 4, 5, 6, 7, 8, 11, 15, 16, 18, 21, 23, 26 & 27, font occupées chacune par un pion noir.

Premier coup. Le joueur des blancs va de la cafe 14 à la cafe 10.

Le joueur des noirs part de la cafe 5, prend & fe met fur la cafe 14.

Second coup. Le joueur des blancs va de la cafe 14 à la cafe 10.

Le joueur des noirs part de la cafe 15, prend & fe met fur la cafe 14.

Troifieme coup. Le joueur des blancs part de la cafe 30, prend deux pions & fe met fur la cafe 10.

Le joueur des noirs part de la cafe 4, prend & fe met fur la cafe 15.

Quatrieme coup. Le joueur des blancs va de la cafe 33 à la cafe 29.

Le joueur des noirs part de la cafe 23, prend & fe met fur la cafe 34.

Cinquieme coup. Le joueur des blancs va de la cafe 37 à la cafe 31.

Le joueur des noirs part de la cafe 26, prend deux pions & fe met fur la cafe 28.

Sixieme coup. Le joueur des blancs va de la cafe 38 à la cafe 32.

Le joueur des noirs part de la cafe 27, prend & fe met fur la cafe 28.

Septieme coup. Le joueur des blancs part de la cafe 42, prend quatre pions, & va à *dame* à la cafe 2.

Alors le joueur des noirs a évidemment perdu la partie.

Cinquieme pofition. Il y a un pion blanc fur chacune des cafes 18, 22, 28, 32, 33, 35, 36, 37, 38, 42, 43, 48 & 49.

Les cafes 6, 8, 9, 10, 11, 14, 16, 17, 19, 20, 21, 24, 25 & 26, font occupées chacune par un pion noir.

Premier coup. Le joueur des blancs va de la cafe 33 à la cafe 29.

Le joueur des noirs part de la cafe 24, prend & fe met fur la cafe 33.

Second coup. Le joueur des blancs part de la cafe 28, prend & fe met fur la cafe 39.

Le joueur des noirs part de la cafe 17, prend & fe met fur la cafe 28.

Troifieme coup. Le joueur des blancs part de la cafe 32, prend & fe met fur la cafe 23.

Le joueur des noirs part de la cafe 19, prend & fe met fur la cafe 28.

Quatrieme coup. Le joueur des blancs va de la cafe 37 à la cafe 32.

Le joueur des noirs part de la cafe 28, prend & fe met fur la cafe 37.

Cinquieme coup. Le joueur des blancs part de la cafe 42, prend & fe met fur la cafe 31.

Le joueur des noirs part de la cafe 26, prend & fe met fur la cafe 37.

Sixieme coup. Le joueur des blancs va de la cafe 48 à la cafe 42.

Le joueur des noirs part de la cafe 37, prend & fe trouve à *dame* fur la cafe 48.

Septieme coup. Le joueur des blancs va de la cafe 39 à la cafe 34.

Le joueur des noirs part avec fa *dame* de la cafe 48, prend deux pions & fe met fur la cafe 30.

Huitieme coup. Le joueur des blancs part de la cafe 35, prend la *dame* noire & quatre pions, & va à *dame* à la cafe 2.

On voit qu'alors le joueur des noirs a perdu la partie.

Sixieme pofition. Il y a un pion blanc fur chacune des cafes 22, 27, 28, 29, 31, 32, 37, 38, 40, 41, 42 & 45.

Les cafes 4, 5, 6, 7, 8, 9, 11, 16, 17, 19, 25 & 26, font occupées chacune par un pion noir.

Premier coup. Le joueur des blancs va de la case 29 à la case 24.

Le joueur des noirs part de la case 19, prend & se met sur la case 30.

Second coup. Le joueur des blancs va de la case 40 à la case 34.

Le joueur des noirs part de la case 30, prend & se met sur la case 39.

Troisieme coup. Le joueur des blancs va de la case 28 à la case 23.

Le joueur part de la case 17, prend deux pions & arrive sur la case 19.

Quatrieme coup. Le joueur des blancs va de la case 38 à la case 33.

Le joueur des noirs part de la case 39, prend & se met sur la case 28.

Cinquieme coup. Le joueur des blancs part de la case 32, prend cinq pions, & arrive à *dame* à la case 1.

On voit qu'alors le joueur des noirs perd nécessairement la partie.

Il seroit superflu de s'arrêter plus long-temps à des exemples qui peuvent être variés à l'infini : mais, il ne sera pas inutile de présenter quelques points de théorie, autour desquels doivent se rallier ceux qui aspirent à bien jouer aux *dames*. Ainsi, lorsqu'un joueur est parvenu à connoître quelques-unes des finesses du jeu, il doit contracter l'habitude de ne jouer aucun coup sans se rendre compte des motifs par lesquels il s'est déterminé. Il faut sur-tout qu'il soit attentif à ne pas se laisser souffler, parce qu'une telle faute occasionne souvent la perte de la partie.

On doit régler la marche des pions de manière qu'ils ne soient ni trop serrés ni trop écartés : s'ils étoient trop serrés, on pourroit les enfermer; & trop écartés, on les prendroit facilement. Lorsqu'un jeu est trop serré, on le dégage par des *tant pour tant*, qu'on ne doit néanmoins faire qu'avec circonspection : si au contraire, le jeu est dispersé, il faut en réunir les pions, & porter des forces du côté foible.

Quand un joueur a perdu un pion qu'il ne peut pas reprendre, il doit tâcher de gagner un poste où, pour rétablir l'égalité, un pion puisse en tenir deux en respect.

Quand on voit un joueur dégarnir son jeu d'un côté, son adversaire doit y porter toutes ses forces, sans néanmoins trop affoiblir la partie contre laquelle ce joueur a formé un projet d'attaque.

Avant d'exécuter un coup quelconque, il est à propos d'en combiner chaque partie l'une après l'autre, & de ne le commencer qu'après s'être bien assuré que le pion qui prendra le dernier, ne sera pas pour l'adversaire un moyen de faire un coup lui-même : on ne doit jamais perdre de vue que le jeu du pion est le grand art du jeu de *dames*, puisque c'est par là qu'on parvient à gagner le coup sur l'adversaire.

Au reste, ce n'est pas assez qu'un joueur combine savamment les coups qu'il se propose d'exécuter; il faut encore qu'il s'occupe avec soin de ceux que son adversaire peut lui tendre : aussi-tôt qu'un coup préparé est apperçu, ce doit être un coup manqué, parce qu'il y a toujours quelque moyen pour en détourner l'effet : ainsi, quand vous tendez un piège, & que la manière de jouer de votre adversaire vous indique qu'il connoît votre intention, il faut renoncer au succès sur lequel vous aviez cru pouvoir compter, & vous occuper d'un autre projet.

Il y a d'habiles joueurs qui pensent qu'on doit moins ambitionner de faire des coups que de se donner la position : ceci désigne un jeu disposé de manière qu'il offre à son joueur divers moyens favorables pour gagner la partie, ou du moins, pour obtenir des avantages qui conduisent à ce but. Quoique vous & votre adversaire soyez égaux en force & en pions, cette égalité cessera quand vous aurez la position; en effet, elle vous mettra promptement en situation ou d'aller à *dame* sans obstacle, ou de faire quelqu'autre coup, ou de gagner des pions presque sans jouer, attendu que votre adversaire se trouvera forcé de les donner lui-même; à cause de l'embarras de son jeu & de la difficulté de continuer sa marche sans se faire un passage. Ajoutons que c'est par la position que vous réussirez plus facilement à faire des coups.

Lorsqu'il vous arrive de faire une faute qui peut occasionner la perte d'un pion, & que vous remarquez que votre adversaire ne l'a point apperçue, vous devez tâcher de la réparer promptement; mais, si la manière de jouer de votre adversaire vous annonce qu'il a vu la faute & qu'il va en profiter, il faut alors abandonner le pion menacé; &, sans perdre du temps à le secourir inutilement, vous devez vous occuper de quelque coup qui puisse vous indemnifer de la perte que vous aurez été obligé de faire.

Au commencement d'une partie, vous devez vous conduire relativement à l'habileté de votre adverfaire : s'il vous furpaffe en force, ou même s'il n'eft que votre égal, il ne faut pas entaffer vos pions les uns fur les autres, & il eft à propos que vous faffiez avec circonfpection quelques *tant* pour *tant* : fi au contraire vous êtes fupérieur en force, vous éviterez de multiplier les tant pour tant; vous laifferez votre adverfaire fe ferrer, & vous le ferrerez vous-même, en obfervant d'avoir le coup fur lui : par là, vous l'amenerez infailliblement à ne pouvoir plus jouer fans perdre un pion ou deux.

Quand une partie eft fur fa fin, ou qu'il refte peu de pions fur le damier, vous devez prendre foin de rapprocher vos pions les uns des autres, afin qu'ils puiffent fe fecourir mutuellement. A cette époque, la moindre perte eft difficile à réparer.

Lorfqu'en pareille circonftance, votre adverfaire vous a enlevé un ou deux pions, vous devez vous appliquer à faire une *dame*, puifqu'il eft poffible d'obtenir la remife de la partie, quand on a une *dame* contre trois. C'eft ce qu'on a vu précédemment.

Il n'eft jamais indifférent pour des joueurs égaux en force, de perdre un pion, parce que cela fait pencher la balance en faveur de celui qui le gagne : cependant, il y a plufieurs cas où la prudence exige qu'un joueur faffe le facrifice non-feulement d'un, mais même de plufieurs pions : ceci doit, par exemple, avoir lieu quand on ne peut éviter autrement un coup ruineux ou d'être enfermé. En pareille circonftance, il refte la reffource des événemens imprévus & des fautes de l'adverfaire.

S'il arrive que votre adverfaire s'empreffe de s'emparer des coins du damier, placez-vous dans le milieu, & environnez-le de manière à lui boucher le paffage & à l'enfermer. C'eft en général une pofition fort douteufe que celle des coins, attendu qu'on n'a pas, comme dans le milieu, la facilité de jouer à droite & à gauche. Il n'eft pas rare de voir cinq ou fix pions tellement emprifonnés dans les coins, qu'ils y reftent jufqu'à la fin de la partie.

VOCABULAIRE explicatif des termes ufités au jeu des Dames.

Adouber. Terme qui ne s'emploie guères que dans cette phrafe, *j'adoube*, par laquelle on avertit qu'on ne touche une pièce que pour l'arranger & non pour la jouer.

Aller à dame. C'eft pouffer un pion jufqu'aux dernières cafes du côté de celui contre qui on joue.

Avoir le coup. C'eft avoir un jeu tellement difpofé qu'on a toujours à jouer fans perte, & qu'au contraire, l'adverfaire ne peut jouer fans perdre une ou plufieurs pièces, ou même la partie.

Cafe. On défigne fous ce nom, chacun des quarrés du damier fur lequel on joue.

Coup. C'eft ce que produit l'action de chaque joueur qui a joué une fois.

Coup forcé. C'eft un coup qu'il n'eft pas poffible de parer.

Coup de repos. C'eft une pofition dans laquelle l'un des joueurs a plufieurs fois de fuite à prendre, & l'autre par conféquent autant de coups à jouer librement & fans obftacle.

Dame. On donne quelquefois ce nom aux fimples pions; mais il s'applique plus particulièrement à la pièce qu'on fait aller à dame & fur laquelle on en met une autre.

Damer. C'eft lorfqu'un pion ayant été pouffé jufqu'aux dernières cafes du côté contraire, on met, pour marque de cela, un autre pion par deffus.

Damier. Echiquier ou tablier diftingué par une certaine quantité de carrés blancs & noirs qu'on appelle cafes, & qui font au nombre de cent pour le jeu des *dames* à la Polonoife; ou de foixante quatre pour le jeu des *dames* à la Françoife.

Fauffe marche. C'eft l'action de porter une *dame* ou un pion fur une cafe où la règle ne permet pas de les placer.

Grande ligne. C'eft celle qui s'étend de la cafe 5 à la cafe 46.

Ligne du milieu. C'eft la grande ligne.

Lunette. Quand deux pions ou deux *dames* d'un même joueur font placés de manière qu'il y a derrière chacun une cafe vide, & entre eux une autre cafe vide où l'adverfaire peut fe placer, cela s'appelle une *lunette*.

Pion. C'est une des petites pièces plates & rondes avec lesquels on joue.

Position. (avoir la) C'est avoir un jeu disposé de manière qu'il en résulte divers moyens favorables pour gagner la partie, ou du moins pour obtenir des avantages qui conduisent à ce but.

Remise. C'est une disposition des jeux, telle qu'aucun des joueurs ne peut gagner la partie, & qu'elle reste indécise.

Souffler. C'est ôter à celui contre qui l'on joue une *dame* ou un pion, parce qu'il a manqué de prendre avec l'une ou l'autre de ces pièces une autre pièce qui étoit en prise.

Tablier. C'est ce qu'on appelle autrement *damier.*

Tant pour tant. On dit *faire tant pour tant*, pour exprimer l'action de donner à prendre à son adversaire un ou plusieurs pions, une ou plusieurs *dames*; afin de se trouver ensuite dans une position à lui prendre le même nombre de pièces que celui qu'il a pris.

Trictrac. C'est, relativement aux pions noirs, les cases 41 & 46, &, relativement aux pions blancs, les cases 45 & 50.

DAMES RABATTUES.

Sorte de jeu de table, qu'on joue avec deux dés & deux cornets dans un trictrac, garni de quinze *dames* noires & quinze *dames* blanches.

Le nom de ce jeu vient de ce que les joueurs y rabattent effectivement toutes leurs *dames*, les unes après les autres, en les couchant à plat l'une devant l'autre.

Les joueurs ne peuvent être qu'au nombre de deux. On fait décider par le sort à qui le dé appartiendra, & chacun se sert, c'est à-dire, qu'il met les dés dans son cornet.

En commençant, chaque joueur met ses *dames* dans la table du trictrac la plus près du jour, & il en fait six piles sur les flèches qui sont de son côté. Sur les trois flèches les plus près du jour, chaque pile est de deux *dames*; & les piles des trois autres flèches sont chacune de trois *dames*.

En jouant, on doit faire toucher aux dés la bande qui est du côté de l'adversaire: au reste, ils sont bons par tout dans le trictrac.

On peut changer les dés quand on veut, & même les rompre si on le juge à propos, à moins qu'on ne soit convenu du contraire.

Les *dames* étant empilées, comme on l'a dit, & celui qui a le dé ayant joué, il rabat de dessus les piles, deux *dames* en conformité du nombre de points que présente chaque dé.

Ainsi, le joueur qui, par exemple, amène un six & un as, rabat d'abord la *dame* empilée sur la première flèche, & joue par ce moyen son as.

Il rabat pareillement une des trois *dames* qui sont sur la sixième flèche près de la bande de séparation, & joue de cette manière son six.

Il faut de là tirer la conséquence, que l'as se prend toujours sur la première pile, le deux sur la seconde, le trois sur la troisième, le quatre sur la quatrième, le cinq sur la cinquième, & le six sur la sixième.

Lorsque le joueur dans l'exemple proposé, a joué son six & son as, son adversaire prend le dé & joue. S'il vient à amener un doublet, tel que terne ou double deux, comme il n'y a sur les cases du trois & du deux, qu'une *dame* à abattre, l'autre joueur en abat une pour lui; mais, comme les doublets conservent le dé au joueur qui les amène, celui-ci joue une seconde fois, & même aussi long-temps qu'il n'amène pas deux nombres inégaux.

De ce qu'on vient de dire, il résulte deux choses qu'il ne faut pas perdre de vue: l'une que tout ce qui ne peut pas être joué par l'un des joueurs, se joue par son adversaire si cela est praticable pour celui-ci; autrement ils ne jouent ni l'un ni l'autre.

Par exemple: un des joueurs amène deux & as, qu'il joue; son adversaire amène ensuite les mêmes dés, qu'il joue aussi: celui qui a d'abord joué, joue de nouveau & amène encore deux & as: alors aucun des joueurs ne joue, parce que tous deux ayant déjà abattu ces nombres, ils ne peuvent jouer ce qu'ils n'ont plus.

L'autre chose dont on doit se souvenir, est que le joueur qui amène un doublet, conserve le dé, & joue jusqu'à ce qu'il ait amené deux nombres inégaux.

Deux nombres inégaux s'appellent un coup simple: tels sont six & deux, cinq & trois, &c.

Les doublets sont formés de deux dés qui présentent

préfentent chacun le même nombre : il y en a fix ; favoir, befet, double deux, terne, carme, quine & fonnez.

Au refte, tout l'art qu'exige le jeu des *dames rabattues*, confifte à faire attention aux nombres qu'amène celui contre qui l'on joue, afin de ne point oublier de jouer ce qu'il ne joue pas.

Lorfqu'un joueur a rabattu toutes fes *dames* de deffus les différentes piles, il relève à chaque coup de dé ces mêmes *dames*, dans le même ordre qu'il les a d'abord jouées.

Ainfi, quand il amène un befet, il lève les deux *dames* de la première cafe, &, parce qu'il a amené un doublet, il joue une feconde fois : s'il amène encore un befet, il ne lève rien, attendu qu'il ne peut pas jouer tout d'une, en prenant une *dame* fur la feconde cafe, & cela par la raifon que chaque cafe a fon nombre déterminé & que la feconde cafe ne peut fervir qu'à jouer un deux ou double deux ; la troifième, un trois & ainfi du refte.

Remarquez à ce fujet que, quoiqu'on ait dit précédemment que les nombres qu'un joueur ne pouvoit pas jouer, devoient être joués par fon adverfaire, cette règle reçoit ici une exception : ainfi, en fuppofant qu'après avoir rabattu l'as, le deux, le trois, &c. il vous refte encore un cinq ou un fix à rabattre, & que votre adverfaire ayant tout rabattu & levé un befet, vienne à amener un fecond befet, il ne doit rien lever ni vous non plus ; lui, parce qu'il n'a plus de befet à jouer, & vous, parce qu'il eft de règle qu'on ne peut rien lever avant d'avoir abattu toutes fes *dames*.

Celui, qui le premier eft parvenu à lever toutes fes *dames*, gagne la partie.

VOCABULAIRE explicatif des termes ufités au jeu des Dames rabattues.

Befet. C'eft le coup de dé, par lequel un joueur amène deux as.

Carme. C'eft le coup de dé, par lequel un joueur amène deux quatre.

Cornet. C'eft une forte de petit vafe de corne ou d'autre matière, dans lequel on remue les dés avant de jouer.

Dame. C'eft une petite pièce plate & ronde dont on fe fert pour jouer à différens jeux.

Mathémat. Tom. III. Seconde Partie.

Dé. C'eft un petit morceau d'os ou d'ivoire, de figure cubique ou à fix faces, dont chacune eft marquée d'un différent nombre de points depuis un jufqu'à fix, & qui fert à jouer.

Double deux. C'eft le coup de dé, par lequel un joueur amène deux deux.

Doublet. C'eft le coup par lequel les deux dés préfentent chacun les mêmes points.

Flèche. On donne ce nom aux figures coniques fur lefquelles on place les *dames*.

Pile. On donne ce nom à plufieurs *dames* entaffées fur une flèche.

Quine. C'eft le coup de dé par lequel un joueur amène deux cinq.

Rompre les dés. C'eft brouiller les dés que jette celui contre qui l'on joue, avant qu'on ait pu voir ce qu'ils marquent.

Se fervir. C'eft mettre foi-même dans le cornet les dés avec lefquels on veut jouer.

Sonnez. C'eft le coup de dé par lequel un joueur amène deux fix.

Terne. C'eft le coup de dé par lequel un joueur amène deux trois.

Trictrac. C'eft le tablier dans lequel on joue.

DÉLASSEMENS DE MARS. (*Jeu des*)

Sorte de jeu de tableau, qui fe joue avec deux dés & des jetons, auxquels on attribue telle valeur qu'on juge à propos.

Le tableau eft compofé de foixante-trois cafes, qui ont chacune un numéro & une dénomination particulière. (*).

Le but que s'eft propofé l'inventeur de ce jeu, a été de rendre familiers aux élèves de *Mars*, les termes ufités dans l'art militaire : d'après cette vue, chaque cafe du tableau eft défignée de la manière fuivante :

La première, où le numéro 1, indique l'engagement du foldat.

Le numéro 2, le foldat conduit à la garnifon.

Le numéro 3, l'exercice.

Le numéro 4, le campement.

Le numéro 5, le détachement.

Le numéro 6, la marche de l'armée.

(*) *Voyez* aux Planches la Figure V.

I

Le numéro 7, un pont de bateaux.

Le numéro 8, l'assemblée de l'armée,

Le numéro 9, le courier de l'armée.

Le numéro 10, la maison du roi.

Le numéro 11, la grande garde.

Le numéro 12, le cavalier au piquet.

Le numéro 13, la sentinelle.

Le numéro 14, l'étape.

Le numéro 15, la revue.

Le numéro 16, le camp.

Le numéro 17, la vedette.

Le numéro 18, le courier de l'armée.

Le numéro 19, le bivouac.

Le numéro 20, les munitions de guerre.

Le numéro 21, les convois.

Le numéro 22, les munitions de bouche.

Le numéro 23, l'artillerie.

Le numéro 24, la sauvegarde.

Le numéro 25, les troupes de secours.

Le numéro 26, le camp volant.

Le numéro 27, le courier de l'armée.

Le numéro 28, l'avant-garde.

Le numéro 29, le conseil de guerre.

Le numéro 30, une bataille.

Le numéro 31, les prisonniers de guerre.

Le numéro 32, la trève ou suspension d'armes.

Le numéro 33, l'incendie, le dégât.

Le numéro 34, la contribution.

Le numéro 35, un parti.

Le numéro 36, le courier de l'armée.

Le numéro 37, la retraite.

Le numéro 38, le prévôt de l'armée.

Le numéro 39, un fourage.

Le numéro 40, le décampement.

Le numéro 41, une place investie.

Le numéro 42, un siège.

Le numéro 43, une ligne de circonvallation.

Le numéro 44, une ligne de contrevallation.

Le numéro 45, le courier de l'armée.

Le numéro 46, la tranchée.

Le numéro 47, un prisonnier.

Le numéro 48, une batterie de canons & de mortiers.

Le numéro 49, le quartier du roi.

Le numéro 50, le parc d'artillerie.

Le numéro 51, la justice militaire.

Le numéro 52, le mineur.

Le numéro 53, l'assaut.

Le numéro 54, le courier de l'armée.

Le numéro 55, une sortie.

Le numéro 56, la chamade.

Le numéro 57, l'espion.

Le numéro 58, la capitulation.

Le numéro 59, l'embuscade.

Le numéro 60, les invalides.

Le numéro 61, le déserteur.

Le numéro 62, l'amnistie.

Et le numéro 63, les dignités & récompenses accordées aux gens de guerre.

Le nombre des joueurs n'est point limité : chacun met au jeu une somme convenue pour former la poule : ensuite, on fait décider par le sort l'ordre dans lequel chaque joueur aura les dés.

Il faut, pour gagner la partie, & conséquemment la poule, qu'un joueur arrive juste le premier au point de 63, sans qu'il lui reste aucun point à compter.

Lorsque celui qui joue amène, en débutant, le point de neuf par 6 & 3, il place au nombre 26, le signe destiné à marquer son jeu : s'il amène le même point par 5 & 4, il place sa marque au nombre 53. Cela est ainsi réglé, parce qu'on ne peut pas s'arrêter sur les nombres où se trouve un courier de l'armée : or, ces couriers étant disposés de neuf cases en neuf cases, & y ayant obligation de compter de nouveau, à chaque fois qu'on les rencontre, les points qu'on a amenés, il seroit arrivé que la partie auroit fini du premier coup en faveur de celui qui, en commençant, auroit amené le point de neuf, si l'on n'eut point introduit l'exception dont il s'agit. Cela est évident ; car, en répétant le nombre neuf sept fois, on arriveroit au nombre soixante-trois où se termine la partie.

De ce que, pour gagner la partie, il est nécessaire d'arriver juste au point de soixante-trois, il faut en conclure que le joueur dont le dé excède ce point, est obligé de rétrograder : ainsi, en vous supposant placé à la case 61, si vous amenez le nombre trois, vous serez tenu de prendre place à la case 62. Si ensuite le dé vous donne le nombre 10, il vous ramènera en rétrogradant à la case 54 ; & comme le courier de l'armée sur lequel on ne peut pas s'arrêter, se trouve à cette case, vous serez obligé de rétrograder encore de dix cases : il faudra par conséquent vous placer sur la case 44.

La marche du joueur peut d'ailleurs être

retardée par divers accidens indiqués dans les règles qu'on va rapporter.

Lorsqu'un joueur arrive à la case sur laquelle un autre est arrêté, celui-ci est obligé de prendre la place qu'avoit celui-là, & de lui payer un jeton.

Le joueur que le dé porte à la case 7 où il y a un pont de bateau, doit se placer à la case 13.

Quand on arrive au piquet sur la case 12, on met un jeton à la poule, & l'on reste un tour sans jouer.

Le joueur que le dé conduit sur la case quatorze où est l'étape, doit y rester jusqu'à ce que chacun des autres joueurs ait eu deux fois le dé.

Celui qui est obligé de s'arrêter sur la case 31 où est le prisonnier de guerre, est tenu de mettre deux jetons à la poule.

Le joueur qui arrive à la contribution sur la case 34, doit payer un jeton à chacun des autres joueurs.

Celui qui est porté sur la case 40 où est le décampement, est obligé de retourner à la case 29.

Si vous arrivez à la case 51 où est la justice militaire, vous mettez un jeton à la poule, & vous devez rester là jusqu'à ce qu'un autre joueur porté sur la même case, y prenne votre place.

Lorsqu'on est porté à la case 59 où est l'embuscade, on met un jeton à la poule, & on retourne au nombre premier pour recommencer de nouveau.

Le joueur qui arrive à la case 60 où sont les Invalides, retire un jeton de la poule.

Celui qui est porté à la case 61, où est le déserteur, doit payer un jeton, & rester là jusqu'à ce qu'un autre joueur prenne sa place.

VOCABULAIRE explicatif des termes usités au jeu des Délassemens de Mars.

Avoir le dé. C'est être en tour de jouer.

Case. On désigne sous ce nom chacune des 63 parties dont le tableau est composé.

Marque. C'est le signe avec lequel chaque joueur indique la place où le dé l'a porté.

Point. C'est le nombre qu'on marque à chaque coup qu'on joue.

Poule. C'est la totalité des enjeux.

DOMINO. (le)

Sorte de jeu qui se joue avec des dés longs & plats, dont une face est ordinairement d'ébène noire, & l'autre d'ivoire. C'est sur celle-ci que sont marqués les points de chaque dé. (*)

Le nombre des dés s'étend à vingt-huit : ils sont divisés en sept espèces, qui commencent par le double blanc & finissent par le double six : ces dés forment ensemble cent soixante-huit points.

Dans ces différens dés, il y en a huit qui ont une même terminaison ; c'est-à-dire, qu'il y a huit blancs, huit as, huit 2, huit 3, huit 4, huit 5 & huit 6. On en compte huit, par la raison qu'il se trouve deux blancs dans le double blanc, deux trois dans le double trois, &c. Il suit de là, que ces différens dés ont un bout marqué de chaque espèce de dé.

Avant d'exposer les règles du *domino*, il convient de faire connoître les différentes parties auxquelles ces règles s'appliquent :

Ainsi, nous allons parler successivement,

1°. De la partie du tête à tête, chaque joueur prenant six dés ;

2°. De la partie du tête à tête à quelque nombre de dés que ce soit, sans être au point ;

3°. De la partie du tête à tête aux points, chaque joueur ayant sept, huit ou même dix dés ;

4°. De la partie du tête à tête aux points, chaque joueur ayant douze dés ;

5°. De la partie à quatre, chacun pour soi, sans être aux points ;

6°. De la partie de la poule ;

7°. De la partie au piquet voleur, c'est-à-dire, de deux personnes contre deux autres, ayant chacune six dés, & jouant pour gagner le plutôt cent points.

Iᵉ. *Partie du tête à tête ; chaque joueur ayant six dés.*

L'objet que chaque joueur a en vue dans

(*) *Voyez* aux Planches la Figure VI.

cette partie, est de gagner le premier, cent points.

Supposons que le sort vous ait désigné pour poser le premier dé, & que, dans les six dés que vous devez avoir, il se trouve le double six & d'autres six, votre jeu sera de poser ce double six. Si votre adversaire pose un dé sur le vôtre, & que vous ayez un dé tel que le sien, vous le poserez sur celui-ci : si après cela votre adversaire n'applique rien à l'autre bout de votre premier dé, il est à croire que cela ne lui est pas possible, à moins qu'il ne pose le double du dé que vous avez joué en dernier lieu, comme ce seroit le jeu de le faire : mais, ne posant pas ce double, & appliquant un dé à celui que vous avez placé ; si ce dé présente un six à l'une des extrêmités, vous faites un par tout ; c'est-à-dire, qu'au moyen de ce qu'il reste encore un côté du six que vous avez le premier posé, & que le dé que votre adversaire vient de jouer, présente aussi un six, vous pouvez poser à l'une & à l'autre extrêmité, & faire bouder votre adversaire. Il ne vous reste alors que trois dés à placer : supposons que dans ces trois dés, il y ait le six blanc & le double blanc ; il conviendra que vous posiez celui dont vous avez le double blanc, attendu que, sur le blanc que vous avancez, vous appelez le dé qui se trouve à l'extrêmité de votre autre six, & s'il vous arrive, vous fermez le jeu.

Au reste, cette manière de jouer n'est fondée que sur des probabilités, & le hasard donne quelquefois un résultat différent de celui qu'on espéroit.

S'il arrivoit que, sur le six par-tout que vous avez joué, votre adversaire posât un dé dont un autre dé pareil fut à votre disposition, vous placeriez ce dernier dé & vous conserveriez vos deux autres six : la raison en est, que votre adversaire seroit obligé de poser un dé sur lequel vous auriez encore à faire un par-tout, & alors vous gagneriez le coup forcément. Au surplus, il ne faut pas perdre de vue, qu'on doit tâcher d'avoir toujours ouverts les deux bouts pour qu'on puisse y poser, & afin que l'adversaire ne ferme pas le jeu.

Nous avons dit qu'on devoit poser le double six quand on l'avoit avec d'autres six, & nous ajoutons qu'il faut en user de même relativement aux autres dés doubles

lorsqu'ils sont accompagnés : mais le joueur doit éviter de jouer son dé double quand il est unique, & qu'il lui reste beaucoup de points : la raison en est que, si son adversaire n'a point de ce dé, comme cela arrive souvent, il faut en venir à compter les points : or, le joueur de ce double dé, en ayant beaucoup, il faut en conclure que son adversaire en a peu ; d'où il suit que ce joueur se trouveroit privé de l'avantage qu'il devoit espérer en posant.

Cependant si celui qui pose ayant un double dé seul, n'a d'ailleurs que peu de points, il ne jouera pas mal en risquant de fermer le jeu, & de faire abattre pour compter.

II. *Partie du tête à tête, à quelque nombre de dés que ce soit, sans être au point.*

Dans cette partie, chaque joueur se propose simplement de faire *domino*, c'est-à-dire, de placer tous ses dés, avant que son adversaire ait placé les siens.

Pour atteindre à ce but, il est important de conserver les deux bouts ouverts, sans s'inquiéter si l'adversaire place ses dés, ou passe beaucoup de points. Au reste, il arrive fréquemment dans cette partie que le jeu peut se fermer ; mais, on doit éviter de le faire quand on a beaucoup de points, attendu qu'en ce cas, celui qui a le plus grand nombre de points, perd le coup.

III. *Partie du tête à tête, aux points ; chaque joueur ayant sept, huit ou même dix dés.*

Le joueur qui parvient à compter cent points avant son adversaire, gagne la partie. Celui qui pose le premier, joue bien en avançant le dé dont il a le plus. Si l'on ne pose pas le premier, on doit éviter d'avancer un dé dont on a le double sans en avoir aucun autre : la raison en est, qu'en avançant un tel dé, il est presque certain que le double dé de la même espèce vous restera dans la main.

IV. *Partie du tête à tête aux points, chaque joueur ayant douze dés.*

Cette partie exige plus d'attention que

les précédentes, pour éviter les fautes & gagner des points.

Si vous avez un double dé & ceux qui le suivent, vous ne devez pas, en commençant, poser ce double dé, parce que vous feriez obligé d'avoir le jeu à chaque dé ; au lieu qu'en posant un autre dé, votre adversaire est tenu d'appliquer un dé au bout ouvert, sur lequel vous posez un des dés dont vous avez le plus : ainsi, vous enchaînez la partie & vous la conduisez jusqu'au point de la fermer.

Il faut sur-tout avoir attention de ne point ouvrir un dé contenant beaucoup de points, & de couvrir autant qu'on peut ceux que l'adversaire avance, notamment quand on a lieu de présumer qu'il boude à l'autre bout.

Le joueur qui compte le premier cent points, gagne la partie.

V. *Partie à quatre, chacun pour soi, sans être aux points.*

Pour jouer cette partie, chacun met au jeu une somme convenue, & quand les dés sont mêlés, chaque joueur en prend six. Toutes les fois qu'on fait *domino*, on retire du jeu une somme égale à celle qu'on y a mise.

Supposons, par exemple, que ce soit à vous à poser le premier, il est clair que vous ferez *domino*, avant tout autre joueur, si vous ne boudez pas, puisque vous avez un dé de moins. Vous retirez donc alors votre enjeu : ensuite on remêle les dés pour un nouveau coup, & le joueur qui est à votre droite pose le premier. S'il arrive que vos adversaires boudent une seule fois chacun, vous ferez encore *domino*, & vous retirerez un nouvel enjeu. On continue de cette manière jusqu'à ce que les quatre enjeux soient gagnés.

V I. *Partie de la poule.*

Cette partie se joue entre trois ou quatre personnes. Chacune met au jeu une somme convenue pour former la poule.

Cette poule doit appartenir au joueur qui le premier parvient à compter cent points en sa faveur.

Dans cette partie, on fait souvent le sacrifice de son intérêt particulier, pour favoriser le joueur qui a le moins de points, au préjudice de celui qui en a le plus.

V I I. *Partie au piquet voleur, c'est-à-dire, de deux personnes contre deux autres, ayant chacune six dés, & jouant pour gagner le plutôt cent points.*

En général, on doit tâcher, dans cette partie, de fermer toujours le dé de son adversaire.

Supposez que devant poser le premier, vous ayez en main un double dé, avec trois ou quatre autres dés qui s'y rapportent, & un second double dé isolé avec un dé quelconque, vous jouerez bien en posant le double dé isolé, parce que vous obligerez vos adversaires à vous ouvrir les dés auxquels les vôtres se rapportent : vous devenez ainsi maître du jeu, & vous ne pouvez pas manquer de faire *domino*.

Si votre jeu est disposé de manière à ne vous présenter aucun succès certain, vous devez être attentif au dé que votre partenaire pose, & faire dans ce dé un partout, si vous en avez un à faire.

Il faut aussi prendre garde à la position de vos adversaires ; car, s'ils jouent pour peu de points, il convient que vous avanciez vos gros dés, afin d'éviter de perdre sur le coup.

Voici d'ailleurs les règles qu'il faut observer en jouant au *domino* :

1°. La première opération consiste à faire décider par le sort, à qui appartiendra l'avantage de poser le premier : on mêle pour cela les dés ; & chaque joueur en ayant pris un, l'avantage reste au plus fort point, & successivement à ceux qui en approchent le plus.

2°. Si l'on joue au piquet voleur, ceux qui ont les deux plus forts points, sont partenaires l'un de l'autre. Et, si ces points sont égaux, on peut obliger les deux partenaires à prendre chacun un nouveau dé, pour faire décider à qui appartiendra l'avantage de poser le premier.

3°. Quand on joue avec six dés & plus jusqu'à douze, le joueur qui en prend un de moins pour former son jeu, perd la partie : mais, il faut pour cela qu'on fasse appercevoir la faute immédiatement après que chaque joueur a posé un dé.

4°. Si l'on prend un ou plusieurs dés au-delà de ce qu'on doit en avoir, on est obligé de les garder.

5°. Si les joueurs sont au nombre de quatre, chacun devant avoir six dés, celui qui en a un de moins, est obligé de le reprendre au talon. Cette exception à la rigueur de la règle trois, est fondée sur ce que ne devant rester que quatre dés au talon, on s'apperçoit facilement de l'erreur du joueur qui n'a pas son compte.

6°. Le joueur qui doit poser le premier, doit retourner les dés & les mêler : tout autre joueur peut aussi les mêler.

7°. Lorsqu'en prenant les dés, quelque joueur en fait voir un, on doit remêler ; mais, si c'est en retournant ses dés qu'un joueur en découvre un, on ne refait pas.

8°. Lorsqu'un dé est couvert, ou qu'un joueur a joué à l'extrêmité opposée, les dés ne se relèvent pas, & la partie est bonne, quand même le dé qui couvre ne s'adapteroit pas régulièrement au dé couvert.

9°. Le joueur qui doit poser le premier, ne peut prendre ses dés qu'après que ses adversaires ont pris les leurs.

10°. Lorsqu'un dé présenté sur un bout ne s'y adapte pas, mais s'adapte à l'autre bout, il doit être posé.

11°. Si avant de poser un dé, le joueur annonce ce dé, & qu'ensuite il en présente un autre, les adversaires peuvent exiger que le dé annoncé soit posé.

12°. A quelque partie que ce soit, les joueurs doivent laisser leurs dés sur la table.

13°. Celui qui peut fermer le jeu, est libre de le faire s'il le juge à propos.

14°. Si un joueur dit qu'il *boude*, & que par ce moyen le jeu se trouve fermé, ou que l'on joue encore, & qu'ensuite le joueur présente son dé sur un autre bout, la partie doit, par cette faute, être terminée sur le champ ; si l'on joue à la poule, le joueur en faute paye un enjeu à chacun de ses adversaires : si l'on joue au piquet voleur, il est obligé de payer la partie tant pour lui que pour son partenaire ; enfin, si l'on joue à quelqu'autre partie, sa faute la lui fait perdre.

15°. Lorsqu'un joueur prend six dés, il

faut qu'il les prenne devant lui & qu'il n'en ait que son compte juste : s'il en prenoit davantage & qu'il voulut en faire un choix avant qu'ils fussent retournés, il seroit tenu de garder les dés qu'il auroit pris de trop, ou un autre joueur les lui retireroit.

16°. Tous les dés découverts doivent être posés sur le coup, s'ils peuvent être adaptés à ceux qu'on a posés précédemment.

17°. Les dés du talon doivent toujours être à la droite du joueur qui pose.

18°. Lorsqu'un joueur, après avoir annoncé qu'il boudoit, s'apperçoit qu'il s'est trompé, il doit être admis à poser si celui qui est sous sa main n'a pas encore posé ; & si ce dernier a posé, l'autre peut, par la suite, poser le dé sur lequel il s'est trompé.

19°. S'il arrivoit au piquet voleur, qu'un joueur, pour faire connoître à son partenaire qu'il a un certain dé, posât ce même dé, quoiqu'il ne pût pas s'adapter à ceux qui seroient posés, les adversaires seroient fondés à empêcher que ce partenaire ouvrît par le dé découvert : cependant, si c'étoit un dé forcé, ils ne pourroient pas faire bouder.

20°. Toutes les fautes sont personnelles, & un partenaire n'en doit pas souffrir : cependant, s'il ne peut pas perdre, il ne peut rien gagner.

21°. Lorsque le jeu se trouve fermé, le joueur qui a le moins de points gagne : s'il y a égalité de points entre plusieurs, excepté le poseur, le joueur le plus près de la droite de celui qui a posé, gagne par primauté.

22°. Si un joueur demande qui a posé le premier, ou quel est le dé qu'on a posé le premier, on n'est pas obligé de le lui dire.

23°. Lorsque dans une partie qui a lieu tête à tête, un joueur fait découvrir les dés de son adversaire, celui-ci est fondé à faire remêler, quel que soit le nombre des dés qui lui restent.

24°. Un joueur ne doit point se faire conseiller : mais s'il arrivoit qu'un spectateur conseillât de jouer un dé sans qu'on eut provoqué ce conseil, les joueurs ne pourroient pas empêcher que le dé désigné ne fût posé.

Vocabulaire explicatif des termes usités au Domino.

As. C'est dans un dé le bout qui présente un seul point.

Avancer un dé. C'est appliquer à un dé déjà posé un autre dé qui s'y adapte.

Blanc. C'est dans un dé le bout sur lequel il n'y a aucun point marqué.

Bouder. C'est annoncer qu'on n'a aucun dé qu'on puisse adapter à ceux qui sont déjà posés.

Bout ouvert. C'est un dé disposé de manière qu'au bout extérieur vous pouvez adapter un autre dé que vous avez dans votre jeu.

Cinq. C'est un dé dont un bout est marqué de cinq points.

Couvrir un dé. C'est adapter à un dé posé un autre dé sur lequel l'adversaire boude.

Deux. C'est un dé dont un bout est marqué de deux points.

Double as. C'est un dé dont chaque bout est marqué d'un as ou d'un point.

On dit dans le même sens *double blanc*, pour désigner un dé sur les bouts duquel il n'y a aucun point marqué : *double deux*, pour désigner un dé dont chaque bout est marqué de deux points : *double trois*, *double quatre*, *double cinq*, & *double six*, pour désigner des dés dont chaque bout est marqué de trois, de quatre, de cinq & de six points.

Enjeu. C'est la somme que chaque joueur met au jeu.

Faire domino. C'est être le premier à poser le dernier des dés qu'on avoit à jouer.

Fermer le jeu. C'est poser un dé auquel on n'en peut plus adapter aucun.

Ouvrir un dé. C'est poser un dé sur lequel on n'a point boudé.

Partenaire. C'est un joueur associé à un autre.

Point. C'est le nombre que présente un ou plusieurs dés. Il se dit pareillement du nombre auquel il faut atteindre pour gagner la partie.

Poser. C'est jouer un dé.

Poule. C'est la totalité des enjeux.

Primauté. C'est l'avantage par lequel le joueur le plus près de la droite de celui qui a posé, l'emporte à égalité de points sur tout autre joueur.

Quatre. C'est un dé dont un bout est marqué de quatre points.

Six. C'est un dé dont un bout est marqué de six points.

Talon. Ce sont les dés qui restent quand chaque joueur a pris ceux qu'il lui faut.

Trois. C'est un dé dont un bout est marqué de trois points.

DUPE.

Sorte de jeu de hasard, qui se joue avec cinquante-deux cartes ou un jeu entier.

Les joueurs sont un banquier & des pontes, dont le nombre est illimité.

Le banquier, après avoir développé & mêlé les cartes, les fait passer devant les pontes qui sont autour de la table, afin que chacun puisse les mêler s'il le juge à propos. Lorsqu'elles sont revenues au banquier, il les mêle de nouveau & fait couper par tel ponte que bon lui semble. Il retourne ensuite la première carte & la met devant lui : on la nomme la carte du banquier. Nous supposerons que cette carte est un roi.

C'est de l'arrivée plus prompte ou plus tardive d'un autre roi, que doivent dépendre la perte & le gain des joueurs, comme on va le voir.

Après que le banquier a mis, comme on vient de le dire, la première carte retournée devant lui, il en retourne une seconde qu'il met sur le tapis : ce sera, par exemple, un as. Les pontes qui espèrent qu'on retournera un roi plutôt qu'un as, mettent sur cette dernière carte ce qu'ils veulent risquer. Quand les mises sont faites, le banquier les couvre avec des sommes égales à celles que les pontes ont jugé à propos de risquer. Le banquier retourne ensuite une autre carte, qui est, par exemple, un valet. On joue alors sur ce valet comme on a fait sur l'as, & l'on continue d'en user de même relativement aux nouvelles cartes que le banquier vient à retourner quand elles ne sont pas semblables à celles qui sont déjà ou devant le banquier, ou sur le tapis.

Lorsqu'il arrive une carte pareille à celles qui ont déjà été retournées, telle par exemple, qu'un as, le banquier gagne tout ce que les pontes ont mis sur l'as : s'il vient ensuite un valet, il gagne tout ce qui est sur le valet : mais si le banquier retourne un roi avant ces cartes, le banquier perd tout ce qu'il a joué contre les pontes, parce que la carte qu'il a retournée pour lui en commençant, est un roi.

On conçoit, par ce qu'on vient de dire, que la partie ne finit que quand le banquier retourne une carte semblable à la sienne. Par conséquent, s'il arrivoit que le banquier retournât, dans le cours de la partie, les douze cartes qui diffèrent de la sienne, & qu'ensuite il retournât successivement douze autres cartes semblables à celles-là, il feroit ce qu'on appelle *main pleine* ou *opéra*; car il gagneroit tout ce que les pontes auroient pu jouer dans le cours de la partie : mais, si après avoir retourné les douze cartes qui diffèrent de la sienne, il en retournoit une semblable à cette dernière, il perdroit autant que les pontes auroient mis sur ces douze cartes, & il éprouveroit ce qu'on appelle *un coupe-gorge*.

Il peut arriver que les deux premières cartes retournées soient deux cartes semblables, comme deux rois, deux dames, deux dix, &c. Dans ce cas ces deux cartes sont pour le banquier, & l'on dit alors que sa carte est double. Il suit de là, qu'avant que les pontes puissent jouer, il faut qu'il y ait sur le tapis deux cartes de la même espèce & différentes de celles du banquier; autrement ils joueroient avec désavantage, puisqu'il seroit probable que n'y ayant plus dans le jeu que deux cartes semblables à celles du banquier, elles se montreroient plus tard que celles qui seroient au nombre de trois.

Il peut encore arriver que les trois premières cartes retournées soient trois cartes semblables, comme trois six, trois deux, &c.; ces trois cartes sont pareillement pour le banquier, & alors sa carte est triple. Ainsi,

il faut, avant que les pontes puissent jouer, qu'il y ait sur le tapis des cartes triples, pour établir l'égalité des risques.

VOCABULAIRE explicatif des termes usités au jeu de Dupe.

Banquier. C'est le joueur qui joue contre les pontes.

Carte du banquier. C'est la première carte que le banquier retourne en commençant la partie.

Carte double. On donne ce nom à deux cartes de même figure, comme deux dames, deux trois, deux dix, &c.

Carte triple. On donne ce nom à trois cartes de même figure, comme trois valets, trois six, &c.

Coupe-gorge. C'est l'acte par lequel le banquier amène sa carte la première, ce qui lui fait perdre tout ce qu'il peut perdre de cette main-là.

Couper. C'est séparer le jeu de cartes en deux, avant que le banquier retourne aucune carte.

Main-pleine. C'est l'action par laquelle le banquier amène toutes les cartes retournées sur le tapis, avant d'amener la sienne; ce qui lui fait gagner tout ce qu'il peut gagner de cette main là.

Opéra. Ce terme a la même signification que celui de main-pleine, qu'on vient d'expliquer.

Ponte. On donne ce nom aux joueurs qui mettent de l'argent sur les cartes contre le banquier.

E

ÉCHECS. (*jeu des*)

ÉCHECS. C'est un jeu d'adresse, où la justesse des combinaisons peut seule faire gagner la partie.

On a sur l'origine & les progrès de ce jeu un ouvrage publié en 1617, par Dom Pietro Carrera : on y trouve une liste d'un

nombre d'hommes célèbres de l'antiquité, qui ont parlé avantageusement de ce jeu : tels sont entr'autres Hérodote, Euripide, Sophocle, Philostrate, Homère, Virgile, Aristote, Seneque, Platon, Ovide, Horace, Quintilien, Martial, &c. La plupart d'entre

eux

eux attribuent l'invention de ce jeu à Palamède. D'autres assignent à cette invention une époque encore plus reculée. Quelques-uns prétendent que le philosophe Serfa, conseiller d'Ammolin, roi de Babylone, inventa les *échecs* pour divertir ce prince, & le détourner par ce moyen de son penchant naturel à la cruauté.

Quoi qu'il en soit de l'origine de ce jeu, il est certain qu'il a servi d'amusement à beaucoup de héros anciens & modernes: Euripide, dans sa tragédie d'Iphigénie en Aulide, rapporte qu'*Ajax & Protesilaus*, jouoient aux *échecs* en présence de Mérion, d'Ulisse, & d'autres fameux Grecs. Homère, dans le premier livre de l'Odyssée, nous dit que les princes, amans de Pénélope, jouoient aux *échecs* devant la porte de cette princesse. On montroit, il y a quelque temps, à l'abbaye de S. Denys, les *échecs* avec lesquels Charlemagne se délassoit de ses travaux. L'Alexandre du Nord, Charles XII, haïssoit le jeu & le défendoit à ses troupes; mais il avoit excepté le jeu des *échecs*, & même il excitoit à y jouer par le plaisir qu'il paroissoit y prendre. Voltaire nous dit que, quand ce monarque étoit à Bender, il jouoit journellement aux *échecs* avec le général Poniatowski, ou avec son trésorier Grothusen.

Les *échecs* se jouent entre deux joueurs seulement, sur une table carrée, qu'on appelle échiquier, (*) divisée en soixante-quatre cases aussi carrées, disposées sur huit de base & huit de hauteur. Ces cases sont alternativement de deux couleurs différentes dans le sens de la base & dans celui de la hauteur; par exemple, blanches & noires, au moins suivant l'usage; car, cette distinction n'est pas rigoureusement essentielle. Cette table se place entre les deux joueurs, de manière que chacun ait à sa droite la case blanche angulaire.

Cela posé, les joueurs auront chacun seize pièces, qu'on appelle *échecs*, blanches pour l'un, & noires pour l'autre; ils les arrangeront chacun de leur côté sur les deux premières bandes de l'échiquier, une par chaque case. Ces pièces se distinguent pour chacun, en

huit grandes & huit petites. Les petites égales en valeur & par conséquent en figures, sont appellées pions, & se placent sur la seconde bande de l'Echiquier; les grandes inégales en valeur & en figures, se placent donc sur la première bande, que j'appellerai base de l'Echiquier.

Elles consistent; 1°. en deux tours, qu'on place dans les cases angulaires, l'une à droite & l'autre à gauche; 2°. en deux cavaliers, qu'on place à côté des tours; 3°. en deux fous, qu'on place à côté des cavaliers; enfin en un roi & une dame, qu'on place dans les deux cases restantes, de manière que la dame noire soit sur la case noire qui reste à remplir, & la dame blanche sur la case blanche.

Avant d'entrer dans le détail des marches, je remarquerai qu'on distingue sur l'Echiquier deux espèces de cases contiguës l'une à l'autre. Les unes ont un côté de commun à elles deux, & sont de couleurs différentes au moins suivant l'usage. Je les appellerai contiguës de la première espèce; les autres n'ont qu'un angle de commun, & sont toujours de même couleur. Je les appellerai contiguës de la seconde espèce. Maintenant,

Marche des Pions.

Les pions cheminent suivant les bandes perpendiculaires aux bases de l'Echiquier, & formées par conséquent par une suite de cases contiguës de la première espèce. Ils avancent toujours du jeu de celui qui les conduit vers le jeu ou dans le jeu de l'adversaire, & ne reculent jamais.

La première fois qu'on joue un pion, on peut lui faire faire un pas ou deux à volonté; mais, ce premier coup joué, il ne peut faire qu'un pas au coup suivant, c'est-à-dire, la première fois qu'on joue un pion d'abord placé sur la seconde case d'une bande perpendiculaire aux bases, on peut le placer sur la troisième ou sur la quatrième case de la même bande; ensuite d'une case quelconque de cette bande, la sixième, par exemple, il ne peut aller en un coup qu'à la septième. Au reste, en toutes circonstances, la case sur laquelle on se propose de jouer le pion, doit être vide. Si une pièce de l'adversaire est placée sur une case contiguë de la seconde espèce, à celle occupée par le pion, & contiguë de la première espèce, à celle

(*) *Voyez* aux Planches la Figure VII.
Mathémat. Tom. III. Seconde Partie.

K

où ce pion pourroit aller le coup suivant, selon la marche expliquée précédemment, alors le pion peut prendre la pièce, ce qui se fait en enlevant cette pièce de dessus l'Echiquier, & mettant le pion à la place de la pièce enlevée. Cette prise compte pour un coup ; c'est ensuite le tour de l'adversaire, & on ne joue pas comme aux dames, autant de coups de suite qu'il y a de pièces à prendre ; ceci doit s'entendre des prises faites avec toute autre pièce.

On n'est pas non plus forcé de prendre comme aux dames, & ceci doit aussi s'entendre des autres pièces.

Si un pion d'une couleur, par exemple, un pion blanc est poussé deux pas à son premier coup, & si un pion de couleur opposée dans ce cas, un pion noir, est assez avancé pour prendre le pion blanc si on ne l'eut joué qu'un pas, alors ce pion blanc est dit passer prise ; le pion noir peut le prendre comme s'il n'eut été poussé qu'un pas, & cela s'appelle prendre en passant. Ce pion noir doit donc se mettre sur la case, non pas où le pion blanc a été poussé effectivement, mais sur celle qu'il auroit occupée s'il n'eut été poussé qu'un pas. Au reste, cette prise en passant doit avoir lieu immédiatement après que le pion blanc a été poussé, & l'adversaire ne peut plus y revenir dans les coups suivants.

Enfin, si ce pion arrive à la base de l'Echiquier, occupée primitivement par les grandes pièces de l'adversaire, on dit qu'il est arrivé à dame ; alors il devient une dame ou toute autre pièce, excepté le roi cependant, au gré de celui qui le conduit ; & dès l'instant, il n'est plus distingué de la pièce dans laquelle il a été transformé ; il en a la marche & la valeur telles qu'elles vont être définies.

Marche des Tours.

Les Tours marchent suivant les bandes perpendiculaires aux bases, ou suivant les bandes parallèles à ces bases. Sur ces bandes, elles font un pas, deux, trois, à volonté, de manière qu'une Tour, placée sur une case quelconque, peut être en un coup aux bases ou aux limites latérales de l'Echiquier, pourvu toutefois qu'il n'y ait pas de pièces dans sa direction ; dans ce dernier cas, si la Tour & la pièce sont de même couleur, la

Tour pourra aller jusqu'à la pièce ; par exemple, si la Tour doit partir de la situation initiale, & si une pièce de même couleur occupe la cinquième case de la bande perpendiculaire, à compter de la Tour, la Tour pourra se placer en un coup sur la seconde case, sur la troisième, ou sur la quatrième ; mais elle ne pourra pas se placer sur la cinquième avec la pièce de même couleur, ni passer par dessus & se loger sur les sixième, septième ou huitième cases. Si la pièce appartient à l'adversaire, la Tour n'en pourra pas mieux passer par dessus cette pièce, mais elle pourra la prendre ; alors on enlevera la pièce de dessus l'Echiquier, & on mettra la Tour à la place de la pièce enlevée.

Il en sera de même des autres pièces dont il nous reste à parler. Elles prendront la pièce de l'adversaire qui s'opposera à leur marche : les pions seuls prennent différemment.

Marche des Cavaliers.

Un Cavalier étant placé sur une case donnée, que j'appellerai A, un certain nombre de cases contigues de la première espèce à A, au moins deux, au plus quatre. Un certain nombre de cases sont contigues de la seconde espèce à ces contigues de la première, au moins deux, au plus huit. Eh bien ; le Cavalier peut aller en un coup de la case A à l'une de ces contigues de la seconde espèce à volonté ; ainsi, il ira toujours du blanc au noir, ou du noir au blanc, & on pourra le jouer au moins de deux manières & au plus de huit ; bien entendu que la case où l'on se propose de jouer le Cavalier, ne sera pas occupée par une pièce de même couleur.

Marche des Fous.

Les Fous diffèrent des Tours dans leur marche, en ce que ces derniers suivent des lignes formées par des cases alternativement blanches & noires, contigues de la première espèce ; les Fous, au contraire, suivent des lignes formées par des cases de même couleur & contigues de la seconde espèce.

Ainsi, des deux Fous qu'il y a dans chaque jeu, l'un placé d'abord sur le noir, ne quitte pas cette couleur, & l'autre, placé fur le blanc, ne quitte jamais le blanc. Le refte leur eft commun avec les Tours.

Marche de la Dame.

Cette pièce renferme dans fa marche celles de la Tour & du Fou. En Ruffie, elle y réunit encore celle du Cavalier ; du moins quelques voyageurs me l'ont affuré ; mais cet ufage n'eft pas reçu en France.

Marche du Roi.

Le Roi va en un coup de fa cafe de dé= part à l'une des contigues à cette cafe, de la première ou feconde efpèce, à volonté. De plus, le Roi & la Tour n'ayant été joués ni l'un ni l'autre, fi l'intervalle entre ces pièces eft vide, la Tour peut fe mettre à côté du Roi, &, dans ce même coup, le Roi faute par deffus la Tour & fe met de l'autre côté ; cette manière de jouer s'appelle *Roquer* ; il y a deux rocs, celui du côté du Roi, & celui du côté de la Dame. Pour achever d'expliquer cette marche, j'obferverai que les pièces du côté du Roi, s'appellent pièces du Roi, & celles du côté de la Dame, pièces de la Dame.

Ainfi, on appelle tour du Roi, cavalier du Roi, fou du Roi, celles de ces pièces qui font du côté du Roi : tour de la Dame, cavalier de la Dame, fou de la Dame, les pièces de même dénomination qui font du côté de la Dame ; bien entendu qu'il eft queftion ici des pofitions initiales. Les pions empruntent leurs noms des grandes pièces devant lefquelles ils font placés. Ainfi, on a le pion de la tour du Roi, le pion du cavalier de la Dame, le pion du Roi & le pion de la Dame, &c. La cafe initiale occupée par une des grandes pièces, le cavalier du Roi, par exemple, eft appelée première cafe ou fimplement cafe du cavalier du Roi. La cafe initiale occupée par le pion de ce cavalier, eft appelée feconde cafe, & ainfi des autres jufqu'à la huitième de la bande perpendiculaire, que le joueur adverfe appelle la première cafe du cavalier de fon Roi. Ainfi, quand on dit qu'une pièce eft à la quatrième cafe du fou de la Dame, fi cette pièce eft blanche, il faut compter des pièces blanches, à moins qu'on ne dife à la quatrième cafe

du fou de la Dame adverfe. J'ai dit que deux rocs avoient lieu : dans celui du côté du Roi, la tour du Roi fe place à la cafe de fon fou, & d'un même coup le Roi faute par deffus, & fe place à la cafe de fon cavalier. Dans le roc du côté de la Dame, la tour fe place à la cafe de la Dame, & d'un même coup, le Roi faute par deffus pour fe mettre à la cafe du fou de fa Dame.

Remarquez, relativement à ces deux cas, qu'on peut bien jouer les tours à côté du Roi fans roquer, c'eft-à-dire, fans faire fauter le Roi ; mais on ne peut pas le faire fauter fans mettre les tours à côté de lui. Dans plufieurs cas, le Roi ne peut pas roquer ; je les ferai bientôt connoître.

Il eft temps de dire quel ufage on doit faire de ces marches pour gagner la partie. On ne la gagne pas comme celle des dames, en prenant toutes les pièces de fon adverfaire, mais en lui prenant fon roi feulement, quand toutes les autres pièces lui refteroient. Un joueur doit donc faire marcher fes pièces pour défendre fon roi le mieux poffible, & attaquer le plus vivement celui de fon adverfaire, qui réciproquement doit oppofer la même réfiftance & tenter de femblables efforts.

On ne prend pas le roi par furprife ; ainfi quand on l'attaque, c'eft-à-dire, quand on joue une pièce qui le mettroit dans le cas d'être pris au coup fuivant, s'il n'y étoit pourvu, on doit avertir l'adverfaire, en difant il y a échec, de retirer fon roi ou plus généralement de faire ceffer l'attaque. Si l'adverfaire, fans être attaqué, met lui-même fon roi en prife, on n'en pourra pas non plus profiter pour le prendre ; mais on l'avertira, & il jouera un autre coup s'il peut ; car, fi l'adverfaire, fon roi n'étant pas attaqué, ne peut pas jouer fon coup fans mettre ce roi en prife, il ne joue pas, & la partie eft remife ; on dit alors qu'il eft pat, ou que fon roi eft pat.

Mais, fi ce roi attaqué ne peut pas fe retirer fans être pris par quelque pièce de l'adverfaire, & s'il ne peut le couvrir d'aucune pièce, c'eft alors qu'il eft vraiment pris ; la partie eft gagnée par ce coup, & le vainqueur déclare fa victoire en difant, *échec & mat*, ou plus fimplement mat, s'il s'en apperçoit ; car, quelquefois le joueur ne voit pas qu'il fait mat, & alors un tel mat est dit aveugle ; mais, en France, la partie n'en est pas moins gagnée.

Dans trois cas, un roi ne peut pas roquer, 1°. quand il reçoit *échec* ; 2°. quand, en se plaçant à la case qui lui est destinée par le roc, il se trouve en prise, ou, comme on dit ordinairement, en *échec*.

3°. Enfin, quand la tour est aussi en prise à la case qui lui est destinée par le roi. Dans ces trois cas, si un joueur vouloit roquer ou faire roquer son roi ; car l'usage autorise également l'une & l'autre façon de parler, on l'avertiroit qu'il ne le peut, en lui disant, dans le premier cas, *vous êtes échec* ; dans le second, *vous tombez sous l'échec* ; dans le troisième, *vous passez sous l'échec*.

Je ne dirai rien ici de la figure des pièces qui varient suivant les pays ; on peut adopter celle qu'on voudra, pourvu que les pièces de valeurs différentes soient bien distinguées. Au reste, voilà un moyen fort simple d'avoir des *échecs* & un échiquier dans un instant : on peut répréfenter le roi & la dame par un écu de six livres & un écu de trois livres ; les tours par deux pièces de vingt - quatre sous ; les cavaliers par des pièces de douze sous ; les fous, par des pièces de six sous ; les pions, par de la monnoie grise ; pour suppléer aux couleurs, un joueur mettra les pièces sur croix & l'autre sur pile ; ensuite on tracera sur une table, avec un crayon, un couteau ou de toute autre manière, neuf lignes dans un sens, & autant dans le sens perpendiculaire, qui croiseront les premières, & l'échiquier sera fait.

Je donnerai une partie élémentaire en faveur de ceux qui ont besoin de se fortifier dans la pratique des marches expliquées ci-dessus & dans les premiers principes. Celui qui voudra en profiter, rangera les pièces des deux couleurs sur l'échiquier, comme si on devoit jouer une partie ; ensuite il les jouera des deux côtés, comme je vais l'indiquer.

PARTIE.

1

Blanc. Le pion du roi, deux pas.
Noir. Le pion du fou de la dame, deux pas.

2

B. Le fou du roi, à la quatrième case du fou de sa dame.
N. Le cavalier de la dame, à la troisième case de son fou.

3

B. La dame, à la troisième case du fou du roi.
N. Le cavalier de la dame, à la quatrième case de la tour pour prendre le fou.

4

B. Ce fou donne *échec* & *mat*, en prenant le pion du fou du roi noir.

NOTE PREMIERE.

Ce mat s'appelle *l'échec du berger* ; on ne sçait trop pourquoi ; un joueur attentif ne le souffre qu'une fois.

Première variante au troisième coup du noir.

3

Blanc. La dame, à la troisième case du fou du roi.
Noir. Le cavalier du roi, à la troisième case de son fou, pour éviter le mat qui vient de lui être appliqué.

4

B. La dame, à la troisième case de son cavalier.
N. Le cavalier du roi prend le pion.

5

B. Le fou donne *échec* & *mat*, en prenant le pion du fou du roi noir.

NOTE II.

Ce mat est presqu'aussi simple que *l'échec du berger* ; un commençant comprendra par ce coup, qu'il ne faut pas toujours prendre une pièce en prise, souvent un tel appât s'empare de l'imagination & de l'attention d'un foible joueur ; dès lors, il n'a plus de faculté pour voir le danger qui le menace.

& pour le parer. Il y a plufieurs autres défenfes de ce mat, qui ne valent pas mieux
& qui n'aboutiffent qu'à le reculer d'un petit
nombre de coups, ou au moins au défordre
dû jeu. Dans une feconde variante, le noir
va oppofer une meilleure défenfe.

Seconde variante au troifième coup du noir.

3

Blanc. La dame, à la troifième cafe du fou
du roi.
Noir. Le cavalier de la dame, à la quatrième cafe du roi.

4

B. La dame, à la troifième cafe de fon
cavalier.
N. Le cavalier prend le fou.

REMARQUE.

Dans la fuite de cette partie ou dans d'autres, quand je donnerai des notes, j'adref-
ferai la parole au Blanc en feconde perfonne, & je parlerai du Noir en troifième
perfonne. On en a déjà ufé ainfi dans plufieurs livres fur les *échecs,* pour éviter des
répétitions faftidieufes.

NOTE III.

Vous jouez votre dame à cette cafe, parce
que vous confervez l'efpérance de lui donner
le mat comme dans la première variante,
s'il venoit à déplacer fon cavalier, fans défendre convenablement le pion du fou de
roi; mais il rompt vos projets en prenant
votre fou, bien entendu qu'à votre quatrième coup, au lieu de jouer la dame où
vous l'aviez jouée, vous ne pouviez pas
prendre utilement le pion du fou de fon
roi; car, fi vous l'aviez pris avec votre fou
ou avec votre dame, il auroit pris l'un ou
l'autre avec fon cavalier, & par conféquent
auroit gagné une pièce.

Continuation de la feconde variante.

5

Blanc. La dame reprend le cavalier.

Noir. Le pion du cavalier de la dame, un pas.

6

B. Le cavalier du roi, à la troifième cafe
de fon fou.
N. Le fou de la dame, à la feconde cafe
de fon cavalier

7

B. Le cavalier du roi, à la quatrième cafe
du roi noir.
N. Le cavalier du roi, à la troifième cafe
de fa tour, pour parer le mat.

8

B. Le pion de la dame, deux pas.
N. Le pion prend le pion.

9

B. Le fou prend le cavalier.
N. Le pion du roi, un pas.

NOTE IV.

Vous l'auriez fait mat, s'il avoit repris
votre fou. Ainfi, il perd une pièce, pour
n'avoir pas prévu ce coup, & n'avoir pas
par conféquent attaqué votre cavalier avec
le pion de fa dame, au lieu de prendre le
vôtre. Dans ce cas, vous, jouant le même
coup, il auroit pris votre cavalier, vous
auriez retiré votre fou, & il n'y auroit eu
qu'une pièce pour pièce. C'eft le défaut des
commençans, de ne pas craindre affez l'approche des pièces de leur adverfaire, & celui
de ceux qui, fans être abfolument commençants, font encore très-foibles, de les
craindre trop, de perdre des coups pour les
dépofter, & par là fournir fouvent occafion
de les placer où on défiroit.

Continuation de la variante.

10

Blanc. Le fou, à la feconde cafe de la dame.
Noir. Le pion de la dame, un pas.

11

Blanc. La dame donne *échec* à la première case de sa tour.
Noir. Le roi, à sa seconde case.

12

B. Le cavalier du roi donne *échec* à la troisième case du fou de la dame noire.
N. Le fou prend le cavalier.

13

B. La dame reprend le fou.
N. Le pion du fou du roi, un pas.

N O T E V.

Par le jeu de ce pion, il prépare une retraite à son roi & le dégagement de ses pièces ; s'il avoit poussé ce pion deux pas, vous lui auriez donné *échec* avec le fou, à la quatrième case du cavalier de son roi. Ce roi se seroit retiré forcément à la seconde case de son fou, n'ayant pas d'autre place ; alors vous auriez pris sa dame avec votre fou.

Continuation de la variante.

14

Blanc. La dame donne *échec* à la seconde case du cavalier de la dame noire.
Noir. Le roi à sa case.

15

B. La dame donne *échec* à la troisième case du fou de la dame noire.
N. Le roi, à la seconde case de son fou.

16

B. La dame, à la quatrième case de son fou.
N. La tour de la dame, à la case de son fou.

17

B. La dame prend le pion à sa quatrième case.
N. La tour prend le pion.

N O T E VI.

Vous deviez défendre ce pion, plutôt que de prendre le sien qui étoit double. C'est ainsi qu'on appelle deux pions de même couleur, placés sur la bande perpendiculaire. Un tel pion, cependant, n'est pas toujours un désavantage ; mais, ce n'est pas trop le cas ici ; je vous ai fait jouer ainsi, pour me donner une occasion de parler des pions doubles.

Continuation de la variante.

18

Blanc. Le cavalier de la dame, à la troisième case de sa tour.
Noir. Le pion du roi, un pas pour prendre la dame.

19

B. La dame donne *échec* à sa cinquième case.
N. Le roi, à sa case.

20

B. La dame donne *échec* à la troisième case du roi noir.
N. Le fou couvre l'*échec*.

N O T E VII.

Il a attaqué votre dame en laissant sa tour en prise, parce qu'il a cru qu'il seroit temps de la retirer, après que vous auriez retiré la dame. Il n'a pas prévu que, retirant la dame par *échec*, après qu'il auroit paré l'*échec*, vous prendriez cette tour. C'est à quoi les commençants doivent faire attention, & ne pas laisser une pièce en prise, sans s'être bien assurés qu'ils pourront la retirer à temps ; d'ailleurs, ils doivent se défier de leur mémoire.

Vous ne deviez pas lui donner le second *échec* à la troisième case de son roi. Il n'aboutit qu'à dégager ses pièces. Vous étiez aussi bien maître de son jeu, en tenant votre dame à sa cinquième case, d'autant plus qu'il n'osera vous proposer le dame pour dame, allant avoir deux pièces de moins. Par cette raison, vous n'en gagnerez pas moins & vous n'aurez

perdu que du temps ; mais, il y a des circonftances où un *échec* fi mal donné vous
eût fait perdre la partie.

Continuation de la variante.

21

Blanc. Le cavalier prend la tour.
Noir. La dame, à la feconde cafe de fon fou.

22

B. Vous roquez du côté du roi.
N. La dame prend le cavalier.

23

B. La tour de la dame, à la cafe de fon fou.
N. La dame prend le fou.

24

B. La tour de la dame donne mat à la cafe
du fou de la dame noire.

Je n'entrerai pas dans de grands détails fur
cette matière. Les amateurs pourront con-
fulter les livres qui en traitent particulièrement. Je donnerai cependant deux parties,
pour faire voir que les joueurs, débutant
chacun par le pion du roi deux pas, celui
qui a le trait joue mal, & perd ce trait en
jouant au fecond coup le cavalier du roi à la
troifième cafe de fon fou.

M. Philidor a déjà mis en avant cette
propofition, &, pour l'établir, il a fait deux
parties ; on en a copié une dans le traité
théorique & pratique du jeu d'*échecs*, par
une fociété d'amateurs. Mais on a prétendu
que celui qui n'a pas le trait, gagnoit parce
que l'autre ne jouoit pas le coup jufte qu'on
indique, pour lequel on ne fait point de
partie ; je prétends prouver que ce coup n'eft
pas tel qu'on le dit, & que l'avantage n'en
refte pas moins à celui qui n'a pas le trait,
avantage, il eft vrai, qui ne mène pas au
gain forcé de la partie ; elle pourra être
remife contre un bon joueur.

PREMIERE PARTIE.

1

Noir. Le pion du roi, deux pas.
Blanc. De même.

2

N. Le cavalier du roi, à la troifième cafe
de fon fou.
B. Le pion de la dame, un pas.

3

N. Le pion de la dame, deux pas.
B. Le pion du fou du roi, deux pas.

4

N. Le pion de la dame prend le pion.
B. Le pion du fou du roi prend le pion.

5

N. Le cavalier du roi, à fa cinquième cafe.
B. Le pion de la dame, un pas.

6

N. Le pion du roi, un pas.
B. Le cavalier du roi, à la troifième cafe
de fa tour.

NOTE

Selon la fociété d'amateurs, le fixième
coup du noir, eft le coup jufte qui lui fera
gagner la partie, & que M. Philidor ne lui
a pas fait jouer.

7

N. Le pion du fou de la dame, deux pas.
B. Le pion du fou de la dame, un pas.

8

N. Le cavalier de la dame, à la troifième
cafe de fon fou.
B. Le fou du roi, à la quatrième cafe du
cavalier de la dame noire.

9

N. Le pion prend le pion.
B. Le pion prend le pion.

10

N. La dame donne *échec* à la cinquième case de sa tour.
B. Le roi, à la case de son fou.

11

N. Le cavalier, à la seconde case du fou du roi blanc.
B. La dame, à la case du roi.

12

N. La dame prend le pion.
B. Le cavalier prend le cavalier.

13

N. Le pion reprend le cavalier.
B. La dame, à la troisième case de son fou.

14

N. La dame donne *échec* à la case de la dame blanche.
B. Le roi prend le pion.

15

N. La dame prend la tour.

Dans cette position, ce que le noir pourra faire de mieux, sera de remettre la partie.

SECONDE PARTIE.

1

Noir. Le pion du roi, deux pas.
Blanc. De même.

2

N. Le cavalier du roi, à la troisième case de son fou.
B. Le pion de la dame, un pas.

3

N. Le fou du roi, à la quatrième case du fou de la dame.
B. Le pion du fou du roi, deux pas.

4

N. Le fou prend le cavalier.
B. La tour prend le fou.

5

N. Le pion prend le pion.
B. Le fou de la dame prend le pion.

6

N. Le pion du fou de la dame, un pas.
B. Le pion du cavalier du roi, deux pas.

7

N. La dame, à la troisième case de son cavalier.
B. La tour, à la seconde case du cavalier du roi.

8

N. La dame prend le pion.
B. Le cavalier de la dame, à la seconde case de la dame.

9

N. Le pion de la dame, deux pas.
B. Le pion du cavalier du roi, un pas.

10

N. Le cavalier du roi, à la seconde case de sa dame.
B. Le pion du roi, un pas.

11

N. Le roi roque.
B. La tour, à la seconde case du roi.

12

N. La tour, à la case du roi.
B. Le cavalier, à la troisième case du fou du roi.

Dans

Dans cette position, le noir évitera avec peine la perte de la partie, quoiqu'il ait gagné un pion. Mais, il auroit conservé l'attaque si, au lieu de sacrifier ce pion, vous aviez perdu le temps à ramener le fou à la troisième case du roi.

On peut conclure de ces deux parties, sinon rigoureusement, au moins probablement, que celui qui a le trait perd ce trait & en fait passer l'avantage à son adversaire, quand il joue le cavalier au second coup. Peut-être même, en jouant votre troisième coup autre que celui qu'on vous a fait jouer d'après M. Philidor, vous feriez encore mieux repentir le noir d'avoir joué son cavalier à cette case, parce que le pion du fou de son roi étant retenu par ce cavalier, il ne pourra pas le lier aux autres, pour rester maître du centre de l'échiquier.

Si celui qui a le trait joue mal en jouant ainsi son second coup, on connoît que ce coup seroit encore plus mauvais si, outre ce trait, on lui faisoit avantage du pion. Quand on a le pion & le trait, on ne doit jamais jouer les cavaliers devant les fous, au second coup ni au suivant, si on n'y est pas forcé pour réparer quelques grosses bévues, ou pour profiter de celles de son adversaire.

Quelquefois une partie paroît désespérée, cependant on la gagne ; & tel a donné le mat à son adversaire, qui, lui-même, sembloit ne pouvoir l'éviter : il faut faire attention à cela, & on ne doit pas abandonner, sans quelque examen, une partie qui paroît perdue ; mais il ne faut pas croire que les cas se présentent aussi souvent que M. Stama le prétend, dans le recueil qu'il a publié sur les *échecs*, & qui a été réimprimé à Utrecht en 1777 ; on peut dire que les cent parties qu'il a publiées sont des jeux d'enfans : c'est ainsi que M. Philidor les a déjà qualifiées ; cependant je donnerai une de ces parties, pour en faire connoître le genre. D'après la situation des pièces, le lecteur pourra s'exercer, s'il juge à propos, à chercher les coups avant de lire la partie.

PREMIÈRE PARTIE DE STAMA.

Situation des pièces noires.

1 Le roi, à la case de sa dame.

---

2 La dame, à la troisième case du roi blanc.

3 Le fou du roi, à la seconde case du fou de sa dame.

4 Le fou de la dame, à la case de sa tour.

5 Le cavalier, à la seconde case du fou du roi.

6 La tour du roi, à la case du roi.

7 La tour de la dame, à la case du fou de la dame.

8 Le pion du fou de la dame, à la quatrième case de ce fou.

9 Un pion, à la quatrième case du fou du roi.

10 Un pion, à la troisième case du cavalier du roi blanc.

11 Un pion, à la troisième case de la dame.

12 Un pion, à la quatrième case de la tour du roi blanc.

13 Un pion, à la seconde case du roi.

Situation des pièces blanches.

1 Le roi, à la case de son fou.

2 La dame, à la troisième case du roi noir.

3 Le fou du roi, à la case de la dame.

4 La tour de la dame, à sa cinquième case.

5 Un cavalier, à la troisième case du cavalier de la dame.

6 Un cavalier, à la quatrième case de la tour de la dame.

7 Un pion, à la cinquième case du roi.

8 Un pion, à la quatrième case du fou du roi.

9 Un pion, à la quatrième case de la dame.

10 Un pion, à la seconde case du cavalier du roi.

11 Un pion, à la troisième case de la tour du roi.

J E U.

1

Blanc. La dame, à la seconde case de la dame noire donne *échec*.

Noir. Le roi prend la dame.

2

B. Le cavalier prend le pion du fou de la dame, & donne *échec*.

N. Le pion prend le cavalier.

L

3

Blanc. Le cavalier prend le pion, & donne *échec*.
Noir. Le roi, à la case de sa dame.

4

B. Le cavalier donne *échec* à la troisième case du roi noir.
N. Le roi, à la seconde case de la dame.

5

B. Le fou donne *échec* à la quatrième case de la tour de la dame.
N. Le fou de la dame couvre l'*échec*.

6

B. Le fou prend le fou, & donne *échec*.
N. Le roi prend le cavalier

7

B. Le pion de la dame donne *échec* & mat.

Il s'est introduit depuis quelque temps, une espèce de partie au café de la Régence, que je vais faire connoître. Auparavant, j'observerai que ce café, établi à Paris, place du Palais Royal, est un des lieux de l'europe, & peut-être le lieu de l'europe où on joue le mieux les *échecs*. Du moins je puis assurer que j'ai fréquenté ce café très-assiduement pendant douze ans ; que dans cet intervalle de temps, j'y ai vu aborder, à peu près, de toutes les parties de l'europe, des joueurs qui prétendoient être les coryphées de leurs pays, & aucun ne s'est trouvé au-dessus de la troisième force.

Je reviens à ce nouveau genre de partie. Dans cette partie, un joueur ôte sa dame, & y substitue un certain nombre de pions qui puissent maintenir égalité entre ses forces & celles de son adversaire. Si ces joueurs jouent à but à la partie ordinaire, le nombre des pions est entre sept & huit ; (du moins c'est l'avis d'un amateur qui, dans sa jeunesse, étoit un des premiers joueurs d'*échecs* de l'europe, & qui a proposé le premier ce nou-

veau genre. Son autorité, à cet égard, est d'un grand poids ; car, outre les titres mentionnés ci-dessus, dans le temps où ce grand joueur me faisoit connoître lui-même son avis, il jouoit cette espèce de partie depuis plus de quarante ans.)

Dans ce cas, celui qui ôte la dame, pourra prendre sept pions à une partie & huit à l'autre.

Quand on ne jouera pas à but, on prendra un nombre de pions plus ou moins grand, selon qu'on sera moins ou plus fort que son adversaire. Par exemple, on pourra prendre quatre pions pour la dame, si on fait avantage de la tour à la partie ordinaire.

Au reste, cette partie se joue peu maintenant : par exemple, en août 1790, trois ou quatre personnes la jouerent au café de la Régence. On n'en compteroit peut-être pas un plus grand nombre dans tout le reste de la France.

La raison en est simple. Entre autres désavantages, cette partie a celui de ne pas offrir aux joueurs une égalité parfaite dans le début. De plus, cette multitude de pions donne lieu à une complication superflue qui ne sert qu'à embarrasser les joueurs, & les force, pour la plupart, à jouer les premiers coups au hasard.

Aussi, cette partie n'est-elle jouée que par des personnes qui prétendent que la partie ordinaire ne leur offre plus de nouvelles combinaisons ; mais cela vient de ce que ces personnes ne veulent pas où ne peuvent pas en trouver. Elles affectent un petit nombre de débuts & de développemens, dont elles n'osent plus s'écarter : il n'est donc pas surprenant, qu'après quelque usage ce jeu leur paroisse monotone ?

Mais c'en est assez sur cette partie.

Le jeu des *échecs* est très-utile pour fournir une occupation aux désœuvrés ; il épargneroit bien de l'ennui à ces officiers de garnison, qui passent leur temps, comme dit J. J. Rousseau, à attendre midi & huit heures du soir ; mais ce n'est pas sous ce point de vue qu'il me paroît intéressant ; il en est un autre, sous lequel je veux le considérer ; les cultivateurs, &, en général ceux qui habitent la campagne, manquent souvent de ressources contre l'ennui dans les longues soirées d'hyver, où les travaux de la campagne sont interrompus, & où les jeux d'exercice ne peuvent point avoir lieu pour la plupart ; alors, les habitans de la campagne, & fur-tout les cultivateurs, n'ont guères d'autres reffources que les cartes, ils en jouent plufieurs jeux, mais ces jeux font infipides pour la plupart & monotones.

Le jeu des *échecs*, au contraire, infpire le plus grand intérêt, même à ceux qui le connoiffent très-peu, & il leur offre une variété inépuifable. Qu'on ne dife pas qu'il eft impoffible aux gens de la campagne de fe procurer des *échecs* & des connoiffances fur les *échecs*. Quant aux pièces & à l'échiquier, j'ai fait voir plus haut qu'on pourroit s'en procurer dans moins d'une demi-heure. Cet échiquier & les *échecs* ne feront pas élégans, mais ils fuffiront pour donner le plaifir du jeu.

Quant à la connoiffance de ce jeu, les inftituteurs chargés de l'éducation pourront la communiquer.

Au refte, je dois bien prévenir que par ces inftituteurs, je n'entends pas ceux qui font chargés de l'éducation, fur-tout dans les provinces, ainfi que dans les campagnes. Ce font, en général, les plus ignorants de tous les hommes. La réforme, à cet égard, eft fans doute un de ces objets importants que le public ne peut manquer de prendre en confidération. En conféquence, je fuppofe qu'on remplacera les inftituteurs ou plutôt les pédants que nous ayons à préfent par des gens inftruits : je fuppofe qu'on attachera affez de confidération à cet état exercé, même dans les campagnes, pour que des hommes de mérite, quoique déjà connus avantageufement du public, ne dédaignent pas cependant de telles fonctions. D'après cela, je n'ai pas tort de fuppofer que ces inftituteurs connoîtront le jeu des *échecs*, le feul jeu fédentaire qu'un homme d'efprit puiffe peut-être fupporter.

Le trictrac même qui offre à la réflexion des combinaifons très-profondes, devient bientôt infipide quand on le joue avec rapidité, ce qui a lieu ordinairement & ce qui en fait l'attrait. J'ai rencontré en outre un grand nombre de perfonnes qui aiment le trictrac avec paffion ; toutes m'ont avoué que, pour le rendre vif, il falloit intéreffer la partie. C'eft convenir qu'il eft infipide. Dèslors, je conclurai volontiers qu'il eft nuifible, puifqu'il excite dans les individus, une cupidité qui eft fans avantage pour le bien public.

On me dira que les gens de lettres diftingués (tels font fans doute ceux qu'on choifira pour inftituteurs), ne jouent aucune efpéce de jeu. Cela eft vrai, en général, au moins peut-on dire qu'ils n'ont aucun befoin de cette reffource, fi ce n'eft des jeux à grand exercice qu'ils négligent trop pour le bien de leur fanté. Cependant il y a des exceptions : quelques-uns jouent un jeu, parce qu'ils l'ont joué dans leur jeuneffe ; d'autres, parce que ce jeu offre des combinaifons analogues à leur tour d'efprit. Celui des *échecs* eft fur-tout dans ce cas.

Au refte, les inftituteurs qui ne fauroient pas ce jeu doivent en prendre connoiffance. Ceux des villes, pour l'apprendre aux jeunes gens confiés à leurs foins ; ceux des campagnes, pour le même objet, & de plus, pour le répandre dans leur canton, fuivant que le hafard leur en fournira l'occafion.

Le jeu des *échecs* feroit donc utile aux cultivateurs, quand il n'auroit d'autre objet que de leur fournir une reffource contre l'ennui, & un délaffement agréable dans d'autres. Or, ils ont fouvent befoin de l'un & de l'autre.

Mais ce jeu doit fur-tout intéreffer les cultivateurs, par l'ufage dont il peut être pour leur délier l'efprit, & pour les exercer à une combinaifon d'idées, ftériles il eft vrai, mais qui les préparera à d'autres combinaifons bien plus importantes.

Or, ils ont befoin de cette préparation ; car, il faut avouer que, quoique dans cette claffe fi utile de la fociété, les organes de l'efprit foient d'auffi bonne qualité que dans toutes les autres claffes, néanmoins, parce qu'ils font moins exercés, moins dévéloppés, ils paroiffent fouvent nuls ou très-inférieurs à ceux des habitants des villes.

On dit que les gens de la campagne font fins pour leurs intérêts ; oui, pour de petits intérêts. Dans un marché, par exemple, ils fauront bien tirer un écu à eux, mais ils n'entendent point leurs grands intérêts. Peu de cultivateurs font en état de profiter d'un meilleur procédé qu'on leur offriroit pour labourer, femer, planter, &c. Peu de cultivateurs font en état maintenant de bien choifir leurs repréfentants à l'affemblée nationale : peu font capables, je ne dis pas de discuter certaines matières d'état , mais au moins, (& cela leur suffit) d'avoir un avis sur une question bien développée.

Or, on sent combien il est important que cette classe soit éclairée, attendu l'influence qu'elle aura dorénavant dans les élections, & par conséquent dans les affaires.

Nous regarderons donc les *échecs* comme la logique du cultivateur, ou , si on l'aime mieux, comme un but en blanc, dans lequel ils doivent s'exercer pour en atteindre d'autres plus importants.

Si je propose les *échecs* comme un moyen de délier l'esprit, on conçoit que je ne puis pas approuver ceux qui en abusent, au point d'y donner une attention qui ne convient qu'à des objets utiles à la société.

Par exemple, j'ai rencontré des joueurs qui ne vouloient pas jouer un coup avant de s'être assurés, au moins à leur manière, qu'ils ont vu tout ce qu'il y avoit à voir, & que le coup qu'ils vont jouer est le meilleur possible. En conséquence, ils sont d'une longueur à chaque coup qui est vraiment rebutante. Mais, outre que souvent ils se trompent & n'en jouent que plus mal, ils doivent se reprocher d'employer à des spéculations qui, après tout, sont stériles, un temps qu'ils auroient pu employer ailleurs plus utilement.

Enfin, on doit se servir du jeu d'*échecs*, comme d'un délassement agréable, propre à délier l'esprit dans certains cas.

Feu M. Ceruti nous a laissé sur les *échecs* un petit poëme, dans lequel se trouvent personnifiées toutes les pièces du jeu : le lecteur verra sans doute avec plaisir ici cette ingénieuse production : la partie d'*échecs* y est transformée en un combat que décrit l'un des deux rois en ces termes :

Les Noirs, les Blancs, jadis, se disputoient la terre.
Deux peuples de leur race éternisent la guerre :
Opposés d'intérêt ainsi que de couleur ,
Égaux par le génie , égaux par la valeur ,
Depuis quatre mille ans ils se battent sans cesse.
Ils sont jaloux de gloire , & non pas de richesse ;
L'avidité jamais n'a terni leurs lauriers :
Une pauvreté noble honore des guerriers.
Deux Monarques fameux , chargés de les conduire ;
Triomphent tour-à-tour sans vouloir se détruire.
A mesurer leur force ils bornent leurs desseins,
Mesure délicate entre deux rois voisins.

Je suis l'un de ces rois. Les Blancs sont mon partage,
Les Noirs, de mon rival , sont l'antique héritage.
Nous possédons tous deux seize petits États ,
Avec un nombre égal de chefs & de soldats.
Compagnons de fortune & frères d'origine ,
Les soldats suivent tous la même discipline.
Les chefs , gardiens du peuple & défenseurs des rois ,
Sont soumis dans leur marche à de sévères loix.
Dressés pour nos combats, des éléphans fidèles,
De l'un & l'autre camp protègent les deux ailes :
Moins esclaves qu'amis , ces animaux puissans
Sont notre ferme appui dans les dangers pressans,
Sur leur dos colossal des tours sont élevées,
Pour le dernier assaut sagement réservées,
Et qui frappant de loin aussi bien que de près,
Lancent sur l'ennemi d'inévitables traits.
Ainsi que nos sujets , nos reines sont guerrières.
Errant en liberté , ces amazones fières
Exercent , sous notre ordre , un absolu pouvoir ;
Leur promptitude étonne autant que leur savoir.

Turenne aimoit , dit-on , une petite armée ,
A souffrir , à combattre , à vaincre accoutumée.
Tel est le bataillon qui suit notre étendard.
Vétérans endurcis , consommés dans leur art ,
Ils savent préparer la victoire, & l'attendre,
Profiter du hasard , & n'en jamais dépendre ;
Aux projets médités lier ceux du moment,
Soumettre la fortune aux loix du mouvement.

Sur la foi d'un oracle, ou sur la foi d'un rêve,
Jadis les nations prenoient, quittoient le glaive :
Prêt d'aller au combat, on consultoit le sort.
Un chêne (*) fut long-temps le prophète du Nord.
La Grèce interrogeoit le trépied des Sybilles :
Nous ne connoissons pas ces fables puériles,
Nous ne connoissons pas tous ces présages vains :
Le coup-d'œil , le calcul, voilà nos seuls devins.
Mais la gloire a dressé notre petit théâtre,
O vous qui m'écoutez, regardez-moi combattre.

Sur une double ligne , en deux corps partagés ,
En ordre de bataille on nous voit tous rangés.
Le génie attentif garde un profond silence ,
Et l'aveugle Destin lui remet sa balance. . . . .
On donne le signal , on part des deux côtés,
Les postes sont choisis , les coups sont ajustés ;
Les premiers combattans expirent sur la place ,
D'autres suivent de près & vengent leur disgrace.
Les rangs sont enfoncés, les deux camps sont ouverts ;
On passe tour-à-tour des succès aux revers,
On prend , on perd un chef ; on forme , on lève un siège ;
On garde , on quitte un poste ; on dresse , on rompt un piège ;
Les moindres intérêts ne sont pas oubliés ,
Mais à ceux de l'état ils sont sacrifiés :

(*) Le fameux chêne de Mambré.

La barbarie alors devenant légitime,
Pour faire une conquête, on livre une victime ;
On expose un soldat pour surprendre un héros.

Tous ne sont pas formés pour les mêmes travaux.
A l'ennemi qui vient, l'un ferme le passage ;
Sur l'ennemi qui fuit, l'autre fond avec rage :
Malheur à l'imprudent qui s'engage trop loin,
Et qui de son retour a négligé le soin !
Infortuné captif, il périt sans défense.
Ses braves compagnons courent à sa vengeance ;
Mais ils règlent leur marche, observant, calculant ;
Ceux-ci d'un pas rapide, & ceux-là d'un pas lent ;
Avant de l'occuper, fortifiant leur place,
Evaluant le nombre, & le temps, & l'espace,
Ils perdent l'ennemi sans se perdre avec lui,
Se ménagent par-tout un asyle, un appui,
Avec dextérité s'avancent, se replient,
Se dispersent soudain, & soudain se rallient :
Ainsi l'on voit marcher, tourner ces légions,
Que Frédéric exerce aux évolutions.
Ainsi la discipline & l'art de la Tactique
Ont fait de l'héroïsme un ressort méchanique :
On mesure ses coups, on aligne ses pas,
Et la foudre elle-même obéit au compas.

Debout à mon côté, modérant son courage,
La reine, d'un front calme, a vu grossir l'orage :
Elle part, elle vole au sein des escadrons,
L'éclair sort de la nue avec des feux moins prompts :
Vers mon rival tremblant d'un pas elle s'élance,
Elle revient d'un pas veiller à ma défense.
Prompte à voir le péril & prompte à l'éloigner,
Mettant à secourir le plaisir de règner,
Sa présence embellit mon camp & le protège,
Et sa seule valeur compose son cortège.
Tout le camp ennemi frémit à son aspect,
Et même en l'attaquant lui marque son respect.
Elle cherche des yeux sa superbe rivale :
Ainsi que leur ardeur leur puissance est égale.
Voyez-les tour-à-tour combattre, méditer,
S'exposer, se couvrir, s'avancer, s'arrêter,
Choisir un poste obscur ou prendre un vol sublime,
Au bord du précipice échapper de l'abime,
Du voile de la rusé entourer leurs projets,
Et déchirer le voile au moment du succès.
Aux champs Thessaliens moins vive, moins brillante
Voloit, disparoissoit, revenoit Atalante ;
Moins d'orgueil éclatoit au front de Taleftris ;
Moins d'art, moins de génie inspiroit Tomyris.

Dieux ! quel revers fatal menace ma couronne !
Quel deuil m'attendu va désoler mon trône !
Un groupe d'ennemis sur moi s'est élancé,
J'ai rassemblé trop tard mon peuple dispersé :
La Reine accourt, la Reine affronte la tempête,
Sa tête seule, hélas ! peut garantir ma tête,
Elle n'hésite point : sans frémir en secret,
Sans laisser vers l'empire échapper un regret,

Par sa ruine même éloignant ma ruine,
Elle reçoit le coup, & tombe en héroïne.
A cette sur la scène ainsi vient expirer,
Admète lui survit ; mais c'est pour la pleurer.

Deux héros à cheval, (*) voltigeant dans la plaine
Ont vu près de leur roi frapper leur souveraine.
En chevalier fidèle un deux court la venger.
Vers la cour ennemie il va d'un pas léger,
S'élance, & profitant d'une attaque soudaine,
A côté du monarque il enlève la reine. (**)
On s'assemble, on poursuit un ravisseur fatal ;
Mais prompt à s'échapper d'un combat inégal,
Sur son coursier agile il fuit de place en place.

Deux autres chefs à pied, (***) fameux par leur
audace,
A travers les périls marchant obliquement,
Au secours du héros s'avancent brusquement.
Ils croisent dans leur route, & l'une & l'autre armée,
Le vulgaire, jaloux de toute renommée,
Du titre de folie a payé leurs exploits :
Cette folie heureuse est le salut des rois.
Ont-ils vu l'ennemi, par une brêche ouverte,
Pénétrer dans ma cour ? Alors que tout déserte,
L'un d'eux se précipite au milieu du combat,
Et frappé sur la brêche, il délivre l'état.
Tel on vit Curtius s'élancer dans l'abime,
L'abime se ferma content de sa victime.

Tandis que mes héros affrontent le trépas,
Mes fantassins unis (****) s'avancent pas à pas,
Et de leurs rangs serrés opposant la barrière,
Aux chefs les plus hardis ils ferment la carrière.
Ils suivent l'ordre mince, & non l'ordre profond ;
Ils frappent de côté, mais ils marchent de front.
Contraints à chaque pas de s'arrêter, ils brûlent
De faire un pas de plus, & jamais ne reculent.
Un noble espoir anime & soutient leurs travaux ;
Ils peuvent de soldats devenir généraux.
Un d'eux a-t-il forcé, par une marche heureuse, (*****)
Du monarque ennemi l'enceinte glorieuse ?
Il est proclamé chef par l'un & l'autre camp,
Et des premiers honneurs, revêtus sur le champ,
Ainsi de rang en rang porté par la victoire,
Fabert s'assit enfin sur le char de la gloire.

Mars fut dans tous les temps le père de l'honneur,
La noblesse du sang naquit de la valeur.
Des Césars, des Bourbons, c'est la tige commune.
Tous furent autrefois des soldats de fortune.
D'un nom, rendu fameux en défendant l'état,
La majesté des ans relève encore l'éclat.

(*) Les Cavaliers.
(**) Double échec au roi & à la reine.
(***) Les Foux.
(****) Les pions.
(*****) Un pion à dame.

Il n'en est pas ainſi d'un nom que la richeſſe
Ennoblit lâchement au ſein de la molleſſe.
Le temps ne confond point des noms ſi différens,
La gloire les ſépare, & les place à leurs rangs :
L'art transforme en criſtal le ſable & la pouſſière,
Mais le ſeul diamant eſt fils de la lumière.

Je parle en roi guerrier, & de qui le deſtin
A dépendu cent fois du moindre fantaſſin.
Mais, pour un qui s'élève, hélas ! combien ſuccombent !
Sous les coups redoublés l'un après l'autre ils tombent :
Je déplore leur chûte, & je ſens que l'état
Perd un bras néceſſaire en perdant un ſoldat.

De moi dépend ſur‑tout le ſalut de l'empire.
Rien n'eſt déſeſpéré tandis que je reſpire.
Contemplez cette abeille & l'eſſaim qui la ſuit,
C'eſt la reine, ſans elle un rucher eſt détruit.
Un eſcadron ailé vient-il ſous tes murailles ?
Elle donne auſſitôt le ſignal des batailles ;
Tout eſt en l'air, tout vole au devant du trépas ;
Des artiſans obſcurs ſont tout-à-coup ſoldats :
Le peuple le plus doux devient le plus terrible.
Tant que la reine exiſte, il ſe montre invincible...
Elle expire, tout fuit : un ſeul dard meurtrier
Anéantit la reine, & le royaume entier.

Souverains, imitez cette abeille chérie :
De vos ruchers féconds protégez l'induſtrie ;
Sur un fidèle eſſaim jettez un regard doux,
En bourdonnant de joie il volera vers vous.
A la fleur de tes ans, inſtallé ſur un trône,
Que l'Europe contemple & la gloire environne ;
Arbitre de vingt rois qu'efface ta ſplendeur,
Au milieu d'une cour fière de ta grandeur,
Louis ! quelle eſt, dis-nous, ta volupté ſuprême ;
Ton ſouverain bonheur ? d'apprendre que l'on t'aime,
De voir la foule immenſe, environnant ton char,
Par les cris du plaiſir répondre à ton regard.

Tant que le ſort n'a pas éclairci mon armée,
Aux éléphans captifs la barrière eſt fermée : (*)
L'eſpace eſt-il ouvert ? ai-je beſoin d'appui ?
Vers moi l'un d'eux avance & j'avance vers lui. (**)
Là, placé ſous ſa garde, & preſque inacceſſible,
Je ſuis de la bataille obſervateur paiſible.
Mais le danger approche ; alors mes éléphans
Dans la lice à leur tour s'élancent triomphans.
Coloſſes aguerris, fortereſſes mouvantes,
Leur choc impétueux, leurs manœuvres ſavantes
Portent de rang en rang le trouble & la terreur.
Mon émule attentif s'oppoſe à leur fureur.
Sur mes tours, avec art, il fait marcher les ſiennes,
Avec plus d'art encor je poſte & j'ins les miennes.
Sous leur feu combiné tout s'écroule ou s'enfuit.
Le roi, réfugié dans un humble réduit,

Sur ſes états déſerts promène un regard ſombre :
De ſa grandeur paſſée il voit à peine une ombre.
Environné d'écueils, il cherche en vain un port,
Mais animé bientôt d'un généreux tranſport,
Il s'avance ſuperbe, & veut par ſon courage
Retarder où du moins illuſtrer ſon naufrage ;
Tel au camp de Pavie, entouré d'ennemis,
Auſſi grand, auſſi fier que s'il les eût ſoumis,
François Premier, au glaive abandonnant ſa tête,
De l'heureux Charles-Quint effaça la conquête.

Je marche alors, ſuivi de tous mes généraux ;
Je cherche mon rival qui s'expoſe en héros ;
Quelques ſoldats encore, amis dans la diſgrace,
Preſſés autour de lui, ſignalent leur audace.
Les miens, impatients, voudroient tout ravager ;
Mais je retiens leurs coups pour les mieux diriger ;
Tout le peuple ignorant, accuſe ma foibleſſe :
Les ſpectateurs inſtruits approuvent ma ſageſſe.
Par de ſavans détours je voile mes projets.
Par des retards prudens je hâte mes ſuccès.
Ainſi le temps ſoumet lentement toute choſe,
Et combat en ſecret quand on croit qu'il repoſe.
Tels, préparant de loin un grand évenement,
Vingt ſiècles font effort pour créer un moment.

Cependant mon rival eſt près de ſa défaite :
Après avoir erré de retraite en retraite,
Après avoir perdu ſes places, ſes ſoutiens,
Il ſe voit dans ſa fuite envelopper des miens.
Il va périr, mais non, la troupe qui l'aſſiège,
Reſpecte ſa perſonne, en frappant ſon cortège.
Conſerver le Monarque, eſt la loi de l'état ;
Le forcer à ſe rendre, eſt le droit du combat...
Il ſe rend, avec lui je me reconcilie ; (*)
Et je ne ſouffre pas qu'un grand roi s'humilie :
Par ſon exemple, inſtruit des rigueurs du deſtin,
Je renferme ma joie, & je rends mon butin.
Non content de ſauver l'honneur du diadême,
A reprendre ſon rang je l'invite moi-même ;
Il reparoît en pompe au milieu de ſa cour,
Et rentré dans la lice, il triomphe à ſon tour.

Ainſi nous prolongeons une innocente guerre
Qui charme nos loiſirs, ſans déſoler la terre.
L'ambition ſe plait dans les combats ſanglans,
Et la philoſophie au combat des talens.
L'Inde fut le berceau de nos premiers ancêtres :
Les maîtres de Platon furent auſſi nos maîtres :
Le peuple qui trouva le plus ſavant des jeux,
Fut des peuples enfans le plus ingénieux.

Voltaire aimoit ce peuple adorateur des ſages
Qui du Gange autrefois éclairoient les rivages ;
Il chériſſoit en nous un de leurs monumens ;
Il chériſſoit en nous leurs doux amuſemens.
C'étoient auſſi les ſiens. Nos lutes pacifiques,
Nos problêmes guerriers, nos camps géométriques,

(*) Les Tours.
(**) Roquer.

(*) Echec & mat.

Enchantoient fes loifirs ; & nous fumes admis
Au nombre des favans & des rois, fes amis.
Tous les arts animoient, peuploient fa folitude,
Son efprit s'étendoit, s'enflammoit par l'étude.
Brûlant de tout favoir, fans ceffe il s'inftruifoit ;
Brûlant de tout créer, fans ceffe il produifoit.
Toutes les vérités lui fembloient néceffaires ;
Il puifoit tour-à-tour, & verfoit les lumières :
Tel un miroir ardent eft prompt à renvoyer
Les clartés qu'il raffemble en fon brûlant foyer !

Le feul nom de Voltaire illuftre nos batail'es.
A ce nom immortel je joins le tien, Noailles :
Tu foutiens norre empire ; & ta vive gaité
Bannit loin de nos camps la taciturnité :
De ton génie heireux les brillantes faillies
Charment de nos calculs les longues rêveries.
O Noailles ! pourfuis : défends par tes bons mots
L'efprit contre l'ennui, les arts contre les fots.

L'efprit guerrier n'eft pas notre feul avantage,
D'un état bien réglé nous préfentons l'image ;
Et de la monarchie un modèle fini.
Par l'intérêt public chez nous tout eft uni.
Obfervez Jupiter avec fes fatellites,
En ordre, autour de lui, parcourant leurs orbites :
De même, à mes fujets, je fers d'appui commun.
Chacun combat pour moi, je veille fur chacun.
J'achève un long tableau par un vœu magnifique.
Vous, Savans, méditez un jeu philofophique ;
Guerriers, étudiez notre ordre martial :
Rois, apprenez de nous le pacte focial.

(*) Tandis que je chantois un fantôme de guerre,
Le véritable Mars enfanglantoit la terre.
Vingt peuples opprimés contre un peuple oppreffeur
Dans un bras de vingt ans trouvoient leur défenfeur.
De nos jeunes héros un effaim magnanime
Aux bords Américains porté d'un vol fublime,
Par leur efprit aimable & leurs brillans fuccès,
Accoutumoit Bofton au commerce françois.
Par des plans combinés préparant les conquêtes,
Par des miracles prom's réparant les tempêtes,
Caftre, au nom de Louis, affranchiffoit les mers,
Et fous fon pavillon ralioit l'univers.
Neptune indépendant remercioit la France.
Suffren du Gange aux fers hâtoit la délivrance.
La Tamife appauvrie, & réduite à fes bords,
Portoit le deuil d'un monde & pleuroit fes tréfors.
Par d'invifibles nœuds affociant leur trône,
Un Prince philofophe, une Reine Amazone
De l'Ottoman aveugle obfervoient le déclin,
Et d'un État mourant précipitoient la fin.
La Grèce réveilloit fa liberté captive,
Et l'Europe en fufpens écoutoit attentive.
De moins fanglans débats, non fans hoftilités,
Divifoient dans Paris les efprits agités.

(*) Épilogue de l'Auteur.

Au nom du magnétifme, une foule en extafe,
Pour Mefmer, pour Deflon, hurloit avec emphafe ;
Leur index tout-puiffant dans fes inflexions,
Semoit l'enthoufiafme & les convulfions.
Ils voiloient leur fecret, & non pas leur difcorde ;
Pallàs, pour une pomme, oublia la concorde :
Trop fenfible de même aux refus d'Apollon,
Une dixième Mufe infultoit l'Hélicon.
Des cieux, quels cris foudains font treffaillir la voûte ?
L'homme, des Immortels, ofe tenter la route.
Majeftueufement enlevé dans les airs,
D'un vol rapide & fûr parcourant ces déferts,
Porté comme en triomphe au-deffus des campagnes,
Des peuples, des cités, des fleuves, des montagnes,
Mongolfier dans fon char paroît l'égal des dieux.
On le fuit, on le cherche, on le perd dans les cieux.
La critique un inftant refpecte le courage :
Le char defcend à peine, elle rit du voyage.
Loin d'un monde cenfeur & plein d'inimitié,
Où fuir ? Près de l'Olympe, ou près de l'amitié.

Eglé, dans tous les temps, vous fûtes fon afyle :
Vous favez embellir ce fentiment tranquille.
De votre caractère on reffent la douceur,
Comme on reffent le frais d'un ombrage enchanteur.
Les dieux vous ont donné cette philofophie
Qui prévient les chagrins, ou qui les pacifie.
Je vous offre ces vers, ma Mufe attache exprès
L'image de la guerre à celle de la paix.

Vocabulaire explicatif des termes ufités
au jeu des Echecs.

Aller à dame. C'eft pouffer un pion jufqu'aux dernières cafes du côté oppofé, &
alors le pion devient dame ou telle autre
pièce qu'on juge à propos.

Cafe. Ce mot fe dit de chacun des carrées
de l'échiquier fur lequel on joue.

Cavalier. C'eft une pièce du jeu, dont la
marche confifte à aller d'une cafe noire à
une cafe blanche, ou d'une cafe blanche à
une cafe noire, en fautant obliquement.

Dame. C'eft la feconde pièce du jeu : elle
réunit dans fa marche, celles du fou & de
la tour.

Echec. Ce terme s'emploie pour avertir
qu'on attaque le roi, en forte qu'il eft obligé
de fe retirer ou de fe couvrir.

Echec & mat. Se dit quand le roi étant
attaqué par quelque pièce, ne peut plus fe
couvrir ni fe retirer.

Echiquier. C'eft le tablier fur lequel on
joue aux échecs, & qui eft divifé en carrés ou
cafes de deux couleurs.

Fou. C'eft une pièce du jeu, dans la

marche eſt toujours par une ligne tranſverſale en coupant l'angle des carrés.

Gambit. (jouer le). Cette expreſſion s'emploie, lorſqu'après avoir pouſſé le pion du roi ou celui de la dame deux pas, on pouſſe encore celui de leur fou deux pas.

Pat. Terme qu'on emploie pour ſignifier qu'un des deux joueurs ne peut plus jouer, ſans mettre en *échec* ſon roi qui n'y eſt pas. *Faire pat, être pat.*

Pion. C'eſt une des petites pièces du jeu. Il y a huit pions blancs & huit pions noirs.

Pion doublé. On appelle ainſi deux pions d'une même couleur, placés ſur une même ligne perpendiculaire.

Roc. C'eſt une pièce du jeu qu'on appelle plus ordinairement *tour.*

Roi. C'eſt la principale pièce du jeu, à laquelle il faut donner *échec & mat* pour gagner la partie.

Roquer. Terme qui ſe dit, lorſqu'on met ſon roc ou ſa tour auprès de ſon roi, & qu'on fait paſſer le roi de l'autre côté joignant le roc.

Tour. C'eſt une pièce du jeu, à laquelle on a auſſi donné le nom de roc.

E M P R U N T.

Sorte de jeu des cartes, auquel peuvent jouer enſemble trois, quatre, cinq ou ſix perſonnes.

On emploie un jeu entier complet, c'eſt-à-dire, cinquante-deux cartes, quand les joueurs ſont au nombre de cinq ou ſix : s'ils ſont ſix, on donne à chacun huit cartes, & il en reſte quatre au talon. S'ils ſont cinq, on donne à chacun ſix cartes, & il en reſte deux au talon. S'ils ne ſont que quatre, on donne également à chacun dix cartes, mais on ſupprime les as & les deux, ce qui réduit le jeu à quarante-quatre cartes, dont quarante pour les joueurs & quatre pour le talon : enfin, ſi les joueurs ne ſont qu'au nombre de trois, on ſupprime les as, les deux & les trois, ce qui réduit le jeu à quarante cartes, dont douze ſe diſtribuent à chaque joueur, & les quatre autres forment le talon.

Les cartes étant diſpoſées, comme on vient de le dire relativement au nombre des

joueurs, chacun met au jeu un ou deux jetons qui ont une valeur convenue ; & après que le ſort a indiqué le joueur qui doit donner, celui-ci mêle les cartes, fait couper à ſa gauche, & les diſtribue par deux ou par trois à la fois, en commençant par ſa droite.

Quand chacun a les cartes qu'il lui faut, le joueur qui eſt le premier en cartes, joue celle de ſon jeu qu'il juge à propos ; le ſecond eſt obligé de jouer la carte qui ſuit de la même couleur ; s'il n'a pas cette carte, il l'emprunte du joueur qui l'a, & il lui paye pour cela un jeton : le troiſième eſt pareillement obligé de jouer la carte ſuivante ou de l'emprunter de même ; la même obligation s'étend aux joueurs qui ſuivent, & l'on continue de cette manière juſqu'à ce que la couleur d'abord jouée ſoit épuiſée.

C'eſt alors à celui qui a joué la dernière carte de cette couleur, qu'appartient le droit de recommencer par telle carte de ſon jeu qu'il lui plaît ; & quand la nouvelle couleur dont eſt cette carte, eſt pareillement épuiſée, on en joue une autre : cette marche dure juſqu'à ce qu'un des joueurs ſoit parvenu à ſe défaire de toutes les cartes. C'eſt celui-ci qui gagne la partie : il emporte, non-ſeulement la poule, mais il reçoit encore des autres joueurs, autant de jetons qu'il leur reſte de cartes entre les mains.

Il faut obſerver que quand aucun joueur n'a la carte qui doit être fournie, on la prend au talon, & l'on met à la poule le jeton qu'il auroit fallu payer au joueur dont on l'auroit empruntée s'il l'avoit eue.

VOCABULAIRE explicatif des termes uſités au jeu de l'Emprunt.

Couper. C'eſt ſéparer le jeu de cartes en deux, avant de diſtribuer à chaque joueur les cartes qu'il doit avoir.

Donner. C'eſt diſtribuer aux joueurs les cartes qu'il leur faut.

Emprunter. C'eſt demander au joueur qu'on a à ſa droite la carte dont on a beſoin, en lui payant un jeton pour cela.

Jeu entier. C'eſt un jeu qui contient treize cartes de chacune des quatre couleurs, & qui eſt ainſi compoſé de cinquante-deux cartes.

Poule. C'eſt la totalité des enjeux & des jetons provenant des emprunts faits au talon.

Premier

Premier en cartes. C'eſt le joueur qui a la main, ou qui doit jouer le premier.

Talon. C'eſt ce qui reſte de cartes après qu'on a donné à chaque joueur celles qu'il lui faut.

ESPÉRANCE.

Nom d'un jeu qui ſe joue entre pluſieurs perſonnes avec deux dés.

On diſtribue à chaque joueur un certain nombre de jetons qui ont une valeur convenue. On fait enſuite indiquer par le ſort, le joueur qui doit avoir le dé. Si celui-ci amène un as, il donne un jeton au joueur qu'il a à ſa gauche : s'il amène un ſix, il met un jeton à la poule : ſi ſes deux dés préſentent un as & un ſix, & qu'il lui reſte plus d'un jeton, il en donne un au joueur qui eſt à ſa gauche, & il en met un autre à la poule. Si dans ce cas il n'a qu'un jeton, il le met à la poule.

Le joueur qui n'amène ni un as ni un ſix, n'a rien à payer ; il quitte ſeulement le dé, & paſſe le cornet au joueur qu'il a à ſa droite : celui-ci en fait autant dans la même circonſtance : mais, quand un joueur amène un doublet, il conſerve le cornet pour jouer un ſecond coup ; & s'il amène encore un doublet, il joue un troiſième coup, dans la vue d'amener un troiſième doublet : s'il vient à réuſſir, il gagne la partie ou la poule.

Un joueur gagne auſſi la poule, lorſqu'ayant encore un ou pluſieurs jetons, il n'en reſte plus aux autres joueurs.

Obſervez que quoiqu'un joueur qui a perdu tous ſes jetons, ne puiſſe plus dans cet état avoir le cornet à ſon tour, il eſt néanmoins poſſible qu'il reſſuſcite, c'eſt-à-dire, qu'il rentre au jeu. Ceci a lieu, quand le joueur qu'il a à ſa droite amène un as, parce qu'alors ce dernier eſt obligé de lui payer un jeton.

VOCABULAIRE explicatif des termes uſités au jeu de l'Eſpérance.

Avoir le dé. C'eſt être le premier à jouer.

Cornet. C'eſt l'inſtrument avec lequel on remue & on jette les dés ſur le tapis.

Dé. Petit morceau d'os ou d'yvoire, de figure cubique ou à ſix faces, dont chacune eſt marquée d'un différent nombre de points depuis un juſqu'à ſix, & dont on ſe ſert pour jouer.

Doublet. C'eſt ce que produiſent les deux dés lorſqu'ils amènent les mêmes points.

Poule. C'eſt la totalité de ce que les joueurs ont mis au jeu dans le cours de la partie.

Quitter le dé. C'eſt remettre le cornet & les dés au joueur qu'on a à ſa droite, afin qu'il joue à ſon tour.

Reſſuſciter. C'eſt rentrer au jeu, par le moyen d'un jeton qu'on reçoit du joueur qu'on a à ſa droite, quand il amène un as.

F

FERME.

FERME. Sorte de jeu des cartes, auquel peuvent jouer enſemble dix à douze perſonnes.

On emploie, pour jouer à la *ferme*, quarante-cinq cartes, c'eſt-à-dire, un jeu entier, dont on a ôté les huit & les ſix, à l'exception néanmoins du ſix de cœur, qu'on appelle le *brillant.* Chaque figure vaut dix points : les autres cartes ſe comptent pour

autant de points qu'elles en préſentent : ainſi, un dix ſe compte pour dix points, & un as ne ſe compte que pour un.

La *ferme* conſiſte dans un certain nombre de jetons mis au jeu par le joueur qui a offert le plus haut prix pour être fermier. Ce prix de la *ferme* ſe met à part, &, pour le gagner, il faut dépoſſéder le fermier.

Les autres joueurs mettent au jeu chacu

un jeton : c'eſt ce qui forme la partie ou la poule. Chaque joueur, à l'exception du fermier, peut la gagner ſans la *ferme* ou avec la *ferme*.

Le fermier tient toujours les cartes : quand il les a mêlées & qu'il a fait couper par le joueur qui eſt à ſa gauche, il diſtribue une carte à chaque joueur en commençant par ſa droite, & n'en prend point pour lui.

Chaque joueur, à commencer par le premier en cartes, a enſuite le droit de demander ſucceſſivement une ou pluſieurs cartes, juſqu'à ce qu'il ait obtenu un jeu dont il ſoit ſatisfait. Ces dernières cartes ſe tirent de deſſous le talon.

L'objet que doit ſe propoſer chaque joueur en demandant carte, eſt d'atteindre le point de ſeize, parce que ce point fait gagner la *ferme* & la poule : mais, s'il arrive que les cartes demandées pour joindre à celle qu'on avoit déjà, excèdent ce point, on eſt tenu de payer au fermier autant de jetons qu'elles préſentent de points au-deſſus de ſeize. Suppoſez, par exemple, qu'un joueur auquel le fermier a d'abord diſtribué un trois, demande enſuite ſucceſſivement deux autres cartes ; que la première de ces deux cartes ſoit un ſept, & la ſeconde un dix ; il y aura, dans la main de ce joueur, trois cartes qui contiendront enſemble vingt points ; ainſi, il aura quatre points au-delà de ſeize : il faudra par conſéquent qu'il paye quatre jetons au fermier.

Cette obligation de payer au fermier autant de jetons qu'on a de points qui excèdent le nombre de ſeize, doit empêcher le joueur prudent de prendre carte, quand il a déjà dans ſa main douze à quinze points : il dit alors *baſta*, c'eſt-à-dire, qu'il s'en tient au jeu qu'il a, & qu'il ne veut plus de nouvelles cartes : il renonce à la vérité par là, à dépoſſéder le fermier, mais il n'a rien à lui payer, & il peut gagner la poule ; attendu que, quand le fermier n'eſt pas dépoſſédé, elle appartient au joueur dont le point au-deſſous de ſeize eſt néanmoins le plus près de ce dernier nombre.

Il y a pluſieurs manières d'obtenir le point de ſeize pour gagner la *ferme* : mais la manière la plus avantageuſe eſt de réunir le *brillant* & une figure ou un dix. Le joueur qui fait ſeize par ces deux cartes, gagne de préférence à tout autre.

Si deux joueurs atteignent le point de ſeize par deux autres cartes, telles qu'un neuf & un ſept, c'eſt le premier en carte qui gagne la *ferme*.

Lorſque deux joueurs ont atteint le point de ſeize, l'un avec deux cartes, & l'autre avec trois ; celui qui n'a que deux cartes, gagne la *ferme* par préférence à celui qui en a trois.

La même règle de préférence a lieu entre deux joueurs qui ont fait ſeize, l'un avec trois cartes & l'autre avec quatre : celui qui n'a que trois cartes gagne la *ferme*. Et, dans tout autre cas, le point de ſeize fait avec un moindre nombre de cartes, l'emporte ſur celui qui eſt fait avec un plus grand nombre.

Quoiqu'on ne puiſſe pas gagner la *ferme* ſans gagner en même-temps la poule, on peut gagner celle-ci ſans gagner celle-là. Ainſi, lorſque perſonne n'a atteint le point de ſeize, la poule appartient au joueur dont le point moindre que ſeize, approche le plus de ce nombre.

Dans le cas de concurrence de deux joueurs qui ont chacun un même point, la primauté l'emporte.

Celui qui a dépoſſédé le fermier devient fermier lui même, à moins qu'on ne ſoit convenu que chaque joueur le ſera à ſon tour.

VOCABULAIRE explicatif des termes uſités au jeu de la Ferme.

Baſta. Terme qu'emploie un joueur pour exprimer qu'il s'en tient à ſon jeu, & qu'il ne veut plus de nouvelle carte.

Brillant. On déſigne ſous ce nom, la carte principale du jeu qui eſt le ſix de cœur.

Ferme. C'eſt la ſomme que le fermier dépoſe pour être délivrée au joueur, dont le jeu compoſé de ſeize points, doit, ſelon la règle, être préféré aux jeux que peuvent avoir tous les autres joueurs.

Fermier. C'eſt le joueur qui diſtribue les cartes, & qui fait ſeul le dépôt d'une ſomme qu'on appelle la *ferme*, que les autres joueurs peuvent gagner excluſivement à lui.

Figure. On donne ce nom aux rois, aux dames & aux valets.

Point. C'eſt le nombre que donnent enſemble pluſieurs cartes. Il ſe dit auſſi du nombre que produit chaque carte en particulier.

Poule. C'eſt, ſans y comprendre la *ferme*, la totalité de ce que les joueurs ont mis au jeu, pour appartenir à celui qui vient à gagner la partie.

Premier en carte. C'eſt le joueur qui eſt le plus près de la droite du fermier.

Primauté. C'eſt l'avantage par lequel le joueur qui eſt le premier en carte gagne le coup, quand il a un jeu égal à celui de ſon adverſaire.

G

GILLET.

GILLET. Sorte de jeu de renvi, auquel jouent enſemble quatre perſonnes, en ſe ſervant de trente-deux cartes, ou d'un jeu de piquet.

A ce jeu, la valeur des cartes eſt la même qu'au piquet; c'eſt-à-dire, que l'as, qui eſt la principale carte du jeu, l'emporte ſur le roi, le roi ſur la dame, la dame ſur le valet, le valet ſur le dix, le dix ſur le neuf, le neuf ſur le huit, & le huit ſur le ſept.

L'as ſe compte d'ailleurs pour onze points, chaque figure pour dix points, & les autres cartes pour autant de points qu'elles en préſentent.

On a deux paniers, dans chacun deſquels les joueurs mettent un ou pluſieurs jetons qui ont une valeur convenue.

L'un de ces deux paniers eſt pour le joueur qui gagne par le *gé*, & le ſecond, pour celui qui gagne par le point ou le flux.

Après que le joueur qui doit donner, a été indiqué par le ſort, il mêle les cartes, fait couper par le joueur qu'il a à ſa gauche, & diſtribue trois cartes l'une après l'autre, en commençant par ſa droite.

Le joueur qui ſe trouve avoir le *gé* le plus haut, c'eſt-à-dire, deux cartes ſemblables, comme deux as, deux rois, deux dames, &c. gagne ce qu'on a mis dans l'un des paniers, pourvu toutefois qu'il n'y ait point de tricon au jeu : s'il y en avoit un, ne fut-ce que de ſept, il l'emporteroit ſur le *gé* quel qu'il fût.

Le panier du *gé* étant tiré, on donne de nouveau, pour faire décider à qui appartiendra le panier deſtiné au plus haut point ou flux. Lorſque les cartes ſont diſtribuées, le joueur premier en cartes, énonce ſon intention, en diſant ou qu'il paſſe, ou qu'il y va du jeu, ou d'une ſomme plus forte qu'il détermine; les joueurs qui ſuivent ont ſucceſſivement la parole, & chacun peut ou paſſer, ou jouer ce qu'on a propoſé, ou renvier les joueurs précédents : lorſque les renvis ſont finis, les joueurs qui n'ont pas fui, étalent leur jeu ſur le tapis; & celui qui ſe trouve avoir le plus haut point ou flux, emporte le panier & ce que les autres ont joué ou abandonné.

Le flux conſiſte en trois cartes de la même couleur, comme trois trefles, trois cœurs, &c. Ainſi, le joueur qui a un flux, a néceſſairement le point ſur celui qui n'a que deux cartes de même couleur : ſi pluſieurs joueurs ont chacun un flux, celui qui a le plus haut gagne par préférence : ſi les flux ſont égaux, la primauté l'emporte.

VOCABULAIRE explicatif des termes uſités au jeu du Gillet.

Aller du jeu. C'eſt jouer une ſomme égale à ce que contient le panier du flux.

Couper. C'eſt ſéparer un jeu de cartes en deux, avant de diſtribuer à chaque joueur les cartes qu'il doit avoir.

Donner. C'eſt diſtribuer les cartes aux joueurs.

Figure. On donne ce nom aux cartes peintes, qui ſont les rois, les dames & les valets.

Flux. Ce ſont trois cartes de même couleur, comme trois carreaux, trois cœurs, &c.

Gé. Ce ſont deux cartes de même figure & de même point, comme deux as, deux valets, deux huit, &c.

M 2

Paſſer. C'eſt ne point ouvrir le jeu ou ne point tenir la vade que fait un autre joueur.

Point. C'eſt le nombre que compoſent enſemble pluſieurs cartes d'une même couleur. Il ſe dit auſſi du nombre que produit chaque carte.

Primauté. C'eſt l'avantage par lequel le joueur qui eſt le premier à jouer, gagne le coup quand il a un point égal à celui de ſon adverſaire.

Renvi. C'eſt une ſomme quelconque miſe par deſſus la vade.

Tricon. C'eſt un jeu compoſé de trois cartes de même figure & de même point, comme trois as, trois dix, &c.

GUERRE. (*Jeu de la.*)

Sorte de jeu de tableau qu'on joue avec deux dés & des jetons qui ont une valeur convenue.

Le tableau eſt compoſé de cinquante-trois caſes, qui ont chacune un numéro & une dénomination particulière. (*)

Le nombre des perſonnes qui peuvent s'amuſer enſemble au jeu de la *guerre*, eſt illimité.

Ce jeu a été imaginé pour donner une idée de ce qui ſe pratique dans la marche & le campement d'une armée, ainſi que dans les batailles, les combats, les ſièges & les autres actions militaires. D'après ce plan, chaque caſe du tableau eſt déſignée comme on va le dire :

La première, ou le numéro 1, s'applique aux officiers.

La ſeconde, ou le numéro 2, à l'enrôlement.

La troiſième, ou le numéro 3, à l'exercice.

La quatrième ou le numéro 4, au rendezvous.

La cinquième, ou le numéro 5, à la revue.

La ſixième, ou le numéro 6, à la marche.

La ſeptième, ou le numéro 7, au défilé.

La huitième, ou le numéro 8, au paſſage d'une rivière.

La neuvième, ou le numéro 9, au campement.

(*) *Voyez* aux Planches la Figure VIII.

La dixième, ou le numéro 10, au convoi.

La onzième, ou le numéro 11, au fourrage.

La douzième, ou le numéro 12, à l'ordre.

La treizième, ou le numéro 13, au décampement.

La quatorzième, ou le numéro 14, au parti.

La quinzième, ou le numéro 15, à la maraude.

La ſeizième, ou le numéro 16, à la juſtice militaire.

La dix-ſeptième, ou le numéro 17, à l'embuſcade.

La dix-huitième, ou le numéro 18, aux contributions.

La dix-neuvième, ou le numéro 19, au dégât.

La vingtième, ou le numéro 20, au pétard.

La vingt-unième, ou le numéro 21, au conſeil de guerre.

La vingt-deuxième, ou le numéro 22, à l'ordre de bataille.

La vingt-troiſième, ou le numéro 23, à l'eſcarmouche.

La vingt-quatrième, ou le numéro 24, à la bataille.

La vingt-cinquième, ou le numéro 25, à la victoire.

La vingt-ſixième, ou le numéro 26, à la retraite.

La vingt-ſeptième, ou le numéro 27, à la ſépulture des morts.

La vingt-huitième, ou le numéro 28, aux priſonniers de guerre.

La vingt-neuvième, ou le numéro 29, au détachement.

La trentième, ou le numéro 30, à la camiſade.

La trente-unième, ou le numéro 31, à l'eſcalade.

La trente-deuxième, ou le numéro 32, au bombardement.

La trente-troiſième, ou le numéro 33, au blocus.

La trente-quatrième, ou le numéro 34, au rapport de l'ingénieur.

La trente-cinquième, ou le numéro 35, à la reconnoiſſance de la place.

La trente-ſixième, ou le numéro 36, au ſiège.

La trente-septième, ou le numéro 37, au bivouac.

La trente-huitième, ou le numéro 38, à la sentinelle.

La trente-neuvième, ou le numéro 39, à la vedette.

La quarantième, ou le numéro 40, au convoi d'artillerie.

La quarante-unième, ou le numéro 41, à la batterie de canons.

La quarante-deuxième, ou le numéro 42, à la tranchée.

La quarante-troisième, ou le numéro 43, à l'action de monter la garde à la tranchée.

La quarante-quatrième, ou le numéro 44, à la sortie.

La quarante-cinquième, ou le numéro 45, à la palissade.

La quarante-sixième, ou le numéro 46, à la fascine.

La quarante-septième, ou le numéro 47, à la mine.

La quarante-huitième, ou le numéro 48, à la fausse attaque.

La quarante-neuvième, ou le numéro 49, à l'assaut.

La cinquantième, ou le numéro 50, à la chamade.

La cinquante-unième, ou le numéro 51, à la prise de la place.

La cinquante-deuxième, ou le numéro 52, aux conquêtes.

La cinquante-troisième, ou le numéro 53, à la valeur récompensée.

Le nombre des joueurs étant indéterminé, peut s'étendre depuis deux jusqu'à dix ou douze : chacun met au jeu une somme convenue, telle que trois ou quatre jetons pour former la poule : ensuite on fait prononcer le sort sur l'ordre dans lequel chaque joueur aura les dés.

Chacun a sa marque particulière pour indiquer les points qu'il a amenés, & la case sur laquelle il a dû s'arrêter. Si, par exemple, le premier qui joue amène le nombre cinq, il place sa marque sur la case de la revue, & ceux qui jouent ensuite, mettent pareillement leurs marques sur les cases où les portent les pions qu'ils ont amenés.

Pour gagner la partie, & par conséquent la poule, il faut arriver juste le premier à la case 53, sans qu'il reste au joueur aucun point à compter. Il suit de là, que le joueur

dont le dé excède le nombre de cinquante-trois, est obligé de rétrograder. Ainsi, en supposant que vous soyez placé à la case 48, & que vous ameniez le point de six, vous serez obligé de retourner du nombre cinquante-trois au nombre cinquante-deux. Si ensuite lorsque le dé vous reviendra, vous amenez encore le point de six, il faudra après avoir touché la case 53, rétrograder jusqu'à la case 49, où vous placerez de rechef votre marque.

La marche de chaque joueur peut d'ailleurs être retardée par divers obstacles que feront connoître les règles qu'on va détailler.

Celui qui arrive au nombre deux, case de l'enrôlement, doit tirer un jeton du jeu & se placer au nombre trois, case de l'exercice, où il est obligé de rester jusqu'à ce que les autres joueurs ayent eu chacun deux fois le dé.

Le joueur qui arrive au nombre sept, case des défilés, doit payer deux jetons, & s'avancer jusqu'au nombre onze, case du fourrage.

Celui qu'un autre rencontre au nombre quatorze, case du parti, doit rétrograder au nombre neuf, case du campement; &, si cette dernière case se trouve occupée, il rétrogradera jusqu'au nombre sept.

Le joueur qui arrive au nombre seize, case de la justice militaire, doit mettre quatre jetons à la poule, & retourner à la première case.

Celui que le dé porte au nombre dix-sept, case de l'embuscade, est obligé de mettre deux jetons à la poule, & de retourner à la place où il étoit auparavant.

Si l'on est conduit au nombre dix-huit, case des contributions, on paye un jeton à chaque joueur.

Celui qui arrive au nombre vingt-cinq, case de la victoire, prend à la poule autant de jetons qu'il y a de joueurs, & se porte au nombre trente-cinq.

Quand on arrive au nombre vingt-six, case de la retraite, on doit rétrograder jusqu'au nombre vingt-deux, case de l'ordre de bataille.

Le joueur qui est porté au nombre vingt-huit, case des prisonniers de guerre, doit mettre trois jetons à la poule, & rester un tour sans jouer.

Quand on arrive au nombre trente, case

de la camisade, on reçoit un jeton de chacun des autres joueurs, & ceux-ci sont obligés de rétrograder à la case qui précéde celle où ils se trouvent.

Le joueur que le dé porte au nombre trente-trois, case du blocus, doit y rester deux tours sans jouer, & mettre un jeton à la poule.

Celui que le dé place au nombre trente-six, case du siège, est obligé d'y rester jusqu'à ce que jouant à son tour, il amène le point de cinq; alors il se rend au nombre cinquante-un, case de la place conquise, & met à la poule quatre jetons.

Le joueur qui est porté au nombre trente-huit, case de la sentinelle, doit y rester jusqu'à ce qu'un autre y vienne prendre sa place.

Si l'on arrive au nombre quarante-sept, case de la mine, on doit rétrograder d'autant de cases qu'on a amené de points.

Quand le joueur est porté au nombre cinquante, case de la chamade, il est obligé de rétrograder au nombre vingt-un, case du conseil de guerre.

Vocabulaire explicatif des termes usités au jeu de la Guerre.

Avoir le dé. C'est être en tour de jouer.
Case. Il se dit de chacune des places marquées par un numéro.
Point. C'est le nombre qui résulte d'un coup de dé.
Poule. C'est la totalité des enjeux.

GUIMBARDE.

Sorte de jeu des cartes qu'on appelle aussi *la mariée*, parce qu'il y a un mariage qui en fait l'avantage principal.

Le nombre des joueurs peut s'étendre depuis cinq jusqu'à neuf personnes. On se sert de cinquante-deux cartes, c'est-à-dire, d'un jeu entier; & l'on distribue à chaque joueur une certaine quantité de jetons qui ont une valeur convenue. On emploie aussi cinq paniers pour y mettre les enjeux. Le premier contient les enjeux relatifs à la *guimbarde* ou *mariée*; le second, ceux qui concernent le roi; le troisième, ceux qui ont

rapport au fou; le quatrième, ceux qui sont destinés au mariage, & le cinquième, ceux que doit emporter le point.

Chaque joueur met dans chacun de ces paniers un ou plusieurs jetons, selon la convention.

Celui que le sort a indiqué pour donner, mêle les cartes, fait couper par le joueur qu'il a à sa gauche, & distribue à chacun cinq cartes, d'abord deux & ensuite trois: après cela, il retourne la carte qui est au-dessus du talon, & cette carte retournée forme la triomphe.

Les cartes étant données, chaque joueur recherche dans son jeu les droits qu'il peut avoir aux enjeux que contiennent les paniers. Celui qui a dans sa main la *guimbarde* ou la dame de cœur, l'étale sur le tapis, & gagne ce que contient le panier affecté à cette chance.

Le joueur qui a le roi de cœur, qu'on appelle absolument le roi, emporte les enjeux destinés à cette chance.

Celui qui a le fou, c'est-à-dire, le valet de carreau, gagne pareillement le panier de cette chance.

Il en est de même du joueur qui a le grand mariage, ou qui réunit dans sa main le roi & la dame de cœur: le panier affecté à ce mariage lui appartient.

Enfin, on en vient à la discussion du point: c'est le plus haut qui emporte le panier de cette chance. Si plusieurs joueurs ont égalité de point, celui qui est le plus près de la droite du distributeur des cartes, gagne par primauté.

Vous observerez qu'il faut au moins trois cartes d'une même couleur pour former le point; deux cartes ne se comptent pas pour cette chance.

On remarquera qu'il est possible qu'un seul joueur réunisse dans son jeu tout ce qui est nécessaire pour gagner les cinq paniers; c'est ce qui arrivera s'il a le roi, la *guimbarde*, le fou & deux cœurs, pour lui donner le principal point. En effet, le roi & la *guimbarde* lui feront gagner chacun un panier, & de plus, celui du mariage: ils serviront en outre à former le point, & par conséquent à faire gagner un quatrième panier. Le fou emportera le cinquième.

Lorsque le dernier panier, c'est-à-dire, celui du point, est gagné, chaque joueur y remet un jeton, & ces nouveaux enjeux sont destinés pour le joueur qui fait le plus de levées.

Il faut, au surplus, observer qu'on ne peut gagner cette nouvelle chance sans faire au moins deux levées : c'est pourquoi, si cinq joueurs en faisoient chacun une, personne ne gagneroit, & les enjeux resteroient dans le panier pour le point du coup suivant : mais, si deux joueurs faisoient chacun deux levées, celui qui les auroit faites le premier, gagneroit par préférence à l'autre.

Quelle que soit la couleur de la carte retournée, la *guimbarde* est toujours la principale triomphe ; le roi de cœur, la seconde ; & le valet de carreau la troisième : au surplus, les cartes ont une valeur respective dans l'ordre suivant : le roi est supérieur à la dame, la dame au valet, le valet à l'as, l'as au dix, le dix au neuf, &c.

Le joueur qui est le premier en cartes, commence à jouer par telle carte de son jeu qu'il juge à propos ; & l'on continue à jouer chacun pour soi, comme à la triomphe.

Le mariage de la *guimbarde*, n'est pas le seul qui puisse avoir lieu au jeu dont il s'agit : il y a aussi mariage, quand un joueur a dans sa main le roi & la dame d'une autre couleur que celle de cœur : il y a encore mariage, lorsqu'un joueur ayant joué le roi d'une couleur, un autre joueur jette sur ce roi la dame de la même couleur. C'est ce qu'on appelle le *mariage de rencontre*. Voici d'ailleurs les autres règles qu'on doit observer :

1°. Celui qui a dans sa main le grand mariage, c'est-à-dire, le roi & la *guimbarde*, perçoit, non-seulement les enjeux destinés pour cette chance : mais chaque joueur est encore obligé de lui donner deux jetons.

Si ce mariage n'est que de rencontre, c'est-à-dire, s'il a lieu en jouant les cartes, il n'y a de la part de chaque joueur qu'un jeton à payer à celui qui a la *guimbarde*. Celle-ci a le privilège d'enlever le roi ; mais celui qui a le roi est exempt de payer.

2°. Celui qui a dans sa main un mariage d'une autre couleur que celle de cœur, reçoit de chaque joueur un jeton. Si le mariage est de rencontre, chaque joueur paye de même un jeton à celui qui lève le mariage avec le roi : il y a exception pour le joueur qui a fourni la dame, il ne paye rien.

3°. Si le mariage de rencontre vient à être coupé, le joueur qui fait la levée, reçoit un jeton de chacun de ceux qui ont fourni le roi & la dame.

4°. Pour que le mariage de rencontre ait lieu, il faut que le roi & la dame de même couleur, soient joués immédiatement l'un après l'autre.

5°. Un mariage de rencontre ne peut être coupé ni par le roi de cœur, ni par la *guimbarde*, ni par le fou.

6°. Lorsqu'on doit jouer immédiatement après celui qui vient de jouer un roi, & qu'on a la dame de ce roi, on est obligé de la jeter pour former le mariage, sinon on seroit tenu de payer un jeton à chaque joueur.

7°. Le joueur qui a le fou, reçoit en le jouant un jeton de chacun des autres joueurs ; mais il faut, pour cela, que le fou ne soit levé ni par le roi de cœur ni par la *guimbarde* : si ce cas arrivoit, non-seulement on ne payeroit rien pour le fou, il faudroit encore que celui qui l'auroit joué payât un jeton au joueur qui l'auroit levé.

8°. Quiconque renonce quand il a de la couleur jouée, doit payer un jeton à chaque joueur.

9°. Celui qui, pouvant forcer ou couper sur une carte jouée, ne le fait pas, doit pareillement payer un jeton à chaque joueur.

10°. Quiconque a mal donné, paye un jeton à chaque joueur, & donne de nouveau.

11°. Si le jeu étoit faux, le coup où l'on s'en appercevroit ne vaudroit pas, à moins qu'on n'eut achevé de le jouer : dans ce cas, il auroit le même effet que si le jeu n'eut pas été faux.

12°. Quiconque joue avant son tour, est tenu de payer un jeton à chacun des autres joueurs.

VOCABULAIRE explicatif des termes usités au jeu de la Guimbarde.

Couper, Ce mot a deux significations : tantôt il se prend pour l'action de séparer en deux parties un jeu de cartes, avant de distribuer à chaque joueur les cartes qu'il doit avoir ; & tantôt il signifie l'action d'employer une triomphe sur la couleur qui est jouée.

Donner. C'eſt diſtribuer aux joueurs les cartes qu'ils doivent avoir.

Forcer. C'eſt jeter une carte ſupérieure à celle qui a d'abord été jouée.

Fou. On donne ce nom au valet de catreau qui eſt la troiſième triomphe.

Grand mariage. On déſigne ſous ce nom le roi & la dame de cœur.

Guimbarde. C'eſt le nom de la dame de cœur, qui eſt la première & la principale triomphe.

Levée. C'eſt une main qu'on a faite en jouant.

Mariage. C'eſt le roi & la dame des couleurs de pique, de trefle & de carreau, qui ſe trouvent dans une même main.

Mariage de rencontre. C'eſt le roi & la dame d'une même couleur, qui, ſe trouvant dans deux jeux différens, ſont jetés ſur le tapis l'un après l'autre immédiatement.

Point. C'eſt le nombre qui réſulte de la valeur de trois cartes au moins, de la même couleur.

Premier en cartes. C'eſt le joueur qui doit jouer le premier.

Primauté. C'eſt l'avantage par lequel le joueur le plus près de la droite de celui qui a donné, gagne le panier deſtiné au point, lorſqu'il y a pluſieurs points égaux.

Renoncer. C'eſt l'action de mettre ſur la carte jouée, une autre carte qui en differe par la couleur.

Roi. Ce mot employé abſolument & ſans épithète, déſigne le roi de cœur, qui eſt la ſeconde triomphe du jeu.

Talon. C'eſt ce qui reſte de cartes après qu'on a donné à chaque joueur le nombre qu'il lui en faut.

Triomphe. C'eſt la couleur de la carte qu'on retourne, & qui emporte toutes les autres cartes, à l'exception de la *Guimbarde*, du roi & du fou, qui ſont toujours les trois principales triomphes.

GUINGUETTE.

Sorte de jeu des cartes, auquel peuvent jouer enſemble trois, quatre, cinq, ſix, ſept ou huit perſonnes.

Les cartes dont on ſe ſert ſont le jeu entier. Elles ont une valeur reſpective dans l'ordre ſuivant : le roi emporte la dame, la dame le valet, celui-ci le dix, & ainſi du reſte juſqu'à l'as, qui eſt la moindre carte du jeu.

Chaque joueur a une certaine quantité de jetons qui ont une valeur convenue. On ſe ſert d'ailleurs de trois paniers pour contenir les enjeux deſtinés à chacune des chances dont nous avons à parler, & qu'on appelle la *guinguette*, le *cabaret* & le *cotillon*.

Le joueur que le ſort a déſigné pour donner, mêle les cartes, fait couper par le joueur qu'il a à ſa gauche, & diſtribue quatre cartes, deux par deux, à chaque joueur, en commençant par ſa droite.

Lorſque chacun a vu ſes cartes, & que la *guinguette*, c'eſt-à-dire, la dame de carreau ſe trouve au jeu, le joueur qui l'a dans ſa main la fait voir aux autres, & tire enſuite les jetons du panier affecté à cette chance.

Si, quand les quatre premières cartes ſont données à chaque joueur, la *guinguette* eſt reſtée au talon, elle ne produiroit rien à celui dans le jeu duquel elle viendroit à rentrer à la place d'une carte écartée, en remuant le cotillon : le panier affecté à cette chance, ſeroit double pour le coup ſuivant.

Lorſqu'on s'eſt occupé de la *guinguette*, on paſſe au cabaret. Il conſiſte dans une tierce ou trois cartes qui ſe ſuivent immédiatement l'une l'autre. Les rois & les dames ne peuvent pas ſervir pour cette chance : ainſi, la plus haute tierce eſt celle que forment un valet, un dix & un neuf : celle qui ſuit eſt compoſée d'un dix, d'un neuf & d'un huit, & ainſi du reſte. La plus baſſe eſt formée par un trois, un deux & un as.

Quand on a le cabaret, on doit l'annoncer ſans en exprimer la qualité : ſi pluſieurs joueurs ont chacun un cabaret, ils peuvent renvier l'un après l'autre, de demi-ſetier, de chopine ou de pinte : le demi-ſetier eſt un jeton qu'on met au cabaret, au-delà de ce qu'on y a mis d'abord ; la chopine eſt de deux jetons, & la pinte de quatre.

Rien n'empêche que les renvis ne s'étendent à pluſieurs demi-ſetiers, pluſieurs chopines, ou pluſieurs pintes. Les joueurs qui ne tiennent pas les renvis propoſés juſqu'à concurrence des jetons qu'ils ont, ſont exclus du droit de gagner le coup, & perdent ce qu'ils ont engagé, quand même

ils

ils auroient en main le cabaret le plus fort.

Les renvis étant finis, chacun met à découvert son cabaret, & le plus fort l'emporte sur le plus foible.

Si les cabarets sont égaux, le joueur le plus près de la droite de celui qui a donné, gagne le coup par primauté.

Lorsqu'aucun cabaret ne se trouve au jeu, le panier affecté à cette chance reste pour le coup suivant, avec un nouvel enjeu que chaque joueur est obligé d'y ajouter.

Après qu'on s'est occupé des deux premières chances, on passe à la troisième qui est celle du *cotillon*. Alors le premier en cartes nomme pour triomphe telle couleur qu'il juge à propos, sans que cela l'oblige de jouer : s'il joue, il dira *je joue*, & il mettra un jeton au panier qui contient les enjeux du cotillon.

Si quelqu'autre joueur a un jeu qu'il croit insuffisant pour gagner, mais qu'il espère de rendre meilleur par le moyen d'une carte prise au talon en échange d'une autre qu'il aura écartée, il annonce *qu'il remue le cotillon* : alors il ajoute deux jetons aux enjeux du cotillon, il fait son écart, il bat les cartes du talon, il coupe, & ensuite il prend la carte de dessous la coupe qu'il a faite sans tourner les autres cartes, ni montrer celle qu'il a prise.

Chaque joueur peut successivement remuer le cotillon. Lorsqu'ils ont tous parlé, soit pour passer, soit pour jouer ou remuer le cotillon, celui qui le premier l'a remué, peut le remuer une seconde fois, en ajoutant aux enjeux deux nouveaux jetons, & chacun des autres joueurs a le droit d'en faire autant.

Il faut remarquer que celui qui remue le cotillon, est censé dire *je joue*.

Quand on a remué le cotillon, ou que sans le remuer on a dit *je joue*, le joueur qui est immédiatement à la droite du distributeur des cartes, commence à jouer par telle carte qu'il juge à propos : les autres sont tenus de fournir chacun une carte de même couleur, & de plus celle qu'ils peuvent avoir au-dessus de la carte qu'on a jouée : si, par exemple, on a commencé par un huit, le joueur suivant qui a le dix & le six de la couleur jouée, est obligé de mettre le dix : si le premier en cartes avoit joué le valet,

le second, qui auroit le dix & le six, pourroit garder le dix, & ne jouer que le six.

Lorsqu'on n'a aucune carte de la couleur jouée, on est tenu de couper, si l'on a une triomphe. Le joueur suivant peut surcouper, s'il a une triomphe supérieure, & qu'il n'ait aucune carte de la couleur jouée.

Au reste, quand la carte jouée est coupée, le joueur qui suit, fournit indifféremment la plus haute ou la plus basse carte qu'il peut avoir de la couleur jouée & coupée. S'il n'a aucune carte de cette couleur, il fournit telle autre carte qu'il juge à propos.

On doit d'ailleurs se conformer aux règles suivantes :

1°. Celui qui joue pour gagner le panier du cotillon, l'emporte lorsqu'il fait deux levées, & que les deux autres se font par deux joueurs différens.

2°. Si en jouant pour gagner le cotillon, on ne fait qu'une levée, tandis qu'un autre en fait deux ou trois, on est tenu de mettre deux jetons au panier du cotillon.

3°. Si celui qui joue ne fait aucune levée, il doit doubler ce que contient le panier du cotillon : il y a, par conséquent, alors deux cotillons à jouer : il peut pareillement s'en former plusieurs autres provenant de la même cause ; car, tout joueur qui joue pour gagner le cotillon, & qui ne fait point de levée, doit un cotillon. Au reste, ces cotillons ne se jouent que l'un après l'autre, quoiqu'ils puissent être formés sur le même coup.

4°. Quand il est dû un cotillon par un joueur, il n'y a que lui qui soit obligé de mettre au panier.

5°. Lorsque deux joueurs qui jouent pour gagner le cotillon, font chacun deux levées, celui qui le premier les a faites gagne par primauté, & l'autre est obligé de lui payer deux jetons.

6°. Le joueur qui accuse la *guinguette* doit la montrer avant de la lever, autrement il est tenu de payer deux jetons, & la *guinguette* devient double pour le coup suivant.

7°. Le joueur qui, ayant accusé le cabaret supérieur, ne le montre pas avant de le lever, est pareillement obligé de payer deux jetons au profit du cabaret qui devient d'ailleurs double pour le coup suivant.

8°. Celui qui donne trop de cartes, doit

N

payer un jeton pour le cotillon, & donne de nouveau.

9°. Celui qui renonce perd le cotillon, & doit reprendre la carte qu'il a jouée.

10°. On doit, sous la même peine, couper la carte jouée quand on n'a pas de la couleur de cette carte, & qu'on a une triomphe.

11°. Quand le premier en cartes remue le cotillon avant de nommer la triomphe, & que le joueur qui le suit vient à la nommer, elle est bien nommée.

12°. Le joueur qui fait la vole, tire un jeton de chaque joueur, & gagne d'ailleurs tous les cotillons qui peuvent être dus.

VOCABULAIRE explicatif des termes usités au jeu de la *Guinguette.*

Cabaret. C'est une suite de trois cartes qui se suivent immédiatement l'une l'autre, depuis le valet jusqu'à l'as.

Chopine. On donne ce nom à deux jetons proposés par forme de renvi.

Cotillon. C'est le nom de la troisième chance du jeu de la *guinguette.*

Couper. Ce terme a deux significations : il exprime quelquefois l'action de séparer en deux parties un jeu de cartes, avant de distribuer à chaque joueur les cartes qu'il doit avoir ; & d'autrefois il signifie l'action d'employer une triomphe sur la couleur jouée.

Demi-setier. On appelle ainsi un jeton proposé par forme de renvi.

Donner. C'est distribuer aux joueurs les cartes qu'ils doivent avoir.

Écarter. C'est l'action de mettre une carte à part pour en prendre une autre.

Guinguette. C'est le nom de la dame de carreau.

Jeu entier. C'est un jeu de cartes, où il y a treize cartes de chaque couleur & en tout cinquante-deux.

Levée. C'est une main qu'on a faite en jouant.

Pinte. C'est quatre jetons proposés par forme de renvi.

Premier en cartes. C'est le joueur qui doit jouer le premier.

Primauté. C'est l'avantage par lequel le joueur qui, le premier, a fait deux levées, gagne le cotillon par préférence à celui qui n'a fait qu'après lui les deux autres levées.

Remuer le cotillon. C'est mêler le talon, pour ensuite y prendre une carte en échange d'une autre qu'on a écartée.

Renoncer. C'est l'action de mettre sur la carte jouée, une autre carte qui en diffère par la couleur.

Renvier. C'est mettre une certaine somme par dessus ce que contient le panier affecté au cabaret.

Surcouper. C'est couper avec une triomphe supérieure à celle qu'un autre joueur a déjà employée.

Talon. C'est ce qui reste de cartes après que chaque joueur en a reçu le nombre qu'il lui faut.

Tierce. C'est la réunion de trois cartes qui se suivent immédiatement l'une l'autre, comme un valet, un dix & un neuf, un cinq, un quatre & un trois, &c.

Triomphe. C'est la couleur que le premier en cartes a nommée, & qui emporte toutes les autres cartes.

Vole. C'est l'action de faire toutes les levées.

H

H O C. (jeu du)

HOC. Sorte de jeu des cartes, qui se joue avec cinquante-deux cartes ou un jeu entier ; entre deux ou entre trois personnes.

S'il n'y a que deux joueurs, on donne quinze cartes à chacun, & douze seulement s'ils sont trois.

On se sert de jetons qui ont une valeur convenue.

Le roi est la plus haute carte du jeu & l'as, la plus basse : ainsi, le roi est supérieur à la dame, la dame au valet, le valet au dix, &c.

Il y a six cartes qui font hoc, c'est-à-dire, qu'elles sont assurées à celui qui les joue, & qu'il peut les employer pour telles cartes qu'il juge à propos.

Ces six cartes sont les quatre rois, la dame de pique, & le valet de carreau. Chacune de ces cartes vaut, à celui qui la joue, un jeton qu'il perçoit de chaque joueur.

Après que le sort a indiqué le joueur qui doit donner, celui-ci mêle, fait couper à sa gauche, & distribue à chacun le nombre de cartes dont nous avons parlé précédemment.

Le jeu est composé de quatre chances différentes, qui produisent, comme on va le voir, un gain plus ou moins étendu.

La première de ces chances est le point ; la seconde, la séquence ; la troisième, le tricon ; & la quatrième, le produit des cartes jouées & gagnées.

Le point consiste dans la réunion de plusieurs cartes de même couleur, de chacune desquelles on compte la valeur pour former un tout. Ainsi, chaque figure se compte pour dix points, & les autres cartes pour le nombre que chacune présente. Le dix se compte pour dix, & l'as pour dix.

Les enjeux pour le point sont d'un jeton par joueur. Le premier en cartes ouvre le jeu sur cette chance. Il peut arbitrairement passer, soit qu'il ait mauvais jeu, soit qu'il ait le projet de renvier : il peut aussi proposer une certaine quantité de jetons, telle toutefois qu'elle n'excède pas le nombre de vingt. Les joueurs qui suivent, ont le droit, chacun à son tour, d'en user comme le premier. Lorsque les renvis sont finis, chaque joueur fait connoître son point, & le plus haut l'emporte. S'il y a égalité de points, le joueur le plus près de la droite de celui qui a donné, gagne par primauté.

Observez que le joueur qui a accusé un point moindre que celui qu'il a réellement, n'est point admis à rectifier son accusation.

Si tous les joueurs avoient passé, le point seroit double le coup suivant.

Après qu'on a joué le point, on en vient à la séquence. Elle consiste dans la réunion

de trois, quatre ou cinq cartes de même couleur, qui se suivent immédiatement l'une l'autre. Les enjeux pour cette chance sont, comme pour le point, d'un jeton par joueur.

La marche que nous avons tracée pour ouvrir le jeu sur le point, s'applique également à la séquence. Ainsi, on peut ici, comme là, passer, proposer & renvier comme on le juge à propos. Quand les renvis sont finis, on accuse les séquences : celle de cinq cartes l'emporte sur celle de quatre, & celle-ci sur celle de trois cartes. Si deux séquences sont égales par le nombre des cartes, celle qui approche le plus près du roi, l'emporte sur celle qui en est plus éloignée.

Si les séquences supérieures de plusieurs joueurs sont d'égale qualité, celui qui est le plus près de la droite du distributeur des cartes, gagne par primauté.

Il faut remarquer qu'une séquence supérieure, fait valoir les séquences inférieures qui sont dans le même jeu.

Au reste, un joueur gagnant par la séquence, emporte, non-seulement les enjeux de cette chance & les renvis qui ont pu avoir lieu ; mais chaque joueur lui doit en outre un jeton, lorsque le jeu est simple & la séquence aussi ; & deux jetons, si le jeu est double. Ce cas du double jeu arrive quand tous les joueurs ayant passé, la séquence est restée indécise pour le coup suivant.

La séquence qui n'est composée que de trois cartes, est une séquence simple ; mais, si cette séquence simple étoit formée par un roi, une dame & un valet, le joueur qu'elle feroit gagner, recevroit de chaque autre joueur deux jetons dans le cas du jeu simple ; & quatre, s'il étoit double.

Si la séquence par laquelle on gagne, se trouve composée de quatre cartes, on reçoit deux jetons de chaque joueur si le jeu est simple, & quatre lorsqu'il est double. Si ces quatre cartes sont un roi, une dame, un valet & un dix, on reçoit trois jetons dans le cas du jeu simple, & six, lorsque le jeu est double.

Quand on gagne par une séquence composée de cinq cartes, on reçoit trois jetons de chaque joueur, si le jeu est simple, & six, lorsqu'il est double. Si les cinq cartes sont un roi, une dame, un valet, un dix

& un neuf, on reçoit de chaque joueur quatre jetons dans le cas du jeu simple, & huit, si le jeu est double.

Une séquence composée de six ou sept cartes, ne produiroit pas plus que celle de cinq.

Lorsque la chance de la séquence est terminée, on s'occupe du jeu du tricon. Celui-ci consiste dans la réunion de trois ou quatre cartes de même point & de même figure, comme trois neuf, quatre dix, &c.

Les procédés usités pour jouer les chances précédentes, s'emploient pareillement pour le jeu du tricon : ainsi, chaque joueur peut, à son tour, passer, proposer des jetons au-delà de la vade, & renvier.

Les enjeux pour cette chance sont, comme pour le point & la séquence, d'un jeton par joueur.

Quand les renvis sont finis, on accuse les tricons : celui qui est composé de quatre cartes, l'emporte sur celui de trois cartes : s'il s'en trouve plusieurs formés par un même nombre de cartes, le supérieur l'emporte sur l'inférieur : le plus fort tricon est celui de roi, & le plus foible, celui d'as.

Il faut observer qu'un tricon supérieur oblige les joueurs de payer les tricons inférieurs, dont il est accompagné.

Lorsqu'on gagne par un tricon de trois cartes, on tire, outre les enjeux, deux jetons de chaque joueur, si le jeu est simple, & quatre jetons s'il est double.

Quand le tricon est composé de trois rois, on tire quatre jetons de chaque joueur dans le cas du jeu simple, & huit, lorsque le jeu est double. Si le tricon est formé par quatre rois, chaque joueur doit huit jetons à celui qui a ce tricon quand le jeu est simple, & seize, lorsqu'il est double. Les tricons composés de quatre autres cartes, comme quatre dames, quatre neuf, &c. valent, à celui qui les a, quatre jetons par joueur, lorsque le jeu est simple, & huit, s'il est double.

De la troisième chance, on passe à la quatrième & dernière, qui est celle des cartes jouées & gagnées.

Il faut, pour emporter le gain de cette chance, s'être le premier défait de toutes ses cartes. Le joueur qui a rempli cet objet,

reçoit des autres joueurs deux jetons pour chacune des cartes qu'il leur reste au-dessus de dix, & un pour chaque carte au-dessous de ce nombre : mais, s'il ne restoit que deux cartes à un joueur, il payeroit quatre jetons pour ces deux cartes, & s'il ne lui en restoit qu'une, il payeroit six jetons.

Les cartes se jouent selon l'ordre dans lequel elles se suivent, sans avoir égard à la couleur dont elles sont. Supposons que celui qui doit jouer le premier, ait dans son jeu une suite de cartes qui s'étende depuis l'as jusqu'au sept, il dira un, deux, trois, quatre, cinq & six sans sept ; le joueur suivant joue un sept s'il en a un, & continue tant qu'il a des cartes qui se suivent : si aucun des joueurs n'a de sept, le six qu'il a joué le premier, lui forme un *hoc*, pour raison duquel il reçoit un jeton de chaque joueur, & il recommence à jouer par telle carte de son jeu qu'il juge à propos. Il ne doit pas perdre de vue que, ne pouvant espérer de rentrer par les basses cartes, telles qu'un as, un deux, &c. il lui importe de s'en défaire par préférence aux hautes qui peuvent le faire rentrer.

Indépendamment des *hocs* accidentels, provenant de ce qu'aucun joueur n'a la carte supérieure à la dernière qu'on a jouée, il y a les six *hocs* principaux, dont nous avons déjà parlé, qu'on peut employer en jouant pour faire suite aux cartes jouées. Ainsi, le joueur qui, par exemple, joue un, deux, trois, sans avoir de quatre, peut, pour suppléer au quatre, jouer un roi, ou la dame de pique, ou le valet de carreau ; & recommencer ensuite par telle carte qu'il juge à propos.

Le joueur qui a cartes blanches, c'est-à-dire, qui n'a ni roi, ni dame, ni valet dans son jeu, perçoit pour cela, de chacun des autres joueurs, la quantité de dix jetons. Mais, s'il se rencontroit deux jeux de cartes blanches, il ne seroit rien payé aux joueurs qui auroient ensemble ces jeux sans figures.

Si par méprise un joueur, en jetant ses cartes, annonçoit manquer d'une carte qui seroit dans son jeu, en disant, sept sans huit, tandis qu'il auroit un huit, & que les autres joueurs vinssent à s'appercevoir de cette méprise, il seroit tenu de leur payer à chacun cinq jetons.

H O C.

Vocabulaire explicatif des termes ufités au jeu du Hoc.

Cartes blanches. C'eft un jeu où il n'y a ni roi, ni dame, ni valet.

Cartes jouées & gagnées. C'eft une chance qui confifte à fe défaire de toutes les cartes de fon jeu avant les autres joueurs.

Couper. C'eft féparer le jeu de cartes en deux parties, avant qu'on donne à chaque joueur les cartes qu'il lui faut.

Donner. C'eft diftribuer à chaque joueur les cartes qu'il doit avoir.

Figure. On donne ce nom aux cartes peintes qui font les rois, les dames & les valets.

Hoc. Cette dénomination s'applique à chacun des quatre rois, à la dame de pique, au valet de carreau, & à toute carte dont la fupérieure immédiate ne fe trouve dans la main d'aucun des joueurs.

Paffer. C'eft ne point ouvrir le jeu, ou refufer de tenir ce qu'a propofé un autre joueur.

Point. C'eft le nombre que compofent enfemble plufieurs cartes d'une même couleur.

Premier en cartes. C'eft le joueur qui doit jouer le premier.

Primauté. C'eft l'avantage par lequel celui qui eft le premier à jouer, gagne le coup quand il a un jeu égal à celui de fon adverfaire.

Renvier. C'eft mettre une certaine quantité de jetons par deffus ceux qu'on a propofés.

Séquence. C'eft une fuite de trois, quatre ou cinq cartes, qui font immédiatement fupérieures l'une à l'autre.

Tricon. C'eft la réunion de trois ou quatre cartes de même figure & de même point, comme trois ou quatre dix, trois ou quatre huit, dans la main d'un joueur.

H O M B R E.

Sorte de jeu des cartes qui nous eft venu d'Efpagne.

Les joueurs font au nombre de trois. Ils emploient quarante cartes, c'eft-à-dire, un jeu entier dont on a fupprimé les dix, les neuf & les huit.

On fe fert auffi de fiches & de jetons qui ont une valeur convenue.

L'ordre felon lequel les cartes font fupérieures l'une à l'autre, varie felon les couleurs : en couleur noire, c'eft-à-dire, en trefle & en pique, le roi eft fupérieur à la dame, la dame au valet, le valet au fept, le fept au fix, le fix au cinq, le cinq au quatre, le quatre au trois & le trois au deux.

Les deux as noirs étant toujours triomphes, forment une claffe à part.

En couleur rouge, c'eft-à-dire, en cœur & en carreau, le roi eft fupérieur à la dame, la dame au valet, le valet à l'as, l'as au deux, le deux au trois, le trois au quatre, le quatre au cinq, le cinq au fix & le fix au fept.

Il y a, comme l'on voit, en couleur rouge une carte de plus qu'en couleur noire, par la raifon que les as noirs font toujours au nombre des triomphes.

Par la même raifon, les triomphes font au nombre de douze, en couleur rouge, & au nombre d'onze feulement en couleur noire.

Le rang de chaque triomphe en couleur noire, eft ainfi déterminé : la première triomphe eft l'as de pique, qu'on appelle fpadille ; la feconde, le deux ou de trefle ou de pique, qu'on appelle manille ; la troifième, l'as de trefle, qu'on appelle bafte ; la quatrième, le roi ; la cinquième, la dame ; la fixième, le valet ; la feptième, le fept ; la huitième, le fix ; la neuvième, le cinq ; la dixième, le quatre, & la onzième, le trois.

En couleur rouge, fpadille eft pareillement la première triomphe ; le fept, qu'on appelle manille, la feconde ; bafte, la troifième ; l'as, ou de cœur ou de carreau, qu'on appelle ponte ; la quatrième ; le roi, la cinquième ; la dame, la fixième ; le valet, la feptième ; le deux, la huitième ; le trois, la neuvième ; le quatre, la dixième ; le cinq, la onzième, & le fix, la douzième.

Après que le fort a indiqué les places que doivent occuper les joueurs, & qu'ils ont mis au jeu chacun trois jetons pour former la poule ; le joueur qui doit faire, mêle les cartes, fait couper à fa gauche, & diftribue fucceffivement en trois parties égales, à chacun neuf cartes.

Si, par exemple, les cartes se distribuoient autrement que par trois à la fois, le coup seroit nul.

Les cartes étant distribuées, la parole appartient au joueur qui est à la droite du distributeur des cartes, & il doit dire s'il passe ou s'il joue. S'il passe, & que les deux autres joueurs en fassent autant, chacun remet deux jetons à la poule, & l'on donne de nouveau. Ceci se continue aussi long-temps que les passes se multiplient.

Si le premier en cartes déclare qu'il joue, les autres joueurs peuvent y mettre obstacle en le renviant : on renvie celui qui joue simplement, en déclarant qu'on joue sans prendre ; & l'on renvie celui qui joue sans prendre, en déclarant qu'on entreprend la vole.

Observez que si l'on renvie par une proposition de sans prendre celui qui a joué simplement, il peut lui-même jouer sans prendre, & il a la préférence.

Lorsque personne ne renvie celui qui joue simplement, il nomme la couleur dont il veut faire la triomphe : il fait en même-temps un écart composé d'autant de cartes qu'il juge à propos, en échange desquelles il en prend une pareille quantité au talon, en sorte que son jeu se retrouve composé de neuf cartes. Ensuite le talon passe successivement aux joueurs qui sont après l'hombre, & ils font, comme lui, chacun un écart des cartes qu'ils veulent échanger contre d'autres. On conçoit que le nombre des cartes écartées ne doit pas s'étendre au-delà de la quantité de celles qui restent au talon : c'est pourquoi, si l'hombre & le joueur suivant écartoient entre eux deux treize cartes, ils prendroient tout le talon, & le troisième joueur n'auroit point d'écart à faire.

Quand chaque joueur a écarté, & qu'il reste des cartes au talon, le dernier en cartes peut les regarder ; mais, dans ce cas, il faut qu'il les fasse voir aux autres joueurs.

Les jeux étant formés comme on vient de le dire, c'est au joueur qui est le premier en cartes à jouer le premier. Il jette en conséquence sur le tapis la carte qu'il juge à propos, & ensuite le joueur qui fait la levée, joue le premier pour la levée suivante.

C'est du nombre des levées que dépend le gain de la poule : il faut, pour la gagner, que l'hombre en fasse cinq, ou du moins qu'il en fasse quatre, & qu'aucun des autres joueurs n'en fasse autant. Quand l'hombre ne gagne pas la poule, il fait une bête, qui s'étend à la somme de ce qu'il auroit tiré s'il eût gagné.

Tout joueur qui a de la couleur qu'on a d'abord jouée, est obligé d'en fournir sous peine de faire la bête ; mais, il n'est pas tenu de forcer, il peut indifféremment jeter la plus haute ou la plus basse carte de cette couleur.

Quand on n'a pas de la couleur jouée, on n'est point obligé de couper quoiqu'on ait de la triomphe, & l'on se défait de telle carte qu'on juge à propos.

Lorsqu'on joue a-tout, celui qui n'a qu'un ou plusieurs des trois premiers matadors, n'est point obligé d'obéir, & il peut jouer la carte de son jeu que bon lui semble.

Il y a cependant à cette règle les exceptions suivantes : lorsque le premier à jouer joue a-tout de spadille, & qu'un des joueurs qui suivent, n'a pour a-tout qu'un matador inférieur, comme manille ou baste, il est obligé de le jeter.

Pareillement, si le premier à jouer joue a-tout de manille, celui qui n'a que baste, est obligé de le mettre.

Mais, il en seroit différemment si le premier à jouer, faisant a-tout avec une autre triomphe qu'un matador, le second mettoit spadille sur cette triomphe : dans ce cas, le matador inférieur qui seroit seul dans la main du troisième joueur, ne seroit point tenu d'obéir, & ce joueur pourroit se défaire de la carte qu'il voudroit.

Comme il importe de faire perdre l'hombre, l'un des joueurs qui défendent la poule, venant à demander gano à son camarade, il convient que celui-ci défère à la demande, à moins toutefois que cela ne nuise à ses intérêts. Cette demande de gano consiste à inviter le joueur associé pour défendre la poule, à laisser passer la carte que l'autre associé a jouée. Par exemple : Alexandre & Louis sont associés pour défendre la poule contre Philippe qui est l'hombre : Alexandre joue la dame de carreau & demande gano : Louis, qui a dans sa main le roi de carreau avec un petit carreau, & qui veut déférer à la demande, ne met que le petit carreau ;

mais, s'il avoit le roi de carreau feul, il feroit tenu de le jouer, nonobftant la demande de gano, fous peine de faire la bête.

Lorfqu'un des joueurs qui défendent la poule, frappe fur la table en jouant la carte, c'eft un avertiffement à fon affocié de couper d'une forte triomphe, pour obliger l'hombre d'en employer une qui foit encore plus forte.

Celui qui montre fon jeu ou fa rentrée fait la bête.

On la fait de même quand on abandonne les cartes avant que le coup foit entièrement joué : en ce cas, on eft obligé de reprendre les cartes abandonnées & d'achever le coup, lorfqu'un des joueurs l'exige.

Si c'eft l'hombre qui ait abandonné & montré fon jeu, il fait deux bêtes ; l'une pour avoir montré fes cartes, l'autre pour les avoir abandonnées. Dans ce cas, les deux autres joueurs partagent entre eux ce qui eft fur le jeu. Cependant fi l'un de ces deux joueurs voulant gagner codille exigeoit qu'on jouât le coup, il faudroit le faire ; mais, s'il venoit à ne pas gagner, il feroit la bête : & quand alors l'hombre gagneroit, il auroit toujours fait deux bêtes & le coup refteroit fur le jeu, à moins que le troifième joueur, qui vouloit d'abord partager, ne fît lui-même codille. En ce cas, il tireroit la poule & ce qui feroit au jeu.

Si un joueur ayant affecté de montrer une carte comme s'il eut été difpofé à la jouer, venoit à ne la pas jouer, & que cela fît préjudice à l'hombre, on l'obligeroit de la jouer s'il le pouvoit fans renoncer ; s'il ne le pouvoit pas, il feroit la bête pour avoir, mal à propos, fait connoître fa carte.

Celui qui eft en tour de jouer, a le droit d'examiner auparavant les levées que chaque joueur a faites ; l'objet de cet examen eft de connoître tout-à-la-fois les cartes qu'on a jouées & celles qui font encore dans les mains des joueurs.

Si l'hombre difoit qu'il remet la partie, il feroit la bête, quand même il viendroit à faire le nombre des levées néceffaires pour gagner.

Aucun des joueurs ne doit fe permettre de parler indifcrètement fur le jeu. Ainfi, le joueur qui avertiroit qu'il coupe à telle couleur, qu'une couleur eft épuifée, que

l'hombre a tant de levées, &c. & qui tiendroit des difcours propres à faire connoître les jeux, ne fe comporteroit pas convenablement : mais, on n'eft pas dans l'ufage de punir ces fortes d'indifcrétions, & c'eft mal-à-propos.

Il n'en feroit pas de même du joueur qui, ayant un roi accompagné d'une carte de la même couleur, joueroit cette carte & diroit, par méprife ou autrement, qu'il n'a pas le roi, ou gano du roi ; ce joueur feroit la bête, parce qu'il induiroit les autres en erreur.

Lorfqu'on s'apperçoit, en jouant un coup, que le jeu eft faux, ce coup eft nul ; mais, fi l'on ne découvroit le faux que quand le coup feroit joué, ce coup auroit tout fon effet.

Un coup eft cenfé joué, lorfqu'il n'y a plus de cartes dans la main d'un des trois joueurs, ou que l'hombre ayant fait cinq levées, vient à baiffer fon jeu.

Quand on joue avec plus ou moins de neuf cartes, on fait la bête.

On la fait de même quand on renonce : mais, pour qu'on foit cenfé avoir renoncé, il ne fuffit pas d'avoir jeté fa carte fur la table, ni même que celui qui a fait la levée, ait déjà joué une carte pour la levée fuivante, il faut encore que la levée foit pliée, autrement on peut reprendre la carte de renonce, & en jeter une de la couleur jouée. Il y a néanmoins une exception à cette règle : c'eft que fi le joueur qui a renoncé a fait la levée & joué une carte pour la levée fuivante, la renonce eft confommée & la bête faite. Ceci au furplus, n'empêche pas qu'on ne puiffe faire reprendre la carte de renonce, tandis que toutes les autres cartes ne font pas encore jouées.

Si fur le même coup on renonce plufieurs fois, on ne fait qu'une bête, quand les différentes renonces ont été apperçues enfemble : mais, fi on les a apperçues l'une après l'autre, elles donnent lieu à autant de bêtes qu'il y a eu de remarques fucceffives à cet égard : il faut d'ailleurs que celui qui a renoncé reprenne les cartes jouées mal-à-propos, & que le jeu fe rétabliffe comme il auroit d'abord dû être joué, pourvu toutefois que les cartes ne foient pas encore brouillées ; car, dans ce cas-ci, le coup feroit confommé.

Toutes les bêtes faites sur un même coup par quelque cause que ce soit, doivent se jouer ensemble le coup suivant, à moins qu'on ne soit convenu de les jouer l'une après l'autre.

Si en défendant la poule on avoit oublié de quelle couleur est la triomphe, & que sur la demande faite pour être instruit sur cet objet, on étoit induit en erreur par un joueur qui, par méprise ou autrement indiqueroit, par exemple, pour triomphe, le carreau, tandis que l'*hombre* auroit nommé le cœur, on ne seroit pas censé avoir renoncé, en coupant avec un carreau, si l'on n'avoit pas de la couleur jouée ; mais, il ne seroit pas permis de reprendre la carte si elle avoit touché le tapis.

Lorsque l'*hombre* perd le jeu & qu'il vient en outre à renoncer, il fait deux bêtes, qu'il est le maître de faire aller ensemble ou séparément.

Quand il y a plusieurs bêtes, on doit jouer la plus forte après qu'on a tiré celle qui est au jeu.

Dans tous les cas, les bêtes sont de ce que l'*hombre* auroit tiré s'il eût gagné.

Lorsqu'un des joueurs qui défendent la poule, fait cinq levées, il gagne codille : il en est de même quand il fait quatre levées, & qu'aucun des autres joueurs n'en fait autant.

Celui qui gagne codille, tire ce que l'*hombre* auroit tiré s'il n'eût pas fait la bête.

Il n'est pas permis à l'*hombre* de demander gano, dans la vue d'empêcher le codille, si cela lui arrivoit, il feroit la bête.

Régulièrement, le joueur qui aspire au codille, ne doit demander gano ni à la quatrième, ni à la troisième levée, quand il en a une ou deux de sûres dans la main : c'est une espèce de tricherie, que cependant on ne punit pas : mais, si l'on s'en doute, on est dispensé d'obéir à la demande de gano.

Si, par erreur, l'*hombre* nommoit pour triomphe une couleur au lieu d'une autre, il seroit tenu de jouer dans la couleur nommée.

Tandis que l'*hombre* n'a pas vu les cartes qu'il a prises au talon, il est à temps de nommer la couleur dans laquelle il joue ; mais, lorsqu'il a vu ses cartes, & qu'il a oublié de nommer cette couleur, les deux autres joueurs ont le droit de nommer, pour triomphe, la couleur qui leur plaît, & l'*hombre* est obligé de jouer dans celle qu'on a nommée la première.

Cependant, si l'*hombre*, après avoir vu les cartes qui lui sont rentrées, se souvient qu'il n'a pas nommé sa couleur, & qu'il la nomme avant que ses adversaires en aient nommé une autre, elle est bien nommée, & il n'encourt aucune peine.

Si, par méprise, l'*hombre* nommoit une couleur pour une autre, ce seroit en vain qu'il se retracteroit ; il faudroit qu'il jouât dans la couleur qu'il auroit d'abord nommée. Il pourroit seulement, en pareil cas, changer son écart, si la rentrée n'étoit pas encore jointe à son jeu.

Si l'*hombre* ayant oublié de nommer sa couleur, les deux autres joueurs en nommoient chacun une en même-temps, il faudroit jouer dans celle qu'auroit nommée le joueur qui seroit à la droite de l'*hombre*. En pareille circonstance, l'*hombre* pourroit reprendre dans son écart, les cartes de la couleur qu'on auroit nommée pour lui, si toutefois la rentrée n'étoit pas encore jointe à son jeu.

Quand l'*hombre* vient à gagner, non-seulement il tire la poule & les bêtes qui vont sur le coup, mais chaque joueur est encore obligé de lui payer trois jetons de consolation.

Il faut aussi, s'il a les matadors, qu'on les lui paye à raison d'un jeton par matador.

Nous observerons à ce sujet que, quoique rigoureusement il n'y ait que trois matadors qui sont spadille, manille & baste, on étend néanmoins cette dénomination aux cartes qui les suivent immédiatement, quand elles les accompagnent. Ainsi, lorsque l'*hombre* se trouve avoir en couleur noire, avec les trois matadors, le roi, la dame, le valet, &c. Ces dernières cartes sont pareillement qualifiées de matadors, & il est dû par chaque joueur un jeton pour chacune comme pour les trois premiers matadors.

Tout ce que nous avons dit du jeu simple qui admet l'écart, doit aussi s'appliquer au jeu de sans prendre. Il y a seulement cette différence que, quand l'*hombre* vient à gagner sans prendre, chaque joueur est obligé de lui payer quatre jetons, indépendamment de la poule, des bêtes qui vont sur le coup

coup, & de la confolation qui lui font d'ailleurs acquifes.

Lorfque l'*hombre* perd en jouant fans prendre, il doit quatre jetons à chaque joueur, & fait en outre une bête de fomme égale à ce qu'il auroit tiré s'il eut gagné.

La vole a lieu quand on fait toutes les levées. Elle s'entreprend, ou en renviant celui qui a joué fans prendre, ou quand on joue encore après avoir fait les cinq premières levées. Dans l'un comme dans l'autre cas, les adverfaires de l'*hombre* peuvent fe communiquer leur jeu & agir de concert pour empêcher la vole.

L'*hombre*, qui fait la vole, reçoit deux fiches de chaque joueur & tire toutes les bêtes, tant celles qui vont fur le coup, que celles qui étoient deftinées pour les coups fuivans. S'il n'y a point d'autres bêtes que celles qui vont fur le coup, on doit lui payer double ce qui eft au jeu. Ainfi, en fuppofant qu'il y ait trois paffes qui font vingt-fept jetons & une bête de neuf jetons, le tout revenant à trente-fix jetons, il faut que chacun des deux autres joueurs paye dix-huit jetons à l'*hombre* qui fait la vole.

On doit d'ailleurs payer à l'*hombre* le fans prendre s'il a joué fans écarter, & les matadors, s'il les a, ainfi que la confolation à l'ordinaire.

Quand l'*hombre* regarde les cartes qu'il a écartées après avoir vu celles qu'il a prifes au talon, il ne peut plus faire la vole.

Si le joueur qui a entrepris la vole ne la fait pas, il eft obligé de payer deux fiches à chacun des deux autres joueurs, & ceux-ci partagent en outre entre eux tout ce qui eft au jeu, c'eft-à-dire, les paffés & les bêtes.

Quand la vole eft manquée, celui qui l'a entreprife fait une bête égale à la fomme des paffes & des bêtes qu'il auroit tirées s'il eut gagné. Au refte, l'*hombre* qui a entrepris & manqué la vole en jouant fans prendre, doit être payé du fans prendre s'il fait cinq levées, & des matadors s'il les a.

Voici les autres règles qu'il eft d'ufage de fuivre au jeu de l'*hombre*.

1°. Lorfqu'en diftribuant les cartes il fe trouve un as noir retourné, on eft obligé de refaire.

2°. Il faut pareillement refaire, quand

en donnant il fe trouve plufieurs cartes retournées.

3°. Lorfqu'il y a une carte quelconque retournée au talon, & qu'on s'en apperçoit avant que perfonne ait parlé pour jouer il faut auffi refaire.

4°. Celui qui donne ne peut être admis à jouer en aucun cas, quand il y a une carte retournée au talon. Il en eft de même quand il donne dix cartes à quelqu'un ou qu'il les prend pour lui. Mais, dans cette circonftance, les deux autres joueurs ont le droit de jouer, & alors ils font obligés, avant de le faire, de déclarer qu'ils ont dix cartes, autrement ils feroient la bête & l'on acheveroit de jouer le coup.

5°. Quand il y a dix cartes dans un jeu, on doit en tirer une au hazard pour les réduire au nombre de neuf, avant que l'*hombre* puiffe les jouer.

6°. Celui qui ne donne ou ne prend que huit cartes, ne peut pas jouer; mais celui qui les a reçues peut jouer, en avertiffant auparavant qu'il n'a que huit cartes.

7°. Quand on va au talon avec huit cartes, on doit en prendre une de plus qu'on n'en écarte : & fi l'on y va avec dix cartes, il faut en écarter une de plus qu'on ne doit en prendre.

8°. Celui qui fe trouve avoir plus ou moins de neuf cartes après avoir pris, fait la bête.

9°. Celui qui paffe ayant plus ou moins de neuf cartes, ne fait pas la bête, pourvu qu'avant de prendre, il en faffe fa déclaration, & qu'il écarte de manière qu'après avoir pris au talon les cartes qu'il lui faut, il ne s'en trouve que neuf dans la main.

10°. Quand un joueur fe trouve avoir plus de dix cartes, on doit refaire.

11°. Lorfque le jeu eft faux, c'eft-à-dire, qu'il y a plufieurs cartes femblables, ou des cartes qui ne font pas du jeu de l'*hombre*, telles qu'un huit, un neuf ou un dix, ou que les cartes font en nombre plus ou moins grand que quarante, le coup eft nul, fi l'on s'en apperçoit en le jouant; mais il feroit bon, s'il étoit joué avant qu'on s'apperçût de l'irrégularité du jeu. On a vu précédemment que le coup eft cenfé joué, quand il ne refte plus de cartes dans la main d'un des joueurs, ou que l'*hombre* a fait les levées néceffaires pour gagner.

12°. Le joueur qui, par erreur ou autrement, a dit, *je paffe*, ne peut plus être admis à jouer.

13°. Quand on a demandé à jouer fimplement, on eft obligé de jouer, fans qu'on foit autorifé à jouer fans prendre, à moins qu'on n'ait été renvié à cet égard.

14°. Celui qui, n'étant pas dernier en cartes, nomme fa couleur fans avoir fait un écart & fans avoir demandé fi l'on joue, eft obligé de jouer fans prendre, quoiqu'il n'ait pas jeu fuffifant pour gagner.

15°. Le joueur qui joue fans prendre & qui, ayant un jeu fûr, l'étale fur le tapis, n'eft pas obligé de nommer fa couleur, à moins qu'on ne le force à jouer & que les autres veuillent écarter.

16°. Celui qui, par diftraction, retourne une carte du talon, parce qu'il croit jouer à un jeu où cela fe pratique, eft privé du droit de jouer fur le coup, & il fait la bête; mais cette faute n'empêche pas que les deux autres joueurs ne puiffent jouer à l'ordinaire.

17°. Pareillement, fi un joueur venoit à retourner une carte en remettant le talon fur la table, ou autrement, on joueroit le coup, mais il feroit la bête.

18°. Quand celui qui a écarté le dernier laiffe des cartes au talon qu'il juge à propos de regarder, les autres peuvent auffi les voir: mais, s'il ne les avoit pas vues & qu'un autre les regardât, celui-ci feroit la bête.

19°. Le joueur qui a pris trop de cartes au talon, peut y remettre celles qu'il a de trop, s'il ne les a ni vues, ni jointes à fon jeu, & il ne fait pas la bête: mais, il la feroit, s'il avoit vu ces cartes ou qu'il les eut jointes à fon jeu: dans ce cas-ci, on retire de fon jeu, au hazard, autant de cartes qu'il en a de trop, & on les réunit aux écarts.

20°. Quand un joueur n'a pas affez pris de cartes au talon, il peut y reprendre ce qui lui manque fi le talon eft encore fur la table, finon il peut prendre au hazard dans les écarts, & il ne fait pas la bête fi l'on n'a pas encore joué.

21°. Celui qui a montré une carte comme voulant la jouer, ne peut pas fe difpenfer de la jouer, quand il le peut fans renoncer;

fi elle devoit le faire renoncer, il ne la joueroit pas, mais il feroit la bête.

22°. Quoique chaque joueur ait le droit de retourner & d'examiner les levées que les autres ont faites, il ne doit néanmoins pas, fous peine de faire une bête, compter tout haut les cartes qu'on a jouées.

23°. Quand, au lieu de retourner les levées qui font devant un joueur, on retourne fon jeu, on fait la bête de moitié avec lui: il en eft de même quand, au lieu de prendre le talon, on prend le jeu d'un autre: dans ce dernier cas, on doit rétablir le jeu tel qu'il étoit; & fi les cartes étoient mêlées de manière à empêcher qu'on ne pût rétablir le jeu, l'hombre pourroit exiger qu'on refît.

24°. Quoiqu'on ne faffe pas la bête quand on a été induit en erreur en demandant en quelle couleur eft la triomphe, il en feroit différemment, fi, fans avoir fait cette demande, on coupoit avec une couleur qui ne feroit pas la triomphe & qu'on eut plié la levée. Dans ce cas-ci, la bête auroit lieu.

25°. Le joueur qui montre fon jeu avant que le coup foit gagné, fait la bête.

26°. L'hombre ne peut ni demander la remife, ni à s'en aller quand fa rentrée n'eft pas favorable.

27°. Si l'hombre donnoit le codille à celui qui ne doit pas l'avoir, il feroit tenu de le payer à celui qui naturellement auroit dû le gagner.

28°. L'hombre ne doit jamais demander gano.

29°. Quoiqu'un joueur qui fait deux bêtes fur un même coup puiffe les faire aller enfemble, il en eft autrement d'une bête faite fur une autre bête: celles-ci doivent fe jouer féparément l'une de l'autre, à moins qu'il n'y ait une convention contraire.

30°. Lorfque les enjeux des joueurs ne fe trouvent pas uniformes, on doit ajouter aux plus foibles ce qu'il faut pour les rendre égaux au plus fort.

31°. Quand on a laiffé mêler & couper pour le coup fuivant, fans demander les matadors & le fans prendre, on n'eft plus admis à faire payer ceux qui étoient dus le coup précédent.

32°. Les matadors ne fe payent que quand ils font dans la main de l'hombre.

33°. Celui qui joue fans prendre avec des matadors, & qui ne demande qu'une de ces deux chofes, ne doit être payé que de ce qu'il a demandé.

34°. Le joueur qui, au lieu de demander les matadors qu'il avoit, demande le fans prendre qu'il n'a pas joué, ne peut rien exiger, attendu qu'il faut une demande précife de ce qu'on avoit, pour être en droit de s'en faire payer.

35°. Ce qu'on vient de dire ne s'applique ni à la poule, ni à la confolation, ni aux bêtes qu'on a gagnées : tout cela peut fe demander, même après qu'on a joué plufieurs coups.

36°. A l'égard des erreurs qui ont pu avoir lieu en comptant les bêtes, on ne peut pas les rectifier après le coup où ces bêtes ont été jouées.

Le jeu de l'hombre fe joue quelquefois entre deux perfonnes. Dans ce cas, on réduit le jeu à trente cartes, en ôtant la couleur de cœur ou celle de carreau.

L'hombre à deux fe joue comme l'hombre à trois, avec cette différence qu'au lieu de donner neuf cartes, comme cela fe pratique à l'hombre à trois, on n'en donne que huit au jeu de l'hombre à deux. Ainfi, il en refte quatorze au talon, dans lefquelles chaque joueur prend le nombre qu'il lui convient en échange des cartes qu'il a écartées.

Pour gagner, il faut que l'hombre faffe cinq levées, autrement il fait la bête. Si le joueur qui défend la poule fait lui-même cinq levées, il gagne codille.

Le jeu de l'hombre admet quelques hazards qu'on défigne par des noms particuliers.

Il y a le *bon air*, qui confifte dans la réunion d'un fans prendre avec quatre matadors. Le joueur qui gagne ayant ce hazard, tire une fiche de chacun des autres joueurs ; mais il la leur paye s'il vient à perdre.

Le *charivari* eft un autre hazard qui confifte à réunir dans fon jeu les quatre dames.

On donne le nom de *difcorde* au hazard par lequel fe trouvent dans un jeu les quatre rois. Et celui de *fanatique*, au hazard qui réunit dans la même main les quatre valets.

Quand l'hombre joue avec trois ou quatre faux matadors, c'eft un autre hazard qu'on appelle *chicorée*.

Si l'hombre joue fans avoir dans fon jeu aucun as noir, c'eft auffi un hazard qu'on appelle *guinguette*.

Lorfque dans le jeu de l'hombre fe trouvent réunis les deux as noirs fans matadors, ou l'as de trefle avec les deux as rouges, on appelle ces hazards *mirliro*.

Si l'hombre a trois rois & une dame, c'eft encore un hazard qu'on nomme *partie carrée*.

Quand les deux as rouges font dans le jeu de l'hombre, c'eft un autre hazard qu'on appelle les *yeux de ma grand'mère*.

Lorfque l'hombre a un ou plufieurs des hazards dont on vient de parler, il reçoit pour chacun, de chaque joueur, une fiche quand il gagne ; mais, s'il perd, il eft obligé de payer lui-même cette fiche.

Il y a un autre hazard qu'on appelle *parfait contentement*, qui confifte à jouer fans prendre avec cinq matadors. C'eft un jeu fûr pour lequel chaque joueur eft obligé de payer une fiche à l'hombre.

Enfin, il y a le hazard qu'on nomme la *triomphante*, & qui a lieu, quand, en commençant, l'hombre joue à-tout de fpadille. S'il gagne fimplement, chaque joueur lui paye une fiche, & deux s'il fait la vole ; mais, s'il perd, il doit une fiche à chacun des autres joueurs.

Pour qu'il y ait peu de coups inutiles, on convient affez fouvent de jouer fpadille forcé. En ce cas, lorfque tout le monde a paffé, & que fpadille n'eft pas au talon, le joueur qui l'a eft obligé de jouer, quelque mauvais jeu qu'il puiffe d'ailleurs avoir. Il nomme alors fa couleur & fait fon écart à l'ordinaire.

VOCABULAIRE explicatif des termes ufités au jeu de l'Hombre.

A - tout. C'eft la couleur dont eft la triomphe.

Avoir la parole. C'eft être en tour de dire ce qu'on veut faire fur le coup qui fe joue.

Bafte. C'eft l'as de trefle qui eft en toute couleur le troifième matador.

Bête. C'eft une forte d'amende qui a lieu contre les joueurs en plufieurs cas, & qui confifte à mettre au jeu la quantité de jetons déterminée par la circonftance.

Bon air. C'eft un hazard qui a lieu quand l'hombre joue fans prendre avec quatre matadors.

O 2

Brouiller les cartes. C'est mêler sur le tapis un ou plusieurs jeux avec le talon.

Charivari. C'est un hazard qui a lieu quand les quatre dames se trouvent réunies dans la main d'un joueur.

Chicorée. C'est aussi un hazard qui consiste à jouer avec trois ou quatre faux matadors.

Codille. Il se dit du gain que fait un joueur autre que *l'hombre*, quand il a fait plus de levées que tout autre. Ainsi, *gagner codille*, c'est gagner sans avoir fait jouer.

Consolation. C'est un droit de trois jetons qu'on paye à *l'hombre* quand il gagne, & qu'il paye lui-même aux autres quand il perd.

Couper. C'est séparer en deux un jeu de cartes avant de distribuer à chaque joueur les cartes qu'il doit avoir.

Couper. Se dit aussi de l'action d'employer une triomphe sur la couleur jouée.

Coup faux. C'est un coup nul, tel que celui qui a lieu quand on a donné à un joueur plus ou moins de cartes que celles qu'il doit avoir ; ou qu'il se trouve un as noir retourné dans le jeu, &c.

Demander gano. C'est de la part d'un des joueurs qui défendent la poule, inviter l'autre à jouer de manière qu'il ne fasse pas la levée.

Dernier en cartes. C'est être le dernier à jouer, comme cela arrive quand on a donné ou qu'on est à la gauche du joueur qui a fait la levée.

Discorde. C'est un hazard qui a lieu quand les quatre rois se trouvent réunis dans un même jeu.

Donner. C'est distribuer à chaque joueur les cartes qu'il doit avoir.

Écart. Ce sont les cartes qu'on a mises à part pour en prendre d'autres au talon.

Écarter. C'est former un écart.

Faire. C'est la même chose que donner.

Fanatique. C'est un hazard qui consiste dans la réunion des quatre valets en un seul jeu.

Fiche. C'est une marque qui représente dix jetons.

Forcer. C'est jeter une carte supérieure à celle qui a d'abord été jouée.

Gancr. C'est renoncer à faire la levée en mettant une carte inférieure sur celle qui est jouée, quoiqu'on ait la carte supérieure.

Guinguette. C'est un hazard qui a lieu, quand *l'hombre* gagne sans as noir.

Hombre. Au jeu de *l'hombre*, on appelle *hombre* le joueur qui a demandé à jouer en écartant, ou qui a joué sans prendre, & contre lequel les autres sont réunis pour le faire perdre.

Jeton. C'est une pièce qui sert de monnoie au jeu & qui est le dixième d'une fiche.

Jeu. Ce mot a trois significations : il se dit d'abord de toutes les cartes ensemble : ensuite, des cartes que chaque joueur a dans sa main, & ensuite de tous les jetons que les joueurs ont mis devant eux pour former la poule.

Levée. C'est une main qu'on a faite en jouant.

Manille. C'est le nom du second matador qui est, en couleur noire, le deux ; &, en couleur rouge, le sept.

Matadors. On désigne sous ce nom la réunion dans une main des trois premières triomphes, qui sont spadille, manille & baste. Et, par extension, on appelle encore *matadors*, les triomphes qui suivent immédiatement les matadors, & qui les accompagnent.

On appelle *faux matadors*, trois ou un plus grand nombre de triomphes qui se suivent immédiatement l'une l'autre, & dont manille est la première.

Mirliro. C'est un hazard qui a lieu, quand *l'hombre* a dans son jeu spadille & baste sans manille.

Nommer la couleur. C'est faire la triomphe, en indiquant pour cela le trefle, ou le pique, ou l'une des couleurs rouges.

Parfait contentement. C'est un hazard qui consiste à jouer sans prendre, avec un jeu composé de cinq matadors.

Partie carrée. C'est un hazard qui a lieu quand il y a dans la même main trois rois & une dame.

Passe. C'est ce qu'on met devant soi pour former la poule.

Passer. C'est annoncer qu'on ne veut pas jouer sur le coup.

Ponte. On donne ce nom à l'as de la couleur rouge dans laquelle on joue. Le ponte est le quatrième matador.

Poule. C'est la totalité des jetons que les joueurs ont mis au jeu, pour être tirés par

HOMBRE.

l'*hombre* quand il gagne, ou par le joueur qui vient à faire codille.

Premier en cartes. C'est le joueur qui doit jouer le premier.

Remêler, refaire. C'est donner de nouveau quand on a mal donné, ou que le coup se trouve faux.

Renoncer. C'est ne pas fournir de la couleur jouée quand on le peut.

Rentrée. C'est ce qu'on a pris au talon en échange des cartes qu'on a écartées.

Renvier. C'est obliger celui qui joue simplement à jouer sans prendre, ou celui qui joue sans prendre à entreprendre la vole, à moins qu'il ne juge à propos de renoncer à jouer, pour laisser jouer celui qui a renvié.

Sans prendre. C'est nommer la triomphe & jouer sans écarter.

Spadille. C'est l'as de pique qui est, en toute couleur, le premier matador.

Surcouper. C'est mettre une triomphe plus forte sur celle avec laquelle un joueur précédent a coupé la carte jouée.

Talon. C'est ce qui reste de cartes quand on a distribué à chaque joueur celles qu'il lui faut.

Triomphe. C'est la couleur que l'*hombre* a nommée, & qui emporte toutes les autres cartes.

Triomphante. C'est un hazard qui a lieu quand l'*hombre* étant premier en cartes, joue, en commençant, à-tout, de spadille.

Vole. C'est l'action de faire toutes les levées.

Yeux de ma grand mère. (les) C'est un hazard qui a lieu, quand l'*hombre* réunit dans sa main les deux as rouges.

HOMME D'AUVERGNE.

Sorte de jeu des cartes, auquel peuvent jouer ensemble deux, trois, quatre, cinq & même six personnes. On se sert d'un jeu composé de trente-deux cartes, huit de chaque couleur, qui sont un roi, une dame, un valet, un as, un dix, un neuf, un huit & un sept. Si le nombre des joueurs ne s'étend pas au-delà de trois, on réduit le jeu à vingt-huit cartes en supprimant les quatre sept.

HOMME D'AUVERGNE. 109

Chaque joueur met au jeu une somme convenue pour former la poule.

On fait ensuite indiquer par le sort le joueur qui doit donner : celui-ci mêle les cartes, présente à couper au joueur qu'il a à sa gauche, après quoi il distribue à chaque joueur cinq cartes en deux fois ; savoir, deux la première fois & trois la seconde.

Les cartes étant distribuées, le joueur qui a fait, retourne la première carte du talon, pour en former l'à-tout ou la triomphe.

Alors le premier en cartes examine son jeu & annonce s'il joue ou s'il passe : dans le premier cas, il jette sur le tapis la carte qu'il juge à propos, & les joueurs qu'il a à sa droite, jouent successivement chacun une carte de même couleur s'ils en ont, ou un à-tout quand ils n'ont pas de cette couleur. La levée appartient au joueur qui a fourni la plus haute carte de la couleur jouée, ou le principal à tout.

Dans le second cas, c'est-à-dire, si le premier en cartes annonce qu'il *passe*, & que les autres en fassent autant, on peut retourner la carte qui est immédiatement au-dessous de celle dont on a d'abord fait la triomphe, & former l'à-tout avec cette nouvelle carte; ceci peut se répéter jusqu'à trois fois : si le changement d'à-tout occasionne un meilleur jeu à quelqu'un des joueurs, il fait jouer le coup, sinon on remêle les cartes & l'on donne de nouveau.

Pour gagner la poule, il faut faire un certain nombre de jeux qu'on fixe ordinairement à sept. Il faut, pour gagner un jeu, que celui qui fait jouer le coup, fasse trois levées ou au moins les deux premières, & que les autres soient partagées.

Si le jeu de cartes avec lequel on joue, étoit faux ou incomplet, on seroit obligé de refaire ; mais les coups précédens seroient valables, & même celui où l'on se seroit apperçu de l'erreur, s'il étoit consommé.

Le joueur qui donne mal, perd un jeu, & fait de nouveau.

Si en donnant il se trouve quelque carte retournée, on doit refaire.

Toutes les fois que le joueur qui donne, retourne un roi pour former la triomphe, il gagne un jeu.

Le joueur qui a dans sa main le roi d'à-tout gagne un jeu pour ce roi, & un autre jeu pour chaque roi qu'il peut réunir avec celui d'a tout.

S'il arrive qu'un joueur joue avant son tour, il perd un jeu.

Le joueur qui vient à retourner, est privé de tout droit au gain de la partie.

Lorsqu'un joueur qui a fait jouer, vient à perdre le jeu, on le déduit de ceux qu'il a pu gagner, ou il en a un de plus à faire pour emporter la poule : le jeu qu'on a joué se marque d'ailleurs au profit du joueur qui a fait les levées nécessaires pour le gagner.

Lorsqu'un roi joué vient à être coupé, le joueur qui fait la levée gagne un jeu sur celui auquel le roi coupé appartenoit ; c'est-à-dire, que celui-ci démarque un de ses jeux au profit de celui-là.

Vocabulaire explicatif des termes usités au jeu de l'Homme d'Auvergne.

A-tout. C'est la couleur dont on a fait la triomphe.

Couper. C'est séparer en deux un jeu de cartes, avant de distribuer à chaque joueur les cartes qu'il lui faut.

Couper. Se dit aussi de l'action d'employer un à-tout sur la couleur jouée.

Donner. C'est distribuer aux joueurs les cartes qu'ils doivent avoir.

Faire. C'est la même chose que donner.

Jeu. C'est une portion des coups qu'il faut gagner pour emporter la poule.

Jeu faux. C'est un jeu où il y a trop ou pas assez de cartes.

Jouer. C'est annoncer qu'on s'engage à faire les levées nécessaires pour gagner un jeu.

Levée. C'est une main qu'on a faite en jouant.

Mêler. C'est battre les cartes avant de les distribuer.

Passer. C'est ne point ouvrir le jeu, ou renoncer à jouer sur le coup.

Poule. C'est la totalité de ce que les joueurs ont mis au jeu pour appartenir à celui qui gagnera la partie.

Premier en cartes. C'est le joueur qui doit jouer le premier.

Refaire. C'est recommencer la distribution des cartes.

HYMEN.

Renoncer. C'est ne pas fournir de la couleur jouée, quoiqu'on en ait dans son jeu.

Retourner. C'est, quand les cartes sont distribuées, découvrir la première carte du talon, pour former la triomphe.

Talon. C'est ce qui reste de cartes quand on a distribué à chaque joueur celles qu'il lui faut.

Triomphe. C'est la couleur qui emporte toutes les autres cartes.

HYMEN. (*Jeu de l'*)

Sorte de jeu de tableau qu'on joue avec des dés & des jetons auxquels on attribue une valeur convenue.

Le nombre des joueurs n'est pas limité : il peut s'étendre depuis deux jusqu'à quinze ou vingt personnes.

Le tableau dont on se sert est composé de quatre-vingt-dix cases, qui ont chacune un numéro & une dénomination particulière. (*)

L'objet que s'est proposé l'inventeur de ce jeu, a été de rappeler à l'imagination les actions & les sentimens que l'amour inspire & qu'il punit ou récompense. D'après ce plan, chaque case du tableau est caractérisée, comme on va l'exposer.

La première s'applique à la vue.
La seconde, à l'admiration.
La troisième, à l'amour au berceau.
La quatrième, à l'amour qui dort.
La cinquième, au silence.
La sixième, à l'amour qui joue.
La septième, à l'amour bandant son arc.
La huitième, au soupir.
La neuvième, à l'espérance.
La dixième, à la modestie & à la crainte.
La onzième, aux attentions.
La douzième, à la curiosité.
La treizième, à la sagesse.
La quatorzième, à la rareté.
La quinzième, à la déclaration.
La seizième, au refus.
La dix-septième, à l'indifférence.
La dix-huitième, à l'espérance.
La dix-neuvième, à l'écueil.

(*) *Voyez* aux Planches la Figure IX.

La vingtième, au caprice de l'amour.

La vingt-unième, au cœur touché.

La vingt-deuxième, à l'empreſſement.

La vingt-troiſième, aux aîles de l'amour.

La vingt-quatrième, à la politeſſe.

La vingt-cinquième, aux airs gracieux.

La vingt-ſixième, à la magnificence.

La vingt-ſeptième, à l'eſpérance.

La vingt-huitième, à la finance en amour.

La vingt-neuvième, au contre-temps.

La trentième, à l'occaſion perdue.

La trente-unième, au chagrin.

La trente-deuxième, aux ſoupçons.

La trente-troiſième, au déſeſpoir.

La trente-quatrième, aux rivaux bannis.

La trente-cinquième, à l'entrevue.

La trente-ſixième, à l'eſpérance.

La trente-ſeptième, à l'avarice.

La trente-huitième, à la témérité.

La trente-neuvième, à la préſomption.

La quarantième, à l'impoliteſſe.

La quarante-unième, à l'imprudence.

La quarante-deuxième, à mercure.

La quarante-troiſième, à l'amour jaloux.

La quarante-quatrième, à l'inquiétude.

La quarante-cinquième, à l'eſpérance.

La quarante-ſixième, aux ſonges.

La quarante-ſeptième, à la mélancolie.

La quarante-huitième, à la maladie.

La quarante-neuvième, aux nouvelles ardeurs.

La cinquantième, à la diſcrétion.

La cinquante-unième, à la libéralité de l'amour.

La cinquante-deuxième, au tête à tête.

La cinquante-troiſième, à l'école de l'amour.

La cinquante-quatrième, à l'eſpérance.

La cinquante-cinquième, à la tranquillité.

La cinquante-ſixième, au chariot de l'amour.

La cinquante-ſeptième, à la muſique, à la danſe & aux ſpectacles.

La cinquante-huitième, au moulin de Javelle.

La cinquante-neuvième, aux bains de l'amour.

La ſoixantième, au refroidiſſement.

La ſoixante-unième, aux lettres rendues.

La ſoixante-deuxième, à l'explication.

La ſoixante-troiſième, à l'eſpérance.

La ſoixante-quatrième, à l'infidélité.

La ſoixante-cinquième, au mépris.

La ſoixante-ſixième, à la vanité bleſſée.

La ſoixante-ſeptième, aux minauderies.

La ſoixante-huitième, aux façons & aux airs penchés.

La ſoixante-neuvième, au retour.

La ſoixante-dixième, aux lettres galantes.

La ſoixante-onzième, à l'Iſle de Cythère.

La ſoixante-douzième, à l'eſpérance.

La ſoixante-treizième, à l'indiſcrétion.

La ſoixante-quatorzième, au trouble.

La ſoixante-quinzième, aux excuſes & au repentir.

La ſoixante-ſeizième, aux nouveaux ſermens de tendreſſe.

La ſoixante-dix-ſeptième, à la pitié amoureuſe.

La ſoixante-dix-huitième, à la diligence de l'amour.

La ſoixante-dix-neuvième, aux ſacrifices.

La quatre-vingtième, au château de plaiſance de l'amour.

La quatre-vingt-unième, à l'eſpérance.

La quatre-vingt-deuxième, à la fidélité.

La quatre-vingt-troiſième, à la perſévérance.

La quatre-vingt-quatrième, aux converſations tendres.

La quatre-vingt-cinquième, aux careſſes.

La quatre-vingt-ſixième, à l'attente du bonheur.

La quatre-vingt-ſeptième, aux foſſés ou précipice du château.

La quatre-vingt-huitième, aux avenues.

La quatre-vingt-neuvième, à la garde de l'hymen.

Et la quatre-vingt-dixième, au palais de l'hymen.

On diſtribue à chaque joueur une certaine quantité de jetons, comme trente ou quarante, qu'on appelle la *priſe*.

Avant de commencer à jouer, les joueurs mettent au jeu chacun quatre jetons ou plus s'ils le jugent à propos, pour former la poule. Enſuite, on fait prononcer le ſort ſur l'ordre dans lequel chaque joueur aura les dés.

Il faut que chacun d'eux ait une marque particulière pour conſtater les points qu'il a amenés, & la caſe ſur laquelle il a dû s'arrêter. Suppoſons, par exemple, que le premier qui a le dé amène le nombre fix, il établit fa marque fur la cafe de l'amour qui joue : ceux auxquels les dés viennent enfuite, placent pareillement leurs marques fur les cafes où les portent les points qu'ils ont amenés.

Il y a néanmoins à cette règle, une exception fondée fur une difpofition particulière du jeu : on a remarqué que de neuf cafes en neuf cafes, il y en avoit une confacrée à l'efpérance ; or, c'eft une loi du jeu que chaque fois que le point qu'on amène porte fur une de ces cafes, on compte de nouveau le même point : par exemple, fi vous êtes placé fur la cafe 14, & que vous ameniez le point de quatre, il vous porte fur la cafe 18 : mais, comme cette cafe eft une de celles qui appartiennent à l'efpérance, vous ne pouvez pas vous y arrêter, & vous devez aller à la cafe 22, en comptant de rechef le point de quatre.

Il fuit delà que, s'il n'y avoit point d'exception à cette règle, & qu'en commençant un joueur amenât le point de neuf, il gagneroit la poule ou la partie d'un feul coup, puifqu'en comptant de nouveau ce point, chaque fois qu'il le conduiroit fur une cafe de l'efpérance, il arriveroit au nombre quatre-vingt-dix, qui eft le but qu'on doit atteindre jufte pour gagner.

Cette confidération a donc fait admettre la règle d'après laquelle celui qui amène neuf du premier coup, par cinq & quatre, va s'établir fur la cafe de la diligence de l'amour, au numéro 78. S'il amène ce même point par fix & trois, il doit aller au nombre 55, cafe de la tranquillité.

On vient de voir que, pour gagner la poule ou la partie, il faut qu'un joueur arrive jufte le premier à la cafe 90, fans qu'il lui refte aucun point à compter. Il faut delà tirer la conféquence que, fi le point amené excède le nombre 90, le joueur eft obligé de rétrograder. Ainfi, en fuppofant que vous foyez placé à la cafe 86, & que vous ameniez le point de cinq, vous ferez obligé de retourner de la cafe 90 à la cafe 89. Si enfuite, lorfque votre tour de jouer fera revenu, vous amenez le point de dix, il faudra, qu'après avoir touché la cafe 90, vous rétrogradiez jufqu'à la cafe 81 : mais, comme cette dernière eft confacrée à l'efpérance, & que, par conféquent,

vous ne pouvez pas vous y arrêter, vous ferez obligé de rétrograder encore de dix autres points, & de placer votre marque fur la cafe 71.

La marche de chaque joueur peut d'ailleurs être retardée par divers obftacles que feront connoître les règles qu'on va détailler.

Si l'on amène le point de quatre, cafe de l'amour qui dort, on fe place à la cafe du filence, nombre cinq.

Le joueur qui eft porté au point de dix-neuf, cafe de l'écueil, doit mettre un jeton à la poule ; & refter un tour fans jouer.

Quand on arrive au nombre vingt, cafe du caprice de l'amour, on doit mettre un jeton à la poule.

Si l'on arrive au nombre vingt-trois, cafe des aîles de l'amour, on va fe placer au nombre trente-cinq, cafe de l'entrevue, & l'on met un jeton à la poule. On paye de même ce jeton, quand on eft porté directement au même nombre trente-cinq.

Le joueur qui eft porté au nombre vingt-huit, cafe de la finance en amour, va fe placer au nombre cinquante-deux, cafe du tête-à-tête, & il doit mettre deux jetons à la poule.

Quand on arrive au nombre trente-fept, cafe de l'avarice, on eft obligé de mettre quatre jetons à la poule, & de retourner au nombre 16, cafe du refus.

Si l'on eft porté au nombre trente-neuf, cafe de la préfomption, on met un jeton à la poule, & l'on retourne au nombre dix, cafe de la modeftie.

Le joueur qui arrive au nombre quarante-deux, eft envoyé par mercure à l'école de l'amour, cafe 53, & il doit y refter jufqu'à ce qu'un autre joueur vienne prendre fa place. Il faut d'ailleurs qu'il mette un jeton à la poule.

Quand on eft porté au nombre quarante-fix, cafe des fonges & vifions, on eft obligé de retourner au nombre vingt, cafe du caprice de l'amour, & l'on met un jeton à la poule.

Si l'on eft porté au nombre quarante-huit, cafe de la maladie, on met un jeton à la poule.

Le joueur qui arrive au nombre cinquante, cafe de la difcrétion, va fe placer au nombre quatre-vingt, cafe du château de plaifance

de

de l'amour, & il prend en outre le quart de la poule.

Si l'on est porté au nombre cinquante-un, case de la libéralité de l'amour, on reçoit un jeton de chaque joueur.

Lorsqu'on arrive au nombre cinquante-trois directement, on doit subir la même loi que le joueur qui y est porté indirectement lorsqu'il atteint le nombre quarante-deux. Cette loi consiste, comme on l'a dit, à mettre un jeton à la poule, & à rester à l'école de l'amour, jusqu'à ce qu'on soit r.levé par un joueur que le dé conduise à la même place.

Si l'on est porté au nombre cinquante-six, case du chariot de l'amour, on se rend au nombre soixante-onze, case de l'île de Cythère.

Le joueur qui arrive au nombre cinquante-huit, case du moulin de Javelle, doit mettre à la poule quatre jetons.

Celui qui est porté au nombre cinquante-neuf, case des bains de l'amour, doit y rester jusqu'à ce que les autres joueurs aient eu les dés chacun deux fois.

Le joueur qui arrive au nombre soixante-quatre, case de l'infidélité, est obligé de mettre à la poule la moitié de sa prise, & de rester sur cette case jusqu'à ce qu'un autre, atteignant le même nombre, vienne prendre sa place.

Si l'on vient au nombre soixante-neuf, case du retour, on met à la poule quatre jetons.

Quand un joueur atteint le nombre soi-

xante-trois, case de l'indiscrétion, il est obligé de mettre à la poule la moitié de sa prise, & de retourner au nombre premier, où il faut qu'il reste trois tours sans jouer.

Celui qui arrive directement au nombre quatre-vingt, jouit du même avantage que le joueur qui y a été porté en atteignant le nombre cinquante. Cet avantage consiste, comme on l'a vu, à gagner le quart de la poule.

Lorsqu'on est porté au nombre quatre-vingt-sept, case des fossés ou précipices du château, on met un jeton à la poule, & l'on recommence à jouer comme au premier coup.

Si après avoir surmonté tous les obstacles qu'on a détaillés, on arrive juste au nombre quatre-vingt-dix, case du palais de l'hymen, on gagne tout ce qui se trouve à la poule, & la partie est terminée.

VOCABULAIRE explicatif des termes usités au jeu de l'Hymen.

Avoir le dé. C'est être en tour de jouer.

Case. Il se dit de chacune des places marquées par un numéro.

Point. C'est le nombre qui résulte d'un coup de dé.

Poule. C'est la totalité des enjeux.

Prise. C'est le fonds que chaque joueur est obligé de faire avant de commencer la partie.

I

IMPÉRIALE.

IMPÉRIALE. Sorte de jeu de cartes, qui se joue communément entre deux personnes & quelquefois entre trois.

Lorsque les joueurs ne sont qu'au nombre de deux, le jeu de cartes qu'on emploie doit être composé de trente-deux cartes, huit de chaque couleur, qui sont un roi, une

dame, un valet, un as, un dix, un neuf, un huit & un sept.

Si les joueurs sont au nombre de trois, on ajoute un six à chaque couleur, & le jeu se trouve ainsi composé de trente-six cartes.

Lorsqu'on est convenu du prix de la partie

& du nombre des *impériales* qu'il faudra faire pour la gagner, l'un des joueurs prend les cartes, les mêle, & ensuite chaque joueur en tire une : celui qui se trouve avoir la plus haute, jouit de l'avantage de donner le premier.

Le joueur chargé de faire, ayant battu les cartes & présenté à couper, distribue douze cartes à chaque joueur : cette distribution se fait par trois ou quatre cartes à la fois : quand chacun a ses douze cartes, celui qui a donné retourne la première carte de la partie supérieure du talon, pour en faire l'à-tout ou la triomphe.

Parmi les triomphes, on en compte cinq qu'on appelle *honneurs*. Ce sont le roi, la dame, le valet, l'as & le sept, quand les joueurs ne sont qu'au nombre de deux : s'il y a trois joueurs, c'est le six qui forme le cinquième *honneur*. Chacun de ces honneurs vaut un point au joueur qui fait la levée où se trouve un honneur. Il suit delà, que si sur un *honneur* supérieur joué, on est obligé de fournir un *honneur inférieur*, le joueur qui fait une telle levée marque deux points.

S'il arrive que la retourne soit un *honneur*, cela vaut un point au joueur qui a donné.

La valeur des cartes est telle que le roi emporte la dame ; la dame, le valet ; le valet, l'as ; l'as, le dix ; le dix, le neuf ; le neuf, le huit ; le huit, le sept, & ce dernier le six.

Les joueurs étant au nombre de trois, & recevant chacun douze cartes, il en résulte qu'il ne reste point de talon : ainsi, le joueur qui donne, a le double avantage de former l'à-tout avec sa dernière carte, & de gagner un point si cette carte est un honneur.

Les cartes étant distribuées, chaque joueur examine s'il n'a pas dans son jeu quelque *impériale* : s'il s'en trouve une ou plusieurs, il doit, avant tout, les accuser, les montrer & les marquer.

Chaque point se marque avec un jeton, & chaque *impériale* avec une fiche. Celui qui le premier réunit six jetons, marque une *impériale*, & les jetons marqués de son adversaire ou de ses adversaires, ne peuvent plus se compter.

On distingue plusieurs sortes d'*impériales* : les unes sont formées par quatre rois, ou quatre dames, ou quatre valets, ou quatre

as réunis dans la même main. Les quatre sept ainsi réunis forment pareillement une *impériale*, si les joueurs ne sont qu'au nombre de deux : mais, s'ils sont trois, ce sont les quatre six qui forment l'*impériale*.

D'autres *impériales* consistent dans la réunion du roi, de la dame, du valet & de l'as, d'une même couleur, qui se trouvent dans le même jeu.

Il y a aussi l'*impériale* de retourne, c'est-à-dire, que si l'on a retourné une des quatre premières cartes qui sont le roi, la dame, le valet & l'as, & qu'on ait dans sa main, les trois autres cartes de la même couleur, cela fait une *impériale*.

Il y a pareillement l'*impériale* de rencontre, qui ne peut avoir lieu que dans la couleur d'à-tout. Elle se forme en faisant tomber sur les triomphes supérieures qu'on joue, les triomphes inférieures qui sont de l'essence de l'*impériale*.

Il y a enfin l'*impériale* blanche ou de cartes blanches, qui consiste dans la réunion de douze cartes, parmi lesquelles il ne se trouve aucune figure.

Celui qui a dans son jeu l'*impériale* d'à-tout, c'est-à-dire, le roi, la dame, le valet & l'as de la couleur retournée, compte deux *impériales*.

Il en est de même de l'*impériale* de cartes blanches.

On accuse le point en disant qu'on a un tel nombre de cartes, comme quatre, cinq, &c.

Si l'adversaire répond qu'il a un pareil nombre de cartes, alors le premier à jouer, énonce le nombre des points que ses cartes représentent, & si ce nombre est supérieur ou même égal à celui des points représentés par les cartes de l'adversaire, ce dernier répond que le point accusé est bon : s'il a au contraire un plus grand nombre de points dans ses cartes que le premier, il répond que le point accusé ne vaut pas.

Observez que chaque figure représente dix points, l'as onze, & les autres cartes, ce qu'elles en contiennent.

Le joueur qui a le point, le marque par un jeton.

Lorsque les *impériales* ont été montrées, & le point accusé, c'est au premier en cartes à jouer : il commence par telle carte qu'il juge à propos, & son adversaire est obligé de fournir de la couleur jouée, & même une carte supérieure, s'il en a une, qui puisse prendre celle du premier joueur. Lorsqu'on n'a pas de la couleur jouée pour en fournir, on est tenu de couper si l'on a de l'à-tout : on n'est autorisé à renoncer que quand on n'a ni à-tout, ni carte de la couleur jouée.

Le joueur qui fait la levée, joue le premier pour la levée suivante, & l'on joue de même toutes les autres cartes.

Quand il ne reste plus de cartes à jouer, chaque joueur compte les levées qu'il a faites : s'ils sont deux, & que chacun ait fait six levées, on dit que les cartes sont égales, & il n'y a rien à marquer ; mais, si l'un des deux a fait plus de levées que l'autre, il marque un point pour chaque levée qu'il a de plus que les six qu'il devoit faire. Et, s'il fait les douze levées, ce qu'on appelle faire son adversaire *capot*, il gagne deux *impériales*.

Si les joueurs sont au nombre de trois, le premier en cartes est obligé de jouer d'abord une triomphe s'il en a : celui qui fait la levée joue ensuite la carte que bon lui semble, & ainsi du reste, comme quand il n'y a que deux joueurs.

L'égalité des cartes entre trois joueurs, consiste dans quatre levées : toute levée qu'un joueur fait de plus vaut un point.

Dans les académies de jeux à Paris, où l'*impériale* est fort en usage, elle ne se joue qu'entre deux personnes, & l'on y pratique les règles suivantes :

1°. La manière de donner ne peut pas être changée dans le cours d'une partie, c'est-à-dire, que le joueur qui a commencé la donne par trois cartes, ne peut pas la continuer par quatre.

2°. Le joueur qui donne doit, avant de retourner la carte indicative de la triomphe, compter le talon & s'assurer qu'il est complet : s'il retournoit sans avoir observé cette formalité, & que le talon se trouvât incomplet, il seroit privé pour cette fois, de l'avantage de donner.

3°. Lorsqu'au lieu de retourner la vingt-cinquième carte, un joueur retourne la vingt-sixième, ou la vingt-septième, ou plusieurs cartes à la fois, il fait une faute, dont la punition consiste, en ce que le premier a le droit d'examiner son jeu pour s'y

tenir ou faire recommencer la donne : s'il s'y tient, on retourne la vingt-cinquième carte pour en former la triomphe.

4°. Quand, en distribuant les cartes, on s'apperçoit qu'il y en a de retournées dans le jeu ou au talon, on doit refaire.

Si l'un des joueurs en retourne des siennes, il est obligé de les garder : mais, s'il en retournoit quelqu'une de son adversaire, celui-ci auroit le droit de faire recommencer la donne, pourvu toutefois que, pour user de ce droit, il n'attendît pas que la carte indicative de la triomphe fût en évidence ; dans ce cas-ci, le coup se joueroit.

Pareillement, s'il se trouvoit quelque carte retournée au talon, & que la triomphe fût montrée, le coup se joueroit.

5°. S'il arrivoit qu'un joueur regardât quelque carte du talon, ce seroit une faute pour la punition de laquelle son adversaire pourroit l'obliger de jouer quatre fois dans la couleur que ce dernier jugeroit à propos de spécifier.

6°. Lorsqu'on s'apperçoit qu'un jeu est faux parce qu'il s'y trouve deux cartes semblables, le coup doit être annullé ; mais cette décision ne s'applique pas aux coups joués précédemment avec le même jeu ; ceux-ci ne s'annullent point.

7°. On peut indifféremment, avant ou après l'accusation du point, montrer les *impériales* qu'on a en main ; mais, aussi-tôt qu'un joueur a joué une de ses cartes, il n'a plus le droit de compter ses *impériales*.

Observez néanmoins que, quand il y a une galerie intéressée, elle est autorisée à avertir le joueur pour lequel elle parie, de compter les *impériales* qu'il a en main, avant qu'il ne joue aucune carte.

8°. Quand on a accusé un point quelconque, on ne peut plus y revenir pour en accuser un plus fort. Au surplus, lorsqu'un joueur dont le point a été reconnu bon, néglige ou oublie de le montrer avant de jouer les cartes, l'adversaire & la galerie qui parie, sont fondés à le faire montrer.

9°. Lorsqu'il y a égalité de point, le premier en cartes compte le sien par droit de primauté. Le premier en cartes compte pareillement ses *impériales* avant que son adversaire puisse compter les siennes.

10°. La règle précédente souffre exception à l'égard de l'*impériale* de cartes blanches ;

P 2

celle-ci, en quelque main qu'elle soit, se compte avant toute autre *impériale*.

11°. Si un joueur, après avoir accusé & montré son point & ses *impériales*, oublioit de les marquer, il pourroit y revenir, & la galerie est, en pareil cas, autorisée, jusqu'à ce que le coup soit consommé, à lui faire marquer son jeu.

12°. Les cartes blanches valent deux *impériales*, qui, comme on l'a déjà dit, se comptent avant toute autre *impériale*. Au reste, le joueur qui a les cartes blanches ou l'*impériale* blanche, les marque sans qu'il puisse faire supprimer les points de son adversaire. Si ce dernier a lui-même dans son jeu une ou plusieurs *impériales*, il les marque pareillement, sans que personne soit tenu de supprimer les points qui lui sont acquis. Remarquez d'ailleurs qu'un coup où il y a *impériale* blanche, ne se joue pas & que la main passe.

Remarquez encore que si dans les cartes blanches se trouvoit l'*impériale* d'as ou celle de sept, on les compteroit en sus de l'*impériale* blanche; mais, on n'en auroit pas davantage le droit de faire supprimer les points de son adversaire, quand même il n'auroit aucune *impériale* dans son jeu.

13°. Le joueur qui ayant déjà donné & devant par conséquent être premier en cartes, s'empare des cartes & les distribue, peut réclamer sa primauté jusqu'au moment de la retourne; mais, lorsque le triomphe est connue, le coup doit se jouer.

14°. Si un joueur ne fournissoit pas de la couleur jouée quoiqu'il en eût, ou qu'il ne prît pas quoiqu'il le pût, il y auroit *renonce* ou *sous-force*; &, dans l'un comme dans l'autre cas, l'adversaire pourroit l'obliger de reprendre sa carte & de jouer selon la règle; mais, quand on n'a pas de la couleur jouée, ou qu'on ne peut pas *forcer*, la carte qu'on a fournie est bien jouée, & il n'est pas permis de la reprendre.

15°. Le joueur qui n'a point d'*impériale* en main, & auquel son adversaire en montre une, est obligé de supprimer les points qu'il peut avoir à cette époque: cependant, s'il avoit retourné un honneur ou marquant, il conserveroit le point que cette retourne lui auroit produit. Mais, il en seroit différemment, si un joueur montroit une *impériale* par le point, ou par le plus de levées,

ou par des marquans: en ces cas, le point gagné par la retourne s'effaceroit comme les autres.

16°. Le joueur qui brouille son jeu avec le talon perd la partie, & il fait perdre à la galerie les paris qu'elle a pu faire pour lui.

17°. Lorsqu'un joueur déchire ou supprime le talon, son adversaire a le droit, même après avoir vu son jeu, de faire refaire ou de faire jouer le coup.

18°. S'il arrive qu'un joueur déchire son jeu de manière qu'on ne puisse pas savoir quelles étoient ses cartes, il perd la partie, mais pour son compte seulement & non pour la galerie: en ce cas, on reconnoît par les cartes du talon & celles de l'adversaire, les cartes qu'on a déchirées: on en forme un jeu tel que l'avoit le joueur qui a déchiré le sien, & le coup se joue pour la galerie.

19°. Il n'y a d'autre punition pour le joueur qui joue avant son tour, que l'obligation de reprendre sa carte & de laisser jouer son adversaire. La galerie peut prévenir la méprise, en indiquant le joueur qui est en tour de jouer.

20°. Lorsqu'il se fait des paris relatifs à l'*impériale* en main, l'*impériale* de cartes blanches produit le même effet que les autres.

21°. Lorsqu'on fait quelque pari *au plus de levées*, sans autre explication, il est entendu que c'est pour deux coups. Ainsi, celui qui a gagné le premier coup, ne peut point exiger la moitié de la somme pariée; il faut que l'autre coup se joue, & qu'il ait le tout ou rien.

22°. Le joueur qui fait son adversaire *capot*, gagne deux *impériales*.

23°. Quand un joueur a accusé & montré un point quelconque qui a été reconnu bon, & que l'adversaire lui demande combien il a encore de cartes de ce point, il est obligé de répondre à cette question, & d'énoncer le nombre de ces cartes.

24°. Quand le premier en cartes a joué, il ne peut pas reprendre sa carte pour en jouer une autre: le dernier ne peut pareillement pas reprendre la carte qu'il a mise sur celle du premier, à moins qu'il n'ait renoncé ou sous-forcé: c'est pourquoi si, sur le roi d'à-tout qu'a joué le premier, le second met une carte marquante comme la dame, le valet, l'as ou le sept, au lieu de fournir un huit, un neuf ou un dix, comme il auroit pu le faire, cette carte marquante est bien jouée & ne peut pas être reprise.

25°. Si l'on quitte la partie sans le consentement de l'adversaire, on la perd : mais, la galerie qui se trouve intéressée à la partie, peut la faire finir par un tiers.

26°. Quand un joueur a dans son jeu une *impériale*, & qu'en voulant la mettre en évidence, il montre une autre carte que celle qui forme l'*impériale*, il n'encourt aucune punition & il peut se reprendre : son adversaire & la galerie sont d'ailleurs fondés à exiger qu'il fasse voir la carte qui doit compléter l'*impériale*.

VOCABULAIRE explicatif des termes usités au jeu de l'Impériale.

Académie de jeu. On donne ce nom à Paris, aux maisons où on s'assemble pour jouer aux jeux qui ne sont pas défendus.

A-tout. C'est la couleur dont est la triomphe.

Avoir la main. C'est être le premier à donner.

Battre les cartes. C'est mêler les cartes avant de les distribuer.

Capot. On dit qu'un joueur est capot, quand son adversaire a fait les douze levées du coup joué.

Cartes blanches. On désigne ainsi un jeu où il ne se trouve ni roi, ni dame, ni valet.

Cartes égales. On dit que les cartes sont égales, quand les joueurs ont fait chacun un même nombre de levées.

Couper. C'est séparer en deux un jeu de cartes, avant de distribuer à chaque joueur les cartes qu'il doit avoir.

Couper. Se dit aussi de l'action d'employer une triomphe sur la couleur jouée.

Donner. C'est distribuer à chaque joueur les cartes qu'il lui faut, après qu'elles ont été mêlées & qu'on a coupé.

Faire. C'est la même chose que donner.

Fiche. C'est une pièce d'ivoire qui vaut six jetons, & avec laquelle on marque une *impériale*.

Figure. On emploie ce terme par opposition à celui de cartes blanches, pour désigner les rois, les dames & les valets.

Forcer. C'est jouer une carte supérieure sur celle qui est inférieure.

Galerie. Terme collectif, qu'on emploie pour désigner la totalité des spectateurs qui sont présens à une partie.

Honneur. Ce mot s'emploie pour désigner chacune des quatre principales triomphes ainsi que la dernière. Ces cinq honneurs se nomment aussi *marquans*, parce qu'ils donnent chacun le droit de marquer un jeton au joueur qui fait la levée où ils se trouvent.

Impériale. C'est une disposition de jeu qui consiste à réunir dans une même main quatre rois, ou quatre dames, ou quatre valets, ou quatre as, ou quatre sept, si le jeu n'est composé que de trente - deux cartes, ou quatre six, s'il est composé de trente - six cartes, ou enfin d'une quatrième majeure d'une même couleur.

Impériale. Se dit aussi de la réunion des points nécessaires pour avoir le droit de marquer un des nombres dont la partie est composée.

Impériale d'à-tout. Se dit de l'*impériale* qui résulte de la quatrième majeure de la couleur dont est formée la triomphe.

Impériale blanche. Se dit de celle qui est formée par un jeu, dans les douze cartes duquel il ne se trouve aucune figure.

Impériale en main. Se dit de celle qu'on a toute faite dans la main, à la différence de celle que produisent les points qu'on marque successivement.

Impériale de rencontre. Se dit de celle qu'on rassemble quand on fait tomber sur les triomphes supérieures qu'on joue, les triomphes inférieures qui sont de l'essence de l'*impériale*.

Impériale de retourne. Se dit de celle qui a lieu quand on retourne une carte de la quatrième majeure, & qu'on a dans sa main les trois autres cartes de cette quatrième.

Jeton. C'est une pièce ronde & plate, qui fait le sixième d'une fiche & qui sert à marquer le jeu.

Jeu faux. C'est un jeu où il y a trop ou pas assez de cartes.

Levée. C'est une main qu'on a faite en jouant.

Marquant. On donne ce nom à chaque honneur, à cause du point qu'il donne le droit de marquer.

Mêler. C'est battre les cartes avant de les distribuer.

Monter une impériale. C'est réunir les points nécessaires pour former & marquer une *impériale.*

Pari. C'est l'engagement de payer une somme quelconque à celui des parieurs qui aura deviné juste.

Point. C'est le nombre que composent ensemble plusieurs cartes d'une même couleur.

On le dit aussi de chaque jeton qu'on marque pour parvenir à former une *impériale.*

Premier en cartes. C'est le joueur qui doit jouer le premier.

Primauté. C'est l'avantage par lequel le joueur qui est le premier à jouer, gagne par préférence quand il a un jeu égal à celui de son adversaire.

Quatrième majeure. C'est la réunion des quatre plus hautes cartes d'une couleur, qui sont le roi, la dame, le valet & l'as.

Refaire. C'est recommencer la distribution des cartes.

Renoncer. C'est ne pas fournir de la couleur jouée, quoiqu'on en ait dans son jeu.

Retourner. C'est mettre à découvert la première carte du talon pour en former la triomphe.

Sous-forcer. C'est mettre une carte inférieure sur celle qui est jouée, au lieu d'y mettre la supérieure qu'on a en main.

Talon. C'est ce qui reste de cartes quand chaque joueur a celles qu'il lui faut.

Triomphe. C'est la couleur qui emporte toutes les autres cartes.

J

J E U.

JEU. Ce terme a plusieurs significations; mais nous ne le considérons ici que comme un exercice où l'on suit de certaines règles, & auquel on hazarde ordinairement de l'argent.

Nous diviserons cet article en trois sections.

Dans la première, on parlera de l'origine, des progrès, & de l'état actuel du jeu.

Dans la seconde, on traitera de l'immoralité du jeu, des effets qu'il produit, & des désordres dont il est la source.

Et dans le troisième, on fera connoître les loix publiées sur les jeux, à différentes époques & chez différens peuples.

SECTION PREMIERE.

De l'origine, des progrès & de l'état actuel du Jeu.

Le code des Gentous, qui est d'une telle antiquité, qu'on le prétend antérieur aux temps héroïques ou fabuleux, nous apprend que les Gentous, ou les anciens habitans du Bengale & de l'Indostan, aimoient beaucoup le jeu.

Platon attribue l'invention des jeux de hazard au fameux Mercure Trismégiste.

Les annales du monde prouvent que dans aucun pays, quels qu'aient été le culte, les loix & les opinions, on n'a été exempt de la passion du jeu. On prétend néanmoins que les sectateurs de Mahomet craignent de se livrer aux jeux de hazard, parce que leur prophète les a sévèrement défendus.

Les voyageurs nous assurent qu'en Afrique, en Amérique, & dans les terres nouvellement découvertes, des hordes vagabondes & des peuplades entières, sont encore plus adonnées au jeu que les nations civilisées.

Les prêtres d'Egypte racontèrent à Hérodote, qu'un de leurs rois étoit descendu vivant dans ces demeures souterraines, que les Grecs appeloient les enfers, & que ce monarque y ayant joué, il perdit & gagna alternativement.

Plutarque, dans son traité d'Isis & d'Osiris, rapporte, d'après une fable Egyptienne, que le soleil ayant découvert le commerce secret de Rhéa avec Saturne, voulut qu'elle n'accouchât dans aucun mois ni dans aucune année. Mercure, qui aimoit la même déesse, joua contre la lune, & lui gagna chaque soixante-dixième partie du temps qu'elle éclaire l'horison : ce dieu réunit ces parties en faveur de Rhéa, & il en fit les cinq jours qui furent ajoutés à l'année. Elle n'étoit auparavant que de trois cent soixante jours.

Les mortels mêmes jouoient contre les dieux : Plutarque rapporte, dans la vie de Romulus, que le gardien du temple d'Hercule prit des dés & joua contre le dieu, à condition que, s'il gagnoit, il en obtiendroit quelque faveur signalée, & que s'il perdoit, il fourniroit au fils d'Alcmène, une belle courtisane.

Les Romains devinrent joueurs long-temps avant la destruction de la république, comme le prouvent les livres qu'ils avoient sur l'art de jouer. Caton, le censeur, ne cessoit de leur crier : *citoyens, fuyez les jeux de hazard*.

Les caractères de la passion du jeu étoient si bien connus sous Auguste, qu'Ovide les a presque tous indiqués. C'est là, dit-il, c'est au jeu que la cupidité trahit notre cœur, & se montre à découvert : on sèche de desir, on frémit de colère & l'on se meurt de rage. Que d'injures ! Quels cris frappent les nues ! Les malheureux ils invoquent les dieux ; les dieux qui les châtient : ils les invoquent cependant, & c'est ce qui les soutient dans leurs perplexités.

Quand la manie des jeux de hazard, dit Juvenal, contemporain de Domitien, fut-elle plus ardente ? non content aujourd'hui de porter sa bourse au lieu de séance, le joueur y fait traîner son coffre-fort. C'est là, dès qu'une fois les instrumens du jeu sont distribués, que vous verriez s'élever les combats les plus terribles : perdre cent mille sesterces ; & ne pas vêtir un esclave transi de froid ; n'est-ce là que de la fureur ?

Un autre satyrique moins véhément que Juvenal & plus enjoué, Lucien, pour critiquer son siècle, introduit Saturne dans un de ses dialogues : ce dieu observe que,

quand il régnoit sur la terre, on jouoit aux dés sans chaleur, sans passion : on ne jouoit, dit-il, que des noix ou quelques autres bagatelles pour passer le temps. Ces joueurs antiques, continue-t-il, bien différens des joueurs actuels, ne dépouilloient point leurs amis ; soit qu'ils gagnassent ou qu'ils perdissent, ils ne se fâchoient pas, ils ne brisoient point les dés.

Le dieu dicte ensuite des loix contre le jeu, & déclare que, si l'on ne s'y conforme pas, on sera condamné à jeûner le jour de sa fête. Je veux, ajoute-t-il, que ces loix soient fidèlement gravées sur des colonnes d'airain ; je veux que chaque riche en ait une au milieu de sa maison ; & j'avertis que, tant qu'elles subsisteront, la peste, la guerre, la famine & tous les autres fléaux seront exilés. Si l'on vient à les abattre, il arrivera tout le contraire.

Depuis Lucien, qui écrivoit sous Marc-Aurele, jusqu'à la translation du siege impérial à Constantinople, la manie des jeux de hazard fut toujours en augmentant. Vers le temps où Constantin quitta Rome pour n'y plus revenir, toutes les classes du peuple, depuis la première jusqu'à la dernière, étoient, selon Ammien Marcellin, en proie à la fureur du jeu.

Tacite, sur les mœurs des Germains, nous apprend que, quand ils s'étoient ruinés au jeu, ils se jouoient eux-mêmes : voici les termes dans lesquels s'exprime l'historien cité : « ce qu'il y a d'étrange, dit-il, c'est » que le jeu soit une de leurs affaires les » plus importantes, & qu'ils s'y livrent, » même à jeun, avec tant d'abandon, qu'a- » près avoir tout perdu, ils finissent par se » jouer d'un seul coup. Alors le vaincu » subit volontairement l'esclavage : quoique » plus jeune, quoique plus fort, il se laisse » garoter & vendre. Cette résignation il » l'appelle bonne foi. Le vainqueur, pour » ne pas rougir long-temps de sa victoire, » vend, le plutôt qu'il peut, ces sortes » d'esclaves aux étrangers. »

Ce que Tacite dit des Germains, se pratique, en quelque sorte, de nos jours, à Naples & dans d'autres endroits de l'Italie : on y voit des bateliers qui jouent leur liberté pour un certain nombre d'années.

Saint Ambroise rapporte que les Huns, peuple farouche, sorti des marais de la

Scythie, & presque sans loix, se soumettoient inviolablement à celles de leurs jeux : après avoir perdu, dit-il, leurs armes, qui étoient ce qu'ils avoient de plus cher, ils jouoient leur vie, & se donnoient quelquefois la mort, malgré celui qui les avoit gagnés.

Les voyageurs nous disent que c'est en vain qu'on défend aux nègres de Juida de jouer leurs femmes & leurs enfans. *Paschasius Justus* assure qu'un Vénitien joua sa femme ; *Schouten*, qu'un Chinois joua sa femme, ses enfans, & les perdit. Il n'y a pas longtemps que des libertins jouèrent à Paris, au plus haut point, une jeune & jolie courtisane. Les Indiens jouent jusques aux doigts de leurs mains, & se les coupent eux-mêmes p ur s'acquitter.

On lit, dans nos annales, que les anciens seigneurs François, aussi hautains que fainéans, & qui ne savoient guère que tourmenter leurs vassaux, boire & se battre, étoient, pour la plupart, des joueurs effrénés, bravant impunément la décence & les loix. Le frère de saint Louis jouoit aux dés, sans avoir égard aux défenses réitérées de ce monarque. Duguesclin joua dans sa prison, & perdit tout ce qu'il possédoit. Le duc de Touraine, frère de Charles VI, *se mettoit volontiers en peine*, dit *Froissart*, *pour gagner l'argent du roi* : transporté de joie de lui avoir un jour gagné cinq mille livres, son premier cri fut : *monseigneur, faites-moi payer* ?

On jouoit jusques dans les camps & en présence de l'ennemi. Des généraux, après avoir ruiné leurs propres affaires, ont compromis le salut de leur patrie. Philibert de Chalon, prince d'Orange, commandant au siège de Florence, pour l'empereur Charles-Quint, perdit l'argent qui lui avoit été compté pour la paye des soldats, & fut contraint, après onze mois de travaux, de capituler avec ceux qu'on auroit pu forcer.

Quelquefois, pendant la paix, on se rassembloit pour jouer en liberté. Il est parlé, dans le manuscrit d'Eustache Deschamps, d'un hôtel de Nêle, qui fut fameux sous Charles VI, par diverses catastrophes. Cet hôtel n'étoit pas ouvert à tout le monde, comme ceux qu'on a connus depuis sous les noms de *Gèvres* & de *Soissons* : il n'étoit fréquenté que par la noblesse & par les particuliers les plus opulens. Les mémoires

du temps nous apprennent qu'alors le peuple se livroit plus volontiers aux *jeux* d'exercice qu'aux *jeux* de hazard : ceux-ci, suivant Sauval, lui étoient même absolument étrangers. *Avant l'arquebuse & la poudre à canon*, dit cet auteur dans ses antiquités, *le peuple avoit toujours en main l'arc & l'arbalète ; & de tout temps il s'est plu à jouer au palet, aux quilles, à la boule, & aux autres passe-temps.*

L'invention des cartes apporta quelques changemens dans la manière de s'amuser. Les différens *jeux* qu'elles amenèrent, coûtèrent d'abord plus de temps que d'argent : mais bientôt elles devinrent, comme les dés, un des principaux instrumens des *jeux* de hazard. Elles furent adoptées dans les cours qui ont presque toujours été le théâtre du *jeu*. *Nos rois*, dit Sauval, *l'ont aimé de tout temps.*

La pratique du *jeu* s'introduisit jusques dans le sanctuaire de la justice. *Je sais qu'il y a des joueurs parmi vous*, disoit, en 1561, le chancelier de l'hôpital au parlement de Bordeaux.

Brantome cite un capitaine François, nommé la Roue, qui jouoit cinq à six mille écus d'un coup ; c'étoit alors une somme très-considérable. Ce joueur intrépide proposa de jouer vingt mille écus contre l'une des galères de Jean-André Doria : celui-ci avoit accepté la partie ; mais il retira sa parole, de peur qu'on ne le raillât s'il venoit à succomber. *Je ne veux pas*, disoit-il, *que ce jeune aventurier, qui n'a de quoi perdre, me gagne ma galère, pour s'en aller triompher en France, de ma fortune & de mon honneur.*

On jouoit alors si gros *jeu*, qu'un fils naturel du duc de Bellegarde fut en état de lui compter, sur ses gains, cinquante mille écus, pour s'en faire reconnoître juridiquement.

Dans ce temps là les fripons commencèrent à s'insinuer à la cour. Mais comme ils n'étoient pas encore fort habiles, ils appelèrent à leur aide des Italiens, renommés pour leur adresse. Ceux-ci, de concert avec les premiers, gagnèrent trente mille écus à Henri III, *qui avoit*, dit un journaliste, *dressé en son louvre un déduit de cartes & de dés.*

Henri IV, successeur de ce prince, fut adonné au jeu dès sa jeunesse. Aussi, quand il fut sur le trône, on joua à la cour avec un un acharnement dont il n'y avoit point encore eu d'exemple : des familles illustres s'y ruinèrent de fond en comble : le duc de Biron y perdit en une seule année plus de cinq cent mille écus. *Mon fils Constant,* dit d'Aubigné *, y perdit vingt fois plus qu'il n'avoit vaillant, de sorte que je trouvant sans ressource, il abjura sa religion.*

Ce fut à la cour de Henri, que l'art de se ruiner plus promptement fut perfectionné, & que plusieurs Italiens firent valoir leurs talens. L'un d'eux, nommé Pimentel, s'étant prévalu contre le duc de Sully, de l'honneur qu'il avoit de faire souvent la partie de Henri IV ; « comment, *ventre de ma vie,* » lui repliqua le duc, vous êtes donc ce » *gros Pittre d'Italien* qui gagnez tous les » jours l'argent du roi ? *pardieu,* vous êtes » mal tombé, car, je n'aime ni ne veux ici » de telles gens. »

Presque toutes les professions furent livrées, sous ce règne, à la passion du jeu: on vit des magistrats vendre la permission de jouer.

Bassompierre rapporte, dans ses mémoires, qu'il gagna plus de cinq cent mille livres dans le cours d'une année. *Je les gagnai,* dit-il *, quoique je susse distrait par mille folies de jeunesse & d'amour ; & mon ami Pimentel gagna de son côté, plus de deux cent mille écus.*

Les gains de ce même Bassompierre se répétèrent souvent & furent immenses : il gagna, chez le duc d'Epernon, de quoi payer ses dettes, de quoi se faire habiller magnifiquement, acheter des broderies, une épée garnie de diamans, &c. & *, tous frais faits,* dit-il *, j'eus encore cinq ou six mille écus de reste pour tuer le temps.*

Une autre fois & dans un âge plus avancé, il gagna cent mille écus en une seule séance, tant à M. de Guise, qu'à Joinville & au maréchal d'Ancre. Mais, ces gains n'empêchèrent pas qu'il ne mourût tellement obéré, qu'il ne laissa pas de quoi payer la vingtième partie de ses dettes.

Henri IV jouoit moins pour s'amuser que pour gagner, & on le savoit ; aussi, le duc de Savoie, jouant contre lui, dissimula son jeu, disent les mémoires de Sully, &, par politique, renonça volontairement à quatre mille pistoles.

On n'abandonnoit pas Henri IV impunément

Mathémat. Tom. III. Seconde Partie.

quand il perdoit. Un jour Bassompierre, après un gain considérable, sous prétexte de se rendre où l'appeloit son service, s'esquiva furtivement : le roi fit courir après lui ; on le ramena, & il fut obligé de donner la revanche.

Henri, qui étoit incapable de dissimulation, montroit souvent une cupidité que Sully blamoit fort : ce monarque, pour acquitter des dettes contractées au jeu, retint un jour soixante-douze mille livres sur une confiscation dont le profit ne devoit pas le regarder.

Une autre fois, il ambitionna vivement la jouissance de certaines pièces d'or que Bassompierre avoit apportées à Fontainebleau, & qu'on nommoit alors *portugalloises* : mais il falloit jouer pour les gagner, & il vouloit aussi chasser. Afin de remplir ce double objet, il engagea une partie, fit tenir son jeu jusqu'au retour de la chasse, & revint plutôt qu'à l'ordinaire pour disputer lui-même les *Portugalloises* qu'il desiroit.

L'amour, quelle que fut sa puissance, ne pouvoit pas distraire Henri IV de sa cupidité : on vint un jour lui annoncer qu'une princesse qu'il aimoit, alloit lui-être ravie : *prends garde à mon argent,* dit-il à Bassompierre, *& entretiens le jeu, pendant que je vais savoir des nouvelles plus particulières.*

Sous ce règne, les joueurs eurent du crédit : l'un d'eux, à l'occasion du jeu, obtint un honneur dont n'avoient pas encore joui les princes ni les ducs. » Ceux-ci, dit Amelot » de la Houssaie, n'entrent en voiture dans » les maisons royales que depuis l'an 1607, » & ils en ont l'obligation au premier duc » d'Epernon, lequel allant jouer tous les jours » avec la reine Marie de Medicis, s'avisa de » faire entrer son carrosse dans la cour du » Louvre, & de se faire porter entre les bras » de ses estafiers, jusques dans la chambre de » la reine, sous prétexte qu'il étoit cruelle- » ment tourmenté de la goutte, & ne pou- » voit plus se tenir sur ses pieds. »

Ce fut dans ce temps-là que se formèrent dans Paris les académies de *jeu* : c'est le nom qu'on donna aux tripots où se réunissoient les bourgeois & les autres classes du peuple pour jouer. Tous les jours il y avoit quelqu'un de ruiné. Un fils de marchand, riche de vingt mille écus, en perdit soixante mille. Il sembloit, dit l'auteur du Mercure, que mille

Q

piſtoles alors, fuſſent moins qu'un ſou du temps de François premier.

L'uſure & les procès achevoient d'abymer les joueurs. Une maiſon du fauxbourg Saint-Germain fut louée quatorze cens livres pour quinze jours, au nommé Jonas, qui donnoit à jouer pendant la foire. On louoit de ſimples cabinets ou garderobes, pluſieurs piſtoles par heure : quand il falloit payer, on ſe battoit, ou l'on plaidoit.

Si les *jeux* furent en faveur ſous Henri IV, il n'en fut pas de même ſous Louis XIII. Celui-ci ne fut pas plutôt ſur le trône, qu'il déploya contre les joueurs toute la rigueur des loix. Pour arrêter non-ſeulement le *jeu* des ſimples particuliers, mais encore celui des princes & de la nobleſſe, il pourſuivit indiſtinctement le luxe dans toutes les maiſons. Les punitions ſuivirent les menaces : deux maîtres de jeu & quatre joueurs furent condamnés chacun à dix mille livres d'amende. Quarante-ſept brelans autoriſés, dont pluſieurs magiſtrats tiroient tous les jours une piſtole, furent abolis. Mais, peu de temps après, dit un auteur contemporain, quelques ſeigneurs rouvrirent des *jeux* dans leurs hôtels, *bien ſûrs que les huiſſiers n'oſeroient pas s'y préſenter.* Il eſt vrai qu'alors on ſe cachoit, mais on n'en jouoit que plus gros *jeu.* Le maréchal d'Ancre, dit le journal de Henri IV, riſquoit communément juſqu'à vingt mille piſtoles.

Vint après Louis XIII, le cardinal Mazarin, ſous le miniſtère duquel les *jeux* reprirent une nouvelle vigueur. Cet Italien, indépendamment de ſon goût particulier, fut, à l'allier à ſes vues politiques, &, à leur aide, il prolongea l'enfance du prince ſous lequel il gouvernoit.

»Mazarin, dit l'abbé de Saint-Pierre, in-»troduiſit le *jeu* à la cour de Louis XIV, en »1648 : il engagea le roi & la reine régente »à jouer, & l'on préféra les *jeux* de hazard. »Le *jeu* paſſa de la cour à la ville, & de la »capitale dans toutes les petites villes de »province. On quitta les *jeux* d'exercice, »tels que la paume, le mail & le billard. Les »hommes en devinrent plus foibles, plus »mal-ſains, plus ignorans, moins polis : les »femmes, ſéduites à leur tour par ce nouvel »attrait, apprirent à ſe moins reſpecter. »

Dès-lors on ne vit plus que des joueurs d'un bout de la France à l'autre : ils ſe mul-tiplièrent rapidement dans toutes les profeſ-ſions, & même dans la robe, qui ſe piquoit encore d'une certaine décence. Le cardinal de Retz rapporte dans ſes Mémoires, qu'en 1650 le magiſtrat le plus vieux du parlement de Bordeaux, & qui paſſoit pour en être le plus ſage, ne rougiſſoit pas de riſquer tout ſon bien dans une ſoirée ; & cela, ajoute-t-il, ſans que ſa réputation en ſouffrît, tant cette fureur étoit générale. Elle ſe mêla bien-tôt aux circonſtances les plus importantes de la vie, ainſi qu'aux affaires les plus graves.

Les états n'offroient plus, quand ils étoient convoqués, que des aſſemblées de joueurs. »C'eſt un *jeu*, dit Madame de Sévigné, c'eſt »une chère, une liberté jour & nuit, qui »attirent tout le monde. Je n'avois jamais »vu les états de Bretagne ; c'eſt une aſſez »belle choſe que les états. »

Lorſque cette dame, non moins ſenſible que ſpirituelle, s'exprimoit de cette manière, elle ne s'étoit point trouvée dans le cas de prendre au *jeu* aucun intérêt direct : mais les diſgraces que ſa fille & ſon gendre éprou-vèrent en jouant, la firent changer de ton. »Vous perdez, leur écrivoit-elle, tout ce que »vous jouez : vous avez payez ; ou 6 mille »francs pour vous ennuyer, pour être houſ-»pillés de la fortune. »

Le *jeu* lui parut enfin auſſi odieux qu'elle l'avoit trouvé agréable, lorſqu'elle n'en étoit que ſimple ſpectatrice. L'intérêt de ſes enfans l'éclaira, & la rendit très-ſoupçonneuſe. On voit ce qu'elle penſoit des joueurs les plus heureux, les plus renommés : elle ne croyoit pas qu'un bonheur conſtant fût une choſe naturelle. Cette bonne mère trembloit chaque fois que ſon fils la quittoit pour aller à Ver-ſailles : »il me mande, diſoit-elle, qu'il va »jouer avec ſon jeune maître ; cela me fait »tranſir ; quatre cens piſtoles s'y perdent ai-»ſément. »

Les *jeux* les plus ſimples de Louis XIV ré-pondirent long-temps à ſa magnificence : il ne s'en dégoûta que vers la fin de ſon règne. Avant cette époque, on ſe ruinoit avec pompe & dignité, tant à Verſailles, que dans les autres maiſons royales où le *jeu* commençoit ſouvent dès le matin. » J'ai vu, dit Madame »de Sévigné, mille louis répandus ſur le ta-»pis ; il n'y avoit plus d'autres jetons ; les »poules étoient au moins de cinq, ſix ou ſept »cens louis, juſqu'à mille, douze cens.... On

« joue des *jeux* immenses à Versailles. : Le » hoca est défendu à Paris, & on le joue chez » le roi cinq mille pistoles avant le dîner, » ce n'est rien, c'est un vrai coupe gorge. »

Madame de Sévigné n'avoit vu les joueurs que sous l'œil du maître, ou dans les cercles soumis à des bienséances inviolables : qu'eût-elle dit, si elle eût pu les suivre dans les coupers clandestins & dans les maisons de campagne du surintendant Fouquet, où vingt joueurs qualifiés, tels que les maréchaux de Richelieu, de Clairambaut, &c. se rassembloient avec des gens de mauvaise compagnie, pour y jouer des terres, des maisons, des bijoux, &c. C'est là qu'elle auroit vu risquer plus que de l'or, puisqu'on s'aviliffoit au point de circonvenir quelques dupes opulentes, toujours invitées les premières.

Laisser cent pistoles aux cartes par égard pour le maître du logis; le racquitter lorsqu'il perdoit; & lorsqu'on avoit affaire à quelque subalterne, le ruiner de fond en comble, voilà ce qu'on applaudissoit, & ce qui procuroit à un homme le titre de beau joueur.

Ce fut ainsi que Gourville, d'abord valet de chambre du duc de la Rochefoucault, & ensuite envoyé du roi en Allemagne, obtint de la faveur, de la considération & de la fortune; car il déclare dans ses mémoires, que ses gains en peu d'années, montèrent à plus d'un million.

Durant la minorité de Louis XV, un joueur étranger, le fameux Law, devenu contrôleur général, entreprit de faire jouer la nation pour rétablir les finances : il proposa un système, il établit une banque, qui manqua de bouleverser l'état, & séduisit ceux mêmes qui s'étoient garantis de l'épidémie des *jeux* de hazard. La moitié de la nation s'empressa de verser son argent dans cette banque. On fit fortune en peu de jours, en quelques heures. Plusieurs personnes s'enrichirent, en prêtant seulement leurs signatures. Une prompte révolution consterna tout le monde.

Six cent mille des meilleurs familles, qui avoient pris des intérêts dans cette banque, sur la foi du gouvernement, perdirent avec leurs biens, leurs places & leurs emplois. On finit par chasser l'auteur de tant de maux; & ce fameux joueur fut réduit, pour jouer encore, à mettre en gage le seul diamant qui lui restât.

Dans ces conjonctures, des ministres & des magistrats permirent des *jeux* publics, dont beaucoup de personnes furent les victimes. « Je doute, dit l'abbé de Saint-Pierre dans » ses annales politiques, que, sous M. d'Argenson, les *jeux* des hôtels de Gesvres & » de Soissons, défendus par les lois, eussent » duré si long-temps; il n'auroit pas souffert » que le valet y jouât l'argent de son maître, » le fils, celui de son père, & le père le pa-» trimoine de ses enfants.

Lorsqu'on ferma les hôtels de Gesvres & de Soissons, la fureur du *jeu* parut rallentie dans les villes; mais elle redoubla dans les cours, & chez les courtisans. C'est delà que sont sorties les flammes qui ont rallumé l'incendie.

Quand, avant la révolution françoise, les états de certaines provinces étoient assemblés, on y jouoit un *jeu* terrible, & tel que l'endroit où il se tenoit, dans la ci-devant province de Bretagne, s'appeloit l'*enfer*. C'étoit une salle de l'hôtel des commissaires du roi. On rapporte qu'un gentilhomme voulut un jour, au grand scandale de la noblesse, y jouer son épée.

Les jeux font tellement en usage aujourd'hui, que la plupart des personnes qui vont aux eaux sous prétexte de santé, n'ont pour véritable objet que d'y trouver des joueurs.

On lit dans le journal de politique & de littérature du 15 décembre 1776, que deux Anglois partis pour se battre en pays étranger, n'en avoient pas moins joué le plus gros *jeu* pendant la route, & qu'arrivés sur le champ de bataille, l'un d'eux avoit parié qu'il tueroit son adversaire. On ajoute que les spectateurs regardant cette affaire comme une partie de *jeu*, s'y étoient intéressés.

C'est sur-tout dans Paris que les *jeux* font singulièrement multipliés : car, indépendamment des académies de *jeux* où l'on ne joue que des *jeux* de commerce, tels que le piquet, la triomphe & l'impériale, il y a un grand nombre de maisons particulières où l'on se rassemble pour jouer aux *jeux* de hazard, & singulièrement à celui qu'on appelle trente-un.

S E C T I O N II.

De l'immoralité du jeu, des effets qu'il produit, & des désordres dont il est la source.

Théophraste dit que la passion du *jeu* est

en général le miniſtre des autres paſſions.

On peut auſſi la conſidérer comme une confiance aveugle dans ce qu'on appelle le ſort ou le hazard : confiance redoublée tant dans la bonne que dans la mauvaiſe fortune, par un deſir, par une témérité ſans bornes. L'exemple & l'occaſion l'inſpirent, les ſucc.s la fomentent, & l'habitude la rend preſque incurable.

Les principaux effets de la paſſion du *jeu*, ſont de compromettre l'honneur, de dégrader l'eſprit & de le ſoumettre aux plus abſurdes préjugés. Ajoutons qu'elle endurcit le cœur, & qu'elle le ferme non-ſeulement à la bienfaiſance, mais encore à la juſtice. On peut appliquer à un joueur ce que Piſon diſoit de l'empereur Othon ; *celui-là ſaura perdre, il ne ſaura pas donner*. Sully ſe plaignoit de ce que *le jeu* coûtoit à ſon maître beaucoup plus cher que les bienfaits, les préſents, & les autres dépenſes de ce genre. « J'ai tenu note, » dit ce miniſtre économe, de pluſieurs » ſommes conſidérables perdues au jeu par » Henri. Je ne les marquerai pas toutes. Le » 11 décembre 1606, ayant perdu tout ſon » argent, il me manda par un billet, que » Morand lui portât le ſoir, deux mille piſtoles. » En 1607, il me fit demander par Beringhen » neuf mille livres qu'il avoit perdues à la » foire Saint-Germain, en bijoux & baga- » telles : il m'écrivoit que les marchands le » tenoient *au cul & aux chauſſes* pour cette » ſomme. Le même me vint encore demander » cinq mille deux cents ſoixante-cinq livres. » Trois jours après, j'en donnai trois mille » autres ; & une autre fois, trois mille ſix » cents. Les années ſuivantes furent encore » plus diſpendieuſes : Le 18 Janvier 1609, » je comptai au roi vingt-deux mille piſtoles » qu'il avoit perdues au jeu, dont cinquante- » un mille livres contre le portugais Edouard » Fernandès, &c. ».

On voit les joueurs prodiguer leurs gains ſans ſonger à payer leurs dettes. Ils regardent ces mêmes gains comme un dépôt de la fortune, comme un nouveau gage des faveurs qu'ils en attendent ; & c'eſt alors qu'ils refuſent le ſalaire de l'artiſan. Au premier revers, ils achètent l'argent le double de ſa valeur, & livrent à vil prix leurs effets les plus précieux. Il n'y a pas long temps qu'on en vit un, qui ayant épuiſé ſes reſſources ordinaires, acheta **fort cher un nombre conſidérable de bieres**

ou cercueils, qu'il vendit enſuite pour une chetive ſomme qu'il ſe hâta d'employer au *jeu*.

Si les progrès de la raiſon n'ont point encore affoibli la paſſion du *jeu*, c'eſt qu'elle agit & préoccupe ſans relâche ; c'eſt que faiſant ſans ceſſe retentir les principales cordes de la cupidité, elle eſt en même temps le mobile & la médiatrice des autres paſſions qui la ſoutiennent & l'excitent. Des illuſions flatteuſes, des viciſſitudes continuelles, la raniment tour-à-tour ſans jamais l'aſſouvir. Ce qui la rend, pour ainſi dire, immortelle, ce qui lui fait braver la décence & les lois, c'eſt qu'elle fait eſpérer à l'inutile oiſiveté, plus de jouiſſances & de plus promptes que n'a droit d'en attendre une active induſtrie.

Le temps qui affoiblit l'eſprit auſſi bien que le corps, ne peut rien contre la paſſion du *jeu*, parce que l'imagination des joueurs ne vieillit jamais. Voilà ce qui les garantit des dégouts & de l'ennui qu'éprouvent les autres hommes au ſein des voluptés. C'eſt par la même raiſon que la décrépitude & les infirmités ne les arrêtent point. Horace parle d'un vieux goutteux qui entretenoit un eſclave exprès pour ramaſſer les dés & les mettre dans le cornet.

De grands criminels ont oublié, tandis qu'ils jouoient, que le glaive vengeur de la juſtice étoit ſuſpendu ſur leurs têtes. La menace d'un ſupplice prochain n'a pas empêché quelques joueurs, les uns de jouer encore, & les autres de regarder avec complaiſance ceux qui jouoient dans leur priſon. On lit dans le tome treize du mercure françois de l'an 1627, que le jeune & malheureux comte de Boutteville s'intéreſſoit en pareil cas, à une partie de *jeu*, donnoit des conſeils, & ſe vantoit d'avoir tenu tête au fameux galet.

Poſchaſius-Juſtus rapporte qu'un joueur qu'il connoiſſoit, imitant ce célèbre Ziſca qui avoit ordonné que ſa peau ſervit à garnir un tambour, légua la ſienne pour couvrir un damier, & ſes os pour en faire des dés.

La paſſion du *jeu* rend inſociables la plupart de ceux qu'elle domine. Les heures les plus belles de la journée, & des nuits entières ſe conſument au *jeu* où l'on perd & l'habitude des ſenſations les plus exquiſes & celle de commercer enſemble. Tout ſe traite parmi les joueurs, les cartes à la main. Quiconque ne joue pas, ne peut pas ſe produire chez un certain monde : il paſſe pour être d'un autre ſiècle.

Les plaisirs naturels & le charme des arts consolateurs n'ont aucun attrait pour un joueur, dès qu'une fois le venin de la cupidité a fermenté dans ses veines. Ses yeux inquiets & pleins d'un feu sombre, ne savent plus jouir du rajeunissement de la nature, ni des scènes touchantes qu'elle offre à chaque instant. Le malheureux écoute froidement les plus doux entretiens: le sentiment l'ennuie, & la raison le blesse.

Les spectacles que les ames neuves & libres trouvent d'une si courte durée, quand le grand Corneille fait pâlir les tyrans, ou quand Molière châtie les hypocrites, fatiguent les joueurs: ils n'y cherchent que leurs pareils; ils n'y voient que la balance du sort qui les attire.

L'impolitesse, la licence & la tyrannie des joueurs sont tellement de convention, que celui qui les reçoit chez lui habituellement, n'en exige plus que de l'assiduité, de l'audace & de l'argent: il les dispense d'avoir des mœurs. Quant à la réputation, on y regarde peu. A l'égard du caractère, des manières & des propos, quels qu'ils soient, on leur fait grâce, ou l'on paroît s'en amuser. Cette indulgence n'est pas nouvelle : *Masse à Condé*, dit un jour le comédien Baron : *Tope à Britannicus*, répondit le prince.

Plus endurans qu'autrefois, les joueurs ont appris à se passer ce qu'ils appellent leurs premiers mouvements: la plupart digèrent les injures, comme Mithridate digéroit les poisons.

Un homme connu tenant la main, & ayant laissé tomber un double louis, voulut sur le champ, le ramasser: que craignez-vous, lui dit-on? il n'y a ici que d'honnêtes gens. Je le crois, repliqua-t-il: mais de ces honnêtes gens-là, on en pend un par semaine, quand la justice fait son devoir; ce qui parut fort plaisant, & fut regardé comme un bon mot.

Les joueurs qui savent le mieux se contenir au *jeu*, y ont des réticences dont on pourroit se formaliser, sans être trop épineux. Quelqu'un jouant contre un prince, lui dit après un coup piquant: *monseigneur, quand on éprouve de semblables coups, & qu'il n'est pas permis de . . . dire son mot, il faut quitter la partie.* —*Qu'à cela ne tienne*, répondit le prince, *dites . . . . votre mot, & continuons.*

Les joueurs ont encore moins d'égards pour les femmes: il est vrai que celles-ci font semblant de prendre les apostrophes les plus dures, les expressions les plus grossières pour de la franchise & de la naïveté.

Plusieurs maîtresses de maisons veulent bien n'en être plus que les hôtesses : on entre chez elles, on en sort & l'on y rentre sans façon. Souvent on ne les connoît pas. Si par hazard on les remarque, ce n'est qu'au soin qu'elles prennent d'assortir les parties, & d'échauffer le *jeu*. S'il n'y a point de *jeu*, chacun déserte.

Il y a quelques années qu'un prince ayant invité beaucoup de monde à dîner, déclara à ses convives qu'il ne les avoit rassemblés que pour s'amuser avec sécurité; mais qu'il n'entendoit pas qu'on sortît mécontent de son palais. Excepté les *jeux* de hazard, il permit tous les autres. On servit de plus de soixante personnes qualifiées, il n'en resta que dix; les autres furent chercher fortune ailleurs.

Les joueurs crédules par désir, deviennent superstitieux par crainte. On en voit qui, pensant d'ailleurs avec assez de justesse, perdent un temps considérable à confronter le hazard avec lui-même, comme s'il avoit une marche qu'il fût possible de deviner. Si la raison les dirigeoit dans leurs recherches, ils apperce-vroient promptement qu'il n'y a aucune conséquence plausible à tirer des *chances* qui, tantôt reparoissent les mêmes, tantôt se croisent & se varient, au point qu'après avoir long-temps cherché quelques règles vraisemblables, on n'en est pas plus avancé.

Ecoutez les joueurs quand ils ont manqué leur coup, se plaindre de n'avoir pas suivi leurs *notions*. Ce n'est alors ni la nature du *jeu*, ni le sort qu'ils accusent; ils ne s'en prennent qu'à eux-mêmes. Si j'avois, dit l'un, préféré cette *carte*! Je l'avois toute prête, je voulois la jouer! J'ai tenu, j'ai touché, dit un autre, le billet qui devoit gagner le *gros lot*! Et toutes ces exclamations se réduisent à ceci: *je pouvois gagner*, mais j'ai perdu.

L'idée du gain, quand elle séjourne trop long-temps dans une tête foible, ardente & subjuguée par de vaines combinaisons, convertit le doute en certitude, & fait regarder comme infaillible ce qu'on désire fortement.

Un domestique plus séduit que corrompu, croyant ne faire qu'un emprunt, puisa dans le coffre de son maître de quoi jouer à l'une des loteries les plus attrayantes, quoique la plus inégale. On le surprit: c'en est fait, dit-il ; je ne demande qu'une grâce à mes juges, c'est de prendre au profit de mes enfants les *numeros* que j'ai choisis. Marchant au supplice, il répétoit : *je suis sûr qu'ils gagneront.*

Les joueurs qui se persuadent qu'après bien des essais, ils parviendront à maîtriser le sort, font tout aussi absurdes qu'un homme qui entreprendroit d'enseigner aux lièvres l'art de prendre les chiens.

L'expérience du malheur devroit éclairer les joueurs : mais le prestige est plus fort que l'infortune habituelle. S'ils réussissent, ils croient que c'est par prudence ; & s'ils succombent, que c'est par méprise. Ils ne sont frappés, dans cette dernière circonstance, que des combinaisons heureuses qu'ils avoient confusément envisagées, & qu'ils ont eu, disent-ils, le malheur de dédaigner.

L'imposture la plus grossière, promettant du gain, même aux *jeux* de hazard, trouve journellement des sots pour payer ses promesses. On voit fréquemment des charlatans qui affichent dans Paris qu'ils ont trouvé le moyen de gagner à la loterie : en conséquence, ils vendent des combinaisons toutes faites dont ils garantissent le succès en vertu de leurs calculs mystérieux. Quelques-uns d'entr'eux ne demandent qu'un intérêt modeste, en cas de réussite ; & ils réussissent toujours, parce qu'ils débitent tous les *numeros*. Les gens d'esprit se moquent de l'appât ; mais les autres s'y laissent prendre.

Quand on considère ce qui meut & décide les joueurs, on a pitié de leur raison intermittente & falsifiée. Ils soutiennent que l'art de conjecturer n'est pas une chimère : que le privilège de l'esprit est de savoir, dans le cas douteux, apprécier les probabilités, attendu qu'il y a beaucoup de circonstances où l'on est obligé de se déterminer indépendamment de l'évidence. Mais on peut leur répondre, premièrement, qu'il n'est pas nécessaire de jouer, & qu'il est plus sage, lorsqu'on le veut absolument, de se résigner en attendant la décision, que de se fatiguer par des suppositions gratuites : secondement, que les règles de probabilité, très-utiles & même nécessaires quand on n'en a pas d'autres, ne sont point applicables aux *jeux* de hazard.

Quand les instruments du *jeu* sont étalés sous les yeux des joueurs parmi des monceaux d'or, le passé se retrace, l'avenir se révèle à leurs imaginations brulantes & déréglées, qui

ne prévoient que ce qu'elles souhaitent ou ce qu'elles craignent.

Les esprits puissamment agités, dit Tacite, sont enclins à la superstition. Delà tant de joueurs qui, déifiant des êtres fantastiques enfantés autrefois par l'ignorance curieuse & inquiète, ne font en effet que consacrer leurs propres égaremens. Pour fixer, autant qu'il est possible, la cause mystérieuse qui se dérobe à leurs regards, pour la rendre présente à l'imagination, ils donnent à cette cause les noms confus de fortune & de sort.

Selon que cette fortune ou ce sort seconde ou contrarie les vœux des joueurs, ils l'appellent *bonheur* ou *malheur*, se figurant que ces deux attributs sont de vrais agents, ou qu'ils représentent des qualités spécialement inhérentes à tel ou tel individu.

On leur diroit en vain que le bonheur & le malheur résultants des *jeux* de hazard, sont des effets, & non des causes ; qu'ils n'expriment que la satisfaction, ou la répugnance produites par des mobiles agissant à leur insu : ils veulent des idoles qu'ils puissent invoquer dans l'occasion.

Préférant l'absurdité à l'indécision, ils s'accoutument, pour se délivrer de leurs perplexités, à réaliser des chimères, telles que les jours malencontreux, les places sinistres, les voisins de mauvais augure, &c.

Il semble, de temps-en-temps, qu'ils retombent en enfance, tant leurs manières & leurs propos sont puérils. *Toutes les fois que monsieur coupe*, disoit une joueuse, *je suis sûre de perdre.* --- D'où vient cela ? --- *c'est qu'il coupe sans réflexion.* Je vous avouerai, disoit un autre à son voisin, que je ne suis pas assez riche, pour que vous restiez auprès de moi. Quelques-uns ne jouent que de l'argent d'emprunt, parce qu'ils se figurent que cet argent doit leur porter *bonheur*.

On voit des joueurs qui, dans leur superstition, mettent à contribution les êtres inanimés, & cherchent de toutes parts, tantôt des pronostics, tantôt des talismans. Semblables au sauvage qui consulte un arbre ou un rocher, ils attachent la plus grande importance, soit aux chiffres antiques crayonnés sur les voutes des temples, pour en marquer l'époque ; soit au *marc de café*, lorsque cette matière venant à se sècher, se fend, & leur présente des figures confusément éparses, que chacun interprète à son gré.

Des joueurs des deux sexes, à l'exemple de Canidie, ont visité des fossoyeurs & des bourreaux pour en obtenir à prix d'argent de funèbres dépouilles, à l'aide desquelles ils se croyoient capables de conjurer le sort.

Une table de marbre trouvée à Rome, & dont l'inscription a été déchiffrée par Saumaise, offre une croix peinte sur un damier, autour de laquelle on lit ces mots : *notre sauveur assiste & fait gagner ceux qui jouent ici aux dés, & qui y ont écrit son nom.*

Saint-Evremond exprime ainsi le graffeyement & le propos scandaleux d'un gros joueur nommé Morin :

Je fais avant le *jeu* le signe de la croix ;
Et si ze n'ai jamais pu gagner une fois.

On a vu des joueurs qui, dans leur délire impie, croyoient châtier Dieu, soit en le privant d'offrandes, ou de prières ; soit en exerçant d'absurdes cruautés sur les signes qui le représentent.

Un abbé jadis très-connu dans les tripots de Paris, du temps des hôtels de Gesvres & de Soissons, s'en prenoit à l'église, & la rendoit responsable de ses infortunes : *si je perds encore,* disoit-il, *j'en révelerai le secret : il* perdit, & certifia qu'*il n'y avoit point de purgatoire.*

Paschasius-Justus, médecin flamand qui, par une étrange destinée, jouoit avec fureur, tandis qu'il censuroit le *jeu,* avoit horreur des blasphêmes. Pour moi, disoit-il un jour, au plus fort de ses disgraces, je ne conçois pas qu'un homme, quelque malheureux qu'il soit, puisse s'oublier à ce point : *c'est que vous ne savez pas,* lui répondit un autre joueur, *combien cela soulage.*

Le même médecin raconte qu'étant auprès du cardinal de Pogge, légat en Espagne, il voyoit souvent des joueurs accourir chez son éminence ; les uns, pour être relevés du serment qu'ils avoient fait de ne plus jouer, & les autres, pour être absous d'avoir enfreint, sans permission, un pareil serment. *Ce bon cardinal,* ajoute Paschasius-Justus, *les renvoyoit toujours satisfaits, mais il en recevoit d'amples rétributions.*

Les sauvages de l'Amérique, dit le père Lafiteau, se préparent au *jeu* par des jeûnes austères : non moins superstitieux que les sauvages, il y a des joueurs parmi nous qui prosmettent de bonnes œuvres à Dieu en échange de leurs gains.

« Rien n'est si grave & si sérieux, dit la » Bruyère, qu'une assemblée de joueurs : une » triste sévérité règne sur leurs visages ; im- » placables l'un pour l'autre, & irréconci- » liables ennemis, tant que la séance dure, » ils ne connoissent ni liaisons ni distinc- » tions. Le hazard seul, aveugle & farouche » divinité, préside au cercle, & y décide » souverainement ; en un mot, toutes les » passions suspendues cèdent à une seule ; » c'est celle du *jeu.* »

Il faut voir les joueurs lorsqu'ils ne sont qu'entr'eux, & libres de toute bienséance : quand ils sont bien allumés, les heures & les journées s'écoulent sans qu'ils s'en apperçoivent. Autant de joueurs, autant de machines qui se remontent d'elles-mêmes, & dont le mouvement ne cesse que lorsqu'elles se détraquent.

On a vu des joueurs rester trois, quatre, & quelquefois cinq jours de suite, assis à la même table de jeu. Ils ne veilloient pas ; ils ne dormoient pas non plus : leur état ressembloit à l'insomnie d'un criminel rêvant au supplice qui l'attend.

Ménage connoissoit un joueur qui, de son propre aveu, n'avoit jamais vu, du logis qu'il occupoit, que la lune sur l'horison. Saint-Evremond écrivoit au comte de Grammont : *vous jouez du matin au soir, ou, si vous l'aimez mieux, du soir au matin.*

Tous les rayons du cercle de leur vie aboutissent au *jeu :* c'est à ce centre unique qu'ils rapportent leur existence. Pas une heure de calme ni de sérénité. Le jour, ils le passent à desirer la nuit, la nuit à craindre le retour de la lumière.

Toujours préoccupés, les joueurs sont sujets à des absences ridicules. Plusieurs, dans leur ivresse, tel que Vitellius qui auroit oublié sa qualité d'empereur, si de temps en temps on n'avoit pas eu soin de le lui rappeler ; plusieurs ne se sont pas ressouvenus qu'ils étoient époux & pères. On parloit d'une taxe projetée contre les célibataires : je suis ruiné, s'écria un homme absorbé par l'idée du jeu : Y songez-vous, lui repliqua-t-on, vous avez femme & cinq enfants.

Une dévote s'accusoit d'aimer trop le *jeu :* Ah ! madame, lui dit son directeur, que de temps perdu à mêler les cartes !... Cela est vrai, mais il faut les mêler. Que la partie étoit belle, disoit un autre, que le *jeu* alloit bien *certain soir, à dix heures du matin*.

Hors du *jeu*, les joueurs ne s'entretiennent que de coups extraordinaires, que de grandes révolutions; & ils se passionnent d'autant plus, qu'ils croient deviner le secret de la fortune, à mesure qu'ils en racontent les caprices.

Ainsi préparés, & impatiens de courir de nouveaux hazards, ils regardent comme perdu tout le temps qui s'écoule, jusqu'à ce qu'ils recommencent. C'est à regret qu'ils voient luire le soleil: s'ils pouvoient en précipiter la course, leurs années se réduiroient à des instans. Ils dépérissent, lorsqu'ils attendent.

La nuit arrive: une épouse délaissée, malgré ses prières & ses larmes, tremble que l'aurore, au retour de son époux, n'éclaire la ruine totale de ses enfants, nés & nourris dans l'abondance.

L'une de ces infortunées vint un jour, la mort dans les yeux, chercher son mari qui jouoit depuis deux jours. Laissez-moi, s'écriat-il, encore un moment, encore un instant: je vous reverrai peut-être . . . . après demain. Le malheureux! il arriva plutôt qu'il ne l'avoit promis. Sa femme étoit couchée, tenant à la mamelle le dernier de ses fils: *levez-vous, madame, levez-vous*, lui dit-il, *le lit où vous êtes ne nous appartient plus*.

Tant que les joueurs prospèrent, on les accueille, on les recherche; mais aussi-tôt qu'ils sont ruinés, on les abandonne, & leurs disgraces ne corrigent personne.

Ce n'est qu'au *jeu* où l'on voit d'un instant à l'autre, toutes les faces du désespoir: de temps en temps, il en survient de nouvelles qui sont étranges, bizarres ou terribles.

Après avoir perdu tranquillement, & même avec sérénité la moitié de sa fortune, un père de famille joua le reste, & le perdit sans murmurer. On le regarde; sa figure ne change point: on s'apperçoit seulement qu'elle devient immobile. Cet homme vivoit sans le savoir. Deux ruisseaux de larmes s'échappent de ses yeux, & toujours sans que ses traits en soient altérés.

A Bayonne, en 1725, un capitaine du régiment d'Auvergne ayant introduit de force dans sa bouche, après un coup piquant, une bille de billard, les dents se resserrèrent, la

respiration fut long-temps interceptée; & les chirurgiens eurent bien de la peine à le délivrer de cette bille qui l'étouffoit.

Comme le chien qui mord la pierre qu'on lui jette, les joueurs s'en prennent à tout: ils mangent les cartes, brisent les dés, rompent les meubles, & se frappent eux-mêmes. On en a vu mâcher une bougie ardente & l'avaler. Un furieux à Naples, mordit la table avec tant de violence que les dents entrèrent fort avant dans le bois: il y resta cloué sans chaleur & sans vie.

Qu'un joueur se soit empoisonné par les yeux, en voyant sa perte écrite sur les cartes qu'il tenoit entre ses mains, & qu'en les regardant, il ait rendu le dernier soupir; ce trait attesté dans le mercure françois de l'année 1610, offre l'exemple d'une sorte de désespoir qui n'appartient qu'à la fureur du *jeu*, & la fait mieux connoître que tant de suicides, & tant de meurtres si souvent renouvelés par l'amour, l'ambition & la colère.

De bons esprits parmi les joueurs, ont été abrutis par la perte, & d'autres en plus grand nombre, l'ont été par le gain. Il en est qui, dans le cours de leurs prospérités, périssent de joie, deviennent fous, & se ruinent après avoir ruiné les autres. En voici un exemple.

Dans l'une des dernières guerres, un particulier se rendit à l'armée pour y prendre possession d'un emploi militaire assez distingué: tout étoit nouveau pour lui; le brillant habit qu'il portoit, la haute noblesse qu'il fréquentoit, & les jeux immodérés dont il ne fut d'abord que spectateur.

Moins effrayé des risques, que séduit par l'espoir de s'enrichir promptement, il se résolut enfin à tenter la fortune. Son bonheur fut tel, il gagna des sommes si considérables qu'il perdit la tête en voulant les compter.

Sa table, son train, tout est changé: il veut un hôtel à Paris, & qu'on lui retienne une maîtresse.

Etonné de lui-même, il ne se croit plus un homme ordinaire. Il rassemble ses valets, & d'un ton qui commençoit à manifester sa folie; *me connoissez-vous bien*, leur dit-il? *Vous croyez peut-être ne servir qu'un bourgeois, que le fils d'un tel? Apprenez à me connoître, & sachez désormais qui vous servez.*

A chaque apostrophe non moins extravagante, il leur lançoit des poignées d'or & d'argent. L'heure sonne: il court au *jeu*, & ne ne revient de fon ivreffe qu'après avoir perdu non feulement tous fes gains, mais encore la valeur de fon emploi.

Quoique toutes les affections des joueurs fe réduifent à des regrets, lorfqu'ils perdent & à de nouveaux defirs, lorfqu'ils gagnent, elles fe déguifent fous tant de formes, qu'il n'appartient qu'à des yeux très-exercés de les reconnoître : la paffion dominante en fufcite d'autres qui donnent le change.

Un homme déclamoit un jour contre le *jeu* avec tant de véhémence, qu'on eût cru que c'étoit un père irrité qui gourmandoit fes enfants : ce n'étoit qu'un vieil extravagant qui venoit de perdre fon dernier écu, & s'en vengeoit par des invectives.

Il y a beaucoup de joueurs qui ne peuvent pas fouffrir qu'on les regarde jouer. D'autres s'indignent de l'impartialité de la fortune. Confternés du mortel équilibre qui les tient en fufpens : *nous aimerions mieux perdre*, difent-ils, *que de refter au même point.* C'eft qu'ils regardent comme perdu tout ce qu'ils n'ont pas gagné.

Moins touchés en apparence, de la privation de leur argent, que des contradictions qu'ils éprouvent, plufieurs ne laiffent gémir que l'orgueil. *Je ne me plains pas*, difoit l'un d'eux, en s'adreffant aux fpectateurs, *je vous plains de me voir jouer d'un malheur fi révoltant.*

Il y a des joueurs qui sèchent d'impatience avant de jouer, & bien plus encore quand ils jouent : les décifions du fort, quelques promptes qu'elles foient, leur paroiffent d'une lenteur infupportable.

« Voulez-vous favoir, dit l'Aretin, quel
» temps paroit être le plus long au joueur ?
» Eft-ce la femaine fainte où l'on va à con-
» feffe, & où les *jeux* font fufpendus ? Non.
» Eft-ce la maladie qui dure un mois ? Encore
» moins. Le temps qu'on met à manger &
» à dormir ? Nullement. Seroit-ce quand on
» cherche de l'argent pour retourner au *jeu* ?
» Vous n'y êtes pas. Dites-le donc ? C'eft
» *entre l'éteindre & le rallumer de la chandelle;*
» c'eft encore *entre le tomber & le relever*
» *d'une carte ou d'un dé*, ce que croira facile-
» ment quiconque en a fait l'épreuve.

Il n'étoit pas poffible d'infliger à l'empe-reur Claude qui avoit exceffivement aimé le *jeu*, un fupplice plus grand, ni mieux afforti que celui qu'il fubit dans les enfers, felon la

fiction de Sénèque : ce prince y fut condamné par Eaque, à ramaffer fans ceffe les dés qui s'échappoient d'un cornet défoncé.

Il y a des joueurs qui, immobiles & ref-pirant à peine dans l'attente d'une carte, ou d'un dé favorable, ne penfent plus & ne fen-tent plus : ils voient feulement & regardent.

A Bordeaux, pendant le carnaval de 1759, dans l'hôtel du gouvernement, on s'écria que la poutre principale de la chambre où l'on jouoit, fléchiffoit & alloit fe rompre : les joueurs n'entendirent pas ou méprifèrent ces cris. Pour détruire le charme qui les retenoit, & les fouftraire à l'abyme prêt à les engloutir, il fallut enlever la table. Ce fut alors qu'ils fe levèrent : mais chacun, en filence, fuivit pas à pas cet autel ambulant, & ne ceffa d'avoir les yeux fixés fur les mains de celui qui tenoit le livre du deftin.

En 1772, à Naples, la foudre tomba en globe de feu fur la maifon de mylord Tylney; ce globe fe promena dans les appartements, & s'arrêta au-deffus d'une table de *jeu*. La plupart des acteurs n'en virent rien : l'un d'eux ébloui par la lueur de ce terrible phé-nomène, fecoua machinalement la main pour l'écarter, & continua de jouer avec fécurité.

Souvent on ne regarde pas jouer impuné-ment. *De deux regardeurs*, dit un vieux pro-verbe, *il y en a toujours un qui devient joueur.*

Plufieurs, qui, de fimples fpectateurs, fe font fubitement transformés en acteurs, ont payé, de leur fortune, & quelquefois de leur vie, ce fatal incident.

Un receveur ayant eu la curiofité de voir le *jeu* d'une ducheffe, mit par contenance quel-ques pièces fur le tapis : *on ne joue ici que de l'or*, lui dit-on, *retirez votre argent.* Cet homme fier & irritable, avoit fur lui le mon-tant de fa recette : il le rifque d'un feul coup; donne le *tout* trois fois de fuite, gagne & fort. Malheureux, lui dit fon ami, fi tu avois perdu ! *Eh bien ! répondit l'autre, ne devions-nous pas traverfer la rivière ?*

Parmi les dangers de toute efpèce qui en-vironnent les joueurs, il en eft un qu'évitent difficilement les jeunes gens fans expérience, lorfqu'ils entrent dans la carrière. Je veux parler de l'occafion toujours prochaine où ils font de devenir les victimes de cette claffe nombreufe de fripons qui abondent à Paris dans les maifons de *jeux*, & qu'on a coutume

R

de déſigner ſous le titre de *chevalier d'induſtrie.*

Voici la marche ordinaire de ces intrigants: pour avoir du crédit, ils ſe lient avec des hommes honnêtes, ou qui paſſent pour tels. Quand ils n'ont point de titres, ils s'en fabriquent: peu de gens les leur conteſtent. On trouve ces meſſieurs utiles aux plaiſirs de la ſociété dont ils font les frais aux dépens des dupes qu'ils produiſent dans le monde.

Le revenu des chevaliers d'induſtrie n'eſt d'abord fondé que ſur l'inexpérience de ceux qu'ils ont grand ſoin de s'attacher par des appâts de tout genre, afin de les ruiner quelque jour, s'ils doivent être riches, ou d'en faire des complices, s'ils n'ont que des diſpoſitions.

Après les avoir promenés d'erreurs en erreurs; après leur avoir ſuggéré une foule de beſoins & de vices, ils les font jouer, s'ils ſont majeurs: ils leur vantent le *jeu* comme une reſſource infaillible; & voilà, dès l'origine, le but où ils vouloient les amener.

Alors le protecteur livre ſes petits amis à des exécuteurs qui les dépouillent au profit commun des confédérés. On n'attend pas toujours la majorité pour frapper les grands coups. Quand un père opulent redoute les eſclandres, on immole bruſquement la jeune victime, de crainte qu'elle n'échappe par inconſtance. On capitule avec ceux qui conteſtent; & l'on cède au tuteur qui réclame la protection de la loi.

SECTION III.

Des lois publiées ſur les jeux, à différentes époques.

Le code des Gentous contient ſur les *jeux* pluſieurs lois ſévères & mêmes atroces. Il n'étoit permis de jouer chez ces anciens peuples qu'en préſence du magiſtrat: celui-ci avoit ſon droit de préſence; il veilloit ſur les différents *jeux*, avertiſſoit des fautes, & puniſſoit les prévaricateurs en leur faiſant couper deux doigts.

Quand Athènes & Rome eurent atteint le plus haut dégré de ſplendeur; c'eſt-à-dire, quand l'atticiſme & l'urbanité, précurſeurs ordinaires de la molleſſe & de l'avarice, firent inſenſiblement préférer les plaiſirs aux devoirs, l'aréopage & le ſénat ſe ſignalèrent, de part & d'autre, par la cenſure des vices

que les magiſtrats de ces deux nations ſe permettoient à eux-mêmes, & la fureur du *jeu* ne fut point épargnée.

Chez les grecs, on avoit déjà, du temps de Périclès, ſouvent flétri les joueurs: enſuite il fut enjoint aux citoyens de dénoncer ceux qui jouoient furtivement; c'eſt pourquoi quelques-uns partoient d'Athènes pour aller jouer à Scyros, dans le temple de Minerve. C'eſt ainſi qu'il y a quelques années, on voyoit des Vénitiens qui parcouroient la France & l'Angleterre, afin de pouvoir ſe livrer aux *jeux* de hazard qu'on venoit de défendre dans leur patrie.

Ces ſortes de *jeux* furent conſtamment prohibés chez les Romains. Le juriſconſulte Paul fait mention d'un ſénatuſconſulte, qui défendoit de jouer de l'argent, à moins toutefois que ce ne fût à certains *jeux* qui avoient pour objet l'exercice du corps, & étoient utiles pour la guerre.

Cette défenſe de jouer de l'argent s'appliquoit à toutes les choſes appréciables à prix d'argent: il étoit ſeulement permis de jouer ſon écot dans un feſtin.

Le ſénatuſconſulte dont on vient de parler, dénioit non-ſeulement toute action pour ce qui avoit été gagné au *jeu*, il donnoit encore au perdant une action pour répéter ce qu'il avoit payé pour le prix du *jeu*. On admettoit même à cette répétition les enfans contre leurs pères, & les affranchis contre leurs patrons.

On ne ſait pas préciſément l'époque où fut fait ce ſénatuſconſulte: il peut être du temps de Septime Sévère, ou de quelqu'un de ſes prédéceſſeurs: au reſte, il n'avoit pas établi un droit nouveau; il n'avoit fait que confirmer les anciennes loix. La ſeconde philippique de Cicéron fait mention d'une procédure criminelle établie contre ceux qui jouoient aux *jeux* de hazard.

Ceux qui donnoient à jouer chez eux aux *jeux* de cette eſpèce, étoient ſi odieux, que le préteur leur dénioit toute action relativement aux inſultes qu'on leur faiſoit, & aux dommages qu'on leur cauſoit pendant ce temps. Cette déciſion étoit fondée ſur ce que la perſonne qui avoit reçu des joueurs chez elle, ne devoit pas être admiſe à ſe plaindre des délits auxquels elle avoit donné occaſion.

L'empereur Juſtinien ajouta aux loix faites contre le *jeu*: il défendit, comme avoit fait l'ancien sénatusconsulte, de jouer de l'argent à quelque *jeu* que ce fût, à l'exception des *jeux* d'exercice nommés dans sa constitution : mais au lieu que l'ancien sénatusconsulte avoit permis de jouer de l'argent à ces *jeux* sans limiter la somme, Justinien ordonna qu'on ne pourroit jouer plus d'un écu d'or par partie.

Quant aux autres *jeux*, ce prince confirma l'ancien sénatusconsulte, en ce qu'il avoit accordé aux perdans une action pour répéter l'objet de leur perte, & il ajoûta deux choses à cette disposition : 1°. il ordonna que cette action ne se prescriroit point par le laps de trente années comme les autres actions, & que le perdant ou ses héritiers pourroient l'exercer pendant cinquante ans. 2°. Il voulut que dans le cas où le perdant négligeroit de répéter la somme qu'il auroit perdue au *jeu*, les officiers municipaux de la ville où le délit auroit eu lieu, pussent poursuivre la répétition de cette somme pour être employée à des ouvrages publics concernant l'utilité & la décoration de la ville.

Les édiles, du temps de Martial, avoient inspection sur les tavernes où les joueurs se rassembloient : on voit dans une épigramme de ce poëte, que ces joueurs étoient surveillés avec tant de soin, que les dés trop vivement agités, suffisoient pour les trahir. Cette police toujours maintenue par le sénat, & par les empereurs, s'exerçoit encore parmi les ruines du bas empire.

Les pères de l'église & les conciles ont vainement tonné contre le *jeu* : le clergé lui-même en donnoit l'exemple. J'apprends, dit Justinien, que des diacres, des prêtres, & ce que j'ai honte d'ajouter, que des évêques, spécialement chéris de Dieu, ne se font aucun scrupule de jouer aux dés.

M. le Beau, dans son histoire du bas empire, parle d'un évêque de Syllée qui vivoit sous le règne de l'empereur Léon V, au commencement du neuvième siècle : *c'étoit non seulement*, dit-il, *le courtisan le plus délié, mais encore le plus gros joueur.*

Le cardinal Pierre Damien, au onzième siècle, condamna un évêque de Florence, pour avoir joué dans une auberge, à réciter trois fois de suite le pseautier, à laver les pieds de douze pauvres, & à leur compter un écu par tête.

Plus récemment, un évêque de Langres

s'attira l'épitaphe suivante, pour avoir scandalisé son diocèse :

Le bon prélat qu' gît sous cette pierre,
Aima le *jeu* plus qu'homme de la terre :
Quand il mourut, il n'avoit pas un liard ;
Et comme perdre chez lui étoit coutume,
S'il a gagné paradis, on présume,
Que ce doit être un grand coup de hazard.

Au Japon, on punit de mort quiconque risque de l'argent aux *jeux* de hazard. Ceci prouve à quel point d'atrocité ont été portées les lois de cet empire.

Blakstone, dans son commentaire sur le code criminel d'Angleterre, dit d'abord que le contrat du *jeu* est le plus absurde des contrats, puisqu'il ne s'agit en dernier ressort, que de savoir sur qui tombera la ruine, & que le vainqueur tarde rarement à subir le sort du vaincu.

Il semble, ajoute ce fameux jurisconsulte, que les Germains nos ancêtres nous aient transmis, dès l'origine, toute la fureur qu'ils ressentoient pour le *jeu*.

Au reste, si cette fureur continue & s'augmente en Angleterre, ce n'est pas faute de lois tant anciennes que modernes. Pour arrêter le désordre dans les derniers rangs de la société, Henri VIII défendit aux artisans, sous peine d'amende & de prison, de se livrer, excepté pendant les fêtes de Noël, aux *jeux* qui de son temps étoient en vogue. La même défense confirmée par un statut de Georges III, inflige les mêmes peines à ceux qui donnent publiquement à jouer aux domestiques.

Les *jeux* des grands & des riches, tels qu'ils existent maintenant, continue Blakstone, sont de toute autre conséquence, ils méritent beaucoup plus l'attention du magistrat ; quand les supérieurs jouent, les subalternes les imitent : ceux-ci ne joueroient pas, s'ils n'en recevoient l'exemple.

Que peuvent les lois en pareille conjoncture ? Que peuvent-elles, lorsqu'un faux honneur exige que l'on s'exécute sans délai, que l'on s'immole en silence, & sans recourir aux tribunaux. N'importe, il ne faut pas se lasser de faire des lois contre le *jeu*, de les renouveler, & sur-tout de les rendre familières, afin que les joueurs de bonne foi & de bon lieu, sachent ce qu'ils ont à craindre,

R 2

tant de la part du gouvernement qui s'engage à les punir, que de la part des fripons dont ils ne sauroient manquer d'être les victimes. Ceux-ci, lorsqu'ils gagnent réclament l'honneur ; & la loi, quand ils perdent. Ces lois mettent des bornes à ce qu'il est permis de risquer aux *jeux* de hazard.

Si quelqu'un, dit Charles II, soit en jouant, soit en pariant, perd plus de cent livres sterlings en une séance, je le dispense du payement : je condamne son adversaire à compter le triple de la somme gagnée, moitié à la couronne, & moitié au dénonciateur.

La reine Anne déclare nuls & de nul effet les billets, l'argent prêté, & tous les engagemens contractés au *jeu* : elle donne encore action au perdant contre le gagnant ; &, au défaut de ce dernier, à quiconque voudra poursuivre le délit, adjugeant à celui-ci le quintuple de la somme perdue. Ce qu'il y a de plus remarquable, c'est qu'elle permet à ceux qui sollicitent la confiscation des gains faits au *jeu*, de prendre à serment l'infracteur, de quelque qualité qu'il soit ; voulant que les actions de cette nature suspendent les privilèges des membres du parlement.

Cette princesse n'a pas oublié les joueurs infidèles : lorsqu'ils gagnent plus de dix livres sterlings, soit en argent, soit en effets, elle les condamne à rendre le quintuple, les soumettant d'ailleurs à des notes d'infamie, à des peines afflictives.

On voit, dit toujours Blackstone, que nos rois n'ont rien omis de ce qui pouvoit flétrir le *jeu*, & en dégouter les joueurs. Vains efforts ! pour se soustraire au châtiment, on changeoit les noms : on annonçoit des ventes, des encans, des adjudications qui n'étoient que des loteries. On ne cessoit dans tous les quartiers des villes, & jusques dans les bourgades, de tirer ces sortes de loteries avec des billets, des cartes ou des dés. Tous les jours, c'étoient de nouveaux expédiens, de nouvelles ruses qui aboutissoient également à la perte des biens & des mœurs. Georges II condamna les moteurs de ces différens *jeux* à cinq cens livres d'amende, & leurs dupes à cinquante.

Toutes les loteries dénuées de la sanction du parlement, tout ce qui équivaloit aux loteries, comme le Pharaon, &c. fut pareillement défendu par un grand nombre de statuts.

Les courses de chevaux qui n'étoient que des *jeux* plus ruineux que les autres, furent également soumises aux ordonnances. George II ne voulut pas néanmoins priver son peuple d'un exercice martial & salutaire ; mais il défendit, sous peine de deux cens livres d'amende, d'y parier plus de cinquante livres.

Le même prince, non content d'opposer aux nouveaux abus de nouvelles lois, fit revivre les anciennes, tant il avoit à cœur de dompter la passion du *jeu*, toujours combatue, & toujours renaissante.

Deux républiques également fameuses par là fureur du *jeu*, ont donné à ce sujet, il y a quelques années, des exemples bien différens. Genes a rejeté en 1777, pour la troisième fois, la loi qui lui a été présentée contre les *jeux* de hazard. Venise, au contraire, après avoir supprimé la *redoute*, après avoir poursuivi les joueurs de tout sexe & de tout état, a défendu le *jeu* dans l'étendue de sa domination.

Le gouverneur de Rome, en 1776, rendit une ordonnance contre les *jeux* de hazard, & nomma des commissaires pour veiller à l'exécution de cette nouvelle loi.

Le roi de Prusse, en 1777, a renouvelé les anciens édits contre les joueurs : ceux qui jouent doivent être condamnés à trois cens ducats d'amende, & faute de payement, à trois mois de prison, au pain & à l'eau dans la forteresse de Spandau.

En France, on a de très-anciennes ordonnances contre le *jeu*. Charlemagne, dans ses capitulaires, défendit les *jeux* de hazard, *à peine d'être privé de la communion des fidèles*.

L'un de nos meilleurs rois, Saint-Louis, frémissoit, quand il entendoit seulement parler de *jeux* de hazard. Ce prince naturellement doux & patient, n'étoit plus maître de lui, quand il apprenoit que les premiers sujets, au mépris des ordonnances, se livroient à des *jeux* défendus. A son retour de la Palestine, & languissant sur son vaisseau, des suites d'une longue maladie, il fut instruit que le comte d'Anjou, son frère, étoit dans la chambre voisine, aux prises avec un autre seigneur. Quoique foible, il y accourut : il saisit les dés & le damier, les jeta dans la mer, &, dit Joinville, *se courrouça moult fort contre son frère*. Gauthier de Nemours qui jouoit contre le comte, ne perdit point la tête : *car il jeta tous les deniers qui*

étoient sur le tablier, dont il y avoit grant foi-
son, il les jeta en son geron & les emporta.

Charles IV, dit le Bel, par une ordonnance de 1319, défendit de jouer aux dés,
aux tables ou trictrac, au palet, aux quilles,
aux billes, à la boule, & à d'autres *jeux* semblables qui détournent des exercices militaires, à peine de quarante sous parisis d'a-
mende.

Charles V, dit le sage, renouvela la même peine, par une ordonnance du 3 avril
1369, publiée le 23 mai de la même année.
« Voulant, disoit ce prince, obvier à tous
» inconvéniens, toujours duire & gou-
» verner nos sujets en ce qui peut leur être
» utile & agréable, défendons les *jeux* de
» hazard, &c.

On s'en abstint pour quelque temps; mais
les grands vassaux, la noblesse & le clergé ne
tardèrent pas à ramener la licence.

Les joueurs ne furent plus réprimés jusqu'à
Charles VIII. Ce monarque, par une ordonnance du mois d'octobre 1485, fit défense aux prisonniers de jouer aux dés: il permit seulement aux personnes de naissance &
d'honneur qui étoient en prison pour causes
légères & civiles, de jouer au trictrac & aux
échecs.

Charles IX, par l'ordonnance d'Orléans,
défendit avec les bordels, *tout brelan, jeu de
quilles & de dés*, à peine contre les contre-
venants d'être punis extraordinairement.

Par l'article 59 de l'ordonnance de Moulins, le même prince accorda aux mineurs
une action pour répéter ce qu'ils auroient
perdu aux *jeux* de hazard, *sans néanmoins
approuver tels jeux entre majeurs* (1).

Suivant la déclaration de Louis XIII, du 30
mai 1611, lorsque ceux qui donnent à jouer à
des *jeux* défendus, sont pris en flagrant délit, les officiers qui constatent ces contraven-
tions, doivent saisir l'argent & les autres
effets exposés au *jeu*, & ces choses doivent
être confisquées au profit des pauvres (2).

Les articles 137, 138, 139, 140 & 141
de l'ordonnance de 1629, contiennent aussi
des dispositions très-rigoureuses contre le

---

(1) Et parce que porte la loi citée, nous avons
entendu que plusieurs de nos sujets mineurs & en bas
âge, ont été attirés par des inductions à *jeux* de hazard,
auxquels ils ont perdu & consommé leur jeunesse &
subsistance, avons ordonné que les deniers & biens
perdus en tels *jeux*, pourront être répétés par lesdits
mineurs, leurs pères, mères, tuteurs & curateurs,
ou proches parents, & voulons iceux biens leur être
rendus, pour employer au profit desdits mineurs, &
éviter leur ruine & destruction; sans par ces présentes
approuver tels *jeux* entre majeurs, pour le regard desquels entendons les ordonnances de nos prédécesseurs
être gardées, & y être tenu la main par nos juges,
ainsi que la matière y sera disposée.

(2) *Cette loi est ainsi conçue :*
Les rois nos prédécesseurs mus d'un zèle particulier
envers leurs sujets ont, de temps-en-temps, par bonnes
& saintes lois, apporté le remède convenable aux
vices & mauvaises coutumes qui pourroient détourner
leursdits sujets du chemin de la vertu, altérer les
conditions honorables de leurs officiers, & généralement apporter du désavantage aux familles des meilleures villes du royaume où le *jeu* s'est introduit: pour
réprimer la jouissance duquel, ayant été fait de beaux
règlements & ordonnances, même s'en étant ensuivis
plusieurs arrêts de nos cours souveraines contre les
brelans & ceux qui en pratiquoient l'usage; nous
l'avons, à notre grand regret, trouvé si commun à
notre avènement à la couronne, que nous avons vu,
en peu de temps, plusieurs de nos officiers & sujets de
différentes qualités, après avoir esdits brelans, aux
jeux de cartes ou de dés, dissipé ce que l'industrie de
leurs pères leur avoit, après un long travail, honora-
blement acquis, être contraints d'emprunter de grandes
& notables sommes de deniers, & icelles encore perdues & consommées, faire banqueroute à leurs créanciers, à la ruine de plusieurs bonnes familles; pour à
quoi remédier, faisons défenses à toutes personnes de
quelque qualité & condition qu'elles soient, de tenir
brelans en aucunes villes & endroits de notre royaume,
ni s'assembler pour y jouer aux cartes ou aux dés ;
même aux propriétaires, détenteurs des maisons, ou
locataires d'icelles, d'y recevoir ceux qui tiendront
lesdits brelans ou joueront lesdits *jeux*, à peine d'a-
mende arbitraire, & d'autre punition, s'il y échet,
& d'être, en leur propre & privé nom, responsables
de la perte des deniers qui y sera faite, & tenus à la
restitution d'iceux; enjoignant à cette fin aux juges de
nos villes de se transporter auxdites maisons & lieux où
ils seront avertis y avoir brelan & assemblées, se
saisir de ceux qui s'y trouveront, ensemble de leur
argent, bagues & joyaux, & autres choses exposées
au *jeu*, en faire distribution aux pauvres des hotels-
dieux, auxquels les avons adjugées : en outre faire
& parfaire le procès, tant aux joueurs qu'aux propriétaires & locataires qui les recevront, comme in-
fracteurs de nos ordonnances, qui auront encouru la
rigueur d'icelles.

Jeu. (1) Ils déclarent nulle toute obligation faite pour raison du *jeu*, quelque déguisée qu'elle soit, & veulent que ceux qui donnent à jouer aux *jeux* défendus, soient regardés comme infames & incapables de posséder des offices royaux, &c.

Depuis cette époque, il est encore intervenu plusieurs réglements contre les académies de *jeu*, & contre certains *jeux* en particulier. Un arrêt du 8 juillet 1661, a défendu de tenir des *jeux* de hazard, à peine de mille livres d'amende & de prison.

Par un autre arrêt du 16 septembre 1663, il a été défendu de tenir des académies de *jeu*, à peine de trois mille livres d'amende & de prison.

Un autre arrêt du 28 novembre 1664, a prononcé en pareil cas quatre cens livres patisis d'amende pour la première fois, & pour

la seconde, le fouet & le carcan : il a en outre fait défense aux propriétaires des maisons de les louer pour tenir académie de *jeu*, à peine de perdre leurs loyers, & d'avoir leurs maisons fermées pendant un an.

Un édit du mois de décembre 1666, a ordonné l'exécution des loix précédentes contre ceux qui tiendroient académie, brelans, *jeux* de hazard & autres *jeux* défendus.

Par arrêt du 16 décembre 1680, le parlement de Paris a défendu les académies de *jeu*, à peine de trois mille livres d'amende, & les *jeux* de hazard, particulièrement ceux de bocca & de bassette, à peine de 500 livres d'amende.

Par un autre arrêt de réglement du 8 février 1708, la même cour de justice » a fait » très-expresses inhibitions & défenses à tous » marchands, colporteurs, artisans & autres,

---

(1) Voici ces loix :

ARTICLE 137. Défendons & interdisons à tous nos sujets de recevoir en leurs maisons, les assemblées pour le *jeu*, que l'on appelle académies ou brelans, ni prêter ou louer leurs maisons à cet effet. Déclarons dès à présent tous ceux qui y contreviendront, & qui se prostitueront en un si pernicieux exercice, infames, intestables & incapables de tenir jamais offices royaux: enjoignons à tous nos juges de les bannir pour jamais des villes où ils seront convaincus d'avoir contrevenu au présent article. Voulons en outre que lesdites maisons soient confisquées sur les propriétaires, s'il est prouvé que ledit exercice y ait été six mois durant, sauf leur recours contre lesdits locataires. Déclarons en outre ceux qui se trouveront convaincus d'avoir été trois fois auxdites académies, infames, intestables, comme dessus.

ARTICLE 138. Déclarons toutes dettes contractées pour le *jeu*, nulles, toutes obligations & promesses faites pour le *jeu*, quelques déguisées qu'elles soient, nulles & de nul effet, & déchargées de toutes obligations civiles ou naturelles. Voulons que contre icelles, le fait du juge soit reçu, nonobstant toutes ordonnances à ce contraires, auxquelles nous avons dérogé & dérogeons pour ce regard. Voulons & ordonnons que toutes lesdites promesses soient cassées ; & les porteurs d'icelles, soit le premier créancier, ou le cessionnaire, soient non seulement déboutés de leur demande à fin de payement des sommes portées par lesdites promesses, mais aussi étant prouvé qu'elles viennent de jeu, condamnés envers les pauvres, en pareille somme que sera celle contractée auxdites promesses. Défendons à toutes personnes de prêter argent, pierreries, ou autres meubles pour jouer, ni répondre pour ceux qui jouent, à peine de la perte de leurs dettes, & nullité des obli-

gations, comme dit est, de confiscation de corps & de biens, comme séducteurs & corrupteurs de la jeunesse, & causes des maux innombrables que l'on voit provenir chacun jour.

ARTICLE 139. Ordonnons pareillement que tous ceux qui joueront sur gages, perdront les gages qu'ils auront exposés, & ceux même qui les auront gagnés, & seront confisqués sur eux au profit des pauvres, réservant le tiers au dénonciateur : & outre ce, ceux qui les auront gagnés, seront condamnés en pareille somme que celle pour laquelle ils auront gagné lesdits gages, applicable comme dessus.

ARTICLE 140. Permettons aux pères, mères, aïeuls & aïeules, & aux tuteurs, de répéter toutes les sommes qui auront été perdues au *jeu* par leurs enfants, ou mineurs, sur ceux qui les auront gagnées ; Voulons qu'elles leur soient rendues ; & ceux qui auront gagné lesdites sommes, condamnés à la restitution d'icelles avec dépens, dommages & intérêts, & que la preuve par témoins soit reçue, nonobstant que les sommes excèdent cent livres ; à quoi nous avons dérogé pour ce regard.

ARTICLE 141. Et d'autant que l'effrénée passion du *jeu* porte quelquefois jusqu'à jouer les immeubles, nous voulons & déclarons que, nonobstant la perte & délivrance desdits immeubles, quoique déguisée en vente, échange ou autrement, les hypothèques demeurent entières aux femmes pour leurs conventions ; & aux créanciers pour leurs dettes ; nonobstant tous décrets ; s'il est prouvé que l'aliénation desdits immeubles procède du *jeu* : le tout, sans déroger à notre édit du mois de mai 1611, fait pour les brelans & *jeux* de hazard ; & arrêt de notre cour de parlement de Paris, sur ce donné le 23 juin ensuivant, lesquels nous voulons demeurer en leur force & vertu.

» de quelque qualité & conditions qu'ils soient,
» de donner à jouer dans les foires ou mar-
» chés , & autres lieux des villes , bourgs &
» villages du ressort, soit aux cartes ou aux
» dés , soit à la blanque , tourniquet , che-
» villes ; ou à tirer dans un livre , & à tous
» autres *jeux* de hazard, généralement quel-
» conques , à peine de 100 livres d'amende ,
» & de confiscation de l'argent du *jeu* ; en-
» semble desdits *jeux* , marchandises, chevaux
» & équipages à eux appartenans , lesquels
» seront saisis pour être vendus , & en être
» le prix appliqué aux hôtels-dieux , ou hôpi-
» taux les plus proches du lieu où ils auront
» donné à jouer, même à peine de punition
» corporelle en cas de récidive : comme aussi ;
» fait défense à tous juges royaux & autres ,
» du ressort de ladite cour , d'accorder au-
» cune permission , sous quelque prétexte que
» ce soit , de donner à jouer auxdits *jeux* , à
» peine d'interdiction : & en outre , enjoint
» aux prévôts des maréchaux & leurs lieute-
» nans , chacun de tenir la main à l'exécution
» du présent arrêt ; de saisir & arrêter ceux
» qu'ils trouveront en contravention, & de
» les conduire dans les prisons du lieu où ils
» auront donné à jouer ; & de faire remettre
» pareillement entre les mains des officiers
» dudit lieu , les chevaux, marchandises &
» équipages des contrevenans , ensemble l'ar-
» gent du *jeu* ; procès-verbal préalablement
» dressé des choses par eux saisies , pour y
» être ensuite pourvu par les officiers du lieu ,
» ainsi qu'il appartiendra. »

Ces dispositions ont été renouvelées par
deux autres arrêts des premier juillet 1717,
& 11 mars 1722.

Par un autre arrêt de réglement , du 11
décembre 1777, le même parlement de Paris
a ordonné l'exécution des anciennes ordonnances , & arrêts concernant les *jeux* de hazard ; en conséquence , il a fait *très-expresses,
inhibitions & défenses à toutes personnes de
quelque qualité & condition qu'elles fussent
de tenir jeux de hazard , & notamment celui
de la belle , ou autres qui auroient pu s'introduire sous d'autre dénomination : & enjoint
au lieutenant général de police de ne laisser
établir à l'avenir aucun jeu de hazard dans la
ville de Paris , & de rendre compte à la cour
de ceux qui pourroient s'y introduire , aussi-tôt
qu'il en auroit connoissance.*

Quelques années après , le premier mars
1781 , le roi a donné sur la même matière
une déclaration , qui contient les dispositions
suivantes :

» *Art.* 1. Les édits , ordonnances , arrêts
» & réglemens contre les *jeux* de hazard, &
» autres prohibés , seront exécutés selon leur
» forme & teneur , sous les peines y portées ,
» suivant l'exigence des cas , tant dans notre
» bonne ville de Paris , que dans toutes les
» autres villes & bourgs de notre royaume
» pays , terres & seigneuries de notre obéis-
» sance.

» 2. Seront réputés prohibés , outre les
» *jeux* de hazard , principalement tous les
» *jeux* dont les chances sont inégales , & qui
» présentent des avantages certains à l'une
» des parties , au préjudice des autres.

» 3. Faisons très-expresses & itératives
» inhibitions & défenses à toutes personnes ,
» de quelque état & condition qu'elles soient ,
» de s'assembler en aucuns lieux privilégiés
» ou non privilégiés , pour jouer auxdits *jeux*
» prohibés , & à tous autres de même nature,
» sous quelques noms que lesdits *jeux* aient
» été ci-devant introduits , & sous quelque
» forme ou dénomination qu'ils puissent être
» présentés dans la suite.

» 4. Les commissaires au châtelet dans notre
» bonne ville de Paris , & les officiers de
» police dans les autres villes & bourgs de
» notre royaume , seront tenus de veiller
» exactement sur les maisons où il pourroit
» être tenu de pareilles assemblées de *jeux*
» prohibés ; ils en informeront nos procu-
» reurs , & les juges de police ; lesquels se-
» ront tenus de procéder contre les contre-
» venans , dans les formes prescrites par les
» ordonnances , pour les condamner aux peines
» portées par les articles ci-après , & d'en
» donner avis à nos procureurs généraux.

» 5. Ceux qui seront convaincus d'avoir
» joué auxdits *jeux* prohibés , seront con-
» damnés pour la première fois , savoir , ceux
» qui tiendront lesdits *jeux* , sous le titre de
» banquiers , ou sous quelqu'autre titre que
» ce soit , en trois mille livres d'amende cha-
» cun ; & les joueurs , en mille livres chacun,
» applicables , un tiers à nous , un tiers aux

» pauvres des hôpitaux des lieux, & l'autre
» tiers au dénonciateur.

» 6. Les amendes feront payables fans dé-
» port, & par corps; & faute de paiement
» d'icelles, les contrevenans garderont pri-
» fon jufqu'au parfait paiement.

» 7. En cas de récidive, l'amende contre
» ceux qui auront tenu lefdits *jeux*, & contre
» les joueurs, fera du double, fans que lef-
» dites amendes puiffent être remifes & mo-
» dérées, pour quelque caufe & fous quelque
» prétexte que ce foit.

» 8. Ceux qui, après avoir été deux fois
» condamnés aufdites amendes, feroient de
» nouveau convaincus d'avoir tenu de pa-
» reilles affemblées, feront pourfuivis fui-
» vant la rigueur des ordonnances, & punis
» de peines afflictives ou infamantes, fuivant
» l'exigence des cas.

» 9. Ceux qui, pour faciliter la tenue def-
» dits *jeux*, auront prêté ou loué fciemment
» leurs maifons, feront condamnés en dix
» mille livres d'amende, au paiement de la-
» quelle lefdites maifons feront & demeure-
» ront fpécialement affectées.

» 10. Déclarons nuls & de nul effet, tous
» contrats, obligations, promeffes, billets,
» ventes, ceffions, & tous autres actes de
» quelque nature qu'ils puiffent être, ayant
» pour caufe une dette du *jeu*, foit qu'ils aient
» été faits par des majeurs ou des mineurs.
» Si donnons en mandement, &c. »

En conformité des loix précédentes, une
fentence de police du 16 février 1765, a
condamné les fieurs Guymonneau & d'Her-
court chacun à 3000 livres d'amende, pour
avoir donné à jouer au Pharaon; & le fieur
Giroble, à 1500 livres, pour avoir taillé à
la partie du fieur Guymonneau.

Et par arrêt du 30 décembre 1780, le parlement de Paris a confirmé une fentence de
la juftice de Château-Meillant, par laquelle
François de Fouffes, bourgeois de cette ville,
avoit été condamné, fans tirer à conféquence,
à cent livres d'amende, pour avoir donné à
jouer chez lui à des *jeux* de hazard, & lui
avoit été fait défenfes de récidiver, fous peine
d'être puni fuivant la rigueur des ordonnances & réglemens.

Enfin l'Affemblée Nationale a, par fon
Décret du 22 juillet 1791, formé le dernier
état de la jurifprudence fur les *jeux*.

L'article 7 du titre premier, concernant
la police municipale, eft ainfi conçu.

Les *jeux* de hazard où l'on admet, foit le
public, foit des affiliés, font défendus, fous
les peines qui feront défignées ci-après:

Les propriétaires ou principaux locataires
des maifons & appartemens où le public feroit admis à jouer des *jeux* de hazard, feront, s'ils demeurent dans ces maifons, &
s'ils n'ont pas averti la police, condamnés,
pour la première fois, à 300 livres, & pour
la feconde, à 1000 livres d'amende, folidai-
rement avec ceux qui occuperont les appartemens employés à cet ufage.

L'article 10 du même titre veut que les
officiers de police puiffent entrer en tout
temps dans les maifons où l'on donne habituellement à jouer des *jeux* de hazard, mais
feulement fur la défignation qui leur en aura
été donnée par deux citoyens domiciliés.

Suivant l'article 36 du titre 2, concernant
la police correctionnelle, ceux qui tiennent
des maifons de *jeux* de hazard où le public
eft admis, foit librement, foit fur la préfen-
tation des affiliés, doivent être punis d'une
amende de 1000 à 3000 livres, avec confif-
cation des fonds trouvés expofés au *jeu*, &
d'un emprifonnement qui ne peut pas excéder une année. En cas de récidive, l'amende
doit être de 5000 à 10000 livres, & l'emprifonnement ne peut pas excéder deux ans, fans
préjudice de la folidarité pour les amendes
prononcées par la police municipale contre
les propriétaires & principaux locataires,
dans les cas & aux termes de l'article 7 du
titre premier, qu'on a rapporté précédemment.

L'article 37 du même titre 2, veut que ceux
qui tiennent des maifons de *jeux* de hazard,
puiffent, s'ils font pris en flagrant délit, être
faifis & conduits devant le juge de paix.

Les anciennes ordonnances ayant, comme
on l'a vu, défendu tous les *jeux*, à l'exception de ceux qui font propres à exercer au fait
des armes, & n'ayant fait aucune diftinc-
tion entre les *jeux* qui font d'adreffe & ceux
qui font de hazard, ni entre le gros *jeu* & le
petit *jeu*; c'étoit une conféquence que les
jeux

jeux, quels qu'ils fuffent, ne puffent produire d'obligation civile, & que les joueurs ne duffent pas être reçus à demander en juftice le payement de ce qu'ils auroient gagné au *jeu*.

Et quoique par la fuite, la défenfe des *jeux* ait été bornée aux *jeux* de hazard, la jurif-prudence a continué de dénier l'action pour le *jeu*, à l'égard de quelque *jeu* que ce fût.

La raifon en eft que, quoique la défenfe des *jeux* ne fubfifte aujourd'hui qu'à l'égard des *jeux* de hazard, les autres *jeux* font plutôt tolérés qu'autorifés : quand ils font permis, ils ne le font que comme de fimples récréations, fans qu'on puiffe les confidérer comme des actes de commerce deftinés à produire des droits.

Auffi, toutes les fois qu'il eft prouvé qu'une obligation ou un billet ont pour caufe une dette de *jeu*, les juges font dans l'ufage de les déclarer nuls.

C'eft ainfi que, par arrêt du 14 juillet 1745, le parlement de Paris a déclaré nul un billet de 1200 livres, paffé au profit d'un particulier, dont la veuve avoit reconnu dans un interrogatoire fur faits & articles, que ce billet provenoit d'argent gagné au *jeu* par le défunt.

Dans une autre efpèce rapportée par l'au-eur de la collection de jurifprudence, un particulier, après avoir perdu au *jeu* de piquet onze louis, & les avoir payés, joua fur fa parole, & perdit encore 300 livres : mais au lieu de payer cette dernière fomme, il redemanda fes onze louis au gagnant, & lui fit deux billets, l'un de 300 livres, & l'autre de onze louis d'or, pour valeur reçue comp-tant. Le débiteur ayant enfuite été pourfuivi, en conféquence du refus qu'il avoit fait de payer ; ce fut en vain que le gagnant foutint que fi le payement du billet de 300 livres étoit fufceptible de difficulté, il n'en devoit pas être de même à l'égard du billet des onze louis, attendu qu'il avoit pour caufe un prêt : par arrêt du 30 janvier 1764, le parlement confirma la fentence par laquelle le gagnant avoit été déclaré non-recevable dans les deux parties de fa demande.

Suivant l'article 15 du titre 19, & l'article 28 du titre 20 de l'ordonnance du roi du pre-

mier mars 1768, les officiers généraux & les commandans des places font tenus d'empê-cher avec le plus grand foin, que les troupes qui font fous leurs ordres ne jouent à aucun *jeu* de hazard.

Tout officier, de quelque grade qu'il foit, qui joue malgré cette défenfe, doit être mis, la première fois, en prifon pour trois mois, & il doit en être rendu compte au fecrétaire d'état ayant le département de la guerre, ainfi qu'au commandant de la province : en cas de récidive, il doit être mis en prifon pour fix mois, & la troifième fois, il doit être caffé & renfermé pour deux ans dans une citadelle, fort ou château. Telles font les difpofitions de l'article 30 du titre 20.

L'article fuivant veut que les foldats, cava-liers ou dragons, qui tiennent des *jeux* dé-fendus, foient condamnés fuivant la rigueur des ordonnances, & que ceux qui auront joué, foient mis en prifon pour quinze jours.

Selon l'article 16, du titre précédent, les commandants des places doivent s'informer quels font les bourgeois ou autres habitans qui donnent à jouer dans leurs maifons à des *jeux* défendus, & les faire arrêter & re-mettre aux juges des lieux, pour les punir fuivant l'exigence des cas.

Comme les *jeux* propres à exercer au fait des armes font expreffément autorifés par les lois, il paroît qu'on ne peut pas dénier une action aux joueurs pour le payement de ce qu'ils ont gagné à ces *jeux*, lorfqu'il ne s'agit que d'une fomme modique : mais fi la fomme étoit exceffive, nous croyons que celui qui l'auroit gagnée, ne feroit pas fondé à l'exiger, ou du moins qu'il conviendroit de la modérer à l'arbitrage du juge. La raifon en eft, qu'en ce cas, on fe feroit bien moins propofé de montrer fon adreffe dans un exercice utile, que de s'enrichir aux dépens de ceux contre qui l'on auroit joué.

De ce que les ordonnances ont accordé aux mineurs une action pour répéter ce qu'ils ont perdu au *jeu*, il ne faut pas conclure que les majeurs puiffent exercer cette action, relati-vement aux fommes qu'ils ont perdues & payées. Et quand l'ordonnance de Moulins, en accordant l'action dont il s'agit aux mi-neurs, a dit que c'étoit fans approuver tels *jeux* entre majeurs , elle a feulement fait entendre que les juges devoient dénier toute action aux gagnants, relativement aux fommes gagnées : mais cette improbation du *jeu* ne fuffit pas pour que les perdants foient fondés à répéter ce qu'ils ont perdu lorfqu'ils l'ont payé.

Il fe jouoit autrefois dans l'étendue de la juftice de Chamarande , & du bailliage d'Etampes , un *jeu* qu'on appeloit le *jeu* des clefs; ce *jeu* étoit un *jeu* d'exercice, & par cette raifon , il n'étoit pas du nombre des *jeux* défendus : mais comme l'inftrument fervant à ce *jeu*, étoit un morceau de fer du poids d'environ une livre , qui occafionnoit fouvent des bleffures aux particuliers qu'il frappoit , le procureur général du roi a penfé qu'il convenoit de profcrire ce *jeu*, afin de prévenir les accidents auxquels il pouvoit donner lieu : en conféquence, il a été rendu,

fur la requête de ce magiftrat, le 16 juin 1779, & le 4 juillet 1781 , deux arrêts par lefquels le parlement a fait défenfes à toutes fortes de perfonnes, de quelque qualité qu'elles fuffent, de jouer le *jeu* dont il s'agit ; & aux cabaretiers , aubergiftes & autres particuliers de fouffrir qu'on joue ce *jeu* dans leurs maifons, cours ou jardins , à peine de vingt livres d'amende contre chaque contrevenant, du double , en cas de récidive, même d'être pourfuivi extraordinairement fuivant l'exigence du cas : il a en même temps été ordonné que les pères ou les mères, à l'égard de leurs enfants , & les maîtres ou les maîtreffes, à l'égard de leurs domeftiques, demeureroient civilement garants & refponfables de l'amende.

Cet article eft en grande partie extrait de l'ouvrage de M. DUSAULX , fur la paffion du jeu.

K

K R A B S. (*le*)

KRABS. C'eft une forte de jeu anglois, qu'on joue avec deux dés , qui produifent trente-cinq variations, comme on va le démontrer, en défignant l'un des dés par A , & l'autre par B.

Il y a une manière de faire deux : A 1, B 1.

Il y a deux manières de faire trois : A 1 , B 2; A 2, B 1.

Il y a trois manières de faire quatre : A 1 , B 3; A 3, B 1; A 2, B 2.

Il y a quatre manières de faire cinq : A 1 , B 4; A 4, B 1; A 2, B 3; A 3, B 2.

Il y a cinq manières de faire fix : A 1, B 5; A 5, B 1; A 2, B 4; A 4, B 2; A 3, B 3.

Il y a fix manières de faire fept : A 1 , B 6; A 6, B 1; A 2, B 5; A 5, B 2; A 3, B 4; A 4, B 3.

Il y a cinq manières de faire huit : A 2 , B 6; A 6, B 2; A 3, B 5; A 5, B 3; A 4, B 4.

Il y a quatre manières de faire neuf : A 3 , B 6; A 6, B 3; A 4, B 5; A 5, B 4.

Il y a trois manières de faire dix : A 4 , B 6; A 6, B 4; A 5, B 5.

Il y a deux manières de faire onze ; A 5 , B 6; A 6, B 5.

Il y a une manière de faire douze : A 6 , B 6.

Le joueur qui tient la corne ou le cornet, annouce le point fur lequel il veut que le jeu roule : c'eft ce qu'on appelle *donner la chance.*

Il faut obferver que la chance ne fe donne que depuis cinq jufqu'à neuf. Il n'y a par conféquent que cinq chances à donner , qui font les points de cinq , de fix , de fept, de huit ou de neuf.

Si du premier jet, le joueur qui tient la corne amène le point de chance qu'il a nommé , il gagne la partie : mais comme il convient qu'il puiffe perdre, il y a des *krabs* qui tiennent lieu de la chance oppofée qu'on ne connoît pas encore.

Voici les *krabs*, & les effets qu'ils produifent.

Les *krabes* font au nombre de quatre, & confiftent dans les points de 2, de 3, de 11 & de 12.

Si la chance donnée eft compofée des points de cinq ou de neuf, & que le joueur qui tient la corne, amène du premier coup un des quatre *krabs* qu'on vient de défigner, il perd la partie.

S'il a donné pour chance les points de fix ou de huit, & qu'il amène les *krabs* 2, 3, ou 11, il perd pareillement la partie ; mais il la gagne, s'il amène le *krabs* formé par le point de douze.

Enfin, s'il a donné le point de fept pour chance, il a contre lui les *krabs* 2, 3, & 12, & pour lui le *krabs* 11. Ceux-là lui font perdre la partie, & celui-ci la lui fait gagner.

Au refte, les *krabs* n'ont d'effet qu'autant qu'ils arrivent au premier coup de dé. Si ce premier coup amène quelqu'autre point, celui-ci devient l'oppofé du point qui a d'abord été donné pour chance. Mais au lieu que le point de chance eft au premier coup, en faveur du joueur qui tient la corne, il eft à tous les autres coups, en faveur de fes adverfaires, & ceux-ci ont contre eux le point amené en oppofition au point de chance. Voici un exemple qui rendra fenfible cette théorie.

Louis qui a la corne, ayant donné pour chance le point de fept, amène du premier coup, le point de huit. Si le fecond coup, ou les fuivants, il amène encore le point de huit, avant d'avoir amené le point de fept, il gagne la partie : mais fi après le premier coup, il amène le point de fept avant le point de huit, il la perd.

Le *krabs* n'eft point un jeu égal comme le croient beaucoup de joueurs. Il eft toujours défavantageux pour celui qui tient la corne. En voici la preuve :

Si la chance eft de cinq ou neuf à la main, la proportion exacte eft de 1396 pour le joueur qui tient la corne, & de 1439 contre lui. Il fuit delà que, s'il met au jeu une fomme égale à celle de fes adverfaires, il

a un défavantage de fept fous trois deniers 23 foixante-troifième par louis.

Si la chance eft de fix ou de huit à la main, la proportion eft de 6961 pour le joueur qui tient la corne, & de 7295 contre lui : Il a par conféquent, un défavantage d'onze fous deux deniers $\frac{94}{99}$ par louis.

Si la chance eft de fept à la main, la proportion eft de 244 pour le joueur qui tient la corne, & de 251 contre lui ; ainfi il a un défavantage de fix fous neuf deniers $\frac{5}{11}$ par louis.

Si l'on fuppofe un joueur qui donne toujours à la main, la chance que le hazard produira, fon défavantage, d'après les proportions précédentes, fera de 8 fols 9 den. $\frac{33055}{45736}$ par louis.

Les paris de proportion dóivent fe faire de la manière fuivante :

Si l'une des chances eft le point de quatre, & l'autre le point de cinq, on parie 3 contre 4, que la première viendra avant la feconde.

Si l'une des chances eft le point de 4, & l'autre le point de fix, on parie 3 contre 5, que celle-là viendra avant celle-ci.

Si l'une des chances eft le point de 4, & l'autre le point de 7, on parie un contre deux, que 4 viendra avant 7.

Si l'une des chances eft le point de 4, & l'autre le point de 8, on parie 3 contre 5, que 4 viendra avant 8.

Si l'une des chances eft le point de 4, & l'autre le point de 9, on parie 3 contre 4, que la première viendra avant la feconde.

Si l'une des chances eft le point de 5, & l'autre le point de 6, on parie 4 contre 5, que celle-là fortira avant celle-ci.

Si l'une des chances eft le point de 5, & l'autre le point de 7, on parie 2 contre 3, que 5 viendra avant 7.

Si l'une des chances eft le point de 5, & l'autre le point de 8, on parie 4 contre 5, que la première viendra avant la feconde.

Si l'une des chances eft le point de 5, & l'autre le point de 9, on parie fomme égale de part & d'autre, que l'une ou l'autre viendra la première.

Si l'une des chances est le point de 6, & l'autre le point de cinq, on parie 5 contre 4, que celle-là viendra avant celle-ci.

Si l'une des chances est le point de 6, & l'autre le point de 7, on parie 5 contre 6, que la première viendra avant la seconde.

Si l'une des chances est le point de 6, & l'autre le point de 8, on parie somme égale de part & d'autre, que l'une ou l'autre sera amenée la première.

Si l'une des chances est le point de 6, & l'autre le point de 9, on parie 5 contre 4, que 6 viendra avant 9.

Si l'une des chances est le point de 7, & l'autre le point de 5, on parie 3 contre 2, que la première viendra avant la seconde.

Si l'une des chances est le point de 7, & l'autre le point de 6, on parie 6 contre 5, que celle-là viendra avant celle-ci.

Si l'une des chances est le point de 7, & l'autre le point de 8, on parie 6 contre 5, que 7 viendra avant 8.

Si l'une des chances est le point de 7, & l'autre le point de 9, on parie 3 contre 2, que la première sera amenée avant la seconde.

Si l'une des chances est le point de 8, & l'autre le point de 5, on parie 5 contre 4, que celle-là viendra avant celle-ci.

Si l'une des chances est le point de 8, & l'autre le point de 6, on parie somme égale de part & d'autre, que l'une ou l'autre sera amenée la première.

Si l'une des chances est le point de 8, & l'autre le point de 7, on parie 5 contre 6, que 8 viendra avant 7.

Si l'une des chances est le point de 8, & l'autre le point de 9, on parie 5 contre 4, que la première viendra avant la seconde.

Si l'une des chances est le point de 9, & l'autre le point de 5, on parie somme égale de part & d'autre, que l'une ou l'autre sera amenée la première.

Si l'une des chances est le point de 9, & l'autre le point de 6, on parie 4 contre 5, que 9 viendra avant 6.

Si l'une des chances est le point de 9, & l'autre le point de 7, on parie 2 contre 3, que la première sera amenée avant la seconde.

Si l'une des chances est le point de 9, & l'autre le point de 8, on parie 4 contre 5, que 9 viendra avant 8.

Si l'une des chances est le point de 10, & l'autre le point de 5, on parie 3 contre 4, que la première viendra avant la seconde.

Si l'une des chances est le point de 10, & l'autre le point de 6, on parie 3 contre 5, que 10 viendra avant 6.

Si l'une des chances est le point de 10, & l'autre le point de sept, on parie un contre deux, que la première viendra avant la seconde.

Si l'une des chances est le point de 10, & l'autre le point de 8, on parie 3 contre 5, que 10 viendra avant 8.

Si l'une des chances est le point de 10, & l'autre le point de 9, on parie 3 contre 4, que la première sera amenée avant la seconde.

On parie aussi qu'un dé arrivera plutôt qu'un autre, comme 4 avant 10, 5 avant 9, & 8 avant 6. Ces paris sont égaux, en ce que chacun de ces points peut se former d'autant de manières que celui qui y correspond.

On parie encore pour deux points réunis contre un seul, quand celui-ci peut se former d'autant de manières que les deux autres ensemble : ainsi on peut parier que 4 & 10 arriveront avant 7.

On peut pareillement parier que 5 arrivera avant 8; 5 avant 6; 9 avant 6; 9 avant 8; mais comme 8 & 6 ont pour se former une manière de plus que 9 & 5, on rend nul le point qui résulte d'un doublet. On en use de même, quand on parie que 7 arrivera avant 6, ou avant 8 : si le point de 7 se fait par 6 & as, & ceux de 6 ou de 8 par un doublet, les coups sont nuls.

Quelquefois on fait des paris sur la manière dont un point sera formé : par exemple, l'un des joueurs peut parier que le point de huit sera formé par cinq & trois, tandis que l'autre joueur pariera que ce sera par six & deux : mais, en ce cas, on ne peut pas mettre en opposition l'une de ces deux manières, avec quatre & quatre. La raison en est que celle-ci est simple, & que les deux autres sont doubles.

Lorsque la chance est de cinq ou de neuf à

la main, il y a huit contre un à parier que le joueur qui tient le cornet, ne *niquera* pas, c'eſt-à-dire, qu'il ne gagnera pas du premier coup, en amenant le point qu'il a nommé.

Si la chance eſt de ſix ou huit à la main, il y a pareillement à parier cinq contre un qu'on ne niquera pas; & ſept contre deux, ſi la chance eſt de ſept à la main.

On peut auſſi parier un contre deux, qu'en donnant pour chance ſept à la main, que la partie finira du premier coup; & deux contre un, que ſi elle finit du premier coup, ce ſera en faveur du joueur qui tient le cornet.

Il eſt de convention tacite que tout argent perdu injuſtement, peut être réclamé, même long-temps après: ainſi les paris qui n'ont pas été faits dans les proportions détaillées précédemment, doivent être regardés comme injuſtes, & n'ont dès-lors dû produire aucun effet.

Il importe que le joueur qui a la corne évite de faire faute, attendu que cela emporte la perte du coup: mais on ne doit conſidérer comme faute que ce qui peut donner lieu à quelque ſurpriſe. L'équité ſemble même exiger qu'on uſe d'indulgence envers le joueur qui tient le cornet, à-cauſe du déſavantage avec lequel il parie; déſavantage qu'augmentent encore les frais de paſſe qui ſont à ſa charge.

Au reſte, on ne connoît guère que trois circonſtances où le coup doive être réputé faute.

La première ſe rencontre, quand le joueur, au lieu de lancer les dés franchement, les poſe couverts par le cornet qu'il ſoulève enſuite d'un côté ou d'un autre. il eſt clair qu'il peut réſulter de cette manœuvre, une tromperie conſiſtant en ce qu'un joueur de mauvaiſe foi, ayant vu les dés, pourroit les retourner, s'ils lui étoient contraires, ou à ſes aſſociés qui l'en auroient prévenu par quelque ſignal. On a donc eu raiſon d'établir qu'une telle manière de jouer, ſeroit une faute qui emporteroit la perte du coup.

La ſeconde faute conſiſte à ramaſſer un dé déjà ſorti du cornet, pour le rejeter de nouveau. On ſuppoſe, en ce cas, que le joueur n'en a uſé de cette manière, qu'à cauſe que ce dé lui étoit contraire.

La troiſième faute conſiſte à lancer le ſecond dé contre le premier, de façon qu'ils ſe

mêlent. On ſuppoſe pareillement qu'une telle manœuvre n'a eu lieu qu'à cauſe que le premier dé étoit défavorable au joueur.

Nous obſerverons à ce ſujet que le dé retourné, ou trop ſenſiblement pouſſé hors de ſa place par le ſecond dé, eſt réputé mêlé.

Le marqueur doit tâcher de faire éviter les fautes, &, pour cet effet, avertir les joueurs, avant qu'elles aient lieu. Si par exemple, le joueur ſe met en devoir de ramaſſer le premier dé joué, le marqueur peut le prévenir de le remettre en place, parce que la faute n'exiſte que quand ce dé eſt rentré dans le cornet.

Il eſt du devoir du marqueur d'annoncer les fautes qui ont lieu, & de déclarer un coup nul ou perdu, afin que les joueurs peu inſtruits ſoient à l'abri de toute ſupercherie.

Les fautes doivent être punies ſur le champ. Lorſqu'on en a paſſé une & qu'on a rejoué poſtérieurement, on ne peut plus y revenir, de même qu'au trictrac, une école ne peut pas ſe reprendre après coup.

Si le marqueur ayant mal compris l'intention ou l'ordre du joueur, annonce une chance différente de celle qui a été nommée, le joueur peut le reprendre; mais il doit le faire avant de tirer le ſecond point du jeu; autrement, l'annonce du marqueur doit prévaloir. La raiſon en eſt que l'erreur peut être favorable comme nuiſible au joueur, & qu'on pourroit le ſoupçonner de faire naître une équivoque à deſſein, afin d'adopter enſuite le point qui lui conviendroit le mieux.

Le jeu ayant d'abord été bien marqué, s'il arrive que le marqueur ſe trompe par la ſuite, l'erreur doit être rectifiée.

Lorſqu'une partie eſt commencée, on ne peut pas changer de dés qu'elle ne ſoit finie: c'eſt pourquoi, ſi après avoir nommé la chance, le joueur qui a le cornet prenoit d'autres dés, il faudroit qu'il la nommât de nouveau. Il y a néanmoins une exception à cette règle: elle conſiſte dans le cas où un dé viendroit à ſe caſſer, quand on le lance: on ſubſtitueroit alors d'autres dés aux premiers.

Si, au milieu de la partie, on s'appercevoit qu'un dé fût faux ou aſſez mal fait pour qu'il pût en réſulter quelque effet qui n'émaneroit pas du hazard, le jeu ſeroit nul, &

il faudroit recommencer la partie avec d'autres dés.

Le joueur qui tient le cornet, & ceux qui jouent directement contre lui, ont seuls le droit de barrer le coup. La raison en est que le jeu étant censé leur appartenir, il n'y a qu'eux qui puissent en disposer.

Lorsque le coup est barré, le jet est nul, non-seulement pour les joueurs, mais encore pour les parieurs de la galerie, à moins que ceux-ci ne soient convenus de le valider. Ils peuvent pareillement convenir qu'ils auront le droit de barrer pour eux.

Il est de règle que l'enjeu du joueur qui tient le cornet, soit couvert avant tout autre pari.

VOCABULAIRE explicatif des termes usités au Krabs.

Avoir le dé. C'est être l'adversaire des joueurs qui parient contre la corne. On dit dans le même sens, *avoir la corne* ou *le cornet.*

Barrer. C'est, quand les dés sortent du cornet, annoncer qu'on annulle le coup.

Chance. C'est le point qu'on livre à ceux contre lesquels on joue, et celui qu'on se livre à soi-même.

Corne ou *cornet.* C'est le petit vase dans lequel on remue les dés.

Dé. C'est un petit morceau d'os ou d'ivoire, de figure cubique ou à six faces, dont chacune est marquée d'un différent nombre de points, depuis un jusqu'à six, & qui sert à jouer.

Dé faux. C'est un dé defectueux avec lequel on ne pourroit pas jouer sans qu'il en résultât un désavantage certain au joueur qui tient la corne, ou à ses adversaires.

Donner la chance. C'est nommer le point que le joueur qui tient la corne, veut avoir en sa faveur le premier coup de la partie.

Doublet. C'est le résultat de deux dés qui ont amené chacun le même point.

Enjeu. C'est ce qu'on met au jeu en commençant à jouer, pour être pris par celui qui gagnera.

Faute. C'est une manière irrégulière de jouer, dont le résultat est de faire perdre la partie au joueur qui tient la corne.

Frais de passe. C'est ce que doit payer au marqueur, le joueur qui tient la corne, & qui gagne plusieurs coups de suite.

Galerie. On désigne collectivement sous ce nom, les spectateurs & les joueurs qui ne tiennent pas la corne.

Jet. C'est l'action de pousser les dés hors du cornet.

Krabs. C'est tout à la fois le nom du jeu anglois dont il s'agit, & celui qu'on donne aux points de deux, de trois, de onze & de douze, quand ils sont amenés au premier jet.

Lancer les dés. C'est les jeter avec force hors du cornet.

Marqueur. C'est un homme commis pour rendre compte des évènements du jeu, & en faire observer les règles.

Mêler les dés. C'est l'action de lancer un dé contre un autre, de manière à retourner celui-ci ou à le pousser hors de sa place.

Niquer. C'est l'action par laquelle le joueur qui tient le cornet gagne du premier jet de dés, en amenant le point qu'il a nommé.

Pari. C'est l'obligation de payer une somme convenue à celui qui gagnera.

Tenir la corne. C'est avoir les dés, & jouer contre la galerie.

L

LANSQUENET.

LANSQUENET. Sorte de jeu de hazard, auquel on joue avec cinquante-deux cartes, ou un jeu entier.

Le nombre des joueurs est illimité : ceux qui tiennent la main alternativement, se nomment *coupeurs*, & les autres sont appelés *pontes* ou *carabins.*

Lorsque les cartes sont mêlées, & que le coupeur qui tient la main a fait couper, il distribue une carte à chacun des autres coupeurs, en commençant par sa droite. Ces cartes sont appelées *cartes droites*, pour les distinguer de celles qui doivent ensuite être tirées.

Chaque coupeur met sur sa carte droite une somme convenue.

D'un autre côté, tous les joueurs peuvent, avant que la carte du coupeur qui tient la main soit tirée, mettre ce qu'ils jugent à propos à une chance qu'on appelle *la joie* ou *la réjouissance*.

Quand le jeu est fait tant sur les cartes droites, qu'à la réjouissance, le coupeur qui tient la main se donne une carte, qu'il découvre.

Après s'être donné cette carte, il tire celle qui doit décider du sort de la réjouissance.

Il tire ensuite d'autres cartes, & c'est de l'arrivée plus prompte ou plus tardive d'une carte semblable à celle qu'il s'est donnée, que dépendent la perte & le gain de tous les joueurs intéressés dans la partie.

On expliquera plus particulièrement ce qu'on vient d'énoncer, lorsqu'on aura fait connoître ce qui a rapport aux cartes droites & à la réjouissance.

Quand le coupeur, qui a la main, donne une carte droite double à l'un des coupeurs, c'est-à-dire, une carte de même espèce que celle qu'il a déjà donnée à un autre coupeur, il gagne la somme convenue que celui-ci a dû mettre sur sa carte; mais il est obligé de tenir deux fois cette somme sur la carte double.

Pareillement, lorsque le coupeur qui a la main, donne une carte droite triple à l'un des coupeurs, c'est-à-dire, une carte de même espèce que celles qu'il a données auparavant à deux autres coupeurs, lesquelles formoient la carte double dont on a parlé précédemment, il gagne ce qu'on a dû jouer sur cette carte double, mais il est tenu de mettre quatre fois la somme convenue, qu'on appelle autrement le fonds du jeu, sur la carte triple.

S'il arrive que le coupeur qui a la main, donne une carte droite quadruple à l'un des coupeurs, il reprend ce qu'il a mis sur les cartes droites simples ou doubles, s'il s'en trouve au jeu, mais il perd ce qui est sur la

carte triple, & il quitte à l'instant la main, sans donner aucune autre carte.

Enfin, si la carte quadruple que tire le coupeur qui a la main, est pour lui, il gagne tout ce qu'il y a sur les cartes des autres coupeurs, & sans donner d'autres cartes, il recommence la main.

Il faut observer que s'il arrive que la carte de la réjouissance soit quadruple, cette chance ne va pas, & chacun retire l'argent qu'il y a mis.

Il faut encore observer que, quand la carte d'un coupeur vient à être prise, il doit payer le fonds du jeu à chacun des autres coupeurs qui ont une carte devant eux; c'est ce qu'on appelle *arroser*: mais dans ce cas le perdant ne paye pas plus aux cartes doubles ou triples, qu'aux cartes simples.

Toutes les fois que le coupeur qui a la main, amène une carte semblable à quelqu'une de celles qu'il a déjà tirées, il gagne ce qu'on a joué sur la carte tirée la première. Mais, si avant d'amener des cartes semblables à celles qu'il a déjà tirées, il amène la sienne, il perd tout ce que les pontes ou carabins ont mis sur les différentes cartes qu'on a pu tirer jusqu'alors.

Supposons, par exemple, que la carte du coupeur soit un as, & qu'il y ait d'ailleurs sur le tapis un six, un sept, un valet, &c. chargés de l'argent des carabins: si quelqu'une de ces dernières cartes arrive avant l'as, le coupeur gagne ce qu'on y a mis: mais si l'as est amené auparavant, le coupeur est obligé de doubler au profit des carabins, l'argent qui se trouve sur ces mêmes cartes.

On conçoit par ce qui vient d'être dit, que la partie ne finit que quand le coupeur a retourné une carte semblable à la sienne. Par conséquent s'il arrivoit que dans le cours de la partie, il retournât les douze cartes qui diffèrent de la sienne, & qu'ensuite il retournât douze autres cartes semblables à celles-là, il feroit ce qu'on appelle *main-pleine* ou *opéra*, car il gagneroit tout ce que les carabins auroient joué dans cette partie: mais, si, après avoir retourné les douze cartes qui diffèrent de la sienne, il retournoit une semblable à cette dernière, il feroit tenu de doubler au profit des carabins, tout ce qu'ils auroient joué sur ces douze cartes, & il éprouveroit ce qu'on appelle un *coupe-gorge*.

Si la carte du coupeur se trouve double, c'est-à-dire, si ce sont deux valets, deux sept, deux cinq, &c. Il ne va en ce cas que la réjouissance, & le fonds du jeu qui se trouve sur les cartes droites : il faut, pour que les carabins puissent, en pareille circonstance, jouer sans désavantage, qu'il y ait sur le tapis d'autres cartes doubles que celle du coupeur : autrement il y auroit de l'inégalité dans les risques; puisqu'il seroit probable que n'y ayant plus dans le jeu que deux cartes semblables à celle du coupeur, elles viendroient plus tard que celles qui seroient au nombre de trois.

Il peut encore arriver que la carte du coupeur soit triple, c'est-à-dire, qu'elle soit composée de trois cartes semblables, comme trois dames, trois six, &c. Il ne va pareillement alors que la réjouissance & le fonds du jeu qui est sur les cartes droites : il faut en ce cas, avant que les carabins puissent jouer, qu'il soit venu d'autres cartes triples pour établir l'égalité des risques.

On joue au *lansquenet* les partis : ces partis consistent à mettre trois contre deux, quand on joue avec carte double contre carte simple; ou deux contre un, si l'on joue avec carte triple contre carte double ; ou enfin trois contre un, lorsqu'on joue avec carte triple contre carte simple.

Comme il y a de l'avantage à tenir la main, le coupeur qui taille a le droit de la conserver chaque fois qu'il lui arrive de gagner les cartes droites des différents coupeurs, quand même il n'en gagneroit aucune autre.

Vocabulaire explicatif des termes usités au Lansquenet.

Arroser. C'est de la part d'un coupeur dont on a gagné la carte droite, payer à chacun des autres coupeurs, la somme convenue pour former le fonds du jeu.

Carabin. C'est le nom sous lequel on désigne les joueurs qui ne sont pas coupeurs.

Carte double. On désigne sous ce nom deux cartes de même figure, comme deux rois, deux six, deux neuf, &c.

Carte droite. C'est le nom qu'on donne aux cartes que le coupeur qui taille distribue à chacun des autres coupeurs, avant de tirer la sienne.

LINDOR ou NAIN JAUNE.

Carte du coupeur. C'est la carte que celui qui tient la main retourne & prend pour lui.

Carte quadruple. On désigne sous ce nom, quatre cartes de même figure, comme quatre valets, quatre cinq, &c.

Carte triple. On donne ce nom à trois cartes de même figure, comme trois dames, trois as, &c.

Coupe gorge. C'est l'acte par lequel le coupeur qui tient la main, amène sa carte, avant d'en avoir amené d'autres, ce qui lui fait perdre tout ce qu'il a joué cette main là.

Coupeur. On désigne sous ce nom, les joueurs qui taillent alternativement, & qui jouent contre les pontes ou carabins.

Fonds du jeu. C'est la somme convenue que chaque coupeur doit mettre sur la carte droite qui lui est distribuée.

Joie ou *réjouissance.* C'est une chance à laquelle les carabins ou pontes font la mise qu'ils jugent à propos, avant que la carte qui doit y être affectée, ait été retournée.

Main pleine. C'est l'action par laquelle le coupeur qui taille, amène toutes les cartes retournées sur le tapis, avant d'amener la sienne, ce qui lui fait gagner tout ce qu'il peut gagner de cette main-là.

Opéra. Ce terme a la même signification que celui de main pleine qu'on vient d'expliquer.

Parti. Sorte de chance qui consiste à jouer trois contre deux, quand on a carte double contre carte simple; ou deux contre un, si l'on joue avec carte triple contre carte double; ou enfin trois contre un, lorsqu'on joue avec carte triple contre carte simple.

Ponte. C'est le synonyme de carabin. *Voy.* ce mot.

Tailler. C'est tenir la main & jouer seul contre les autres coupeurs & les carabins.

LINDOR ou NAIN JAUNE.

Sorte de jeu auquel on joue avec un tableau, & cinquante-deux cartes qui composent un jeu entier.

Le tableau représente dans le milieu un *nain* tenant à la main un sept de carreau ; & il y a une carte figurée sur chacun des quatre coins

coins du même tableau. Ces cartes font le roi de cœur, la dame de pique, le valet de trefle & le dix de carreau. (1)

Les joueurs doivent être au nombre de trois au moins, & de huit au plus. On donne à chacun une certaine quantité de jetons qui ont une valeur convenue.

On fait indiquer par le fort le joueur qui doit faire: celui-ci bat les cartes, fait couper, & diſtribue enſuite à chaque joueur quinze cartes, trois à la fois, ſi ces joueurs ne ſont qu'au nombre de trois: il reſte alors ſept cartes au talon.

Si les joueurs ſont au nombre de quatre, on ne diſtribue que douze cartes à chacun, & il en reſte quatre au talon.

S'ils ſont au nombre de cinq, ils reçoivent chacun neuf cartes, & il en reſte ſept au talon.

S'il y a ſix joueurs, le nombre des cartes eſt de huit pour chacun, & il en reſte quatre au talon.

S'ils ſont au nombre de ſept, ils doivent avoir chacun ſept cartes, & il en reſte trois au talon.

Enfin ſi les joueurs ſont au nombre de huit, on ne donne à chacun que ſix cartes, & il en reſte quatre au talon.

La diſtribution des cartes doit être précédée chaque fois, de la miſe au jeu, qui conſiſte à garnir le tableau de la manière ſuivante:

Chaque joueur met un jeton ſur le dix de carreau; deux jetons ſur le valet de trefle; trois jetons ſur la dame de pique; quatre jetons ſur le roi de cœur, & cinq jetons ſur le *nain jaune*, ou le ſept de carreau.

La plus haute carte du jeu eſt le roi, & la plus baſſe eſt l'as: ainſi le roi emporte la dame, la dame, le valet: le valet, le dix; le dix, le neuf; le neuf, le huit; le huit, le ſept; le ſept, le ſix; le ſix, le cinq; le cinq, le quatre; le quatre, le trois; le trois, le deux; & le deux, l'as.

Chaque carte eſt comptée pour autant de points qu'elle en repréſente, & les figures, chacune pour dix points.

Quand les cartes ſont diſtribuées, le premier en cartes commence le jeu par telle de

ſes cartes qu'il juge à propos, en ſe propoſant pour objet de ſe défaire de toutes les ſiennes avant que les autres joueurs, ſes adverſaires, ſe ſoient défaits des leurs. En général, il eſt avantageux de jouer d'abord les plus baſſes cartes: ainſi, en ſuppoſant que le premier en cartes ait dans ſon jeu un as, un deux, un trois, un quatre, & point de cinq, il jouera les quatre cartes qu'on vient de nommer, & dira ſans cinq. Si le joueur qui eſt à la droite du premier, a un cinq, il le place ainſi que les autres cartes qu'il peut avoir de ſuite, juſqu'au roi. La levée appartient à celui qui a joué, en dernier lieu, la carte ſupérieure à celles que les autres ont jouées.

Le joueur qui a ainſi fait la levée, rejoue de nouveau la carte qu'il juge à propos, & s'arrête pareillement à la carte dont il n'a pas la ſuivante. La même marche continue juſqu'à ce qu'un des joueurs ſe ſoit défait de toutes ſes cartes, & ait, par ce moyen, gagné le coup. Alors les autres joueurs étalent leurs cartes, & doivent chacun payer à celui qui s'eſt défait des ſiennes, un jeton pour chaque point que préſentent les cartes qu'ils n'ont pas pu jouer.

Il faut obſerver qu'au jeu dont il s'agit, il n'y a ni renonce, ni triomphe; ainſi, on peut jouer ſur une carte quelconque d'une couleur, la carte immédiatement ſupérieure d'une autre couleur. Par exemple: ſi vous jouez le cinq de carreau, je puis indifféremment le couvrir avec le ſix de pique, le ſix de cœur, &c.

Quand un joueur a dans la main une ou pluſieurs des cartes que nous avons dit être figurées ſur le tableau, il lui importe de s'en défaire le plus promptement que cela lui eſt poſſible. La raiſon en eſt que les jetons qui ſont ſur une de ces cartes, lui appartiennent lorſqu'il parvient à la jouer, & qu'au contraire, ſi une belle carte lui reſte dans la main, il fait une bête qui conſiſte en autant de jetons qu'il en auroit gagnés s'il ſe fût défait de cette même carte.

Lorſqu'un joueur a ſon jeu diſpoſé de manière qu'il peut ſe défaire de toutes ſes cartes de ſuite, la première fois qu'il eſt en tour de jouer, il fait ce qu'on appelle *opéra*. Non-ſeulement il tire, en ce cas, des autres joueurs, autant de jetons qu'ils ont de points entre les mains, mais il lève encore tout ce qui eſt ſur le tableau.

---

(1) *Voyez* aux Planches la Figure X.

Quand le coup est fini, c'est-à-dire, quand un joueur s'est défait de toutes ses cartes, on garnit de nouveau le tableau pour le coup suivant, & les cartes se distribuent par le joueur placé à la droite de celui qui a donné le coup précédent.

VOCABULAIRE explicatif des termes usités au jeu de LINDOR *ou du* NAIN JAUNE.

Battre les cartes. C'est les mêler avant d'en faire la distribution.

Bête. C'est une sorte d'amende à laquelle le joueur est soumis, quand il lui reste en main, après le coup fini, une ou plusieurs des cartes qui sont figurées sur le tableau.

Couper. C'est séparer en deux parties un jeu de cartes, avant de distribuer à chaque joueur les cartes qu'il doit avoir.

Donner. C'est distribuer les cartes aux joueurs après qu'on les a mêlées & qu'on a fait couper.

Faire. C'est la même chose que donner.

Figure. On donne en général ce nom aux cartes peintes, qui sont les rois, les dames & les valets.

Jeton. C'est une pièce qui sert de monnoie au jeu.

Jeu entier. C'est un jeu composé de cinquante-deux cartes, treize de chaque couleur.

Levée. C'est une main qu'on a faite en jouant.

Mise au jeu. C'est ce que chaque joueur est obligé de mettre sur le tableau avant la distribution des cartes.

Opéra. C'est l'action de se défaire de toutes ses cartes successivement, la première fois qu'on est en tour de jouer.

Point. C'est le nombre qui résulte de la valeur de chaque carte.

Premier en cartes. C'est le joueur placé à la droite de celui qui a donné.

Renonce. C'est l'action de jouer une carte d'une couleur différente de celle de la carte sur laquelle on joue.

Talon. C'est ce qui reste de cartes, quand on a distribué à chaque joueur celles qu'il lui faut.

Triomphe. C'est la couleur qui, à certains jeux, emporte toutes les autres cartes.

LONGUE PAUME.

LONGUE PAUME.

Sorte de jeu d'exercice, qui consiste particulièrement à pousser & repousser une balle avec certaines règles. On a coutume de jouer à ce jeu au grand air, dans quelque rue longue & large, ou dans un pâtis, ou dans une longue allée d'arbres.

Il importe fort que le terrein sur lequel on s'exerce à la longue paume, soit uni ou bien pavé, parce qu'autrement il seroit dangereux de se blesser par quelque faux pas, en courant à la balle.

Les joueurs sont ordinairement trois contre trois, ou quatre contre quatre, ou cinq contre cinq. Ils peuvent aussi être deux contre deux.

Il faut, pour jouer à la *longue paume*, un grand toît de planches attaché à un mur, ou soutenu par quatre piliers, si le jeu est établi dans une allée d'arbres, ou dans un pâtis.

Ce toit est garni par le bas & du côté du joueur qui tient la passe, d'une planche large d'environ douze à quatorze pouces, placée droite sur le côté, percée dans le milieu, & à quatre doigts du toît: elle est soutenue par derrière avec un bâton de deux ou trois pouces de tour, qui s'élève d'ailleurs au dessus de la planche d'environ deux pieds. Ce bâton est ce qu'on appelle *la passe*.

Les raquettes ne sont pas en usage à la *longue paume*; on y employe des battoirs pour chasser & renvoyer la balle.

Le battoir est un instrument rond ou carré par un bout, garni d'un long manche, & recouvert d'un parchemin fort dur.

Il ne faut pas moins d'adresse à la *longue paume* pour jouer une balle, qu'à la courte: la première exige même plus d'agilité que la seconde.

A la courte paume, on sert avec la raquette; mais à la *longue paume*, on sert avec la main, & non avec le battoir.

Les parties sont de trois, quatre ou cinq jeux, & quelquefois de six, suivant la convention des joueurs.

Chaque jeu est, comme à la courte paume, divisé en soixante points ou quatre quinze.

On fait indiquer par le sort le joueur qui tiendra le toît.

Il est avantageux d'avoir au jeu un serveur qui ait le bras fort, afin qu'en jetant la balle avec roideur, ceux du parti contraire ne puissent l'atteindre, auquel cas ils perdent quinze.

Lorsque la balle qu'on sert, passe sur la planche & au-dessus de la passe, le parti du serveur perd quinze; au lieu que quand ce serveur fait passer la balle dans le trou pratiqué à la planche, il gagne quinze.

Quand on ne pousse pas la balle jusqu'au jeu, on perd quinze au profit des adversaires. Les chasses à la *longue paume*, se marquent à l'endroit où s'arrête la balle, & non où elle a d'abord frappé.

On marque quinze en faveur du joueur qui gagne une chasse, & en faveur de ses adversaires, quand il la perd. C'est ce qu'on exprime en disant, *la balle la gagne*, ou *la balle la perd*; ce qui signifie que le joueur a gagné ou perdu la chasse.

Lorsqu'une balle qu'on a poussée du toît est renvoyée au-delà du jeu, le côté de celui qui a renvoyé cette balle, gagne quinze.

Lorsqu'un joueur touche de quelque manière que ce soit, une balle poussée par un autre joueur de son parti, les adversaires gagnent quinze.

Si l'un des joueurs qui sont au renvoi, repousse une balle des adversaires, il est permis à ceux-ci de la renvoyer ou de l'arrêter avec le battoir, pour empêcher qu'elle ne passe le jeu du côté du toît, & faire que la chasse soit plus longue.

Toute balle poussée hors des limites du jeu, fait perdre quinze au joueur qui l'a poussée.

Quand une balle tombe à terre, on peut valablement la prendre au premier bond, mais non au second, pour la renvoyer. *Voyez* d'ailleurs l'article PAUME.

VOCABULAIRE explicatif des termes usités à la Longue Paume.

Balle. C'est une petite boule ou pelotte ronde, faite de rognures d'étoffe, & recouverte de drap ou de feutre.

Battoir. C'est une palette à long manche, qui sert à pousser & à renvoyer la balle.

Chasse. C'est le lieu du jeu où la balle s'arrête, & au-delà duquel il faut pousser une autre balle en jouant la chasse, pour gagner quinze.

Jeu. Ce terme reçoit deux acceptions: par l'une, on entend un pilier, un arbre ou une autre marque de ce genre, qui est ordinairement à la distance de sept à huit toises du toît, & qui détermine l'espace dans lequel les chasses peuvent avoir lieu.

Dans l'autre acception, le mot *jeu*, signifie une des divisions de la partie. C'est dans ce sens qu'on dit qu'on a deux jeux, trois jeux, &c. dont chacun est composé de quatre quinze.

Passe. C'est le bâton qui soutient la planche percée, dont le toît est garni par le bas.

Quinze. C'est le premier des quatre coups qu'il faut gagner pour avoir un des jeux dont la partie est composée.

Raquette. C'est un instrument qu'on emploie à la paume, comme le battoir à la *longue paume.*

Serveur. C'est celui qui jette la balle sur le toît à ceux contre lesquels il joue.

Servir. C'est jeter la balle sur le toît à ceux contre lesquels on joue.

Toît. Ce sont des planches attachées à un mur, ou supportées par quatre piliers, & sur lesquelles on jette la balle à ceux contre qui l'on joue.

LOTERIE.

C'est une sorte de jeu de hazard dans lequel différents lots de marchandises, ou différentes sommes d'argent se déposent pour en former des prix & des bénéfices aux joueurs qui obtiennent les billets favorables.

L'usage des *loteries* est fort ancien. Les romains, pour célébrer les Saturnales, en imaginèrent, dont tous les billets qu'on distribuoit gratis aux conviés, gagnoient quelque prix. Cette invention étoit une adresse galante de marquer sa libéralité, & de rendre la fête plus vive & plus intéressante, en mettant d'abord tout le monde de bonne humeur.

Auguste goûta beaucoup cette idée; & quoique les billets des *loteries* qu'il faisoit consistassent quelquefois en de pures bagatelles, ils étoient imaginés pour donner matière à s'amuser encore davantage; mais

Néron, dans les fêtes qu'on célébroit pour l'éternité de l'empire, étala la plus grande magnificence en ce genre. Il créa des *loteries* publiques, en faveur du peuple, de mille billets par jour, dont quelques-uns suffisoient pour faire la fortune des personnes entre les mains desquelles le hazard les distribuoit.

L'empereur Héliogabale trouva plaisant de composer des *loteries* moitié de billets utiles, & moitié de billets qui gagnoient des choses risibles & de nulle valeur. Il y avoit, par exemple, un billet de six esclaves, un autre de six mouches ; un billet d'un vase de grand prix, & un autre d'un vase de terre commune ; ainsi du reste.

L'usage des *loteries* nous est venu d'Italie. Genes & Venise en ressentirent les premières atteintes avec tant d'ardeur, que bientôt on n'adora plus que le sort dans ces deux villes.

Grégorio Léti rapporte dans sa critique des *loteries*, que les Vénitiens furent tellement épris de ces nouveaux jeux, qu'ils s'en servirent pour trafiquer de leurs bijoux, de leurs meubles, de leurs terres. La superbe maison de campagne du médecin Salvatico, dit le même auteur, fut gagnée par un batelier qui la vendit à vil prix : on ne l'acheta que pour en faire sur le champ une nouvelle loterie. Cette demeure de l'opulence appartint successivement, & par le même moyen, à différents maîtres hors d'état de l'habiter.

Sous le doge François Erizzo, on tiroit des *loteries* dans les maisons privées, dans les places publiques, & jusques dans les couvents. Le conseil des dix en voulut connoître : il y fut observé par un sénateur, que cet ennemi domestique perdroit la république. Que dites-vous, repliqua un autre membre de ce conseil ? Plût à Dieu que nous n'en ayons jamais de plus redoutables que les *loteries* ! De pareils ennemis mériteroient de notre part le titre de bienfaiteurs.

La république vendit d'abord aux particuliers ce dangereux privilège, qu'elle devoit bientôt s'arroger exclusivement : les princes qui ont emprunté d'elle cette ressource pernicieuse, en ont usé de même.

Dans le seizième siècle, une étincelle de ce feu dévorant s'échappa vers la France. François I, *afin d'amortir*, disoit-il, *la fureur du jeu*, accorda en 1539, moyennant

deux mille livres de rétribution annuelle, des lettres patentes à l'un de ses sujets, pour créer une *loterie* qui devoit avoir cours dans tout le royaume. Cette *loterie* ouverte pendant plus de deux ans, ne fut point remplie : il ne paroît pas qu'elle ait jamais été tirée, puisqu'il n'en est fait aucune mention dans l'histoire, ni dans les mémoires de ce temps.

En vain on lui donna différentes formes pour la rendre plus attrayante ; il ne se trouva point assez de joueurs.

Cependant le souvenir de cette *loterie*, quoique rejetée, resta dans la mémoire de ceux qui ne vivoient alors que des malheurs publics. Des instigateurs nationaux échauffèrent les esprits par le récit de ce qui se passoit à Gènes & à Venise.

Sous les règnes suivants, on fit diverses tentatives. Pendant la minorité de Charles IX, un particulier, ayant obtenu des lettres patentes, ouvrit une loterie, dont l'objet n'étoit pas de conséquence ; il ne s'agissoit que d'une montre d'or. Mais ce particulier n'en fut pas moins traduit au châtelet, & successivement au parlement, où, sur les conclusions de l'avocat général Dumenil, il intervint le 23 mars 1563, un arrêt qui condamna l'entreprise.

Le parlement de Paris, tandis que la fureur du jeu s'autorisoit de l'exemple de la cour, rendit sous Henri IV, le 5 décembre 1598, un nouvel arrêt contre ceux qui tenoient des *loteries* : il annulla les privilèges de ce genre, comme ayant été surpris & extorqués.

Dix ans après, le procureur général eût commission de faire saisir une *loterie permise & ouverte en la ville de Soissons, à la ruine des habitants d'icelle* : ce sont les termes du requisitoire.

L'année suivante, il y eut plusieurs *loteries* dans la ville d'Amiens : elles eurent le même sort que les précédentes, *parce qu'elles étoient*, disoit toujours le parlement, *la ruine du pauvre peuple*.

Les *loteries* éprouvèrent moins de contradictions chez les anglois, plus hardis que nous, quand il s'agit du gain. Ces jeux, qui ne passèrent en Angleterre que vers la fin du siècle dernier, furent proposés au parlement national, en janvier 1694. On fut long temps à s'accorder, & même il y eut de grands débats; mais ce parlement, plus complaifant que celui de Paris ne l'étoit alors, en permit l'établiſſement.

Cette permiſſion fut particulièrement fondée fur ce que le gouvernement avoit beſoin d'argent pour faire la guerre : il en falloit, & promptement : on vota pour une *loterie* de douze cens mille livres ſterlings : elle fut remplie en moins de ſix mois. Amis & ennemis, tout le monde y porta. Les vrais patriotes en murmurèrent : *taiſez-vous*, leur diſoit-on, *cette loterie eſt la reine des loteries, c'eſt elle qui vient de prendre Namur.*

La politique marchande devoit naturellement ſourire à ces nouveaux appâts : auſſi la ville d'Amersfort, à l'exemple de Londres, & ſans autre prétexte que le gain, forma-t-elle le projet de la première *loterie* qui ait été tirée en Hollande. Quelques uns des lots promettoient des *fermes* & des terres ſeigneuriales que l'on pouvoit, après la déciſion, ſe faire payer en argent comptant. Ces fermes & ces terres furent viſitées par toutes ſortes de gens qui s'arrangeoient d'avance comme s'ils avoient été ſûrs de leur fait.

La folie des hollandois ne le céda pas à celle des vénitiens. On établit les *loteries* dans la plupart des villes, & dans preſque tous les diſtricts. On s'étouffa pour avoir des billets : on en prit pour les vendre & y gagner. Les trois quarts de ceux qu'on rencontroit dans les rues & ſur les chemins, ne couroient, ſi l'on en croit Grégorio Léti, qu'après ce fantôme qui les détournoit de leurs profeſſions & de leurs travaux habituels.

De graves profeſſeurs ne parloient plus que de *loteries* à leurs élèves : la tête en tournoit aux miniſtres des autels. Si quelqu'un s'en abſtenoit, on le blâmoit de cette indifférence : on l'accuſoit de ne pas aimer les hommes, puiſqu'il négligeoit ce moyen de les ſervir. *Mes meilleurs amis*, dit Gregorio Léti, *m'ont traité de père dénaturé, pour n'avoir pas voulu rifquer quelques billets au profit de mes filles.* On ne ſait ce que ſeroit devenue la Hollande ſi cette fièvre ne s'étoit pas un peu calmée.

Ces jeux furent adoptés de proche en proche, par la plupart des nations de l'Europe, & par celles mêmes qui les avoient rejetés; tant il eſt vrai que l'exemple n'agit pas moins fur les ſociétés reſpectives, que ſur les individus.

On perſuada aux princes que les *loteries* pourroient ſuppléer aux impôts, aux emprunts, & ſervir à éteindre les dettes nationales : on ne les avertit pas qu'il s'établiroit entre les gouvernements une concurrence, dont l'effet leur ſeroit à tous également préjudiciable.

Comme celui qui préſentoit le plus d'appâts faiſoit les plus grands gains, ces jeux de hazard ſe multiplièrent en peu de temps. Pour regagner ce qu'on perdoit chez l'étranger, on mit les citoyens aux priſes, & ſon propre pays en combuſtion : on s'embarraſſa fort peu des conſéquences, pourvu qu'il en réſultât de l'argent à meſure qu'on en avoit beſoin.

Pluſieurs cauſes retardèrent en France l'établiſſement des jeux d'états, projeté ſous François I. Après les guerres & les troubles civils, il fallut rétablir l'ordre, réprimer les nobles & réformer les mœurs. Cette dernière fonction fut remplie ſous Louis XIII, de manière que les inſtigateurs des jeux dont il s'agit, ne firent pas la moindre tentative : mais ils s'enhardirent ſous le miniſtère du cardinal Mazarin.

En 1656, on accorda des lettres patentes pour l'établiſſement d'une *loterie* propoſée par l'italien Tonti, afin de conſtruire un pont de pierres entre les galeries du Louvre & le fauxbourg ſaint-Germain : le pont de bois qui y étoit auparavant ayant été conſumé par un incendie. La *loterie* de Tonti ne fut pas exécutée.

Deux ans après, pluſieurs aſſociés obtinrent, par leurs intrigues & par le crédit de quelques courtiſans, le privilège d'une *loterie* de marchandiſes; celle-ci plus captieuſe que les autres, & bien reçue, auroit été remplie; mais les ſix corps des marchands s'oppoſèrent à l'enregiſtrement des lettres patentes, & le parlement rendit arrêt le 16 janvier 1658, qui fit droit fur l'oppoſition.

La première *loterie* royale tirée en France, le fut à l'improviſte, dans un moment d'enthouſiaſme occaſionné par le mariage de Louis XIV, & ſa publication des fêtes de la paix. Le parlement autoriſa cette *loterie*, ſans tirer *à conſéquence*: mais les conſéquences qu'il n'avoit pas fu prévoir, obferve M. Dusaulx, furent promptes & immédiates.

La moitié de la nation fe voyant privée des *loteries* publiques dont elle venoit de faire l'eſſai, eut recours aux *loteries* étrangères : on en forma de particulières de tout coté. Les maîtres & les valets en firent de proportionnées à leurs moyens. On en fit de bijoux, de meubles, d'uſtenſiles ; & , afin que tout le monde put y jouer, il y en eût à cinq ſous le billet.

Le gouvernement fentit la néceſſité de défendre toutes ces *loteries* ſubalternes: le parlement & la police les ſupprimèrent à diverſes repriſes, en remontrant toujours que la première n'avoit été permiſe qu'*en vertu d'une réjouiſſance extraordinaire pour célébrer l'heureux mariage du roi.*

Quand on vit qu'il n'étoit plus poſſible de contenir une partie des citoyens, dont le vertige alloit toujours en augmentant, on acheva, ajoute M. Dufaulx, de les empoiſonner, car on mit le mal dans le remède.

Le conſeil d'état ouvrit à l'hôtel-de-ville de Paris , en 1700, une *loterie* royale de dix millions de livres. Voici comment on fit parler le roi : « Sa majeſté ayant remarqué » l'inclination naturelle de la plupart de ſes » ſujets , à mettre de l'argent aux *Loteries* » particulières , à celles que des communautés ont eu la permiſſion de faire, pour » l'entretien & le ſoulagement des pauvres , » même à celles qui ſe font dans les pays » étrangers , & déſirant leur procurer un » moyen agréable & commode de ſe faire » un revenu ſûr & conſidérable pour le » reſte de leur vie , même d'enrichir leurs » familles, en donnant au hazard des ſommes » ſi légères qu'elles ne puſſent leur cauſer » aucune incommodité, à jugé à propos, &c.»

Si l'on s'étonne des termes de cet étrange préambule, n'eſt-il pas encore plus étonnant qu'on ſe laiſſe prendre à des appâts ſi groſſiers ?

Depuis cette époque le gouvernement a créé, en différents temps, pluſieurs autres *loteries.* Enfin, par arrêt du conſeil d'état, du 30 juin 1776, les *loteries* de l'école royale militaire, de l'hôtel-de-ville, & pluſieurs autres ont été ſupprimées; mais il en a, en même temps, été créé une nouvelle ſous

la dénomination de *loterie royale de France.* Celle-ci eſt fort en vogue : elle ſe tire deux fois par mois, & produit à l'état un revenu annuel de dix à douze millions. On verra bientôt que les perſonnes qui y font des miſes , jouent un jeu exceſſivement inégal & déſavantageux.

C'eſt aux Gènois qu'on attribue l'invention de ce jeu, qui eſt aujourd'hui établi dans beaucoup de villes d'Italie & d'Allemagne. Voici quelle en fut l'origine. On faiſoit à Gênes, tous les ſix mois , l'élection de cinq ſénateurs pour remplir les charges de magiſtrature: on procédoit à cette élection dans la forme ſuivante : on mettoit dans une urne les noms de tous ceux qui aſpiroient à ces charges, & elles étoient conférées aux cinq premiers noms qu'on tiroit enſuite de cette urne par la voie du ſort. Le nombre des concurrents n'étoit point fixe, quelquefois il s'étendoit à cent & au-delà, mais il n'étoit jamais au-deſſous de 90. L'intérêt que chaque citoyen prenoit aux candidats , donna lieu à des paris qui devinrent bientôt très-multipliés, tout le monde voulut y participer. Chaque individu en fit une eſpèce de commerce où il hazardoit de petites ſommes en faveur d'un, de deux ou de trois de ces concurrents , & le profit étoit proportionné à la difficulté du gain du pari. Si, par exemple, on parioit pour le nom d'un ſeul candidat , le gain étoit moindre que quand on parioit pour deux noms liés enſemble ; il étoit de même noms conſidérable pour deux noms , que quand on parioit pour la rencontre de trois des cinq noms qui dévoient ſortir, & pareillement en proportion, juſqu'à quatre & cinq.

Ces combinaiſons différentes où le ſort étoit lié à un , à deux , à trois , à quatre & à cinq noms , ſont ce qu'on appelle aujourd'hui *extrait , ambe , terne , quaterne.* & *quine,* & ces cinq dénominations repréſentent les différents dégrés de hazard dans chaque pari.

Comme la multiplicité des paris occaſionnoit ſouvent des diſputes , ſoit ſur la proportion du gain, ſoit ſur l'inſuffiſance des particuliers qui ne pouvoient pas payer ce qu'ils avoient perdu ; une compagnie , & enſuite la république ſe mit à la tête de cette eſpèce de commerce , & en fit une *loterie.* Toutes les villes d'Italie adoptèrent ſucceſſivement cette même *loterie,* en l'accommodant ſur quatre-vingt-dix nombres, ainfi qu'elle eft aujourd'hui établie en France. De ces quatre-vingt-dix nombres, renfermés tous dans une roue de fortune, on en tire cinq feulement au hazard, à chaque tirage ; & ces cinq nombres déterminent le bénéfice ou la perte des pontes qui ont pris intérêt à la *loterie*. Il fe fait deux tirages par mois.

On peut jouer à ce jeu en fept manières différentes, qui font l'extrait fimple ; l'extrait déterminé ; l'ambe fimple ; l'ambe déterminé ; le terne ; le quaterne ; & le quine.

L'extrait fimple confifte dans un numéro choifi parmi les 90. Ainfi tout nombre confidéré feul eft un extrait fimple.

L'extrait déterminé confifte dans l'indication de l'ordre de la fortie des numéros qu'on a choifis ; c'eft-à-dire, à parier que tel ou tel numéro fortira le premier, le fecond, le troifième, le quatrième ou le cinquième de la roue de fortune.

L'ambe fimple eft un compofé de deux nombres quelconques liés enfemble, & formant un tout.

L'ambe déterminé confifte à indiquer l'ordre dans lequel fortiront deux numéros qu'on a choifis & liés enfemble ; c'eft-à-dire, à parier que l'un fortira le premier ou le fecond, &c. & l'autre le troifième ou le quatrieme, &c. de la roue de fortune.

Le terne eft un compofé de trois nombres liés enfemble, & formant un tout.

Le quaterne eft formé par quatre nombres auffi liés enfemble, & faifant pareillement un tout.

Enfin le quine eft un compofé de cinq nombres également liés enfemble, & formant de même un tout.

Nous allons maintenant faire connoître les chances que préfentent ces fept manières de jouer, & fucceffivement les avantages ainfi que les défavantages qui doivent en réfulter, tant aux banquiers qu'aux pontes.

Les quatre-vingt-dix nombres forment quatre-vingt-dix extraits fimples ; quatre cent cinquante extraits déterminés ; quatre mille cinq ambes fimples ; quatre vingt mille cent ambes déterminés ; cent dix-fept mille quatre cent quatre-vingt ternes ; deux millions cinq cent cinquante-cinq mille cent

quatre-vingt-dix quaternes, & quarante trois millions neuf cent quarante-neuf mille deux cens foixante-huit quines.

Les cinq numeros qu'on fait fortir de ces quatre-vingt-dix nombres à chaque tirage de la *loterie*, donnent cinq extraits fimples :

Cinq extraits déterminés ;
Dix ambes fimples ;
Dix ambes déterminés ;
Dix ternes ;
Cinq quaternes ;
Un quine.

Pour que les gains fuffent proportionnés aux rifques, il faudroit que les banquiers rerdiffent aux pontes, dix-huit fois la mife fur l'extrait fimple ; quatre-vingt-dix fois fur l'extrait déterminé ; quatre cents fois & demi fur l'ambe fimple ; huit mille dix fois fur l'ambe déterminé ; onze mille fept cents quarante-huit fois fur le terne ; cinq cents onze mille trente-huit fois fur le quaterne ; & quarante-trois millions neuf cents quarante-neuf mille deux cents foixante-huit fois fur le quine.

Mais les taux des gains font fixés bien différemment : on ne paye à Paris aux pontes, lorfqu'ils viennent à gagner, que quinze fois la mife fur l'extrait fimple ; foixante-dix fois, fur l'extrait déterminé ; deux cents foixante-dix fois fur l'ambe fimple ; cinq mille cent fois fur l'ambe déterminé ; cinq mille cinq cents fois fur le terne ; foixante-dix mille fois fur le quaterne, & un million de fois fur le quine.

Il fuit de-là que les pontes reçoivent trois de moins que la proportion fur l'extrait fimple ; vingt fur l'extrait déterminé ; cent trente fur l'ambe fimple ; deux mille neuf cents dix fur l'ambe déterminé ; fix mille deux cents quarante-huit fur le terne ; quatre cents quarante-un mille trente-huit fur le quaterne, & quarante-deux millions neuf cents quarante-neuf mille deux cents foixante-huit fur le quine.

Ainfi, quand on place, par exemple, un écu de trois livres fur l'extrait fimple, il ne concourt dans le hazard de gagner que pour cinquante fous ; fur l'extrait déterminé, que pour quarante-fix fols huit deniers ; fur l'ambe fimple, que pour quarante fous cinq deniers ; fur l'ambe déterminé, que pour trente-huit fous deux deniers ; fur le terne, que pour vingt-huit fous deux deniers; fur le quaterne, que pour huit fous deux deniers; & fur le quine, que pour un fou quatre deniers.

On voit, par cet expofé, jufqu'où s'étend le défavantage énorme qu'éprouve le ponte en jouant à la *loterie*.

Vocabulaire explicatif des termes ufités au jeu de la Loterie.

Ambe déterminé. Il fe dit de deux nombres liés enfemble, & qui fortent de la roue de fortune dans l'ordre indiqué par le ponte.

Ambe fimple. Il fe dit de deux nombres liés enfemble, & qui font partie des cinq numeros fortis de la roue de fortune.

Banquier. C'eft celui contre lequel les pontes jouent leur argent.

Extrait déterminé. C'eft un nombre forti de la roue de fortune dans l'ordre indiqué par le ponte.

Extrait fimple. C'eft un des cinq nombres qui fortent de la roue de fortune toutes les fois qu'on tire la *loterie*.

Ponte. On défigne fous ce nom les joueurs qui font des mifes à la *loterie*.

Quaterne. Il fe dit de quatre nombres liés enfemble, & qui font partie des cinq fortis de la roue de fortune chaque fois qu'on tire la *loterie*.

Quine. Il fe dit des cinq nombres liés enfemble, & fortis de la roue de fortune en tirant la *loterie*.

Roue de fortune. C'eft une machine ronde, en forme de roue, à grands panneaux de glace, dans laquelle on mêle les 90 nombres dont la *loterie* eft compofée, pour enfuite en tirer cinq au hazard.

Tirage. C'eft l'action d'extraire de la roue de fortune cinq des 90 nombres dont la *loterie* eft compofée.

M.

MAIL.

MAIL. Ce terme s'emploie en trois acceptions différentes. Il fignifie, en premier lieu, une efpèce de petite maffe de bois, garnie de fer par les deux bouts, qui a un long manche un peu pliant, dont on fe fert pour jouer en pouffant une boule de bois..

On donne pareillement le nom de *mail* au jeu d'adreffe & d'exercice qui confifte à pouffer, felon certaines règles, la boule dont on vient de parler.

Enfin on appelle *mail*, l'allée ou le lieu dans lequel on joue.

Le jeu du *mail* tient parmi les jeux d'exercice un rang diftingué: il n'eft pas moins agréable qu'utile à la fanté: on doit s'attacher à le jouer avec grace, en fe mettant aifément fur fa boule, & en donnant au corps une attitude convenable. Cette attitude confifte particulièrement à n'être ni trop droit, ni trop courbé, mais médiocrement penché,

afin qu'en frappant, on fe foutienne par la force des reins.

On joue au *mail* en quatre manières différentes, qui font le *rouet*, la *partie*, les *grands coups* & la *chicane*.

Le jeu du *rouet* confifte à jouer chacun pour foi. Dans ce cas, le joueur qui paffe le premier au pair ou au plus, lorfqu'il fe trouve en ordre, gagne le prix dont on eft convenu pour la paffe.

On joue en *partie*, quand plufieurs joueurs fe lient d'intérêt pour jouer enfemble contre un pareil nombre d'autres joueurs: fi le nombre eft inégal, & qu'il n'y ait, par exemple, que trois joueurs d'un côté, lorfqu'il y en a quatre de l'autre, on rétablit l'égalité en faifant jouer deux fois l'un des trois joueurs; tandis que les quatre oppofés ne jouent qu'une fois chacun.

Q

On joue aux *grands coups*, quand le prix convenu doit appartenir à celui qui pouſſera la boule plus loin que ſon adverſaire. Si dans ce cas, un joueur eſt réputé plus fort que l'autre, le plus foible reçoit un avantage par lequel on lui accorde une certaine quantité de pieds ou de toiſes à ajouter à l'eſpace qu'il aura fait parcourir à ſa boule.

Le jeu de la *chicane* conſiſte à jouer en pleine campagne, dans des allées, des chemins & par-tout où l'on ſe trouve. On débute ordinairement par une volée; enſuite on eſt obligé de jouer la boule en quelque lieu pierreux ou embarraſſé qu'elle puiſſe être, & l'on finit la partie en touchant un arbre ou un autre but quelconque, ou en paſſant par quelque endroit qu'on a déterminé. C'eſt au joueur qui, après avoir franchi le but, s'en trouve le plus éloigné, qu'appartient le prix convenu.

On peut, pour le début, c'eſt-à-dire, pour le premier coup qu'on joue à quelque partie que ce ſoit, établir ſa boule ſur du ſable, ou quelque autre matière, afin de la jouer avec le plus d'avantage qu'il eſt poſſible.

Avant le début, on doit convenir du prix de la partie; & lorſqu'on a débuté, on ne peut plus ſe retirer ſans payer, à moins que tous les intéreſſés n'en diſpoſent autrement.

Si en débutant, la boule d'un joueur ſort du *mail*, il peut y rentrer une première fois, en doublant ſa miſe, & en jouant une ſeconde boule. Si la boule du même joueur venoit à ſortir encore, il ne pourroit rentrer qu'avec la permiſſion de ſes adverſaires, & cette ſeconde rentrée qui ſeroit la troiſième boule, lui coûteroit quatre paſſes : s'il rentroit enſuite pour une quatrième boule, il lui en coûteroit huit, & ainſi du reſte, en doublant toujours.

Lorſque le jeu du rouet eſt commencé, & qu'un des joueurs a gâté ſon jeu pour avoir manqué, ou pour être ſorti & rentré en doublant les miſes, il peut empêcher qu'un nouveau joueur ne ſoit admis dans la partie avant que la paſſe ait été finie.

On doit éviter de ſe promener dans le *mail* quand on joue, à cauſe des accidens qui pourroient arriver, & il convient ſur-tout qu'un joueur crie toujours *gare* avant de jouer.

Lorſqu'en jouant, on manque tout-à-fait ſa boule, ce qui s'appelle *faire une pirouette*, on perd un coup; mais ſi le *mail* ſe caſſe en rabattant, ou qu'il ſe démanche, le joueur recommence ſans rien perdre.

Si l'on fait un faux coup, ou qu'on ſoit arrêté de quelque manière que ce ſoit, par le fait de ceux avec qui l'on joue, ou du porte-lève, on peut recommencer en quelqu'endroit du jeu qu'on puiſſe être; mais il en ſeroit différemment ſi l'on étoit arrêté par quelque autre perſonne, ou par un animal quelconque; en ce cas l'obſtacle ne ſeroit conſidéré que comme une pierre au jeu.

On ne peut en aucun lieu défendre les boules de ceux avec qui l'on joue, ni celles qui viennent à ſe heurter quand elles roulent, à moins qu'on ne les défende pour le grand coup.

Comme dans un jeu de *mail* il ſe fait ſouvent pluſieurs parties en même temps, il arrive quelquefois qu'un joueur joue une boule étrangère, qu'il a cru être la ſienne; en ce cas, il ne perd rien, & il peut jouer ſa boule lorſqu'il vient à la retrouver : mais il en eſt autrement de celui qui joue la boule d'un joueur de ſa compagnie; il perd pour cette méprife un coup, & doit enſuite, quand ſon tour revient, jouer du lieu où ſe trouve ſa boule. Quant à celui dont on a joué la boule, il doit en jouer une autre à partir du lieu où étoit la ſienne. Si c'eſt un étranger qui ait joué la boule d'un des joueurs de la partie, on doit la remettre où elle étoit.

Lorſqu'il ſurvient quelque différend pour des coups ou des hazards imprévus, c'eſt au maître du jeu à prononcer ſur la difficulté.

Ceux qui portent au coup le plus éloigné, ou à un certain arbre, doivent aller au moins juſqu'aux cent pas du début des deux côtés, autrement ils ne peuvent plus prendre leur avantage.

Lorſqu'en débutant, on a mal joué ſans ſortir, on n'a pas le droit de rentrer, même en doublant la miſe, ſi les autres joueurs s'y oppoſent.

Lorſque celui qui joue un grand coup, en quelque lieu que ce ſoit, a, du conſentement de ſon adverſaire, défendu toutes ſortes de hazards, & qu'il en ſurvient quelqu'un, le coup ne produit aucun effet.

V

Quand celui qui le premier joue un grand coup sans avoir rien défendu, le second qui joue après lui, ne peut pareillement rien défendre.

Lorsque le joueur qui joue le second au grand coup, vient à rencontrer la boule de celui qui a joué le premier, & qu'il l'a touchée, c'est assez pour le faire gagner, quand même sa boule seroit restée en arrière.

Une boule sortie peut encore gagner le grand coup, quoiqu'elle se trouve hors du jeu. Dans ce cas, on la remet au jeu, vis-à-vis du lieu où elle s'est arrêtée.

Aux grands coups, comme au rouet & à la partie, ceux qui touchent aux ais ou aux murailles, ne peuvent plus rien défendre, & courent le risque de tous les hazards.

Toute boule qui, en roulant, en rencontre une arrêtée dans les cinquante pas du début, ou à vingt-cinq pas des autres coups, doit courir le hazard de la rencontre, à moins qu'elle n'ait été défendue avant d'être jouée : mais cette défense ne peut pas avoir lieu, si la boule roulante touche les ais ou les murailles avant de rencontrer la boule arrêtée.

Les cinquante & les vingt-cinq pas dont on vient de parler, se mesurent depuis l'endroit où l'on a joué, jusqu'à celui où la boule roulante a rencontré celle qui est arrêtée : après ces distances, il n'y a plus rien à défendre, si ce n'est aux grands coups ; encore faut-il que les joueurs en soient convenus auparavant.

La boule qui sort du *mail*, fait perdre un coup pour la rentrer dans le jeu, vis-à-vis du lieu où elle s'est trouvée.

Mais si la boule est passée par un trou des égoûts pratiqués pour faire écouler les eaux du *mail*, elle n'est pas censée sortie, & on doit la remettre dans le jeu, sans que le joueur soit assujetti à aucune perte.

Lorsqu'une boule fendue ou collée, qu'on a défendue, vient à éclater, le coup est nul, & le joueur qui s'en servoit, peut en jouer une autre.

Si une boule non fendue vient à se casser, & qu'il sorte du *mail* un morceau de cette boule, tandis que l'autre y reste, le joueur a le droit de prendre ce dernier, pour continuer la partie, & d'y substituer une autre boule : mais si tous les morceaux se trouvoient hors du mail, le joueur perdroit un coup pour y rentrer.

Quand une boule arrêtée vient à être avancée ou reculée par quelque cause que ce soit, on doit la remettre à la place où l'on présume qu'elle étoit.

Celui dont la boule sort au second coup, peut, avec l'agrément des joueurs, rentrer pour une autre passe, en rejouant du lieu où il étoit : mais alors, il est obligé d'abandonner sa première passe, laquelle doit appartenir au joueur qui le premier aura gagné la passe suivante.

Un joueur, dont la boule vient à sortir au troisième ou au quatrième coup, ne peut plus rentrer, & il faut qu'il finisse la partie comme il se trouve.

S'il arrive qu'on change la boule d'un joueur, il peut jouer celle qu'il a trouvée à la place de la sienne.

Lorsqu'un joueur a sa boule dans le tournant, il n'a pas le droit de s'élargir ; il faut qu'il joue du lieu où est sa boule sur la ligne droite & de niveau des ais au tambour.

On dit être en *tourne*, quand on a passé la ligne des ais vis-à-vis du tambour ; & être en *vue*, quand de l'endroit où on a sa boule, on voit en plein l'archet de la passe.

Pour s'ajuster au troisième ou au quatrième coup, on doit le jouer du *mail*, & non de la lève, qui ne sert que pour tirer la passe.

Si l'on joue en trois coups de *mail*, & qu'un joueur plus fort que les autres aille en passe ou environ en deux coups ; ou s'il y va en trois coups, quand on est convenu d'y aller en quatre, il est obligé de rapporter sa boule à cinquante pas à compter de la pierre, pour jouer son coup d'ajustement avec le *mail*.

Le joueur dont la boule s'est le plus approchée de la passe, est obligé de la rapporter le premier pour jouer son coup d'ajustement des cinquante pas, & les autres joueurs doivent en user de même successivement.

Lorsqu'il se joue plusieurs parties en même temps, les joueurs qui arrivent les premiers à la passe doivent l'achever, sans que les joueurs d'une autre partie puiſſent les inter-rompre.

Toute boule qui tient de la pierre eſt en paſſe, & celle qui tient du fer eſt derrière.

Le joueur qui paſſe à ſon troiſième coup, eſt derrière, & doit revenir à ſon rang : il en eſt de même de celui qui paſſe au quatrième, quand on joue en quatre coups de *mail*.

S'il arrive qu'en jouant en trois coups, vous ſoyez pouſſé par une ou pluſieurs boules du jeu, qui dès le premier ou le ſecond coup vous avancent juſqu'à la paſſe, non-ſeulement vous ne rapporterez pas votre boule à cinquante pas, mais ſi d'autres joueurs de la partie viennent à paſſer dans leur ordre, vous pourrez alors tirer la paſſe, du milieu, avec la lève, autrement l'avantage d'avoir été pouſſé, ſeroit inutile.

Et ſi perſonne n'ayant paſſé, quelqu'un des autres joueurs ſe trouve avant vous plus près du fer, vous pouvez alors, ou vous ajuſter du *mail* ſur les plus avancés, pour tirer, ſoit avant, ſoit après eux, ou tirer la paſſe avec la lève, du lieu où vous ſerez, &, dans ce cas, vous ne jouerez que comme ſi vous étiez à votre ordre.

Lorſqu'on eſt arrivé vers la paſſe, le premier qui y tire, peut faire dreſſer le fer s'il n'eſt pas droit & d'à plomb : mais ſi quelqu'un étoit à côté du fer, & qu'il lui fût difficile de pouvoir paſſer, il faudroit laiſſer l'archet comme il ſe trouveroit.

Pour juger ſi une boule tient du fer, on doit paſſer un fil entre la boule & les deux montants de l'archet : pour peu que le fil touche la boule, elle eſt cenſée derrière l'archet.

On ne peut revenir de derrière, que tous les autres joueurs ne ſoient venus à la pierre de paſſe, & le plus éloigné du milieu du fer doit revenir le premier.

Lorſqu'un joueur eſt en paſſe, & qu'il veut s'ajuſter pour ſe mettre en beau au milieu du jeu, il doit ſe tenir dans la même diſtance du fer que celle où il étoit, autrement il perdroit ſon coup, & par conſéquent la paſſe.

Si un joueur voulant paſſer, trouve une boule étrangère devant ou derrière la ſienne, qui le gêne & l'incommode, il peut l'ôter : mais ſi c'étoit la boule d'un des joueurs qui ſont de la même partie que lui, il faudroit qu'il la laiſſât où elle ſe trouveroit, pourvu

qu'elle n'eût pas été remuée par le joueur auquel elle appartiendroit.

Le joueur qui a été pour deux ou pluſieurs du coup du début, profite de tout, s'il gagne la paſſe : mais, s'il eſt rentré au ſecond coup, il peut bien gagner la paſſe des autres, & ſe ſauver même pour la dernière : quant à la première, elle eſt abſolument perdue pour lui, & elle appartient à celui qui gagne la paſſe ſuivante, pourvu que celui-ci ſe ſouvienne de la demander.

lorſqu'un joueur qui a gagné la paſſe, débute ſans avoir demandé auparavant ſi quelqu'un étoit pour deux, il perd cette paſſe oubliée, & elle eſt réſervée pour celui qui gagnera la paſſe ſuivante, s'il n'oublie pas de la demander.

Quand un joueur eſt du début pour deux ou pour pluſieurs, & qu'on *fait ſauve* avec lui, ſans dire pour combien, il ne doit régulièrement être ſauvé que pour une paſſe ; car, pour être ſauvé du tout, il faut s'en être expliqué auparavant.

Le joueur qui en a ſauvé un autre, & qui vient à partager les paſſes avec quelqu'un ſans tirer, prend dans ſon lot la paſſe du joueur qu'il a ſauvé.

Il faut avoir affranchi le fer par le dedans pour être paſſé ; & ſi, comme il arrive quelquefois, la boule frappant le fer, paſſoit & revenoit en pirouettant en deçà du fer, elle n'en gagneroit pas moins comme ayant paſſé : mais ſi une boule, ayant été derrière le fer, ſans l'avoir affranchi par dedans, revenoit en avant du même fer, par la force du coup, ou autrement, il faudroit la remettre derrière le fer, à la même diſtance que celle où elle s'en trouveroit en avant.

Le joueur qui tire au pair, ou au plus à la paſſe, & qui rencontrant une boule la met derrière, elle y eſt bien miſe.

Celui qui paſſe par le moyen de la lève, voulant s'ajuſter au pair ou au plus, doit être réputé derrière, ſans avoir gagné, à moins qu'il n'ait joué préciſément du lieu où étoit ſa boule. C'eſt pourquoi, quand on veut faire ce coup, il convient d'avertir qu'on joue pour paſſer, ou pour ſe mettre ſous les fers.

Lorſqu'un joueur tirant à la paſſe, fait paſſer une autre boule avant la ſienne, la première paſſée gagne, pourvu qu'elle ſoit en ordre du pair ou du plus ; car ſi elle étoit, par exemple, à deux de plus, & que celle qui l'auroit fait paſſer, paſsât auſſi la dernière, celle-ci gagneroit.

Si l'on veut paſſer, malgré l'obſtacle qu'y forme une autre boule, on ne doit point porter la lève ſur cette boule pour la pouſſer en traînant, ce qu'on appelle *billarder* ; mais on doit jouer franchement ſa boule pour lui faire chaſſer l'autre ſans le ſecours de la lève, autrement on perd la paſſe ; cependant ſi les boules ſe joignoient de manière qu'on ne pût jouer ſans les pouſſer toutes deux enſemble avec la lève, le coup ſeroit bon.

Lorſqu'on eſt auprès de la paſſe, & à côté du fer, ce qu'on appelle *la place aux niais*, on doit paſſer par le moyen de la lève en droite ligne, ſans biaiſer, ni tourner la main, & ſans porter la lève dans l'archet. Celui qui en uſeroit de cette manière perdroit la paſſe.

S'il arrive qu'un joueur laiſſe échapper de la lève la boule de paſſe ſans la jouer, il perd un coup.

Si la boule de paſſe venoit à ſortir par le bout du *mail* ſans avoir paſſé, elle ne ſeroit pas cenſée ſortie, & le joueur pourroit revenir, s'il ſe trouvoit encore en état pour cet effet.

S'il arrivoit qu'un joueur, croyant être ſeul ſur le jeu, & avoir gagné, levât ſa boule, il ne perdroit pas ſon coup, mais il ſeroit tenu de remettre ſa boule à l'endroit où elle étoit, & de jouer à ſon ordre pour finir la partie avec celui qui reſteroit.

Quand on joue en partie liée, on ne peut pas entrer au début, ni à aucun autre coup.

Les joueurs aſſociés peuvent oppoſer tout obſtacle aux progrès de leurs adverſaires, & favoriſer ceux qui ſont de leur parti, les pouſſer même juſqu'à la paſſe pour les faire gagner, ſi cela eſt praticable, pourvu néanmoins que le tout ſe faſſe ſelon les formes convenables & permiſes.

Si la boule d'un joueur incommodoit un autre joueur ſon aſſocié, elle pourroit être levée afin que ce dernier pût tirer à la paſſe ſans être gêné, mais dès lors la boule levée ne ſeroit plus du jeu.

En partie liée comme au rouet, il n'y a que les deux derniers qui puiſſent revenir l'un contre l'autre pour clore la paſſe, s'ils ſont en ordre.

Une partie commencée ne peut ſe rompre que du conſentement des joueurs ; autrement celui qui la quitte eſt obligé de payer ce qu'on jouoit.

Il convient que les porte-lèves aillent toujours devant le coup autant qu'il eſt poſſible, pour crier *gare*, prendre garde aux boules, empêcher qu'on ne les change, & les rentrer dans le jeu lorſqu'elles en ſont ſorties, en obſervant de les remettre vis-à-vis de l'endroit où elles ſe ſont trouvées.

VOCABULAIRE explicatif des termes uſités au jeu du Mail.

Archet. C'eſt l'eſpèce de porte par laquelle il faut faire paſſer ſa boule pour gagner.

Billarder. C'eſt pouſſer en traînant, tant ſa boule que celle de ſon adverſaire avec la lève.

Chicane. C'eſt une forme de jeu qui conſiſte à jouer en pleine campagne, dans les allées, des chemins, & par-tout où l'on ſe trouve.

Début. C'eſt le premier coup qu'on joue.

Etre en paſſe. C'eſt être dans l'eſpace qui ſe trouve entre la pierre carrée & l'archet, & où l'on a accoutumé de prendre la lève pour paſſer.

Etre en tourné. C'eſt avoir paſſé la ligne des ais, vis-à-vis du tambour.

Etre en vue. C'eſt de l'endroit où l'on a ſa boule, voir en plein l'archet de la paſſe.

Faire pirouette. C'eſt, en jouant, manquer tout-à-fait ſa boule.

Faire ſauve. C'eſt faire à un joueur l'avantage de le garantir d'une perte quelconque.

Fer. C'eſt l'archet de la paſſe.

Grands coups. C'eſt une manière de jouer qui fait gagner la partie au joueur dont la boule a été pouſſée plus loin que celles de ſes adverſaires.

Lève. C'eſt une eſpèce de cuillier de bois à long manche, dont on ſe ſert pour lever la boule & lui faire franchir la paſſe.

Mail. On donne ce nom tout-à-la-fois au lieu où l'on joue au mail, & à l'eſpèce de petite maſſe à long manche dont on ſe ſert pour pouſſer la boule.

Mettre en beau. (ſe) C'eſt s'ajuſter au milieu du jeu pour franchir la paſſe.

Mettre en paſſe. (ſe) C'eſt ſe placer dans l'eſpace qui eſt entre la pierre carrée & l'archet.

Partie. C'eſt une manière de jouer dans la

quelle plusieurs joueurs sont associés & liés d'intérêt pour jouer contre d'autres.

Passe. Ce terme a deux significations : tantôt il signifie l'enjeu, & tantôt la porte par laquelle un joueur est obligé de faire passer sa boule pour gagner.

Place au niais. C'est le lieu qu'occupe une boule auprès de la passe, & à côté du fer.

Porte-lève. C'est un commis ou serviteur dont les fonctions consistent particulièrement à porter les instruments du jeu, à crier *gare*, quand on pousse les boules, à les remettre dans le jeu quand elles en sont sorties, &c.

Rouet. C'est une manière de jouer, dans laquelle chaque joueur joue pour lui seul contre tous les autres.

M A N I L L E.

Sorte de jeu des cartes auquel peuvent jouer ensemble deux, trois, quatre ou cinq personnes.

Pour faire les comptes, on se sert de fiches & de jetons, qui ont une valeur convenue.

On emploie un jeu entier, c'est-à-dire, un jeu composé de cinquante-deux cartes. Si les joueurs ne sont qu'au nombre de deux, ils doivent avoir chacun 26 cartes : s'ils sont trois, ils en auront chacun 17, & il en restera une au talon : s'ils sont au nombre de quatre, chacun aura 13 cartes ; & s'ils sont cinq, ils en auront chacun 10, & il en restera deux au talon. Les cartes non distribuées ne doivent point être vues.

Chaque joueur met d'abord au jeu une fiche valant dix jetons, pour former la poule destinée à celui qui gagnera la partie.

Celui que le sort a indiqué pour distribuer les cartes, les mêle, fait couper par la personne qui est à sa gauche, & ensuite il donne à chaque joueur, par trois ou quatre cartes à la fois, celles qu'il doit avoir.

Il faut remarquer que la principale carte du jeu est le neuf de carreau, qu'on désigne sous le nom de *manille*. Cette carte peut être employée en jouant pour telle autre carte qu'on juge à propos. Ainsi on lui fait représenter un roi, une dame, un valet, &c. selon les circonstances où l'on veut jouer quelqu'une de ces cartes.

Les cartes étant distribuées, & chacun ayant vu & arrangé son jeu, le premier en cartes, c'est-à-dire, le joueur placé à la droite de celui qui a fait, commence à jouer par telle carte qu'il lui plaît : le but qu'il doit se proposer, est de jouer toutes les cartes de son jeu avant qu'aucun de ses adversaires ait pu se défaire des siennes.

Lorsqu'un joueur s'est ainsi défait de toutes ses cartes, on compte les points que présentent celles qui restent dans les mains des autres joueurs, & il reçoit un jeton pour chaque point ; il gagne d'ailleurs la poule, composée des fiches que les joueurs ont mises au jeu en commençant.

Les cartes se jouent selon l'ordre dans lequel elles se suivent, sans avoir égard à la couleur dont elles peuvent être. Le roi est la plus haute, & l'as la plus basse. Si, par exemple, celui qui doit jouer le premier a dans son jeu une série qui s'étend depuis l'as jusqu'au roi, il s'énoncera de la manière suivante, en jouant, l'une après l'autre, les cartes qu'il désignera : as, deux, trois, quatre, cinq, six, sept, huit, neuf, dix, valet, dame & roi. Après avoir joué cette dernière carte, il recommencera à jouer ou une seule carte, ou une nouvelle série de plusieurs cartes, si son jeu est convenablement disposé pour cela.

Supposons que dans les cartes qui lui restent, il y ait un as, & ensuite un huit, un neuf & un dix, il ne doit pas régulièrement jouer ces cartes-ci, parce qu'elles peuvent servir à le faire rentrer en jeu, tandis qu'un as qui n'a point de carte au-dessous de lui, ne lui laisse pas la même espérance. Il doit donc jouer son as, & dire as sans deux. Il attend de cette manière que celui de ses adversaires après lequel il doit avoir la parole, joue en disant sept sans huit.

Lorsqu'un joueur n'a pas la carte à laquelle le joueur précédent a été obligé de s'arrêter, en disant, par exemple, quatre sans cinq, la parole passe au joueur suivant, qui joue le cinq, s'il en a un. Mais si aucun des joueurs n'a de cinq, celui qui le premier a dit quatre sans cinq, reçoit un jeton de chacun des autres joueurs, & il recommence à jouer par telle carte qu'il juge à propos, comme s'il s'étoit étendu jusqu'au roi.

Le joueur qui a le neuf de carreau, ou la *manille*, pouvant, comme on l'a dit plus haut, l'employer pour telle carte qu'on juge à propos, ce neuf devient cinq, sept, dix, dame, suivant la volonté ou l'avantage de la personne dans le jeu de laquelle il se trouve. Ainsi lorsqu'un joueur qui n'a pas la *manille*, s'est arrêté à une carte, & a dit, par exemple, dix sans valet, celui qui a la *manille* & qui manque de valet, peut la jouer pour un valet, s'il lui est avantageux d'interrompre la file des cartes de son adversaire, & ensuite il reprend le jeu par telle carte qu'il lui plaît. Mais quand le joueur qui n'a pas la *manille*, se défait de ses cartes de suite, & dans l'ordre naturel, en remontant d'une basse carte jusqu'au roi, on ne peut pas l'interrompre avec la *manille*.

Lorsqu'un joueur qui a la *manille*, n'a point d'autre neuf, il n'est pas obligé, après avoir joué un huit, de la jetter pour neuf; il dit alors, huit sans neuf.

Puisqu'on doit donner à celui qui gagne, comme on l'a dit ci-dessus, autant de jetons qu'on se trouve avoir de points dans son jeu à la fin du coup, il faut en tirer la conséquence qu'on doit tâcher de se défaire des hautes cartes, telles que les figures, qui valent chacune dix points, les dix, les neuf, &c.

Quand celui qui a la *manille* la joue, chacun des autres joueurs doit lui payer une fiche; mais il faut qu'il la leur demande avant que la *manille* soit couverte d'une autre carte; autrement le payement pourroit lui être refusé.

Si le joueur qui a la *manille*, ne l'employoit pas avant qu'un autre eût gagné le coup en se défaisant de toutes ses cartes, non-seulement elle ne lui produiroit rien, il seroit encore obligé de payer une fiche à chacun de ses adversaires, & en outre neuf jetons au joueur qui auroit gagné la partie, à cause des neuf points qu'elle présente, comme neuf de carreau.

Celui qui a des rois & qui les joue, reçoit de chacun des autres joueurs un jeton pour chaque roi joué: mais s'il arrivoit qu'un ou plusieurs rois lui restassent dans la main, il seroit tenu de payer à chacun de ses adversaires un jeton pour chaque roi, & en outre dix jetons à celui qui auroit gagné, attendu qu'un roi étant une figure, se compte pour dix points.

C'est par le secours de la mémoire qu'un joueur doit se rappeler les cartes qui sont jouées, pour le guider relativement à celles qu'il lui est avantageux de jouer: il lui est défendu de se permettre, pour remplir cet objet, d'examiner les cartes jetées sur le tapis, sous peine d'une amende d'un jeton envers chacun des autres joueurs.

La *manille* a été fort en vogue sous le règne de Louis XIV. C'est, dit-on, le premier jeu auquel ce prince se soit amusé.

VOCABULAIRE explicatif des termes usités au jeu de la Manille.

Couper. C'est séparer un jeu de cartes en deux avant de distribuer à chaque joueur les cartes qu'il doit avoir.

Donner. C'est distribuer les cartes aux joueurs.

Faire. C'est la même chose que donner.

Fiche. C'est une marque qui sert aux comptes du jeu, & qui représente dix jetons.

Figure. On donne ce nom aux cartes peintes qui sont les rois, les dames, & les valets.

Jeton. C'est une pièce qui sert de monnoie au jeu, & qui est la dixième partie d'une fiche.

Jeu entier. C'est un jeu de cartes composé de cinquante-deux cartes, dont treize cœurs, treize carreaux, treize trefles & treize piques.

Manille. C'est le nom qu'on donne au neuf de carreau, qui peut être joué pour telle carte que juge à propos la personne dans le jeu de laquelle il se trouve.

Mêler. C'est battre les cartes avant de les distribuer.

Point. C'est le nombre qui résulte de la valeur de chaque carte.

Poule. C'est la totalité de ce que les joueurs ont mis au jeu pour appartenir à celui qui gagnera la partie.

Premier en cartes. C'est le joueur qui doit jouer le premier.

Talon. C'est ce qui reste de cartes quand chaque joueur a celles qu'il lui faut.

MAPPE-MONDE.

Sorte de jeu de tableau, qui se joue avec deux dés & des jetons, auxquels on attribue une valeur quelconque.

Le tableau est composé de 78 cases, qui ont chacune un numéro & une dénomination particulière (*.)

L'inventeur de ce jeu a eu pour objet de familiariser la mémoire avec les noms des différentes contrées de la terre ; il fait en conséquence voyager les joueurs, & ceux-ci partent de Paris pour aller s'embarquer à Brest.

Avant de passer à l'explication des règles du jeu ; il convient d'indiquer les différentes parties dont le tableau est composé. -

Ainsi la première case où est énoncé le départ de Paris pour aller à Brest, indique l'embarquement.

La seconde, l'Amérique, cette partie du monde qu'on divise en Septentrionale & en Méridionale :

La troisième, le Mexique, autrement la Nouvelle-Espagne où se trouve les villes de Guaxala, Vera-Cruz, Panama & Guatimala.

La quatrième, la Louisianne & la Floride, où l'on remarque des mines d'or & d'argent ; ainsi que la Nouvelle-Orléans, ville sur le Mississipi.

La cinquième, le Canada, où sont les villes de Quebec & de Port-Royal.

La sixième, la Pensylvanie, la Virginie, la Caroline & d'autres lieux appartenans aux Etats unis de l'Amerique.

La septième, la Terre-Ferme, où l'on voit les villes de Santa-Fé, de Cathagène, & de Popayan.

La huitième, le Pérou, remarquable par ses mines d'or & d'argent, & par les villes de Lima, Cusco, Quito & Guamanga.

La neuvième, le Bresil & le pays des Amazones, où abondent l'or, l'argent l'ébène, le sucre & le tabac, où se trouvent les villes de San Salvador, Fernanbouc & Para.

La dixième, le Chili & le Paraguai, également connus par des mines d'or & d'argent, & où se trouvent les villes de San Jago, de la Conception, de Rio de la Plata & de l'Assomption.

La onzième, la terre Magellanique, ainsi appellée du nom du Portugais Ferdinand Magellan, qui en fit la découverte, & la terre Antarctique, où sont la nouvelle Guinée, la nouvelle Zelande & la nouvelle Hollande.

La douzième, les îles Açores, les îles Lucayes, celles de Débermude, de Portorico, des Barbades & la Martinique.

La treizième, les îles de Saint Domingue, de Saint Vincent, de la Grenade, de la Trinité & de Cayenne.

La quatorzième, l'Asie, où sont la nouvelle Zemble, la Tartarie Russe & la grande Tartarie.

La quinzième, la ville de Samarcande & le royaume de ce nom.

La seizième, l'Empire de la Chine, où sont les villes de Pekin, Nanking, Canton, &c.

La dix-septième, l'Empire du Mogol, dont la ville de Delhi est la capitale.

La dix-huitième, les Indes Orientales, où l'on trouve Goa, Agra, le royaume de Surate & la côte de Malabar.

La dix-neuvième, la côte de Coromandel, où sont la ville de Pondicheri, & les royaumes de Siam, d'Ava & de Pegu.

La vingtième, l'île de Ceylan, le royaume de Candi & la Perse.

La vingt-unième, le Mont Taurus & la ville d'Astracan.

La vingt-deuxième, la Turquie d'Asie, où sont les villes de Trébisonde, de Smirne, d'Aléxandrette & d'Amasie.

La vingt-troisième, les villes d'Alep, de Damas, de Bagdad & l'ancienne Babylone.

La vingt-quatrième, Jérusalem & les îles de Chypre & de Rhodes.

La vingt-cinquième, l'Arabie, la Meque, Medine & Moka.

La vingt-sixième, l'Empire du Japon.

La vingt-septième, la ville de Méaco, où se fait un commerce considérable de porcelaine, de dents d'éléphant, & d'étoffes du Japon.

La vingt-huitième, les îles Marianes & celle de Sumatra.

La vingt-neuvième, les îles Philippines & les Moluques remarquables par des mines d'or, d'argent & de diamans.

La trentième, l'île de Borneo, dont les rivieres charient des paillettes d'or & de perles.

La trente-unième, l'île des Célèbes, où se trouvent le royaume de ce nom & celui de Macassar.

(*) Voyez aux Planches la Figure XI.

La trente-deuxième, l'île de Java & la ville de Batavia.

La trente-troisième, les îles de Hainan & de Formose.

La trente-quatrième, les îles Maldives.

La trente-cinquième, l'Afrique, où l'on trouve l'Egypte, le Caire, Alexandrie & le Nil.

La trente-sixième, la Barbarie qui renferme les royaumes de Maroc, d'Alger, de Tunis & de Tripoli.

La trente-septième, le désert de Zara & la Nigritie.

La trente-huitième, la Guinée, le Cap verd, le Sénégal & la Côte d'Or, ainsi appelée de la quantité d'or en poudre que les rivières y charrient.

La trente-neuvième, le royaume de Congo, & la ville de Saint Salvador.

La quarantième, la Nubie, l'Abyssinie & la Cafrerie.

La quarante-unième, les côtes d'Ayen, d'Abex & de Zanguebar, & les royaumes de Monotapa & de Monoemugi.

La quarante-deuxième, les Hottentots, le Cap de Bonne-Espérance, l'île Madère & les Canaries.

La quarante-troisième, les îles de fer, du Cap verd, de Saint Thomas, de Saint Hélène & de Zocotora.

La quarante-quatrième, l'île de Madagascar.

La quarante-cinquième, l'Europe, où est la Laponie & la Suède.

La quarante-sixième, les royaumes de Norvege & de Dannemarck.

La quarante-septième, la Finlande, la Livonie & la Russie d'Europe.

La quarante-huitième, l'Empire d'Allemagne.

La quarante-neuvième, le Tirol, la Bavière & Nuremberg.

La cinquantième, les villes d'Augsbourg, de Francfort & d'Heidelberg.

La cinquante-unième, l'Evêché de Munster & les Electorats de Mayence & de Trèves.

La cinquante-deuxième, Hanovre, Cologne & Leipsick.

La cinquante-troisième, la Bohême la Lusace & la Moravie.

La cinquante-quatrième, la Silesie, l'Electorat de Brandebourg & la Poméranie.

La cinquante-cinquième, les villes anséatiques de Hambourg & de Lubeck.

La cinquante-sixième, les cantons suisses de Fribourg, de Soleure, de Zug, de Lucerne & d'Undervald.

La cinquante-septième, les cantons suisses de Schwitz, Uri, Berne, Bâle, Schaffouse, Zurich, Appenzel & Glaris.

La cinquante-huitième, la Hollande & les Pays-Bas.

La cinquante-neuvième, la Flandre, le pays de Liège, & le royaume de Pologne.

La soixantième, le Duché de Lithuanie, le royaume de Prusse, & la ville de Dantzig.

La soixante-unième, les royaumes d'Espagne & de Portugal.

La soixante-deuxième, les îles de Majorque & de Minorque.

La soixante-troisième, l'Italie où sont Rome & Florence.

La soixante-quatrième, le royaume de Naples, l'île de Corse.

La soixante-cinquième, les îles de Sardaigne, de Sicile & de Malthe.

La soixante-sixième, le duché de Savoie, le Milanais & la Lombardie.

La soixante-septième, Parme, Modène, Mantoue & le Piémont.

La soixante-huitième, Venise, Génes, la Turquie d'Europe & le royaume de Hongrie.

La soixante-neuvième, la Transylvanie, la Valachie, la Crimée & la petite Tartarie.

La soixante-dixième, Constantinople, la Romanie, la Bulgarie & Belgrade.

La soixante-onzième, la Bosnie, l'Esclavonie & la Croatie.

La soixante-douzième, la Dalmatie, la Grèce & l'Albanie.

La soixante-treizième, la Macédoine, Corinthe, la Morée, & l'île de Négrepont.

La soixante-quatorzième, les royaumes d'Angleterre, d'Ecosse & d'Irlande.

La soixante-quinzième, le royaume de France.

La soixante-seizième, Rouen, Rennes & la Rochelle.

La soixante-dix-septième, Lyon, Orléans & Bordeaux.

Et la soixante-dix-huitième & dernière, Paris, capitale de la France.

Les joueurs peuvent être en tel nombre qu'on

qu'on juge à propos : ils doivent avoir chacun un ſigne particulier pour marquer leur jeu.

Après qu'on a fait prononcer le ſort ſur l'ordre dans lequel chaque joueur doit avoir les dés, celui qui les a le premier, met trois jetons au jeu, & les autres chacun ſix jetons, pour former la poule.

Si le nombre des joueurs s'étend au-delà de trois, on fait auſſi indiquer par le ſort, celui d'entr'eux qui ſera le guide du voyage : les fonctions de ce guide conſiſtent à nommer au joueur qui a le dé, les lieux déſignés dans la caſe d'où celui-ci doit partir, & dans celle où il faut qu'il s'arrête ; le joueur eſt tenu de ſon côté, de répéter ce qu'a dit le guide ; & ſi l'un ou l'autre ne remplit pas cette obligation, on fait payer au contrevenant une amende d'un jeton, toutes les fois que l'omiſſion a lieu : cette amende s'ajoute à la poule.

Quand la partie eſt finie, le joueur qui l'a gagnée, eſt obligé de donner le tiers de ſon profit au guide pour l'indemniſer de ſa peine.

Pour que le gain de la poule ait lieu en faveur d'un joueur, il eſt néceſſaire qu'il arrive juſte le premier, à la caſe ſoixante-dix-huit, ſans qu'il lui reſte aucun point à compter.

Il faut que chaque joueur emploie, comme on l'a dit, un ſigne particulier pour marquer les points qu'il a amenés, & la caſe ſur laquelle il a dû s'arrêter. Suppoſons, par exemple, que le premier qui a le dé, amène le nombre douze, il établira ſon ſigne ou ſa marque ſur la caſe douzième, qui eſt celle des îles Açores : ceux auxquels les dés viennent enſuite, placent pareillement leurs marques ſur les caſes où les portent les points qu'ils ont amenés.

Puiſqu'aucun joueur ne peut gagner la partie qu'en arrivant juſte à la caſe ſoixante-dix-huit ſans qu'il lui reſte aucun point à compter, il faut en tirer la conſéquence, que ſi le point amené excède le nombre 78, le joueur eſt obligé de rétrograder. Ainſi, en ſuppoſant que votre marque ſoit ſur la caſe ſoixante-dix-ſept, & que vous ameniez le nombre de trois, vous ſerez obligé de retourner à la caſe ſoixante-ſeizième, & d'y placer votre marque.

Chaque joueur peut d'ailleurs éprouver dans ſa marche plus ou moins de retard, ſelon les obſtacles qu'il aura à ſurmonter, & que feront connoître les règles qu'on va détailler.

Il faut d'abord obſerver que, quand un joueur amène deux dés qui ont chacun le même point, ce qu'on appelle un doublet,

il compte deux fois les points amenés : ainſi en amenant, par exemple, deux quatre qui font huit, il parcourt ſeize caſes.

En ſecond lieu, ſi le doublet eſt compoſé de deux ſix, le joueur qui l'a amené, le compte quatre fois, & par conſéquent il parcourt quarante-huit caſes.

Si un joueur arrive à la caſe ſur laquelle un autre eſt arrêté, ce dernier prend la place du premier, & lui paye un jeton.

Si l'on arrive à la caſe trois, on met un jeton à la caſe ſoixante-quinze pour être recueilli par le joueur qui y arrivera le premier. On en met pareillement un à la caſe ſoixante-dix-huit, quand on arrive à la caſe quatre, & ſi c'eſt à la caſe cinq, on en met auſſi un à la même caſe ſoixante-dix-huit, & un autre à la caſe quarante-huit. Les jetons ainſi placés ſur les caſes, appartiennent au joueur qui y arrive le premier avant que la partie ſoit gagnée ; mais ſi ces jetons ſont encore en place, lorſqu'un joueur arrive juſte à la dernière caſe, il les recueille avec la poule.

Quand on eſt porté ſur la caſe ſept, on met un jeton à la caſe ſoixante-quatorze.

Chaque joueur eſt obligé de payer un jeton à celui que le dé place à la caſe huit : & la même règle s'obſerve envers celui qui arrive à la caſe dix.

Si l'on eſt porté à la caſe neuf, on met un jeton à la caſe vingt-huit.

Le joueur que le dé place à la caſe quinze, eſt obligé de payer un jeton au guide : mais le joueur qui eſt porté ſur la caſe ſeize ou ſur la caſe dix-ſept, reçoit un jeton de chacun des autres joueurs.

Si l'on eſt porté ſur la caſe dix-huit, on met un jeton à la caſe ſoixante-cinq : ſi c'eſt ſur la caſe dix-neuf, on le met à la caſe trente ; ſi c'eſt ſur la caſe vingt, on le met à la caſe trente-neuf ; & ſi c'eſt ſur la caſe vingt-deux, on le met à la caſe quarante-un.

Celui qui arrive à la caſe vingt-trois eſt tenu de s'y arrêter juſqu'à ce que ſes adverſaires aient joué chacun deux fois.

Si l'on atteint la caſe vingt-quatre, nonſeulement on reçoit deux jetons de chacun des autres joueurs, mais on a encore l'avantage d'établir ſa marque ſur la caſe ſoixanteneuf.

Le joueur qui eſt porté ſur la caſe vingt

X

cinq, est obligé de mettre un jeton à la case quarante-trois.

Quand on arrive à la case vingt-six sans y être renvoyé, on ne s'y arrête pas, & l'on compte de nouveau les points qu'on a amenés.

On ne s'arrête pareillement pas à la case vingt-huit, lorsqu'on y est porté, & l'on compte une seconde fois les points qu'on a amenés, pour placer sa marque.

Le joueur qui arrive à la case vingt-neuf est tenu de mettre un jeton à la case soixante-quinze.

Lorsqu'on est porté à la case trente, on est obligé de retourner à la case vingt-six.

Celui qui arrive à la case trente-un, est obligé de mettre un jeton à la case cinquante. Si l'on est porté aux cases trente-deux ou trente-trois, on ajoute un jeton à la poule.

Le joueur qui atteint la case trente-quatre, est obligé de quitter le jeu.

Quand on arrive à la case trente-cinq, on compte deux fois les points qu'on a amenés.

Celui qui est porté sur la case trente-six, est obligé de mettre cinq jetons à la poule.

Lorsqu'on arrive à la case trente-sept, on met un jeton à la poule, & l'on retourne à la case vingt-cinq.

Le joueur qui atteint la case trente-huit, va se placer sur la case cinquante-quatre.

On compte deux fois les points qu'on a amenés, lorsqu'on arrive à la case quarante.

Il en est de même quand on atteint les cases quarante-cinq ou quarante-sept.

Quand on arrive à la case quarante-huit, on reçoit un jeton de chaque joueur.

Celui que le dé porte à la case cinquante-un, va se placer à la case cinquante-cinq.

Si l'on atteint la case cinquante-trois, on reçoit deux jetons de chaque joueur, & l'on compte deux fois les points qu'on a amenés.

Celui qui est porté à la case cinquante-quatre, va se placer à la case cinquante-six.

Quand on arrive à la case cinquante-huit, on est obligé de mettre un jeton à la case soixante-huit.

Le joueur qui a atteint la case cinquante-neuf, est obligé de rétrograder, & de se placer sur la case vingt-deux.

Si l'on est porté à la case soixante-un, on reçoit un jeton de chaque joueur.

Le joueur qui arrive à la case soixante-trois, oblige les autres à lui payer chacun

trois jetons, & il compte en outre deux fois les points qu'il a amenés.

Celui qui atteint la case soixante-quatre, est tenu de mettre un jeton à la case cinquante-six.

Quand on arrive à la case soixante-six, on est obligé d'ajouter un jeton à la poule.

Si l'on est porté à la case soixante-huit, on doit mettre un jeton à la case cinquante-huit.

Lorsqu'on atteint la case soixante-dix, on compte deux fois les points qu'on a amenés.

Le joueur que le dé porte à la case soixante-douze, est obligé de rétrograder, & de se placer à la case quarante-quatre.

Celui qui arrive à la case soixante-quatorze, est tenu d'ajouter deux jetons à la poule.

Quand on atteint la case soixante-quinze, on doit retourner à la case vingt-cinq.

Enfin, quand on arrive juste à la case soixante-dix-huit, on recueille tout ce qu'il y a sur le jeu, sous la condition, comme on l'a dit, d'en remettre le tiers au guide.

Vocabulaire explicatif des termes usités au jeu de la Mappe-Monde.

Avoir le dé. C'est être en tour de jouer.

Case. Ce mot se dit de chacune des places marquées par un numéro.

Doublet. C'est un coup par lequel les deux dés présentent chacun les mêmes points.

Guide. C'est un joueur chargé d'annoncer ce que chaque case indique.

Marque. C'est le signe avec lequel chaque joueur indique la place où le dé l'a porté.

Point. C'est le nombre qui résulte d'un coup de dé.

Poule. C'est la totalité des enjeux.

MARILAND.

C'est une sorte de jeu des cartes, qui se joue entre quatre personnes, avec cinquante-deux cartes, c'est-à-dire, un jeu entier.

On emploie, pour faire les comptes du jeu, des jetons & des fiches : chaque fiche représente dix jetons, & chaque jeton vaut deux sous, cinq sous, ou telle autre somme qu'on juge à propos. On en distribue une quantité déterminée à chaque joueur, avant de commencer la partie.

On se sert aussi d'un panier pour y mettre les enjeux.

La partie est composée de huit tours ; c'est-à-dire, qu'avant qu'elle finisse, il faut que les joueurs aient donné successivement chacun huit fois.

Celui qui donne est chargé seul du soin de faire mettre les enjeux dans le panier. Il doit y mettre huit jetons, & chacun des trois autres joueurs y en ajoute quatre, ce qui fait en tout 20 jetons. Si ce nombre, à la fin du coup, ne se trouvoit pas complet, le joueur qui auroit donné, seroit tenu de le compléter.

Après que le sort a indiqué la couleur favorite, les places que chacun doit occuper, & le joueur qui le premier distribuera les cartes, celui-ci les mêle, présente à couper au joueur qu'il a à sa gauche, & ensuite il donne à chacun trois ou quatre cartes à la fois, jusqu'à ce que tout le jeu soit distribué, & que chaque joueur ait treize cartes dans sa main.

Le rang de ces cartes est tel que l'as est supérieur au roi, le roi à la dame, la dame au valet, le valet au dix, le dix au neuf, le neuf au huit, le huit au sept, le sept au six, le six au cinq, le cinq au quatre, le quatre au trois, & le trois au deux.

Le premier en cartes, c'est-à-dire, le joueur qui est à la droite du distributeur des cartes, ayant la parole avant tout autre, doit, après avoir examiné son jeu, annoncer s'il passe, ou s'il demande : il passe quand son jeu est tel qu'il ne peut pas espérer de faire plus de trois levées ; & il demande quand il a un jeu avec lequel il croit qu'il pourra faire quatre levées.

Si le premier en cartes passe, la parole appartient aux joueurs suivans, qui doivent également dire s'ils passent ou s'ils demandent.

Lorsqu'il a une demande formée, le joueur qui l'a faite peut être renvié de deux manières par l'un ou l'autre des joueurs auxquels la parole arrive après lui : l'une de ces manières consiste à demander en couleur favorite, & l'autre, en s'assujettissant à faire cinq levées.

Si l'on demande en couleur favorite, on a la préférence sur ceux qui demandent en toute autre couleur, sans qu'on soit pour cela obligé de s'astreindre à faire plus de quatre levées : mais dans le cas de cette demande en

couleur favorite par forme de renvi, le joueur qui a parlé le premier a le droit de jouer lui même dans cette couleur, & par conséquent d'être préféré aux joueurs qui le suivent.

Si la première demande est en couleur simple, & qu'on veuille aussi en couleur simple renvier le joueur qui l'a faite, on est tenu, pour avoir la préférence, d'offrir de faire une levée de plus que les quatre dont on contracte l'obligation en demandant.

Si ensuite on veut renvier celui qui a offert de faire cinq levées, on s'assujettit à en faire six : ce dernier peut pareillement être renvié par l'offre de faire sept ou huit levées : mais dans tous les cas, le premier en cartes a la préférence sur les autres joueurs, lorsqu'il s'assujettit à faire le même nombre de levées que celui que contient le plus fort renvi.

Lorsque les enchères sur les levées, sont terminées, celui à qui la préférence est restée, nomme la couleur dont doit être la triomphe, en disant, je joue en telle couleur.

Alors le premier en cartes commence à jouer par telle carte qu'il juge à propos ; chacun des autres joueurs doit fournir de la couleur jouée s'il en a, & la levée appartient à celui qui a joué la carte supérieure, ou une triomphe.

On n'est point obligé de forcer, mais il n'est pas permis de renoncer, quand on a quelque carte de la couleur jouée, à moins que ce ne soit pour couper, comme on le doit, lorsqu'on n'a point de cette couleur.

Si l'on renonce, ou qu'on ne coupe pas, quand on y est obligé, & qu'on ait de l'à-tout, on fait une bête égale à ce qu'il y a dans le panier.

Observez à ce sujet que, si le joueur qui a renoncé s'apperçoit de sa renonce, avant que sa carte soit couverte, ou même avant que la levée soit retournée, il peut reprendre sa carte, & éviter par là de faire la bête de renonce.

C'est au joueur qui a fait la levée, à jouer le premier pour la levée suivante.

Comme celui qui fait jouer n'a point d'associé, les trois autres joueurs sont ses adversaires, & ils doivent en conséquence réunir leurs efforts pour empêcher qu'il ne fasse le nombre de levées auquel il s'est assujetti.

S'ils viennent à réussir dans leur objet, ce-

X 2

lui qui a demandé fait une bête égale à la somme de ce qu'il auroit tiré, s'il eût fait les levées qu'il lui falloit pour gagner.

Cette bête s'ajoute au panier pour être tirée par le joueur qui gagnera le premier dans la suite de la partie.

S'il arrive qu'on fasse plusieurs bêtes sur celle qui est au jeu, on doit les jouer l'une après l'autre, en commençant par la plus forte. Tandis que ces bêtes subsistent, il n'y a que le distributeur des cartes qui mette au jeu, & il n'y met que quatre jetons, au lieu de huit qu'il y auroit fallu mettre s'il n'y avoit point eu de bête.

Il arrive rarement que les quatre joueurs passent sur le même coup; mais si ce cas arrivoit, celui qui donneroit le coup d'après, n'ajouteroit pareillement au panier que quatre jetons.

Lorsque celui qui a gagné le panier oublie ou négligé de le prendre avant qu'on ait coupé pour le coup suivant, il est privé du droit qu'il avoit à ce panier; il en résulte pour les autres joueurs la dispense de mettre au jeu, & de former un nouveau panier, excepté toutefois que celui qui donne, y ajoute quatre jetons; mais il auroit été obligé d'en mettre huit, si l'on n'eût pas oublié de tirer le panier.

Le joueur qui gagne le panier, reçoit en outre de chacun de ses adversaires, un jeton pour chaque levée qu'il a faite; mais s'il vient à faire la bête, il est tenu de payer à chacun des autres joueurs un jeton pour chaque levée qu'il n'a pas faite, & qu'il avoit pris l'engagement de faire, & de plus un jeton de consolation.

Ces payemens doivent être doubles, lorsqu'on a joué la couleur favorite.

Les quatre cartes principales de la couleur d'à-tout, c'est-à-dire, l'as, le roi, la dame & le valet, portent le nom d'honneurs.

Le joueur qui a dans sa main un ou plusieurs de ces honneurs, reçoit de chacun des autres joueurs, un jeton pour chaque honneur, en couleur simple, & deux jetons en couleur favorite.

Indépendamment de la couleur favorite, on crée quelquefois une sur-favorite: cette dernière a sur la première la même préférence que celle-ci a sur les autres couleurs.

Les payemens tant des levées que des honneurs que nous avons dit devoir être doubles

en couleur favorite, doivent être quadruples, quand on joue en sur-favorite.

Le plus beau coup du jeu est le *chelem*, qui consiste à faire toutes les levées. Quand il a lieu, le joueur qui l'a fait, est fondé à se faire payer par chacun des autres joueurs, vingt jetons en couleur simple, quarante en couleur favorite, & quatre-vingt en sur-favorite. On doit d'ailleurs lui payer les honneurs qu'il avoit dans son jeu.

Il y a au jeu dont nous parlons, un coup tout opposé au chelem, & qu'on appelle la *misère*: il consiste de la part de celui qui fait jouer à se défaire de toutes les cartes qu'il a dans la main, sans faire aucune levée. Celui qui entreprend ce coup, & qui réussit, gagne le panier, & chacun de ses adversaires doit en outre lui payer dix jetons: mais s'il vient à faire une ou plusieurs levées, il fait la bête, & doit payer à chacun des ses adversaires, autant de jetons qu'il a fait de levées.

VOCABULAIRE explicatif des termes usités au Mariland.

A-tout. C'est la couleur dont on a fait la triomphe.

Avoir la parole. C'est être en tour de dire ce qu'on veut faire sur le coup qui se joue.

Bête. C'est une sorte d'amende à laquelle un joueur est assujeti, quand il ne fait pas les levées nécessaires pour gagner, ou qu'il vient à renoncer.

Chelem. C'est ce qu'on appelle la vole à différens jeux, ou l'action de faire toutes les levées.

Couper. C'est séparer en deux un jeu de cartes avant que le joueur chargé de donner, distribue aux autres les cartes qu'il leur faut.

Couper. Se dit aussi de l'action d'employer une triomphe sur la couleur jouée.

Demander. C'est annoncer qu'on a dessein de jouer.

Donner. C'est distribuer les cartes aux joueurs, après qu'elles ont été mêlées, & qu'on a fait couper.

Favorite. On donne ce nom à une couleur que le sort a indiquée, en commençant la partie, pour qu'elle fût préférée à toute autre couleur, dans le cas d'une concurrence réciproque.

Fiche. C'est une pièce qui vaut dix jetons, & qui sert à faire les comptes du jeu.

Honneurs. On désigne sous ce nom, les quatre plus hautes cartes de la couleur de triomphe, c'est-à-dire, l'as, le roi, la dame & le valet d'à-tout.

Jeton. C'est une pièce qui sert de monnoie au jeu.

Jeu entier. C'est un jeu composé de cinquante-deux cartes.

Levée. C'est une main qu'on a faite en jouant.

Mêler. C'est battre les cartes avant de les distribuer.

Misère. C'est une manière de jouer suivant laquelle on est obligé, pour gagner, de se défaire de toutes ses cartes, sans relever aucune main.

Passer. C'est déclarer qu'on ne veut pas jouer sur le coup.

Premier en cartes. C'est le joueur qui a la main, ou qui doit jouer le premier.

Renoncer. C'est ne pas fournir de la couleur jouée, quoiqu'on en ait dans son jeu.

Renvier. C'est demander qu'on soit préféré au joueur qui a ouvert le jeu, soit en offrant de faire plus de levées que lui, ou de jouer en favorite ou sur-favorite.

Sur-favorite. On donne ce nom à une couleur que le sort a désignée en commençant la partie, pour, en cas de concurrence réciproque, être préférée à la couleur favorite.

Tour. C'est une portion de la partie qui consiste dans quatre distributions des cartes faites chacune par un des quatre joueurs.

Triomphe. C'est la couleur qui emporte toutes les autres cartes.

MARINE (*Jeu de la*).

Sorte de jeu de tableau qui se joue avec deux dés & des jetons auxquels on attribue la valeur qu'on juge à propos.

Le nombre des joueurs n'est pas limité : il peut s'étendre depuis deux jusqu'à quinze & vingt personnes.

Le tableau dont on se sert, est divisé en soixante-trois cases qui ont chacune un numéro, & une dénomination particulière. (*)

(*) *Voyez* aux Planches la **Figure XII.**

L'objet que s'est proposé l'inventeur de ce jeu, a été de rendre familiers aux joueurs les termes usités dans l'art de naviguer. D'après cette vue, chaque case du tableau est désignée de la manière suivante.

La première indique l'embarquement dans un port de mer :

La seconde, une rade :

La troisième, le vaisseau à la voile :

La quatrième, la bourasque qui est un tourbillon de vent impétueux & de peu de durée :

La cinquième, une escadre :

La sixième, un cap, ou promontoire :

La septième, un vaisseau à l'abri :

La huitième, le salut ou les honneurs qu'on rend par quelques volées de canon aux vaisseaux qu'on rencontre :

La neuvième, le vent en poupe :

La dixième, l'action de tenir la mer, c'est-à-dire, d'être en mer, hors du port & de la rade :

La onzième, une isle ou terre entourée d'eau de tout côté :

La douzième, la marée, ou le flux & reflux de la mer :

La treizième, un vaisseau de guerre à la rade :

La quatorzième, l'action de sonder, pour reconnoître la profondeur de la mer, & la qualité du fond :

La quinzième, un vaisseau marchand à la voile :

La seizième, l'action de cingler ou de naviguer à pleines voiles :

La dix-septième, une galère :

La dix-huitième, le vent en poupe :

La dix-neuvième, l'aiguade où le temps qu'on s'arrête pour renouveller l'eau douce du vaisseau :

La vingtième, la dérive, ou le sillage que fait un vaisseau que les vents & les courants détournent de la route qu'il tient :

La vingt-unième, un vaisseau armateur :

La vingt-deuxième, la houlle, ou la vague qui reste à la mer, après que la tempête est passée :

La vingt-troisième, le galion d'Espagne :

La vingt-quatrième, l'écueil :

La vingt-cinquième, le vent contraire :

La vingt-sixième, la relâche, ou l'action de discontinuer sa route, & de se retirer à l'abri, pour céder à la tempête, ou pour éviter quelque danger :

La vingt-septième, le vent en poupe :

La vingt-huitième, la boussole ou l'instrument qui sert à conduire le vaisseau :

La vingt-neuvième, un brigantin :

La trentième, le radoub ou l'action de raccommoder & remettre en bon état le corps d'un vaisseau :

La trente-unième, l'action de mouiller ou de jeter l'ancre pour arrêter le vaisseau :

La trente-deuxième, un vaisseau échoué :

La trente-troisième, une tartane :

La trente-quatrième, le ravitaillement, ou l'action de remettre des vivres & des munitions dans une place :

La trente-cinquième, une fregate :

La trente-sixième, le vent en poupe :

La trente-septième, l'abordage :

La trente-huitième, une ancre ou l'instrument dont on se sert pour fixer & arrêter un vaisseau.

La trente-neuvième, un brulot :

La quarantième, la tempête :

La quarante-unième, un rocher dans la mer :

La quarante-deuxième, une felouque :

La quarante-troisième, une flute :

La quarante-quatrième, les corsaires & les forbans :

La quarante-cinquième, le vent en poupe :

La quarante-sixième, un vaisseau en panne :

La quarante-septième, une barque longue :

La quarante-huitième, l'action de rançonner, ou de faire payer une certaine somme pour relâcher un vaisseau pris sur l'ennemi :

La quarante-neuvième, un combat naval :

La cinquantième, un yacht :

La cinquante-unième, l'action de démâter un vaisseau :

La cinquante-deuxième, le corsaire qui prend un vaisseau & le retient prisonnier :

La cinquante-troisième, une plage ou rivage de mer plat & découvert :

La cinquante-quatrième, le vent en poupe :

La cinquante-cinquième, l'action de croiser, ou d'aller & venir, pour découvrir les vaisseaux ennemis, & leur donner la chasse :

La cinquante-sixième, le bombardement :

La cinquante-septième, le beau temps :

La cinquante-huitième, le naufrage :

La cinquante-neuvième, une gondole :

La soixantième, le canot, la chaloupe & l'esquif :

La soixante-unième, le calme :

La soixante-deuxième, le quart de cercle, ou instrument avec lequel on prend la hauteur des astres :

Et la soixante-troisième, l'arrivée à bon port.

Avant de commencer à jouer, les joueurs mettent au jeu, chacun cinq jetons, ou même plus, s'ils le jugent à propos, pour former la poule : ensuite on fait indiquer par le sort l'ordre dans lequel chaque joueur aura les dés.

Il est nécessaire que chacun d'eux ait une marque particulière, pour faire connoître les points qu'il a amenés, & pour désigner la case sur laquelle il a dû s'arrêter. Par exemple, si le premier qui a le dé, amène le nombre quatre, il place sa marque sur la case de la bourasque : ceux auxquels les dés viennent ensuite, établissent pareillement leurs marques sur les cases où les portent les points qu'ils ont amenés.

Il y a néanmoins à cette règle une exception fondée sur une disposition particulière du jeu : on a vu que de neuf cases en neuf cases, on rencontroit le vent en poupe : or, c'est une loi du jeu, que chaque fois que le point qu'on amène, porte sur une case du vent en poupe, on compte de nouveau le même point : par exemple, si un joueur placé sur la case cinq, vient à amener le point de quatre, il est porté sur la case neuf ; mais comme cette case est occupée par le vent en poupe, il ne peut pas s'y arrêter, & il doit aller à la case treize, en comptant de rechef le point de quatre.

Il suit delà que, s'il n'y avoit point d'exception à cette règle, & que du premier coup de dé un joueur vînt à amener le point de neuf, la partie seroit terminée par ce seul coup, puisqu'en comptant de nouveau ce point chaque fois qu'on seroit porté sur une case du vent en poupe, on arriveroit au nombre soixante-trois, qui est le but qu'on doit atteindre juste pour gagner.

Cette considération a donc fait admettre la règle, d'après laquelle le joueur qui, du premier coup, amène neuf par six & trois, va s'établir au nombre vingt-huit sur la case de la boussole : s'il amène ce même point de neuf, par cinq & quatre, il doit aller au nombre cinquante-trois, case de la plage.

On vient de voir que, pour gagner la poule ou la partie, il faut qu'un joueur soit conduit juste le premier au nombre soixante-trois, case de l'arrivée à bon port, sans qu'il lui reste aucun point à compter. Il suit delà que, si le point amené excède le nombre soixante-trois, le joueur est obligé de rétrograder. Ainsi, en supposant que vous ayez votre marque sur la case soixante, si vous amenez le nombre quatre, vous serez tenu de vous placer à la case soixante-deux. Si ensuite, lorsque votre tour de jouer sera revenu, le dé vous donne le nombre dix, il vous ramenera, en rétrogradant, à la case cinquante-quatre : mais, comme le vent en poupe sur lequel on ne peut pas s'arrêter, se trouve à cette case, vous serez obligé de rétrograder encore de dix cases : il faudra par conséquent vous placer sur la case quarante-quatre.

La marche d'un joueur peut d'ailleurs être retardée par divers accidents rappelés dans les règles suivantes :

Lorsqu'un joueur arrive à la case sur laquelle un joueur est arrêté, celui-ci est obligé de prendre la place qu'avoit celui-là, & de lui payer un jeton.

Si l'on est porté à la case du cap, nombre six, on met un jeton à la poule, & l'on va se placer à la case de la marée, nombre douze.

Le joueur qui arrive à la case de l'aiguade, nombre dix-neuf, doit y rester deux tours, sans jouer, & mettre un jeton à la poule.

Quand on est porté au nombre vingt-cinq, case des vents contraires, on doit mettre un jeton à la poule, & retourner au nombre sept, case du vaisseau à l'abri.

Si vous arrivez au nombre trente-deux, case du vaisseau échoué, vous mettez un jeton à la poule, & vous devez rester là jusqu'à ce qu'un autre joueur porté sur la même case, y prenne votre place.

Le joueur conduit au nombre quarante, case de la tempête, doit mettre un jeton à la poule, & retourner au nombre trente, case du radoub.

Si un joueur est porté au nombre cinquante-deux, case du corsaire, il doit y rester jusqu'à ce qu'un autre joueur vienne prendre sa place. Il est d'ailleurs obligé de mettre un jeton à la poule.

Quand on arrive au nombre cinquante-huit, case du naufrage, on est obligé de mettre un jeton à la poule, & de retourner à la première case, pour recommmencer de nouveau.

Enfin, la poule appartient à celui qui, comme on l'a dit, arrive juste à la case soixante-trois, sans qu'il lui reste aucun point à compter.

Vocabulaire explicatif des termes usités au jeu de la Marine.

Avoir le dé. C'est être en tour de jouer.

Case. Ce mot se dit de chacune des places marquées par un numéro.

Marque. C'est le signe avec lequel chaque joueur indique la place où le dé l'a porté.

Point. C'est le nombre qui résulte d'un coup de dé.

Poule. C'est la totalité de ce que les joueurs ont mis au jeu.

MÉDIATEUR.

Sorte de jeu des cartes, qui se joue entre quatre personnes.

On se sert d'un jeu entier, dont on a supprimé les dix, les neuf & les huit : ainsi il ne reste que quarante cartes.

On emploie, pour faire les comptes du jeu, une monnoie composée de contrats, de fiches & de jetons qui ont une valeur convenue.

Ces contrats, ces fiches, & ces jetons sont divisés en quatre parties, dont chacune égale aux trois autres pour le nombre des pièces, en diffère par la couleur, afin que chaque joueur puisse reconnoître ce qu'il a mis au jeu, & que celui qui vient à gagner sache auxquels des joueurs il doit répéter le prix des pièces dont la fortune l'a favorisé.

La valeur du contrat est de dix fiches, & celle de la fiche est de dix jetons.

On appelle *prise* les contrats, les fiches & les jetons qu'on distribue à chaque joueur en commençant la partie.

La prise contient ordinairement dix contrats, vingt fiches & dix jetons : chaque prise à son panier, ou sa boîte particulière.

Les places que doivent occuper les joueurs autour de la table, se tirent au sort : l'un d'entre eux a pour cet effet, dans sa main, quatre cartes couvertes qu'il présente aux autres joueurs, afin que chacun en choisisse une. Ces quatre cartes sont un roi, une dame, un valet & un as. Le joueur auquel le hazard a distribué le roi, se met à la place qu'il juge à propos : celui qui a choisi la dame se met à la droite du roi ; celui qui a le valet, à la droite de la dame ; & celui qui a l'as, à la droite du valet.

Cette première opération est suivie de celle qui crée la couleur favorite. C'est le joueur auquel le sort a donné le droit de choisir la première place, qu'appartient la prérogative de créer cette couleur. Voici le procédé qu'il suit à cet égard.

Je suppose que vous soyez placé à la droite de ce joueur : vous mêlez les cartes & vous les lui présentez : alors il divise le jeu en deux parties, comme s'il vouloit couper, & il met en évidence la dernière carte de la partie qu'il a détachée de celle qui est restée sur le tapis : c'est la couleur de cette carte qui devient la *favorite* qu'on appelle aussi *préférence*.

De la poule & de la distribution des cartes.

Lorsque la favorite est connue, on forme la poule & l'on en vient à la distribution des cartes.

Avant cette distribution, chaque joueur met au jeu deux jetons, & celui qui doit donner y met en outre six fiches, qu'on appelle *poulans*.

Les huit jetons des quatre joueurs & deux fiches des poulans forment ce qu'on appelle la *poule*, qui est par conséquent composée de vingt-huit jetons. Nous parlerons dans la suite de la destination des quatre autres fiches de poulans.

Le jeu étant ainsi préparé, le joueur auquel, en tirant les places, le sort a distribué le roi, est chargé de donner le premier : en conséquence il mêle les cartes, présente à couper au joueur qu'il a à sa gauche & distribue ensuite à chaque joueur successivement, la quantité de dix cartes en trois parties : il peut à son gré commencer par donner trois cartes & ensuite quatre, ou quatre & ensuite trois ; mais il ne lui est pas libre de donner deux cartes à la fois : il faut qu'il en donne deux fois trois & une fois quatre.

De la valeur des cartes.

L'ordre selon lequel les cartes sont supérieures l'une à l'autre varie selon les couleurs : en couleur noire, c'est-à-dire, en trèfle & en pique, le roi est supérieur à la dame, la dame au valet, le valet au sept, le sept au six, le six au cinq, le cinq au quatre, le quatre au trois & le trois au deux.

Les deux as de noirs étant toujours triomphes, forment une classe à part.

En couleur rouge, c'est-à-dire, en cœur & en carreau, le roi est supérieur à la dame, la dame au valet, le valet à l'as, l'as au deux, le deux au trois, le trois au quatre, le quatre au cinq, le cinq au six, & le six au sept.

Il y a en couleur rouge, comme l'on voit, une carte de plus qu'en couleur noire, par la raison que les as noirs sont toujours au nombre des triomphes.

Par la même raison les triomphes sont au nombre de douze en couleur rouge, & au nombre d'onze seulement en couleur noire.

Le rang de chaque triomphe en couleur noire est ainsi déterminé : la première triomphe est l'as de pique, qu'on appelle *spadille* ; la seconde, le deux ou de trèfle ou de pique, qu'on appelle *manille*; la troisième, l'as de trèfle qu'on appelle *baste*; la quatrième, le roi ; la cinquième, la dame ; la sixième, le valet ; la septième, le sept ; la huitième, le six ; la neuvième, le cinq ; la dixième, le quatre ; & la onzième, le trois.

En couleur rouge, spadille est pareillement la première triomphe ; le sept, qu'on appelle *manille*, la seconde ; baste, la troisième ; l'as ou de cœur ou de carreau, qu'on appelle *ponte*, la quatrième ; le roi, la cinquième ; la dame, la sixième ; le valet, la septième ; le deux, la huitième ; le trois, la neuvième ; le quatre, la dixième ; le cinq, la onzième ; & le six, la douzième.

Des matadors.

Indépendamment des noms particuliers que portent les trois premières triomphes, elles en ont un qui est commun à toutes les trois, & qui est celui de matadors.

Quoique régulièrement ce titre n'appartienne qu'aux trois premières triomphes, on a coutume de l'étendre dans l'usage aux cartes

cartes qui fuivent immédiatement les trois premières, quand elles fe trouvent avec celles-ci dans une même main : on dit alors qu'on a quatre, cinq, fix matadors.

Au refte, il faut remarquer que ces matadors, qu'on peut appeller *furnuméraires*, n'ont pas les prérogatives qui appartiennent aux vrais matadors. Par exemple : fi l'on jouoit à-tout du valet ou de la dame, le joueur qui n'auroit dans fon jeu en à-tout qu'un deux ou plufieurs des trois premiers matadors, feroit difpenfé d'obéir, & il pourroit fournir fur l'à-tout telle carte qu'il jugeroit à propos : mais il en feroit diffé-remment, fi le quatrième matador fe trouvoit joint aux trois premiers : il faudroit, dans ce cas, le jouer néceffairement, fous peine de faire la bête de renonce.

Il n'y a d'ailleurs que les trois premiers matadors qui participent aux fiches de poulans que met au jeu le diftributeur des cartes. On a vu précédemment que ces fiches étoient au nombre de fix, & qu'il devoit en être mis deux à la poule : les quatre autres appartiennent, favoir, deux au joueur qui a fpadille, une à celui qui a manille & l'autre à celui qui a bafte.

On appelle *faux matadors*, trois, quatre ou cinq cartes qui fe fuivent immédiatement d'une l'autre, & dont manille eft la plus haute.

De la parole après que les cartes font diftribuées.

Quand chaque joueur a fes dix cartes, la parole appartient au premier en cartes, c'eft-à-dire, au joueur placé à la droite de celui qui les a diftribuées ; il doit en confé-quence annoncer s'il paffe ou s'il joue.

Il eft à propos de paffer quand on a mauvais jeu ou qu'on préfume qu'on ne viendra pas à bout de faire fix levées, même avec l'aide d'un affocié ou partenaire.

On joue, au contraire, quand on croit avoir des moyens en fuffifance pour parvenir à faire les levées qui font indifpenfables pour gagner.

Au furplus ces moyens peuvent être plus ou moins puiffants, & la manière de jouer doit y être relative. Ainfi, lorfque vous avez un jeu qui ne vous permet pas d'efpérer de

faire par vous même plus de quatre levées, vous demandez qu'il vous foit permis de jouer avec le fecours d'un affocié, & l'on appelle cela *demande fimple*, ou *demander la permiffion*.

On joue en demandant *médiateur*, quand on croit qu'en ajoutant un roi à fon jeu en échange d'une autre carte, on pourra faire feul les fix levées néceffaires pour gagner.

On joue fans prendre, lorfqu'on a un jeu qui n'exige aucun fecours pour faire fix levées.

Des renvis.

Lorfque le joueur qui a la parole, demande fimplement la permiffion, il peut être renvié des deux manières par un autre joueur : celui-ci peut dire qu'il demande auffi la permiffion en couleur favorite, & la pré-férence doit lui être accordée, à moins que le premier n'offre de jouer lui-même dans cette couleur.

Ou bien le fecond peut déclarer qu'il demande *médiateur*, &, dans ce cas, il faut que le premier en faffe autant, ou l'autre doit lui être préféré.

Si le joueur qui a la parole demande d'abord *médiateur*, un autre peut propofer de jouer auffi *médiateur* en couleur favorite, & fi dans ce cas le premier ne juge point à propos de jouer en cette couleur, le fecond doit lui être préféré.

Quand le premier en carte ou le joueur qui a la parole ayant demandé *médiateur*, & qu'un autre qui n'a point de jeu en favorite, veut l'exclure par un renvi, il faut qu'il déclare qu'il jouera fans prendre ; alors il faut que le premier, pour avoir la préférence, joue auffi fans prendre.

Si le fecond déclaroit qu'il veut jouer fans prendre en couleur favorite, il faudroit que, pour lui être préféré, le premier jouât auffi fans prendre dans cette même couleur.

Enfin le renvi contre la propofition du fans prendre en couleur favorite, confifte à déclarer qu'on entreprend la vole. Il eft évi-dent qu'aucun renvi ne peut plus excéder cette mefure, puifqu'il eft impoffible de faire la vole fans avoir fpadille, & que ce matador ne peut pas être dans deux jeux en même temps.

De la demande simple ou de l'action de demander la permission.

Cette demande annonce que celui qui veut jouer, n'a pas un jeu suffisant pour faire les six levées sans lesquelles on ne peut pas gagner; mais qu'il a lieu d'espérer qu'en se donnant un associé, il parviendra à faire conjointement avec lui, ce nombre de levées.

Lorsque le joueur qui a demandé la permission, n'a point été renvié, il nomme pour triomphe la couleur qui domine dans son jeu, ou qu'il croit devoir lui être plus favorable que les autres : il appelle ensuite à son secours le roi d'une autre couleur. Le joueur qui a dans sa main le roi appelé, devient en ce moment l'associé de l'hombre, ou de celui qui a demandé; l'un & l'autre doivent en conséquence réunir leurs efforts afin de parvenir à faire les six levées qui leur sont nécessaires pour gagner : d'un autre côté, il importe aux deux autres joueurs de mettre obstacle, autant qu'il leur est possible, à ce que ces levées se fassent.

L'intérêt de l'hombre exige qu'il appelle à son secours le roi de la couleur dans laquelle il est en règle, ou du moins de celle dont il a le moins de cartes : il ne doit surtout point appeler le roi d'une couleur à laquelle il renonce; à moins qu'il ne puisse s'en dispenser. C'est ce que nous rendrons sensible en parlant de la manière de jouer les cartes.

Si l'hombre se trouve avoir en couleur rouge autant de cartes qu'en couleur noire, il convient en général à ses intérêts qu'il appelle un roi rouge par préférence à un roi noir.

Mais si ayant un nombre égal de cartes dans l'une & dans l'autre couleur, il a la dame parmi les noirs, & le valet seulement parmi les rouges, il doit appeler le roi noir plutôt que le roi rouge.

Observez qu'on ne peut jamais appeler le roi de triomphe; mais on est fondé à appeler un roi qu'on a dans son jeu.

Si l'hombre a les quatre rois dans son jeu, il peut appeler une dame à son secours.

Le joueur qui a dans son jeu le roi appelé, ne peut se faire connaître que quand l'occasion s'en présente; mais, par sa manière de jouer, il doit favoriser l'hombre autant que

cela lui est possible : les deux autres joueurs doivent au contraire réunir leurs efforts pour lui nuire.

Remarquez qu'un joueur prudent ne demande la permission que quand il est persuadé qu'il pourra faire seul quatre levées; attendu que, s'il n'en faisoit que trois, & qu'on vînt à perdre, son associé seroit dispensé de supporter aucune part dans cette perte : mais il en est différemment quand l'hombre fait quatre levées. Si dans cette circonstance, la bête a lieu, les deux associés doivent supporter chacun moitié de la perte.

Au reste, quand les joueurs qui sont ensemble viennent à gagner, il est indifférent que la plupart des levées aient été faites par l'hombre, ou par son associé : l'hombre n'en auroit fait qu'une seule, qu'il n'en seroit pas moins fondé à participer au gain pour moitié.

Il y a un cas où l'associé de l'hombre est obligé de supporter la moitié de la perte, quoique l'hombre n'ait pas fait les quatre levées auxquelles il est régulièrement attendu : ce cas a lieu quand tous les joueurs ont passé. Alors, comme aucun coup ne doit être nul au jeu dont il s'agit, on oblige le joueur qui a spadille dans sa main, à demander la permission; & c'est ce qu'on appelle *jouer spadille forcé*. Si ensuite, par l'évènement, la bête vient à se faire, le joueur que l'hombre a appelé à son secours, est tenu de supporter la moitié de la perte, quand même l'hombre n'auroit fait que la seule levée de spadille.

Voyons maintenant la conduite à laquelle doivent s'assujettir l'hombre & son associé, en jouant les cartes.

Un principe dont les habiles joueurs ne s'écartent jamais, est que les deux associés ne doivent rien négliger pour se favoriser réciproquement : mais comme pour se favoriser il faut se connaître, leur premier devoir est de faire connaissance entr'eux le plus promptement qu'il leur est possible.

Il suit delà que le premier des deux qui se trouve en jeu, doit jouer de manière à provoquer cette connaissance. Si c'est à l'hombre de jouer, il faut qu'il joue une basse carte de la couleur du roi qu'il a appelé : alors le joueur qui a ce roi, le met sur la basse carte, & se fait connaître de cette manière.

Si le joueur qui a le roi appelé, se trouve le premier en jeu, il doit, avant tout, jouer son roi, & la connaissance est faite.

Il arrive quelquefois que l'hombre étant premier en jeu, se trouve manquer de la couleur dont est le roi appelé : dans ce cas, pour parvenir à connoître son associé, il doit jouer un petit à-tout : alors si l'associé est en cheville, & qu'il ait un gros à-tout, il le jette sur le petit, pour tâcher d'emporter la levée, & par ce moyen, il se fait connoître.

Il faut néanmoins convenir que cet expédient peut ne pas réussir & même devenir nuisible aux associés : mais après le premier moyen dont on a parlé, c'est le plus sûr qu'ils aient pour parvenir à se connoître l'un l'autre.

Lorsque cette connoissance est faite, & que l'associé de l'hombre se trouve en jeu, il doit faire voir aussi-tôt ses meilleures cartes, en jouant des matadors, s'il en a, & successivement des rois. En jouant des matadors, il dégarnit de triomphes les jeux des adversaires, & il assure le sien & celui de l'hombre. Cependant, si l'hombre étoit en cheville relativement à son associé, il seroit à propos que celui-ci, après s'être fait connoître, jouât un petit à-tout plutôt que ses matadors. La raison en est qu'il fait par-là conjecturer à l'hombre qu'il a au moins un matador : en conséquence, l'hombre joue sur le petit à-tout le plus haut qu'il ait, afin de faire la levée, & de jouer ensuite un autre petit à-tout. Par cette marche, les associés font passer en revue leurs adversaires, & leur enlèvent leurs triomphes.

Si l'associé de l'hombre, qui a joué un matador inférieur, vient à faire la levée, il doit en conclure que les triomphes supérieures sont dans la main de l'hombre, & en conséquence, il doit rejouer à-tout.

La raison pour laquelle l'associé de l'hombre doit jouer ses rois le plutôt qu'il peut, est fondée sur ce que l'hombre ignorant qu'ils sont dans sa main, pourroit les couper, si l'on venoit à jouer une fausse de la couleur de quelqu'un de ces rois, à laquelle il renonceroit.

Quand l'associé de l'hombre a joué ses hautes triomphes & ses rois, il doit jouer une fausse, s'il l'a seule d'une couleur : de cette manière, il avertit l'hombre de rejouer de cette même couleur, afin de lui procurer le moyen de couper & de se défausser.

Le joueur qui a le roi appelé, fait connoître qu'il n'a ni hautes triomphes, ni rois, ni fausses seules, quand il joue une fausse de la couleur du roi que l'hombre a appelé. Il doit jouer cette fausse plutôt qu'une autre, par la raison que l'hombre est censé être en règle dans cette couleur.

Il doit pareillement jouer la carte de cette même couleur, qui est devenue la principale après le roi, lorsqu'elle est dans sa main, plutôt que toute autre couleur, attendu que par-là il facilite à l'hombre le moyen de se défausser, ou de surcouper l'adversaire, après lequel il doit jouer.

Quand, après avoir joué le roi appelé, l'associé de l'hombre joue une fausse de la même espèce, celui-ci ne peut pas beaucoup compter sur le jeu de celui-là : il faut donc, en pareil cas, que l'hombre ménage son jeu, car il est averti de cette manière, que les matadors & les rois qu'il n'a pas dans sa main, sont dans celles de ses adversaires, étant évident que son associé ne les a pas.

L'hombre ménage son jeu, en jouant promptement ses rois, afin d'empêcher que ses adversaires ne se fassent des renonces qui les mettent en situation de pouvoir couper ces mêmes rois.

Après avoir joué ses rois, l'hombre doit jouer de la couleur dont il a le moins de fausses.

Lorsque l'associé de l'hombre a joué une haute triomphe, telle, par exemple, que baste, & qu'il a fait la levée, il doit en tirer la conséquence que les triomphes supérieures sont dans le jeu de l'hombre : ainsi il est à propos qu'il continue de jouer à-tout, tant que les levées lui reviennent.

Lorsqu'un joueur en cheville fait une levée avec une carte dont la supérieure n'a pas encore été jouée, on peut en conclure que cette carte supérieure est dans le jeu de celui qui a fait la levée, ou dans la main de son associé ; car celui qui a joué en cheville n'auroit, par exemple, pas mis le valet s'il eût eu le roi & qu'il eût été dans le cas de craindre que la dame ne se trouvât dans le jeu de ceux qui devoient jouer après lui.

Si le joueur qui a demandé, vient à jouer un petit à-tout, avant de connoître où est le roi qu'il a appelé, son associé doit présumer qu'il est en renonce de la couleur de ce roi : en conséquence il doit tâcher d'emporter la levée, en employant pour cet effet son plus fort à-tout.

Si la levée ne lui reste pas, et que par-

Y 2

conséquent il ne puisse pas jouer le roi appelé, la haute triomphe qu'il aura employée, sera un avertissement à l'hombre de le reconnoître pour son associé, attendu que s'il eût été son adversaire, il n'auroit mis sur le petit à-tout qu'un autre pareil petit à-tout.

L'hombre peut néanmoins être trompé en pareil cas dans sa conjecture. Par exemple : vous êtes un des adversaires de l'hombre, & vous n'avez en à-tout qu'une haute triomphe, qui cependant n'est pas du nombre des matadors : il est donc clair que, ne vous étant pas permis de renoncer, vous êtes obligé de mettre votre haute triomphe sur le petit à-tout ; & comme vous emportez la levée, attendu que l'associé de l'hombre n'avoit point d'à-tout supérieur au vôtre, il en résulte que l'hombre est induit en erreur, en se persuadant que vous avez le roi qu'il a appelé.

Lorsque le joueur qui a demandé, commence par jouer un petit à-tout avant que son associé soit connu, ses adversaires peuvent être induits réciproquement en erreur l'un par l'autre : par exemple, si l'un d'eux met le roi, l'autre doit le prendre quand il le peut : pour éviter cet inconvénient, il ne faut mettre en pareil cas que de basses triomphes, ou faire la levée avec spadille.

Quand on a son associé en cheville, on ne doit pas masquer son jeu. C'est pourquoi celui qui auroit dans sa main le roi, la dame & le valet d'une couleur, feroit mal s'il jouoit le valet, car, si son associé étoit en renonce à cette couleur, il couperoit à cause qu'il craindroit que les cartes supérieures ne se trouvassent entre les mains des adversaires. On lui feroit ainsi, non seulement perdre un à-tout inutilement, mais on l'empêcheroit encore de se préparer quelqu'autre renonce en e défaussant.

Lorsque l'hombre est dernier en cartes, son associé doit, après s'être fait connoître, jouer à-tout quand même il n'en auroit qu'un seul : il fait ainsi tomber les triomphes des adversaires, qui, pour forcer l'hombre, jouent leurs plus forts à-touts. Il est évident que s'ils n'en jouoient que de foibles, il en couteroit moins à l'hombre pour faire la levée, & il lui resteroit les matadors pour attaquer ensuite les hautes triomphes que

ces adversaires auroient eu intention d'épargner.

Observez encore que l'hombre étant dernier en cartes, il est à propos que son associé joue les matadors qu'il peut avoir en main, avant de jouer ses petites triomphes : la raison en est que, s'il ne jouoit qu'un petit à-tout, l'hombre seroit fondé à croire qu'il n'a point de matadors, erreur qui pourroit devenir préjudiciable aux deux associés : en effet, si en pareille circonstance, l'hombre n'avoit pas beaucoup de jeu, il se mettroit en danger de le perdre pour vouloir trop le ménager ; & s'il avoit un jeu de vole, il n'oseroit pas l'entreprendre, parce qu'il auroit à craindre que les matadors ne fussent dans les mains des adversaires.

Dans le même cas où l'hombre est dernier en cartes, son associé ne doit faire aucune difficulté de jouer une petite triomphe, même avant son roi. Il ne peut pas douter que cela ne soit suffisant pour le faire reconnoître par l'hombre, attendu qu'un adversaire n'auroit garde de jouer de cette manière. L'hombre de son côté, aussi-tôt qu'il devient premier en cartes, doit avoir soin de jouer de la couleur dont a appelé le roi. Comme il y a lieu de croire que le joueur qui a ce roi fera la levée, il pourra ensuite jouer encore une ou deux fois à-tout ; notamment s'il a des raisons qui lui indiquent que les à-touts supérieurs sont dans la main de l'hombre : on épuise de cette manière les triomphes des adversaires. Il ne faut néanmoins pas que l'associé de l'hombre se dégarnisse tellement de ses à-touts, qu'il ne lui en reste plus pour couper dans l'occasion. Il convient qu'il en garde quelqu'un, surtout s'il a des renonces.

Lorsque l'hombre est en cheville, relativement à son associé, ce dernier, après s'être fait connoître, doit jouer un petit à-tout plutôt que ses matadors. Comme il n'y a que ce cas où il doit jouer de cette manière, l'hombre en conclut que son associé a un matador : en conséquence il met sur le petit à-tout sa plus haute triomphe afin de faire la levée, & ensuite il rejoue un petit à-tout : on épuise par ce moyen les à-touts des adversaires.

Le premier de ceux-ci qui entre en jeu se fait connoître pour ennemi de l'hombre en jouant toute autre couleur que celle du roi appelé. Son jeu est de jouer une fausse s'il l'a seule. S'il n'en a point, ou après qu'il s'en est défait, il doit jouer le roi dont il a la dame, ou dans la couleur dont il a le moins de fausses.

S'étant ainsi fait connoître à son ami, ce dernier doit, aussi-tôt qu'il entre en jeu, jouer de la couleur que le premier a jouée : il fournit par ce moyen à celui-ci l'occasion de couper ou de se défausser, &c. Enfin il faut tenir pour principe qu'on doit en général donner à son ami ce qu'il demande : or la couleur qu'il est censé demander est celle qu'il a jouée d'abord, ou dont il a appelé le roi.

L'associé de l'hombre s'écarte néanmoins quelquefois de ce qu'on vient de dire, en jouant avant son roi une fausse qu'il a seule. C'est un piége qu'il tend aux adversaires : ceux-ci, en pareil cas, le regardant comme ami, ne manquent pas, quand ils ont l'un ou l'autre fait la levée, de rejouer dans la même couleur, & ils fournissent ainsi à leur ennemi inconnu, l'occasion de couper ou de se défausser.

Au reste on ne doit user de cette ruse que rarement, attendu que les adversaires qui viendroient à la prévoir, en rendroient l'usage beaucoup plus nuisible qu'utile.

Quand une couleur a été jouée deux fois, on doit éviter de la jouer une troisième fois si le joueur qu'on a pour ami se trouve en cheville, parce que ce seroit le mettre dans le cas d'être surcoupé.

Il en seroit différemment si cet ami, au lieu d'être en cheville, se trouvoit dernier en cartes : il faudroit alors continuer de jouer de la même couleur pour le mettre en situation de surcouper les adversaires.

Quant à ceux-ci, lorsqu'ils se trouvent en cheville & qu'on joue d'une même couleur pour la troisième ou la quatrième fois, ils doivent couper avec leurs plus hautes triomphes, afin d'empêcher que le dernier en cartes ne puisse les surcouper ; mais s'ils n'ont point de hautes triomphes, & qu'il ne reste plus de la couleur jouée que ce qu'il y en a dans la levée à faire, il leur est plus avantageux de lâcher & de se défausser, que de couper avec un petit ou médiocre à-tout, qui ne leur procureroit vraisemblablement pas la levée.

La couleur dont on doit d'abord se défausser est celle où l'on a le moins de cartes, parce qu'on parvient plus promptement à la renonce qui est le but qu'on se propose en se défaussant. Si l'on avoit un nombre égal de fausses en plusieurs couleurs, il faudroit se défaire, par préférence, de la couleur où coupent les adversaires, afin de pouvoir les surcouper, ou de celle dont on suppose qu'ils ont le roi, afin de se mettre en état de le couper.

Quand on a commencé à se défausser d'une couleur, il ne faut pas se défausser d'une autre avant d'être parvenu à la renonce : la raison en est que, si l'on se défaussoit de deux couleurs à la fois, il faudroit le double de temps pour obtenir une seule renonce.

Lorsqu'on remarque que son ami se défausse d'une couleur, on doit, aussitôt qu'on le peut, jouer de cette même couleur pour lui faciliter le moyen de couper ou de revenir à la renonce.

Si, après s'être défaussé d'une couleur, l'ami qu'on a se défaussoit d'une seconde, il faudroit en tirer la conséquence qu'il renonce dans la couleur dont il s'est d'abord défaussé : ainsi lorsqu'on entre en jeu, on doit par préférence jouer de la couleur dont l'ami s'est d'abord défaussé, plutôt que de la seconde.

Les raisons qui engagent à donner à l'ami ce qu'il demande, prescrivent une pratique toute opposée à l'égard des adversaires. Ainsi, puisqu'on doit jouer dans les renonces de son ami, & dans la couleur dont il se défait, on doit éviter de jouer dans les renonces des adversaires & dans les couleurs où l'on remarque qu'ils se défaussent.

Cette règle admet néanmoins l'exception suivante : instruit que votre ami a renoncé dans la même couleur que vos adversaires, si ceux-ci sont en cheville relativement à lui, vous jouerez bien en jouant de la couleur de leur renonce, parce que vous les faites passer en revue & les mettez dans le cas d'être surcoupés.

Quand on a deux cartes, telles, par exemple, que le roi & le valet d'une même couleur, il est avantageux d'attendre & de voir venir dans cette couleur, afin de pouvoir se faire deux rois. Il est clair que, si vous jouez votre roi, celui qui aura la dame & une carte inférieure de la même couleur, fournira cette carte inférieure, & gardera sa dame pour prendre dans l'occasion votre valet. Si au contraire vous attendez pour voir venir, le joueur qui vous précédera, jouera sa dame pour vous forcer, & vous la prendrez avec votre roi. Alors votre valet sera la carte supérieure de la couleur.

Votre conduite doit être la même lorsque vous avez dans votre jeu spadille & baste. Il faut attendre qu'on vous attaque en à-tout, parce que votre adversaire ayant manille & la mettant pour vous forcer, vous la prendrez avec spadille, & il vous restera alors baste, qui sera la principale triomple du jeu.

Si vous avez une dame gardée, que votre ami soit dernier en cartes, & vos adversaires en cheville, vous devez jouer la garde de votre dame : la raison en est, que s'ils ont le roi & le valet, ils mettront vraisemblablement le roi, parce qu'autrement ils auroient à craindre de trouver la dame dans les mains de votre ami qui doit jouer après eux.

Cependant, si pour vous faire perdre ils n'avoient d'autre ressource que de mettre le valet, c'est-à-dire, de *coster*, leur jeu seroit de le faire : cela réussit quelquefois, mais souvent on trouve la dame dans les mains de celui qui doit jouer ensuite, & qu'on a pour ennemi : alors on ne fait la levée ni du valet ni du roi, parce que celui-ci est ordinairement coupé quand on joue de sa couleur pour la seconde fois.

Au surplus, comme il y a toujours du risque à *coster*, il convient de ne pratiquer cette manière de jouer que quand il s'agit de rétablir un jeu désespéré.

Lorsqu'on a manille gardée d'une seule triomphe, on se trouve dans le même cas que le joueur qui a une dame gardée.

Observez à ce sujet que si manille se trouvoit accompagnée d'une seule garde entre les mains d'un joueur en cheville, il faudroit qu'il évitât de couper, parce que si on le surcoupoit & qu'on vînt ensuite à jouer spadille, on feroit tomber sa manille qui se trouveroit sans garde.

Lorsqu'on a le second ou le troisième matador seul, c'est-à-dire, manille ou baste, & qu'on a l'occasion d'employer ce matador à couper, il faut le faire, tant parce qu'on

doit craindre que spadille ne le fasse tomber, qu'à cause qu'en l'employant, on peut favoriser le jeu de son ami.

Il est à propos de ne jamais tirer sa carte de son jeu avant que le moment de la jouer ne soit venu. En effet, je suppose qu'on a déjà joué d'une couleur & qu'on en rejoue pour la seconde ou la troisième fois, il est clair que si vous renoncez à cette couleur, vous serez incertain sur la manière dont il conviendra que vous coupiez, & s'il vous sera avantageux d'employer une haute ou une basse triomphe : si étant livré à ce doute, vous appercevez que l'adversaire qui doit jouer après vous, a une carte à la main ou à demi-tirée de son jeu, vous êtes à l'instant même tiré de votre incertitude ; & vous concluez qu'il a de la couleur jouée. Cette conséquence est fondée sur ce que s'il n'avoit pas eu de la couleur dont il s'agit, il auroit attendu que vous eussiez joué pour savoir ce qu'il lui auroit fallu faire, & il n'auroit point préparé de carte.

Le succès d'une demande simple dépendant souvent du choix qu'on fait du roi appelé, il ne faut pas perdre de vue qu'on doit appeler par préférence le roi de la couleur dans laquelle on est en règle, ou du moins de celle dont on a le moins de cartes, parce qu'il est plus facile de s'y faire des renonces, & que le joueur qu'on s'est donné pour associé aura soin de jouer de cette même couleur.

D'un autre côté, les rois donnant des levées sûres quand ils ne sont pas coupés, il importe d'éviter qu'on ne les coupe : pour atteindre ce but, l'hombre appelle un roi rouge plutôt qu'un roi noir, parce que toutes choses égales, un roi rouge est moins susceptible d'être coupé qu'un roi noir, puisqu'il y a en rouge une carte inférieure de plus qu'en noir.

Cependant si vous avez en noir la dame seule, & que vous n'ayez en rouge que le valet aussi seul, vous devez appeler par préférence le roi de votre dame plutôt que celui de votre valet : la raison en est que quand vous jouerez votre dame, votre associé lâchera & son roi lui restera.

Aussi-tôt que l'hombre & son associé ont fait six levées sans que les adversaires en aient fait aucune, il faut qu'ils abattent leur jeu s'ils ne veulent pas entreprendre la vole, finon elle fe trouve entreprife dès qu'ils ont joué une feule carte après les fix levées.

Ainfi, lorfque l'affocié de l'hombre ayant fait la cinquième levée joue pour la fixième, fon devoir eft de mettre l'hombre en état de faire cette fixième levée, à moins qu'il ne puiffe lui-même faire la vole avec fon propre jeu fans le fecours de l'hombre.

Si l'hombre n'a pas un jeu de vole, il doit faire la fixième levée & abattre.

Mais s'il a lieu d'efpérer la vole, il doit lâcher cette fixième levée à fon affocié, & celui-ci ne doit point héfiter d'entreprendre la vole.

Si le fuccès ne couronne pas l'entreprife, c'eft à l'hombre à s'en imputer la faute pour avoir négligé de faire la fixième levée afin de pouvoir enfuite abattre.

Au refte, quand on a formé le projet d'entreprendre la vole, on doit tirer les triomphes qui peuvent être reftées aux adverfaires & qu'ils pourroient employer à couper.

Ceux-ci de leur côté, craignant la vole, doivent se défauffer avec plus de foin que dans toute autre occafion, de la couleur où renoncent les autres : ainfi, ils se déferont des rois de cette couleur pour conferver des dames fecondes ou des valets troifièmes de la couleur dont on n'a point encore joué, & dans laquelle il y a lieu de croire que l'hombre & fon affocié veulent se faire des rois.

Il y a trois cas où l'hombre & fon affocié font exclus du droit de se faire payer la vole, quand même ils la feroient. Le premier a lieu lorfque la fixième levée s'eft faite avant que le roi appelé eût été joué. On conçoit que l'hombre feroit fondé à refufer de payer une vole entreprife & manquée, fi le roi appelé n'eût pas encore été mis en évidence à la feptième levée ; car il auroit à dire, pour s'excufer, que fon ami s'étant trouvé dans l'occafion de jouer fon roi, & ne l'ayant pas fait, il devoit ignorer qu'il l'eût pour pour affocié : or, dès qu'en pareille circonftance, l'hombre & fon affocié ne courent pas le rifque de payer la vole, s'ils viennent à la manquer, il ne feroit pas jufte qu'il leur reftât le droit d'en demander le payement s'ils venoient à la faire.

Le fecond cas dans lequel le payement de la vole ne peut pas être exigé, même quand on la feroit, fe rencontre quand tous les joueurs ayant paffé, l'hombre a été obligé de jouer par la feule raifon qu'il avoit fpadille. S'il en étoit autrement, la connoiffance qu'auroit l'affocié de l'hombre que cette principale carte eft dans le jeu de ce dernier, pourroit faire envifager comme certaine une vole pour le fuccès de laquelle il convient qu'il refte une apparence d'indécifion. Enfin, le troifième cas eft où la vole ne peut pas avoir lieu, fe préfente quand les affociés ont l'indifcrétion de dire quelque chofe qui tend à faire connoître le jeu : alors les adverfaires font en droit d'abattre leurs cartes & de s'oppofer à ce que les autres entreprennent la vole.

Ainfi dans l'hypothèfe où l'un des affociés menaceroit de la vole les adverfaires, foit au commencement ou au milieu du coup, elle ne pourroit plus s'entreprendre.

Il en feroit de même fi l'un des affociés avertiffoit l'autre que telle ou telle carte eft roi, foit afin qu'il coupe ou qu'il lâche, felon la circonftance. Il en feroit auffi de même fi l'on avertiffoit fon affocié que la couleur jouée a déja été coupée ; ou fi, lorfqu'il doit jouer, on étaloit les levées faites fans qu'il l'eût demandé.

Il en feroit encore de même, fi l'on faifoit remarquer à fon affocié qu'il se trompe en comptant les triomphes jouées, ou quelqu'autre couleur ; & enfin, fi on l'encourageoit ou qu'on le tirât de quelque manière que ce fût de l'incertitude où il pourroit se trouver.

Au furplus il eft défendu d'ufer d'aucun moyen illégitime pour empêcher le joueur dont on eft l'affocié d'entreprendre la vole : fi on le faifoit, on feroit condamné à payer la bête, quand même on n'auroit fait que l'avertir qu'on a déja fix levées de faites : c'eft à lui à prendre garde à fon jeu & à ne pas jouer pour la feptième.

Comme un défaut de mémoire ou d'attention pourroit à chaque inftant faire faire quelque faute à un joueur, il lui eft permis au moment où il eft en tour de jouer, de regarder toutes les levées faites, afin qu'il puiffe s'inftruire de ce qu'il lui importe de favoir ; mais cette permiffion n'a pas lieu en faveur de celui dont le tour de jouer n'eft pas encore arrivé.

S'il arrivoit qu'un joueur en tour de jouer, voulant voir les cartes jouées, retournât au lieu des levées le jeu d'un autre joueur que

MÉDIATEUR.

celui-ci auroit pofé fur la table, il en réfulteroit une bête que les deux joueurs feroient
tenus de payer chacun par moitié ; l'un, pour
avoir retourné indifcrètement le jeu d'un
autre, & celui-ci, pour n'avoir pas mis
obftacle à ce qu'on vît fon jeu.

Si un joueur qui auroit ainfi mis en évidence
un jeu au lieu d'une levée, l'avoir fait fans
être en tour de jouer, il feroit feul tenu du
payement de la bête.

De la demande en médiateur.

Cette manière de jouer tient le milieu
entre la demande fimple dont nous venons de
parler, & le fans prendre dont nous parlerons dans la fuite.

La demande en médiateur eft un engagement
qu'un joueur prend de faire feul fix levées,
à la charge qu'il lui fera fourni un roi en
échange de la carte qu'il jugera à propos de
donner au joueur qui fe trouvera avoir le roi
demandé dans fon jeu.

Si perfonne ne renvie fur cette demande,
le joueur qui eft alors admis à jouer *médiateur*,
préfente la carte dont il juge à propos de fe
défaire, & il y ajoute une fiche pour celui qui
eft obligé de donner le roi demandé.

La carte s'offre couverte, & le roi demandé
doit être donné découvert. La raifon de cette
différence eft fondée fur ce que les joueurs
qui verroient cette carte pourroient en tirer
des conféquences qui les feroient jouer
autrement qu'ils n'auroient fait fans cela ; &
que fi le roi ne fe livroit pas découvert, deux
joueurs qui s'entendroient pourroient abufer,
au préjudice des autres, du droit de fe faire
donner couvert le roi demandé. En effet,
l'un pourroit appeler un roi qu'il auroit
déjà dans fon jeu, & l'autre lui donner un
matador au lieu de ce roi.

Le joueur reçu à jouer médiateur, ayant pour
adverfaires les trois autres joueurs, doit faire
tous fes efforts pour les empêcher de lui nuire,
& ceux-ci doivent réunir les leurs pour
mettre obftacle à ce qu'il parvienne à faire
les levées néceffaires pour gagner.

Pour remplir fon objet, l'hombre doit en
général, auffi tôt qu'il entre en jeu, jouer
une de fes plus hautes triomphes : fi fes adverfaires ont la triomphe fupérieure, il ne fait
pas la levée, mais il a l'avantage de dégarnir
d'un à-tout le jeu de chacun de fes adverfaires.

Ceux-ci ayant tous obéi au premier à-tout,
il y a lieu de préfumer que les triomphes
font partagées, & alors l'hombre joue un
fecond & même un troifième à-tout. Cette
marche a pour objet de faire en forte que
les adverfaires de l'hombre n'aient plus
d'à-tout pour couper fes rois dans le cas où ils
auroient renoncé.

Obfervez à ce fujet que, quand il n'y a
qu'un ou deux des adverfaires de l'hombre,
qui aient fourni de l'à-tout fur la première
triomphe, il faut en conclure que les triomphes que n'a pas l'hombre, font dans un ou
deux jeux ; & alors il ne doit jouer à-tout
qu'avec ménagement, attendu qu'il ne peut
faire tomber qu'une partie des à-touts ainfi
réunis, fans qu'il lui en coute autant & même
plus qu'à fes adverfaires. La raifon en eft que
l'adverfaire qui a dans fon jeu les triomphes,
voit venir l'hombre, & ne met fur les hautes
triomphes de celui-ci que les moindres des
fiennes. Il fuit delà, que fi l'hombre continuoit de jouer à-tout, l'adverfaire feroit
bientôt maître du jeu avec les triomphes fupérieures, & c'eft ce que l'hombre doit particulièrement éviter.

Quand après avoir joué plufieurs fois à-tout,
l'hombre a encore deux triomphes, & fon
adverfaire autant, il doit continuer de jouer
à-tout, fi fes deux triomphes font fupérieures
à celle de fon adverfaire ; mais il faut qu'il en
ufe différemment, lorfque de fes deux triomphes, l'une eft fupérieure & l'autre eft inférieure. Par exemple ; la triomphe eft en
cœur : il refte à l'hombre la dame & le trois,
& à fon adverfaire, le deux & le quatre :
voilà, dans cette hypothèfe, deux cartes
entre lefquelles l'hombre a un roi à craindre.
S'il lui importe que ces deux cartes lui
produifent chacune une levée, il faut qu'il
joue d'une autre couleur, afin qu'ayant mis
fes adverfaires en jeu, il les force de l'attaquer
enfuite en à-tout. Il eft clair que dans cette
circonftance, car fi par le deux il mettra la dame, & fi
c'eft par le quatre, il ne mettra que le
trois.

Si l'hombre a une dame gardée, ou deux
autres cartes, entre lefquelles il y a un roi à
craindre, il doit mettre fes adverfaires en
jeu par quelque autre couleur, afin de les
voir venir.

Lorfque l'hombre ne veut plus jouer à-tout,

il eſt à propos qu'il joue les rois les uns après les autres, excepté toutefois celui de la couleur dont il a le valet. Il doit attendre qu'on l'attaque dans cette couleur.

La raiſon pour laquelle il importe à l'hombre de jouer ſes rois immédiatement après ſes à-touts, eſt fondée ſur ce qu'il empêche par ce moyen que ſes adverſaires ne puiſſent ſaiſir d'occaſion de ſe défauſſer pour enſuite ſe trouver en ſituation de couper des rois joués trop tard.

Quand l'hombre a joué ſes principaux rois, il doit jouer ceux que les évènemens du jeu ont pu lui procurer : par exemple ; s'il a été obligé de jouer un roi dont il avoit le valet, & que ce roi ait fait tomber la dame, il doit jouer ce valet devenu roi, s'il ſait que l'adverſaire qui a jeté la dame eſt ſans à-tout : mais il doit en uſer autrement, s'il ſoupçonne que cet adverſaire ait encore de l'à-tout ; il faut qu'il joue alors de quelque autre couleur.

Il eſt ſouvent avantageux à l'hombre de maſquer ſon jeu : c'eſt pourquoi s'il a le roi, la dame & le valet d'une couleur, il doit commencer par le valet plutôt que par le roi : un adverſaire qui dans cet état des choſes renonceroit à la couleur jouée & ſe trouveroit en cheville, laiſſeroit paſſer le valet ſans le couper, parce qu'il préſumeroit qu'un de ſes amis ne manqueroit pas de prendre ce valet avec la dame, ou avec le roi.

L'hombre pourroit auſſi, dans la même poſition, jouer le roi & enſuite maſquer ſon jeu en jouant le valet : l'adverſaire qui renonceroit à la couleur, pourroit en uſer & ſe tromper comme dans le cas précédent.

Quand l'hombre voit qu'il y a de grandes forces réunies contre lui ; & qui rendent la bête preſque inévitable, il ne doit point héſiter de coſter lorſqu'on joue dans la couleur dont il a le roi & le valet : ainſi il jouera le valet, parce qu'il peut croire que la dame eſt dans la main de celui qui a joué la petite carte de la même couleur. Il eſt poſſible que de cette manière l'hombre faſſe une levée ſur laquelle il n'avoit pas compté. Il eſt vrai que ſi le coup ne réuſſit pas, il peut en réſulter l'inconvénient de faire perdre codille ce qu'on n'auroit perdu que remiſe, ſi l'on n'eut pas coſté : en effet, la dame ſe trouvant dans le jeu de l'adverſaire qui joue après l'hombre, prendra le valet ; & s'il s'eſt ſur le

coup formé une renonce à la couleur, & qu'on en joue une ſeconde fois, le roi de l'hombre ſera coupé tandis qu'il ne l'auroit pas été s'il l'eut d'abord joué au lieu du valet. Il faut tirer de tout cela la conſéquence qu'on ne doit coſter que pour rétablir un jeu déſeſpéré.

Lorſque l'hombre a joué à-tout autant qu'il le falloit, & enſuite ſes rois & les dames dont ils étoient accompagnés, il convient qu'il joue dans la couleur qui ſe trouve dans ſon jeu en plus grande quantité, attendu que c'eſt celle où il doit eſpérer de faire le plutôt des rois par évènement.

Pour s'oppoſer aux vues de l'hombre, il importe que ſes adverſaires ſe faſſent des renonces ou en procurent à leurs amis. Il faut ſur-tout en procurer à ceux qui ſont dans le cas de voir venir l'hombre. Ainſi, pour remplir cet objet, le joueur qui eſt placé immédiatement à la gauche de l'hombre, doit jouer de la couleur dans laquelle il a le plus de cartes ; parce que plus il en a, moins ſes amis doivent en avoir, & par conſéquent ils ſe trouveront promptement renoncer à cette couleur.

Si au contraire l'adverſaire premier en cartes eſt placé immédiatement à la droite de l'hombre, il doit chercher à ſe procurer des renonces à lui-même plutôt qu'à ſes amis : la place qu'il occupe rendra de telles renonces plus avantageuſes à ceux-ci, que ſi on leur en procuroit : il doit par conſéquent jouer de la couleur dont il a le moins pour arriver plus promptement à ſon but.

Quant à l'adverſaire qui ſe trouve placé vis-à-vis de l'hombre, il peut, ſelon les circonſtances, ſe conduire comme l'un ou l'autre des deux adverſaires dont nous venons de parler.

Au reſte, à quelque place que l'hombre ſoit, celui de ſes adverſaires qui ſe trouve avoir en couleur noire le même nombre de cartes qu'en couleur rouge, doit par préférence jouer de la couleur noire, parce qu'il eſt plus facile de faire des renonces en cette couleur qu'en rouge ; attendu qu'il y a dans cette dernière couleur une carte de plus que dans la première, comme on l'a fait remarquer précédemment.

L'un des adverſaires de l'hombre ayant joué d'une couleur, celui de ſes amis qui vient à entrer en jeu par une levée, eſt difpenſe d'examiner s'il a plus ou moins de cartes dans une couleur que dans une autre ; ſon devoir eſt de rejouer dans la couleur dont ſon ami a d'abord joué ; car c'eſt une règle qu'il faut, autant qu'on le peut, lui donner ce qu'il a demandé.

Lorſqu'un des adverſaires de l'hombre entre en jeu le troiſième ; il ne doit jouer de la couleur qu'a paru déſirer le ſecond, que quand il manque de celle que le premier a demandée ; car il eſt fondé à faire le raiſonnement qui ſuit : *ſi le premier qui eſt entré en jeu eut eu de la couleur demandée , il n'auroit pas manqué d'en donner : ainſi , puiſqu'il a joué d'une autre couleur, il faut qu'il renonce à la première ; je ſuis donc certain que je lui fournirai l'occaſion de couper s'il le veut, ou de ſe défauſſer s'il le juge à propos.*

Quand on change de couleur, il eſt plus à propos de jouer de celle à laquelle on ſait que l'hombre renonce , que d'une autre dont on n'a pas encore joué, parce que, ſi l'on jouoit de cette dernière couleur, on auroit à craindre de faire des rois à l'hombre. En effet , il faut que les triomphes de l'hombre s'emploient tôt ou tard ; ainſi il y a moins de riſque à lui fournir l'occaſion de couper , qu'à lui procurer des rois avec leſquels il feroit des levées.

Quand les adverſaires de l'hombre trouvent le moyen de ſe défauſſer , il doivent le faire dans la couleur dont ils ont le moins de cartes , & principalement dans celle à laquelle l'hombre renonce.

Toutes les fois que le joueur qui eſt placé immédiatement à la droite de l'hombre , ſe trouve en jeu, ce dernier a l'avantage de voir venir ſes trois adverſaires : il faut donc le priver, autant qu'on le peut, de cet avantage , & , pour réuſſir dans cette vue , il eſt à propos que l'adverſaire dont on vient de parler, commence par ſes plus hautes cartes quand il ſe défauſſe dans la couleur où l'hombre a renoncé.

Un autre avantage que les adverſaires de l'hombre retirent de cette pratique, conſiſte en ce que chaque fois qu'on joue la couleur dont il s'agit, l'hombre a lieu de craindre d'être ſurcoupé par l'adverſaire qui s'eſt défauſſé de ſes hautes cartes.

S'il arrive que l'hombre, craignant d'être ſurcoupé, abandonne la levée, ſes adverſaires doivent continuer à jouer de la même couleur

afin de renouveller l'embarras de l'hombre.

Lorſque les adverſaires n'ont plus de cette couleur , celui qui eſt en jeu doit jouer dans la couleur dont il a remarqué que ſes amis ſe défauſſoient.

Quand une couleur n'a point encore été jouée, & qu'on a lieu de ſoupçonner que l'hombre a deſſein de s'y faire des rois, on doit ſe défauſſer de toute autre couleur pour conſerver , s'il eſt poſſible , la dame gardée ou le valet troiſième de celle-là , & faire ainſi avorter le projet de l'hombre.

Si vous avez une triomphe ſeule , autre néanmoins que ſpadille , il faut l'employer à couper ſi l'occaſion s'en préſente : vous courriez trop de riſque en attendant mieux ; parce que les matadors ou à-touts ſupérieurs pourroient faire tomber celui que vous auriez voulu épargner , & vous regretteriez alors de ne l'avoir pas mis à profit. S'il arrive que votre triomphe employée à couper , ne faſſe pas la levée, elle force du moins l'hombre, & cela favoriſe le jeu de vos amis.

Quand quelqu'un de vos amis ſe trouve en cheville, vous devez éviter de maſquer votre jeu ; ainſi vous auriez tort de jouer un valet dont vous auriez le roi & la dame. La raiſon en eſt, que ſi l'un de vos amis y avoit renoncé, il couperoit dans la crainte que les cartes ſupérieures ne fuſſent dans la main de l'hombre, & il perdroit de cette manière une triomphe qu'il auroit gardée , ſi , au lieu de maſquer votre jeu, vous euſſiez joué le roi plutôt que le valet.

Lorſque l'hombre joue une triomphe médiocre , comme le roi ou la dame , celui des adverſaires qui joue le premier après lui, doit lâcher la levée & ſe défauſſer , s'il n'a pour toute triomphe que ſpadille ou manille : s'il n'a que ſpadille, il eſt certain qu'il lui fera faire une levée : & s'il n'a que manille, il doit croire que l'hombre n'a pas ſpadille, puiſque, s'il l'eût eu, il n'auroit pas manqué de le jouer préférablement à une triomphe médiocre.

Si l'hombre premier en cartes ayant des matadors , commençoit à jouer par un petit à-tout , ſes deux premiers adverſaires feroient bien de ne fournir que d'autres petits à-touts, afin que la levée ſe fît par le troiſième, & que celui-ci mît l'hombre dans le cas de jouer avant les autres , qui, par ce moyen , le verroient venir.

Quand l'adversaire qui est dernier, n'a qu'un à-tout avec manille ou baste, il doit faire la levée avec son matador s'il ne peut pas la faire avec son à-tout inférieur, plutôt que de laisser passer cette levée à celui de ses amis qui se trouve placé immédiatement à la droite de l'hombre.

L'adversaire de l'hombre qui a fait la levée sur le petit à-tout, doit présumer que l'hombre a spadille, & qu'il n'a d'abord joué un petit à-tout que dans la vue de dégarnir manille & baste pour ensuite les faire tomber à la première occasion qu'il aura de jouer à-tout de spadille : en conséquence, & pour empêcher que le dessein de l'hombre ne s'exécute, il est à propos qu'il joue un petit à-tout, ou même un matador s'il lui reste seul : en jouant de cette manière il embarrasse l'hombre ; car s'il joue spadille, les autres adversaires, amis du premier, qui voient venir l'hombre, ne se déferont ni de manille, ni de baste, puisque ces matadors ne peuvent être forcés par spadille que quand il est joué pour première carte : si au contraire l'hombre lâche la main, elle passera peut-être à l'adversaire qu'il a en face, & celui-ci ne manquera pas de rejouer un petit à-tout. L'ami qui est immédiatement après lui, ne doit mettre manille, ni baste, s'il les a ; il faut qu'il se défausse, & ce procédé est un nouvel embarras pour l'hombre, attendu qu'il lui donne lieu de craindre l'adversaire qui est encore à jouer.

Lorsqu'un des adversaires se trouve avoir dans le cours du jeu, une ou plusieurs triomphes superieures à celle de l'hombre, sans en avoir d'inférieures, & que ses amis renoncent à cette couleur, il doit jouer à-tout jusqu'à ce qu'il n'en ait plus : ensuite il doit jouer de la couleur à laquelle il sait que l'hombre renonce, & successivement les rois qu'il peut avoir, afin d'éviter de remettre l'hombre en-jeu.

Quand ce dernier a ses triomphes épuisées avant celles de l'adversaire, celui-ci cesse de jouer à-tout, & il garde les triomphes qui lui restent pour couper les rois de l'hombre s'il venoit à en jouer.

Pour l'exécution de ce qu'on vient de dire, il faut faire attention à deux choses.

Premièrement, il faut que les triomphes de l'adversaire soient toutes supérieures à celles de l'hombre ; car s'il en avoit une

supérieure & l'autre inférieure, son jeu seroit d'attendre qu'on l'attaquât dans cette couleur.

En second lieu, il faut que les amis de cet adversaire aient renoncé à la couleur d'à-tout ; autrement il risqueroit d'affoiblir son parti en tirant les triomphes qu'il auroit.

Du sans-prendre.

Le sans-prendre ne diffère de la demande en *médiateur*, qu'en ce que celui qui a formé cette demande, se fait aider d'un roi qu'il achete par le moyen d'une fiche, & que l'autre s'engage à faire seul six levées, par l'unique force de son jeu, sans emprunter aucun secours.

Du reste, les règles à suivre, tant par l'hombre que par ses adversaires, dans l'attaque & dans la défense, sont les mêmes, soit qu'on joue *médiateur*, ou qu'on joue sans-prendre. Ainsi, nous renvoyons sur cela à ce que nous avons dit précédemment au sujet de la demande en *médiateur*.

Des bêtes.

La bête est une sorte d'amende qui a lieu dans plusieurs cas, & qui consiste à mettre au jeu la quantité de fiches & de jetons déterminée par la circonstance.

L'égalité du jeu exige sans doute qu'on soit exposé à perdre autant qu'on peut gagner : mais on ne s'est pas contenté d'assujettir ceux qui font jouer & qui viennent à perdre, à payer à leurs adversaires une somme égale à celle qu'ils auroient reçue de chacun d'eux, on a voulu qu'ils fussent encore condamnés à la bête. Cette bête, qui est plus ou moins considérable, est proportionnée au plus ou moins de jeu & de poulans qu'il y avoit à gagner. Ainsi, la première bête sur les tours simples sera de vingt-huit jetons, somme égale à celle que l'hombre auroit retirée, s'il eût gagné.

Si cette première bête vient à être remise, celui qui jouera le coup suivant, & qui gagnera, retirera du jeu quatre-vingt-quatre jetons ; savoir, vingt-huit jetons pour le jeu du coup sur lequel la bête s'est faite ; vingt-huit autres jetons pour le jeu du coup suivant, & les vingt-huit jetons dont la bête est composée.

Si au lieu de gagner ce coup, celui qui a fait jouer vient à faire une seconde bête, il est clair qu'elle sera de quatre-vingt-quatre jetons, puisqu'il auroit eu cette somme à retirer.

Il faut remarquer que, quel que soit le nombre des bêtes qui se font ainsi successivement, on n'en retire jamais qu'une à la fois, & c'est la première faite. Mais si sur un même coup, il se faisoit plusieurs bêtes, l'une, par exemple, pour avoir perdu; une autre pour avoir renoncé ou pour quelqu'autre faute, elles se joueroient toutes ensemble le coup suivant.

Abstraction faite de ces bêtes provenant de fautes particulières, on a vu que, des deux bêtes dont nous avons d'abord parlé, il n'y avoit que celle de vingt-huit jetons qui dût être au jeu: ainsi en gagnant le coup suivant, on auroit à recevoir; 1°. vingt-huit jetons pour le jeu du premier coup; 2°. vingt-huit jetons pour le jeu du second coup; 3°. vingt-huit jetons pour le jeu du troisième coup; & enfin vingt-huit jetons pour la première bête, ce qui feroit un total de cent douze jetons.

Il suit delà, que si l'on venoit à perdre le troisième coup, la bête qui en résulteroit seroit de cent douze jetons.

Si après cette troisième bête, il s'en faisoit une quatrième, elle seroit de cent quarante jetons, puisque les cent douze précédens seroient augmentés des vingt-huit qui auroient été mis au jeu le quatrième coup: ainsi tant que les bêtes se multiplieroient, elles augmenteroient chaque coup de vingt-huit jetons. Par conséquent, la cinquième seroit de cent soixante-huit jetons; la sixième, de cent quatre-vingt-seize; la septième, de deux cents vingt-quatre; la huitième, de deux cents cinquante-deux, &c.

Le premier joueur qui vient ensuite à faire six levées, retire la première bête, & autant de fois vingt-huit jetons qu'il y a de remises sur le jeu.

Lorsque la première bête est tirée, il ne reste plus de fiches ni de jetons de remise, & par conséquent le jeu n'est que de vingt-huit: mais il est augmenté par la plus forte bête qui doit alors être mise au jeu. Ainsi quand il y a eu cinq remises, c'est la bête de cent soixante-huit qu'on doit mettre au jeu après la première de vingt-huit qu'on a tirée.

Ainsi la bête sur ce coup, seroit de cent quatre-vingt seize.

Si au lieu de perdre remise, on a perdu codille, la seconde bête ne sera que de cinquante-six jetons, attendu que les vingt-huit jetons du premier coup auront été tirés par ceux qui auront codillé.

Remarquez que, quoique les deux jetons que chaque joueur met au jeu pour accompagner les deux fiches de poulans, doivent être doubles en faveur de celui qui gagne, lorsque son jeu est en couleur favorite, la bête que l'hombre vient à faire n'augmente néanmoins pas en raison des deux jetons ajoutés aux premiers; car autrement la première bête seroit de trente-six jetons. Cela a été ainsi réglé, pour éviter l'embarras de distinguer les bêtes qui se feroient en couleur favorite, de celles qui auroient lieu dans une autre couleur: mais les bêtes qui se font sur les tours doubles, sont relatives à l'augmentation des poulans & du nombre des jetons que les joueurs sont tenus de mettre au jeu. Or, comme celui qui donne à chaque coup des tours doubles, est obligé de mettre devant lui pour le jeu quatre fiches de poulans avec quatre jetons, & les trois autres joueurs chacun quatre jetons, il faut en conclure que la première bête doit être de cinquante-six jetons, & que, si elle est remise, la seconde sera de cent soixante-huit jetons, &c.

Des payemens que les joueurs doivent se faire réciproquement dans les différens cas qui peuvent se présenter durant le cours de la partie.

On a vu précédemment qu'à chaque coup, celui qui donne doit mettre au jeu six fiches, qu'on appelle *poulans*; que de ces six fiches, quatre sont destinées aux matadors; savoir, deux à spadille, une à manille & une à baste; enfin qu'aux deux fiches qui restent, chaque joueur ajoute deux jetons pour former le jeu ou la poule.

Ce jeu ou cette poule doit appartenir à celui des deux partis qui sera parvenu à faire six levées: si chaque parti ne fait que cinq levées, la poule reste pour le coup suivant. Et cela continue de cette manière, jusqu'à ce qu'enfin il arrive un coup sur lequel l'hom-

bre ou ſes adverſaires parviennent à faire les
ſix levées néceſſaires pour gagner.

Le nombre des remiſes n'empêche pas
qu'on ne remette au jeu, à chaque coup,
deux nouvelles fiches & huit nouveaux jetons.

Quelquefois on ne met au jeu que les
fiches, mais on n'en paye pas moins après le
coup, les jetons qui doivent chaque fois accompagner ces fiches. La raiſon qui fait qu'on
ſe diſpenſe de mettre ces jetons au jeu, eſt
qu'ils ſont ſuſceptibles d'être doublés en faveur des joueurs qui viennent à gagner en
couleur favorite.

Comme il y a différentes manières de gagner la poule, il y a auſſi différens payemens
à faire aux joueurs qui la gagnent.

Si vous avez ſimplement demandé la permiſſion, & que conjointement avec votre
partenaire ou aſſocié, vous parveniez à faire
ſix levées, la poule ſe partage entre vous &
lui : ſi votre demande s'eſt faite en couleur
favorite, vos adverſaires ajoutent chacun
deux jetons à la poule.

S'il arrivoit qu'au lieu de faire ſix levées,
vous en fiſſiez dix, c'eſt-à-dire, la vole, il
faudroit que vos adverſaires ajoutaſſent au
payement chacun vingt jetons en couleur
ordinaire, & quarante en couleur favorite.

D'un autre côté, ſi après avoir fait ſix
levées, vous entrepreniez la vole infructueuſement, vous ſeriez tenu ainſi que votre
aſſocié, de la payer ſur le même pied à vos
adverſaires.

Si ces mêmes adverſaires vous faiſoient
perdre, & gagnoient *codille*, ils partageroient la poule, & vous ſeriez en outre obligé de leur payer la conſolation, c'eſt-à-
dire, deux jetons en couleur ſimple, &
quatre en couleur favorite.

Si au lieu d'une demande ſimple, vous
avez demandé ou joué *médiateur* en couleur
ordinaire, chacun de vos adverſaires doit
vous payer, quand vous avez fait ſix levées,
la quantité de quatorze jetons, non-compris
ce qu'ils ont dû mettre au jeu, & vingt-huit
jetons, ſi vous avez joué & gagné en couleur
favorite : mais ſi vous n'avez pas fait ſix levées, & que par conſéquent vous ayez perdu,
vous devez leur faire un payement égal à
celui que vous auriez reçu en gagnant.

Le payement augmente de dix jetons en
couleur ordinaire, & du double en couleur

favorite, quand l'hombre a joué ſans prendre
& gagné : mais s'il a perdu en jouant de cette
manière, il faut qu'il paye à ſes adverſaires
autant de jetons qu'il en auroit reçus s'il eût
gagné.

S'il arrive qu'en jouant *médiateur*, l'hombre, après avoir fait les ſix levées néceſſaires
pour gagner, entreprenne & faſſe la vole,
chacun de ſes adverſaires doit lui payer pour
cet objet, trente jetons en couleur ordinaire,
& ſoixante en couleur favorite. Mais ſi l'hombre, après avoir entrepris la vole, ne la fait
pas, il eſt lui-même obligé de faire un ſemblable payement à chacun de ſes trois adverſaires.

Quand en jouant ſans prendre, l'hombre
vient à entreprendre & à faire la vole, ſans
avoir d'abord déclaré, avant de commencer à
jouer, qu'il l'entreprendroit, on doit la lui
payer ſur le pied de quarante jetons en couleur ſimple, & de quatre-vingt en couleur
favorite.

Et ſi l'hombre, en annonçant qu'il joue
ſans prendre, déclare en même temps qu'il
entreprend la vole, on doit, s'il réuſſit, la
lui payer ſur le pied de quatre-vingt jetons
en couleur ſimple, & de cent ſoixante en
couleur favorite.

Mais ſi dans ces différens cas, l'hombre
qui a entrepris la vole, ne la fait pas, il doit
lui-même faire à chacun de ſes trois adverſaires des payemens ſemblables à ceux dont
on vient de parler.

Indépendamment du droit que nous avons
vu que les trois matadors, ſpadille, manille
& baſte, exercent ſur les poulans, on doit
encore payer à l'hombre qui les réunit dans
ſon jeu, une fiche pour chacun, en couleur
ſimple, & le double en couleur favorite. On
lui paye de même une fiche pour chacune des
autres cartes qui ſuivent immédiatement ces
matadors, & dont ils ſe trouvent accompagnés dans ſon jeu : c'eſt pourquoi on donne
auſſi par extenſion, le nom de matadors à
ces cartes. Ainſi l'hombre qui réunit dans
ſon jeu ſpadille, manille, baſte, ponte & le
roi en couleur rouge, ou les trois premiers
avec le roi & la dame en couleur noire, eſt
fondé à ſe faire payer cinq matadors quand
il vient à gagner.

Si l'hombre n'a fait que demander la permiſſion, & que les matadors ſe trouvent diſ-
perſés dans ſon jeu, & dans celui de ſon

associé, les adversaires sont tenus de les leur payer comme s'ils étoient réunis dans un seul jeu.

Tous les payemens dont nous venons de parler, doivent être doublés quand ils sont à faire lors du neuvième & du dixième tours de la partie, qui sont les deux derniers, & qu'on appelle pour cette raison *tours doubles*. Au reste, les joueurs peuvent convenir de ne jouer qu'un tour double, & même de n'en jouer aucun, s'ils le jugent à propos.

Remarquez, sur la vole, que quand elle n'est entreprise qu'accidentellement, c'est-à-dire, sans avoir déclaré avant de jouer, qu'on l'entreprenoit, & qu'on n'est tenu de la manquer, on n'est point tenu de payer la bête : on a même le droit d'exiger, comme à l'ordinaire, le payement du *médiateur*, du sans prendre, des matadors, &c. qui sont acquis à l'hombre lorsqu'il a fait les six levées nécessaires pour gagner. Mais si l'hombre déclare, avant de jouer, qu'il veut entreprendre la vole, & qu'ensuite il ne la fasse pas, il est obligé de faire un payement égal à ce qu'il auroit reçu, s'il l'eût faite, & il est en outre condamné à la bête.

Vocabulaire explicatif des termes usités au *Médiateur*.

Abattre le jeu, ou simplement *abattre*. C'est abandonner son jeu & le jeter découvert sur le tapis.

Associé. C'est le joueur que l'hombre a appelé à son secours. On lui donne aussi le nom de *Partenaire*.

A-tout. C'est la couleur dont est la triomphe.

Avoir la parole. C'est être en tour de dire ce qu'on veut faire sur le coup qui se joue.

Baste. On donne ce nom au troisième matador qui est l'as de trefle.

Bête. C'est une sorte d'amende qui a lieu contre les joueurs en plusieurs cas, & qui consiste à mettre en jeu la quantité de jetons déterminée par la circonstance.

Cheville. (Etre en) il se dit du joueur qui n'est ni le premier ni le dernier à jouer.

Codille. Il se dit du gain des adversaires de l'hombre, lorsqu'ils ont fait six levées. Ainsi *gagner codille*, c'est gagner sans avoir fait jouer.

Codiller. C'est gagner codille.

Consolation. C'est un droit que l'hombre paye à ses adversaires quand il perd codille.

Contrat. C'est une pièce carrée, d'os ou d'ivoire, qui vaut dix fiches & qui sert à faire les comptes du jeu.

Coster. Il se dit d'un joueur en cheville, qui, ayant une carte roi, & une autre inférieure, jette celle-ci plutôt que celle-là, parce qu'il espère que la carte supérieure à celle qui n'est pas roi, ne se trouvera pas dans la main de la personne avant laquelle il joue.

Couper. C'est séparer en deux un jeu de cartes, avant de distribuer à chaque joueur les cartes qu'il doit avoir.

Couper. Se dit aussi de l'action d'employer une triomphe sur la couleur jouée.

Défausser. (se) C'est se défaire des fausses qu'on a dans son jeu.

Demander la permission, ou simplement *demander*. C'est annoncer qu'on est disposé à jouer pour faire six levées avec le secours d'un associé.

Dernier en cartes. C'est le joueur qui ne doit jouer qu'après tous les autres, comme cela arrive quand on a donné ou qu'on est à la gauche du joueur qui a fait la levée.

Donner. C'est distribuer à chaque joueur les cartes qu'il doit avoir.

Entrer en jeu. C'est jouer la première carte de la levée qui suit celle qu'on a faite lorsqu'on étoit dernier ou en cheville.

Etre en jeu. C'est avoir fait la levée qui a précédé celle qu'on doit commencer.

Favorite. C'est la couleur qui, en cas de concurrence, a la préférence sur les trois autres, & qui produit à l'hombre un double payement, soit du jeu, soit du *médiateur*, du sans-prendre, de la vole & des matadors, quand il vient à gagner dans cette couleur.

Fausse. C'est une basse carte d'une couleur autre que celle d'à-tout.

Fiche. C'est une pièce longue, d'os ou d'ivoire, qui vaut dix jetons, & qui sert à faire les comptes du jeu.

Forcé. (être) C'est être obligé d'obéir, c'est-à-dire, de jouer de la couleur demandée.

Forcer. C'est jeter une carte supérieure à celle qui a d'abord été jouée.

Hombre. On désigne sous ce nom le joueur

qui a nommé la triomphe, soit qu'il ait demandé simplement, soit qu'il ait joué *médiateur* ou sans-prendre.

Jeton. C'est une pièce qui sert de monnoie au jeu, & qui est le dixième d'une fiche.

Jeu. Ce mot a trois significations : il se dit en premier lieu, de toutes les cartes ensemble : ensuite des cartes que chaque joueur a dans sa main ; & enfin des jetons que les joueurs ont mis devant eux pour former la poule.

Lâcher. C'est mettre une carte inférieure sur celle qu'on a jouée, tandis qu'on en a une qui lui est supérieure.

Levée. C'est une main qu'on a faite en jouant.

Manille. On donne ce nom au second matador qui est, en couleur noire, le deux ; & en couleur rouge, le sept.

Matadors. On désigne sous ce nom la réunion dans une main ou dans celles de deux associés, des trois premières triomphes qui sont spadille, manille & baste. Et par extension, on appelle encore *matadors*, les triomphes qui suivent immédiatement les matadors, & qui les accompagnent.

On appelle *faux matadors* trois ou un plus grand nombre de triomphes qui se suivent immédiatement l'une l'autre, & dont manille est la première.

Médiateur. C'est le nom du jeu dont il s'agit, & en même temps d'une des manières d'y jouer, laquelle consiste dans l'obligation que contracte l'hombre de faire seul six levées, mais avec le secours d'un roi qu'on lui donne en échange d'une fiche & d'une autre carte.

Mêler. C'est battre les cartes.

Obéir. C'est fournir de la couleur jouée.

Partenaire. On désigne sous ce nom l'associé de l'hombre.

Passer. C'est annoncer qu'on ne veut pas jouer sur le coup.

Ponte. On désigne sous ce nom l'as d'une couleur rouge quand elle forme la triomphe.

Poulans. On donne ce nom aux six fiches que le distributeur des cartes est obligé de mettre devant lui, pour appartenir ensuite aux joueurs qui auront dans leur jeu les matadors, & qui gagneront la poule.

Poule. C'est la totalité des jetons que les joueurs ont mis au jeu, & de plus deux fiches de poulans, pour être tirés par l'hombre quand il gagne, ou par les joueurs qui viennent à codiller.

Préférence. C'est ce qu'on appelle autrement la favorite.

Premier en cartes. C'est le joueur qui doit jouer le premier.

Prise. C'est la totalité des contrats, des fiches & des jetons qu'on distribue à chaque joueur avant de commencer la partie.

Règle. (être en) C'est n'avoir qu'une seule carte de la couleur dont on appelle le roi à son secours.

Remise. Il se dit d'un coup où l'hombre fait la bête sans que personne ait gagné codille.

Renonce. Terme qui s'emploie pour exprimer qu'on manque d'une couleur. On dit dans ce sens, *se faire une renonce*, pour dire, se mettre en état de couper une couleur, en se défaisant des cartes qu'on a de cette même couleur.

Renoncer. C'est ne pas fournir de la couleur jouée quand on le peut.

Renvier. C'est obliger celui qui a demandé simplement, à jouer en couleur favorite ou *médiateur* ; ou celui qui joue *médiateur*, à jouer sans-prendre ; ou celui qui joue sans-prendre, à déclarer qu'il entreprend la vole, à moins qu'il ne juge à propos de renoncer à jouer pour laisser le rôle d'hombre à celui qui a renvié.

Sans-prendre. C'est nommer la triomphe, & jouer sans appeler aucun roi à son secours.

Spadille. C'est l'as de pique, qui est en toute couleur le premier matador.

Sur-couper. C'est mettre une triomphe plus forte sur celle avec laquelle un joueur précédent a coupé la carte jouée.

Tour. C'est la réunion d'un nombre de coups tel que chacun des joueurs ait eu successivement une fois la main. Et l'on appele *Tours-doubles*, le neuvième & le dixième tours qui terminent la partie, parce que les payemens sont doublés durant ces deux tours.

Triomphe. C'est la couleur que l'hombre a nommée & qui emporte toutes les autres cartes.

Voir venir. Il se dit d'un joueur avant lequel les autres doivent jouer.

MOUCHE. (*jeu de la*)

Sorte de jeu des cartes qui participe de la triomphe par la manière de jouer les cartes, & qui tient de l'hombre par le mode d'écarter; avec cette différence néanmoins qu'à l'hombre on peut écarter sans faire jouer, au lieu qu'à la *mouche* tous ceux qui écartent & prennent des cartes au talon, sont censés faire jouer.

Le nombre des joueurs peut s'étendre depuis trois jusqu'à six. Lorsqu'on n'est que trois on se sert d'un jeu de piquet; & quand on est en plus grand nombre on emploie un jeu entier.

On se sert aussi de jetons qui ont une valeur convenue.

On fait d'abord indiquer par le sort la place que chaque joueur doit occuper, & celui qui doit distribuer les cartes: ensuite ce dernier met au jeu autant de jetons qu'il y a de joueurs, mêle les cartes, présente à couper, & donne ensuite en commençant par sa droite, cinq cartes à chaque joueur.

Ces cinq cartes se distribuent en deux tours: on en donne en premier lieu à chaque joueur deux, & ensuite trois; ou trois & ensuite deux.

Lorsque chaque joueur a ses cinq cartes, celui qui les a distribuées retourne la première de celles dont le talon est composé; & cette carte retournée forme l'à-tout ou la triomphe: elle doit rester retournée sur le tapis tout le coup.

Le premier en cartes, c'est-à-dire, le joueur placé à la droite de celui qui a donné, doit, après avoir vu son jeu, dire qu'il s'y tient, ou écarter tel nombre de ses cartes qu'il juge à propos, même toutes les cinq, & en prendre au talon autant qu'il en a écartées. Le même procédé doit successivement avoir lieu de la part de tous les autres joueurs.

Il y a deux cas où un joueur ne va pas talon: le premier a lieu quand le jeu du joueur est formé d'assez belles cartes pour qu'il puisse gagner en jouant sans-prendre: il dit alors qu'il s'y tient. Le second cas se présente, quand un joueur a si mauvais jeu qu'il ne veut pas risquer de jouer dans la crainte de faire la *mouche*. Celui-ci doit mettre son jeu avec les écarts, ou dessous le talon s'il n'y a point d'écart.

Les écarts étant finis, on en vient à jouer les cartes. Voici l'ordre dans lequel elles sont supérieures l'une à l'autre: le roi est supérieur à la dame; la dame, au valet; le valet, à l'as; l'as, au dix; le dix, au neuf; le neuf, au huit; le huit, au sept; le sept, au six; le six, au cinq; le cinq, au quatre; le quatre, au trois; le trois, au deux.

Si en jouant on ne fait aucune levée, on est condamné à payer la *mouche*, c'est-à-dire, autant de jetons qu'il y a de joueurs, autrement un nombre égal à celui que le distributeur des cartes a été obligé de mettre devant lui.

Quand il y a plusieurs *mouches* faites sur un même coup, comme cela arrive fréquemment lorsqu'il y a cinq ou six joueurs, on les met au jeu toutes ensemble, à moins qu'on ne soit convenu auparavant de les jouer l'une après l'autre. Au reste, en quelque quantité qu'elles soient, le joueur qui donne n'en est pas moins obligé de mettre devant lui un nombre de jetons égal à celui des joueurs.

Le premier en cartes commence par telle carte qu'il juge à propos: les autres sont obligés de fournir chacun une carte de même couleur, & en outre de forcer, s'ils ont la carte supérieure à celles qu'on a jouées avant eux. Si, par exemple, on a commencé par jouer le dix, le joueur suivant qui a le valet, le roi & le neuf, est obligé de mettre au moins le valet sur le dix. S'il n'a mis que le valet, & que celui qui doit jouer après lui ait la dame & l'as, ce dernier est obligé de jouer la dame: mais si le joueur qui a le valet & le roi, juge à propos de jouer le roi, celui qui a la dame & l'as, peut garder la dame & ne fournir que l'as.

Au surplus, chaque levée vaut au joueur qui l'a faite, un des jetons que le distributeur des cartes a mis devant lui pour former la *mouche*. Si par évènement la *mouche* se trouve doublée, triplée, quadruplée, &c. chaque levée produit au joueur qui l'a faite, un, deux, trois, quatre jetons, &c.

Le joueur qui a fait une levée doit jouer le premier pour la levée suivante, & les autres continuent en commençant par la droite de celui qui a joué le premier.

Si les cinq cartes qu'on donne d'abord à un joueur, font toutes d'une même couleur, telles, par exemple, que cinq cœurs, cinq carreaux, &c. il a ce qu'on appelle la *mouche*, & il gagne, fans jouer, ce qui fe trouve au jeu, même toutes les *mouches* qui peuvent être dues.

Quand il arrive que plufieurs joueurs ont chacun la *mouche*, c'eft-à-dire, cinq cartes d'une même couleur, celui qui les a en à-tout gagne par préférence aux autres : fi aucun de ces joueurs n'a la *mouche* en à-tout, c'eft celui dont les cinq cartes préfentent le plus grand nombre de points qui doit gagner ; enfin fi les points que renferment les jeux de plufieurs joueurs font égaux, la primauté fait gagner celui qui eft placé le plus près de la droite du diftributeur des cartes.

L'as fe compte pour onze points ; chaque figure pour dix, & les autres cartes pour le nombre que chacune en préfente.

Le joueur qui a la *mouche* n'eft pas obligé de le dire, même quand on lui demande s'il la fauve : mais s'il juge à propos de répondre, il eft tenu d'accufer jufte.

Quand un joueur a la *mouche*, tous ceux qui n'ont pas abattu leur jeu ou qui jouent fur le coup, font chacun une *mouche*.

Le joueur qui renonce fait la *mouche*.

Il en eft de même de celui qui fous-force : ceci a lieu quand un joueur ayant deux cartes de la couleur jouée, dont une fupérieure à la carte qu'on a jouée, & l'autre inférieure, il ne fournit que l'inférieure.

Lorfqu'on n'a aucune carte de la couleur jouée, on eft obligé de couper fi l'on a quelque triomphe : autrement on eft puni comme pour avoir renoncé. On eft obligé, fous la même peine, de furcouper quand on le peut & qu'on a renoncé à la couleur coupée par un joueur précédent.

Le joueur qui donne mal doit refaire ; mais il n'encourt pour cela aucune punition.

Quand le jeu eft faux, parce qu'il manque quelque carte, ou qu'il y en a plus qu'il ne devroit y en avoir, le coup où l'on découvre ce vice eft nul, mais on ne revient pas contre les coups joués antérieurement.

S'il arrivoit qu'un joueur reprît dans fon écart une carte pour la remettre dans fon jeu, il feroit la *mouche* & feroit exclu du droit de jouer fur le coup.

VOCABULAIRE explicatif des termes ufités au jeu de la Mouche.

Abattre le jeu. C'eft avertir qu'on ne veut pas jouer fur le coup.

A-tout. C'eft la couleur dont eft la carte qu'on a retournée pour faire la triomphe.

Couper. C'eft féparer en deux un jeu de cartes avant qu'on diftribue à chaque joueur les cartes qu'il lui faut.

Couper. Se dit auffi de l'action d'employer une triomphe fur une autre couleur jouée.

Donner. C'eft diftribuer à chaque joueur les cartes qu'il doit avoir.

Ecart. Ce font les cartes qu'un joueur a rejetées de fon jeu pour en prendre la même quantité au talon.

Ecarter. C'eft former un écart.

Figure. On défigne fous ce nom les cartes peintes, telles que les rois, les dames & les valets.

Forcer. C'eft mettre une carte fupérieure fur celle qui eft jouée, au lieu d'y en mettre une inférieure qu'on a en main.

Jeton. C'eft une pièce qui fert de monnoie au jeu.

Jeu entier. C'eft un jeu compofé de cinquante-deux cartes, treize de chaque couleur.

Jeu faux. C'eft un jeu dans lequel il y a trop ou pas affez de cartes.

Jeu de piquet. C'eft un jeu compofé de trente-deux cartes, huit de chaque couleur.

Levée. C'eft une main qu'on a faite en jouant.

Mêler. C'eft battre les cartes avant de les diftribuer.

Mouche. Ce mot, qui eft le nom du jeu, a deux autres fignifications : 1°. il fe dit de cinq cartes d'une même couleur, réunies dans un feul jeu : 2°. il fignifie la peine à laquelle eft affujetti le joueur qui ayant joué fur le coup, n'a fait aucune levée, ou qui a renoncé, ou que quelqu'autre faute a fait condamner à la même peine.

Point. C'eft le nombre qui réfulte de la valeur des cartes dont un jeu eft compofé.

Premier en cartes. C'eft le joueur qui doit jouer avant les autres.

Primauté. C'eft l'avantage par lequel le joueur placé le plus près de la droite de celui qui a donné, gagne le coup quand il eft en concurrence avec un ou plufieurs joueurs, dont les points font égaux au fien.

Refaire. C'eft recommencer la diftribution des cartes.

Renoncer. C'eft ne pas fournir de la couleur jouée, quoiqu'on en ait dans fon jeu.

Sous-forcer. C'eft mettre une carte inférieure fur celle qui eft jouée, au lieu d'y mettre la fupérieure qu'on a en main.

Surcouper. C'eft mettre une triomphe plus

forte fur celle qu'un joueur précédent a employée pour couper la carte jouée.

Talon. C'eft ce qui refte de cartes quand on a diftribué à chaque joueur celles qu'il lui faut.

Tenir. (s'y) C'eft déclarer qu'on entend jouer fans écarter.

Triomphe. C'eft la couleur qui emporte toutes les autres cartes.

O

O I E. (*le jeu de l'*)

SORTE de jeu de tableau, qu'on joue avec deux dés & des jetons, auxquels on attribue la valeur qu'on juge à propos.

Le nombre des joueurs n'eft pas limité: il peut s'étendre depuis deux jufqu'à douze ou quinze perfonnes.

Le tableau dont on fe fert eft compofé de 63 cafes, qui ont chacune un numero (*).

Avant de commencer à jouer, les joueurs mettent au jeu chacun quatre jetons, ou davantage, s'ils le jugent à propos, pour former la poule. On fait enfuite prononcer le fort fur l'ordre dans lequel chaque joueur aura les dés.

Il eft néceffaire que chacun d'eux ait une marque particulière, qui indique les points qu'il a amenés, & la cafe fur laquelle il a dû s'arrêter. Suppofons, par exemple, que le premier qui a le dé, amène le nombre fept, il établit fa marque fur la cafe où fe lit le chiffre 7. Ceux auxquels les dés viennent enfuite, placent pareillement leurs marques fur les cafes où les portent les points qu'ils ont amenés.

Il y a néanmoins à cette règle une exception fondée fur une difpofition particulière du jeu: on a remarqué que de neuf cafes en neuf cafes, il y en avoit une où fe trouvoit la figure d'une *oie*: on c'eft une loi du jeu,

que chaque fois que le point qu'on amène porte fur une de ces cafes, on compte de nouveau le même point : par exemple ; fi vous êtes placé fur la cafe 10, & que vous ameniez le point de quatre, il vous porte fur la cafe 14 : mais comme cette cafe eft une de celles qui repréfentent une *oie*, vous ne pouvez pas vous y arrêter, & vous devez aller à la cafe 18, en comptant une feconde fois le point de quatre : mais comme à la cafe 18 fe trouve encore une *oie*, il faut, en comptant quatre points pour la troifième fois, que vous alliez vous établir à la cafe 22.

Il fuit delà, que s'il n'y avoit point d'exception à cette règle, & qu'en commençant, un joueur amenât le point de neuf, il gagneroit la poule ou la partie d'un feul coup, puifqu'en comptant de nouveau ce point chaque fois qu'il le conduiroit fur une cafe repréfentant une *oie*, il arriveroit au nombre 63, qui eft le but qu'on doit atteindre jufte pour gagner.

Cette confidération a donc fait admettre la règle d'après laquelle celui qui amène neuf du premier coup, par cinq & quatre, va s'établir fur la cafe 53, où font figurés deux dés, dont l'un repréfente le point de quatre, & l'autre le point de cinq.

Si l'on amène le même point de neuf, par fix & trois, on doit aller fe placer au nombre 26, où font également figurés deux dés;

(*Voyez* aux planches la figure 13.

dont l'un repréfente le point de trois, & l'autre le point de fix.

On vient de voir que, pour gagner la poule ou la partie, il faut qu'un joueur arrive jufte le premier à la cafe 63, fans qu'il lui refte aucun point à compter. Il faut de-là tirer la conféquence, que fi le point amené excède le nombre 63, le joueur eft obligé de rétrograder. Ainfi, en fuppofant que vous foyez placé à la cafe 57, & que vous ameniez le point de neuf, vous ferez obligé de retourner de la cafe 63 à la cafe 60. Si enfuite, lorfque votre tour de jouer fera revenu, vous amenez le point de fept, il faudra qu'après avoir touché la cafe 63, vous rétrogradiez jufqu'à la cafe 59 : mais comme fur cette dernière fe trouve une oie, & que par conféquent vous ne pouvez pas vous y arrêter, vous ferez obligé de rétrograder encore de fept autres cafes, & de placer votre marque fur la cafe 52.

La marche de chaque joueur peut d'ailleurs être retardée par divers obftacles, que feront connoître les règles qu'on va détailler.

Si l'on eft porté à la cafe 6, où il y a un pont, on met un jeton à la poule, & l'on va fe placer au nombre 12.

Le joueur qui arrive à la cafe 19, où fe trouve une hôtellerie, y refte jufqu'à ce que fes adverfaires aient joué chacun deux fois, & il ajoute un jeton à la poule.

Quand le dé vous conduit à la cafe 31, où il y a un puits, vous y reftez jufqu'à ce qu'un autre arrivant à la même cafe, vous en tire, & vous envoie à la cafe d'où il eft parti: vous ajoutez d'ailleurs un jeton à la poule.

Le joueur qui arrive à la cafe 42, où il y a un labyrinthe, met un jeton à la poule, & retourne à la cafe 30.

Celui qui eft porté à la cafe 52, où eft la prifon, doit mettre un jeton à la poule, & refter là jufqu'à ce qu'un autre vienne prendre fa place; & alors il retourne où étoit celui qui l'a délivré.

Si l'on arrive au nombre 58, cafe de la mort, on met un jeton à la poule, & l'on retourne à la première cafe, pour recommencer de nouveau.

Lorfqu'après avoir furmonté tous les obftacles qu'on a détaillés, on arrive jufte au nombre 63, cafe du jardin de l'oie, on gagne tout ce qui fe trouve à la poule, & la partie eft terminée.

VOCABULAIRE explicatif des termes ufités au jeu de l'Oie.

Avoir le dé. C'eft être en tour de jouer.

Cafe. Il fe dit de chacune des places marquées par un numero.

Point. C'eft le nombre qui réfulte d'un coup de dé.

Poule. C'eft la totalité des enjeux.

P

PAIR ET IMPAIR.

SORTE de jeu de hazard, qui fe joue avec trois dés, un tableau, un inftrument qui eft une efpèce de double entonnoir, & un cornet.

Le tableau eft divifé en deux parties, dont l'une repréfente imprimé le mot *pair*, & l'autre, le mot *impair*.

Le double entonnoir eft arrangé de manière qu'en y verfant les dés avec le cornet, ils reçoivent différentes directions avant de tomber fur le tapis.

Les joueurs font un banquier & des pon-

tes. Le nombre de ceux-ci n'eft pas limité.

Lorfque le banquier a jeté avec le cornet les trois dés dans l'entonnoir; chaque ponte met la fomme qu'il juge à propos fur la partie du *pair* ou fur celle de *l'impair* : les mifes étant faites, on lève l'entonnoir & l'on compte les points que chacun des trois dés préfente fur la face fupérieure : fi ces points réunis forment un nombre *pair*, le banquier recueille ce que les pontes ont mis fur la partie de *l'impair*, & il leur paye une fomme égale à ce qu'ils ont joué fur la partie du *pair* : si au contraire, ces mêmes points réunis forment un nombre *impair*, le banquier recueille ce que les pontes ont placé sur la partie du *pair*, & il leur paye une somme égale à ce qu'ils ont joué sur la partie de l'*impair*. Jusques-là tout est parfaitement égal. Mais ce qui rend ce jeu très-inégal, c'est l'avantage attribué au banquier quand les trois dés présentent le nombre 4 où le nombre 17. Au premier cas, le banquier gagne ce qu'il y a sur la partie de l'*impair*, & il est dispensé de payer ce qu'on a mis sur la partie du *pair*. Dans le second cas, il recueille ce qu'on a joué sur la partie du *pair*, & il ne paye rien pour ce qu'on a mis sur la partie de l'*impair*.

Il est évident qu'un tel avantage doit à la longue opérer la ruine des pontes qui ont l'imprudence de s'adonner à un jeu où il y a des chances aussi inégales que celles dont on vient de parler.

VOCABULAIRE explicatif des termes usités au jeu du Pair & de l'Impair.

Banquier. On donne ce nom au joueur dont l'intérêt est opposé à celui des pontes.

Cornet. C'est le petit vase avec lequel on jete les dés dans l'entonnoir.

Dé. C'est un petit morceau d'os ou d'ivoire, de figure cubique, ou à six faces, dont chacune est marquée d'un différent nombre de points depuis un jusqu'à six, & qui sert à jouer.

Entonnoir. C'est l'instrument dans lequel le banquier jette les dés avec le cornet.

Hazard. On donne ce nom à l'évènement par lequel les trois dés présentent ensemble le nombre de quatre ou celui de dix-sept.

Point. C'est le nombre qui résulte d'un coup de dé.

Ponte. On désigne sous ce nom les joueurs opposés au banquier.

PAMPHILE. (*le jeu du*).

Sorte de jeu des cartes qui a beaucoup de rapport avec celui de la mouche. Il se joue entre trois, quatre, cinq ou six personnes. Quand il n'y a que trois joueurs, on joue avec un jeu de piquet ; & si l'on est en plus grand nombre, on se sert d'un jeu entier.

Les comptes du jeu se font avec des jetons auxquels on attribue la valeur qu'on juge à propos.

Après qu'on a fait prononcer le sort sur l'ordre dans lequel les joueurs doivent être placés & les cartes distribuées, celui qui est chargé de donner, met au jeu autant de jetons qu'il y a de joueurs, mêle les cartes, présente à couper, & donne ensuite, en commençant par sa droite, cinq cartes à chaque joueur.

Ces cinq cartes doivent se distribuer en deux tours : on en donne d'abord deux à chaque joueur, & ensuite trois, ou trois, & ensuite deux.

Après cette distribution des cartes, le joueur qui a donné retourne la première de celles dont le talon est composée ; cette carte ainsi retournée forme l'à-tout ou la triomphe. Il faut qu'elle reste en évidence sur la table, jusqu'à ce que le coup soit joué.

La carte principale du jeu est le valet de trefle qu'on appelle *Pamphile*.

S'il arrive que le joueur qui donne, retourne cette carte, il peut indiquer pour triomphe la couleur qui abonde le plus dans son jeu.

Le premier en cartes, autrement, le joueur placé à la droite de celui qui a donné, doit, après avoir vu son jeu, dire qu'il s'y tient, ou écarter autant de cartes qu'il lui plaît, même toutes les cinq, & en prendre au talon un nombre égal à la quantité de celles qu'il a écartées. Tous les autres joueurs répètent ensuite l'un après l'autre le même procédé.

Il y a deux circonstances où un joueur ne va pas au talon : la première a lieu lorsque dans le jeu du joueur se trouvent réunies d'assez belles cartes pour lui faire espérer de gagner en jouant sans-prendre : il dit alors qu'il s'y tient.

En second lieu, le joueur évite d'aller au talon lorsqu'il a si mauvais jeu qu'il ne veut pas risquer de jouer dans la crainte de faire la bête. Il met alors son jeu avec les écarts, ou dessous le talon, s'il n'y a point d'écart.

Les écarts étant finis, on en vient à jouer les cartes : voici l'ordre dans lequel elles sont supérieures l'une à l'autre : le roi est supérieur à la dame ; la dame au valet ; le valet à l'as ; l'as au dix ; le dix au neuf, le neuf au huit; le huit au sept; le sept au six; le six au cinq; le cinq au quatre; le quatre au trois; & le trois au deux.

Il y a une exception à cette règle qui confiste en ce que le *pamphile* ou valet de trefle, eft en toute couleur la plus haute triomphe, & emporte le roi.

Lorfqu'en jouant on ne fait aucune levée, on eft tenu de payer la bête, c'eft-à-dire, autant de jetons qu'il y a de joueurs, autrement, un nombre égal à celui que le diftributeur des jetons a été obligé de mettre devant lui.

S'il fe fait plufieurs bêtes fur un même coup, comme cela arrive fréquemment quand il y a cinq ou fix joueurs, on les met au jeu toutes enfemble, à moins qu'auparavant on ne foit convenu de les jouer l'une après l'autre. Au furplus, quelle qu'en foit la quantité, le joueur qui donne n'en eft pas moins obligé de mettre devant lui un nombre de jetons égal à celui des joueurs.

Le premier en cartes débute par la carte qu'il juge à propos : les autres font tenus de fournir chacun une carte de même couleur, & en outre de forcer, s'ils ont la carte fupérieure à celle qu'on a jouée avant eux. Si, par exemple, on a joué le dix, le joueur fuivant qui a le valet, le roi & le huit, eft obligé de mettre au moins le valet fur le dix : s'il n'a mis que le valet, & que celui qui doit jouer après lui ait la dame & l'as, ce dernier eft obligé de jouer la dame : mais fi le joueur qui a le valet & le roi, juge à propos de jouer le roi, celui qui a la dame & l'as, peut garder la dame & ne fournir que l'as.

Au refte, chaque levée vaut au joueur qui l'a faite, un des jetons que le diftributeurs des cartes a mis devant lui pour former la poule. Si par évènement la poule fe trouve doublée, triplée, quadruplée, &c. chaque levée produit au joueur qui l'a faite, un, deux, trois, quatre jetons.

Le joueur qui a fait une levée doit jouer le premier pour la levée fuivante; & les autres continuent en commençant par la droite de celui qui a joué le premier.

Si les cinq cartes qu'on donne d'abord à un joueur font toutes d'une même couleur, comme cinq cœurs, cinq carreaux, &c. il a ce qu'on appelle *lenturlu*, & il gagne fans

jouer ce qui fe trouve au jeu & même toutes les bêtes qui peuvent être dues.

Obfervez à ce fujet que fi dans les cinq cartes qu'on donne à chaque joueur, l'un deux fe trouvoit avoir avec le *pamphile*, quatre cœurs, ou quatre carreaux, ou quatre piques, & qu'une de ces trois couleurs fût la triomphe il ne feroit pas cenfé avoir *lenturlu*, quoique le *pamphile* foit la principale triomphe; mais auffi c'eft un trefle, & il eft néceffaire, pour former *lenturlu*, qu'on ait cinq cartes d'une même couleur, à moins toutefois que les joueurs n'aient jugé à propos de faire une convention différente avant de commencer la partie.

S'il arrive que plufieurs joueurs aient chacun *lenturlu*, c'eft-à-dire, cinq cartes d'une même couleur, celui qui les a en à-tout gagne par préférence aux autres : lorfqu'aucun de ces joueurs n'a *lenturlu* en à-tout, c'eft celui dont les cinq cartes préfentent le plus grand nombre de points, qui doit gagner; enfin fi les points que contiennent les jeux de plufieurs joueurs font égaux, la primauté fait gagner celui qui eft placé le plus près de la droite du diftributeur des cartes.

L'as fe compte pour onze points, chaque figure pour dix, & les autres cartes pour le nombre que chacune en préfente.

Le joueur qui a *lenturlu* peut fe difpenfer de le dire, même quand on lui demande s'il le fauve : mais quand il veut bien répondre, il faut qu'il accufe jufte.

Lorfqu'un joueur a *lenturlu*, tous ceux qui n'ont pas abattu leur jeu ou qui jouent fur le coup, font chacun une bête.

Le joueur qui renonce eft condamné à la bête.

Il en eft de même de celui qui fous-force : ceci a lieu quand un joueur ayant deux cartes de la couleur jouée, dont une fupérieure à la carte qu'on a jouée, & l'autre inférieure, il ne fournit que l'inférieure.

Quand on n'a aucune carte de la couleur jouée, on eft obligé de couper, fi l'on a quelque triomphe: autrement on eft puni comme pour avoir renoncé.

On eft obligé, fous la même peine, de furcouper quand on le peut, & qu'on a renoncé à la couleur coupée par un joueur précédent.

Le joueur qui donne mal doit refaire,

mais il n'encourt aucune punition pour cela.

Lorsque le jeu est faux parce qu'il manque quelque carte ou qu'il y en a plus qu'il ne devroit y en avoir, le coup où l'on découvre ce vice est nul ; mais on ne revient pas contre les coups joués antérieurement.

S'il arrivoit qu'un joueur reprît dans son écart une carte pour la remettre dans son jeu, il feroit une bête & seroit exclu du droit de jouer sur le coup.

VOCABULAIRE explicatif des termes usités au jeu du Pamphile.

Abattre le jeu. C'est avertir qu'on ne veut pas jouer sur le coup.

A-tout. C'est la couleur dont est la carte qu'on a retournée pour indiquer la triomphe.

Bête. C'est une sorte d'amende à laquelle les joueurs sont assujettis en différens cas, comme quand ils ne font aucune levée, ou qu'ils renoncent, &c.

Couper. C'est séparer en deux un jeu de cartes avant qu'on distribue à chaque joueur les cartes qu'il doit avoir.

Couper. Se dit aussi de l'action d'employer une triomphe sur une autre couleur jouée.

Donner. C'est distribuer à chaque joueur les cartes qu'il doit avoir,

Ecart. Ce sont les cartes qu'un joueur a rejetées de son jeu pour en prendre la même quantité au talon.

Ecarter. C'est former un écart.

Figure. On donne ce nom aux cartes peintes, telles que les rois, les dames & les valets.

Forcer. C'est mettre une carte supérieure sur celle qui est jouée, au lieu d'y en mettre une inférieure qu'on a dans son jeu.

Jeton. C'est une pièce qui sert de monnoie au jeu.

Jeu entier. C'est un jeu composé de 52 cartes, treize de chacune des couleurs de cœur, pique, trèfle & carreau.

Jeu faux. C'est un jeu dans lequel il y a trop ou pas assez de cartes.

Jeu de piquet. C'est un jeu composé de trente-deux cartes, huit de chaque couleur.

Lenturlu. C'est la réunion de cinq cartes d'une même couleur dans un seul jeu.

Levée. C'est une main qu'on a faite en jouant.

Mêler. C'est battre les cartes avant de les distribuer.

Pamphile. Ce mot, qui est le nom du jeu, se dit aussi du valet de trèfle dont la prérogative est d'être en toute couleur la principale triomphe.

Point. C'est le nombre qui résulte de la valeur des cartes dont un jeu est composé.

Premier en cartes. C'est le joueur qui doit jouer avant les autres.

Primauté. C'est l'avantage par lequel le joueur placé le plus près de la droite de celui qui a donné, gagne le coup quand il est en concurrence avec un ou plusieurs joueurs dont les points sont égaux au sien.

Refaire. C'est recommencer la distribution des cartes.

Renoncer. C'est ne pas fournir de la couleur jouée quoiqu'on en ait dans son jeu.

Sous-forcer. C'est mettre une carte inférieure sur celle qui est jouée, au lieu d'y mettre la supérieure qu'on a dans son jeu.

Sur-couper. C'est mettre une triomphe plus forte sur celle qu'un joueur précédent a employée pour couper la carte jouée.

Talon. C'est ce qui reste de cartes quand on a distribué à chaque joueur celles qu'il lui faut.

Tenir. (S'y) c'est déclarer qu'on entend jouer sans s'écarter.

Triomphe. C'est la couleur qui emporte toutes les autres cartes.

PAPILLON.

Sorte de jeu des cartes, qui se joue avec cinquante-deux cartes, c'est-à-dire, un jeu entier, entre trois ou quatre personnes.

On se sert de fiches & de jetons pour faire les comptes du jeu.

On fixe ordinairement à dix ou douze tours la durée d'une partie.

Après avoir fait prononcer le sort sur l'ordre dans lequel les places seront occupées & les cartes distribuées, chacun des joueurs met au jeu dix, douze ou quinze jetons, selon la convention, pour former la poule : ensuite, celui qui doit donner mêle les cartes, présente à couper, & distribue à chaque joueur trois cartes en trois parties, c'eſt-à-dire, une à la fois en trois tours ſucceſſifs.

Si les joueurs ſont au nombre de trois, celui qui a donné étale ſept cartes retournées, priſes de ſuite à la partie ſupérieure du talon : mais s'il y a quatre joueurs, il n'étale que quatre cartes priſes de la même manière. Cette différence réſulte de la néceſſité d'épuiſer juſte tout le talon, par les diſtributions ſubſéquentes.

Chacun ayant les trois cartes qu'il lui faut, le joueur placé à la droite de celui qui a donné, examine ſi parmi les cartes retournées il ne s'en trouve pas quelqu'une qu'il puiſſe adapter aux ſiennes.

On obſervera à ce ſujet que les figures, c'eſt-à-dire, les rois, les dames & les valets retournés ſur le jeu, ne peuvent être enlevés que par des cartes de la même eſpèce : ainſi, pour prendre un roi, il faut un autre roi ; & de même on ne prend une dame qu'avec une autre dame, & un valet qu'avec un autre valet. On doit auſſi appliquer aux dix ce qui vient d'être dit des figures.

A l'égard des autres cartes étalées ſur le tapis, rien n'empêche qu'on n'en prenne pluſieurs avec une ſeule : par exemple, s'il y a ſur le tapis un as valant un point, un quatre & un cinq, lorſque vous êtes en tour de jouer, & que vous ayez un dix dans votre jeu, vous pourrez ſans difficulté prendre ces trois cartes, parce qu'enſemble elles repréſentent dix points : la même règle s'applique aux autres cartes en pareille circonſtance : ainſi, avec un huit, vous pourrez prendre deux quatre, ou un cinq & un trois, ou un ſept & un as, &c. C'eſt principalement dans la pratique de cette règle que ſe développe la connoiſſance qu'on a du jeu ; car il réſulte delà deux avantages : le premier conſiſte en ce que vous enlevez du jeu, des cartes dont les autres joueurs pourroient s'accommoder ; & le ſecond, en ce que de cette manière, vous réuniſſez un plus grand nombre de cartes, par le moyen deſquelles vous pourrez parvenir à gagner les cartes, & à recevoir ce qu'on doit payer à celui qui les gagne.

Remarquez qu'un joueur qui auroit dans ſon jeu pluſieurs cartes ſemblables à celles qui ſeroient étalées ſur le tapis, ne pourroit néanmoins en jouer qu'une à la fois. Pour en jouer une ſeconde, il faudroit que la même

circonſtance ſe repréſentât quand ſon tour de jouer ſeroit revenu.

Quand un joueur eſt en tour de jouer, & qu'avec les cartes qu'il a dans la main, il ne peut enlever aucune de celles qui ſont ſur le tapis, il eſt obligé d'étaler les ſiennes, & de mettre à la poule autant de jetons qu'il étale de cartes : enſuite, lorſque chacun des autres joueurs a joué ſes trois cartes, ſoit par les levées qu'il a faites, ſoit en étalant ſes cartes comme le premier dont on a parlé, celui qui a d'abord donné, reprend le talon, & ſans mêler ni faire couper, il donne de nouveau trois cartes à chaque joueur : cette nouvelle donne eſt ſuivie des mêmes procédés que ceux qui ont eu lieu après la première. Enfin, quand il ne reſte plus de cartes à diſtribuer de cette manière, le joueur qui, en prenant des cartes ſur le tapis, ſe défait des trois dernières qu'on lui a données, gagne la poule ou la partie. Cependant, s'il arrivoit que pluſieurs joueurs ſe défiſſent de leurs trois cartes par le même moyen, celui qui ſeroit le plus près de la gauche du diſtributeur des cartes gagneroit par préférence, & ſucceſſivement le diſtributeur des cartes l'emporteroit ſur tout autre en pareille circonſtance.

Il ſuit delà, que s'il y a de l'avantage à jouer le premier, il eſt compenſé par le déſavantage de ſe voir priver du gain de la partie par celui qui eſt dernier, lorſqu'on ſe trouve en concurrence avec lui.

Voici d'ailleurs les autres règles à ſuivre dans le cours de la partie.

1°. Si dans les cartes qu'un joueur étale ſur le tapis, il ſe trouve un, deux ou trois as, chacun de ſes adverſaires doit lui payer un jeton pour chaque as étalé de cette manière.

2°. Lorſqu'en levant des cartes ſur le tapis, un joueur prend un ou pluſieurs as, ſes adverſaires lui doivent chacun autant de jetons qu'il a pris d'as.

3°. Quand avec un as dans ſa main, un joueur lève un autre as ſur le jeu, ſes adverſaires doivent lui payer chacun deux jetons.

4°. Le joueur qui avec un deux de ſon jeu, lève deux as étalés ſur le tapis, doit recevoir quatre jetons de chacun des autres joueurs.

5°. S'il arrive qu'avec un trois qu'un joueur a dans ſa main, il lève trois as étalés ſur le tapis, chacun de ſes adverſaires doit lui payer ſix jetons.

6°. Si un joueur ayant un quatre dans son jeu, l'employoit à lever quatre as étalés sur le tapis, chacun de ses adversaires seroit obligé de lui payer huit jetons.

7°. Lorsqu'un joueur ayant un roi, un valet ou quelque autre carte dans son jeu, vient à lever trois cartes de la même manière, chacun de ses adversaires doit lui payer un jeton. Ce coup se nomme *haneton*.

8°. Si un joueur avoit trois cartes d'une même espèce, & que la quatrième fût sur le tapis, il la leveroit avec les siennes, & chacun de ses adversaires seroit tenu de lui payer un jeton.

9°. Lorsqu'en jouant on vient à lever toutes les cartes, ou la seule qui reste sur le tapis, on a le droit d'exiger un jeton de chaque joueur. Ce coup s'appelle *sauterelle*. Le joueur qui le fait est obligé d'étaler son jeu.

10°. Celui qui en jouant emploie ses trois cartes dans le cours de la partie, & avant qu'elle soit finie, est en droit d'exiger un jeton de chacun de ses adversaires, & cela s'appelle faire le *petit papillon* : nous disons *avant que la partie soit finie*; car si toutes les cartes étoient jouées, celui à qui il n'en seroit resté aucune, gagneroit la poule.

11°. Lorsque dans les levées qu'un joueur a faites, il se trouve un plus grand nombre de cartes que dans les levées des autres joueurs, il gagne les cartes, & il reçoit pour cela un jeton de chacun de ses adversaires : mais si deux joueurs avoient ensemble un même nombre de cartes dans leurs levées, aucun ne gagneroit les cartes, & on les payeroit doubles le coup suivant.

12°. Le joueur qui ne pouvant pas gagner la poule, étale ses cartes le dernier, reçoit un jeton de chacun de ses adversaires, & cela s'appelle *droit de consolation*.

13°. Quand un joueur a gagné la poule, il est fondé à prendre pour lui les cartes étalées sur le tapis, & elles lui servent à gagner les cartes.

14°. S'il arrive qu'un jeu de cartes soit faux, le coup n'en est pas moins bon, pourvu toutefois que le nombre des cartes soit tel qu'il n'en reste aucune après la distribution.

15°. Si un joueur venoit à donner mal, le coup seroit annullé aussi-tôt qu'on s'en appercevroit : il faudroit alors remêler, &

celui qui auroit fait la faute, seroit tenu d'ajouter un jeton à la poule.

16°. Tout joueur qui joue avant son tour, est obligé d'étaler ses cartes.

17°. Lorsqu'il n'y a plus au talon que trois cartes pour chaque joueur, celui qui a été chargé de donner, est obligé d'avertir que ce sont les dernières cartes qu'il distribuera.

VOCABULAIRE explicatif des termes usités au jeu du Papillon.

Consolation. Ce mot se dit du jeton que chaque joueur est obligé de payer à celui qui, n'ayant pas pu gagner la partie, a étalé ses cartes le dernier.

Couper. C'est séparer en deux un jeu de cartes, avant de distribuer à chaque joueur les cartes qu'il lui faut.

Donner. C'est distribuer les cartes aux joueurs après les avoir mêlées, & qu'on a fait couper.

Fiche. C'est une pièce d'os ou d'ivoire, de figure longue, qui représente dix jetons.

Figure. Ce mot se dit des rois, des dames, & des valets.

Haneton. C'est un hazard du jeu, qui consiste à lever successivement trois cartes semblables à celles qu'un joueur a dans son jeu, & à recevoir pour cela un jeton de chacun des autres joueurs.

Jeton. C'est une pièce qui sert de monnoie au jeu, & qui est le dixième d'une fiche.

Jeu entier. C'est un jeu de cartes où se trouvent réunis treize cœurs, treize piques, treize carreaux & treize trèfles.

Jeu faux. C'est un jeu où il y a trop ou pas assez de cartes.

Levée. C'est une main qu'on a faite en jouant.

Mêler. C'est battre les cartes avant de les distribuer.

Petit papillon. C'est un hazard du jeu par lequel un joueur fait ses trois cartes avant que la partie soit finie, ce qui oblige chacun de ses adversaires à lui payer un jeton.

Point. C'est le nombre que présente chaque carte.

Poule. C'est la totalité de ce que chaque joueur a mise au jeu pour appartenir à celui qui gagnera la partie.

Sauterelle. Ce mot se dit d'un hazard du jeu

jeu

jeu par lequel un joueur qui en jouant lève les cartes, ou la feule carte qu'on ait laiſſée ſur le tapis, acquiert ainſi le droit de ſe faire payer un jeton par chacun de ſes adverſaires.

Talon. C'eſt ce qui reſte de cartes après qu'on en a donné trois à chaque joueur.

PARFAITE ÉGALITÉ.

Sorte de jeu de hazard, qui ſe joue avec trois dés & un tableau diviſé en ſix caſes, dont la première repréſente le chiffre 1, la ſeconde le chiffre 2, la troiſième le chiffre 3, la quatrième le chiffre 4, la cinquième le chiffre 5, & la ſixième le chiffre 6.

Les joueurs ſont un banquier & des pontes dont le nombre n'eſt pas limité.

Les pontes mettent ſur une ou pluſieurs de ces caſes les ſommes qu'ils jugent à propos.

Le banquier jette enſuite avec un cornet dans une eſpèce de double entonnoir, les trois dés : il lève cet entonnoir & chaque dé alors préſente un point égal à quelqu'un des nombres qui ſont imprimés ſur le tableau.

Suppoſons, par exemple, qu'après que l'entonnoir eſt levé, on liſe ſur la face ſupérieure d'un dé, le nombre 2, ſur celle d'un autre dé, le nombre 4, & ſur celle du troiſième dé, le nombre 6, le banquier prendra pour lui l'argent qui ſe trouvera ſur les caſes où ſont les nombres 2, 4 & 6. & il payera aux pontes des ſommes égales à celles qu'ils auront expoſées ſur les trois autres caſes. Juſques-là tout paroit égal : car dans l'hypothèſe où chaque caſe feroit couverte d'un écu, il eſt clair qu'il faudroit que le banquier employât les trois écus qu'il auroit gagnés ſur les nombres 1, 3 & 5, pour acquitter ce qu'il auroit perdu ſur les nombres 2, 4 & 6. Mais on verra tout-à-l'heure diſparoître cette égalité, & l'on jugera que le jeu dont il s'agit a été très-mal nommé. Les chances en effet y ſont tellement inégales, qu'il n'eſt guère poſſible qu'à la longue, le banquier ne parvienne à gagner tout l'argent des pontes : c'eſt ce qu'un ſimple expoſé rendra ſenſible.

Si les trois dés préſentent chacun un même point, tel par exemple, que le nombre 3 ;

---

c'eſt ce qu'on appele une rafle, pour laquelle le banquier eſt obligé de payer dix fois la miſe que le ponte a faite ſur le tableau à la caſe du 3.

Si des trois dés, il y en a deux qui préſentent chacun un même point, tel, par exemple, que le nombre 5, c'eſt ce qu'on appelle un doublet, pour lequel le banquier paye deux fois la miſe que le ponte a faite ſur le tableau à la caſe du 5.

Il ſuit de cet expoſé que, quand il arrive une rafle, chaque caſe étant chargée d'un écu, le banquier paye dix écus & n'en reçoit que cinq : mais ſi les trois dés donnent un doublet, le payement du banquier n'a lieu que ſur deux caſes ; c'eſt-à-dire, qu'il paye deux écus ſur l'une & un écu ſur l'autre ; or, comme il recueille quatre écus ſur les quatre autres caſes, il eſt clair que ſon bénéfice ſera d'un écu toutes les fois qu'il n'y aura pas de rafle, ou que chaque dé préſentera un nombre différent de celui d'un autre dé.

Il s'agit maintenant de ſavoir combien de variations peuvent produire les trois dés avec leſquels on joue : or le calcul démontre qu'elles ſont au nombre de 216. Dans ces 216 variations on compte ſix rafles ; 90 doublets, & 120 coups où les dés préſentent chacun un nombre différent de celui des autres dés.

Il y a par conſéquent 120 coups où les chances ſont parfaitement égales, tant pour le banquier que pour les pontes : ſix autres chances, qui ſont celles des rafles, font perdre le banquier, & quatre-vingt-dix autres, qui ſont les doublets, le font gagner.

Ainſi, dans le cours de deux cents ſeize coups où les miſes des pontes auront été chaque fois d'un écu ſur chaque caſe, le banquier devra, toutes choſes égales, perdre ſix fois cinq écus, c'eſt-à-dire, trente écus en tout, & gagner 90 fois un écu. Il lui reſtera donc ſoixante écus en pur bénéfice. On peut, d'après cela, calculer la perte que doivent faire les pontes proportionnément aux ſommes qu'ils expoſent à un pareil jeu.

Vocabulaire explicatif des termes uſités au jeu de la Parfaite Egalité.

Banquier. C'eſt celui contre lequel les pontes jouent leur argent.

Cafe. C'eſt une des ſix parties dans leſquelles le tableau du jeu eſt diviſé.

Cornet. C'eſt le petit vaſe avec lequel on jette les dés dans l'entonnoir.

Dé. C'eſt un petit morceau d'os ou d'ivoire de figure cubique ou à ſix faces, dont chacune eſt marquée d'un différent nombre de points, depuis un juſqu'à ſix, & qui ſert à jouer.

Doublet. Il ſe dit de deux dés qui ont amené chacun le même point.

Entonnoir. C'eſt l'inſtrument dans lequel le banquier jette les dés avec le cornet.

Miſe. C'eſt l'argent que le ponte expoſe ſur une caſe du tableau.

Point. C'eſt le nombre que chaque dé joué préſente ſur la face ſupérieure.

Ponte. On déſigne ſous ce nom les joueurs qui font des miſes contre le banquier.

Rafle. C'eſt ce qui réſulte du coup où chacun des trois dés joués préſente le même point.

PASSE-DIX

Sorte de jeu de hazard qui ſe joue avec trois dés & dans lequel un des joueurs parie amener plus de dix.

On joue de deux manières à ce jeu : quelquefois tous les coups de dés ſont déciſifs ; & quelquefois un coup ne finit que quand deux dés préſentent chacun un point ſemblable.

Dans l'un comme dans l'autre cas, les joueurs ont les dés chacun à ſon tour. Le joueur qui les a, parie toujours qu'il amenera plus de dix, & tandis qu'il paſſe, c'eſt-à-dire, qu'il amene plus de dix, il eſt le maître de conſerver les dés ; mais dans ce cas, il eſt obligé de tenir tout ce qu'on lui propoſe, juſqu'à concurrence de l'argent qu'il a d'abord expoſé, & de celui qu'il a enſuite gagné avec le premier.

Les trois dés avec leſquels on joue au *paſſe-dix*, ſont ſuſceptibles des deux cents ſeize variations qu'on va rapporter.

Il y a une manière d'amener trois, qui eſt

1....1...1.

Il y a trois manières d'amener quatre qui ſont ;

La première,	1....1...2.
La ſeconde,	1...2....1.

Et la troiſième,	2...1....1.

Il y a ſix manières d'amener cinq, qui ſont ;

La première,	1...1....3.
La ſeconde,	1...1....2.
La troiſième,	1...3....1.
La quatrième,	2...1....2.
La cinquième,	3...1....1.
Et la ſixième,	2....1....1.

Il y a dix manières d'amener ſix, qui ſont ;

La première,	1....1...4.
La ſeconde,	1...2....3.
La troiſième,	1...3....2.
La quatrième,	1...4....1.
La cinquième,	2...1....3.
La ſixième,	2...2....2.
La ſeptième,	2...3....1.
La huitième,	3...1....2.
La neuvième,	3...2....1.
Et la dixième,	4...1....1.

Il y a quinze manières d'amener ſept, qui ſont ;

La première,	1....1....5.
La ſeconde,	1...2....4.
La troiſième,	1...3....3.
La quatrième,	1...4....2.
La cinquième,	1...5....1.
La ſixième,	2...1....4.
La ſeptième,	2...2....3.
La huitième,	2...3....2.
La neuvième,	2...4....1.
La dixième,	3....1....3.
La onzième,	3...2....2.
La douzième,	3...3....1.
La treizième,	4...1....2.
La quatorzième,	4...2....1.
Et la quinzième,	5...1....1.

Il y a vingt & une manières d'amener huit, qui ſont ;

La première,	1....1...6.
La ſeconde,	1....2....5.
La troiſième,	1...3....4.
La quatrième,	1...4....3.
La cinquième,	1....5....2.
La ſixième,	1...6....1.
La ſeptième,	2...1....5.
La huitième,	2...2....4.
La neuvième,	2...3....3.
La dixième,	2...4....2.
La onzième,	2...5....1.
La douzième,	3....1....4.
La treizième,	3...1....3.
La quatorzième,	3...2....2.
La quinzième,	3...4....1.

La seizième, 4...1....3.
La dix-septième, 4...2...2.
La dix-huitième, 4....3...1.
La dix-neuvième, 5...1...2.
La vingtième, 5...2...1.
Et la vingt-unième, 6...1...1.

Il y a vingt-cinq manières d'amener neuf, qui sont:

La première, 1...2...6.
La seconde, 1...3...5.
La troisième, 1...4...4.
La quatrième, 1...5...3.
La cinquième, 1...6...2.
La sixième, 2...1...6.
La septième, 2...2...5.
La huitième, 2...3...4.
La neuvième, 2...4...3.
La dixième, 2...5...2.
La onzième, 2...6...1.
La douzième, 3...1...5.
La treizième, 3...2...4.
La quatorzième, 3...3...3.
La quinzième, 3...4...2.
La seizième, 3...5...1.
La dix-septième, 4...1...4.
La dix-huitième, 4...2...3.
La dix-neuvième, 4...3...2.
La vingtième, 4...4...1.
La vingt-unième, 5...1...3.
La vingt-deuxième, 5...2...2.
La vingt-troisième, 5...3...1.
La vingt-quatrième, 6...1...2.
Et la vingt-cinquième, 6...2...1.

Il y a vingt-sept manières d'amener dix, qui sont;

La première, 1...3...6.
La seconde, 1...4...5.
La troisième, 1...5...4.
La quatrième, 1...6...3.
La cinquième, 2...2...6.
La sixième, 2...3...5.
La septième, 2...4...4.
La huitième, 2...5...3.
La neuvième, 2...6...2.
La dixième, 3...1...6.
La onzième, 3...2...5.
La douzième, 3...3...4.
La treizième, 3...4...3.
La quatorzième, 3...5...2.
La quinzième, 3...6...1.
La seizième, 4...1...5.
La dix-septième, 4...2...4.
La dix-huitième, 4...3...3.

La dix-neuvième, 4...4...2.
La vingtième, 4...5...1.
La vingt-unième, 5...1...4.
La vingt-deuxième, 5...2...3.
La vingt-troisième, 5...3...2.
La vingt-quatrième, 5...4...1.
La vingt-cinquième, 6...1...3.
La vingt-sixième, 6...2...2.
Et la vingt-septième, 6...3...1.

Il y a vingt-sept manières d'amener onze, qui sont;

La première, 1...4...6.
La seconde, 1...5...5.
La troisième, 1...6...4.
La quatrième, 2...3...6.
La cinquième, 2...4...5.
La sixième, 2...5...4.
La septième, 2...6...3.
La huitième, 3...2...6.
La neuvième, 3...3...5.
La dixième, 3...4...4.
La onzième, 3...5...3.
La douzième, 3...6...2.
La treizième, 4...1...6.
La quatorzième, 4...2...5.
La quinzième, 4...3...4.
La seizième, 4...4...3.
La dix-septième, 4...5...2.
La dix-huitième, 4...6...1.
La dix-neuvième, 5...1...5.
La vingtième, 5...2...4.
La vingt-unième, 5...3...3.
La vingt-deuxième, 5...4...2.
La vingt-troisième, 5...5...1.
La vingt-quatrième, 6...1...4.
La vingt-cinquième, 6...2...3.
La vingt-sixième, 6...3...2.
Et la vingt-septième, 6...4...1.

Il y a vingt-cinq manières d'amener douze, qui sont;

La première, 1...5...6.
La seconde, 1...6...5.
La troisième, 2...4...6.
La quatrième, 2...5...5.
La cinquième, 2...6...4.
La sixième, 3...3...6.
La septième, 3...4...5.
La huitième, 3...5...4.
La neuvième, 3...6...3.
La dixième, 4...2...6.
La onzième, 4...3...5.
La douzième, 4...4...4.
La treizième, 4...5...3.

La quatorzième,   4....6....2.
La quinzième,   5....1....6.
La seizième,   5....2....5.
La dix-septième,   5....4....3.
La dix-huitième,   5....3....4.
La dix-neuvième,   5....5....2.
La vingtième,   5....6....1.
La vingt-unième,   6....1....5.
La vingt-deuxième,   6....2....4.
La vingt-troisième,   6....3....3.
La vingt-quatrième,   6....4....2.
Et la vingt-cinquième,   6....5....1.

Il y a vingt-une manières d'amener treize, qui sont;

La première,   1....6...6.
La seconde,   2....6....5.
La troisième,   2....5....6.
La quatrième,   3....4....6.
La cinquième,   3....5....5.
La sixième,   3....6....4.
La septième,   4....3....6.
La huitième,   4....4....5.
La neuvième,   4....5....4.
La dixième,   4....6....3.
La onzième,   5....2....6.
La douzième,   5....3....5.
La treizième,   5....4....4.
La quatorzième,   5....5....3.
La quinzième,   5....6....2.
La seizième,   6....6....1.
La dix-septième,   6....2....5.
La dix-huitième,   6....3....4.
La dix-neuvième,   6....4....3.
La vingtième,   6....5....2.
Et la vingt-unième,   6....1...6.

Il y a quinze manières d'amener quatorze, qui sont;

La première,   2....6....6.
La seconde,   3....5....6.
La troisième,   3....6....5.
La quatrième,   4....4....6.
La cinquième,   4....5....5.
La sixième,   4....6....4.
La septième,   5....3....6.
La huitième,   5....4....5.
La neuvième,   5....5....4.
La dixième,   5....6....3.
La onzième,   6....6....2.
La douzième,   6....3....5.
La treizième,   6....4....4.
La quatorzième,   6....5....3.
Et la quinzième,   6....6....2.

Il y a dix manières d'amener quinze, qui sont ;

La première,   3....6....6.
La seconde,   4....5....6.
La troisième,   4....6....5.
La quatrième,   5....4....6.
La cinquième,   5....5....5.
La sixième,   5....6....4.
La septième,   6....3....6.
La huitième,   6....4....5.
La neuvième,   6....5....4.
Et la dixième,   6....6....3.

Il y a six manières d'amener seize, qui sont;
La première,   4....6....6.
La seconde,   5....5....6.
La troisième,   5....6....5.
La quatrième,   6....4....6.
La cinquième,   6....5....5.
Et la sixième,   6....6....4.

Il y a trois manières d'amener dix-sept, qui sont ;
La première,   5....6....6.
La seconde,   6....5....6.
Et la troisième,   6...6....5.

Il y a une manière d'amener dix-huit, qui est   6...6...6.

Si, pour décider un coup, on exige que deux dés présentent chacun un point semblable, il y aura dans les deux cents seize variations dont on vient de parler, quarante-huit coups de passe, quarante-huit coups de manque, & cent vingt coups nuls. Si l'on joue à toutes chances, c'est-à-dire, de manière qu'il n'y ait aucun coup nul, il y aura cent-huit coups de passe & cent-huit coups de manque. Ainsi dans l'un comme dans l'autre cas, le *passe-dix* est un jeu parfaitement égal.

Mais il en est différemment quand la partie a lieu entre un banquier & des pontes : alors le banquier a toujours les dés; il les jette avec un cornet dans une espèce de double entonnoir, dont les parties évasées sont à chaque extrémité. Alors les pontes parient contre lui, les uns qu'il passera, c'est-à-dire, que les dés présenteront plus de dix points, & les autres, qu'il ne passera pas. Les pontes qui parient que le banquier passera, mettent leur argent dans la place indiquée pour ce pari, & ceux qui parient le contraire, mettent de même leur argent où ce dernier pari exige qu'il soit.

Les mises étant faites, le banquier lève

l'entonnoir, & découvre les trois dés qu'il y a jetés. S'il se trouve qu'il a passé, il gagne l'argent des pontes qui ont parié qu'il ne passeroit pas, & double les mises de ceux qui ont parié qu'il passeroit.

Jusques-là tout est égal : mais cette égalité cesse par l'avantage attribué au banquier lorsqu'il amène les points de 4 & de 17. S'il amène le point de quatre, il gagne l'argent des pontes qui ont parié qu'il passeroit, & il ne paye rien à ceux qui ont parié qu'il ne passeroit pas. Si, au contraire, il amène le point de dix-sept, il gagne l'argent des pontes qui ont parié qu'il ne passeroit pas, & il ne paye rien à ceux qui ont parié qu'il passeroit. Ainsi il a un avantage de trois & un huitième pour cent, ou de 15 sous par louis.

Lorsque pour la décision d'un coup, il est nécessaire qu'il y ait deux dés qui présentent chacun un même point, & qu'on parie que le premier jet de dés terminera la partie, il faut que celui qui soutient la négative mette cinq contre quatre, autrement le pari seroit inégal.

Celui qui parie neuf contre quatre, qu'une telle partie sera finie en deux coups, a un avantage de cinq sous six deniers par louis.

VOCABULAIRE explicatif des termes usités au Passe-dix.

Banquier. C'est le joueur qui tient le dé contre les pontes.

Cornet. C'est le petit vase avec lequel on jette les dés dans l'entonnoir.

Dé. C'est un petit morceau d'os ou d'ivoire, de figure cubique ou à six faces, dont chacune est marquée d'un différent nombre de points, depuis un jusqu'à six, & qui sert à jouer.

Entonnoir. C'est l'instrument dans lequel le banquier jette les dés avec le cornet.

Point. C'est le nombre qui résulte d'un coup de dé.

Ponte. On donne ce nom aux joueurs qui jouent contre le banquier.

PAUME.

C'est une sorte de jeu d'exercice, auquel jouent deux ou plusieurs personnes qui chassent & qui se renvoient une balle avec une raquette ou avec un battoir, dans un lieu préparé exprès.

Le nom de ce jeu vient de ce que, pour y jouer, on ne se servoit originairement que de la *paume* de la main.

Les lieux où l'on joue, c'est-à-dire, les jeux de *paume* varient plus ou moins tant en longueur qu'en largeur; mais ils forment tous un carré long, entouré de murs de 20 à 22 pieds de hauteur.

Pour qu'un jeu de *paume* soit bien proportionné, il convient qu'il ait 90 pieds de longueur sur 27 à 28 de largeur. Il doit être pavé en carreaux unis de pierres de taille d'un pied & demi de large. Au reste, il y a deux sortes de jeux de *paume* qui diffèrent l'un de l'autre en quelques parties par la construction. L'un se nomme *jeu de dedans*, & l'autre *jeu de carré*.

Dans un jeu de dedans, il règne le long d'un des grands murs & des deux murs en largeur, un toît incliné en planches unies & jointes les unes aux autres : ce toît est soutenu par des piliers en bois établis sur de petits murs de trois pieds & demi de hauteur. Ces petits murs, qu'on appelle *murs de batteries*, s'étendent dans toute la longueur des ouverts.

Ces ouverts sont les espaces qu'on remarque entre le toît & les batteries : on les garnit d'un filet pour empêcher que les spectateurs ne reçoivent des coups de balle. On dit, ouvert du premier, du second, du dernier, & du dedans. Le joueur qui envoie des balles dans ces ouvertures, forme des *chasses*, ou gagne un *quinze*, comme on le dira dans la suite. Le *dedans* est une ouverture qui règne au-dessus & presque dans toute la longueur du toît opposé à celui du service. Quand un joueur placé au service, fait entrer une balle dans cette ouverture, on dit qu'*il a fait un coup de dedans*, & il gagne *quinze*. C'est par cette ouverture & par le toît qui la surmonte, qu'on distingue particulièrement le jeu de dedans du jeu de carré.

Si en entrant dans un jeu de dedans, on tourne à gauche, on regarde le toît du service, & de l'autre côté le toît du dedans; le mur de batterie qui soutient ce dernier toît, se nomme *batterie du dedans*,

Dans le jeu de carré, il n'y a ni le dedans ni le toît qui le couvre; on voit à nud toute la superficie du mur de largeur du fond du jeu : mais il y a au bas de l'angle de ce mur, à fleur du carreau, un trou carré d'un pied & demi de largeur ; & au côté opposé, est plaqué perpendiculairement un ais d'un pied de largeur, & élevé à la hauteur du grand toît auquel il est adhérent. Le joueur qui, depuis le côté du service frappe de volée avec sa balle cet ais, gagne quinze : il en est de même quand il fait entrer de volée ou du premier bond, sa balle dans le trou carré. On dit alors qu'*il a fait un coup d'ais* ou *un coup de trou.*

Dans le jeu de dedans comme dans celui de carré, il y a une fenêtre ouverte, appelée *grille.* Elle est située au bout du toît du service.

Le joueur qui, dans le jeu de carré, se trouvant placé du côté de l'ais, fait entrer sa balle dans cette grille, gagne quinze, & l'on dit qu'*il a fait un coup de grille.*

Dans le jeu de carré, il y a le tambour qui ne se trouve pas toujours dans un jeu de dedans. Ce tambour est un double mur adossé contre le grand mur du côté de la grille, dont il est éloigné de dix pieds. Il forme dans le jeu une avance d'un pied & demi de largeur.

La longueur de tous les jeux de *paume*, est partagée par une corde & un filet attachés d'un côté à un poteau du premier ouvert, & de l'autre côté, à un anneau plombé contre le grand mur. On tend plus ou moins cette corde par le moyen d'un levier. On appelle *mettre dessus*, quand la balle qu'on pousse ou qu'on relève avec la raquette, passe par dessus cette corde. On dit que le joueur *a mis dessous*, lorsque la balle qu'il a poussée ou relevée, a été arrêtée par la corde ou le filet, & alors il perd *quinze.*

Les entrées du jeu de *paume* sont situées de chaque côté de la corde, & c'est-là que se placent les garçons paumiers, pour compter les parties.

Les plafonds des jeux de *paume* sont plus ou moins élevés, & soutenus par des piliers établis sur le haut des contre-murs : ces jeux sont éclairés par les ouvertures pratiquées entre les piliers dont on vient de parler. Ces ouvertures sont garnies de filets, afin que les balles portées à cette hauteur par les

joueurs, ne se perdent pas. Quand il arrive que dans une partie, un joueur envoie la balle dans les filets, il perd *quinze.*

Des Balles & des Raquettes.

Les balles sont de petites pelotes rondes faites de rognures d'étoffe, & recouvertes de drap blanc. Pour en maintenir la blancheur, les garçons paumiers les font rouler dans de grands sacs de peau remplies de son.

Quant aux raquettes dont on se sert pour chasser la balle, elles sont faites d'un bâton courbé en espèce d'ovale, & garni de cordes à boyau, tendues en long & en travers : les deux bouts du bâton étant attachés ensemble & couverts du cuir, forment le manche de la raquette.

En termes de *paume*, on appelle un des côtés de raquette les *droits*, & l'autre les *nœuds.*

Pour tenir convenablement la raquette, il faut que le joueur la tienne un peu de côté, afin qu'il puisse atteindre avec aisance balle, soit d'*avant-main*, soit d'*arrière-main.* Pour les coups d'avant-main, on emploie le côté des *droits* de la raquette, & pour ceux d'arrière-main, le côté des *nœuds.* On dit d'un joueur, qu'*il a un beau coup d'a-vant-main* ou *d'arrière-main.*

On appelle *couper la balle*, l'action de la pousser du poignet, en tenant la raquette un peu horisontalement. Cette manière de frapper la balle, lui communiquant un mouvement plus rapide, en rend les bonds moins étendus, ce qui fait qu'elle est difficile à relever. On dit en ce sens, *qu'un joueur coupe bien la balle.*

De la partie.

La partie consiste ordinairement en huit jeux, & quelquefois en six. Chaque jeu se divise en soixante points, qui se comptent par quinze. Ainsi, un joueur perd quinze points ou les gagne toutes les fois qu'il y a lieu à compter.

Il perd quinze, 1°. Quand il ne relève pas la balle du côté du service.

2°. Quand il ne tire pas une chasse avec justesse.

3°. Lorsqu'il met dessous la corde ou au haut des filets.

Au contraire, un joueur gagne quinze,
1°. Lorsque, malgré son adversaire, il a tiré
une chasse avec précision.

2°. Quand il fait entrer sa balle dans les
ouvertures du *dedans*, du *trou de la grille*,
ou lorsqu'il frappe *l'ais* de volée.

Quand deux joueurs gagnent chacun quinze
alternativement, le marqueur annonce quinze
à un, puis, trente pour le joueur qui gagne
le quinze suivant, ensuite quarante-cinq pour
le troisième quinze, & s'il gagne de même
un quatrième quinze, le marqueur annonce
le jeu pour lui, & le marque : mais si les
deux joueurs gagnent tour à tour un quinze,
le marqueur annonce *quinze à un*, *trente à un* ;
& s'ils arrivent tous deux au nombre de
quarante-cinq, le marqueur annonce alors
qu'ils sont à deux ; en sorte que le premier
qui vient à gagner le quinze suivant a l'avantage : mais s'il fait une faute, il retourne
à deux ; & cela continue ainsi jusqu'à ce
qu'un des joueurs gagne deux quinze de
suite, & par conséquent le jeu.

On dit que *les joueurs sont à deux de jeu*,
lorsque dans les parties composées de huit
jeux, ils ont pris chacun sept jeux, ou chacun cinq, dans les parties de six jeux. Il faut
alors qu'un des deux joueurs prenne deux
jeux de suite pour gagner sa partie, attendu
qu'un seul jeu lui donne seulement l'avantage.

Le moindre avantage qu'un joueur puisse
faire à un autre, c'est de lui donner une
bisque, qui vaut quinze points. Le joueur
qui reçoit cette bisque, peut l'employer à
son profit dans le cours de la partie. Quand
on dit *qu'un joueur rend à l'autre demi-quinze*,
cela signifie *quinze sur un jeu*, & rien sur le
suivant ; ou *qu'il rend demi-trente*, cela signifie
quinze sur un jeu, & trente sur le suivant.
Outre ces avantages, le joueur le plus foible
reçoit quelquefois plusieurs bisques : on dit
alors qu'un tel joueur rend à un autre *demi-
quinze & deux bisques*, ou *quinze & bisque*,
&c.

Le joueur qui sert est toujours placé du
côté du *dedans*, ou de *l'ais*, dans les jeux de
carré : il prend les balles dans un panier posé
sur la batterie du dedans, ou celle du dernier, & les fait rouler sur le toît pour les
envoyer à son adversaire. Les balles qui n'ont
pas été relevées, ou qui ont fait leur effet
sur les carreaux, tant en gain qu'en perte

pour les joueurs, sont arrêtées sous la corde
du milieu, & l'un des garçons de *paume* les
ramasse pour les remettre dans le panier.

Aux parties de quatre, les joueurs qui
reçoivent le service se nomment les premiers ; & ceux qui servent, les seconds. On
dit en ce sens, qu'un tel joueur *prime*, & que
tel autre *seconde*.

Quand deux joueurs se renvoient des balles
sans faire de partie, on dit qu'ils *pelottent*.

Des chasses.

On a vu précédemment que le sol d'un jeu
de *paume* étoit pavé en carreaux de pierre de
taille, & que le milieu du jeu étoit partagé
transversalement par une corde & un filet
qui le divisoient en deux parties, l'une appelée *côté du dedans*, & l'autre, *côté de la
grille & du tambour*. Il faut se rappeler que
dans les jeux de *carré*, c'est le *trou & l'ais*
qui remplacent le *côté du dedans*.

Les lignes & l'espace d'un carreau à un
autre fixent les chasses. Ces lignes sont marquées sur le carreau en noir : elles aboutissent
d'un côté au grand mur, & de l'autre côté,
au mur des batteries, où elles sont numéro-
tées en couleur jaune. La balle est désignée
faire chasse dans l'endroit du carreau qu'elle
a frappé au second bond. On dit, *chasse demi-
carreau, un carreau, deux carreaux*, &c.
jusqu'au nombre douze, après lequel sont
tracées les lignes du *dernier*, du *second* & du
premier ouvert. Dans le jeu de dessous le premier nombre des chasses est toujours marqué sur la ligne du carreau le plus près de la
batterie du dedans ; & dans le jeu de carré,
sur la ligne du carreau qui touche le trou &
l'ais.

Ces principales chasses sont établies du
côté de la partie à droite du jeu de *paume* ;
attendu que du côté de la grille, qui est ordinairement la partie à gauche du jeu, il n'y a
point de courte chasse marquée sur les carreaux ; il y a seulement de ce côté du jeu
comme de l'autre, des raies transversales tracées en noir sur la ligne des carreaux : elles
sont parallèles aux *ouverts*, & la chûte de la
balle y forme chasse, ou fait perdre quinze
au joueur qui ne la relève pas, sur-tout quand
elle a outre-passé la raie du dernier. A l'égard
de la balle qui n'a pas été poussée avec assez
de force pour outre-passer du côté du ser-

vice, la raie du dernier, elle forme chasse vers le jeu : il en est de même de la balle qui ayant frappé le mur du fond, revient au second bond, retomber en dehors de cette raie.

Une autre combinaison du jeu, consiste en ce qu'une balle qui entre dans l'ouvert du dernier, du côté du dedans ou de l'ais, n'y forme qu'une chasse ; tandis qu'un joueur qui, du côté du dedans, fait entrer une balle dans l'ouvert du dernier du côté du service, gagne un quinze comme s'il avoit fait un coup de grille. C'est le seul de tous les ouverts du côté du grand toît, qui donne cet avantage.

On a exposé précédemment qu'il régnoit le long d'un des grands murs du jeu, un toît incliné, soutenu par des poteaux, dont les intervalles forment les ouverts : c'est sur ce grand toît, & sur celui qui, par un retour à angle droit, communique à la grille, que le joueur placé du côté du dedans, ou de l'ais, envoie dans les jeux de carré, le service à son adversaire. On peut appeler *les toîts du service*, la partie des toîts qui est située à la partie gauche du jeu ; & le mur par lequel est soutenu le toît en retour qui communique à la grille, peut être appelé le *mur du service*. L'un des joueurs prend des balles qui sont dans un panier, & les envoie sur les toîts. L'autre joueur qui est du côté opposé & qui reçoit le service, doit, par le mouvement imprimé à la balle, juger de l'effet qu'elle fera en retombant du toît sur les carreaux : alors il la renvoie, soit avant qu'elle porte contre le mur de service, soit après qu'elle y a porté, ou bien après l'avoir prise de volée à la descente du toît. Le joueur auquel la balle est ainsi renvoyée, doit à son tour la juger & la renvoyer encore à son adversaire, & les deux joueurs continuent de même jusqu'à ce qu'il y en ait un qui n'ait pas pu relever ni renvoyer la balle.

Tout joueur qui met dessous, soit en prenant le service, soit en relevant la balle ou de quelque manière que ce soit, perd quinze. Il en est de même de celui dont la balle s'élève jusqu'au haut des filets des grands murs. Les coups qu'on regarde comme les mieux joués, sont ceux par lesquels la balle s'élève dans sa course, le moins qu'il est possible, au-dessus de la corde du milieu du jeu. On dit alors que *la balle a frisé la corde*, qu'elle

a passé *à fleur de corde*. Les joueurs exercés s'attachent à renvoyer la balle dans cette direction, parce qu'elle parcourt plus d'espace en peu de temps, & qu'elle est plus difficile à relever, sur-tout quand ils l'ont coupée : mais, s'il est avantageux de jouer de cette manière, il y a aussi du danger, car elle expose à mettre souvent dessous.

Lorsqu'en donnant le service, un joueur a laissé faire deux chasses, il cède sa place à son adversaire & il passe où étoit celui-ci, pour recevoir à son tour le service & tirer ces chasses.

Supposons que l'une de ces chasses soit à trois carreaux, & l'autre à quatre, & que ce soit celle de trois carreaux qu'il faille tirer la première : pour la tirer à son avantage, le joueur doit imprimer à sa balle un tel mouvement qu'elle puisse outre-passer la ligne de trois carreaux ; ou, que si elle porte contre les murs ou batteries du fond du jeu, elle n'outre-passe pas en revenant, le dehors de la même ligne de trois carreaux : autrement il perdroit la chasse, & tout joueur qui perd une chasse, perd quinze.

Quand un joueur tire la chasse de manière à la gagner, son adversaire doit se porter promptement à la rencontre de la balle, la prévenir de volée ou de demi-volée, ou la relever après son premier bond contre les murs : si ce dernier renvoie la balle sans mettre dessous, le premier est à son tour obligé de juger des effets de la même balle, & de la rejouer encore afin de parvenir à gagner la chasse. Ainsi, l'un attaque la chasse & l'autre la défend. Cela continue de la même manière, jusqu'à ce qu'un des deux joueurs *fasse faute*, & par conséquent fasse gagner quinze à son adversaire.

Il faut remarquer que plus une chasse est courte, plus elle est difficile à gagner. La raison en est qu'elle laisse peu d'espace au joueur pour y placer sa balle. Le moyen qu'emploient souvent les habiles joueurs pour gagner une chasse courte, est de tâcher de faire entrer la balle dans le dedans ou dans le trou malgré leurs adversaires. Mais on conçoit que, pour réussir dans ces sortes de coups, il faut être habitué à donner à la balle une direction prompte & juste ; car le joueur qui ne remplit pas son objet perd la chasse & par conséquent quinze.

On appelle *chasse au pied*, celle dont la balle

balle dans la portée du second bond, est tombée au pied du mur. Il est nécessaire, pour gagner une telle chasse, que le joueur fasse un coup de dedans, de trou, ou d'ais.

Des différens services.

On peut distinguer quatre sortes de services; savoir, le service donné contre le mur du toit, le service *martelé, piqué* ou *pointé*, le service *tourné*, & le service *roulé*.

Le service donné contre le grand mur du toit, est le plus usité, & se donne de différentes manières. La balle frappant le grand mur, tombe obliquement sur le toit, &, en retombant sur le pavé, elle s'éloigne d'abord du joueur par un angle rentrant contre le mur du service, & revient ensuite vers lui.

Le service martelé, piqué ou pointé, consiste à envoyer la balle sur le toit, comme si on la frappoit avec un marteau. Un tel mouvement lui fait suivre par cascade le bord du toit, & la fait retomber avec rapidité contre le joueur. On prétend qu'un tel service peut être refusé, sur-tout quand le premier coup de la balle sur le toit n'a pas outre-passé la corde.

Le service tourné a lieu dans un sens opposé au service piqué & pointé, c'est-à-dire, en soulevant en dessous la balle avec la raquette. Cette balle, en retombant du toit, s'approche d'abord du joueur dans sa portée contre le mur, & ensuite elle s'éloigne tout-à-coup de lui. Ce service est celui qui met le plus communément en défaut un joueur encore novice.

Le service roulé consiste à proportionner la jetée de la balle, de manière qu'elle ne puisse presque pas porter contre le mur du service.

Au reste, ces différentes manières de donner le service, sont susceptibles d'une infinité de variations. Les services les plus difficiles sont ceux qui, en retombant presqu'en ligne droite contre le mur, ôtent au joueur la facilité de donner à son coup l'étendue qu'il voudroit: il est alors obligé de jeter la balle en hauteur à son adversaire, & celui-ci profite de la circonstance pour préparer à l'autre un coup difficile.

On appelle *service de pied*, le service par lequel la balle, en tombant du toit, s'amor-

tit au pied du mur & du carreau, sans faire aucun effet. Le joueur qui reçoit un tel service, doit, pour en prévenir les inconvéniens, tâcher de prendre la balle de volée à la descente du toit.

Au surplus chaque joueur peut avoir son service particulier: mais les plus habiles, ceux qui dirigent une balle à leur gré, varient continuellement leur service: c'est de ces joueurs qu'on dit qu'*ils ont un mauvais service, un service imprenable*.

Il n'est pas inutile d'observer ici qu'on estime qu'un joueur qui, dans le courant d'une partie, donne un service difficile, a plus de demi-quinze d'avantage sur son adversaire, quoique tous les deux soient d'ailleurs réputés être d'une égale force.

Lorsque le joueur qui sert ne fait pas passer la balle sur le toit au-delà de la raie du dernier côté du service, ou que la balle ne touche pas le toit, il *fait faute*; & si deux fois de suite il se met dans le même cas, il perd quinze: le marqueur, en pareille circonstance, crie: *faute, deux fautes*, &c.

Un joueur qui n'a fait aucun mouvement pour aller à la balle, avant d'avertir qu'il *n'y est pas*, est en droit de refuser de prendre un service; mais il ne peut pas réitérer ce refus une seconde fois.

Du tambour.

Le tambour, qui n'existe que dans les jeux de dedans, est une construction singulière, qu'on a imaginée moins pour l'agrément du jeu que pour exercer l'adresse d'un joueur par les difficultés qu'il présente à surmonter. Aussi dit-on que le *tambour est la pierre d'achoppement des joueurs*.

Lorsque la balle frappe différens points du tambour, l'effet qui en résulte, est qu'elle se porte en avant dans le jeu du côté de la raie du dernier: si elle frappe le tambour en hauteur sur la partie du plan la moins oblique, elle revient porter contre la batterie du dernier, & alors on a le temps d'en juger l'effet; mais si elle frappe le tambour plus bas & sur l'extrémité de la coupe, le coup est d'autant moins facile à juger que la balle se jette en arrière du joueur, sans, pour ainsi dire, qu'elle s'élève d'une manière sensible; & la difficulté augmente encore quand, avant de frapper le tambour, la balle touche le grand mur. Ce contre-coup la fait porter contre les angles des murs oppofés à celui de la grille, felon le dégré de vitefle qu'elle a reçu.

Il fuit delà que le joueur le plus expérimenté s'abufe fouvent en jugeant l'effet d'une balle qui a frappé le tambour : c'eft pour éviter toute incertitude à cet égard, que la plupart des joueurs s'appliquent à prévenir les coups de tambour par la volée. On défigne en pareil cas l'adreffe d'un joueur, en difant *qu'il relève la balle du pied du tambour.*

Des coups de bricole & du dedans.

Le coup de bricole a lieu quand le joueur ayant pouffé fortement fa balle en hauteur, contre les grands murs, elle eft par réflexion renvoyée de l'autre côté du jeu, & forme, fuivant fa portée, différens angles obliques ; mais, en retombant fur le carreau, elle forme tout-à-coup un angle prefque droit, par lequel un joueur inhabile eft induit en erreur, pour avoir cru qu'il pouvoit juger de l'effet de la balle, en fuivant la ligne d'incidence. Au refte, il eft prudent de ne pas répéter fouvent un pareil coup, parce que le renvoi de la balle devient difficile pour celui qui a tiré la bricole. On dit d'un joueur auquel ce coup eft familier, *qu'il a un coup de bricole.*

On appelle *grand coup de bricole*, celui par lequel la balle, après avoir frappé le grand mur de hauteur, va faire fon effet contre les angles des murs oppofés, & forme la figure d'un *trapeze.*

Le joueur qui, du côté du fervice, tire le dedans, peut y faire entrer la balle de plufieurs manières, & chaque coup pouffé dans cette ouverture reçoit une dénomination différente, tirée de la nature du mouvement par lequel la balle a été dirigée. Ainfi on appelle *coup de dedans fimple*, le coup par lequel la balle a été portée dans l'ouverture en ligne droite : *coup de boffe*, le coup par lequel la balle, après avoir bricolé contre le grand mur, fe jette obliquement dans le dedans : *coup de brèche*, le coup par lequel la balle entre directement dans le dedans par les encoignures : *coup de poteau*, le coup par lequel la balle frappe le poteau qui partage le dedans ; & *coup de cavaffe*, le coup par lequel la balle frappant en bricole le mur du dernier fe jette obliquement dans le dedans. La déno-

mination de *cavaffe*, vient de ce qu'un paumier de ce nom tiroit ce coup toujours avec fuccès.

Des coups de volée & de demi-volée.

On pare la balle de volée quand on la repouffe avec la raquette, tandis qu'elle eft encore en l'air. On prend la balle de demi-volée, quand on la relève en la devançant dès fon premier bond. Il importe d'autant plus de s'exercer à parer les balles de volée ou de demi-volée, que le fuccès dans cette pratique commence à établir la force d'un joueur. Il prévient ou relève par ce moyen les coups de balle les plus difficiles, qu'il ne pourroit mettre deffus après leur portée, attendu que la balle y eft coupée, & produit peu d'effet dans le bond. On relève la balle de demi-volée tantôt avec peu & tantôt avec beaucoup de force : il en faut peu quand la balle parcourt le milieu du jeu ; & il en faut beaucoup dès qu'elle file contre les batteries, ou le grand mur, parce qu'alors on doit lui communiquer un mouvement tel, qu'après l'avoir fait bricoler contre le mur, elle puiffe arriver au point d'élévation néceffaire pour paffer au deffus de la corde.

Si le joueur ne rabat pas fon coup en parant la balle de volée, elle s'élève ordinairement plus qu'il n'auroit voulu : il doit pour la rabattre, tourner fa raquette verticalement, foit d'avant-main, foit d'arrière-main ; mais, pour relever à demi-volée les coups coupés, il faut au contraire qu'il tourne fa raquette un peu horifontalement, afin de donner de l'élévation aux balles qui tendent à s'amortir fur le carreau.

De la partie de quatre.

Dans cette partie, deux joueurs font affociés contre les deux autres. On nomme *premiers* ceux des quatre joueurs qui prennent le fervice, & l'on appelle *feconds* les deux autres. Le joueur qui feconde du côté du fervice, fe tient près de la grille ou du tambour ; & celui qui feconde du côté du dedans, fe place près de l'ouvert du dernier. Ce font ordinairement les feconds qui, dans le courant de la partie, fervent les premiers. Si l'un des deux joueurs placés du côté du fervice, forme une chaffe, ils paffent tous deux du côté du dedans, & ceux qui étoient de ce côté ci, paſſent au même inſtant du côté du ſervice. Il importe que des joueurs qui s'exercent à une partie de quatre, ſoient experts dans l'art de prendre les balles de volée, ſoit pour l'attaque, ſoit pour la défenſe: c'eſt ſur-tout aux ſeconds à prévenir par ce moyen les coups de balles coupées qui, venant de leur côté, ne ſont plus à portée de leurs premiers. Ainſi tandis que le ſecond, placé du côté de la grille, s'oppoſe aux coups de tambour, celui qui ſeconde du côté du dedans, doit parer les coups que ſes adverſaires lui tirent contre les batteries, ou dans les ouverts: pareillement, celui qui prime du côté du dedans doit parer les balles qu'on y pouſſe ou par coup de boſſe, ou en ligne directe.

Au reſte, la partie de quatre n'eſt amuſante pour les acteurs & pour les ſpectateurs, qu'autant que les joueurs aſſociés s'entendent dans leur jeu, & qu'ils ſont aſſez habiles tant dans l'attaque, que dans la défenſe; pour maintenir long-temps la balle en l'air. Tout cela ne ſe rencontre guères qu'entre des joueurs qui connoiſſent reſpectivement leurs forces, & qui ont meſuré le dégré de confiance qu'ils ſe doivent mutuellement.

Il n'eſt en général pas aiſé de combiner la proportion des forces des joueurs en partie de quatre, attendu que l'inexpérience de l'un peut tellement nuire à l'art de l'autre, que le plus habile joueur gêné dans ſes moyens, n'a pas le pouvoir de réparer les fautes de ſon aſſocié: au lieu que, quand des joueurs font une partie, ſeul à ſeul, ils ſont libres d'agir ſelon leur volonté: ils ne comptent alors que ſur leurs propres forces.

Voici d'ailleurs à-peu-près ce qu'on recommande aux joueurs qui font la partie de quatre, relativement à la conduite qu'ils doivent tenir.

Auſſi-tôt qu'un premier a tiré le coup de ſervice, il doit s'avancer près de l'ouvert du dernier, pour parer de volée les balles qu'on peut y pouſſer, & en même temps pour relever les balles coupées du côté des batteries. Il laiſſe le fond du jeu à ſon ſecond: celui-ci doit ſe tenir près du tambour pour parer auſſi, de volée, les balles qui viennent à ſa portée, & toutes celles qui, frappant le mur du fond, arrivent par réaction juſqu'à lui.

Quant au joueur qui prime du côté du dedans, il doit ſe tenir à droite du poteau de cette ouverture, & s'occuper du ſoin de parer les balles qui y ſont pouſſées en différens ſens, & de relever les balles coupées ou filées contre le grand mur. S'il anticipe dans le jeu de ſon ſecond, ce ne doit être que pour relever le grand coup de bricole, quand la balle va produire ſon effet contre les angles des murs du dernier & du dedans: ainſi il doit laiſſer jouer à ſon ſecond, plus avancé près de la corde, les autres coups de bricole, tant ceux qui ne portent qu'au milieu du jeu, que ceux qui portent contre les batteries du dedans, ou ſur les toîts.

Il ſeroit même à propos qu'entre des joueurs d'égale force, les ſeconds allaſſent plus ſouvent à la balle que les premiers, attendu que ceux-ci ne peuvent ſe déplacer ſans courir le danger d'être pris en défaut. En effet, ſi celui qui prime du côté du ſervice, vient à s'éloigner de l'ouverture du dernier, il ne lui ſera plus poſſible de parer les balles que ſes adverſaires tâcheront d'y faire entrer; & ſi celui qui prime du côté du dedans, s'éloigne du poteau ou de la batterie du dedans, il ſera expoſé à être pris en défaut par les coups de boſſe.

Obſervez cependant que, quoique les joueurs qui ſecondent courent moins de riſque en ſe déplaçant que ceux qui priment, ils ne doivent toutefois pas trop s'éloigner; l'un du grand mur, & l'autre de la batterie des ouverts, parce qu'ils pourroient être pris en défaut par les balles coupées ou filées. Ainſi ils doivent tâcher réciproquement de deviner l'intention de leurs adverſaires & d'en avertir promptement leurs premiers: les ſeconds ſont en quelque ſorte les ſentinelles du combat; ils forment l'avant-garde & ſont en butte aux premières attaques. Les joueurs ont entr'eux un cri de guerre, & ils s'avertiſſent alternativement de jouer la balle, par ces mots: à vous, ou à moi. Celui qui prime & crie à moi, avertit ſon ſecond de ne faire aucun mouvement & de lui laiſſer jouer le coup: & quand il lui dit, à vous, c'eſt pour l'avertir de jouer. Celui qui ſeconde, crie de même à ſon premier, à moi, ou à vous, ſelon les circonſtances. Les ſeconds ſont les mieux placés pour avertir plus ſouvent les premiers de courir à la balle, parce que la voyant d'avance paſſer devant eux, ils peuvent en juger plus promptement l'effet: ainsi ils crient à leur premier, *à vous*, quand elle frappe le tambour, ou qu'elle s'éloigne trop d'eux par côté ou en hauteur.

De l'importance de bien juger la balle, & des effets qui en réfultent.

Les balles que les joueurs fe renvoient, parcourent avec plus ou moins de rapidité, tous les points de l'efpace d'un jeu de paume : elles décrivent en différens fens, fuivant le mouvement qu'on leur a imprimé, des lignes, des courbes & des angles de tout genre; mais il ne faut pas que le joueur attende l'inftant de la réaction pour courir à la balle : il doit avoir prévu, auffi-tôt qu'elle eft partie de la raquette de fon adverfaire, les lignes & les angles qu'elle formera d'après l'impulfion qu'elle a reçue : alors il faifit avec célérité le point jufte où il faut qu'il la rélève avant qu'elle foit retombée deux fois fur le carreau.

Lorfque du premier coup d'œil un joueur a fixé fon jugement fur la direction d'une balle qui lui eft envoyée, il doit, en quelque forte, devancer le coup, & fe placer de manière que, foit d'*avant-main*, foit d'*arrière-main*, il regarde toujours la balle de côté. Il y a même des joueurs qui ont l'air de tourner le dos à la balle en la jouant d'arrière-main, & ce ne font pas ceux qui jouent le plus mal. Cette pofition donne au poignet un élan favorable. Les joueurs doivent d'ailleurs avoir attention de ne pas laiffer échapper l'occafion de fe prendre réciproquement leurs défauts. Cette expreffion, *prendre le défaut de fon adverfaire*, fignifie, en termes de paume, lui envoyer la balle de manière que, dans la pofition où il fe trouve, il ne puiffe pas aifément la renvoyer, ni même la juger.

On prend auffi le défaut de fon adverfaire en l'attaquant du côté de fes moyens les plus foibles. Ainfi, lorfqu'il eft connu pour avoir de la peine à relever la balle de l'arrière-main, on l'attaque par-là : s'il n'a pas une parade de volée, on l'attaque dans les ouverts; & s'il n'eft pas exercé à la demi-volée, on l'attaque par la balle coupée.

Une balle qui frappe les murs des batteries des ouverts, produit des effets plus ou moins difficiles à juger : fi elle frappe d'abord le mur, elle forme enfuite fes bonds fur les carreaux, ou elle file du premier bond fur les carreaux avant de frapper le mur des batteries : dans le premier cas, elle doit être relevée après fon premier bond auffi-tôt qu'elle a quitté le mur : & dans le fecond cas, il faut que le joueur fe place de manière à pouvoir oppofer fa raquette à l'inftant où la balle fe détache du mur, afin d'en prévenir le fecond bond : on conçoit qu'une balle coupée eft plus difficile à relever dans ces circonftances : ce font auffi les coups qui font mettre le plus fouvent deffous, principalement lorfqu'on eft obligé de défendre une chaffe que la balle va gagner.

Un joueur qui s'attache à connoître la manière de jouer de fon adverfaire, peut juger plus facilement de l'endroit où il lui renverra la balle, & fe placer en conféquence, à moins toutefois que cet adverfaire ne foit du nombre des forts joueurs, accoutumés à donner le change par une attitude fimulée.

Il importe auffi d'arriver par le chemin le plus court au point où il faut relever la balle, c'eft à quoi les habiles joueurs ne manquent pas; & c'eft ce qui fait dire, par le peu de mouvement qu'ils fe donnent, que *la balle vient les trouver.*

On regarde avec raifon comme une habitude vicieufe, celle du joueur qui fe tient au fond du jeu pour attendre la balle. Cette pofition l'oblige trop fouvent à s'avancer & à prendre une attitude défavantageufe pour renvoyer la balle à fon adverfaire. La meilleure place, pour qu'un joueur foit à portée d'agir plus promptement d'après les divers effets de la balle, paroît être de chaque côté du jeu un peu en dedans de la raie du dernier; étant là, il peut plus facilement prévenir les coups par la volée ou la demi-volée. En effet, quand il juge que la balle portera contre les murs du fond, il lui eft aifé de fe reculer; & s'il prévoit qu'elle filera contre les batteries ou le grand mur, il peut fans difficulté fe trouver à fa rencontre.

Il faut auffi, pour bien juger des effets de la balle, fe former un coup d'œil jufte, & étudier, dans la manière dont elle a été pouffée, la réaction de fes angles ouverts ou rentrans. Un joueur encore novice, en fe précipitant fur les coups, s'embarraffe, pour ainfi dire, dans la balle, tandis que celui dont le jugement eft exercé, fe fixe dans un endroit où il fait que la balle, après fes ricochets, viendra se trouver. On dit d'un tel joueur, *qu'il est toujours bien placé à la balle.*

On a remarqué que les joueurs flegmatiques étoient ceux qui avoient le plus de disposition à bien juger des effets d'une balle. Ceux que trop de vivacité domine, sont sujets à s'emporter sur les coups, & à relever la balle dans le point le moins favorable pour eux.

On conçoit qu'en relevant la balle, la pratique d'un gaucher est toute différente de celle d'un droitier : l'un relève de l'avant-main les coups que l'autre ne peut jouer que de l'arrière-main.

Enfin il importe, pour bien jouer, d'imiter les maîtres de l'art dans la méthode avec laquelle ils allongent ou raccourcissent leur raquette suivant la portée de la balle. Il est évident qu'une balle coupée qui atteint le mur du fond du jeu, a des bonds si peu élevés, & donne si peu d'espace, que le joueur ne pourroit la relever s'il tenoit sa raquette au bout du manche : il faut donc qu'il la raccourcisse, & cette action dépend du poignet qui coule plus ou moins légèrement sur le manche de la raquette. Au reste, de tels mouvemens doivent se faire avec beaucoup de promptitude.

VOCABULAIRE explicatif des termes usités au jeu de la Paume.

Aïs. C'est, dans un jeu de carré, une planche d'un pied de largeur, qui s'élève à la hauteur du grand toît auquel elle est adhérente. Et l'on appele *coup d'aïs*, l'action de frapper de volée cette planche avec la balle.

A moi. Expression dont se sert un joueur dans une partie de quatre, pour avertir son associé de ne pas aller à la rencontre de la balle, & de lui laisser jouer le coup.

Arrière-main. C'est un coup du revers de la raquette, ou avec le côté des nœuds.

Avant-main. C'est un coup de raquette poussé avec le côté des droits.

A vous. Expression dont se sert un joueur dans la partie de quatre, pour avertir son associé d'aller à la rencontre de la balle, & de jouer le coup.

Balle. Sorte de petite pelote ronde faite de rognures d'étoffes, & recouverte de drap blanc.

Batterie. On donne ce nom aux petits murs qui règnent le long des ouverts.

Bisque. Avantage qu'un des joueurs donne à l'autre & qui vaut quinze; mais que celui qui le reçoit ne peut prendre qu'une fois en toute une partie.

Bosse. C'est l'endroit de la muraille du côté du dedans, qui renvoie la balle dans le dedans par bricole. On dit, *attaquer la bosse*, *donner dans la bosse*, lorsqu'on pousse la balle à l'endroit qui la renvoie dans le dedans. Et *défendre la bosse*, lorsqu'on rechasse la balle avant qu'elle y puisse entrer.

Brèche. On appele *coup de brèche*, un coup qui fait entrer directement la balle dans le dedans près des encoignures.

Bricole. C'est le retour de la balle quand elle a frappé une des murailles des côtés.

Chasse. C'est le lieu où la balle finit son premier bond.

Corde. C'est une espèce de cable qui est tendu au milieu du jeu, & qui est garni de filets jusqu'en bas.

Coup de cavasse. On appelle ainsi un coup par lequel la balle frappant par bricole le mur du dernier, se jette obliquement dans le dedans. Cette dénomination vient de ce qu'un paumier appelé Cavasse, avoit coutume de tirer ce coup avec succès.

Coup de dedans simple. C'est un coup par lequel la balle est poussée dans le dedans en ligne directe.

Coup de poteau. C'est un coup par lequel la balle frappe le poteau qui partage le dedans.

Couper la balle. C'est la pousser du poignet en tenant la raquette un peu horizontalement, afin de lui communiquer un mouvement plus rapide, & d'en rendre les bonds moins étendus.

Dedans. C'est la petite galerie ouverte qui est à l'un des deux bouts de certains jeux de *paume*.

Droits. On désigne sous ce nom le côté de la raquette qui est opposé au revers.

Faute. On désigne par ce mot le manquement par lequel le joueur qui sert ne touche pas le premier toît.

Filets. On donne ce nom aux rets qui sont au-dessus des murs d'un jeu de *paume*.

Friser la corde. C'est pousser la balle de manière qu'elle touche légèrement la corde en passant par dessus.

Grand mur. C'est le mur contre lequel il n'y a point de toît.

Grille. C'est l'espèce de fenêtre carrée qui est sous le bout du toît hors du service, & élevée à deux pieds de terre.

Jeu. C'est une division de la partie, qui consiste dans quatre quinze. On dit en ce sens qu'*on joue en quatre jeux*, *en six jeux*.

Jeu de carré. C'est un jeu de *paume* où il n'y a point de dedans, & où l'on a pratiqué un trou carré d'un pied & demi de large, au bas de l'angle du mur de largeur du fond du jeu.

Jeu de dedans. C'est un jeu de *paume* où règne sous presque toute la longueur du toît opposé à celui de service, une ouverture qu'on appelle le dedans.

Juger la balle. C'est prévoir les effets de la balle qui est encore en l'air, afin de se placer où il convient pour la renvoyer.

Mettre dessous. C'est jouer une balle de manière qu'on ne l'a point assez élevée pour empêcher que la corde ou le filet tendu au milieu du jeu ne l'arrêtât.

Mettre dessus. C'est pousser ou relever une balle avec la raquette, en sorte qu'elle passe au-dessus de la corde tendue au milieu du jeu.

Nœuds. On désigne sous ce nom le revers de la raquette : les nœuds sont opposés aux droits.

Ouverts. On donne ce nom aux intervalles garnis de filets, qu'on remarque entre le toît & les batteries dans un jeu de dedans. On dit, *ouvert du premier, ouvert du second*, &c.

Parer la balle de volée. C'est renvoyer la balle en la frappant avec la raquette, avant qu'elle ait touché à terre.

Passer à fleur de corde. C'est pousser la balle de manière qu'elle s'élève le moins qu'il est possible au dessus de la corde qui est tendue au milieu du jeu.

Peloter. C'est jouer à la *paume* par amusement, sans que ce soit une partie réglée.

Premier. On désigne sous ce nom, dans une partie de quatre, le joueur qui prend le service.

Prendre la balle de volée. C'est pousser ou renvoyer la balle avant qu'elle ait touché à terre.

Prendre le défaut d'un joueur. C'est pousser la balle de manière que celui qui est obligé de la renvoyer, ne puisse aisément aller au devant, ni même la juger.

Primer. C'est, dans une partie de quatre, faire les fonctions de premier.

Quarante-cinq. C'est le nombre que le marqueur doit annoncer quand un joueur a gagné trois quinze.

Quinze. C'est le premier des quatre coups qu'il faut gagner pour avoir un des jeux dont la partie est composée.

Raquette. C'est un instrument avec lequel on pousse & on renvoie la balle : il est fait d'un bâton courbé en espèce d'ovale, & garni de cordes à boyau tendues en long & en travers ; les deux bouts du bâton étant attachés ensemble, & couverts de cuir, forment le manche.

Relever la balle du pied du tambour. C'est prévenir avec adresse, par la volée, un coup de tambour.

Second. C'est, dans une partie de quatre, le joueur qui est chargé de servir.

Seconder. C'est, dans une partie de quatre, faire les fonctions de second.

Service. Ce mot se dit du côté où est celui à qui on sert la balle.

Il signifie aussi l'action de celui qui sert & jette la balle sur le toît.

Service martelé, piqué ou pointé. C'est celui qui a lieu quand on envoie la balle sur le toît, comme si on la frappoit avec un marteau.

Service roulé. C'est celui qu'on donne en telle sorte, que la balle ne porte presque pas contre le mur de service.

Service tourné. C'est celui qui se donne en soulevant la balle, de manière qu'en tombant du toît elle s'approche d'abord du joueur dans sa portée contre le mur, & ensuite elle s'en éloigne tout-à-coup.

Tambour. C'est une avance ou saillie de maçonnerie faite en biais, qui est du côté de la grille, & qui, en détournant le cours de la balle, la rend plus difficile à juger.

Toît. On désigne sous ce nom les ais qui couvrent la galerie, le côté du dedans, & l'autre bout du jeu où est la grille.

Trente. C'est la moitié d'un jeu qui est de quatre coups, qu'il faut gagner, & dont chacun produit quinze.

Trou. C'est dans un jeu de carré, l'ouverture pratiquée au pied de la muraille dans le coin opposé à la grille.

PHARAON.

Sorte de jeu de hazard qui se joue avec un jeu entier, c'est-à-dire, un jeu composé de 52 cartes.

Les joueurs sont un banquier & des pontes. Le nombre de ceux-ci n'est pas limité.

Après que les cartes ont été mêlées, & que le banquier a fait couper, les pontes mettent chacun sur une ou plusieurs cartes, telles qu'il leur plait, l'argent qu'il veulent risquer; & lorsque le jeu est ainsi fait, le banquier tire d'abord une carte qu'il met à sa droite, & ensuite une autre qu'il met à sa gauche.

De ces deux cartes, lorsqu'elles ne forment point un doublet, la première fait gagner au banquier la mise que les pontes ont faite sur cette carte, & la seconde oblige le banquier de doubler au profit des pontes l'argent dont ils l'ont couverte.

L'avantage du banquier consiste dans les doublets & dans la dernière carte.: lorsqu'il arrive un doublet, c'est-à-dire, lorsque deux cartes de même espèce, comme deux rois, deux as, deux sept, sont tirées l'une à droite & l'autre à gauche, le banquier gagne la moitié de l'argent que le ponte a risqué sur la carte arrivée en doublet.

L'avantage qui résulte au banquier par la dernière carte, consiste en ce qu'il est dispensé de doubler l'argent que les pontes y ont joué, quoiqu'il ait tiré celui qu'ils avoient mis sur la pénultième.

Il y a communément trois doublets dans deux tailles. Si tout le jeu étoit joué également, l'avantage du banquier seroit de 17 s. 3 den. par louis: mais comme cette égalité n'a pas lieu, & que la probabilité des doublets & la situation de chaque jeu varient tous les coups, on ne peut apprécier au juste cet avantage.

A l'exception du cas où une carte est encore dans le jeu, il est peu de positions où le risque de tomber à la dernière carte, ne soit plus grand que le désavantage d'essuyer un doublet. Le ponte peut diminuer ce désavantage en choisissant, par exemple, la carte de face ou la carte angloise. Il est moindre sur ces cartes que sur celles qui ne sont pas encore sorties.

Le *Pharaon* est un jeu très-attrayant par l'illusion que font les parolis, les paix, soit simples, soit de paroli, soit de sept & le va, & les autres plis qui empêchent que le ponte s'apperçoive de ce qu'il joue : souvent on ne chercheroit pas à faire de grands coups, tels qu'un sept & le va, le quinze & le va, le trente & le va, &c. si la somme étoit sur la carte en espèces.

Toute carte qui a souffert taille doit rester jusqu'à ce que le sort en soit décidé.

Un jeu fait ne peut pas non plus se changer, ni se transporter, à moins que le banquier n'y consente.

Au surplus, il est d'usage que, quand il ne reste plus qu'environ huit cartes dans la main du banquier, il l'annonce aux pontes. C'est une manière de prévenir ceux qui voudroient encore mettre, de ne pas jouer un jeu devenu à cette époque trop désavantageux.

Voici un apperçu des désavantages que le ponte éprouve dans le cours d'une taille.

En commençant la taille, la carte que le ponte a choisie étant quatre fois au jeu, son désavantage est de 9 sous 10 deniers par louis.

Quand il y a encore 50 cartes dans la main du banquier, & que la carte choisie par le ponte, n'est plus que deux fois au jeu, son désavantage est de 4 sous 11 deniers par louis; si elle y est encore trois fois, le désavantage est de 7 sous 7 deniers par louis; & de 10 sous 3 deniers, si elle y est encore quatre fois.

Lorsqu'il y a encore 48 cartes dans la main du banquier, & que la carte choisie par le ponte, n'est plus qu'une fois au jeu, son désavantage est de 2 sous 10 deniers par louis; si elle y est encore deux fois, le désavantage est réduit à 5 sous 1 denier par louis; si elle y est encore trois fois, le désavantage est de 7 sous 11 deniers par louis, & si elle y est encore quatre fois, il est de 10 sous 8 deniers.

Quand il y a encore 46 cartes, & que celle que le ponte a choisie n'est plus qu'une fois au jeu, son désavantage est de 10 sous 8 deniers par louis; si elle y est encore deux fois, le désavantage est de 5 sous 4 deniers; si elle y est encore trois fois, il est de 8 sous 2 deniers; & si elle y est encore quatre fois, il est de 11 sous 3 deniers.

Quand il reste encore 44 cartes à jouer, & que celle que le ponte a choisie n'est plus au jeu qu'une fois, son désavantage est de 11 sous 1 denier par louis; si elle y est encore deux fois, le désavantage est de 5 sous 7 deniers; si elle y est encore trois fois, il est de 8 sous 8 deniers, & si elle y est encore quatre fois, il est de 11 sous 10 deniers.

Lorsqu'il reste encore 42 cartes à jouer, & que celle que le ponte a choisie n'est plus au jeu qu'une fois, son désavantage est de 11 sous 8 deniers par louis; si elle y est encore deux fois, le désavantage est de 12 sous 11 deniers; si elle y est encore trois fois, il est de 9 sous 2 deniers; & si elle y est encore quatre fois, il est de 12 sous 3 deniers.

Quand il reste encore 40 cartes à jouer, & que celle que le ponte a choisie n'est plus au jeu qu'une fois, son désavantage est de 12 sous 3 deniers par louis; si elle y est encore deux fois, le désavantage est de 6 sous 2 deniers; si elle y est encore trois fois, il est de 9 sous 9 deniers; & si elle y est encore quatre fois, il est de 13 sous 1 denier.

Quand il reste encore 38 cartes à jouer, & que celle que le ponte a choisie n'est plus au jeu qu'une fois, son désavantage est de 12 sous 11 deniers par louis; si elle y est encore deux fois, le désavantage est de 6 sous 6 deniers; si elle y est encore trois fois, il est de 10 sous 2 deniers, & si elle y est encore quatre fois, il est de 13 sous 11 deniers.

Lorsqu'il reste encore trente-six cartes à jouer, & que celle que le ponte a choisie n'est plus au jeu qu'une fois, son désavantage est de 13 sous 8 deniers par louis; si elle y est encore deux fois, le désavantage est de 6 sous 11 deniers; si elle y est encore trois fois, il est de 10 sous 10 deniers; & si elle y est encore quatre fois, il est de 14 sous 11 deniers.

Lorsqu'il reste encore trente-quatre cartes à jouer, & que celle que le ponte a choisie n'est plus au jeu qu'une fois, son désavantage est de 14 sous 6 deniers par louis; si elle y est encore deux fois, le désavantage est de 7 sous 4 deniers; si elle y est encore trois fois, il est de 11 sous 6 deniers; & si elle y est encore quatre fois, il est de 15 sous 9 deniers.

Quand il reste encore trente-deux cartes à jouer, & que celle que le ponte a choisie n'est plus au jeu qu'une fois, son désavantage est de 15 sous 5 deniers par louis; si elle y est encore deux fois, le désavantage est de 7 sous 10 deniers; si elle y est encore quatre fois, il est de 16 sous 10 deniers.

Lorsqu'il reste encore trente cartes à jouer, & que celle que le ponte a choisie n'est plus au jeu qu'une fois, son désavantage est 16 sous 6 deniers par louis; si elle y est encore deux fois, le désavantage est de 8 sous 5 deniers; si elle y est encore trois fois, il est de 13 sous 2 deniers; & si elle y est encore quatre fois, il est de 18 sous 1 denier.

Lorsqu'il reste encore vingt-huit cartes à jouer, & que celle que le ponte a choisie n'est plus au jeu qu'une fois, son désavantage est de 17 sous 9 deniers par louis; si elle y est encore deux fois, le désavantage est de 9 sous; si elle y est encore trois fois, il est de 14 sous 3 deniers; & si elle y est encore quatre fois, il est de 19 sous 7 deniers.

Lorsqu'il reste encore vingt-six cartes à jouer, & que celle que le ponte a choisie n'est plus au jeu qu'une fois, son désavantage est de 19 sous 2 deniers par louis; si elle y est encore deux fois, le désavantage est de 9 sous 9 deniers; si elle y est encore trois fois, il est de 15 sous 5 deniers; & si elle y est encore quatre fois, il est de 21 sous 4 deniers.

Quand il reste encore vingt-quatre cartes à jouer, & que celle que le ponte a choisie n'est plus au jeu qu'une fois, son désavantage est de 20 sous 10 deniers par louis; si elle y est encore deux fois, le désavantage est de 10 sous 8 deniers; si elle y est encore trois fois, il est de 16 sous 11 deniers; & si elle y est encore quatre fois, il est de 23 sous 5 deniers.

Quand il reste encore vingt-deux cartes à jouer, & que celle que le ponte a choisie n'est plus au jeu qu'une fois, son désavantage est de 22 sous 10 deniers par louis; si elle y est encore deux fois, le désavantage est de 11 sous 8 deniers; si elle y est encore trois fois, il est de 18 sous 9 deniers, & si elle y est encore quatre fois, il est de 25 sous 11 deniers.

Quand il reste encore vingt cartes à jouer, & que celle que le ponte a choisie n'est plus au jeu qu'une fois, son désavantage est de vingt-cinq sous trois deniers par louis; si elle

elle y eſt encore deux fois, le déſavantage
eſt de douze ſous onze deniers; ſi elle y eſt
encore trois fois, il eſt de vingt ſous onze
deniers; & ſi elle y eſt encore quatre fois, il
eſt de vingt-neuf ſous un denier.

Lorſqu'il reſte encore dix-huit cartes à
jouer, & que celle que le ponte a choiſie
n'eſt plus au jeu qu'une fois, ſon déſavantage
eſt de vingt-huit ſous deux deniers par louis;
ſi elle y eſt encore deux fois, le déſavantage
eſt de quatorze ſous ſix deniers; ſi elle y eſt
encore trois fois, il eſt de vingt-quatre ſous
cinq deniers; & ſi elle y eſt encore quatre
fois, il eſt de trente-un ſous.

Lorſqu'il reſte encore ſeize cartes à jouer,
& que celle que le ponte a choiſie n'eſt plus
au jeu qu'une fois, ſon déſavantage eſt de
trente-deux ſous par louis; ſi elle y eſt encore deux fois, le déſavantage eſt de ſeize
ſous ſix deniers; ſi elle y eſt encore trois fois,
il eſt de vingt-ſept ſous trois deniers; & ſi
elle y eſt encore quatre fois, il eſt de trente-
huit ſous ſix deniers.

Lorſqu'il reſte encore quatorze cartes à
jouer, & que celle que le ponte a choiſie n'eſt
plus au jeu qu'une fois, ſon déſavantage eſt
de trente-ſix ſous onze deniers par louis; ſi.
elle y eſt encore deux fois, le déſavantage eſt
de dix-neuf ſous deux deniers; ſi elle y eſt
encore trois fois, il eſt de trente-deux ſous
deux deniers; & ſi elle y eſt encore quatre
fois, il eſt de quarante-cinq ſous onze deniers.

Lorſqu'il reſte encore douze cartes à jouer,
& que celle que le ponte a choiſie n'eſt plus
au jeu qu'une fois, ſon déſavantage eſt de
quarante-trois ſous ſept deniers par louis; ſi
elle y eſt encore deux fois, le déſavantage eſt
de vingt-deux ſous dix deniers; ſi elle y eſt
encore trois fois, il eſt de trente-neuf ſous
quatre deniers; & ſi elle y eſt encore quatre
fois, il eſt de cinquante-ſix ſous onze deniers.

Lorſqu'il reſte encore dix cartes à jouer,
& que celle que le ponte a choiſie n'eſt plus
au jeu qu'une fois, ſon déſavantage eſt de
cinquante-trois ſous quatre deniers par louis;
ſi elle y eſt encore deux fois, le déſavantage
eſt de vingt-huit ſous deux deniers; ſi elle y
eſt encore trois fois, il eſt de cinquante ſous
ſix deniers; & ſi elle y eſt encore quatre fois,
il eſt de trois livres quatorze ſous dix deniers.

Lorſqu'il reſte encore huit cartes à jouer,

& que celle que le ponte a choiſie n'eſt plus
au jeu qu'une fois, ſon déſavantage eſt de
trois livres huit ſous par louis; ſi elle y eſt
encore deux fois, le déſavantage eſt de trente-
ſix ſous onze deniers; ſi elle y eſt encore trois
fois, il eſt de trois livres dix ſous neuf deniers; & ſi elle y eſt encore quatre fois, il eſt
de cinq livres neuf ſous cinq deniers.

Lorſqu'il reſte encore ſix cartes à jouer,
& que celle que le ponte a choiſie n'eſt plus
au jeu qu'une fois, ſon déſavantage eſt de
quatre livres ſeize ſous par louis; ſi elle y eſt
encore deux fois, le déſavantage eſt de cinquante-trois ſous quatre deniers; ſi elle y eſt
encore trois fois, il eſt de ſix francs; & ſi elle
y eſt encore quatre fois, il eſt de dix livres
cinq ſous huit deniers.

Quand il n'y a plus que quatre cartes à
jouer, & que celle que le ponte a choiſie eſt
encore une fois au jeu, ſon déſavantage eſt
de huit francs par louis; ſi elle y eſt encore
deux fois, le déſavantage eſt de quatre livres
ſeize ſous; ſi elle y eſt encore trois ou quatre
fois, il eſt de la moitié de la miſe.

Enfin, quand il n'y a plus que deux cartes
à jouer, & que celle que le ponte a choiſie
eſt encore au jeu, ſon déſavantage s'étend à
la totalité de ſa miſe.

Lorſque le banquier met deux cartes de
ſuite ſur un même tas, ſoit à droite, ſoit à
gauche, il fait ce qu'on appelle *fauſſe taille*.
Il en eſt de même ſi, ſans un juſte motif, tel
que le cas d'une miſe trop forte, ou de la
perte de la banque, il ne taille pas à fond.

Le banquier fait pareillement fauſſe taille,
lorſqu'on peut avec fondement lui imputer
quelque mouvement ſuſpect, tel, par exemple, que celui par lequel il remettroit ſur le
talon une carte qui en auroit déjà été détachée. Mais il en ſeroit différemment, ſi, ſans
le vouloir, il tiroit en même temps deux
cartes qui tiendroient enſemble, comme ſi
elles étoient collées l'une à l'autre : il ſuffi-
roit alors de les détacher l'une de l'autre à la
vue des pontes, & de les placer ſelon la règle
du jeu.

Quand un banquier fait fauſſe taille, il eſt
obligé, lorſqu'on s'en apperçoit, de payer
toutes les miſes qui ſont ſur les cartes des
pontes, comme ſi elles avoient gagné: mais
la ſévérité de cette loi ne s'étend pas aux évènemens antérieurs à l'inſtant où la fauſſe taille
a été reconnue.

Il faut remarquer qu'une carte de plus ou de moins dans un jeu, ne donne pas lieu à la fauſſe taille, attendu que cette circonſtance eſt plutôt en faveur du ponte que du banquier, puiſque celui-ci perd par là ſa dernière carte, & par conſéquent la plus forte portion de ſon avantage.

Vocabulaire explicatif des termes uſités au Pharaon.

Banquier. C'eſt celui qui tient les cartes, & qui joue contre les pontes.

Carte angloiſe. C'eſt la première carte que le banquier place à ſa gauche, & ſur laquelle il doit doubler ce que les pontes ont joué.

Carte de face. C'eſt la première carte que le banquier place à ſa droite, & ſur laquelle les pontes perdent ce qu'ils ont joué.

Fauſſe taille. C'eſt celle où le banquier a fait une faute qui l'aſſujettit à doubler ce que les pontes ont au jeu lorſqu'elle eſt apperçue.

Paix. Il ſe dit d'une manière de jouer, qui conſiſte à plier une carte pour annoncer qu'on ne joue que ce qu'on a gagné ſur cette carte avec l'argent qu'on a mis deſſous pour juſtifier l'étendue de la miſe.

Il y a la paix ſimple qui s'applique à une miſe ſimple; la paix de paroli, qui s'applique à ce qu'a produit le paroli, diſtraction faite de la première miſe; la paix de ſept & le va, &c.

Paroli. C'eſt le double de ce qu'on a joué la première fois.

On appelle auſſi *paroli*, la corne qu'on fait à la carte ſur laquelle on joue le double.

Paroli de campagne. C'eſt un paroli qu'un ponte fait par friponnerie avant que la carte ſoit venue, comme s'il avoit déjà gagné.

Ponte. On donne ce nom aux joueurs qui font des miſes ſur les cartes contre le banquier.

Sept & le va. C'eſt ſept fois la vade. On dit dans le même ſens, *quinze & le va*, *trente & le va*, &c. pour dire, quinze fois, trente fois la vade.

Taille. Ce terme ſe dit de chaque fois que le banquier qui tient le jeu, achève de retourner toutes les cartes.

Talon. C'eſt ce qui reſte de cartes dans la main du banquier quand il en a retourné quelques-unes.

PIQUE-MEDRILLE.

Sorte de jeu des cartes auquel on a donné ce nom à cauſe des rapports qu'il a avec le *piquet* & avec le médiateur.

Il tient du *piquet*, en ce qu'il ſe joue entre deux perſonnes, & qu'on y fait des écarts : pour le ſurplus, il tient du médiateur.

Les cartes dont on ſe ſert, ſont un jeu entier dont on a ſupprimé les dix, les neuf & les huit.

On fait les comptes du jeu avec une monnoie compoſée de contrats, de fiches & de jetons. Le contrat vaut dix fiches, & la fiche dix jetons. Chacun a de cette monnoie une quantité convenue qu'on appelle *la priſe*, & l'on donne à cette priſe la valeur qu'on juge à propos.

On indique tout à la fois la couleur favorite & le joueur qui doit donner, en retournant alternativement une carte pour l'un & pour l'autre joueur. Le premier roi retourné de cette manière, fait donner le joueur qui l'a reçu.

Ce dernier met devant lui cinq fiches appelées *poulans* & deux jetons, & ſon adverſaire n'y met que deux jetons.

Ces quatre jetons & l'une des fiches des poulans forment la poule qui eſt ainſi compoſée de quatorze jetons. Les autres fiches des poulans ſont deſtinées aux matadors comme on le verra par la ſuite.

Le jeu étant ainſi préparé, celui qui doit donner mêle les cartes, préſente à couper, & diſtribue enſuite ſucceſſivement à ſon adverſaire & à lui, dix cartes en trois parties : il peut à ſon gré donner d'abord quatre cartes & enſuite trois, ou trois & enſuite quatre. Après la diſtribution de ces vingt cartes il en reſte un pareil nombre qui compoſe le talon.

L'ordre ſelon lequel les cartes ſont ſupérieures l'une à l'autre, varie ſelon les couleurs : en couleur noire, c'eſt-à-dire, en trefle & en pique, le roi eſt ſupérieur à la dame; la dame au valet; le valet au ſept; le ſept au ſix; le ſix au cinq; le cinq au quatre; le quatre au trois; & le trois au deux.

Les deux as noirs étant toujours triomphes, forment une claſſe à part.

En couleur rouge, c'eſt-à-dire, en cœur & en carreau, le roi eſt ſupérieur à la dame; la dame au valet; le valet à l'as; l'as au deux; le deux au trois; le trois au quatre; le quatre au cinq; le cinq au ſix; & le ſix au ſept.

Il y a en couleur rouge, comme l'on voit, une carte de plus qu'en couleur noire, par la raiſon que les as noirs ſont toujours au nombre des triomphes.

Par la même raiſon les triomphes ſont au nombre de douze en couleur rouge, & au nombre d'onze ſeulement en couleur noire.

Le rang de chaque triomphe en couleur noire eſt ainſi déterminé: la première triomphe eſt l'as de pique, qu'on appelle *ſpadille*; la ſeconde, le deux de trefle ou de pique, qu'on appelle *manille*; la troiſième, l'as de trefle, qu'on appelle *baſte*; le quatrième, le roi; la cinquième, la dame; la ſixième, le valet; la ſeptième, le ſept; la huitième, le ſix; la neuvième, le cinq; la dixième, le quatre; & la onzième, le trois.

En couleur rouge, ſpadille eſt pareillement la première triomphe; le ſept qu'on appelle *manille*, la ſeconde; baſte, la troiſième; l'as ou de cœur ou de carreau, qu'on appelle *ponte*, la quatrième; le roi, la cinquième; la dame, la ſixième; le valet, la ſeptième; le deux, la huitième; le trois, la neuvième; le quatre, la dixième; le cinq, la onzième, & le ſix la douzième.

Indépendamment des noms particuliers que portent les trois premières triomphes, elles en ont un qui eſt commun à toutes les trois, & qui eſt celui de matadors.

Quoique régulièrement ce titre n'appartienne qu'aux trois premières triomphes, on a coutume de l'étendre dans l'uſage aux cartes qui ſuivent immédiatement les trois premières, quand elles ſe trouvent avec celles-ci dans une même main: on dit alors qu'on a quatre, cinq, ſix matadors.

Au reſte, il faut remarquer que ces matadors, qu'on peut appeler *ſurnuméraires*, n'ont pas les prérogatives qui appartiennent aux vrais matadors. Par exemple, ſi l'on joûoit à-tout du valet ou de la dame, le joueur qui n'auroit dans ſon jeu en à-tout qu'un ou pluſieurs des trois premiers matadors, ſeroit diſpenſé d'obéir, & il pourroit fournir ſur

l'à-tout telle carte qu'il jugeroit à propos: mais il en ſeroit autrement, ſi le quatrième matador ſe trouvoit joint aux trois premiers: il faudroit, dans ce cas, le jouer néceſſairement, ſous peine de faire la bête de renonce.

Il n'y a d'ailleurs que les trois premiers matadors qui participent aux fiches de poulans, que met au jeu le diſtributeur des cartes. On a vu précédemment que ces fiches étoient au nombre de cinq, & qu'il devoit en être mis une à la poule; les quatre autres appartiennent, ſavoir, deux au joueur qui a ſpadille, une à celui qui a manille, & l'autre à celui qui a baſte.

On appelle *faux matadors*, trois, quatre ou cinq cartes qui ſe ſuivent immédiatement l'une l'autre, & dont manille eſt la plus haute.

Quand chaque joueur a ſes dix cartes, la parole appartient à l'adverſaire de celui qui a donné. Il doit en conſéquence annoncer ce qu'il veut faire. Ainſi il faut qu'il *paſſe*, ou qu'il *demande*, ou qu'il *joue ſans prendre*, ou qu'il *déclare entreprendre la vole.*

Il doit paſſer quand ſon jeu eſt tellement mauvais, qu'il ne lui permet pas d'eſpérer de faire les levées néceſſaires pour gagner. La parole appartient alors à ſon adverſaire, qui doit dire à ſon tour, s'il paſſe ou s'il joue.

Si le premier, au lieu de paſſer, demande, il annonce par-là à ſon adverſaire qu'il n'a pas dans ſa main un jeu ſuffiſant pour faire ſix levées, mais qu'il écartera les cartes qu'il jugera lui être inutiles pour les échanger contre d'autres qu'il prendra au talon.

A la demande du premier peut être oppoſé le renvi de ſon adverſaire; celui-ci peut dire qu'il demande auſſi en couleur favorite, & la préférence doit lui être accordée, à moins que le premier n'offre de jouer lui-même dans cette couleur.

Le ſecond peut encore renvier en déclarant qu'il veut jouer ſans-prendre: alors il faut que le premier, pour avoir la préférence, joue auſſi ſans-prendre: il s'oblige en ce cas à faire ſix levées ſans le ſecours de l'écart.

Quand le premier joue ſans-prendre, il peut pareillement être renvié de deux manières par le ſecond; car celui-ci peut annoncer le ſans-prendre en couleur favorite, ou déclarer qu'il entreprend la vole. Dans l'un comme dans l'autre cas, il faut que le premier renonce à jouer sur le coup, ou qu'il joue lui-même sans-prendre, ou qu'il entreprenne la vole pour être préféré à son adversaire.

Lorsque les renvis-sont-finis, ou que celui qui a demandé ou joué d'une manière quelconque, n'a point été renvié, il nomme la couleur dont il entend faire la triomphe : ensuite, s'il a simplement demandé, il écarte autant de cartes qu'il juge à propos, & en prend au talon un nombre égal à ce qu'il en a écarté : son adversaire écarte aussi après lui, & prend de même au talon autant de cartes qu'il en a écartées.

Les écarts étant terminés, le premier en cartes commence à jouer par telle carte qu'il lui plaît : l'adversaire est tenu, sous peine de faire une bête, de fournir de la couleur jouée s'il en a ; mais il n'est pas obligé de forcer, & s'il n'a point de cette couleur, il ne coupe qu'autant que cela lui convient.

Il faut pour que l'hombre gagne, qu'il fasse six levées : s'il n'en fait que cinq, il perd remise ; & s'il n'en fait que quatre il perd codille.

Si, après avoir fait les six levées, l'hombre ne veut pas entreprendre la vole, il ne faut pas qu'il joue pour la septième, car alors la vole seroit entreprise, & il seroit tenu de la payer à son adversaire, s'il venoit à la manquer.

Comme un défaut de mémoire ou d'attention pourroit à chaque instant faire faire quelque faute à un joueur, il lui est permis au moment où il est en tour de jouer, de regarder toutes les levées faites, afin qu'il puisse s'instruire de ce qu'il lui importe de savoir.

Le sans prendre ne diffère de la demande qu'en ce que le joueur qui a demandé emprunte le secours de l'écart pour parvenir à faire six levées, & que celui qui joue sans prendre s'oblige de faire six levées, sans écarter.

Des bêtes.

La bête est une sorte d'amende qui a lieu dans plusieurs cas, & qui consiste à mettre au jeu la quantité de fiches & de jetons déterminés par la circonstance.

L'égalité du jeu exige sans doute qu'on soit exposé à perdre autant qu'on peut gagner : mais on ne s'est pas contenté d'assujettir celui qui fait jouer & qui vient à perdre, à payer à son adversaire une somme égale à à celle qu'il auroit reçue de lui, on a voulu qu'il fût encore condamné à la bête. Cette bête, qui est plus ou moins considérable, est proportionnée au plus ou moins de jeu & de poulans qu'il y avoit à gagner. Ainsi la première bête, sur les tours simples, sera de quatorze jetons, somme égale à celle que l'hombre auroit retirée s'il eut gagné.

Si cette première bête vient à être remise, celui qui jouera le coup suivant & qui gagnera, retirera du jeu 42 jetons ; savoir, 14 jetons pour le jeu du coup sur lequel la bête s'est faite ; 14 autres jetons pour le jeu du coup suivant, & les 14 jetons dont la bête est composée.

Si au lieu de gagner ce coup, celui qui a fait jouer à faire une seconde bête, il est clair qu'elle sera de 42 jetons, puisqu'il auroit eu cette somme à retirer.

Il faut remarquer que, quel que soit le nombre des bêtes qui se font ainsi successivement, on n'en retire jamais qu'une à la fois, & c'est la première faite. Mais si, sur un même coup, il se faisoit plusieurs bêtes ; l'une, par exemple, pour avoir perdu, une autre pour avoir renoncé ou pour quelqu'autre faute, elles se joueroient toutes ensemble le coup suivant.

Abstraction faite de ces bêtes provenant de fautes particulières, on a vu que, des deux bêtes dont nous avons d'abord parlé, il n'y avoit que celle de quatorze jetons qui dût être au jeu : ainsi, en gagnant le coup suivant, on auroit à recevoir, 1°. Quatorze jetons pour le jeu du premier coup : 2°. Quatorze jetons pour le jeu du second coup : 3°. Quatorze jetons pour le jeu du troisième coup ; & enfin quatorze jetons pour la première bête, ce qui feroit un total de cinquante-six jetons.

Il suit delà que, si l'on venoit à perdre le troisième coup, la bête qui en résulteroit seroit de cinquante-six jetons.

Si, après cette troisième bête, il s'en faisoit une quatrième, elle seroit de soixante-dix jetons, puisque les cinquante-six jetons précédents feroient augmentés des quatorze qui auroient été mis au jeu le quatrième coup : ainſi, tant que les bêtes ſe multiplieroient, elles augmenteroient chaque coup de quatorze jetons. Par conféquent la cinquième feroit de quatre-vingt-quatre jetons ; la ſixième, de quatre-vingt-dix-huit ; la ſeptième, de cent douze ; la huitième de cent vingt-ſix, &c.

Le premier joueur qui vient enſuite à faire ſix levées, retire la première bête, & autant de fois quatorze jetons qu'il y a de remiſes ſur le jeu.

Lorſque la première bête eſt tirée, il ne reſte plus de fiches ni de jetons de remiſe, & par conféquent le jeu n'eſt que de quatorze : mais il eſt augmenté par la plus forte bête qui doit alors être miſe au jeu. Ainſi quand il y a eu cinq remiſes, c'eſt la bête de quatre-vingt quatre, qu'on doit mettre au jeu après la première de quatorze qu'on a tirée. Ainſi la bête ſur ce coup, feroit de quatre-vingt-dix-huit.

Si, au lieu de perdre remiſe, on a perdu codille, la ſeconde bête ne ſera que de vingt-huit jetons, attendu que les quatorze jetons du premier coup auront été tirés par celui qui aura codillé.

Remarquez que, quoique les deux jetons que chaque joueur met au jeu pour accompagner la fiche de poulans, doivent être doublés en faveur de celui qui gagne, lorſque ſon jeu eſt en couleur favorite ; la bête que l'hombre vient à faire n'augmente néanmoins pas en raiſon des deux jetons ajoutés aux premiers ; car autrement la première bête feroit de dix-huit jetons. Cela a été ainſi réglé pour éviter l'embarras de diſtinguer les bêtes qui ſe feroient en couleur favorite, de celles qui auroient lieu dans une autre couleur : mais les bêtes qui ſe font ſur les tours doubles, ſont relatives à l'augmentation des poulans & du nombre des jetons que les joueurs ſont tenus de mettre au jeu : or comme celui qui donne à chaque coup des tours doubles, eſt obligé de mettre devant lui pour le jeu deux fiches de poulans avec quatre jetons, & l'autre joueur quatre jetons, il faut en conclure que la première bête doit être de vingt-huit jetons, & que ſi elle eſt remiſe, la ſeconde ſera de quatre-vingt-quatre jetons, &c.

Des payemens que les joueurs doivent ſe faire réciproquement dans les différens cas qui peuvent ſe préſenter durant le cours de la partie.

On a vu précédemment qu'à chaque coup celui qui donne doit mettre au jeu cinq fiches qu'on appelle *poulans* ; que de ces cinq fiches, quatre ſont deſtinées aux matadors, ſavoir, deux à ſpadille, une à manille & une à baſte ; enfin qu'à la fiche qui reſte, chaque joueur ajoute deux jetons pour former le jeu ou la poule.

Ce jeu ou cette poule doit appartenir à celui des deux joueurs qui ſera parvenu à faire ſix levées : ſi chaque joueur ne fait que cinq levées, la poule reſte pour le coup ſuivant. Et cela continue de cette manière juſqu'à ce qu'enfin il arrive un coup ſur lequel l'hombre ou ſon adverſaire parvienne à faire les ſix levées néceſſaires pour gagner.

Le nombre des remiſes n'empêche pas qu'on ne remette au jeu, à chaque coup, cinq nouvelles fiches & quatre nouveaux jetons.

Quelquefois on ne met au jeu que les fiches, mais on n'en paye pas moins, après le coup, les jetons qui doivent chaque fois accompagner ces fiches. La raiſon qui fait qu'on ſe diſpenſe de mettre ces jetons au jeu, eſt qu'ils ſont ſuſceptibles d'être doublés en faveur du joueur qui vient à gagner en couleur favorite.

Comme il y a différentes manières de gagner la poule, il y a auſſi différens payemens à faire au joueur qui la gagne.

Si vous avez ſimplement demandé, & que vous parveniez à faire ſix levées, vous tirez la poule, telle qu'elle a été formée : mais ſi votre demande s'eſt faite en couleur favorite, votre adverſaire doit ajouter deux jetons à la poule.

S'il arrivoit qu'au lieu de faire ſix levées, vous en fiſſiez dix, c'eſt-à-dire, la vole, il faudroit que votre adverſaire ajoutât au payement vingt jetons en couleur ordinaire, & quarante en couleur favorite.

D'un autre côté, ſi, après avoir fait ſix levées, vous entrepreniez la vole infructueuſement, vous ſeriez tenu de la payer ſur le même pied à votre adverſaire.

Si ce dernier vous faiſoit perdre, & gagnoit *codille*, il tireroit la poule, & vous

feriez en outre obligé de lui payer la confolation, c'est à dire, deux jetons en couleur
fimple, & quatre en couleur favorite.

Lorfqu'au lieu de demander, vous jouez
fans prendre, & que vous venez à gagner,
ou, ce qui eft la même chofe, à faire fix
levées, votre adverfaire doit vous payer quatorze jetons, non compris ce qu'il a dû mettre
au jeu, & vingt-huit jetons, fi vous avez
joué & gagné en couleur favorite : mais fi
vous n'avez pas fait fix levées, & que par
conféquent vous ayez perdu, il faut que vous
lui faffiez un payement égal à celui que vous
auriez reçu en gagnant.

S'il arrive qu'en jouant fans prendre, l'hombre
après avoir fait les fix levées néceffaires
pour gagner, entreprenne & faffe la vole,
fon adverfaire doit lui payer pour cet objet,
trente jetons en couleur ordinaire, & foixante en couleur favorite. Mais fi l'hombre,
après avoir entrepris la vole, ne la fait pas,
il eft lui-même obligé de faire un femblable
payement à fon adverfaire.

Et fi l'hombre, en annonçant qu'il joue
fans prendre, déclare en même temps qu'il
entreprend la vole, on doit, s'il réuffit, la
lui payer fur le pied de quarante jetons en
couleur fimple, & de quatre-vingt en couleur
favorite.

Mais fi l'hombre qui a entrepris la vole,
ne la fait pas, il doit lui-même faire à fon
adverfaire des payemens femblables à ceux
dont on vient de parler.

Indépendamment du droit que nous avons
vu que les trois matadors, fpadille, manille
& bafte, exercent fur les poulans, on doit
encore payer à l'hombre qui les réunit dans
fon jeu, une fiche pour chacun, en couleur
fimple, & le double en couleur favorite. On
lui paye de même une fiche pour chacune des
autres cartes qui fuivent immédiatement ces
matadors, & dont ils fe trouvent accompagnés dans fon jeu : c'eft pourquoi on donne
auffi par extenfion, le nom de matadors à cès
cartes. Ainfi l'hombre qui réunit dans fon
jeu fpadille, manille, bafte, ponte & le roi
en couleur rouge, ou les trois premiers avec
le roi & la dame en couleur noire, eft fondé
à fe faire payer cinq matadors quand il vient
à gagner.

Tous les payemens dont nous venons de
parler, doivent être doublés quand ils font à
faire, lors du dix-neuvième & du vingtième

tours de la partie, qui font les deux derniers,
& qu'on appelle pour cette raifon *tours doubles*. Au refte, les joueurs peuvent convenir
de ne jouer qu'un tour double, & même de
n'en jouer aucun, s'ils le jugent à propos.

Remarquez fur la vole, que quand elle
n'eft entreprife qu'accidentellement, c'eft-à-
dire, fans avoir déclaré avant de jouer, qu'on
l'entreprenoit, & qu'on vient à la manquer,
on n'eft point tenu de payer la bête : on a
même le droit d'exiger comme à l'ordinaire,
le payement du fans prendre, des matadors,
&c. qui font acquis à l'hombre lorfqu'il a
fait les fix levées néceffaires pour gagner.
Mais fi l'hombre déclare avant de jouer,
qu'il veut entreprendre la vole, & qu'enfuite
il ne la faffe pas, il eft obligé de faire un
payement égal à ce qu'il auroit reçu s'il l'eût
faite, & il eft en outre condamné à la bête.

*VOCABULAIRE explicatif des termes ufités
au Piquet-medrille.*

Abattre le jeu, ou fimplement *abattre*.
C'eft abandonner fon jeu, & le jeter découvert
fur le tapis.

A tout. C'eft la couleur dont eft la triomphe.

Avoir la parole. C'eft être en tour de dire
ce qu'on veut faire fur le coup qui fe joue.

Bafte. On donne ce nom au troifième matador, qui eft l'as de trèfle.

Bête. C'eft une forte d'amende qui a lieu
contre les joueurs en plufieurs cas, & qui
confifte à mettre au jeu la quantité de jetons
déterminée par la circonftance.

Codille. Il fe dit du gain de l'adverfaire de
l'hombre, lorfqu'il a fait fix levées. Ainfi
gagner codille, c'eft gagner fans avoir fait
jouer.

Codiller. C'eft gagner codille.

Confolation. C'eft un droit que l'hombre
paye à fon adverfaire quand il perd codille.

Contrat. C'eft une pièce carrée d'os ou d'ivoire, qui vaut dix fiches, & qui fert à faire
les comptes du jeu.

Couper. C'eft féparer en deux un jeu de
cartes, avant de diftribuer à chaque joueur
les cartes qu'il doit avoir.

Couper, fe dit auffi de l'action d'employer
une triomphe fur la couleur jouée.

Défauffer. (fe) C'eft fe défaire des fauffes
qu'on a dans fon jeu.

Demander. C'eft annoncer qu'on eft difpoſé à jouer pour faire ſix levées , ſous la condition qu'on écartera les cartes qu'on jugera à propos , pour en prendre enſuite une pareille quantité au talon.

Donner. C'eſt diſtribuer à chaque joueur les cartes qu'il doit avoir.

Ecart. Ce ſont les cartes qu'on a miſes à part , pour en prendre d'autres au talon.

Favorite. C'eſt la couleur qui , en cas de concurrence , a la préférence ſur les trois autres , & qui produit à l'hombre un double payement , ſoit du jeu , ſoit du ſans-prendre , de la vole & des matadors , quand il vient à gagner dans cette couleur.

Fauſſe. C'eſt une baſſe carte d'une couleur autre que celle d'à-tout.

Fiche. C'eſt une pièce longue d'os ou d'ivoire , qui vaut dix jetons , & qui ſert à faire les comptes du jeu.

Forcé. (être) C'eſt être obligé d'obéir , c'eſt-à-dire , de jouer de la couleur demandée.

Forcer. C'eſt jeter une carte ſupérieure à celle qui a d'abord été jouée.

Hombre. On déſigne ſous ce nom le joueur qui a nommé la triomphe , ſoit qu'il ait demandé ſimplement , ſoit qu'il ait joué ſans prendre.

Jeton. C'eſt une pièce qui ſert de monnoie au jeu , & qui eſt le dixième d'une fiche.

Jeu. Ce mot a trois ſignifications : il ſe dit , en premier lieu , de toutes les cartes enſemble ; enſuite des cartes que chaque joueur a dans ſa main , & enfin des jetons que les joueurs ont mis devant eux pour former la poule.

Lâcher. C'eſt mettre une carte inférieure ſur celle qu'on a jouée , tandis qu'on en a une qui lui eſt ſupérieure.

Levée. C'eſt une main qu'on a faite en jouant.

Manille. On donne ce nom au ſecond matador qui eſt en couleur noire , le deux , & en couleur rouge , le ſept.

Matadors. On déſigne ſous ce nom la réunion dans une main des trois premières triomphes , qui ſont ſpadille , manille & baſte. Et par extenſion , on appelle encore *matadors* les triomphes qui ſuivent immédiatement les matadors , & qui les accompagnent.

On appelle *faux matadors* , trois ou un plus grand nombre de triomphes qui ſe ſuivent immédiatement l'une l'autre , & dont manille eſt la première.

Mêler. C'eſt battre les cartes.

Obéir. C'eſt fournir de la couleur jouée.

Paſſer. C'eſt annoncer qu'on ne veut pas jouer ſur le coup.

Ponte. On déſigne ſous ce nom l'as d'une couleur rouge , quand elle forme la triomphe.

Poulans. On donne ce nom aux cinq fiches que le diſtributeur des cartes eſt obligé de mettre devant lui , pour appartenir enſuite aux matadors & au joueur qui gagnera la poule.

Poule. C'eſt la totalité des jetons que les joueurs ont mis au jeu , & de plus , une fiche de poulans , pour être tirés par l'hombre quand il gagne , ou par ſon adverſaire , s'il vient à codiller.

Préférence. C'eſt ce qu'on appelle autrement la favorite.

Priſe. C'eſt la totalité des contrats , des fiches & des jetons qu'on diſtribue à chaque joueur avant de commencer la partie.

Remiſe. Il ſe dit d'un coup où l'hombre fait la bête , ſans que ſon adverſaire ait gagné codille.

Renonce. Terme qui s'emploie pour exprimer qu'on manque d'une couleur. On dit dans ce ſens , *ſe faire une renonce* , pour dire , ſe mettre en état de couper une couleur , en ſe défaiſant des cartes qu'on a de cette même couleur.

Renoncer. C'eſt ne pas fournir de la couleur jouée , quand on le peut.

Renvier. C'eſt obliger celui qui a demandé ſimplement , à jouer en couleur favorite , ou à jouer ſans prendre ; ou celui qui joue ſans prendre , à déclarer qu'il entreprend la vole , à moins qu'il ne juge à propos de renoncer à jouer , pour laiſſer le rôle d'hombre à celui qui a renvié.

Sans-prendre. C'eſt nommer la triomphe , & jouer ſans écarter.

Spadille. C'eſt l'as de pique , qui eſt en toute couleur le premier matador.

Talon. C'eſt ce qui reſte de cartes après que chaque joueur a celles qu'il lui faut.

Tours. C'eſt la réunion d'un nombre de coups , tel que chacun des joueurs ait eu ſucceſſivement une fois la main. Et l'on appelle *tours doubles* , le 19e & le 20e tours qui terminent la partie , parce que les payemens ſont doublés durant ces deux tours.

Triomphe. C'eſt la couleur que l'hombre a nommée, & qui emporte toutes les autres cartes.

Vole. C'eſt l'action de faire toutes les levées.

PIQUET.

Sorte de jeu des cartes fort connu, qui ſe joue entre deux perſonnes.

Le jeu dont on ſe ſert eſt compoſé de trente-deux cartes, huit de chaque couleur. Ainſi, il y a huit cœurs, huit carreaux, huit trefles & huit piques.

Voici l'ordre dans lequel ces cartes ſont ſupérieures l'une à l'autre : l'as eſt ſupérieur au roi ; le roi à la dame ; la dame au valet ; le valet au dix ; le dix au neuf ; le neuf au huit ; & le huit au ſept.

La valeur des cartes ſe détermine d'ailleur, par les points que chacune repréſente : ainſi l'as vaut onze points ; chaque figure en vaut dix, & les autres en valent autant qu'il y en a de marqués ſur chacune.

Après être convenu de ce qu'on veut jouer & de combien de points ou de coups la partie ſera compoſée, on tire la main au ſort : pour cela chaque joueur découvre une carte du jeu, & celui qui a découvert la plus haute, donne, s'il le juge à propos, où il fait donner ſon adverſaire, quand il croit que cela lui eſt plus avantageux que de donner lui-même.

Nous obſerverons à ce ſujet, que lorſqu'il faut faire une certaine quantité de points pour gagner la partie, il eſt très-avantageux d'avoir la main : mais ſi l'on joue à l'ide, on doit préférer de donner la main le premier coup.

Lorſque celui qui eſt chargé de donner, a mêlé les cartes, & que ſon adverſaire les a auſſi mêlées s'il l'a voulu, il préſente à couper. Il faut que la coupe ſoit nette & de plus d'une carte : quand elle eſt faite, le joueur qui donne doit diſtribuer les cartes par deux ou par trois à la fois, juſqu'à ce que chaque joueur en ait douze. Les huit cartes qui reſtent forment le talon & ſe mettent ſur le tapis entre les deux joueurs.

On remarquera que, quand il arrive que celui qui donne, diſtribue ou prend treize cartes au lieu de douze, il eſt libre à ſon adverſaire de faire jouer le coup, ou recommencer la donne. S'il prend le parti de faire jouer le coup, & que ce ſoit lui qui ait treize cartes, il doit en écarter cinq & n'en prendre que quatre : ſi, au contraire, le joueur qui a donné, a les treize cartes, il doit en écarter trois & n'en prendre que deux.

S'il arrive qu'il y ait au talon une carte retournée, le coup ne ſera pas moins bon, pourvu toutefois que cette carte ne ſoit ni la première du talon, ni la première de celles que doit prendre le joueur qui a donné : ſi c'étoit une de ces deux cartes, il faudroit néceſſairement refaire, à cauſe du déſavantage qui réſulteroit au ſecond, de la faculté qu'on ſeroit obligé de laiſſer au premier de s'y tenir ou de faire recommencer la donne.

Mais ſi un joueur venoit à retourner par mépriſe ou autrement, une ou pluſieurs cartes du talon de ſon adverſaire, celui-ci pourroit l'obliger de jouer dans la couleur qu'il jugeroit à propos de lui indiquer.

Des hazards.

On diſtingue trois ſortes de hazards qu'on appelle *pic*, *repic*, & *capot*.

Le pic ſe fait lorſque le premier ayant compté, avant de jouer les cartes, un nombre de points quelconque, inférieur à trente, arrive, en jouant les cartes juſqu'à trente, avant que ſon adverſaire ait rien compté : alors, au lieu d'énoncer *trente*, après vingt-neuf, il dit *ſoixante*, & s'il fait d'autres points encore, il dit *ſoixante-un*, *ſoixante-deux*, &c. On conçoit, par cet expoſé, que le dernier ne peut jamais faire pic.

Le *repic* ſe fait quand avant de jouer aucune carte, l'un des deux joueurs compte juſqu'à trente, ſans que ſon adverſaire ait rien pu compter ; ce qui fait qu'au lieu de compter ſimplement trente, il compte quatre-vingt-dix.

Le *capot* a lieu quand l'un des deux joueurs fait toutes les levées, ce qui lui produit quarante points, tandis que s'il n'eût fait que ſept, huit, ou même onze levées, il auroit ſeulement gagné les cartes & compté pour cela dix points.

Il eſt aſſez ordinaire de voir faire deux hazards à la fois, tel que *pic* & *capot*, ou

repic

repic ou *capot* : mais il est très-rare d'avoir un jeu avec lequel on puisse en même temps obtenir la réunion des trois hazards : cependant cela est possible ; en voici la preuve.

Suppofons que le jeu du joueur qui a la main, foit compofé de quatre tierces majeures, & que fon adverfaire n'ait pas le point ; il comptera, 1°. quatre pour le point, parce que c'est un privilège annexé à la tierce majeure de valoir quatre lorfqu'elle est admife pour le point : 2°. trois points pour chacune des quatre tierces majeures, ce qui fera en tout feize points : 3°. quatorze d'as, qui, ajoutés aux feize points précédens, en feront trente avant de jouer les cartes, & par conféquent il y aura lieu de compter quatre-vingt-dix : 4°. vingt-huit points pour les deux quatorze de rois & de dames, lefquels étant ajoutés à quatre-vingt dix, donneront cent dix-huit points : 5°. treize points en jouant les cartes, lefquels, avec les cent dix-huit points précédens, feront cent trente-un, & par conféquent donneront le droit de compter le pic ou cent foixante-un : 6°. enfin, il comptera quarante points pour le capot, puifqu'il aura fait toutes les levées : ainfi les trois hazards fe feront trouvés réunis en un feul coup, & auront produit deux cent-un points, ou, fi l'on veut, deux cent points dans les endroits où le point ne fe compte que trois & non pas quatre, lorfqu'il est formé par une tierce majeure. Cela fe pratique ainfi à Paris.

Des cartes blanches.

Un joueur a cartes blanches quand, parmi fes douze cartes, il ne fe trouve ni roi, ni dame, ni valet, c'est-à-dire, aucune figure : dans ce cas, il attend que fon adverfaire ait formé fon écart, & enfuite il prouve qu'il a cartes blanches en les étalant fur le tapis. Après les avoir ainfi montrées & comptées l'une après l'autre, il compte dix points. Ces dix points de cartes blanches fe comptent avant tout autre point, & fervent non-feulement à faire un ou plufieurs hazards, mais encore à les parer.

Des écarts.

Le joueur qui a la main ayant examiné fes cartes, a le droit d'en ôter cinq de fon jeu

pour y en fubstituer cinq autres à prendre au talon. Les cinq cartes ainfi ôtées forment ce qu'on appelle l'écart du premier.

Quoique ce premier puisse prendre cinq cartes au talon, il est le maître d'en laisser une, deux, trois ou même quatre : il n'est pas obligé d'en prendre plus d'une. En pareil cas il avertit fon adverfaire qu'il ne prend qu'une, deux, trois ou quatre cartes : après en avoir ainfi pris autant qu'il en a écartées, il regarde celles qu'il laisse, & enfuite il les remet fur le talon.

Le dernier, de fon côté, a trois cartes à écarter quand le premier en a pris cinq. Si celui-ci en a laisse une ou plufieurs, l'autre peut ajouter aux trois cartes qu'il a droit d'écarter, autant d'autres cartes que fon adverfaire en a laissées. Il peut aussi, en toute circonstance, fe difpenfer d'en prendre plus d'une : mais il n'est pas le maître de choifir celles qu'il veut prendre : il faut qu'il les prenne dans l'ordre où elles fe trouvent au talon, en commençant par la partie fupérieure, & par conféquent par celles que fon adverfaire a pu laisser.

Lorfque le dernier ne fait pas un écart complet, c'est-à-dire, qu'il laisse des cartes au talon, il a le droit de les regarder ; cependant s'il ufe de ce droit, fon adverfaire peut aussi les voir ; mais il faut auparavant que celui-ci énonce la couleur par laquelle il commencera à jouer.

S'il arrivoit que le dernier qui a laisse des cartes, les mêlât avec fon écart après les avoir vues, fon adverfaire feroit fondé à faire mettre en évidence tant les cartes écartées que celles qui auroient été laissées.

Si d'un autre côté le premier, qui, pour voir les cartes laissées par le dernier, a énoncé la couleur par laquelle il joueroit, venoit à commencer par une autre couleur, fon adverfaire ferait fondé à le faire commencer par la couleur qu'il jugeroit à propos de lui indiquer.

A l'égard du but qu'un joueur doit avoir en vue en formant fon écart, il doit varier felon les circonftances dans lefquelles il fe trouve. Quand on a befoin de faire un grand coup pour gagner, on fuit, pour écarter, une méthode toute oppofée à celle dont on a coutume de faire ufage lorfqu'on n'a pas befoin du fecours d'un évènement extraordinaire. Ainfi, dans les cas ordinaires, on porte le jeu qui paroît le mieux difpofé à donner le point & à faire gagner les cartes : on ne néglige pas pour cela de tirer aux quintes & aux quatorze, pourvu que cela ne nuife pas à l'objet principal qui doit toujours être d'avoir le point & de gagner les cartes.

Du point.

Le point eft la fomme qui réfulte des points que produifent enfemble plufieurs cartes d'une même couleur. Ainfi un joueur, qui, par exemple, a dans fon jeu l'as, le valet, le dix & le neuf de carreau, peut annoncer quarante de points, attendu que l'as en repréfente onze, le valet dix, & les autres cartes autant qu'il y en a fur chacune. L'adverfaire doit répondre à cette annonce que *le point eft bon*, quand il n'en a aucun qui excède trente-neuf; ou qu'*il eft égal*, quand le fien réunit auffi la fomme de quarante; ou enfin qu'*il ne vaut pas*, quand fon point s'étend au-delà de quarante.

Celui des deux joueurs qui l'emporte dans cette première accufation, compte à fon profit autant de points qu'il a employé de cartes d'une même couleur pour former fon point.

Dans le cas d'égalité de point, aucun des joueurs ne compte le fien.

Le point doit être montré à découvert fur la table quand il eft bon, & même quand il n'eft qu'égal.

Des tierces, des quatrièmes, des quintes, des fixièmes, des feptièmes & des huitièmes.

On diftingue fix efpèces de tierces : la principale eft celle qu'on appelle *tierce majeure* : elle eft compofée de l'as, du roi & de la dame d'une même couleur.

La feconde fe nomme *tierce au roi* : elle eft formée par trois figures d'une même couleur, qui font le roi, la dame & le valet.

La troifième eft appelée *tierce à la dame* : elle eft formée par une dame, un valet & un dix d'une même couleur.

La quatrième appelée *tierce au valet*, confifte dans un valet, un dix & un neuf d'une même couleur.

La cinquième appelée *tierce au dix*, eft compofée d'un dix, d'un neuf & d'un huit de même couleur.

Et la fixième appelée *tierce au neuf*, eft

formée par un neuf, un huit & un fept d'une même couleur.

Toute tierce fupérieure à celles qui font au jeu, vaut trois points au joueur dans le jeu duquel elle fe trouve : elle a d'ailleurs la prérogative de rendre valables toutes les tierces inférieures qui font avec elle dans un même jeu, quand même il y en auroit de fupérieures à ces dernières dans le jeu de l'adverfaire. Mais ce qu'on vient de dire de la tierce fupérieure, n'a d'application qu'au cas où il n'y a dans le jeu de l'adverfaire ni quatrième, ni quinte, ni aucune autre fuite de cartes qui s'étende au-delà de trois.

Il y a cinq fortes de quatrièmes. La première eft appelée *quatrième majeure* : elle eft compofée de l'as, du roi, de la dame & du valet d'une même couleur.

La feconde appelée *quatrième de roi*, eft compofée du roi, de la dame, du valet & du dix d'une même couleur.

La troifième, appelée *quatrième de dame*, eft formée par la dame, le valet, le dix & le neuf d'une même couleur.

La quatrième, appelée *quatrième de valet*, eft compofée du valet, du dix, du neuf & du huit d'une même couleur.

Et la cinquième, qu'on appelle *quatrième de dix*, confifte dans le dix, le neuf, le huit & le fept d'une même couleur.

Toute quatrième fupérieure à celles qui font au jeu, vaut quatre points au joueur dans la main duquel elle fe trouve : elle rend d'ailleurs valables les tierces, & les autres quatrièmes inférieures qui font avec elle dans un même jeu, quand même il y en auroit de fupérieures à ces dernières dans la main de l'adverfaire. Mais ce qu'on vient de dire de la quatrième fupérieure, ne s'applique qu'au cas où il n'y a dans le jeu de l'adverfaire, ni quinte, ni fixième, ni aucune autre fuite de cartes qui s'étende au-delà de quatre.

Il y a quatre efpèce de quintes. La première appelée *quinte majeure*, confifte dans l'as, le roi, la dame, le valet & le dix d'une même couleur.

La feconde appelée *quinte de roi*, eft compofée du roi, de la dame, du valet, du dix & du neuf d'une même couleur.

La troifième appelée *quinte de dame*, eft formée par la dame, le valet, le dix, le neuf & le huit d'une même couleur.

Et la quatrième qu'on appelle *quinte de valet*, consiste dans le valet, le dix, le neuf, le huit & le sept d'une même couleur.

Une quinte supérieure à celles qui peuvent être au jeu, vaut quinze points au joueur dans la main duquel elle se trouve. Elle fait d'ailleurs valoir la quinte inférieure qui peut se trouver avec elle dans un même jeu, quand même il y en auroit de supérieures à cette dernière dans le jeu de l'adversaire. Mais ce que nous venons de dire de la quinte supérieure, n'a d'effet qu'autant qu'il n'y a dans le jeu de l'adversaire, ni sixième, ni septième, ni huitième.

Il y a trois sortes de sixièmes. La première appelée *sixième majeure*, est composée de l'as, du roi, de la dame, du valet, du dix & du neuf d'une même couleur.

La seconde appelée *sixième de roi*, consiste dans le roi, la dame, le valet, le dix, le neuf & le huit d'une même couleur.

Et la troisième qu'on appelle *sixième de dame*, est formée par la dame, le valet, le dix, le neuf, le huit & le sept d'une même couleur.

Une sixième supérieure à celles qui peuvent être au jeu, vaut seize points au joueur dans la main duquel elle se trouve. Elle rend d'ailleurs valable la sixième inférieure qui peut se trouver avec elle dans un même jeu, quand même il y en auroit une supérieure à cette dernière dans le jeu de l'adversaire. Mais ce qu'on vient de dire ne s'applique qu'au cas où il n'y a dans la main de l'adversaire ni septième, ni huitième.

Il y a deux espèces de septièmes. La première qu'on appelle *septième majeure*, est composée de l'as, du roi, de la dame, du valet, du dix, du neuf & du huit d'une même couleur.

Et la seconde, appelée *septième de roi*, consiste dans le roi, la dame, le valet, le dix, le neuf, le huit & le sept.

Une septième vaut dix-sept points au joueur dans le jeu duquel elle se trouve, quand elle est supérieure à celle de l'adversaire, s'il en a une.

Il n'y a qu'une sorte de huitième : elle consiste à réunir dans un même jeu les huit cartes d'une même couleur.

Une huitième vaut dix-huit points au joueur dans la main duquel elle se trouve, pourvu toutefois que son adversaire n'en

ait pas une lui-même ; car, s'il en avoit une, il y auroit égalité, & alors aucun des joueurs ne compteroit sa huitième.

Ce que nous venons de dire de l'égalité de la huitième, doit aussi s'appliquer à l'égalité de toutes les autres séquences, telles que les tierces, les quatrièmes, les quintes, &c.

Des quatorze & de la réunion dans un même jeu de trois cartes de même figure & de couleurs différentes.

Il y a cinq sortes de quatorze, qui sont le quatorze d'as, le quatorze de *rois*, le quatorze de *dames*, le quatorze de *valets*, & le quatorze de *dix*.

Chaque quatorze est composé de quatre cartes semblables, une de chaque couleur.

Le quatorze d'as est supérieur à celui de rois ; celui de rois est supérieur à celui de dames ; celui de dames, à celui de valets, & ce dernier à celui de dix.

Un quatorze supérieur à ceux qui peuvent être au jeu, vaut quatorze points au joueur dans la main duquel il se trouve : il rend d'ailleurs valables les quatorze inférieurs qui sont avec lui dans un même jeu, quand même il y auroit un quatorze supérieur à ceux-ci dans le jeu de l'adversaire.

Lorsqu'un joueur a dans sa main un quatorze qui est bon, ou que ce quatorze est accompagné de trois cartes semblables, comme trois dix, trois valets, &c. il compte trois points pour chaque réunion de trois cartes, quand même il n'auroit que des cartes inférieures en ce genre à celles de son adversaire. Ainsi, par exemple, un joueur qui a quatorze de dames & trois dix, compte dix-sept points, quoique son adversaire ait trois as ou trois rois.

En quelque nombre que les neuf, les huit & les sept soient dans un jeu, ils ne peuvent produire aucun point par le seul effet de leur réunion.

Lorsqu'il n'y a aucun quatorze dans les jeux des deux joueurs, trois as produisent nécessairement trois points à celui qui les a, & ce dernier compte de même trois valets ou trois dix, s'il les a, quand bien même son adversaire auroit trois rois ou trois dames.

De la manière de compter le jeu avant de jouer les cartes.

Lorsque les écarts sont terminés & les jeux formés, le premier en cartes doit accuser son point, en disant, par exemple, qu'il a 39 ou 45, ou 50, &c. Son adversaire doit répondre ou que le point accusé est bon, ou qu'il ne vaut pas, ou qu'il est égal.

Si celui-ci répond que le point est bon, ou qu'il est égal, le premier est obligé de le montrer, pour ensuite le compter s'il est bon, ou pour justifier qu'il est égal, & empêcher par-là que son adversaire ne compte le sien. Mais quand la réponse est que le point ne vaut pas, le premier qui l'a accusé est dispensé de le faire voir.

Lorsqu'il y a eu accusation & réponse sur le point, le premier doit annoncer les séquences qu'il a dessein de compter : ainsi quand il a une quinte, une quatrième, une tierce, &c. il demande à son adversaire si telle quinte, telle quatrième, telle tierce, &c. est bonne : si son adversaire répond affirmativement, il montre la séquence dont il a parlé : il en est de même si on lui a répondu qu'elle est égale ; mais il est dispensé de la faire connoître lorsque son adversaire a répondu qu'elle ne vaut pas.

Quand cela est réglé, le premier accuse les quatorze ou les trois cartes de même point & de même figure qui peuvent être dans son jeu. Dans ce cas-ci, il n'y a jamais lieu à l'égalité, parce que les quatorze ou les trois cartes de même point & de même figure, sont toujours supérieurs ou inférieurs l'un à l'autre. Si la réponse de l'adversaire est que les objets accusés sont bons, le premier les compte, & il n'est point obligé de les montrer, comme cela se pratique à l'égard du point & des séquences.

De ce qui doit être pratiqué en jouant les cartes.

Lorsque le joueur qui a la main a fini de compter tout ce qu'on a reconnu de bon dans son jeu, il en vient à jouer les cartes, & compte un point pour la première qu'il jette sur le tapis. Ainsi quand ce qu'on a reconnu valable dans son jeu s'est étendu, par exemple, à vingt points, il dit en jouant la première carte qu'il jette sur le tapis, *vingt & un.*

Alors & avant de jouer sur cette carte, l'adversaire qui est dernier, est obligé de montrer & de compter ce qu'il peut avoir de valable dans son jeu. S'il jetoit auparavant une carte sur celle qui est jouée, il ne seroit plus admis à ce compte. Il lui importe par conséquent de ne rien oublier de ce qu'il est en droit de compter, à moins qu'il n'ait quelque vue particulière qui le détermine à en user autrement. Au reste, quand il a compté ce qu'il a pu ou voulu compter, il faut, s'il a de la couleur jouée par le premier, qu'il fournisse une carte de même couleur. On observera qu'il n'est point obligé de forcer : ainsi, lorsqu'il a dans cette couleur une carte supérieure & une autre inférieure à celle que le premier a jouée, il peut indifféremment jeter la supérieure ou l'inférieure. S'il joue la supérieure, & que par conséquent il fasse la levée, il compte pour cette levée, un point qu'il ajoute à ceux qu'il a d'abord comptés avant de jouer. Ayant ainsi fait la première levée, il joue pour la seconde levée telle carte de son jeu qu'il juge à propos, & compte un nouveau point qu'il ajoute aux précédens. Si le premier fait cette seconde levée, il compte de même un point qu'il ajoute à ceux qui lui sont déjà acquis, & il joue pour la troisième levée, en comptant un nouveau point. On continue de même jusqu'à ce que les joueurs se soient défaits chacun de leurs douze cartes. On remarquera que celui qui fait la douzième & dernière levée compte deux points pour cette levée.

On observera que n'y ayant point de triomphe au *piquet,* on ne peut faire aucune levée qu'en employant sur la carte jouée une carte supérieure qui soit de la même couleur que la première. Ainsi un joueur ayant fait la penultième levée, & à qui, par exemple, il ne resteroit plus que le sept de pique, feroit nécessairement la dernière levée avec cette carte, si son adversaire n'avoit point de pique.

Toutes les cartes étant jouées, on compte les levées que chaque joueur a faites : s'il se trouve qu'ils en ont fait chacun six, on dit que *les cartes sont égales.* Dans ce cas, il n'y a rien à compter pour personne. Mais si l'un des deux joueurs a fait sept levées ou plus, on dit *qu'il a gagné les cartes,* & cela

lui vaut dix points , qu'il ajoute à ceux qu'il
a comptés auparavant.

C'eſt particulièrement à la manière de
jouer les cartes , qu'on remarque la ſupério-
rité d'un joueur ſur un autre. On ne parvient
à les bien jouer , qu'après s'être formé dans
l'art de juger ſainement le jeu de ſon adverſaire. Vous connoiſſez de quelles cartes ce
jeu doit être compoſé , en le.comparant avec
le vôtre , & en portant votre attention tant
ſur ce que votre adverſaire a compté ou .ac-
cuſé , que ſur les premières cartes qu'il a
jouées ou fournies ſur les vôtres. Au ſurplus ,
l'uſage à cet égard eſt beaucoup plus inſtructif
que les préceptes.

Voici des exemples à l'appui de ce qu'on
a dit précédemment.

Premier exemple.

Jeu de pic ou ſoixante , avec gain des cartes.

Votre jeu eſt compoſé d'une quinte majeure en carreau ; de l'as , du huit & du ſept
de pique ; de l'as , du neuf, du huit & du ſept
de cœur ; les cinq cartes de votre écart ſont
le dix, le huit & le ſept de trèfle ; le dix &
le valet de cœur.

Vous annoncez 51 de points , qui ſont
néceſſairement bons, puiſque les cartes que
vous avez dans votre jeu & dans votre écart,
prouvent que votre adverſaire n'a pu raſſem-
bler un pareil point. Ainſi vous comptez cinq
pour cet objet.

Vous comptez enſuite quinze points-pour
votre quinte, à laquelle votre adverſaire n'a
pareillement rien à oppoſer.

Enfin vous comptez trois as, qui ſont également bons , puiſque votre adverſaire ne
peut avoir aucun quatorze.

Ces trois objets réunis vous donnent par
conſéquent une ſomme de 23 points.

Alors vous jouez les cartes , en commençant par votre quinte majeure ,avec laquelle
vous faites cinq levées ſans qu'on puiſſe vous
en empêcher ; c'eſt donc cinq points que
vous ajoutez aux 23 précédens.

Suppoſons qu'à cette époque , les cartes
dont votre adverſaire s'eſt défait, ſur votre
quinte majeure , vous faſſent connoître que
les ſept cartes qui lui reſtent dans la main,
ſont l'as, le roi & la dame de trèfle ; le roi
& la dame de cœur, & le roi & la dame de

pique ; il vous devient indifférent de jouer
pour faire le vingt-neuvième point, l'as de
pique ou l'as de cœur ; mais il faut que vous
jouiez l'un ou l'autre. Votre choix tombant
ſur l'as de cœur, vous dites vingt-neuf en
le jouant : enſuite vous jouez un de vos
petits cœurs en diſant ſoixante.

Votre adverſaire prend alors le petit cœur
que vous avez joué , & compte un : il joue
enſuite ſon as, ſon roi & ſa dame de trèfle
pour chacun deſquels il compte un point,
ce qui lui en fait quatre : de votre côté,
vous vous défaites de vos deux petits piques
& d'un cœur ſur ces trois trèfles : enfin votre
adverſaire qui a encore la main , compte cinq
en jouant la dame ou le roi de pique. Alors vous
prenez le pique joué avec votre as de la même
couleur, en comptant ſoixante-un ; enſuite
vous jouez pour dernière carte le petit cœur
qui vous reſte , en diſant ſoixante-deux, &
ſoixante-trois, parce que vous faites la levée,
& que celui qui fait la dernière levée compte
deux points, tandis qu'on n'en compte qu'un
pour chacune des autres.

Par cette manière de jouer vous êtes parvenu à faire huit levées : ainſi vous avez
gagné les cartes , & pour cela vous comptez
dix points que vous ajoutez aux ſoixante-
trois comptés précédemment.

Il ſuit de cet expoſé que le coup joué vous
a produit ſoixante-treize points ; tandis que
votre adverſaire n'en a fait que cinq.

Deuxieme exemple.

Jeu de pic ou ſoixante pour le premier , &
de capot pour le dernier.

Vous avez dans votre jeu, avant d'écarter,
une quinte de roi en cœur , l'as, le neuf
& le huit de carreau , le valet de trèfle, le
dix & le valet de pique.

Les cinq cartes que vous mettez à l'écart,
ſont vos trois carreaux avec votre neuf &
votre dix de pique.

Les cartes qui vous rentrent en échange
de celles que vous avez écartées, ſont le valet
& le dix de carreau, le neuf & le ſept de
trèfle, & le huit de pique.

Le jeu de votre adverſaire conſiſte en cinq
trèfles ; ſavoir , la tierce majeure, le dix &
le huit ; quatre piques, par la tierce ma-

jeure; le roi & la dame de carreau & l'as de
cœur.

Vous annoncez quarante-neuf de points :
votre adverfaire répond qu'ils font égaux.

Vous comptez alors votre quinte & votre
quatorze de valets qui font vingt-neuf, &
en jouant vous dites foixante.

Votre adverfaire prend fur la carte que
vous jouez, puifque dans toutes les couleurs il
a la carte fupérieure, attendu que vous avez
écarté votre as de carreau, & il fait enfuite
fans que vous puiffiez l'en empêcher, toutes
les autres levées. Ainfi il compte treize en
jouant les cartes & quarante pour le capot,
en tout cinquante-trois points.

T R O I S I E M E　E X E M P L E.

*Jeu de capot pour le premier & de repic pour
le dernier.*

Votre jeu eft compofé de fix trefles; favoir, la quatrième majeure; le fept & le
huit; de cinq piques, dont la tierce majeure
le neuf & le huit, & de l'as de carreau.

Votre adverfaire a une feptième de roi
en carreau, l'as, le roi & le dix de cœur,
le dix de trefle & le dix de pique.

A l'accufation de votre point, de votre
quatrième majeure, & de vos trois as, votre
adverfaire peut oppofer un point qui vaut
mieux que le votre, une feptième & un
quatorze de dix. Ainfi quand vous aurez
compté un en jouant votre première carte,
il étalera fur le tapis fes fept carreaux, &
comptera tant pour le point que pour la
feptième, vingt-quatre, à quoi il ajoutera
quatorze pour fes quatre dix, ce qui fera la
fomme de trente-huit points. Or, comme
ces trente-huit points font à compter, avant
que vous en ayez compté aucun, au lieu
de les énoncer, il dira vingt-quatre & quatorze font quatre-vingt-dix-huit.

Vous continuerez alors à jouer vos cartes
en commençant par les plus hautes, &
comme vous ferez les douze levées, il en
réfultera pour vous treize points, plus quarante que vous produira le capot. Ainfi,
vous aurez fait fur le coup cinquante-trois
points, & votre adverfaire quatre-vingt-
dix huit.

Q U A T R I E M E　E X E M P L E.

*Jeu de repic pour le premier & de capot pour
le dernier.*

Votre jeu confifte dans une fixième de
dame en pique, & dans une quinte de valet
en cœur. Votre douzième eft le fept de trefle.
Vous avez dans votre écart, le neuf, le
huit & le fept de carreau, ainfi que le neuf
& le huit de trefle.

Les douze cartes de votre adverfaire font
une quinte majeure en carreau, une autre
pareille quinte en trefle, l'as de pique &
l'as de cœur.

Vous étalez d'abord fur le tapis votre
fixième, en comptant fix pour le point &
feize pour la fixième, en tout vingt-deux.
Vous montrez enfuite la quinte de valet qui
vaut quinze points, lefquels ajoutés aux précédens, font une fomme de trente-fept; &
comme votre adverfaire n'a pu mettre aucun
obftacle à la valeur de ce que vous avez ac-
cufé, vous dites, au lieu de trente-fept,
quatre-vingt dix-fept : vous ajoutez à cela
un point en jouant ; & le coup vous produit un total de quatre-vingt-dix huit points.

Alors votre adverfaire compte fon jeu ;
favoir, quatorze points pour les quatre as,
treize points pour les douze levées qu'il
fait, & quarante pour le capot, ce qui
forme un tout de foixante-fept points.

C I N Q U I E M E　E X E M P L E.

Jeu de pic & capot pour le premier.

Vous avez la fixième majeure en cœur,
la quatrième majeure en pique, ainfi que le
fept & le huit de cette dernière couleur.

Il y a dans votre écart le dix & le neuf
de carreau, avec la tierce de neuf en trefle.

Votre point eft néceffairement bon, il
en eft de même de votre fixième majeure :
ainfi pour ces trois objets vous compterez
vingt-fix points : vous jouez enfuite vos fix
cœurs & fucceffivement vos fix piques : le
premier cœur vous fait compter vingt-fept,
le fecond vingt huit, le troifième vingt neuf
& le quatrième foixante. Les huit autres levées
vous donnent neuf points à quoi vous en
ajoutez quarante pour le capot : vous comptez

par conféquent pour ce coup, un total de cent neuf points.

SIXIEME EXEMPLE.

Jeu de repic & capot pour le dernier.

Votre adverfaire a fon jeu compofé d'une huitième en trefle, du roi & de l'as de pique, de l'as de cœur, & de l'as de carreau.

Quelles que puiffent être vos cartes, vous ne pouvez pas empêcher qu'il ne faffe repic & capot. Il répondra d'abord à l'acculation de votre point, qu'il ne vaut pas, puifqu'il a huit cartes & que vous ne pouvez pas en réunir plus de fept : il fera la même réponfe, fi vous accufez une feptième ou une fixième ; enfin fi vous accufez trois cartes femblables il vous dira encore qu'elles ne valent pas, puifqu'il a un quatorze. Il faudra donc que vous commenciez par un point en jouant une carte de votre jeu, & vous n'en compterez pas davantage.

Alors votre adverfaire étalera fur le tapis les huit cartes pour lefquelles il comptera vingt-fix points, dont huit de point, & dix-huit de la huitième. Il ajoutera à ces vingt-fix points les quatorze produits par fes quatre as, & il dira vingt-fix & quatorze font cent. Il comptera enfuite treize points en jouant les cartes, & enfin quarante points pour le capot, puifqu'il aura fait toutes les levées. Ainfi ce coup ne vous aura valu qu'un point, tandis que votre adverfaire en aura fait cent cinquante-trois.

SEPTIEME EXEMPLE.

Coup qui produit quatre-vingt-quinze points à chacun des deux joueurs.

Le jeu de premier eft compofé des quatre tierces majeures, après avoir été au talon.

Deux quintes de valets en cœur & en carreau, & deux petits trefles, forment le jeu du fecond.

A l'acculation fucceffive que le premier fait de fon point & de la tierce majeure, le fecond répond que l'un & l'autre ne valent pas.

Le premier compte alors quatorze points

pour fes quatre as, quatorze pour fes quatre rois ; & quatorze pour fes quatre dames, en tout quarante-deux points. Il fait enfuite toutes les levées & par conféquent le capot, ce qui lui vaut d'une part treize points, & d'autre part, quarante, en tout cinquante-trois, lefquels étant ajoutés aux quarante-deux précédens, forment un total de quatre-vingt-quinze points.

De fon côté, le fecond étale d'abord fur le tapis une de fes quintes pour laquelle il compte en premier lieu, cinq de point, & en fecond lieu, quinze de féquence, en tout vingt points. Il montre enfuite fon autre féquence, pour laquelle il compte également quinze points qui, étant ajoutés au vingt précédens, font un tout de quatre-vingt-quinze, & c'eft tout ce qu'il peut compter fur le coup.

HUITIEME EXEMPLE.

Jeu de repic au moyen des cartes blanches.

Votre jeu avant d'écarter eft compofé de quatre tierces de neuf. Si vous êtes premier, vous conferverez deux de ces tierces ; je fuppofe que c'eft celle de cœur & celle de carreau : vous laiffez en même temps dans votre jeu ou le neuf de trefle, ou celui de pique. Vous mettez le refte à l'écart. Vous prenez, en échange, au talon, le valet & le dix de cœur, la dame de trefle, le valet & le dix de pique.

Quelque formidable que foit le jeu de votre adverfaire, qui a quatre as & quatre rois, vous n'en faites pas moins repic forcément. En voici la preuve.

Vos cinq cœurs valent vingt points, tant en point qu'en féquence, puifque votre adverfaire ne peut avoir que quatre cartes d'une même couleur. Vous comptez enfuite trois points pour votre tierce de neuf en carreau, & vous ajoutez ces 23 points au dix qui vous ont d'abord été acquis par les cartes blanches que vous avez eu foin de montrer avant d'écarter. Ainfi vous entrez par quatre-vingt-treize points.

Il eft évident qu'avec un pareil jeu, le dernier pourroit faire repic comme le premier.

NEUVIEME EXEMPLE.

Coup ordinaire où le premier gagne les cartes.

Le jeu du premier eſt compoſé de cinq trefles, par la tierce majeure, faiſant quarante-ſix de point ; du roi & de la dame de pique ; du valet & du dix de cœur ; de l'as, du dix & du huit de carreau. il a dans ſon écart, le neuf & le ſept de cœur, avec le dix, le neuf & le ſept de pique.

Le jeu du ſecond conſiſte en cinq carreaux par la tierce au roi, faiſant quarante-ſix de point ; la tierce majeure en cœur ; l'as & le valet de pique, le dix & le neuf de trefle.

A l'accuſation que le premier fait de ſon point & ſucceſſivement de ſa tierce majeure, le ſecond répond qu'il a l'égalité du point en carreau, & l'égalité de la tierce en cœur.

Alors le premier n'ayant ni quatorze, ni trois cartes ſemblables à compter entre, par un, en jouant ſon as de trefle : il continue à jouer les quatre autres cartes de la même couleur, ce qui lui fait cinq points. Il joue enſuite le roi de pique, en comptant ſix.

Le ſecond qui s'eſt défait ſur les cinq trefles, des deux qu'il y avoit, ainſi que du valet de pique & de deux petits carreaux, prend le roi de pique avec l'as en comptant un ; il compte enſuite deux en jouant le roi de carreau.

Le premier prend ce roi avec l'as, en comptant ſept ; joue la dame de pique en comptant huit ; & enfin il compte neuf en jouant cœur ou carreau. Il abandonne alors ſon jeu, parce qu'il ne peut plus faire de levée ; & comme il en a fait ſept, ce qui lui a fait gagner les cartes, il ajoute dix points aux neuf qu'il a compté en jouant.

Le ſecond qui fait les quatre dernieres levées, compte cinq pour cet objet, & il les ajoute aux deux qu'il a comptés précédemment.

DIXIEME EXEMPLE.

Coup ordinaire où les cartes ſont égales.

Le jeu du premier eſt compoſé de ſix carreaux, qui ſont la quatrième majeure, le ſept & le huit. Il a avec cela, le valet & le dix de cœur ; le neuf & le dix de pique ; le roi & la dame de trefle.

Le jeu du ſecond conſiſte en ſix piques égaux aux ſix carreaux du premier, à quoi ſe trouvent joints l'as de cœur, l'as de trefle & quatre autres cartes inférieures de diverſes couleurs.

Le premier n'ayant ni point, ni ſéquence, ni quatorze, ni trois cartes ſemblables à compter, joue ſes ſix carreaux pour leſquels il compte ſix points & un ſeptième pour la carte qu'il joue enſuite.

Le ſecond, compte trois as avant de jouer, & ſept points pour les ſix dernieres levées. Ainſi le coup lui produit dix points.

ONZIEME EXEMPLE.

Coup du premier.

Le coup du premier conſiſte à faire au moins vingt-huit points. On atteindra ce but avec un jeu diſpoſé de la manière ſuivante.

Le premier a cinq trefles, ſavoir, la quatrième majeure & le huit ; le roi & la dame de carreau ; l'as & le dix de cœur ; le valet, le dix & le neuf de pique.

Il a dans ſon écart le huit de pique, le valet, le ſept & le huit de cœur, & le dix de carreau.

Le jeu du ſecond eſt compoſé de quatre piques, dont la tierce majeure, du roi, de la dame & du neuf de cœur, de l'as & du valet de carreau, du valet & du dix de trefle.

Le premier étale ſes cinq trefles & compte neuf tant pour le point que pour la quatrième majeure. Il compte enſuite cinq points en jouant ſes cinq trefles, ce qui lui fait quatorze. Il joue le roi de carreau pour le quinzième point : ſon adverſaire prend le carreau avec ſon as, & joue enſuite ſes quatre piques en comptant cinq points : il ne lui reſte plus alors que le roi & la dame de cœur. Il en joue un des deux en diſant ſix.

Le premier prend avec l'as & compte ſeize : enſuite il fait, par le moyen de la dame de carreau, la dernière levée pour laquelle il compte deux points qui, joints aux ſeize précédens, font dix-huit. Il ajoute à ce nombre

dix

six autres points pour les cartes qu'il a gagnées, puisqu'il a fait sept levées : ainsi il compte en tout vingt-huit.

DOUZIEME EXEMPLE.

Coup du dernier.

De même que le coup du premier doit s'étendre à vingt-huit points, le coup du dernier consiste à en faire au moins douze. Il parviendra à les faire si les jeux sont disposés comme il suit :

Le jeu du premier est composé de cinq trefles, savoir ; la quatrième majeure & le sept ; il a avec cela deux carreaux par la dame ; l'as de cœur ; l'as, le dix, le sept & le huit de pique.

Le jeu du dernier consiste en six cœurs, qui font la quatrième de roi, le huit & le sept. Il a avec cela l'as & le roi de carreau, & quatre piques par la tierce de roi.

Le premier accuse d'abord quarante-huit de point. Le dernier répond qu'ils ne valent pas.

Il accuse ensuite une quatrième majeure ; on lui répond qu'elle est bonne, ainsi que les trois as qu'il annonce encore.

Comme le premier n'a plus rien à proposer après cette dernière réponse, il ajoute aux sept points de sa quatrième & de ses trois as, cinq points qu'il acquiert en jouant ses cinq trefles. Il dit treize en jouant la dame ou le valet de carreau.

Le dernier montre alors les six cœurs pour lesquels il compte six points ; ensuite il prend le carreau en comptant sept, après cela il compte huit en jouant le roi de cœur.

Le premier prend ce cœur avec l'as, & compte quatorze. Il joue ensuite un second carreau en disant quinze.

Le dernier prend encore ce carreau & compte neuf : à cette époque il lui reste en main deux cœurs & deux piques. Il joue les deux cœurs qui lui font onze points ; le roi qui lui en fait douze ; & la dame de pique qui lui fait compter treize. Son adversaire prend cette dame avec son as, en ajoutant deux points aux quinze qu'il a précédemment comptés. Enfin celui-ci compte en outre dix points, parce qu'il gagne les cartes.

Ainsi le coup, joué comme on vient de le dire, produit au premier vingt-sept points, & treize au dernier.

TREIZIEME EXEMPLE.

Le coup appelé faux premier.

Le coup de faux premier a lieu quand le dernier en cartes fait à peu près autant de points que le premier, ou quand celui-ci ne fait qu'environ quinze à vingt points sans gagner les cartes. C'est ce qui arrivera si les deux jeux sont disposés comme il suit.

Le premier a la quatrième majeure en pique ; l'as, le roi, le huit & le sept de cœur ; le valet & le dix de trefle ; la dame & le neuf de carreau.

Le jeu du dernier est composé de l'as, du roi, du valet & du dix de carreau ; de l'as & du roi de trefle ; d'une tierce de dame en cœur, & d'une tierce de dix en pique.

Le premier accuse quarante-un de points ; le second répond qu'ils sont égaux. On a remarqué qu'il les avoit en carreau. Alors le premier étale sa quatrième majeure pour laquelle il compte quatre points. Il joue ensuite ses quatre piques, ainsi que l'as, le roi & le huit de cœur, ce qui lui produit sept points, lesquels étant ajoutés aux quatre précédens font un tout d'onze points.

Le second, à qui il rend alors en main l'as, le roi & le valet de carreau, l'as & le roi de trefle, & la dame de cœur, fait par conséquent les six dernières levées, pour lesquelles il compte sept points. Ainsi le premier n'a fait que quatre de points de plus que le second, puisque les cartes sont égales.

QUATORZIEME EXEMPLE.

Coup fin par le moyen duquel le premier se propose de gagner les cartes.

On appelle *coup-fin*, celui qu'on joue de manière qu'il induit en erreur un des deux joueurs, en lui persuadant que son adversaire a une ou plusieurs cartes qu'il n'a réellement pas.

Le jeu du premier est composé de six cœurs par la quatrième majeure ; du roi de la dame, du neuf & du dix de pique ;

du roi de carreau & la dame de trefle. Il a dans son écart deux carreaux & trois trefles.

Le second a cinq carreaux qui sont l'as, la dame, le valet, le dix & le sept : l'as de pique ; l'as, le roi, le valet & le dix de trefle, & deux petits cœurs.

Le premier, au lieu d'accuser ses six cœurs, n'en accuse que cinq, faisant quarante-neuf de points.

Comme son adversaire ne peut pas empêcher qu'ils ne soient bons, il les étale, compté cinq pour le point, & quatre pour la séquence ; en tout neuf. Il joue ensuite ses cinq cœurs, qui, ajoutés aux neuf précédens, font quatorze; après cela il dit quinze, en jouant le roi de pique.

Le dernier, qui a compté trois as, & qui a encore dans sa main l'as de pique, quatre trefles, l'as & la dame de carreau, prend le roi de pique avec l'as, & compte quatre. Il joue ensuite ses quatre trefles pour lesquels il compte quatre autres points.

Sur ces quatre trefles le premier jette la dame & les trois piques qui accompagnoient le roi, en sorte qu'il ne lui reste plus que le roi de carreau & le sept de cœur.

Enfin le dernier, après avoir joué ses quatre trefles, supposant que le premier a le roi de carreau second joue la dame de cette couleur en comptant neuf, & garde l'as dans la vue de faire la dernière levée : mais il est trompé dans son attente ; le premier prend la dame avec son roi, & joue ensuite le sept de cœur qui lui fait faire la levée, que son adversaire avoit espéré de faire par le moyen de son as de carreau. Ainsi le premier ajoute, pour les deux dernières levées, trois points aux quinze qu'il a comptés précédemment, & dix pour les cartes qu'il a gagnées. Il fait par conséquent vingt-huit points, tandis qu'il n'en auroit fait que quinze, si son adversaire eût joué l'as de carreau au lieu de la dame.

QUINZIEME EXEMPLE.

Autre coup fin par lequel le premier a pour but de parvenir au capot.

Votre jeu est composé de six cœurs, qui sont l'as, le roi, le valet, le dix, le sept & le huit ; de quatre piques, par la tierce majeure ; de l'as & de la dame de trefle. Vous avez à l'écart un petit pique, deux trefles & deux carreaux.

Le jeu de votre adversaire, qui est dernier, consiste en six carreaux ; savoir, la tierce majeure, le dix, le neuf & le huit : il a avec cela, le valet & le dix de pique ; le roi, le valet, le dix & le huit de trefle.

Vous annoncez votre point & successivement votre tierce majeure : votre adversaire répond à l'accusation du point, qu'il ne vaut pas ; & sur la tierce majeure, qu'elle est égale.

Vous avez encore à annoncer trois as, qui sont bons ; mais vous gardez le silence à cet égard, parce que vous espérez qu'en ne les comptant pas, votre adversaire croira que celui de trefle est à l'écart : ainsi vous commencez par jouer vos cœurs avec lesquels vous faites six levées. Vous faites ensuite quatre autres levées avec vos piques ; & alors il ne vous reste en main que l'as & la dame de trefle.

Votre adversaire a de son côté montré cinquante-huit en carreau pour lesquels il a compté six points. Il a ensuite compté trois dix, & ceci a encore dû contribuer à lui persuader que vous aviez écarté l'as de trefle. D'après cette opinion, il juge que, pour éviter le capot, il doit garder en définitive le roi de trefle comme carte maîtresse, & l'as de carreau. Ainsi il jette ses dix autres cartes sur les six cœurs & les quatre piques que vous avez d'abord joués. Alors vous jouez votre as de trefle sur lequel il est obligé de fournir le roi, & comme votre dernière carte n'est pas un carreau, vous faites capot.

Du piquet à écrire.

Le piquet à écrire est une partie dont l'étendue est déterminée par un certain nombre de tours qu'on appelle roîs.

La partie entière est composée de douze rois, & la demi-partie de six rois. On peut d'ailleurs convenir de jouer cinq rois, huit rois, neuf rois, &c.

Chaque roi consiste en deux ides, & chaque ide en un tour ou deux donnes.

Le piquet à écrire se joue non seulement entre deux personnes, mais encore entre trois ou quatre. Cependant il n'y en a jamais que deux à la fois qui tiennent les cartes.

Lorfque les joueurs font au nombre de trois, il y en a un qu'on appelle la chouette & qui joue contre les deux autres. Ceux-ci font affociés & joüiffent du droit de fe donner des confeils l'un à l'autre.

Ils jouent alternativement chacun un roi contre la chouette jufqu'à la fin de la partie.

Si les joueurs font au nombre de quatre, il y en a deux contre deux. Celui des deux affociés qui eft marqué le premier, ne joue que la première ide, & fon affocié prend revanche contre le joueur qui a marqué : après cette revanche, celui qui l'a prife, donne des cartes à l'autre adverfaire & joue la feconde ide avec lui : cet adverfaire joue alors avec celui qui a d'abord été marqué & qui n'a joué qu'une ide. Ainfi chaque joueur joue une ide avec chacun de fes deux adverfaires, &, pour que tout foit égal, le joueur qui n'a d'abord joué que l'ide où on l'a marqué, joue la dernière ide. Il complette par ce moyen l'ide qu'il a commencée le premier coup.

Quand on joue à l'ide, il y a un petit avantage à diftribuer les cartes le premier. La raifon en eft que celui qui étoit dernier devenant à fon tour premier, forme fon écart ou arrange fon jeu conféquemment aux points qu'il a à combattre. Par exemple, fi fon adverfaire a trente ou quarante points de refte, il vifera au foixante, & fera les difpofitions convenables pour y parvenir.

Si les joueurs ne font qu'au nombre de deux, celui qui a marqué donne le premier pour l'ide fuivante.

Lorfqu'il y a un joueur qui fait chouette à deux autres, il donne le premier coup de la première ide : mais fon adverfaire donne pour le premier coup de la feconde ide.

Si les joueurs font au nombre de quatre, celui qui vient de jouer fa première ide, donne le premier pour la feconde ide qu'il doit encore jouer.

On fe fert de fiches & de jetons pour faire les comptes du jeu. Chaque jeton repréfente dix points, & chaque fiche dix jetons.

On donne aux points ou aux jetons la valeur qu'on juge à propos.

Quand une ide eft finie, le joueur auquel il refte des points après avoir déduit ceux que fon adverfaire a faits, a droit d'exiger le payement de. à raifon d'un jeton pour dix points. Par exemple, Alexandre a fait trente-cinq points, & Louis n'en a fait que quinze : il en refte par conféquent vingt que celui-ci doit payer à celui-là. Il en feroit de même quand Alexandre n'auroit fait que trente points, parce qu'il lui en refteroit quinze, & que quinze fe payent comme vingt ou deux dixaines : mais on en uferoit différemment fi le refte d'Alexandre n'étoit que de quatorze points : Louis ne les lui payeroit que fur le pied de dix points ou d'une dizaine.

Quelquefois on marque au point, & quelquefois aux cinq points : cela dépend de la convention. Si l'on marque au point, il n'y a lieu au refait que quand les joueurs ont fait dans une ide autant de points l'un que l'autre.

Lorfqu'on ne marque qu'à cinq points, il y a refait toutes les fois que le refte d'un des joueurs n'excède pas quatre points. C'eft alors comme s'il n'en avoit fait aucun.

Indépendamment du jeton par dix points que le joueur qui marque a droit d'exiger de celui qui eft marqué, il faut que ce dernier lui paye en outre deux jetons de confolation, & même quatre s'il y a eu un refait.

Les as fe payent aux joueurs qui les ont, à raifon de deux jetons pour trois as, & du double pour quatre as.

Le joueur qui fait pic ou foixante, reçoit de fon adverfaire deux jetons pour ce hazard.

Celui qui, étant premier en cartes, fait repic ou capot, reçoit quatre jetons pour chacun de ces hazards.

Si ces mêmes hazards fe faifoient par le dernier en cartes, il faudroit lui payer huit jetons pour chacun.

Dans le cas d'un refait, tous les payemens dont on vient de parler relativement aux as & aux hazards, doivent être doublés : ainfi il faut payer quatre jetons pour trois as, huit pour quatre as, quatre jetons pour le foixante, huit pour le repic ou capot en premier, & feize en dernier.

Indépendamment des payemens dont on

vient de parler, le joueur qui est marqué, met un jeton à la queue.

Ce jeton se place de manière qu'il ne se confonde pas avec ceux que l'autre joueur peut être obligé de mettre lui-même à la queue.

Lorsqu'il y a tant de part que d'autre vingt-quatre jetons à la queue, la partie est finie, & ces vingt-quatre jetons appartiennent à celui des deux joueurs qui gagne quelque chose à l'autre, quand même ce ne seroit qu'un jeton.

Si à la fin de la partie il reste à un joueur autant de fiches & de jetons qu'à son adversaire, la queue est égale & elle se partage entre eux.

Indépendamment de cette queue, qu'on appelle la queue des jetons, il y a une autre queue plus considérable appelée *queue des paris*. Celle-ci se gagne par le joueur qui a mis moins de jetons que son adversaire à la queue des jetons.

Par exemple : durant la partie que nous avons faite ensemble, je vous ai marqué quinze fois & vous ne m'avez marqué que neuf fois. Il est donc clair que des vingt-quatre jetons qui composent la queue, vous en avez fourni quinze, tandis que je n'en ai fourni que neuf. Je gagne par conséquent la queue des paris.

Le payement que vous avez à me faire en ce cas, est de quatre jetons par chacun de ceux que vous avez fourni de plus que moi : or, comme ces jetons que vous avez fournis de plus que moi, sont au nombre de six, ce qui fait que vous avez perdu six paris, il faut en conclure que vous devez me payer vingt-quatre jetons.

Si je vous avois marqué treize fois & que vous ne m'eussiez marqué qu'onze fois, vous ne perdriez que deux paris, & par conséquent vous ne me payeriez que huit jetons.

Le joueur qui perd des paris est en outre obligé de payer à celui qui les gagne, deux fiches de consolation. Ainsi, lorsque je vous ai gagné deux paris, vous me devez vingt-huit jetons, y compris la consolation ; si je vous gagne quatre paris, vous me devez trente-six jetons, &c.

Différentes règles à observer en jouant au piquet.

1°. S'il arrivoit qu'après être convenus

de donner les cartes par deux ou par trois, un joueur changeât la manière convenue, son adversaire & même la galerie intéressée à la partie, seroient fondés à faire rectifier la donne, pourvu que les jeux n'eussent point été portés à vue : mais s'ils avoient été vus, il faudroit que le coup se jouât ; mais la donne suivante auroit lieu selon la première convention.

2°. Si en donnant on retournoit une ou plusieurs cartes du jeu de l'adversaire, celui-ci seroit libre de les garder ou de recommencer la donne, quand même il auroit vu plusieurs de ses cartes : mais s'il accepte une fois les cartes retournées, il est obligé de jouer le coup.

3°. S'il arrivoit que le joueur chargé de donner, prît pour lui douze cartes & qu'il n'en eût donné que dix au premier, celui-ci pourroit faire recommencer la donne ou gardes son jeu : dans ce cas-ci, il ajouteroit à ces dix cartes les deux premières du talon, & le coup se joueroit ensuite comme les autres.

4°. Lorsqu'un joueur a quatorze cartes ou davantage, on doit refaire, quand même les cartes auroient été respectivement portées à vue.

5°. Si un joueur s'apperçoit que le talon n'est pas complet, il doit avertir qu'un des deux joueurs a treize ou quatorze cartes.

6°. Si l'on se rappelle qu'un joueur a donné deux fois de suite, le second coup doit être annullé, quand même l'erreur n'auroit été remarquée qu'à la fin de ce coup. La galerie est fondée à relever la faute.

7°. Quand en donnant, il se trouve une ou plusieurs cartes retournées dans le jeu, on doit refaire : mais dès que les cartes sont distribuées, & que le talon est sur le tapis, celles qui peuvent être retournées dans les jeux des joueurs, n'obligent point à refaire.

Il faut remarquer à ce sujet, que la galerie qui apperçoit des cartes retournées tandis qu'on donne, est fondée à le dire.

8°. Une carte retournée dans le talon n'empêche pas que le coup ne soit bon, pourvu toutefois que cette carte ne soit ni la première des cinq que doit prendre le premier, ni la première des trois que doit prendre le dernier : mais il y auroit obligation de refaire, si au lieu d'une carte retournée, il s'en trouvoit deux.

9°. Si le premier retournoit une ou plufieurs des trois cartes que fon adverfaire doit
prendre au talon, il faudroit qu'il jouât dans
la couleur que celui-ci lui indiqueroit, autant de fois qu'il auroit vu de cartes. Mais
cette règle ne s'applique point au dernier qui
vient à retourner une ou plufieurs des cinq
cartes du talon du premier. Celui-ci eft libre
de jouer, ou de faire recommencer la donne,
même après avoir vu fon jeu.

10°. Il importe aux joueurs, & fur-tout
au dernier, de compter les cartes qu'ils prennent au talon, avant de les porter à vue, ou
de les mettre dans leur jeu; car s'il arrivoit
qu'au lieu des douze cartes qu'un joueur doit
avoir, il s'en trouvât treize, il ne pourroit
rien compter ni rien empêcher.

11°. Le joueur qui a moins de douze cartes
dans fon jeu, peut bien compter tout ce
qu'il a de bon, mais il ne peut pas faire
capot, parce que fon adverfaire eft cenfé faire
les levées pour lefquelles il a feul des cartes.

12°. Le joueur qui, après avoir vu fes
cartes, met fon jeu fur le talon, doit être
marqué du grand coup.

13°. On marque pareillement du grand
coup le joueur qui, après avoir écarté, &
dérangé le talon, remet fon écart dans fon
jeu, ou une partie de fon jeu dans fon écart.

14°. Lorfque, par méprife, un joueur n'a
écarté qu'une partie des cartes dont il devoit
former fon écart, il ne peut pas réparer cette
omiffion auffitôt qu'il a dérangé le talon :
mais en difant qu'il laiffe les cartes qu'il avoit
droit de prendre, il évite la punition qu'on
encourt quand on joue avec trop de cartes.

15°. Il n'eft pas permis, avant d'avoir formé l'écart, d'étendre les cartes qu'on doit
prendre au talon.

16°. Lorfque le premier ne veut pas prendre les cinq premières cartes du talon qui lui
font deftinées, il doit avertir fon adverfaire
*qu'il n'en prend que tant, ou qu'il en laiffe
tant.*

17°. Lorfque la galerie intéreffée à la partie, voit que le premier, fe croyant dernier,
n'écarte que trois cartes, au lieu de cinq,
elle a le droit de l'avertir *qu'il eft premier, &
que c'eft à lui d'écarter cinq cartes.*

Elle pourroit de même avertir le dernier,
fi celui-ci fe croyant premier, écartoit cinq
cartes.

18°. Quand un joueur mécontent de fon

jeu, ou qui veut en tirer avantage, propofe
à fon adverfaire d'entrer en compofition, fi
celui-ci accepte, & qu'il y ait enfuite une
offre ou une demande de points pour annul-
ler le coup, il faut qu'il y ait réponfe à cette
offre ou à cette demande, par une acceptation pure & fimple, finon l'offre ou la demande font cenfées rejetées, & le coup doit
fe jouer.

On remarquera que quand la compofition
a lieu, & qu'un des joueurs accorde à l'autre
une certaine quantité de points, cela s'entend
des points acquis à celui qui les accorde. Par
exemple, je joue contre vous, & pour que
vous confentiez à recommencer le coup, je
vous offre dix points, fans autre explication.
Si vous acceptez, je dois prendre dans les
points que j'ai faits, ou que je ferai, fi je n'en
ai point encore, les dix qu'il eft convenu que
je vous donnerai.

19°. Quand le joueur qui doit écarter le
premier, a cartes blanches, il a le droit de
feindre un écart, en détachant du talon les
cinq cartes qui lui reviennent : il les met fur
le tapis, & ne les porte point à vue. Il attend
alors que le dernier ait fait fon écart, &
quand celui-ci va au talon pour y prendre fes
trois cartes, le premier l'en empêche, & lui
montre fes cartes blanches pour lefquelles il
marque dix points : il reprend enfuite les
cartes qu'il a feint d'écarter, & forme fon
écart comme il lui plaît.

Si, en pareil cas, le dernier prenoit d'a-
vance fes trois cartes, & qu'il arrivât que le
premier n'en prît pas cinq, & en laiffât une
ou plufieurs, les cartes laiffées feroient mifes
dans l'écart du premier, fans que fon adverfaire fût fondé à les voir.

Il arrive quelquefois que le premier en
cartes, qui a feint un écart, voulant montrer fes cartes blanches, découvre au lieu
de cet écart feint, les cartes qu'il a détachées
du talon : cette méprife entraîne une punition, qui confifte en ce qu'il ne peut compter ni fes cartes blanches, ni même aucune
autre chofe; mais il peut empêcher que fon
adverfaire compte, par exemple, une tierce,
s'il en a une égale ou meilleure à lui oppofer.
Il en eft de même du point, des quatorze, &
de tout ce que celui qui ne compte rien a de
meilleur ou que qu'accufe fon adverfaire.

Le dernier qui a cartes blanches peut, de
fon côté, comme le premier, feindre un-

é.art ; & quand le premier a mis la main au talon, il annonce & découvre ses cartes blanches. Il forme ensuite son écart comme il le juge à propos.

20°. Lorsqu'on a joué, ou qu'on a couvert la carte de son adversaire, on n'est plus admis à compter ni les cartes blanches, ni le point, ni les séquences, ni les quatorze, &c. qu'on peut avoir oubliés.

21°. Lorsqu'un joueur a fait une accusation, & que son adversaire y a répondu, il n'est plus reçu à en faire une nouvelle qui lui seroit plus avantageuse : par exemple, vous accusez trois dames ; on vous répond qu'elles ne valent pas : vous vous appercevez alors que vous avez aussi trois as qui sont bons ; mais vous n'êtes plus admis à les proposer.

22°. Si vous avez accusé un point, ou quelque autre chose sujette à être montrée comme une quinte, une tierce, &c. & que votre adversaire ait accusé bon ce qui a été accusé, l'oubli de l'avoir montré avant de jouer n'entraîne aucune punition : vous êtes seulement obligé de faire voir ce que vous avez accusé quand votre adversaire ou la galerie l'exigent.

23°. Quand un joueur a compté d'autorité quelque chose, sans avoir demandé auparavant si elle valoit, l'adversaire peut durant tout le coup, revenir contre l'accusation, & compter ce qu'il peut avoir lui-même de supérieur à ce qui a été accusé.

24°. En montrant une chose avant de l'avoir annoncée, on donne également à son adversaire le droit de revenir contre ce qu'on a compté à cet égard, quand même il auroit dit par méprise que la chose montrée étoit bonne.

25°. Quand on a reconnu bon ce qu'un joueur a accusé, & qu'avant que personne ait joué, l'adversaire s'apperçoit qu'il a quelque chose de mieux, si la chose accusée a été mise en évidence, les deux joueurs ne comptent ni l'un ni l'autre : mais si cette chose n'a point été montrée, celui qui l'a accusée ne peut empêcher son adversaire de compter ce qu'il peut avoir de supérieur.

26°. Aussi-tôt que la carte jouée pour la première levée est couverte, le joueur qui a accusé & compté quelque chose que son adversaire a reconnu valable, ne peut plus être recherché par celui-ci, sous prétexte

qu'il n'a point apperçu qu'il avoit dans son jeu quelque chose de supérieur à ce qu'il a laissé compter.

27°. Lorsque, dans les cartes montrées pour le point, il se trouve une séquence, telle qu'une quinte, une quatrième, &c. cette séquence est censée accusée ; & si elle est bonne, l'oubli de la compter peut être relevé même par la galerie, jusqu'à ce que le coup soit consommé.

28°. Quand un joueur a accusé un point qu'il n'avoit pas, mais qu'il auroit pu avoir, & que son adversaire s'en apperçoit, même à la fin du coup, ce dernier peut obliger le premier à reprendre les cartes jouées pour rejouer de nouveau.

29. Un spectateur n'est pas fondé à dire à un joueur qu'il a dans sa main une tierce, un quatorze ou quelqu'autre chose de valable qu'il oublie d'annoncer : un tel avis oblige celui qui le donne à répondre des points que cela peut faire perdre à l'adversaire.

30°. Si dans le point ou dans la séquence qu'un joueur met sur le tapis, il se trouve une carte autre que celle qui doit y être, l'adversaire & la galerie sont fondés à demander que cette dernière carte soit mise en évidence.

31°. Quand un joueur ayant en main le pic ou le repic, se trompe en comptant son jeu, & qu'au lieu de dire soixante, soixante-un, soixante-deux ou quatre-vingt-dix, quatre-vingt-onze, quatre-vingt-douze, il dit trente, trente-un, trente-deux, la galerie est fondée à faire rectifier l'erreur même après le coup fini : cependant si le coup suivant étoit commencé, & qu'un des joueurs, après avoir fait son écart eût touché au talon, l'observation de la galerie ne produiroit plus aucun effet.

32°. Lorsqu'un joueur qui pouvoit avoir quatorze d'as, ou quatorze de rois, ou quatorze de dames, &c. n'accuse que trois as, trois rois, &c. & qu'on lui répond qu'ils sont bons, il est obligé, s'il en est requis, de dire quel est l'as ou le roi, &c. qu'il ne compte pas : mais il faut que la réquisition ait lieu, à cet égard, avant que la seconde levée soit faite ; autrement il seroit dispensé d'y répondre.

33°. Si le jeu de cartes dont on se sert, se trouvoit faux, soit parce qu'il y auroit deux cartes semblables, ou qu'il en contiendroit plus ou moins de trente-deux, le coup seroit nul quand même on ne s'appercevroit de ce défaut qu'après avoir joué la dernière carte: mais aussi tôt que les cartes sont relevées, on ne peut plus revenir contre une telle irrégularité.

34°. S'il arrivoit qu'un joueur accusât faux en employant, par méprise ou autrement ce qui seroit dans son écart, il ne compteroit rien & n'empêcheroit rien: mais il faut que la faute soit apperçue par l'adversaire, car la galerie seroit tenue de répondre de l'observation qu'elle auroit l'imprudence de faire à cet égard.

Observez néanmoins que l'observation de la galerie seroit fondée, si la fausse accusation avoit lieu sur une fin de partie, parce qu'alors l'adversaire induit en erreur, & croyant avoir perdu la partie, pourroit ne se livrer à aucun examen.

35°. Lorsqu'un joueur qui a, par exemple, quatorze de dames & trois valets, accuse par erreur *quatorze de valets & trois dames*, il ne compte que quatorze & perd les trois points que ses valets lui auroient produits s'il ne se fut pas trompé.

36°. Lorsqu'une carte abandonnée par un joueur a touché le tapis, elle est censée jouée: cependant si le dernier avoit couvert la carte du premier avec une couleur différente de celle de cette carte, quoiqu'il eût de cette dernière couleur, il faudroit qu'il reprît sa carte, parce qu'il n'est pas permis de renoncer: au reste, on n'encourt, pour une pareille méprise, aucune punition.

37°. Quand un joueur a quatre ou cinq cartes de point par une quatrième ou une tierce majeure, & que ces cartes sont sur le tapis, en évidence, il peut indifféremment, lorsque c'est à lui à jouer, commencer par la plus haute ou par la plus basse: on présume toujours qu'il a eu intention de commencer par la plus haute, & son adversaire doit jouer comme si cela s'étoit effectué. Mais si les cartes étalées sur le tapis avoient été relevées, le joueur qui joueroit la plus basse, ne pourroit pas la reprendre pour jouer la plus haute, & il ne seroit pas fondé à exciper de la présomption dont on vient de parler.

38°. Quand le dernier laisse des cartes au talon, & que le premier veut les voir, il faut qu'il annonce auparavant la couleur dans laquelle il jouera: si ensuite, par oubli ou autrement, il joue dans une couleur différente, le dernier peut couvrir la carte jouée, s'il le juge à propos, ou forcer le premier de jouer dans la couleur qu'il a annoncée.

39. Si le dernier, ayant laissé une ou plusieurs des cartes qu'il pouvoit prendre au talon, les mettoit dans son écart avant de les avoir montrées à son adversaire, celui-ci l'obligeroit de lui faire voir tout l'écart: mais auparavant le premier seroit tenu d'annoncer la couleur par laquelle il voudroit commencer à jouer.

40°. Un joueur qui reprendroit des cartes dans son écart, seroit condamné à perdre la partie.

41°. Un joueur qui vient à quitter la partie la perd: mais comme les parieurs de la galerie ne doivent point être les dupes de cet évènement, ils peuvent, en ce qui les concerne, faire finir la partie par d'autres joueurs.

42°. Quand, à la fin d'un coup, un joueur met en évidence sur le tapis les deux ou trois cartes qui lui restent, soit qu'il imagine qu'il fera le reste des levées ou, qu'il n'en fera plus, son adversaire doit relever l'erreur où il peut être, en lui disant de *jouer son jeu*: si l'adversaire n'en usoit pas de cette manière, la galerie pourroit le faire. Elle peut pareillement avertir que les cartes sont égales ou gagnées, & faire rectifier la marque si l'un ou l'autre des joueurs a marqué plus ou moins de points qu'il n'en a réellement.

43°. Lorsqu'un joueur qui a, par exemple, une quinte majeure, joue à la fois les cinq cartes dont elle est composée, & qu'ensuite il ne lui reste plus que trois ou quatre cartes, il doit avertir son adversaire de réduire son jeu à un pareil nombre de cartes: sans cet avertissement, l'adversaire ne seroit pas en faute si à la fin du coup il se trouvoit avoir plus de cartes que celui qui en a joué plusieurs à la fois.

44°. Quand dans une couleur on a deux cartes, dont l'une supérieure & l'autre inférieure à celles que l'adversaire peut avoir dans la même couleur; si l'on vient à jouer l'inférieure, il faut qu'on la nomme: autrement l'adversaire qui auroit laissé passer cette carte dans la persuasion qu'on lui avoit joué la supérieure, pourroit revenir sur le coup, même après plusieurs cartes jouées. La galerie a même droit d'avertir en pareil cas.

45°. S'il arrivoit que le dernier, se croyant être premier, prît au talon les cartes du premier avant que celui-ci eût fait son écart, il seroit marqué du grand coup.

46°. Quand on n'a en main qu'un quatorze qui est bon, on n'est pas tenu de dire s'il est d'as ou de rois, &c. on dit simplement *quatorze* : mais si l'on a pu en avoir deux & qu'on n'en ait conservé qu'un, on est obligé de nommer celui que l'on compte.

VOCABULAIRE explicatif des termes usités au PIQUET.

Accuser. C'est déclarer ce que les règles veulent qu'on déclare.

Avoir la main. C'est être le premier à écarter & à jouer.

Capot. Ce terme se dit de la totalité des levées. Ainsi on *fait capot*, quand on fait toutes les levées; & l'on *est capot*, quand on ne fait aucune levée.

Cartes blanches. Il se dit d'un jeu où avant d'écarter, il n'y a ni roi, ni dame, ni valet.

Cartes égales. Cette expression désigne l'évènement par lequel chacun des deux joueurs a fait six levées.

Chouette. Il se dit d'un joueur qui, jouant au piquet à écrire, est seul contre plusieurs.

Consolation. Terme qu'on emploie pour désigner une partie du payement auquel est assujetti le joueur qui perd, envers celui qui gagne le pari au *piquet à écrire*.

Couper. C'est séparer le jeu de cartes en deux parties, avant de distribuer à chaque joueur les cartes qu'il doit avoir.

Dernier. Il se dit du joueur qui a distribué les cartes.

Donner. C'est distribuer les cartes que chaque joueur doit avoir.

Écart. Il se dit des cartes qu'on a mises à part, pour en prendre d'autres.

Fiche. C'est une pièce longue d'os ou d'ivoire, qui vaut dix jetons, & qui sert à faire les comptes du jeu.

Figure. On donne ce nom aux rois, aux dames & aux valets.

Forcer. C'est jouer une carte supérieure à celle qui a d'abord été jouée.

Gagner les cartes. C'est faire sept, huit, neuf, dix ou onze levées.

Galerie. On désigne sous ce nom les spectateurs, tant ceux qui parient pour les joueurs, que ceux qui ne prennent aucun intérêt à la partie.

Huitième. C'est la réunion des huit cartes d'une même couleur.

Ide. Ce mot se dit des deux coups qui se jouent pour la décision d'un pari.

Jeton. C'est une pièce qui sert de monnoie au jeu, & qui est le dixième d'une fiche.

Jeu faux. C'est un jeu dans lequel il y a trop ou pas assez de cartes.

Levée. C'est une main qu'on a faite en jouant.

Marquer. C'est faire dans une ide plus de points que l'adversaire n'en a fait, & en conséquence gagner le pari.

Mêler. C'est battre les cartes avant de les distribuer.

Pari. C'est le résultat des deux coups qui forment l'ide : celui qui perd le pari est obligé de mettre à la queue.

Perdre les cartes. C'est faire moins de six levées, ce qui donne lieu à l'adversaire de compter dix points.

Pic. C'est un hazard qui a lieu quand avant de jouer les cartes, le premier ayant compté un nombre de points quelconque, arrive en jouant les cartes, au nombre de trente avant que son adversaire ait rien compté; & alors, au lieu d'énoncer trente après vingt-neuf, il dit soixante.

Point. C'est le nombre que composent ensemble plusieurs cartes d'une même couleur. Il se dit aussi du nombre que chaque carte représente.

Premier. C'est le joueur qui doit écarter avant l'autre.

Quatorze. C'est la réunion de quatre cartes semblables, une de chaque couleur, qui font compter quatorze points au joueur dans la main duquel elles se trouvent.

Quatrième. C'est une séquence composée de quatre cartes d'une même couleur, qui se suivent immédiatement l'une l'autre.

Queue. C'est la totalité des jetons que dans le cours d'une partie de *piquet à écrire*, on a mis aux paris, & qu'emporte le joueur qui à la fin gagne plus que son adversaire.

Quinte. C'est une séquence composée de cinq

cinq cartes d'une même couleur, qui se suivent immédiatement l'une l'autre.

Refaire. C'est recommencer la distribution des cartes.

Refait. C'est le résultat d'un coup où les joueurs ont fait autant de points l'un que l'autre.

Renoncer. C'est ne pas fournir de la couleur jouée, quoiqu'on en ait dans son jeu.

Repic. C'est un hazard qui consiste en ce qu'avant de jouer aucune carte, l'un des deux joueurs compte jusqu'à trente, sans que son adversaire ait rien pu compter : d'où il suit qu'au lieu de compter simplement *trente*, il compte *quatre-vingt-dix*.

Roi. Terme dont on se sert pour exprimer deux ideis.

Septième. C'est une féquence, composée de sept cartes d'une même couleur, qui se suivent immédiatement l'une l'autre.

Séquence. Suite de plusieurs cartes de même couleur, dans le rang que le jeu leur donne.

Sixième. C'est une féquence composée de six cartes d'une même couleur, qui se suivent immédiatement l'une l'autre.

Talon. C'est, quand les joueurs ont chacun douze cartes, les huit qui restent pour remplacer celles qu'ils auront écartées.

Tierce. C'est une féquence composée de trois cartes de même couleur, qui se suivent immédiatement l'une l'autre.

P L E I N.

Sorte de jeu de table, qui se joue dans un trictrac avec des cornets, des dés & des dames.

Ce jeu n'a lieu qu'entre deux personnes. Le nom de *plein* lui vient de ce que les joueurs se tendent qu'à remplir & à faire leur plein, c'est-à-dire, à parvenir à mettre douze dames couvertes & accouplées dans la table du grand-jan, qu'on appelle au trictrac indifféremment *grand-jan*, ou *grand plein*.

Les dames sont au nombre de trente; quinze blanches & quinze noires. Les blanches sont pour l'un des deux joueurs, & les noires pour l'autre. Chaque joueur a son cornet.

On fait d'abord préfuader de sort par lequel les joueurs auront les dés :

pour cela, chacun d'eux prend un dé, & le jette dans le trictrac : celui qui a amené le nombre le plus considérable doit jouer le premier.

Chaque joueur se sert, c'est-à-dire, qu'il met les dés dans son cornet.

En commençant, chacun met ses dames dans la table du trictrac la plus éloignée du jour, en les empilant sur la première case de cette table; c'est-à-dire, sur la case la plus éloignée de l'autre table. Ainsi la table dans laquelle on doit faire son *plein*, doit être du côté de la fenêtre.

Les dames étant empilées, celui qui doit jouer le premier, remue les dés dans son cornet & les jette ensuite de manière qu'ils aillent frapper la bande du trictrac du côté de l'adversaire.

Les dés sont bons par-tout dans le trictrac, quand même ils seroient arrêtés sur dés dames ou sur l'argent : il suffit qu'un dé puisse être posé sur l'autre sans tomber.

Mais si le dé étoit en l'air, c'est-à-dire, qu'il posât un peu sur une dame, & qu'il fut content par la bande du trictrac ou par la pile de bois contre laquelle il appuieroit, il ne vaudroit rien.

Pour reconnoître si un dé est en l'air ou s'il n'y est pas, on tire doucement la dame sur laquelle il pose, & s'il tombe, c'est une preuve qu'il étoit en l'air & qu'il ne vaut rien.

Les nombres amenés par le joueur qui a le dé, se marquent avec les dames qu'il prend à la pile placée sur la première fleche : ainsi en supposant qu'il ait amené un as & un deux, il place une dame sur la seconde fleche & une autre sur la troisième.

Il importe d'abattre d'abord beaucoup de bois, afin de pouvoir ensuite coucher une dame sur chacune des six fleches du grand jan. On conçoit qu'il devient facile de couvrir ces dames quand on a du bois abattu.

On remarque qu'à la différence de ce qui se pratique au trictrac, on peut, au jeu du *plein*, mettre une seule dame dans le coin du repos.

Comme, en commençant la partie, on ne peut faire aucune case, c'est-à-dire, mettre plusieurs dames à la fois sur une case, il résulte que, si l'on amène un doublet, il doit être joué d'une manière toute particulière : ainsi la règle a établi que, quand un joueur ameneroit un doublet, il le joueroit doublement, c'est-à-dire, qu'il joueroit deux fois le nombre qu'il auroit fait, soit avec une seule dame, soit avec plusieurs. Par exemple, vous avez amené un terne, il faut que vous le jouiez en telle sorte que vous ne mettiez qu'une dame sur chaque flèche. Or, comme le terne amené vous oblige de jouer douze points, puisque c'est un doublet, & que c'est le premier coup de la partie, vous ne pouvez prendre vos dames qu'à la pile; ainsi vous divisez vos douze points ou vos quatre trois en deux parties; l'une de trois trois, & l'autre d'un seul; ensuite vous jouez la première partie de trois trois, en portant une dame sur la dixième flèche, & l'autre partie d'un trois en mettant une autre dame sur la quatrième flèche.

Les dés se désignent comme au trictrac, c'est-à-dire, qu'on nomme le plus gros nombre le premier. On dit, par exemple, six & cinq, quatre & deux, &c.

Les doublets ont chacun leur nom particulier: ainsi on appelle deux as, beset, ou tous les as; les deux deux, double deux; les deux trois, terne; les deux quatre, carme; les deux cinq, quine, & les deux six sonnez.

On observe qu'on a le droit de changer les dés quand on le juge à propos, & même de rompre le dé de son adversaire.

Le joueur qui le premier est parvenu à réunir deux dames sur chaque flèche du grand jan, gagne la partie.

Vocabulaire explicatif des termes usités au jeu du Plein.

Abattre du bois. C'est placer sur les flèches des dames qu'on a prises à la pile.

Beset. C'est le coup de dé par lequel un joueur amène deux as.

Carme. C'est le coup de dé par lequel un joueur amène deux quatre.

Coin de repos. C'est la onzième case à partir du talon ou de la première flèche.

Cornet. C'est une sorte de petit vase de corne ou d'autre matière, dans lequel on remue les dés avant de jouer.

Dame. C'est une petite pièce plate & ronde dont on se sert pour jouer à différens jeux.

Dé. C'est un petit morceau d'os ou d'ivoire, de figure cubique ou à six faces, dont chacune est marquée d'un différent nombre

de points depuis un jusqu'à six, & qui sert à jouer.

Double deux. C'est le coup de dé par lequel un joueur amène deux deux.

Doublet. C'est le coup par lequel les deux dés présentent chacun les mêmes points.

Flèche. On donne ce nom aux figures coniques sur lesquelles on place les *dames*.

Grandjan. On emploie ce terme pour désigner les six flèches de la seconde table du trictrac, quand elles sont chacune garnies de deux *dames*.

Pile. On donne ce nom à plusieurs *dames* entassées sur une flèche.

Quine. C'est le coup de dé par lequel un joueur amène deux cinq.

Rompre les dés. C'est brouiller les dés que jette celui contre qui l'on joue, avant qu'on ait pu voir ce qu'ils marquent.

Se servir. C'est mettre soi-même dans le cornet les dés avec lesquels on veut jouer.

Sonnez. C'est le coup de dé par lequel un joueur amène deux six.

Terne. C'est le coup de dé par lequel un joueur amène deux trois.

Trictrac. C'est le tablier dans lequel on joue.

POQUE.

Sorte de jeu renvi auquel peuvent jouer ensemble trois, quatre, cinq ou six personnes.

Si les joueurs sont au nombre de six, on emploie un jeu composé de trente-six cartes; mais s'ils sont en moindre nombre, le jeu ne doit être que de trente-deux cartes.

Pour faire les comptes du jeu, on se sert de fiches & de jetons qui ont une valeur convenue. On a aussi six petits paniers distingués l'un de l'autre par une marque particulière: sur le premier est représenté un as; sur le second, un roi; sur le troisième, une dame; sur le quatrième, un valet; sur le cinquième un dix; & sur le sixième est écrit le mot *poque*.

Chaque joueur met en premier lieu un jeton dans chacun des six paniers: après cela on fait indiquer par le sort celui qui doit donner. Ce dernier mêle, fait couper à sa gauche, & distribue, en deux tours, cinq cartes à chaque joueur; d'abord deux, &

enfuite trois ; après quoi il retourne la première carte du talon.

Si la carte retournée fe trouve repréfentée fur un des paniers, le joueur qui a donné tire les jetons que contient ce panier.

Les cartes font fupérieures l'une à l'autre dans l'ordre fuivant : l'as eft fupérieur au roi ; le roi à la dame ; la dame au valet ; le valet au dix ; le dix au neuf : le neuf au huit ; le huit au fept, & le fept au fix.

Lorfque les cartes font diftribuées, chaque joueur examine fi dans fon jeu il n'a pas *poque*, c'eft-à-dire, s'il n'a pas deux, trois ou quatre cartes de même valeur, comme deux, trois ou quatre as ; deux, trois ou quatre rois, &c.

La parole appartient au joueur le plus près de la droite de celui qui a donné ; s'il veut lever le *poque*, il doit dire, je poque *d'un jeton, de deux jetons*, ou plus s'il le juge à propos. Si ceux qui doivent parler après lui, ont auffi *poque* dans leur jeu, ils peuvent fucceffivement tenir le *poque* au prix où il a été porté : ils ont en outre la faculté de renvier l'un après l'autre, ou de renoncer à gagner le *poque*, ou d'abandonner les renvis qu'ils ont faits quand ils ne veulent pas rif-quer de perdre celui qu'on élève à une fomme plus forte.

Lorfque les renvis font terminés, chacun des joueurs qui font intéreffés au coup, annonce fon *poque* & le met en évidence. Celui qui a le *poque* fupérieur gagne, non-feulement tout ce que contient le panier du *poque*, mais encore tous les renvis qu'on a faits.

Remarquez que le *poque* de retourne, c'eft-à-dire, deux fept en main & un qui retourne, l'emporte fur deux as, ou deux autres cartes fupérieures qu'on peut avoir en main. Pareillement, & à plus forte raifon, le *poque* de trois cartes l'emporte fur celui de deux ; & le poque de quatre cartes fur celui de trois.

Après que tout eft fini relativement au gain du *poque*, chaque joueur examine fi dans fon jeu fe trouve l'as, le roi, la dame, le valet ou le dix de la couleur qui retourne : celui qui a une ou plufieurs de ces cartes, gagne ce qu'on a mis dans les paniers où elles font défignées. Si une ou plufieurs de ces cartes font reftées au talon, ce que con-tiennent les paniers qui y font relatifs, eft réfervé pour le coup fuivant.

Cet objet étant terminé, on en vient à jouer les cartes. Le but auquel chaque joueur doit tendre, eft de fe défaire de toutes fes cartes avant que fes adverfaires fe foient dé-faits des leurs. Le joueur qui a rempli cette tâche, reçoit des autres joueurs un jeton pour chacune des cartes qu'ils n'ont pas jouées. D'ailleurs, celui qui fe trouve dans cette circonftance, en avoir moins joué que les autres, eft obligé de payer à chacun de fes adverfaires autant de jetons qu'il lui eft refté de cartes.

Les cartes fe jouent felon l'ordre dans le-quel elles fe fuivent, fans avoir égard à la couleur dont elles font. Suppofons que celui qui doit jouer le premier, ait dans fon jeu une fuite de cartes qui s'étende depuis le fept jufqu'au dix, il dira fept, huit & neuf fans dix : le joueur fuivant jetera un dix, s'il en a un, & continuera tant qu'il aura des cartes qui fe fuivront. Si aucun joueur n'a de dix, celui qui a d'abord dit fans dix, recommence à jouer par telle carte de fon jeu qu'il juge à propos. Il ne doit pas perdre de vue que ne pouvant efpérer de rentrer par les baffes cartes, telles qu'un fix, un fept, &c. il lui importe de s'en défaire par préférence aux hautes qui peuvent le faire rentrer.

VOCABULAIRE explicatif des termes ufités au jeu du Poque.

Couper. C'eft féparer le jeu de cartes en deux parties, avant qu'on donne à chaque joueur les cartes qu'il doit avoir.

Donner. C'eft diftribuer à chaque joueur les cartes qu'il doit avoir.

Fiche. C'eft une marque qui repréfente dix jetons.

Jeton. C'eft une pièce qui fert de monnoie au jeu, & qui eft le dixième d'une fiche.

Mêler. C'eft battre les cartes avant de les diftribuer.

Poque. Ce mot a plufieurs acceptions : 1°. c'eft le nom du jeu dont il s'agit : 2°. c'eft la réunion de deux, trois ou quatre cartes de même figure & de même valeur, comme deux as, trois dix, quatre valets, &c.

On appelle *Poque de retourne*, deux cartes en main de même figure, & une troifième qui retourne.

Renvier. C'eft mettre une certaine quantité de jetons par deffus ceux qu'on a propofés,

Retourne. C'est la carte qu'on retourne au deſſus du talon, quand chaque joueur a reçu le nombre des cartes qu'il doit avoir.

Talon. C'eſt ce qui reſte de cartes après qu'on a donné à chaque joueur le nombre qu'il lui en faut.

POULE DE HENRI IV.

Sorte de jeu de tableau qui ſe joue avec deux dés & des jetons auxquels on attribue la valeur qu'on juge à propos.

Le nombre des joueurs n'eſt pas limité : il peut s'étendre depuis deux juſqu'à quinze ou vingt perſonnes.

Le tableau dont on ſe ſert eſt diviſé en quatre-vingt-trois caſes, qui ont chacune un numéro & une dénomination particulière (1).

L'inventeur de ce jeu a eu deſſein de retracer à l'eſprit les diverſes circonſtances qui ont accompagné la révolution françaiſe : d'après cette vue, chaque caſe du tableau eſt caractériſée de la manière ſuivante :

La première indique l'égalité.
La ſeconde, l'uſurpation :
La troiſième, l'eſclavage :
La quatrième, l'ignorance :
La cinquième, la ſuperſtition :
La ſixième, les guerres civiles :
La ſeptième, l'anarchie :
La huitième, la cruauté :
La neuvième, le roi Henri IV.
La dixième, la bonté :
La onzième, une poule :
La douzième, une autre poule :
La treizième, la ſociété :
La quatorzième, la loi :
La quinzième, le bien public :
La ſeizième, une poule :
La dix-ſeptième, la trahiſon :
La dix-huitième, le deſpotiſme :
La dix-neuvième, les petites maiſons :
La vingtième, l'eſprit des conquêtes :
La vingt-unième, la dette nationale :
La vingt-deuxième, la miſère :
La vingt-troiſième, le tiers-état :
La vingt-quatrième, les impôts :

(1) *Voyez* aux planches la figure 14.

La vingt-cinquième, le clergé :
La vingt-ſixième, la nobleſſe :
La vingt-ſeptième, les quartiers :
La vingt-huitième, l'intrigue :
La vingt-neuvième, les miniſtres :
La trentième, une poule :
La trente-unième, les lettres-de-cachet :
La trente-deuxième, la baſtille :
La trente-troiſième, les fermiers-généraux :
La trente-quatrième, la banqueroute :
La trente-cinquième, l'auteur de l'eſprit des lois :
La trente-ſixième, le courage :
La trente-ſeptième, une poule :
La trente-huitième, la philoſophie :
La trente-neuvième, le grand Voltaire :
La quarantième, la tolérance :
La quarante-unième, Jean-Jacques Rouſſeau :
La quarante-deuxième, les droits de l'homme :
La quarante-troiſième, la cocarde nationale :
La quarante-quatrième, une poule :
La quarante-cinquième, la révolution :
La quarante-ſixième, le génie de Mirabeau :
La quarante-ſeptième, l'aſſemblée nationale :
La quarante-huitième, le patriotiſme :
La quarante-neuvième, le don patriotique :
La cinquantième, la religion :
La cinquante-unième, le pouvoir légiſlatif :
La cinquante-deuxième, la France :
La cinquante-troiſième, la gloire :
La cinquante-quatrième, la Fédération :
La cinquante-cinquième, l'autel de la Patrie :
La cinquante-ſixième, la commémoration du 14 Juillet :
La cinquante-ſeptième, l'autel de l'hymen :
La cinquante-huitième, le pouvoir judiciaire :
La cinquante-neuvième, les princes :
La ſoixantième, la diſſimulation :
La ſoixante-unième, la vigilance :
La ſoixante-deuxième, la reſponſabilité :
La ſoixante-troiſième, le roi Louis XVI :
La ſoixante-quatrième, le dauphin :
La ſoixante-cinquième, le voyage de Varennes :
La ſoixante-ſixième, l'amour de la Patrie :

La foixante-feptième, l'acceptation de la conftitution :

La foixante-huitième, les contre-révolutionnaires :

La foixante-neuvième, les ariftocrates :

La foixante-dixième, les moines :

La foixante-onzième, la difcorde :

La foixante-douzième, l'inconftançe :

La foixante-treizième, une poule :

La foixante-quatorzième, les citoyennes françaifes :

La foixante-quinzième, la concorde :

La foixante-feizième, la liberté :

La foixante-dix-feptième, la couronne civique :

La foixante-dix-huitième, l'amour du prochain :

La foixante-dix-neuvième, le pouvoir exécutif :

La quatre-vingtième, le prince royal :

La quatre-vingt-unième, la régénération :

La quatre-vingt-deuxième, le paradis :

Et la quatre-vingt-troifième, la nouvelle conftitution.

Avant de commencer à jouer, les joueurs mettent au jeu chacun quinze jetons, ou même davantage s'ils le jugent à propos, pour former la poule : enfuite on fait indiquer par le fort l'ordre dans lequel chaque joueur aura les dés.

Il faut que chacun d'eux ait une marque particulière pour faire connoître les points qu'il a amenés, & pour défigner la cafe fur laquelle il a dû s'arrêter. Par exemple, fi le premier qui a le dé, amène le nombre fept, il place fa marque fur la cafe de l'anarchie. Ceux auxquels les dés viennent enfuite, établiffent pareillement leurs marques fur les cafes où les portent les points qu'ils ont amenés.

Il y a néanmoins à cette règle deux exceptions générales, fondées fur des difpofitions particulières du jeu : l'une confifte en ce que chaque fois que le point qu'on amène porte fur une cafe où fe trouve une poule, on compte de nouveau le même point : par exemple, fi un joueur placé fur la cafe fix, vient à amener le point de cinq, il eft porté fur la cafe onze ; mais comme cette cafe eft occupée par une poule, il ne peut pas s'y arrêter, & il doit compter de nouveau le même point qui le conduit à la cafe feize. Cette dernière cafe étant auffi occupée par

une poule, il faut que le joueur aille s'établir à la cafe vingt-une, après avoir compté fes cinq points pour la troifième fois.

La feconde exception générale s'applique au cas où un joueur amène un point qui le conduit fur une cafe où fe trouve déjà placé un autre joueur ; il faut alors que le dernier qui a joué, retourne à la cafe d'où il étoit parti.

Indépendamment de ces deux exceptions générales, il y en a de particulières, que feront connoître les règles qu'on va détailler.

Lorfqu'un joueur eft porté au nombre cinq, cafe de la fuperftition, il doit mettre huit jetons à la poule.

Celui qui arrive au nombre neuf, cafe du roi Henri IV, gagne feize jetons, qu'il retire de la poule.

Lorfqu'on eft porté fur le nombre dix-huit, cafe du defpotifme, on eft exclu du jeu, & l'on ne peut y rentrer qu'en renouvelant la mife qu'on a faite en commençant la partie.

Le joueur qui atteint le nombre vingt & un, cafe de la dette nationale, eft obligé de mettre fix jetons à la poule.

Si l'on arrive au nombre vingt-cinq, cafe du clergé, on va fe placer au nombre cinquante-fept, cafe de l'autel de l'hymen.

Celui qui eft porté au nombre vingt-fix, cafe de la nobleffe, perd les points qu'il a amenés jufqu'alors, & retourne au nombre premier, cafe de l'égalité.

Quand on atteint le nombre vingt-fept, cafe des feize quartiers, on eft obligé de quitter le jeu, & l'on ne peut y rentrer qu'en renouvelant la mife qu'on a faite au commencement de la partie.

Si l'on eft porté au nombre vingt-neuf, cafe des miniftres, on doit aller fe placer au nombre foixante-deux, cafe de la refponfabilité.

Celui qui arrive au nombre trente-un, cafe des lettres-de-cachet, eft exclu du droit de continuer la partie, à moins qu'il ne renouvelle fa première mife, & qu'il ne recommence comme s'il n'avoit pas encore joué.

La même règle doit être obfervée envers le joueur qui eft porté au nombre trente-deux, cafe de la baftille.

Lorfqu'on atteint le nombre trente-trois,

case des fermiers-généraux, on met douze jetons à la *poule*.

Le joueur qui arrive au nombre trente-cinq, case de Montesquieu, a le droit de se placer au nombre cinquante-un, case du pouvoir législatif : mais si cette case est occupée, il va au nombre cinquante-huit, case du pouvoir judiciaire ; & si celle-ci est pareillement occupée, il va au nombre soixante-dix-neuf, case du pouvoir exécutif : enfin si ces trois cases sont occupées par trois différens joueurs, il doit rester au nombre trente-cinq.

Quand on est porté au nombre trente-six, case du courage, on va se placer au nombre cinquante-trois, case de la gloire.

Le joueur qui atteint le nombre cinquante-neuf, case de Voltaire, va se placer au nombre soixante-dix-sept, case de la couronne civique.

Si l'on arrive au nombre quarante-un, case de Jean-Jacques Rousseau, on se rend au nombre soixante-seize, case de la liberté.

Lorsqu'on est porté au nombre quarante-cinq, case de la révolution, on va se placer au nombre quatre-vingt-un, case de la régénération.

Si l'on atteint le nombre quarante-six, case de Mirabeau, on se rend à la case soixante-dix-sept, case de la couronne civique.

Quand on arrive au nombre quarante-sept, case de l'assemblée nationale, on doit aller au nombre soixante-quinze, case de la concorde.

Celui qui est porté au nombre quarante-huit, case du patriotisme, gagne six jetons, qu'il retire de la *poule*.

Si l'on est porté au nombre quarante-neuf, case du don patriotique, on paye dix jetons, & l'on va se placer au nombre cinquante-cinq, case de l'autel de la patrie.

Quand on atteint le nombre cinquante, case de la religion, on se rend au nombre soixante-dix-huit, case de l'amour du prochain.

Lorsqu'on arrive au nombe cinquante-deux, case de la France, on va se placer au nombre soixante-un, case de la vigilance.

Le joueur qui est porté au nombre cinquante-six, case de la commémoration du 14 Juillet, gagne douze jetons qu'il retire

de la *poule*. & il va se placer au nombre soixante-seize, case de la liberté.

Si l'on atteint le nombre cinquante-neuf, case des princes, on paye dix jetons pour grossir la *poule*.

Lorsqu'on arrive au nombre soixante-trois, case du roi Louis XVI, on va se placer au nombre soixante-sept, case de l'acceptation.

Quand on est conduit au nombre soixante-quatre, case du dauphin, on va prendre place au nombre quatre-vingt, case du prince royal.

Si l'on est porté au nombre soixante-cinq, case du voyage de Varennes, on doit retourner au nombre quatorze, case de la loi.

Le joueur qui atteint le nombre soixante-huit, case des contre-révolutionnaires, est obligé de rétrograder au nombre dix-neuf, case des petites-maisons.

Lorsqu'on arrive au nombre soixante-neuf, case des aristocrates, on doit retourner au nombre quarante-deux, case des droits de l'homme.

Si l'on est conduit au nombre soixante-dix, case des moines, on retrograde au nombre treize, case de la société.

Le joueur qui atteint le nombre soixante-onze, case de la discorde, est renvoyé au nombre sept, case de l'anarchie.

Quand on est porté au nombre soixante-douze, case de l'inconstance, on doit rétrograder au nombre trois, case de l'esclavage.

Si l'on est conduit au nombre soixante-quatorze, case de citoyennes françaises, on gagne six jetons qu'on retire de la *poule*.

Enfin le joueur qui arrive juste au nombre 83, case de la nouvelle constitution, sans qu'il lui reste aucun point à compter, gagne la partie, & emporte tout ce qu'on a mis à la *poule*. Il suit delà que si le nombre amené conduit au delà du nombre 83, il faut qu'on rétrograde. Ainsi, en supposant que vous ayez votre marque sur le nombre 78, & que vous ameniez sept points, vous serez obligé de vous placer au nombre 81. Si ensuite, lorsque votre tour de jouer sera revenu, le dé vous donne le nombre 12, il vous ramenera, en rétrogradant, à la case 73 : mais comme à cette case, il se trouve une *poule* sur laquelle on ne peut pas s'arrêter, vous serez obligé de rétrograder encore de douze sases : il faudra par conséquent vous placer au nombre 61.

Avoir le dé. C'eft être en tour de jouer.

Cafe. Ce mot fe dit de chacune des places marquées par un numéro.

Marque. C'eft le figne avec lequel chaque joueur indique la place où le dé l'a porté.

Point. C'eft le nombre qui réfulte d'un coup de dé.

Poule. C'eft la totalité de ce que les joueurs ont mis au jeu.

QUADRILLE.

C'eft le même jeu que le *Médiateur*. Le nom de *Quadrille* vient de ce qu'il fe joue entre quatre perfonnes. *Voyez* MÉDIATEUR.

QUARANTE DE ROIS.

Sorte de jeu des cartes qui fe joue entre quatre perfonnes, dont deux font affociées contre les deux autres.

Le jeu dont on fe fert eft compofé de trente-deux cartes, huit de chaque couleur. La plus haute eft le roi, & la plus baffe le fept.

L'affocié de chaque joueur doit être indiqué par le fort : pour cet effet, un des joueurs, après avoir mêlé les cartes & fait couper, les retourne, & les jette l'une après l'autre devant chaque joueur, jufqu'à ce qu'il ait paru un roi : alors on ne jette plus de carte devant le joueur où eft le roi ; mais on continue à en jetter devant les autres joueurs jufqu'à ce qu'ils aient chacun un roi. Quand cette opération eft finie, les deux joueurs qui ont chacun un roi rouge, font partenaires l'un de l'autre, & ceux qui ont les rois noirs font leurs adverfaires.

L'affocié ou le partenaire d'un joueur, doit être placé vis-à-vis & non à côté de lui. Il fuit delà, que chaque joueur fe trouve entre fes deux adverfaires.

C'eft auffi par le fort qu'on fait défigner le joueur qui doit donner.

Le prix de la partie étant fixé, on convient ordinairement que, pour la gagner, il faudra faire 150 points : ce nombre peut être augmenté ou diminué au gré des joueurs.

Il eft affez d'ufage que les affociés reftent enfemble jufqu'à ce qu'un des deux partis ait gagné & donné la revanche.

Comme il y a de l'avantage à donner, on doit éviter de faire faute en diftribuant les cartes ; car fi l'on en diftribuoit à un joueur plus ou moins qu'il ne doit en avoir, la main pafferoit au joueur qui fuivroit.

Celui qui doit donner, ayant mêlé les cartes, il fait couper par le joueur placé à fa gauche ; enfuite il diftribue en trois tours huit cartes à chaque joueur, une fois deux, & deux fois trois, en commençant par fa droite : il finit par découvrir la dernière carte qui lui appartient, & qui forme la triomphe. Cette carte doit refter fur le tapis, jufqu'à ce que celui qui a donné foit en tour de jouer.

La parole appartient fucceffivement à tous les joueurs, en commençant par la droite de celui qui a donné : ainfi, avant de jouer, chacun doit annoncer ce qu'il peut avoir à compter dans fon jeu ; car auffitôt qu'on a joué une carte, ce qui n'a point été annoncé eft perdu pour le joueur qui l'a oublié.

Les chofes à annoncer font ce qu'on appelle les *cliques*, qui confiftent en trois ou quatre valets, trois ou quatre dames, & trois ou quatre rois : mais il n'y a à chaque coup qu'une de ces cliques qui puiffe être valable & produire des points. Trois valets peuvent être infirmés par trois dames ; trois dames par trois rois ; trois rois par quatre valets ou quatre dames ; quatre valets, par quatre dames ou quatre rois, & quatre dames par quatre rois. Il fuit delà que fi le premier accufe, par exemple, trois valets, & que le fecond ait trois dames, ou trois rois, celui-ci répond que les trois valets ne valent pas. La parole paffe ainfi à tous les joueurs, & celui qui a fait l'accufation de la clique reconnue fupérieure, marque les points qu'elle l'autorife à compter. Ces points font au nombre de fix, pour trois valets reconnus bons ; de huit, pour trois dames ; de dix pour trois rois ; de treize pour quatre valets ; de vingt, pour quatre dames, & de quarante pour quatre rois.

Le premier en cartes, après avoir annoncé sa clique, s'il en a une, commence à jouer, par telle carte de son jeu qu'il juge à propos : le joueur qui suit doit fournir de la couleur jouée, s'il en a, mais il n'est pas obligé de forcer : il peut d'ailleurs renoncer pour couper, & pour surcouper.

L'objet que doivent se proposer les associés est de réunir dans les levées qu'ils peuvent faire l'un & l'autre, le plus de figures qu'il leur est possible, attendu qu'il n'y a que les figures, c'est-à-dire, les rois, les dames & les valets qui produisent des points.

Un principe dont ceux qui jouent bien ne s'écartent pas, est que les deux associés ne doivent rien négliger pour se favoriser réciproquement. Ainsi, quand un joueur a connoissance qu'une levée où il se trouve déjà une figure, peut être faite par son partenaire, il doit, selon les circonstances, ajouter à cette levée une autre figure par préférence à une basse carte qui ne peut rien compter.

Lorsque le coup est joué, les joueurs qui sont associés, réunissent ensemble les levées qu'ils ont faites, & ils comptent les points qu'elles contiennent, qu'ils ajoutent ensuite à ceux qu'ils ont déjà marqués précédemment.

Ces points viennent, comme on l'a déjà dit, des rois, des dames & des valets : un roi en produit cinq ; une dame quatre, & un valet trois. Il suit delà qu'à chaque coup de la partie, il y a quarante huit points à gagner en jouant, indépendamment de ce qu'on a pu compter pour la clique qui a été reconnue valable.

Quand on a soi-même, ou qu'on sait que son partenaire a des rois dans son jeu, on doit tâcher de faire tomber les à-touts, afin qu'il n'en reste plus pour couper les rois lorsqu'on les jouera : par la même raison, les autres joueurs doivent éviter de jouer à tout, afin de conserver leurs triomphes pour couper les rois de leurs adversaires.

VOCABULAIRE explicatif des termes usités au jeu de Quarante de rois.

Associé. C'est le joueur qui a le même intérêt qu'un autre. On lui donne aussi le nom de partenaire.

A tout. C'est la couleur dont est la triomphe.

Avoir la parole. C'est être en tour d'annoncer la clique qu'on peut avoir dans sa main.

Clique. C'est la réunion de trois ou quatre figures de même point & de couleur différentes, comme trois ou quatre valets, trois ou quatre dames, & trois ou quatre rois.

Couper. C'est séparer en deux un jeu de cartes, avant de distribuer à chaque joueur les cartes qu'il doit avoir.

Couper. Se dit de l'action d'employer une triomphe sur la couleur jouée.

Donner. C'est distribuer à chaque joueur les cartes qu'il doit avoir.

Forcer. C'est jeter une carte supérieure à celle qui a d'abord été jouée.

Levée. C'est une main qu'on a faite en jouant.

Mêler. C'est battre les cartes.

Partenaire. C'est la même chose qu'associé.

Renoncer. C'est ne pas fournir de la couleur jouée, quand on le peut.

Surcouper. C'est mettre une triomphe plus forte sur celle avec laquelle un joueur précédent a coupé la carte jouée.

Triomphe. C'est la couleur qui emporte toutes les autres cartes.

QUATRE FLEURS.

Jeu de hazard dont le principal instrument est un tableau aux numéros & figures, duquel correspondent d'autres numéros & d'autres figures renfermées dans un sac, d'où on les tire pour indiquer les parties qui viennent à gagner (1).

Le tableau dont on vient de parler est divisé en onze colonnes, dont dix sont composées chacune de huit numéros, & la onzième qui est placée dans le milieu, représente quatre fleurs. Ainsi, le tableau contient quatre-vingt numéros & quatre fleurs.

Les joueurs sont un banquier & des pontes ; le nombre de ceux-ci n'est point borné.

Le banquier a un sac qui renferme quatre-

---

(1) *Voyez* aux planches la figure 15.

vingt-quatre étuis en forme d'olives, dans chacun desquels se trouve un parchemin roulé sur lequel est écrit un numéro du tableau, ou le nom d'une des *quatre fleurs* de la colonne du milieu. Ce sac est surmonté d'une espèce de casque, à la partie supérieure duquel il y a une ouverture garnie d'un ressort, par où un ponte introduit dans ce casque un des étuis dont on a parlé, que le ressort empêche de rentrer dans le sac.

Cette introduction n'a lieu qu'après que le sac a été bien remué & les étuis mêlés, tant par le banquier que par les pontes ; pour que le hazard dirige seul l'évènement.

Lorsque chaque ponte a fait son jeu, c'est-à-dire, qu'il a placé sur le tableau les jetons ou l'argent qu'il veut risquer, le banquier ouvre le casque avec la clef destinée pour cet effet ; il en tire l'étui, & en fait sortir le numéro, qu'il montre à la galerie & qu'il lit à haute voix : il s'occupe ensuite du soin de payer les parties que ce numéro fait gagner. Le payement consiste en une somme proportionnée à la mise que le ponte a faite sur la chance gagnante.

Quand les payemens sont achevés, tout ce qu'il y a sur le tableau, appartenant au banquier, il le releve, remet l'étui & le numéro sorti dans le sac, & les pontes placent de nouveau sur le tableau ce qu'ils veulent jouer. Le jeu continue de cette manière aussi long-temps qu'on le juge à propos.

Au jeu des *quatre-fleurs*, les chances ne sont pas moins variées que multipliées :

Les principales sont,

1°. Le plein :

2°. Le demi-plein :

3°. Le carré :

4°. La colonne droite :

5°. Deux colonnes droites groupées :

6°. La colonne transversale :

7°. Deux colonnes transversales groupées :

8°. Le petit côté & le grand côté :

9°. Le pair & l'impair :

10°. La couleur noire & la couleur rouge :

11°. Le pair du petit ou du grand côté :

12°. L'impair du petit ou du grand côté,

13°. La couleur noire du petit ou du grand côté :

14°. La couleur rouge du petit ou du grand côté :

15°. Les terminaisons :

16°. La bordure du tableau :

Mathémat. Tom. III. Seconde Partie.

17°. Enfin, l'intérieur du tableau.

Avant de passer, à l'explication de ces différentes chances & du payement auquel chacune assujettit le banquier, il convient de faire connoître particuliérement toutes les parties du tableau.

La première des onze colonnes dont nous avons dit qu'il étoit composé, s'étend depuis le numéro un jusqu'au numéro huit, inclusivement ; la seconde, depuis le numéro neuf jusqu'au numéro seize ; la troisième, depuis le numéro dix-sept jusqu'au numéro vingt-quatre ; la quatrième, depuis le numéro vingt-cinq jusqu'au numéro trente-deux ; & la cinquième, depuis le numéro trente-trois, jusqu'au numéro quarante.

Ces cinq colonnes prises ensemble, composent ce qu'on appelle le petit côté.

La sixième colonne est connue sous la dénomination de colonne du banquier : elle ne contient que les *quatre-fleurs* qui sont un œillet, une tulipe, une rose, & un pavot.

La sixième colonne s'étend depuis le numéro quarante-un jusqu'au numéro quarante-huit ; la huitième, depuis le numéro quarante-neuf jusqu'au numéro cinquante-six ; la neuvième, depuis le numéro cinquante-sept jusqu'au numéro soixante-quatre ; la dixième, depuis le numéro soixante-cinq jusqu'au numéro soixante-douze ; & la onzième, depuis le numéro soixante-treize jusqu'au numéro quatre-vingt.

Ces cinq dernières colonnes réunies composent le grand côté.

Les cinq premières colonnes & les cinq dernières sont appellées *colonnes droites*, pour les distinguer des colonnes transversales qui ne sont qu'au nombre de huit.

La première de celle-ci est composée du premier numéro de chacune des cinq premières colonnes droites : elle renferme par conséquent dix numéros.

Les sept autres colonnes transversales sont pareillement composées chacune d'un numéro des mêmes colonnes droites. Ainsi, la seconde colonne transversale, est composée du second numéro de chacune de ces colonnes droites ; la troisième, du troisième numéro, &c.

Le pair général consiste dans les numéros

H h

pairs qui fe trouvent fur le tableau depuis le numéro deux, jufqu'au numéro quatre-vingt.

L'impair général comprend les numéros impairs depuis le numéro un jufqu'au numéro foixante-dix-neuf.

Le pair du petit côté eft renfermé dans les vingt numéros pairs qui s'étendent depuis deux jufqu'à quarante ; & le pair du grand côté, dans les vingt autres numéros pairs que contient le tableau depuis le numéro quarante-deux jufqu'au numéro quatre-vingt.

L'impair du petit côté s'entend des vingt numéros impairs de ce côté ; & l'impair du grand côté, des vingt pareils numéros de ce dernier côté.

Comme un numéro peint en noir eft toujours fuivi d'un numéro peint en rouge , il faut appliquer à la couleur noire & à la couleur rouge ce que nous venons de dire des pairs & des impairs , tant généraux que des côtés.

On appelle *terminaifon*, la finale de chaque nombre : il y a par conféquent la terminaifon des uns, la terminaifon des deux, la terminaifon des trois, & ainfi du refte, jufqu'à la terminaifon des dix ou des zeros.

La terminaifon des uns comprend les numéros 1, 11, 21, 31, 41, 51, 61 & 71 : celle des deux, les numéros 2, 12, 22, &c. & ainfi du refte.

Les terminaifons font figurées à la tête du tableau par les numéros 1, 2, 3, 4, 5, 6, 7, 8, 9 & 0.

Nous allons maintenant indiquer la manière de jouer chacune des chances dont on a parlé, & faire connoître ce qu'elles produifent au ponte qui gagne pour les avoir adoptées.

La première & la plus confidérable des chances eft celle du *plein* : on la joue en plaçant fur un feul numéro ce qu'on veut rifquer. Si, par exemple, vous mettez fix francs fur le numéro 15, & que ce numéro vienne à fortir du fac, le banquier vous paye 80 écus de fix francs ou 20 louis.

On joue le demi-plein en plaçant fa mife entre deux numéros. Si l'un de ces deux numéros vient à fortir, le banquier paye au ponte 40 fois la mife de celui-ci.

On joue le carré en plaçant la mife dans un angle commun à quatre numéros. Si l'un de ces quatre numéros fort, le ponte gagne 20 fois la fomme qu'il a expofée.

Pour jouer la colonne droite, on place fon argent à la partie, foit fupérieure, foit inférieure de cette colonne indifféremment. Lorfqu'il vient à fortir un des huit numéros dont cette colonne eft compofée, le ponte reçoit dix fois l'argent qu'il a rifqué.

On joue deux colonnes droites groupées, en plaçant la mife à la partie fupérieure ou inférieure de la ligne qui fépare ces deux colonnes l'une de l'autre. S'il fort un des 16 numéros qu'elles renferment, le banquier paye cinq fois la mife du ponte.

On joue une colonne tranfverfale, en plaçant la mife à l'une des parties latérales du tableau, vis-à-vis des numéros de cette colonne : quand il fort un des 10 numéros dont elle eft compofée, le ponte reçoit huit fois fa mife.

On joue deux colonnes tranfverfales groupées, en plaçant la mife à l'une des parties latérales du tableau, fur la ligne qui fépare ces colonnes l'une de l'autre. S'il fort un des 10 numéros qu'elles renferment, le banquier paye quatre fois la mife du ponte.

Il y a fur le tableau l'indication des endroits où le ponte doit placer fon argent lorfqu'il veut jouer au petit côté ou au grand côté ; au pair général ou à l'impair général, & à la couleur noire ou à la couleur rouge : s'il fort un numéro de chacune de ces fix chances, le banquier paye deux fois la mife du ponte.

On joue le pair foit du petit, foit du grand côté, en plaçant fa mife à côté d'un des numéros pairs les plus voifins de la partie latérale du tableau que l'on a adoptée : s'il fort un numéro pair de cette partie, le banquier paye quatre fois la mife.

Ce que nous venons de dire du pair s'applique pareillement à l'impair, ainfi qu'aux couleurs, foit de l'un, foit de l'autre côté.

On joue une terminaifon, en plaçant fon argent fur la cafe où elle eft figurée. S'il fort un des 8 numéros dont la terminaifon choifie eft compofée, on reçoit dix fois la fomme qu'on a expofée.

La bordure du tableau eft compofée de trente-deux numéros & de *deux-fleurs* ; favoir, les feize numéros qui compofent tant la première que la dernière colonne droite ; le premier numéro, ainfi que le dernier de chacune des huit autres colonnes droites, &

la première, ainsi que la dernière fleur de la colonne du banquier.

Quand il fort un numero ou une fleur de cette chance, le ponte qui l'a jouée reçoit du banquier quatre-vingt fois la trente-quatrième partie de ce qu'il a expofé. Si, par exemple, on a placé trente-quatre écus fur la bordure, elle produira à celui qui gagne, quatre-vingt écus.

L'intérieur du tableau comprend tous les numeros & les *deux fleurs* qui ne font pas de la bordure : ils forment un tout de cinquante. S'il fort un numero de cette chance, le ponte qui l'a jouée reçoit quatre-vingt fois la cinquantième partie de ce qu'il a expofé. Si, par exemple, fa mife a été de cinquante écus, le banquier lui en paye quatre-vingt.

Quand il vient à fortir une fleur de la colonne du banquier, les pontes perdent en totalité les mifes qu'ils ont faites au pair & à l'impair général, ainfi qu'au pair & à l'impair tant du petit côté que du grand côté.

La même règle s'applique à toutes les mifes qu'on a faites aux couleurs & aux côtés.

L'avantage du banquier à ce jeu confifte dans la vingt-unième partie de l'argent que les pontes expofent. En voici la preuve : fuppofons qu'un ponte employe quatre-vingt-quatre écus à couvrir chaque numero & chaque fleur, le numero ou la fleur qui fortira ne lui rendra que 80 écus, & par conféquent il en reftera au banquier en pur bénéfice, quatre qui font la vingt-unième partie de quatre-vingt-quatre.

Vocabulaire explicatif des termes ufités au jeu des Quatre-Fleurs.

Bordure. C'eft le nom fous lequel on défigne trente-deux numeros & deux fleurs ; favoir, les feize numeros formant tant la première que la dernière colonne droite; le premier numero, ainfi que le dernier de chacune des autres colonnes droites, & la première ainfi que la dernière fleur de la colonne du banquier.

Banquier. C'eft celui contre lequel les pontes jouent leur argent.

Carré. On donne ce nom à quatre numeros groupés, tels qu'un, deux, neuf & dix, entre lefquels & dans l'angle qui leur eft commun, on place fa mife pour en obtenir

vingt fois le payement, s'il vient à fortir un de ces quatre numeros.

Colonne droite. On défigne ainfi la réunion de huit numeros qui fe fuivent immédiatement l'un l'autre, depuis la partie fupérieure du tableau, jufqu'à la partie inférieure. Ainfi les numeros qui s'étendent depuis un jufqu'à huit, forment fur le tableau la première colonne droite.

Colonnes droites groupées. On défigne ainfi deux colonnes droites contiguës, qui ont entre elles une ligne à la partie fupérieure ou inférieure de laquelle le ponte place fon argent, pour en obtenir cinq fois autant, s'il vient à fortir un numero de ces deux colonnes.

Colonne du banquier. C'eft le nom qu'on donne à la colonne du milieu du tableau, qui eft compofée de *quatre-fleurs* : elle eft ainfi appelée à caufe des avantages qu'elle produit au banquier, en lui faifant gagner la totalité des mifes qui ont été faites au pair, à l'impair, aux côtés, &c.

Colonne tranfverfale. On donne ce nom à une fuite de dix numeros pris fur une même ligne, dans les cinq premières & les cinq dernières colonnes droites.

Colonnes tranfverfales groupées. On défigne ainfi deux colonnes tranfverfales contiguës, ayant entre elles une ligne qui s'étend d'une partie latérale du tableau à l'autre partie, & à l'extrémité de laquelle le ponte place fon argent, pour en obtenir quatre fois autant, s'il vient à fortir un numero de ces deux colonnes.

Couleur noire. On donne ce nom à la totalité des numeros peints en noir fur le tableau.

Couleur noire du grand côté. On défigne ainfi les numeros qui font peints en noir dans les cinq dernières colonnes droites du tableau. Et l'on appelle *couleur noire du petit côté*, les numeros peints en noir dans les cinq premières colonnes droites.

Couleur rouge. On donne ce nom à la totalité des numéros peints en rouge fur le tableau.

Couleur rouge du grand côté. C'eft les numeros qui font peints en rouge dans les cinq dernières colonnes droites du tableau. Et l'on appelle *couleur rouge du petit côté*, les numeros peints en rouge dans les cinq premières colonnes droites,

Demi-plein. C'est la mise que fait un ponte fur la ligne qui fépare deux fleurs ou deux numeros, l'un de l'autre.

Galerie. C'est le nom qu'on donne aux pontes & aux fpectateurs pris en général. C'est dans ce fens qu'on dit que quand il s'é-leve quelque difficulté entre le banquier & un ponte, *c'est la galerie qui doit la décider.*

Grand côté. C'est la totalité des numeros que contiennent les cinq dernières colonnes droites.

Impair. On défigne ainfi tous les nombres impairs des fix premières & des fix dernières colonnes droites.

Impair du grand côté. C'est la totalité des nombres impairs qui fe trouvent dans les cinq dernières colonnes droites. Et l'on ap-pelle *impair du petit côté*, les nombres im-pairs des cinq premières colonnes droites.

Intérieur. C'est la totalité des numeros qui ne font pas compris dans la bordure.

Pair. C'est la totalité des nombres pairs des cinq premières & des cinq dernières co-lonnes droites.

Pair du grand côté. Ce font les nombres pairs que contiennent les cinq dernières co-lonnes droites. Et l'on appelle *pair du petit côté*, les nombres pairs des cinq premières colonnes droites.

Petit côté. C'est la totalité des numeros que renferment les cinq premières colonnes droites.

Plein. C'est la mife que fait un ponte fur un feul numero, ou fur une feule fleur.

Ponte. On défigne fous ce nom les joueurs qui font des mifes fur le tableau.

Terminaifon. C'est la finale de chaque nombre.

Q

QUILLES (*Jeu des*).

SORTE d'exercice, ou de jeu auquel peuvent s'occuper enfemble un nombre illimité de perfonnes.

Les inftrumens du jeu font une boule & neuf *quilles.* On range ordinairement ces *quilles,* trois à trois en carré, pour les abattre de loin avec la boule.

Les deux manières de jouer les plus ufitées font ce qu'on appelle le jeu ordinaire & le rapport.

Le jeu ordinaire confifte à abattre fuccef-fivement une certaine quantité de *quilles,* comme cinquante, foixante, cent, &c. La partie eft gagnée pour le joueur qui, le pre-mier, parvient à abattre jufte la quantité fixée. On conçoit que dans une pareille par-tie, il eft avantageux de jouer le premier : aufli commence-t-on par faire prononcer le fort fur l'ordre dans lequel chaque joueur aura la boule.

Ce préliminaire eft fuivi de l'indication du but, c'est-à-dire du lieu où le joueur doit être placé pour jeter la boule & abattre les *quilles.* On convient ordinairement que

le but fera fixé par le joueur qui aura le défa-vantage de jouer le dernier.

Celui qui a la boule doit avoir un pied fur le but quand il joue, autrement fon coup feroit nul, & il ne compteroit pas les *quilles* abattues.

Nous avons dit que, pour gagner la partie, il falloit abattre jufte le nombre de *quilles* dont on étoit convenu : il fuit delà que quand un joueur abat plus de *quilles* qu'il ne lui en falloit pour gagner, il eft réduit à recom-mencer comme s'il n'avoit encore rien fait. On convient même quelquefois que cet excé-dent de *quilles* fera perdre la partie. C'est ce qu'on appelle en quelques endroits *crever*, & en d'autre *brûler.*

Le joueur qui, en jouant, n'abat aucune *quille,* perd fon coup & fait *chou blanc,* c'est-à-dire, qu'il ne compte rien.

Toute *quille* abattue par toute autre caufe que l'action médiate ou immédiate de la boule, ne doit pas être comptée.

Si un joueur jetoit la boule avant que toutes les *quilles* fuffent redreffées, il fau-

QUILLES.

droit qu'il recommençât à jouer , quand même il n'auroit abattu des *quilles* que du côté où elles étoient relevées.

Le joueur qui laiſſe paſſer ſon tour de jouer perd ſon coup.

Toute *quille* qui tombe quand la boule eſt arrêté, ne doit pas être comptée. Il en feroit de même d'une *quille*, qui étant ébranlée & ſoutenue par une autre, ne tomberoit que quand on auroit ôté celle-ci.

On ne compte pas non plus les *quilles* que la boule ſortie du jeu fait tomber en y rentrant.

Quand un joueur a l'adreſſe d'abattre la *quille* plantée au milieu du jeu, ſans en faire tomber aucune autre, il compte comme s'il en avoit abattu neuf, c'eſt-à-dire, toutes celles du jeu.

Le jeu du rapport diffère du jeu ordinaire, en ce que, pour gagner, il n'eſt pas néceſſaire d'abattre un nombre déterminé de *quilles* ; il ſuffit d'abattre en un ou pluſieurs coups, ſelon la convention , une quantité telle qu'elle excède ce que les autres joueurs en ont abattu.

Au jeu du rapport, chacun met à la poule la ſomme convenue, & il eſt indifférent qu'un joueur joue avant ou après les autres. C'eſt, comme on vient de le dire, à celui qui a abattu le plus grand nombre de *quilles*, que la poule doit appartenir.

S'il arrivoit que deux ou pluſieurs joueurs euſſent abattu chacun une égale quantité de *quilles*, & que les autres en euſſent abattu moins qu'eux, il y auroit rapport , & perſonne ne gagneroit la poule ſur le coup : mais ceux qui auroient abattu le moins de *quilles*, ſeroient tenus d'ajouter un nouvel enjeu au premier, pour concourir de nouveau avec les autres.

VOCABULAIRE explicatif des termes uſités employés au jeu de Quilles.

Avoir la boule. C'eſt avoir l'avantage de jouer le premier.

Boule. Corps rond en tout ſens, avec lequel on joue pour faire tomber les *quilles*.

Brûler. Expreſſion dont ſe ſert pour annoncer qu'un joueur a perdu la partie parce qu'il a abattu plus de quilles qu'il n'en falloit pour la gagner.

QUINQUENOVE. 245

But. C'eſt l'endroit où l'on doit être quand on jette la boule pour abattre des *quilles*.

Chou blanc. On dit d'un joueur qui a jeté la boule ſans abattre aucune *quille*, qu'il a fait chou blanc.

Crever. C'eſt la même choſe que brûler.

Poule. C'eſt la totalité des enjeux.

Quille. Morceau de bois arrondi, & plus menu par le haut que par le bas, dont on fait uſage pour jouer.

QUINQUENOVE.

Sorte de jeu de hazard, qui ſe joue avec un cornet & deux dés.

Le nombre des joueurs eſt illimité : chacun prend le cornet & les dés à ſon tour. Celui qui les a joué ſeul contre tous : c'eſt pourquoi il eſt alors banquier & les autres ſont pontes.

Chaque ponte met au jeu la ſomme qu'il juge à propos, & le banquier couvre cette maſſe d'une ſomme égale.

Si le banquier amène un doublet ou les points de trois ou d'onze qu'on appelle hazards, il gagne tout ce que les pontes ont mis au jeu ſur le coup : ſi au contraire il amène les points de cinq ou de neuf, il perd tout ce qu'il a au jeu.

Mais ſi le banquier amène les points de quatre, de ſix, de ſept, de huit ou de dix, perſonne ne gagne ſur le coup : il ſe décidera en faveur du banquier, s'il ramène les mêmes points avant d'amener cinq ou neuf ; & les pontes gagneront ſi l'une de ces dernières chances arrive avant celle où ils auront riſqué leur argent.

VOCABULAIRE explicatif des termes uſités au Quinquenove.

Avoir le dé. C'eſt faire la fonction du banquier.

Banquier. C'eſt le joueur qui tient le dé contre les pontes.

Cornet. C'eſt le petit vaſe avec lequel on jette les dés dans l'entonnoir.

Dé. C'eſt un petit morceau d'os ou d'ivoire, de figure cubique ou à ſix faces, dont chacune eſt marquée d'un différent nombre de points depuis un jufqu'à fix, & qui fert à jouer.

Doublet. Il fe dit de deux dés qui ont amené chacun le même point.

Hazard. On diftingue fous ce nom un coup où les deux dés préfentent le nombre de trois ou celui d'onze.

Point. C'eft le nombre qui réfulte d'un coup de dé.

Ponte. On donne ce nom aux joueurs qui jouent contre le banquier.

QUINTILLE.

Sorte de jeu des cartes qui fe joue entre cinq perfonnes.

On fe fert d'un jeu entier dont on a ôté les dix, les neuf & les huit : il n'eft par conféquent plus compofé que de quarante cartes.

On fait les comptes du jeu avec des contrats, des fiches & des jetons qui ont une valeur convenue. Le contrat vaut dix fiches & la fiche dix jetons. On en diftribue une quantité déterminée à chaque joueur avant de commencer la partie.

On tire au fort les places que les joueurs doivent occuper autour de la table : pour cet effet, l'un d'entre eux a dans fa main cinq cartes couvertes qu'il préfente aux autres joueurs, afin que chacun en choififfe une. Ces cinq cartes font un roi, une dame, un valet, un as, & un fept. Le joueur auquel le fort a diftribué le roi, fe place où il juge à propos ; la dame fe met à la droite du roi ; le valet, à la droite de la dame ; l'as, à la droite du valet, & le fept à la droite de l'as.

Cette première opération eft fuivie de celle qui crée la couleur favorite. C'eft le joueur auquel le fort a donné le droit de choifir la première place, qu'appartient la prérogative de créer cette couleur. Voici le procédé que l'on fuit à cet égard.

Je fuppofe que vous foyez placé à la droite de ce joueur : vous mêlez les cartes & vous les lui préfentez : alors il divife le jeu en deux parties, comme s'il vouloit couper, & il met en évidence la dernière carte de la partie qu'il a détachée de celle qui eft reftée fur le topic : c'eft la couleur de cette carte qui dé-

vient la *favorite* qu'on appelle auffi *préférence.*

Lorfque la favorite eft connue, on forme la poule & l'on en vient à la diftribution des cartes.

Avant cette diftribution, chaque joueur met au jeu un jeton, & celui qui doit donner y met en outre cinq fiches qu'on appelle *poulans.*

Les cinq jetons des joueurs & une fiche des poulans, forment ce qu'on appelle la *poule*, qui eft par conféquent compofée de quinze jetons. Nous parlerons dans la fuite de la deftination des quatre autres fiches de poulans.

Le jeu étant ainfi préparé, le joueur auquel, en tirant les places, le fort a diftribué le roi, eft chargé de donner le premier : en conféquence il mêle les cartes, préfente à couper au joueur qu'il a à fa gauche, & diftribue enfuite à chaque joueur fucceffivement, la quantité de huit cartes en deux fois, quatre à chaque fois.

L'ordre felon lequel les cartes font fupérieures l'une à l'autre, varie felon les couleurs : en couleur noire, c'eft-à-dire, en trefle en pique, le roi eft fupérieur à la dame ; la dame au valet ; le valet au fept ; le fept au fix ; le fix au cinq ; le cinq au quatre ; le quatre au trois & le trois au deux.

Les deux as noirs étant toujours triomphes, forment une claffe à part.

En couleur rouge, c'eft-à-dire, en cœur & en carreau, le roi eft fupérieur à la dame ; la dame au valet ; le valet l'as ; l'as au deux ; le deux au trois ; le trois au quatre ; le quatre au cinq ; le cinq au fix, & le fix au fept.

Il y a en couleur rouge, comme l'on voit, une carte de plus qu'en couleur noire, par la raifon que les as noirs font toujours au nombre des triomphes.

Par la même raifon, les triomphes font au nombre de douze en couleur rouge, & au nombre d'onze feulement en couleur noire.

Le rang de chaque triomphe en couleur noire eft ainfi déterminé : la première triomphe eft l'as de pique, qu'on appelle *fpadille* ; la feconde, le deux ou trefle ou de pique, qu'on appelle *manille* ; la troifième, l'as de trefle, qu'on appelle *bafte* ; la quatrième, le roi ; la cinquième, la dame ; la fixième, le valet ; la feptième, le fept ; la huitième, le fix ; la neuvième, le cinq ; la dixième, le quatre ; & la onzième, le trois.

En couleur rouge, spadille est pareillement la première triomphe ; le sept, qu'on appelle *manille*, la seconde ; le sept, qu'on appelle baste, la troisième ; l'as ou de cœur ou de carreau, qu'on appelle *ponte*, la quatrième ; le roi, la cinquième ; la dame, la sixième ; le valet, la septième ; le deux, la huitième ; le trois, la neuvième ; le quatre, la dixième ; le cinq, la onzième ; & le six, la douzième.

Indépendamment des noms particuliers que portent les trois premières triomphes, elles en ont un qui est commun à toutes les trois, & qui est celui de matadors.

Quoique régulièrement ce titre n'appartienne qu'aux trois premières triomphes, on a coutume de l'étendre dans l'usage aux cartes qui suivent immédiatement les trois premières quand elles se trouvent avec celles-ci dans une même main : on dit alors qu'on a quatre, cinq, six matadors.

Au reste, il faut remarquer que ces matadors qu'on peut appeller *surnuméraires*, n'ont pas les prérogatives qui appartiennent aux vrais matadors. Par exemple, si l'on jouoit à-tout du valet ou de la dame, le joueur qui n'auroit dans son jeu en à-tout qu'un ou plusieurs des trois premiers matadors, seroit dispensé d'obéir, & il pourroit fournir sur l'à-tout telle carte qu'il jugeroit à propos : mais il en seroit différemment, si le quatrième matador se trouvoit joint aux trois premiers ; il faudroit dans ce cas le jouer nécessairement, sous peine de faire la bête de renonce.

Il n'y a d'ailleurs que les trois premiers matadors qui participent aux fiches de poulans que met au jeu le distributeur des cartes. On a vu précédemment que ces fiches étoient au nombre de cinq, & qu'il devoit en être mis une à la poule : les quatre autres appartiennent, savoir, deux au joueur qui a spadille, une à celui qui a manille & l'autre à celui qui a baste.

On appelle *faux matadors*, trois, quatre ou cinq cartes qui se suivent immédiatement l'une l'autre, & dont manille est la plus haute.

Quand chaque joueur a ses huit cartes, la parole appartient à celui qu'est à la droite du distributeur de cartes : s'il a un jeu tel qu'il y a lieu de présumer qu'il ne viendroit pas à bout de faire cinq levées, même avec l'aide d'un associé, il doit dire qu'*il passe*.

Si au contraire il pense qu'il a des moyens suffisans pour parvenir à faire cinq levées, il déclare qu'il veut jouer : mais comme les moyens dont on vient de parler peuvent être plus ou moins puissants, la manière de jouer doit y être relative. Ainsi, lorsqu'on a un jeu avec lequel on ne doit pas espérer de faire par soi-même plus de trois levées, on demande simplement, c'est-à-dire, qu'on demande à jouer avec le secours d'un associé qu'on indiquera.

Le joueur qui forme une telle demande peut être renvié de deux manières, par un des quatre autres joueurs : celui-ci peut dire qu'il demande aussi en couleur favorite, & la préférence doit lui être accordée, à moins que le premier n'offre de jouer lui-même dans cette couleur.

Ou bien le second peut déclarer qu'il joue sans prendre, & dans ce cas il faut que le premier en fasse autant, ou l'autre doit lui être préféré.

Si le second déclaroit qu'il veut jouer sans-prendre en couleur favorite, il faudroit que, pour lui être préféré, le premier jouât aussi sans-prendre dans cette couleur.

Quand le joueur qui a formé une demande simple, n'a point été renvié, il nomme pour triomphe la couleur qui domine dans son jeu ou qu'il croit devoir lui être plus favorable que les autres : il appelle ensuite à son secours, le roi d'une autre couleur. Le joueur qui a dans sa main le roi appelé devient en ce moment l'associé de l'hombre, c'est-à-dire, de celui qui a demandé : l'un & l'autre doivent en conséquence réunir leurs efforts afin de parvenir à faire les cinq levées qui leur sont nécessaires pour gagner : d'un autre côté, il importe aux trois autres joueurs d'employer tous leurs moyens pour empêcher que ces levées ne se fassent.

L'intérêt de l'hombre exige qu'il appelle à son secours le roi de la couleur dans laquelle il est en règle, ou du moins de celle dont il a le moins de cartes : il ne doit sur-tout point appeler le roi d'une couleur à laquelle il renonce à moins qu'il ne puisse s'en dispenser.

Si l'hombre se trouve avoir en couleur rouge, autant de cartes qu'en couleur noire, il convient en général à ses intérêts, qu'il appelle un roi rouge par préférence à un roi noir.

Mais si ayant un nombre égal de cartes dans l'une & dans l'autre couleur, il a la dame parmi les noirs & le valet seulement parmi les rouges, il doit appeler le roi noir plutôt que le roi rouge.

Observez qu'on ne peut jamais appeler le roi de triomphe ; mais on est fondé à appeler du roi qu'on a dans son jeu.

Si l'hombre a les quatre rois dans son jeu, il peut appeler une dame à secours.

Le joueur qui a dans son jeu le roi appelé, ne peut se faire connoître que quand l'occasion se présente ; mais par sa manière de jouer, il doit favoriser l'hombre autant que cela lui est possible : les trois autres joueurs doivent au contraire réunir leurs efforts pour lui nuire.

Si ceux-ci parviennent à empêcher ceux-là de faire cinq levées, ces derniers font une bête qu'ils sont tenus de payer chacun par moitié. Cependant si l'hombre n'avoit fait aucune levée, son associé seroit dispensé de supporter aucune part dans la perte.

Au reste, quand les joueurs qui sont ensemble viennent à gagner, il est indifférent que la plupart des levées aient été faites par l'hombre ou par son associé : l'hombre n'en auroit fait qu'une seule, qu'il n'en seroit pas moins fondé à participer au gain pour moitié.

S'il arrivoit que tous les cinq joueurs vinssent à passer, le joueur qui auroit spadille dans sa main, seroit obligé de demander, attendu qu'au jeu dont il s'agit, aucun coup ne doit être nul. C'est ce qu'on appelle *jouer spadille forcé*. Cette demande, au surplus, ne diffère en rien de la demande ordinaire.

On a déjà remarqué que les deux associés ne devoient rien négliger pour se favoriser réciproquement : mais comme, pour se favoriser, il faut se connoître, leur premier devoir est de faire connoissance entre eux le plus promptement qu'il leur est possible.

Il suit delà que le premier des deux qui se trouve en jeu, doit jouer de manière à provoquer cette connoissance. Si c'est à l'hombre de jouer, il faut qu'il joue une basse carte de la couleur du roi qu'il a appelé : alors le joueur qui a ce roi, le met sur la basse carte & se fait connoître de cette manière.

Si le joueur qui a le roi appelé, se trouve le premier en jeu, il doit, avant tout,

jouer son roi, & la connoissance est faite.

Il arrive quelquefois que l'hombre étant premier en jeu, se trouve manquer de la couleur dont est le roi appelé : dans ce cas, pour parvenir à connoître son associé, il doit jouer un petit à-tout : alors, si l'associé est en cheville, & qu'il ait un gros à-tout, il le jette sur le petit pour tâcher d'emporter la levée, & par ce moyen il se fait connoître.

Il faut néanmoins convenir que cet expédient peut ne pas réussir & même devenir nuisible aux associés : mais, après le premier moyen dont on a parlé, c'est le plus sûr qu'ils aient pour parvenir à se connoître l'un l'autre.

Lorsque cette connoissance est faite, & que l'associé de l'hombre se trouve en jeu, il doit faire voir aussi tôt ses meilleures cartes, en jouant des matadors s'il en a, & successivement des rois. En jouant des matadors, il dégarnit de triomphes les jeux des adversaires, & il assure le sien & celui de l'hombre. Cependant, si l'hombre étoit en cheville relativement à son associé, il seroit à propos que celui-ci, après s'être fait connoître, jouât un petit à-tout plutôt que ses matadors : la raison en est qu'il fait par là conjecturer à l'hombre qu'il a au moins un matador : en conséquence, l'hombre joue sur le petit à-tout le plus haut qu'il ait, afin de faire la levée & de jouer ensuite un autre petit à-tout. Par cette marche, les associés font passer en revue leurs adversaires, & leur enlèvent leurs triomphes.

Si l'associé de l'hombre qui a joué un matador inférieur, vient à faire la levée, il doit en conclure que les triomphes supérieurs sont dans la main de l'hombre, & en conséquence il doit rejouer à-tout.

La raison pour laquelle l'hombre doit jouer ses rois le plutôt qu'il peut, est fondée sur ce que l'ombre ignorant qu'ils sont dans sa main, pourroit les couper si l'on venoit à jouer une fausse de la couleur de quelqu'un de ces rois à laquelle il renonceroit.

Quand l'associé de l'hombre a joué ses hautes triomphes & ses rois, il doit jouer une fausse, s'il l'a seule d'une couleur ; de cette manière il avertit l'hombre de rejouer de cette même couleur, afin de lui procurer le moyen de couper & de se défausser.

Le joueur qui a le roi appelé, fait connoître qu'il n'a ni hautes triomphes, ni rois, ni fausses seules, quand il joue une fausse

de la couleur du roi que l'hombre a appelé.
Il doit jouer cette fauſſe plutôt qu'une autre
par la raiſon que l'hombre eſt cenſé être en
règle dans cette couleur.

Il doit pareillement jouer la carte de cette
même couleur qui eſt devenue la principale
après le roi, lorſqu'elle eſt dans ſa main,
plutôt que toute autre couleur, attendu que
par là, il facilite à l'hombre le moyen de
ſe défauſſer ou de ſurcouper l'adverſaire après
lequel il doit jouer.

Quand, après avoir joué le roi appelé,
l'aſſocié de l'hombre joue une fauſſe de la
même eſpèce, celui-ci ne peut pas beaucoup
compter ſur le jeu de celui-là : il faut donc,
en pareil cas, que l'hombre ménage ſon jeu,
car il eſt averti de cette manière, que les
matadors & les rois qu'il n'a pas dans ſa main
ſont dans celles de ſes adverſaires, étant évident que ſon aſſocié ne les a pas.

L'hombre ménage ſon jeu en jouant
promptement ſes rois afin d'empêcher que
ſes adverſaires ne ſe faſſent des renonces
qui les mettent en ſituation de pouvoir couper
ces mêmes rois.

Après avoir joué ſes rois, l'hombre doit
jouer de la couleur dont il a le moins de fauſſes.

Lorſque l'aſſocié de l'hombre a joué une
haute triomphe, telle, par exemple, que la
baſte, & qu'il a fait la levée, il doit en
tirer la conſéquence que les triomphes ſupérieures ſont dans le jeu de l'hombre : ainſi
il eſt à propos qu'il continue de jouer à-tout,
tant que les levées lui reviennent.

Lorſqu'un joueur en cheville fait une levée
avec une carte dont la ſupérieure n'a pas
encore été jouée, on peut en conclure que
cette carte ſupérieure eſt dans le jeu de celui
qui a fait la levée, ou dans la main de ſon
aſſocié ; car celui qui a joué en cheville,
n'auroit, par exemple, pas mis le valet s'il
eût eu le roi, & qu'il eût été dans le cas
de craindre que la dame ne ſe trouvât dans
le jeu de ceux qui devoient jouer après lui.

Si le joueur qui a demandé vient à jouer
un petit à-tout avant de connoître où eſt le
roi qu'il a appelé, ſon aſſocié doit préſumer
qu'il eſt en renonce à la couleur de ce roi :
en conſéquence il doit tâcher d'emporter la
levée, en employant pour cet effet ſon plus
fort à-tout.

Si la levée ne lui reſte pas, & que par
conſéquent il ne puiſſe pas jouer le roi ap-

pelé, la haute triomphe qu'il aura employée,
ſera un avertiſſement à l'hombre, de le reconnoître pour ſon aſſocié, attendu que, s'il
eût été ſon adverſaire, il n'auroit mis ſur le
petit à-tout qu'un autre pareil petit à-tout.

L'hombre peut néanmoins être trompé en
pareil cas dans ſa conjecture. Par exemple,
vous êtes un des adverſaires de l'hombre,
& vous n'avez en à-tout qu'une haute triomphe, qui cependant n'eſt pas du nombre
des matadors : il eſt donc clair que, ne vous
étant pas permis de renoncer, vous êtes obligé de mettre votre haute triomphe ſur le
petit à-tout ; & comme vous emportez la
levée, attendu que l'aſſocié de l'hombre n'a-
voit point d'à-tout ſupérieur au vôtre, il en
réſulte que l'hombre eſt induit en erreur en ſe
perſuadant que vous avez le roi qu'il a appelé.

Lorſque le joueur qui a demandé, commence par jouer un petit à-tout avant que
ſon aſſocié ſoit connu, ſes adverſaires peuvent être induits réciproquement en erreur
l'un par l'autre : par exemple, ſi l'un d'eux
met le roi, l'autre doit le prendre quand il le
peut : pour éviter cet inconvénient, il ne faut
mettre en pareil cas que de baſſes triomphes,
ou faire la levée avec ſpadille.

Quand on a ſon aſſocié en cheville, on
ne doit pas maſquer ſon jeu. C'eſt pourquoi
celui qui auroit dans ſa main le roi, la dame
& le valet d'une couleur, feroit mal s'il
jouoit le valet ; car, ſi ſon aſſocié étoit en
renonce à cette couleur, il couperoit, à
cauſe qu'il craindroit que les cartes ſupérieures ne ſe trouvaſſent entre les mains des
adverſaires. On lui feroit ainſi, non ſeulement perdre un à-tout inutilement, mais on
l'empêcheroit encore de ſe préparer quelqu'autre renonce en ſe défauſſant.

Lorſque l'hombre eſt dernier en cartes,
ſon aſſocié doit, après s'être fait connoître, jouer à-tout quand même il n'en auroit
qu'un ſeul : il fait ainſi tomber les triomphes des adverſaires, qui, pour forcer l'hombre, jouent leurs plus forts à-touts. Il eſt
évident que, s'ils n'en jouoient que de foibles,
il en couteroit moins à l'hombre pour faire
la levée, & il lui reſteroit ſes matadors pour
attaquer enſuite les hautes triomphes que
ces adverſaires auroient eu intention d'é-
pargner.

Obſervez encore que l'hombre étant dernier en cartes, il eſt à propos que ſon aſſocié

ioue les matadors qu'il peut avoir en main, avant de jouer ses petites triomphes : la raison en est que, s'il ne jouoit qu'un petit à-tout, l'hombre seroit fondé à croire qu'il n'a point de matadors, erreur qui pourroit devenir préjudiciable aux deux associés : en effet, si en pareille circonstance, l'hombre n'avoit pas beaucoup de jeu, il se mettroit en danger de le perdre pour vouloir trop le ménager.

Dans le même cas où l'hombre est dernier en cartes, son associé ne doit faire aucune difficulté de jouer une petite triomphe, même avant son roi. Il ne peut pas douter que cela ne soit suffisant pour le faire reconnoître par l'hombre, attendu qu'un adversaire n'auroit garde de jouer de cette manière. L'hombre de son côté, aussi-tôt qu'il devient premier en cartes, doit avoir soin de jouer de la couleur dont il a appelé le roi. Comme il y a lieu de croire que le joueur qui a ce roi fera la levée, il pourra ensuite jouer encore une ou deux fois à-tout, notamment s'il a des raisons qui lui indiquent que les à-touts supérieurs sont dans la main de l'hombre : on épuise de cette manière les triomphes des adversaires : il ne faut néanmoins pas que l'associé de l'hombre se dégarnisse tellement de ses à-touts, qu'il ne lui en reste plus pour couper dans l'occasion. Il convient donc qu'il en garde quelqu'un, sur-tout s'il a des renonces.

Lorsque l'hombre est en cheville, relativement à son associé, ce dernier, après s'être fait connoître, doit jouer un petit à-tout plutôt que ses matadors. Comme il n'y a que ce cas où il doit jouer de cette manière, l'hombre en conclut que son associé a un matador : en conséquence, il met sur le petit à-tout sa plus haute triomphe, afin de faire la levée, & ensuite il rejoue un petit à-tout: on épuise par ce moyen les à-touts des adversaires.

Le premier de ceux-ci qui entre en jeu, se fait connoître pour ennemi de l'hombre en jouant toute autre couleur que celle du roi appelé. Son jeu est de jouer une fausse s'il l'a seule. S'il n'en a point, ou après qu'il s'en est défait, il doit jouer le roi dont il a la dame, ou dans la couleur dont il a le moins de fausses.

S'étant ainsi fait connoître à ses amis, ces derniers doivent, aussi-tôt qu'ils entrent en jeu, jouer de la couleur que le premier a jouée;

on fourn.t par ce moyen à celui-ci l'occasion de couper ou de se défausser, &c. Enfin il faut tenir pour principe qu'on doit en général donner à un ami ce qu'il demande: or, la couleur qu'il est censé demander est celle qu'il a jouée d'abord, ou dont il a appelé le roi.

L'associé de l'hombre s'écarte néanmoins quelquefois de ce qu'on vient de dire, en jouant avant son roi, une fausse qu'il a seule. C'est un piège qu'il tend aux adversaires: ceux-ci en pareil cas, le regardant comme ami, ne manquent pas, quand quelqu'un d'eux a fait la levée, de rejouer dans la même couleur, & ils fournissent ainsi à leur ennemi inconnu l'occasion de couper ou de se défausser.

Au reste, on ne doit user de cette ruse que rarement, attendu que les adversaires qui viendroient à la prévoir, en rendroient l'usage beaucoup plus nuisible qu'utile.

Quand une couleur a été jouée deux fois, on doit éviter de la jouer une troisième fois, si le joueur qu'on a pour ami, se trouve en cheville, parce que ce seroit le mettre dans le cas d'être surcoupé.

Il en seroit différemment si cet ami, au lieu d'être en cheville, se trouvoit dernier en cartes : il faudroit alors continuer de jouer de la même couleur, pour se mettre en situation de surcouper les adversaires.

Quant à ceux-ci, lorsqu'ils se trouvent en cheville, & qu'on joue d'une même couleur pour la troisième ou la quatrième fois, ils doivent couper avec leurs plus hautes triomphes afin d'empêcher que le dernier en cartes ne puisse les surcouper. Mais s'ils n'ont point de hautes triomphes, & qu'il ne reste plus de la couleur jouée que ce qu'il y en a dans la levée à faire, il leur est plus avantageux de lâcher & de se défausser, que de couper avec un petit ou médiocre à-tout qui ne leur procureroit vraisemblablement pas la levée.

La couleur dont on doit d'abord se défausser, est celle où l'on a le moins de cartes, parce qu'on parvient plus promptement à la renonce qui est le but qu'on se propose en se défaussant. Si l'on avoit un nombre égal de fausses en plusieurs couleurs, il faudroit se défaire par préférence, de la couleur où coupent les adversaires, afin de pouvoir les surcouper, ou de celle dont on suppose qu'ils ont le roi, afin de se mettre en état de le couper.

QUINTILLE.

Quand on a commencé à se défausser d'une couleur, il ne faut pas se défausser d'une autre avant d'être parvenu à la renonce. La raison en est que si l'on se défaussoit de deux couleurs à la fois, il faudroit le double de temps pour obtenir une seule renonce.

Lorsqu'on remarque que son ami se défausse d'une couleur, on doit, aussi-tôt qu'on le peut, jouer de cette même couleur pour lui faciliter le moyen de couper, ou de parvenir à la renonce.

Si après s'être défaussé d'une couleur, l'ami qu'on a, se défaussoit d'une seconde, il faudroit en tirer la conséquence qu'il a renoncé dans la couleur dont il s'est d'abord défaussé : ainsi lorsqu'on entre en jeu, on doit par préférence jouer de la couleur dont l'ami s'est d'abord défaussé, plutôt que de la seconde.

Les raisons qui engagent à donner à l'ami ce qu'il demande, prescrivent une pratique toute opposée à l'égard des adversaires. Ainsi, puisqu'on doit jouer dans les renonces de son ami, & dans la couleur dont il se défait, on doit éviter de jouer dans les renonces des adversaires & dans les couleurs où l'on remarque qu'ils se défaussent.

Cette règle admet néanmoins l'exception suivante : instruit que votre ami a renoncé dans la même couleur que vos adversaires, si ceux-ci sont en cheville relativement à lui, vous jouerez bien en jouant de la couleur de leur renonce; parce que vous les faites passer en revue & les mettez dans le cas d'être surcoupés.

Quand on a deux cartes telles, par exemple, que le roi & le valet d'une même couleur, il est avantageux d'attendre & de voir venir dans cette couleur, afin de pouvoir se faire deux rois. Il est clair que si vous jouez votre roi, celui qui aura la dame & une carte inférieure, de la même couleur, fournira cette carte inférieure, & gardera sa dame pour prendre dans l'occasion votre valet. Si, au contraire, vous attendez pour voir venir, le joueur qui vous précédera, jouera sa dame pour vous forcer, & vous la prendrez avec votre roi. Alors, votre valet sera la carte supérieure de la couleur.

Votre conduite doit être la même lorsque vous avez dans votre jeu spadille & baste. Il faut attendre qu'on vous attaque en à-tout, parce que votre adversaire ayant manille &

la mettant pour vous forcer, vous la prendrez avec spadille, & il vous restera baste, qui sera alors la principale triomphe du jeu.

Si vous avez une dame gardée, que votre ami soit dernier en cartes, & vos adversaires en cheville, vous devez jouer la garde de votre dame : la raison en est, que s'ils ont le roi & le valet, ils mettront vraisemblablement le roi, parce qu'autrement ils auroient à craindre de trouver la dame dans les mains de votre ami qui doit jouer après eux.

Cependant, si pour vous faire perdre ils n'avoient d'autre ressource que de mettre le valet, c'est-à-dire de coster, leur jeu seroit de le faire : cela réussit quelquefois; mais souvent on trouve la dame dans les mains de celui qui doit jouer ensuite, & qu'on a pour ennemi : alors on ne fait la levée ni du valet, ni du roi, parce que celui-ci est ordinairement coupé quand on joue de la couleur pour la seconde fois.

Au surplus, comme il y a toujours du risque à coster, il convient de ne pratiquer cette manière de jouer que quand il s'agit de rétablir un jeu désespéré.

Lorsqu'on a manille gardée d'une seule triomphe, on se trouve dans le même cas que le joueur qui a une dame gardée.

Observez à ce sujet que si manille se trouvoit accompagnée d'une seule garde, entre les mains d'un joueur en cheville, il faudroit qu'il évitât de couper, parce que si on le surcoupoit & qu'on vînt ensuite à jouer spadille, on feroit tomber sa manille qui se trouveroit sans garde.

Lorsqu'on a le second ou le troisième matador seul, c'est-à-dire, manille ou baste, & qu'on a l'occasion d'employer ce matador à couper il faut le faire, tant parce qu'on doit craindre que spadille ne le fasse tomber, qu'à cause qu'en l'employant, on peut favoriser le jeu d'un ami.

Il est à propos de ne jamais tirer sa carte de son jeu avant que le moment de la jouer ne soit venu. En effet, je suppose qu'on a déjà joué d'une couleur, & qu'on en rejoue pour la seconde ou la troisième fois, il est clair que si vous renoncez à cette couleur, vous serez incertain sur la manière dont il conviendra que vous coupiez, & s'il vous sera avantageux d'employer une haute ou une basse triomphe : si étant livré à ce doute, vous appercevez que l'adversaire qui doit jouer après vous, a une carte à la main ou à demi tirée de son jeu, à l'instant même vous sortez de votre incertitude, & vous concluez qu'il a de la couleur jouée. Cette conséquence est fondée sur ce que s'il n'avoit pas eu de la couleur dont il s'agit, il auroit attendu que vous eussiez joué, pour savoir ce qu'il lui auroit fallu faire, & il n'auroit point préparé de carte.

Le succès d'une demande simple, dépendant souvent du choix qu'on fait du roi appelé, il ne faut pas perdre de vue qu'on doit appeler par préférence le roi de la couleur dans laquelle on est en règle, ou du moins de celle dont on a le moins de cartes, parce qu'il est plus facile de s'y faire des renonces, & que le joueur qu'on s'est donné pour associé, aura soin de jouer de cette même couleur.

D'un autre côté, les rois donnant des levées sûres, quand ils ne sont pas coupés, il importe d'éviter qu'on ne les coupe : pour atteindre ce but, l'hombre appelle un roi rouge plutôt qu'un roi noir, parce que toutes choses égales, un roi rouge est moins susceptible d'être coupé qu'un roi noir, puisqu'il y a en rouge une carte inférieure de plus qu'en noir.

Cependant, si vous avez en noir la dame seule, & que vous n'ayez en rouge que le valet aussi seul, vous devez appeler par préférence le roi de votre dame, plutôt celui de votre valet : la raison en est que quand vous jouerez votre dame, votre associé lâchera & son roi lui restera.

Comme un défaut de mémoire ou d'attention pourroit à chaque instant faire faire quelque faute à un joueur, il lui est permis, au moment où il est en tour de jouer, de regarder toutes les levées faites, afin qu'il puisse s'instruire de ce qu'il lui importe de savoir; mais cette permission n'a pas lieu en faveur de celui dont le tour de jouer n'est pas encore arrivé.

S'il arrivoit qu'un joueur en tour de jouer, voulant voir les cartes jouées, retournât, au lieu des levées, le jeu d'un autre joueur que celui-ci auroit posé sur la table, il en résulteroit une bête que les deux joueurs seroient tenus de payer chacun par moitié; l'un, pour avoir retourné indiscrètement le jeu d'un autre, & celui-ci pour n'avoir pas mis obstacle à ce qu'on vît son jeu.

Si un joueur qui auroit ainsi mis en évidence un jeu au lieu d'une levée, l'avoit fait sans être en tour de jouer, il seroit seul tenu du payement de la bête.

Le joueur qui joue sans prendre, ayant pour adversaires les quatre autres joueurs, doit faire tous ses efforts pour les empêcher de lui nuire, & ceux-ci doivent réunir les leurs pour mettre obstacle à ce qu'il parvienne à faire les cinq levées nécessaires pour gagner.

Pour remplir son objet, l'hombre doit en général, aussitôt qu'il entre en jeu, jouer une de ses plus hautes triomphes : si ses adversaires ont la triomphe supérieure, il ne fait pas la levée, mais il a l'avantage de dégarnir d'un à-tout le jeu de chacun de ses quatre adversaires.

Ceux-ci ayant tous obéi au premier à-tout, il y a lieu de présumer que les triomphes sont partagées, & alors l'hombre joue un second & même un troisième à-tout. Cette marche a pour objet de faire en sorte que les adversaires de l'hombre n'aient plus d'à-touts pour couper ses rois, dans le cas où ils y auroient renoncé.

Observez à ce sujet que, quand il n'y a qu'un ou deux des adversaires de l'hombre qui aient fourni de l'à-tout sur la première triomphe, il faut en conclure que les triomphes que n'a pas l'hombre sont dans un ou deux jeux; & alors il ne doit jouer à-tout qu'avec ménagement, attendu qu'il ne peut faire tomber qu'une partie des à-touts ainsi réunis, sans qu'il lui en coûte autant & même plus qu'à ses adversaires. La raison en est que l'adversaire qui a dans son jeu les triomphes voit venir l'hombre, & ne met sur les hautes triomphes de celui-ci que les moindres des siennes. Il suit delà que si l'hombre continuoit de jouer à-tout, l'adversaire seroit bientôt maître du jeu avec les triomphes supérieures, & c'est ce que l'hombre doit particulièrement éviter.

Quand, après avoir joué plusieurs fois à-tout, l'hombre a encore deux triomphes & son adversaire autant, il doit continuer de jouer à-tout, si ses deux triomphes sont supérieures à celles de son adversaire; mais il faut qu'il en use différemment, lorsque de ses deux triomphes l'une est supérieure, & l'autre inférieure. Par exemple, la triomphe est en cœur : il reste à l'hombre la dame & le trois, & à son adversaire, le deux & le quatre : voilà dans cette hypothèse, deux

cartes entre lesquelles l'hombre a un roi à
craindre. S'il lui importe que ces deux cartes
lui produisent chacune une levée, il faut qu'il
joue d'une autre couleur, afin qu'ayant mis
ses adversaires en jeu, il les force de l'attaquer ensuite en à-tout. Il est clair que, dans
cette circonstance, il fera ses deux levées ;
car si on l'attaque par le deux, il mettra la
dame ; & si c'est par le quatre, il ne mettra
que le trois.

Si l'hombre a une dame gardée, ou deux
autres cartes entre lesquelles il a un roi à
craindre, il doit mettre ses adversaires en jeu
par quelque autre couleur, afin de les voir venir.

Lorsque l'hombre ne veut plus jouer à-
tout, il est à propos qu'il joue ses rois les
uns après les autres, excepté toutefois celui
de la couleur dont il a le valet. Il doit attendre
qu'on l'attaque dans cette couleur.

La raison pour laquelle il importe à l'hombre de jouer ses rois immédiatement après
ses à-touts, est fondée sur ce qu'il empêche
par ce moyen que ses adversaires ne puissent
saisir l'occasion de se défausser, pour ensuite
se trouver en situation de couper des rois
joués trop tard.

Quand l'hombre a joué ses principaux
rois, il doit jouer ceux que les évènemens
du jeu ont pu lui procurer. Par exemple,
s'il a été obligé de jouer un roi dont il avoit
le valet, & que ce roi ait fait tomber la
dame, il doit jouer ce valet devenu roi, s'il
sait que l'adversaire qui a jeté la dame est
sans à-tout : mais il doit en user autrement,
s'il soupçonne que cet adversaire ait encore
de l'à-tout ; il faut qu'il joue alors de quelque
autre couleur.

Il est souvent avantageux à l'hombre de
masquer son jeu : c'est pourquoi s'il a le roi,
la dame & le valet d'une couleur, il doit
commencer par le valet plutôt que par le
roi. Un adversaire qui, dans cet état des
choses, renonceroit à la couleur jouée, & se
trouveroit en cheville, laisseroit passer le
valet sans le couper, parce qu'il présumeroit
qu'un de ses amis ne manqueroit pas de prendre ce valet avec la dame ou avec le roi.

L'hombre pourroit aussi dans la même position, jouer le roi, & ensuite masquer son
jeu en jouant le valet : l'adversaire qui renonceroit à la couleur pourroit en user, & se
tromper comme dans le cas précédent.

Quand l'hombre voit qu'il y a de grandes

forces réunies contre lui, & qui rendent la
bête presque inévitable, il ne doit point hésiter de coster lorsqu'on joue dans la couleur
dont il a le roi & le valet : ainsi il jouera le
valet, parce qu'il peut croire que la dame
est dans la main de celui qui a joué la petite
carte de la même couleur. Il est possible que
de cette manière l'hombre fasse une levée sur
laquelle il n'avoit pas compté. Il est vrai que
si le coup ne réussit pas, il peut en résulter
l'inconvénient de faire perdre codille ce
qu'on n'auroit perdu que remise, si l'on n'eût
pas costé. En effet, la dame se trouvant dans
le jeu de l'adversaire qui joue après l'hombre,
prendra le valet ; & s'il s'est sur le coup formé une renonce à la couleur, & qu'on en
joue une seconde fois, le roi de l'hombre
sera coupé, tandis qu'il ne l'auroit pas été
s'il l'eût d'abord joué au lieu du valet. Il faut
tirer de tout cela la conséquence qu'on ne
doit coster que pour rétablir un jeu désespéré.

Lorsque l'hombre a joué à-tout autant qu'il
le falloit, & ensuite ses rois & les dames
dont ils étoient accompagnés, il convient
qu'il joue dans la couleur qui se trouve dans
son jeu en plus grande quantité, attendu que
c'est celle où il doit espérer de faire le plutôt des rois par évènement.

Pour s'opposer aux vues de l'hombre, il
importe que ses adversaires se fassent des renonces, ou en procurent à leurs amis. Il faut
surtout en procurer à ceux qui sont dans le
cas de voir venir l'hombre. Ainsi pour remplir cet objet, le joueur qui est placé immédiatement à la gauche de l'hombre, doit
jouer de la couleur dans laquelle il a le plus
de cartes ; parce que plus il en a, moins ses
amis doivent en avoir, & par conséquent ils
se trouveront promptement renoncer à cette
couleur.

Si, au contraire, l'adversaire premier en
cartes est placé immédiatement à la droite de
l'hombre, il doit chercher à se procurer des
renonces à lui-même plutôt qu'à ses amis : la
place qu'il occupe rendra de telles renonces
plus avantageuses à ceux-ci, que si on leur en
procuroit : il doit par conséquent jouer de la
couleur dont il a le moins pour arriver plus
promptement à son but.

Au reste, à quelque place que l'hombre
soit, celui de ses adversaires qui se trouve
avoir en couleur noire le même nombre de
cartes qu'en couleur rouge, doit par préfé-

rence jouer de la couleur noire , parce qu'il est plus facile de faire des renonces en cette couleur qu'en rouge , attendu qu'il y a dans cette dernière couleur une carte de plus que dans la première , comme on l'a fait remarquer précédemment.

L'un des adversaires de l'hombre ayant joué d'une couleur , celui de ses amis qui vient à entrer en jeu par une levée , est dispensé d'examiner s'il a plus ou moins de cartes dans une couleur que dans une autre ; son devoir est de rejouer dans la couleur dont son ami a d'abord joué : car c'est une règle qu'il faut , autant qu'on le peut , lui donner ce qu'il a demandé.

Quand on change de couleur , il est plus à propos de jouer de celle à laquelle on sait que l'hombre renonce , que d'une autre dont on n'a pas encore joué ; parce que si l'on jouoit de cette dernière couleur on auroit à craindre de faire des rois à l'hombre. En effet , il faut que les triomphes de l'hombre s'emploient tôt ou tard , ainsi il y a moins de risque à lui fournir l'occasion de couper , qu'à lui procurer des rois avec lesquels il feroit des levées.

Quand les adversaires de l'hombre trouvent le moyen de se défausser , ils doivent le faire dans la couleur dont ils ont le moins de cartes , & principalement dans celle à laquelle l'hombre renonce.

Toutes les fois que le joueur qui est placé immédiatement à la droite de l'hombre , se trouve en jeu , ce dernier a l'avantage de voir venir ses quatre adversaires : il faut donc le priver , autant qu'on le peut , de cet avantage , & pour réussir dans cette vue , il est à propos que l'adversaire dont on vient de parler , commence par ses plus hautes cartes , quand il se défausse dans la couleur où l'hombre a renoncé.

Un autre avantage que les adversaires de l'hombre retirent de cette pratique , consiste en ce que chaque fois qu'on joue la couleur dont il s'agit , l'hombre a lieu de craindre d'être surcoupé par l'adversaire , qui s'est défaussé de ses hautes cartes.

S'il arrive que l'hombre craignant d'être surcoupé , abandonne la levée , ses adversaires doivent continuer de jouer de la même couleur , afin de renouveller l'embarras de l'hombre.

Lorsque les adversaires n'ont plus de cette couleur , celui qui est en jeu doit jouer dans

la couleur dont il a remarqué que ses amis se défaussoient.

Quand une couleur n'a point encore été jouée , & qu'on a lieu de soupçonner que l'hombre a dessein de s'y faire des rois , on doit se défausser de toute autre couleur pour conserver , s'il est possible , la dame gardée ou le valet troisième de celle-là , & faire ainsi avorter le projet de l'hombre.

Si vous avez une triomphe seule , autre néanmoins que spadille , il faut l'employer à couper si l'occasion s'en présente : vous courriez trop de risque en attendant mieux , parce que les matadors ou à-touts supérieurs pourroient faire tomber celui que vous auriez voulu épargner , & vous regretteriez alors de ne l'avoir pas mis à profit. S'il arrive que votre triomphe employée à couper ne fasse pas la levée , elle force du moins l'hombre , & cela favorise le jeu de vos amis.

Quand quelqu'un de vos amis se trouve en cheville , vous devez éviter de masquer votre jeu : ainsi vous auriez tort de jouer un valet dont vous auriez le roi & la dame. La raison en est que , si l'un de vos amis y avoit renoncé , il couperoit dans la crainte que les cartes supérieures ne fussent dans la main de l'hombre , & il perdroit de cette manière une triomphe qu'il auroit gardée , si , au lieu de masquer votre jeu , vous eussiez joué le roi plutôt que le valet.

Lorsque l'hombre joue une triomphe médiocre , comme le roi ou la dame , celui des adversaires qui joue le premier après lui , doit lâcher la levée & se défausser , s'il n'a pour toute triomphe que spadille ou manille : s'il n'a que spadille , il est certain qu'il lui fera faire une levée : & s'il n'a que manille , il doit croire que l'hombre n'a pas spadille , puisque s'il l'eût eu , il n'auroit pas manqué de le jouer préférablement à une triomphe médiocre.

Si l'hombre premier en cartes , ayant des matadors , commençoit à jouer par un petit à-tout , ses trois premiers adversaires feroient bien de ne fournir que d'autres petits à-touts , afin que la levée se fît par le quatrième , & que celui-ci mît l'hombre dans le cas de jouer avant les autres , qui , par ce moyen , le verroient venir.

Quand l'adversaire qui est dernier n'a qu'un à-tout avec manille ou baste , il doit faire la levée avec son matador s'il ne peut pas

la faire avec fon-à-tout inférieur , plutôt
que de laiffer paffer cette levée à celui de
fes amis qui fe trouve placé immédiatement
à la droite de l'hombre.

L'adverfaire de l'hombre qui a fait la levée
fur le petit à-tout, doit préfumer que l'hombre
a fpadille , & qu'il n'a d'abord joué un
petit à-tout , que dans la vue de dégarnir manille & bafte , pour enfuite les faire tomber à
la première occafion qu'il aura de jouer à-tout
de fpadille : en conféquence , & pour empêcher que le deffein de l'hombre ne s'exécute, il eft à propos qu'il joue un petit à-tout,
ou même un matador s'il lui refte feul : en
jouant de cette manière il embarraffe l'hombre : car s'il joue fpadille, les autres adverfaires , amis du premier, qui voient venir
l'hombre, ne déferont ni de manille, ni
de bafte , puifque ces matadors ne peuvent
être forcés par fpadille , que quand il eft joué
pour première carte : fi au contraire , l'hombre lâche la main elle paffera peut-être au
fecond adverfaire qu'il a en face, & celui-ci
ne manquera pas de rejouer un petit à-tout.
L'ami qui eft immédiatement après lui, ne
doit mettre ni manille, ni bafte, s'il les a,
il faut qu'il fe défauffe , & ce procédé eft un
nouvel embarras pour l'hombre , attendu
qu'il lui donne lieu de craindre les deux adverfaires qui font encore à jouer.

Lorfqu'un des adverfaires fe trouve avoir
dans le cours du jeu, une ou plufieurs triomphes fupérieures à celles de l'hombre, fans
en avoir d'inférieures , & que fes amis renoncent à cette couleur, il doit jouer à-tout
jufqu'à ce qu'il n'en ait plus : enfuite il doit
jouer de la couleur à laquelle il fait que
l'hombre renonce , & fucceffivement les rois
qu'il peut avoir, afin d'éviter de remettre
l'hombre en jeu.

Quand ce dernier a fes triomphes épuifées
avant celles de l'adverfaire , celui-ci ceffe
de jouer à-tout , & il garde les triomphes
qui lui reftent pour couper les rois de l'hombre s'il venoit à en jouer.

Pour l'exécution de ce qu'on vient de dire
il faut faire attention à deux chofes :

Premièrement, il faut que les triomphes
de l'adverfaire foient toutes fupérieures à
celles de l'hombre ; car s'il en avoit une fupérieure & l'autre inférieure, fon jeu feroit
d'attendre qu'on l'attaquât dans cette couleur.

En fecond lieu , il faut que les amis de
cet adverfaire aient renoncé à la couleur
d'à-tout ; autrement il rifqueroit d'affoiblir
fon parti en tirant les triomphes qu'il auroit.

L'égalité du jeu exige , fans doute, qu'on
foit expofé à perdre autant qu'on peut gagner : mais on ne s'eft pas contenté d'affujettir celui qui fait jouer & qui vient à perdre , à payer à fes adverfaires une fomme
égale à celle qu'il auroit reçue de chacun
d'eux , on a voulu qu'il fût encore condamné
à la bête. Cette bête, qui eft plus ou moins
confidérable , eft proportionnée au plus ou
moins de jeu & de poulans qu'il y avoit à
gagner. Ainfi, la première bête fur les tours
fimples fera de quinze jetons , fomme
égale à celle que l'hombre auroit retirée s'il
eût gagné.

Si cette première bête vient à être remife,
celui qui jouera le coup fuivant & qui gagnera, retirera du jeu quarante-cinq jetons;
favoir, quinze jetons pour le jeu du coup
fur lequel la bête s'eft faite ; quinze autres
jetons pour le jeu du coup fuivant , & les
quinze jetons dont la bête eft compofée.

Si au lieu de gagner ce coup, celui qui a
fait jouer vient à faire une feconde bête, il
eft clair qu'elle fera de quarante-cinq jetons,
puifqu'il auroit eu cette fomme à retirer.

Il faut remarquer que quelque foit le nombre des bêtes qui fe font ainfi fucceffivement,
on n'en retire jamais qu'une à la fois, & c'eft
la première faite. Mais fi fur un même coup,
il fe faifoit plufieurs bêtes ; l'une , par exemple , pour avoir perdu , une autre pour avoir
renoncé ou pour quelqu'autre faute , elles
fe joueroient toutes enfemble le coup fuivant.

Abftraction faite de ces bêtes provenant de fautes particulières, on a vu que
des deux bêtes dont nous avons d'abord parlé,
il n'y avoit que celle de quinze jetons qui
dût être au jeu : ainfi, en gagnant le coup
fuivant, on auroit à recevoir, 1°. quinze
jetons pour le jeu du premier coup : 2°.
quinze jetons pour le jeu du fecond coup :
3°. quinze jetons pour le jeu du troifième
coup , & enfin quinze jetons pour la première bête ; ce qui feroit un total de foixante
jetons.

Il fuit delà, que fi l'on venoit à perdre
le troifième coup, la bête qui en réfulteroit
feroit de foixante jetons.

Si après cette troifième bête, il s'en faifoit une quatrième, elle feroit de foixante-quinze jetons, puifque les foixante jetons précédens feroient augmentés des quinze qui auroient été mis au jeu le quatrième coup: ainfi tant que les bêtes fe multiplieroient, elles augmenteroient chaque coup de quinze jetons. Par conféquent, la cinquième feroit de quatre-vingt-dix jetons; la fixième, de cent cinq; la feptième de cent vingt; la huitième de cent trente-cinq, &c.

Lorfque la première bête eft tirée, il ne refte plus de fiches, ni de jetons de remife, & par conféquent le jeu n'eft que de quinze : mais il eft augmenté par la plus forte bête qui doit alors être mife au jeu. Ainfi, quand il y a eu cinq remifes, c'eft la bête de quatre-vingt-dix qu'on doit mettre au jeu après la première de quinze qu'on a tirée. Donc, la bête fur ce coup, feroit de cent cinq.

Si, au lieu de perdre remife on a perdu codille, la feconde bête ne fera que de trente jetons, attendu que les quinze jetons du premier coup auront été tirés par ceux qui auront codillé. Les bêtes qui fe font fur les tours doubles, font relatives à l'augmentation des poulans & du nombre des jetons que les joueurs font tenus de mettre au jeu : or, comme celui qui donne à chaque coup des tours doubles, eft obligé de mettre devant lui pour le jeu, deux fiches de poulans avec deux jetons, & les autres joueurs chacun deux jetons, il faut en conclure, que la première bête doit être de trente jetons, & que fi elle eft remife, la feconde fera de quatre-vingt-dix jetons, &c.

On a vu précédemment qu'à chaque coup celui qui donne, doit mettre au jeu cinq fiches qu'on appelle *poulans*. De ces cinq fiches, quatre font deftinées aux matadors, favoir, deux à fpadille, une à manille, & une à bafte. Quant à la fiche qui refte, chaque joueur ajoute un jeton pour former le jeu ou la poule.

Ce jeu ou cette poule doit appartenir à ceux des joueurs qui, par le moyen d'une demande fimple ou du fans-prendre, ou du codille, font parvenus à faire cinq levées.

Si les affociés en demande fimple, ou celui qui a joué fans-prendre, ne faifoient que quatre levées & que les adverfaires en fiffent autant, la poule refteroit pour le coup fuivant. Cela continue de même

jufqu'à ce qu'il arrive un coup fur lequel l'hombre ou fes adverfaires parviennent à faire les cinq levées néceffaires pour gagner.

Le nombre des remifes n'empêche pas qu'on ne remette au jeu, à chaque coup, une nouvelle fiche & cinq nouveaux jetons.

Comme il y a différentes manières de gagner la poule, il y a auffi différens payemens à faire aux joueurs qui la gagnent.

Si vous avez demandé fimplement, & que conjointement avec votre partenaire ou affocié, vous foyez parvenu à faire cinq levées, la poule fe partage entre vous & lui; vous partagez de même les deux jetons de confolation que chacun des adverfaires eft obligé d'ajouter à la poule, lorfque vous avez joué & gagné en couleur ordinaire. Si vous avez joué en couleur favorite, la confolation eft de quatre jetons.

Vos adverfaires font pareillement obligés de vous payer chacun une fiche en couleur ordinaire, & deux fiches en couleur favorite pour les matadors, quand ils fe trouvent réunis tant dans votre jeu que dans celui de votre affocié.

S'il arrivoit qu'au lieu de faire cinq levées, vous en fiffiez huit, c'eft-à-dire la vole, il faudroit que vos adverfaires ajoutaffent au payement chacun vingt jetons en couleur ordinaire, & quarante en couleur favorite.

Nous obferverons ici qu'à la différence de ce qui fe pratique au médiateur, on n'encourt aucune punition, lorfqu'après avoir entrepris la vole, on vient à la manquer.

Quand, au lieu de demander fimplement, l'hombre a joué fans prendre, & qu'il a fait cinq levées, chacun de fes quatre adverfaires doit lui payer dix jetons en couleur ordinaire, & le double en couleur favorite, indépendamment des matadors s'il les a, & de la vole fi elle a eu lieu : mais fi l'hombre n'a pas fait cinq levées, & que par conféquent il ait perdu, il faut qu'il paye le fans prendre & les matadors, comme il les auroit reçus s'il eût gagné.

Lorfque l'hombre a un affocié, & qu'ils viennent à perdre, la bête, la confolation & les matadors, s'il y en a, doivent être payés par moitié entre l'hombre & fon affocié, à l'exception néanmoins du cas où l'hombre n'auroit fait aucune levée : il faudroit alors qu'il payât feul tout ce qui feroit à payer.

Lorfque dans le partage à faire entre les

affociés,

aſſociés; tant en perte qu'en gain, il ſe trouve un jeton impair, l'hombre le paye en cas de perte, & il le perçoit en cas de gain.

S'il arrivoit que l'hombre & ſon aſſocié ne fiſſent que trois levées, ils perdroient codille. Les trois autres joueurs alors partageroient entre eux ce qui ſeroit au jeu. Et lorſqu'en pareil cas il ſe trouve des jetons impairs, le premier appartient à celui de ces joueurs qui avoit la plus forte triomphe; & le ſecond, à celui dont la triomphe étoit ſupérieure à celle de l'autre joueur.

Il faut également appliquer tout ce qu'on vient de dire, aux quatre adverſaires de l'hombre qui, en jouant ſans prendre, a perdu codille.

Obſervez que tous les payemens dont on a parlé, doivent être doublés quand ils ſont à faire lors du neuvième tour de la partie, qui eſt le dernier, & que pour cette raiſon on appele *tour double*.

Vocabulaire explicatif des termes uſités au Quintille.

Aſſocié. C'eſt le joueur que l'hombre a appelé à ſon ſecours. On l'appelle auſſi partenaire.

A - tout. C'eſt la couleur dont eſt la triomphe.

Avoir la parole. C'eſt être en tour de dire ce qu'on veut faire ſur le coup qui ſe joue.

Baſte. On donne ce nom au troiſième matador, qui eſt l'as de trèfle.

Bête. C'eſt une ſorte d'amende qui a lieu contre les joueurs en pluſieurs cas, & qui conſiſte à mettre au jeu la quantité de jetons déterminée par la circonſtance.

Cheville. (être en) Il ſe dit du joueur qui n'eſt ni le premier ni le dernier à jouer.

Codille. Il ſe dit du gain des adverſaires de l'hombre, lorſqu'ils ont fait cinq levées. Ainſi *gagner codille*, c'eſt gagner ſans avoir fait jouer.

Codiller. C'eſt gagner codille.

Conſolation. C'eſt un droit que l'hombre paye à ſes adverſaires quand il perd, & qu'il reçoit d'eux quand il gagne.

Contrat. C'eſt une pièce carrée d'os ou d'ivoire, qui vaut dix fiches, & qui ſert à faire les comptes du jeu.

Coſter. Il ſe dit d'un joueur en cheville, qui ayant une carte roi, & une autre inférieure, jette celle-ci plutôt que celle-là, parce qu'il eſpère que la carte ſupérieure à celle qui n'eſt pas roi, ne ſe trouvera pas dans la main de la perſonne avant laquelle il joue.

Couper. C'eſt ſéparer en deux un jeu de cartes, avant de diſtribuer à chaque joueur les cartes qu'il doit avoir.

Couper, ſe dit auſſi de l'action d'employer une triomphe ſur la couleur jouée.

Défauſſer. (ſe) C'eſt ſe défaire des fauſſes qu'on a dans ſon jeu.

Demander. C'eſt annoncer qu'on eſt diſpoſé à jouer pour faire cinq levées avec le ſecours d'un aſſocié.

Donner. C'eſt diſtribuer à chaque joueur les cartes qu'il doit avoir.

Favorite. C'eſt la couleur qui, en cas de concurrence, a la préférence ſur les trois autres, & qui produit à l'hombre un double payement, ſoit du jeu, ſoit du ſans prendre, de la vole & des matadors, quand il vient à gagner dans cette couleur.

Fauſſe. C'eſt une baſſe carte d'une couleur autre que celle d'à-tout.

Fiche. C'eſt une pièce longue d'os ou d'ivoire, qui vaut dix jetons, & qui ſert à faire les comptes du jeu.

Forcé. (être) C'eſt être obligé d'obéir, c'eſt-à-dire, de jouer de la couleur demandée.

Forcer. C'eſt jetter une carte ſupérieure à celle qui a d'abord été jouée.

Hombre. On déſigne ſous ce nom le joueur qui a nommé la triomphe, ſoit qu'il ait demandé ſimplement, ſoit qu'il ait joué ſans prendre.

Jeton. C'eſt une pièce qui ſert de monnoie au jeu, & qui eſt le dixième d'une fiche.

Jeu. Ce mot a trois ſignifications; il ſe dit en premier lieu, de toutes les cartes enſemble; enſuite des cartes que chaque joueur a dans ſa main, & enfin des jetons que les joueurs ont mis devant eux pour former la poule.

Lâcher. C'eſt mettre une carte inférieure ſur celle qu'on a jouée, tandis qu'on en a une qui lui eſt ſupérieure.

Levée. C'eſt une main qu'on a faite en jouant.

Manille. On donne ce nom au ſecond matador qui eſt, en couleur noire, le deux; &, en couleur rouge, le ſept.

Matadors. On désigne sous ce nom la réunion dans une main des trois premières triomphes, qui sont spadille, manille & basse.

On appelle *faux matadors*, trois ou un plus grand nombre de triomphes qui se suivent immédiatement l'une l'autre, & dont manille est la première.

Mêler. C'est battre les cartes.

Obéir. C'est fournir de la couleur jouée.

Passer. C'est annoncer qu'on ne veut pas jouer sur le coup.

Ponte. On désigne sous ce nom l'as d'une couleur rouge, quand elle forme la triomphe.

Poulans. On donne ce nom aux cinq fiches que le distributeur des cartes est obligé de mettre devant lui, pour appartenir ensuite aux matadors & au joueur qui gagnera la poule.

Poule. C'est la totalité des jetons que les joueurs ont mis au jeu, & de plus une fiche de poulans, pour être tirés par l'hombre quand il gagne, ou par ses adversaires, s'ils viennent à codiller.

Préférence. C'est ce qu'on appelle autrement la favorite.

Remise. Il se dit d'un coup où l'hombre fait la bête sans que son adversaire ait gagné codille.

Renonce. Terme qui s'emploie pour exprimer qu'on manque d'une couleur. On dit dans ce sens, *se faire une renonce*, pour dire, se mettre en état de couper une couleur, en se défaisant des cartes qu'on a de cette même couleur.

Renoncer. C'est ne pas fournir de la couleur jouée quand on le peut.

Renvier. C'est obliger celui qui a demandé simplement, à jouer en couleur favorite, ou à jouer sans prendre.

Sans prendre. C'est nommer la triomphe, & jouer sans associé.

Spadille. C'est l'as de pique, qui est, en toute couleur, le premier matador.

Talon. C'est ce qui reste de cartes après que chaque joueur a celles qu'il lui faut.

Tour. C'est la réunion d'un nombre de coups, tel que chacun des joueurs ait eu successivement une fois la main. Et l'on appelle *tour double*, le tour qui termine la partie, parce que les payemens sont doublés durant ce tour.

Triomphe. C'est la couleur que l'hombre a

nommée, & qui emporte toutes les autres cartes.

Vole. C'est l'action de faire toutes les levées.

QUINZE.

Sorte de jeu de hazard & de renvi auquel peuvent jouer ensemble deux, trois, quatre, cinq & six personnes.

On emploie ordinairement, pour jouer à ce jeu, deux jeux composés chacun de cinquante-deux cartes, c'est-à-dire, deux jeux entiers. On réunit ensemble, pour former un jeu, les piques & les trefles des deux jeux, & les couleurs rouges forment l'autre jeu.

La partie est limitée à un nombre de tours dont on convient.

On commence par faire prononcer le sort sur la distribution des places que les joueurs occuperont autour de la table. Lorsqu'il y a, par exemple, cinq joueurs, on tire du jeu cinq cartes, savoir, un roi, une dame, un valet, un dix & un neuf, qu'on mêle & qu'ensuite on présente aux joueurs, afin que chacun en prenne une. Celui qui se trouve avoir le roi, choisit la place qu'il juge à propos; la dame se met à la droite du roi; le valet à la droite de la dame; le dix à la droite du valet, & le neuf à la gauche du roi.

C'est au joueur qui a le neuf à distribuer les cartes le premier.

Avant cette distribution, chacun met en évidence devant soi, l'argent dont il veut composer sa cave. On a coutume de convenir que la cave pourra bien excéder une somme qu'on fixe, mais qu'elle ne pourra pas être au-dessous de cette somme.

Chaque joueur met ensuite au jeu un jeton ou un écu selon la convention, & la totalité de ces mises forme ce qu'on appelle le jeu ou la *passe*.

Quand cela est fait, le joueur qui doit donner, mêle les cartes, & après avoir fait couper par le joueur qu'il a à sa gauche, il en donne une à chacun de ses adversaires, en prenant cette carte, non au-dessus du jeu comme cela se pratique d'ordinaire aux autres jeux, mais à la partie inférieure du talon.

La parole appartient en premier lieu au joueur qui est à la droite du distributeur des cartes, & successivement à chaque joueur qui suit, dans le même ordre.

Ainsi, quand chaque joueur a sa carte, celui qui a la parole dit qu'*il passe*, ou qu'il propose, soit le jeu, soit une somme quelconque prise dans sa cave, ou même la totalité de sa cave.

On passe non-seulement quand on a mauvais jeu, mais encore lorsqu'on a beau jeu, parce que, dans ce cas-ci, on se réserve le droit de renvier celui qui jouera le premier.

S'il arrive que tous les joueurs passent, chacun remet au jeu, & l'on donne de nouvelles cartes.

Il faut observer que ces nouvelles cartes se donnent par le joueur qui a distribué les premières, & que le même joueur doit continuer de donner sans remêler, jusqu'à ce qu'il ne reste plus au talon assez de cartes pour en distribuer une à chaque joueur, & en conserver en outre deux dans la main.

Lorsqu'un joueur ayant la parole, ouvre le jeu, soit en disant qu'*il fait le jeu*, ou *la passe*, soit en proposant une somme quelconque, qui ne peut être au-dessous de la passe, à moins qu'il n'ait plus qu'un reste de cave devant lui, le joueur suivant est obligé d'accepter la proposition, ou de dire, qu'*il passe*. Dans ce cas-ci, il ne peut plus revenir sur le coup : mais lorsqu'il a accepté de jouer ce que l'autre a proposé, il peut renvier s'il le juge à propos, & si le premier joueur n'accepte point le renvi, il perd ce qu'il a d'abord proposé.

Observez que quand le joueur qui a la parole a passé, sans qu'aucun joueur précédent ait ouvert le jeu, il peut rentrer en concurrence avec ceux qui viennent à ouvrir le jeu, ou à faire quelqu'autre proposition. La même règle s'applique à tous ceux qui ont passé, lorsqu'auparavant il n'a été fait aucune proposition.

Si celui qui a ouvert le jeu ou proposé de jouer une somme quelconque, vient à être renvié, & qu'il ait accepté le renvi, il demande carte au joueur qui donne & qui tient dans sa main le talon. Celui-ci détache alors une carte de la partie inférieure du talon, & la donne à celui qui l'a demandée : elle se met découverte sur la pre-

mière carte distribuée au joueur. Celle-ci doit rester couverte jusqu'à la fin du coup.

La carte demandée étant donnée, la parole appartient au joueur qui a reçu cette carte. Il peut alors dire qu'il s'en tient à ce qui est fait, ou il peut faire une proposition nouvelle en forme de renvi. Dans l'un comme dans l'autre cas, les joueurs qui sont engagés sur le coup peuvent renvier, s'ils le jugent à propos, & ceux qui refusent d'accepter le renvi, perdent ce qu'ils ont exposé avant leur refus.

On observe ici que le joueur qui approche le plus près du point de *quinze*, sans l'excéder, gagne ce qu'on a joué, & que dans le cas où les points de deux joueurs seroient égaux, la primauté l'emporteroit. Cette primauté appartient au joueur qui est le plus près de la droite du distributeur des cartes. Il suit delà qu'un joueur qui réunit à la primauté le point de *quinze*, gagne nécessairement.

La valeur des cartes se détermine par la quantité des points que chacune d'elles présente. Ainsi, l'as se compte pour un point, le deux pour deux points, &c.

Quant aux figures, elles valent chacune dix points.

Lorsque les renvis proposés sur la première carte demandée, sont terminés par l'acceptation des joueurs, celui qui a demandé une première carte peut en demander une nouvelle s'il le juge à propos, & successivement en demander plusieurs autres si cela lui convient, tant qu'il n'a point excédé le point de *quinze*. Mais s'il vient à excéder ce point, il a perdu irrévocablement, & il doit abandonner son jeu.

Remarquez au surplus, qu'à chaque nouvelle carte qui est demandée, la faculté de renvier se représente pour tous les joueurs intéressés sur le coup.

Quand le premier n'ayant point excédé le point de *quinze*, ne veut plus ajouter de carte à celles qu'il a demandées, pour former son jeu, il l'annonce en disant *basta*, terme qui signifie qu'il s'en tient à son jeu tel qu'il est.

C'est alors au joueur qui suit à former son jeu : pour cet effet il demande carte comme a fait le premier, & tout ce qu'on vient de dire relativement à lui, se réitère successivement envers chacun des autres

Joueurs qui se trouvent intéressés sur le coup.

Lorsque chaque joueur a formé son jeu & qu'il n'y a plus lieu aux renvis, celui qui est premier, accuse son jeu & le met à découvert. Si le second a un point supérieur, sans avoir brûlé ou crevé, il le montre pour faire connoître qu'il a gagné sur le premier : mais si le premier a gagné sur le second, celui-ci coule son jeu au rebut sans le montrer. Tout cela se pratique de même à l'égard du troisième & des autres joueurs qui peuvent être intéressés sur le coup.

Les exemples que nous allons présenter développeront plus particulièrement la théorie qu'on vient d'établir.

Nous supposerons d'abord la partie liée entre cinq joueurs appelés Gaspard, Emile, Ferdinand, Alexandre & César. César est le distributeur des cartes : il a à sa droite Gaspard & successivement les autres joueurs dans l'ordre où ils viennent d'être nommés. La cave de chaque joueur est d'environ cent écus.

PREMIER EXEMPLE.

Gaspard qui a la parole, & dont la carte est un as, dit qu'il fait le jeu, c'est-à-dire, que si la mise de chaque joueur est d'un écu & que la passe soit simple, il joue cinq écus. Emile, dont la carte est un neuf, dit qu'il passe, & il coule sa carte au rebut : Ferdinand qui a un quatre, dit qu'il tient le jeu : César qui est dernier & qui a un cinq, dit aussi qu'il tient le jeu. La parole appartient alors à Ferdinand, qui dit avec cela ; ce qui signifie qu'il se tient à la première proposition, sans renvier : c'est ensuite à César de parler : il dit qu'il tient le jeu, & qu'il propose dix écus au-delà : l'objet de ce renvi est de faire abandonner le coup, au moins par un des deux joueurs qui se sont d'abord engagés à jouer. En effet, après que Gaspard a accepté le renvi, Ferdinand qui n'a qu'un quatre, & qui doit présumer que César a un cinq, dit qu'il ne tient pas ; il coule sa carte au rebut, & ajoute à la passe les cinq écus du premier engagement, que la prudence a voulu qu'il abandonnât.

Gaspard demande carte, & on lui donne un trois : il dit avec cela. César imaginant que ce trois est un lardon, c'est-à-dire, une carte dont les points réunis à ceux de la carte couverte, en composent au moins six, dit qu'il propose quinze écus au-delà du jeu & du premier renvi. Gaspard tient ce second renvi, & demande une nouvelle carte. On lui donne une figure : il a par conséquent treize points à découvert. Alors il propose le reste de son argent : mais César ne tient pas, parce qu'il a tout lieu de craindre que son adversaire n'ait quinze avec la primauté. Ainsi Gaspard gagne sans contradiction. Au surplus il est obligé de découvrir son jeu, pour faire voir qu'il n'avoit pas brûlé quand il a fait son dernier renvi. Cette obligation de découvrir le jeu n'a pas lieu quand les points découverts ne s'étendent pas au-delà de cinq.

SECOND EXEMPLE.

Gaspard, premier en cartes, a un cinq & passe. Emile qui a aussi un cinq, ouvre le jeu ; les trois autres joueurs passent en coulant leurs cartes au rebut. Gaspard à qui la parole revient, dit qu'il tient le jeu & qu'il propose en outre le tiers de sa cave. Emile tient sans renvier. Gaspard demande carte & on lui donne un six. Emile qui, par le premier renvi de Gaspard, est fondé à croire qu'il a une belle carte telle qu'un quatre ou un cinq, en conclut que le six donné à Gaspard lui forme un lardon, & en conséquence, après que celui-ci a dit avec cela, l'autre lui propose tout son argent.

Gaspard juge alors qu'il lui est moins onéreux d'abandonner ce qu'il a engagé, que de courir les risques de tenir le renvi, puisque s'il venoit à perdre il seroit décavé. Or il est probable que si dans la position, il prenoit carte, il brûleroit, & que s'il s'en tenoit à son jeu qui n'est composé que d'onze points, son adversaire en réuniroit un plus grand nombre.

TROISIEME EXEMPLE.

Les quatre premiers joueurs passent : le dernier qui a un cinq, propose le jeu : Gaspard, Emile & Ferdinand coulent leurs jeux au rebut : mais Alexandre, qui n'a qu'une mauvaise carte telle, par exemple, qu'un neuf, tient cependant le jeu : voici le raifonnement fur lequel il fe fonde : il dit que fi le hazard lui amène une carte qui le faffe brûler, il ne perdra que le jeu; tandis que s'il lui vient un fix, il aura jeu fûr, & pourra gagner par renvi tout l'argent de fon adverfaire. En effet, le fix fur le neuf lui arrive; & pour que fon adverfaire ne fe doute pas du coup, il dit *avec cela.* César qui prend ce fix pour un lardon, dit qu'il joue dix écus de plus : Alexandre tient ce renvi, & propofe vingt autres écus : César foupçonnant en ce moment qu'Alexandre a tenu le jeu fur une carte brûlante, tient les vingt écus, mais il ne renvie plus : il demande à Alexandre s'il veut carte : celui-ci répond *bafta.* Alors César prend carte : Il lui vient une figure qui, ajoutée à fon cinq couvert, lui donne *quinze.* Comme il n'y a que la primauté qui puiffe le faire perdre, il n'héfite point à propofer le refte de fon argent, parce qu'il ne fuppofe pas que fon adverfaire ait lui-même le point de *quinze* : mais celui-ci l'ayant, tient le renvi, montre fon jeu & gagne tout par primauté.

QUATRIEME EXEMPLE.

Gafpard a un as; Emile un quatre; Ferdinand un cinq & les deux autres joueurs chacun une carte brûlante. Gafpard qui a la parole, dit qu'il paffe : Emile propofe le jeu; Ferdinand le tient; les deux autres joueurs coulent leurs cartes au rebut, & Gafpard qui revient fur le coup, dit qu'il tient auffi le jeu. N'y ayant point encore de renvi, Gafpard demande carte & on lui donne une figure. Il propofe alors la moitié de fon argent, ou même le tout : mais la figure découverte jointe à la primauté intimide fes adverfaires qui craignent que la carte couverte ne foit un quatre ou un cinq, & ils abandonnent ce qu'ils ont joué plutôt que de courir les rifques de fe faire décaver.

Ces exemples fuffifent pour indiquer la marche du jeu.

Tandis que la partie dure, un joueur ne peut rien ôter de fa cave; mais il eft le maître d'y ajouter à tout coup avant d'avoir vu fon jeu.

Au refte, le grand art d'un joueur de *quinze*, confifte à engager fon argent à propos & à ne pas le rifquer inconfidérément.

VOCABULAIRE explicatif des termes ufités au Quinze.

Accufer. C'eft mettre le jeu à découvert.

Avec cela. Expreffion dont fe fert un joueur pour annoncer qu'il ne renvie pas.

Avoir la parole. C'eft être en tour d'exprimer ce qu'on veut faire fur le coup qui fe joue.

Bafta. Ce terme s'emploie pour annoncer qu'on ne veut plus ajouter aucune carte à celles qu'on a.

Brûler. C'eft excéder le point de *quinze.*

Carte brûlante. C'eft une carte qui repréfente plus de cinq points : ainfi un fix & toutes les cartes qui font au-deffus font des cartes brûlantes.

Cave. C'eft le fonds d'argent que chaque joueur met devant lui.

Couper. C'eft féparer en deux parties un jeu de cartes, avant de diftribuer aux joueurs les cartes qu'ils doivent avoir.

Crever. C'eft la même chofe que brûler.

Décaver. C'eft gagner tout l'argent qu'un joueur a devant lui.

Donner. C'eft diftribuer les cartes aux joueurs.

Figure. On donne ce nom aux cartes peintes qui font les rois, les dames & les valets.

Jeu. C'eft ce que chaque joueur a mis au jeu. On dit *je vais du jeu, je fuis du jeu,* pour dire, qu'on joue ce qui compofe le jeu.

Lardon. C'eft une carte qui gâte un jeu en mettant le joueur dans le cas de brûler.

Mêler. C'eft battre les cartes avant de faire couper.

Ouvrir le jeu. C'eft faire la première propofition.

Paffe. C'eft l'argent qu'on eft convenu de mettre au jeu toutes les fois qu'on recommence un nouveau coup.

Paffer. C'eft ne point ouvrir le jeu ou ne point tenir ce que propofe un autre joueur.

Point. C'eft le nombre que compofent enfemble plufieurs cartes. Il fe dit auffi du nombre que préfente chaque carte.

Primauté. C'eft l'avantage par lequel le joueur le plus près de la droite de celui qui a donné, gagne le coup quand il a un point égal à celui de son adversaire.

Renvi. C'est ce qu'on propose au-delà de ce qui est engagé.

Renvier. C'est faire un renvi.

Talon. Ce sont les cartes que celui qui donne a dans sa main, pour les distribuer successivement aux joueurs.

R

R E V E R S I.

SORTE de jeu des cartes, qui se joue entre quatre personnes.

On se sert d'un jeu entier dont on a ôté les dix : ainsi il ne reste que quarante huit cartes.

On emploie, pour faire les comptes du jeu, une monnoie composée de contrats, de fiches & de jetons qui ont une valeur convenue.

Ces contrats, ces fiches & ces jetons sont divisés en quatre parties, dont chacune égale, aux trois autres pour le nombre des pièces, en diffère par la couleur, afin que chaque joueur puisse reconnoître ce qu'il a mis au jeu, & que celui qui vient à gagner sache auxquels des joueurs il doit répéter le prix des pièces dont la fortune l'a favorisé.

La valeur du contrat est de dix fiches, & celle de la fiche est de dix jetons.

On appelle *prise*, les contrats, les fiches & les jetons qu'on distribue à chaque joueur en commençant la partie.

La prise contient ordinairement dix contrats, vingt fiches & dix jetons. Chaque prise a son panier ou sa boîte particulière.

Les places que doivent occuper les joueurs autour de la table se tirent au sort : l'un d'entre eux a pour cet effet, dans sa main quatre cartes couvertes, qu'il présente aux autres joueurs, afin que chacun en choisisse une. Ces quatre cartes sont un as, un roi, une dame & un valet. Le joueur auquel le hazard a distribué l'as, se met à la place qu'il juge à propos : celui qui a le roi, se met à la droite de l'as : celui qui a la dame, à la droite du roi ; & celui qui a le valet, à la droite de la dame.

Voici l'ordre selon lequel les cartes sont supérieures l'une à l'autre : l'as est supérieur au roi ; le roi à la dame ; la dame au valet ; le valet au neuf ; le neuf au huit ; le huit au sept ; le sept au six ; le six au cinq ; le cinq au quatre ; le quatre au trois, & le trois au deux.

La partie doit durer dix tours, c'est-à-dire, que chaque joueur doit donner dix fois. Celui qui, en tirant les places, a eu l'as, doit donner le premier, & les autres donnent successivement après lui, chacun selon le rang où le sort l'a placé.

Le joueur premier en cartes, est chargé, sous sa responsabilité, de faire faire le panier, c'est-à-dire, de recueillir ce que chaque joueur est tenu de mettre dans le panier pour appartenir à celui qui gagnera. En conséquence, il débute par y faire mettre quatre jetons par le joueur qui donne, & chacun des autres joueurs y en met deux. Ainsi le premier panier doit être de dix jetons, & il se place à la droite du distributeur des cartes.

Le panier étant fait, le joueur chargé de donner, mêle les cartes, fait couper par le joueur qu'il a à sa gauche, & distribue ensuite en trois fois onze cartes à chaque joueur, deux fois quatre & une fois trois : quant à lui, il s'en distribue trois fois quatre, & les trois cartes qui restent forment ce qu'on appelle le talon.

Ces trois cartes se mettent au milieu de la table, &, à l'exception du joueur qui a donné, chacun des autres peut prendre pour lui une des cartes, après en avoir auparavant écarté une de son jeu. La première est destinée au joueur le plus près de la droite de celui qui a donné ; la seconde, au joueur qui suit, & la troisième est pour le joueur placé à la gauche du distributeur des cartes. A l'égard de celui-ci, qui s'est donné douze cartes, il n'y en a point pour lui au talon, & cependant il faut qu'il en écarte une, afin qu'en jouant, il n'en ait qu'onze comme chacun de ses trois adverfaires.

Le droit d'écarter pour prendre une carte au talon, n'impofe pas la néceffité de le faire : ainfi celui qui eft fatisfait de fon jeu tel qu'il l'a, ou qui craint de prendre une carte nuifible, fe difpenfe d'écarter ; & dans ce cas ci, il peut regarder la carte qui lui étoit deftinée ; mais après l'avoir vue, il ne peut plus la prendre.

Quand les écarts font finis, les cartes écartées fe mettent fous le panier, afin qu'elles ne fe mêlent pas avec les autres. On en vient alors à jouer les cartes. Le joueur placé à la droite de celui qui a donné, commence par telle couleur qu'il lui plaît : les autres joueurs font obligés, chacun à fon tour, de fournir de la couleur jouée, s'ils en ont ; mais ils font difpenfés de forcer. La levée appartient à celui qui a fourni la plus haute carte de la couleur par laquelle on a commencé. Ce dernier joue enfuite la carte qu'il juge à propos, & l'on continue de même jufqu'à ce que les onze levées foient faites.

Il faut obferver qu'on ne doit pas confondre enfemble plufieurs levées, attendu que, quand une levée n'eft pas couverte & retournée, chaque joueur eft fondé à voir la levée qui a précédé ; mais c'eft la feule qu'on ait le droit de regarder.

Les objets du jeu qui exigent une attention particulière, font la partie, les as, le quinola & le reverfi.

DE LA PARTIE.

Quand toutes les cartes font jouées, le joueur qui, dans fes levées, a réuni la plus grande quantité de points, paye à celui qui n'en a point ou qui en a le moins, quatre jetons pour ce qu'on appelle la partie.

Il n'y a que les as, les rois, les dames & les valets qui produifent des points dans les levées. Ainfi un as fe compte pour quatre points ; un roi pour trois ; une dame pour deux, & un valet pour un feul point.

S'il arrive qu'il y ait entre deux joueurs égalité de points, celui qui a le plus de levées doit payer la partie. Si les levées font pareillement égales entre eux, la partie doit être payée par celui qui eft le plus éloigné du panier, c'eft-à-dire, de la droite du diftributeur des cartes.

Quant au gain de la partie, lorfqu'il y a égalité de points, il appartient au joueur qui a le moins de levées : s'il y a égalité de points & de levées, c'eft le dernier en cartes qui gagne. Ainfi le joueur qui a donné l'emporte fur tous les autres, & fucceffivement celui qui eft placé le plus près de fa droite.

Quoique pour la partie on ne puiffe jamais payer moins de quatre jetons, on convient fouvent que le joueur qui la perdra, payera en outre à celui qui la gagnera, un jeton pour chaque point qu'il y aura dans les cartes écartées. En ce cas, le quinola écarté fe compte pour quatre points, quoiqu'il n'en produife qu'un dans les levées.

DES AS.

Lorfqu'un joueur réunit dans fon jeu les quatre as, il a le droit de renoncer toutes les fois qu'il le juge à propos, quoiqu'il ait de la couleur jouée : mais s'il arrivoit qu'un autre joueur fît le reverfi, celui qui auroit eu les quatre as, & qui ne l'auroit point empêché, feroit tenu de le payer feul, tant pour lui que pour les autres.

Lorfqu'on n'a pas de la couleur jouée, & qu'on jette fur cette couleur un as d'une autre couleur, le joueur qui fait la levée eft obligé de payer un jeton pour cet as, fi c'eft celui de cœur, de trèfle ou de pique, & deux jetons, fi c'eft l'as de carreau.

Ces payemens doivent être doublés quand l'as eft placé duc ou à la bonne, c'eft-à-dire fur la dernière levée.

Quand un joueur eft forcé de prendre avec un as, il doit payer à celui qui l'a forcé de mettre cet as, deux jetons fi c'eft un autre as que celui de carreau, & quatre jetons, fi c'eft ce dernier as.

Si ce qu'on vient de dire a lieu fur la dernière levée, les payemens dont il s'agit doivent être doublés.

Lorfqu'un joueur eft obligé de jouer lui-même fes as, ce qui s'appelle les gorger, ou qu'il les joue volontairement, c'eft à celui qui gagne la partie à les demander : alors celui qui les a joués doit les lui payer à raifon de deux jetons pour l'as de carreau, & d'un jeton pour tout autre as.

Ces payemens doivent être doublés lorsque les as ont été joués ducs ou à la bonne.

DU QUINOLA.

On appelle *quinola* le valet de cœur. Quand il peut être placé sur une autre couleur que celle de cœur, il fait gagner à celui qui l'a joué en renonce, toutes les fiches qu'il y a dans le panier : il faut en outre que le joueur qui fait la levée où est tombé le quinola, lui paye quatre jetons.

Mais si le joueur qui a dans son jeu le quinola, est forcé de le jouer sur du cœur, il fait la bête, c'est-à-dire, qu'il doit mettre dans le panier autant de fiches ou de jetons qu'il en auroit gagné s'il eût placé son quinola en renonce : il faut d'ailleurs qu'il paye huit jetons à celui de ses adversaires qui a joué le cœur sur lequel il a été obligé de jetter son quinola. Les deux autres joueurs doivent de leur côté chacun quatre jetons à celui qui a forcé le *quinola* ; & c'est ce qu'on appelle *payer la consolation*.

Il suit delà qu'un joueur qui a le quinola dans son jeu, doit examiner si la quantité de ses cœurs est suffisante pour qu'il lui convienne de le conserver. On l'écarte ordinairement quand il n'est pas quatrième, c'est-à-dire, accompagné de trois cœurs. La raison en est que comme il n'y a que douze cartes d'une même couleur, on peut, si elles sont partagées, fournir un cœur sur chacune des trois premières levées de cette couleur, & il restera encore le *quinola*. Il y a beaucoup de joueurs qui gardent le *quinola* troisième quand il est accompagné de gros cœurs, ou qu'ils ont renonce à quelque couleur. Au reste, on se décide en pareil cas, selon les circonstances dans lesquelles on se trouve.

Quand le *quinola* est placé duc, ou à la bonne, c'est-à-dire, sur la dernière levée, celui qui l'a reçu doit payer huit jetons au joueur qui l'a placé.

Mais si le *quinola* vient à être forcé duc, le joueur qui l'a forcé est en droit d'exiger seize jetons de celui qui fait la bête, & huit de chacun des autres joueurs.

Lorsque le joueur qui a le *quinola*, se trouve dans l'obligation de le jouer après que la levée précédente lui est restée, il fait une bête, à moins qu'il ne l'évite en faisant le *reversi*. Ainsi, il y a trois manières de faire

la bête : la première a lieu quand un joueur est obligé de jouer son *quinola* sur du cœur ; la seconde, quand on renonce à la couleur jouée quoiqu'on en ait dans sa main ; & la troisième, lorsqu'on gorge le *quinola*, c'est-à-dire, lorsqu'après avoir fait une levée précédente, on est obligé de jouer le *quinola* sans que pour cela on parvienne à faire le *reversi*.

Quand un joueur a fait la bête en jouant le *quinola*, il doit payer quatre jetons à celui qui gagne la partie ; mais il faut que celui-ci les demande avant qu'on ait coupé pour le coup suivant.

Il importe au joueur qui place en renonce le *quinola*, de ne point oublier de prendre promptement ce que contient le panier : cela lui est acquis ; mais il perdroit son droit, s'il négligeoit d'en user avant qu'on eût coupé pour le coup suivant.

Lorsque le joueur qui a le *quinola*, a dessein de faire le *reversi*, il faut qu'il l'emploie avant les deux dernières levées, autrement il seroit privé du droit de recueillir ce que contiendroit le panier.

Il se fait souvent plusieurs bêtes successivement, avant que personne tire le panier : dans ce cas, on ne les met pas toutes ensemble au panier ; on les joue l'une après l'autre, en commençant par la plus considérable.

Quand il n'y a plus de bêtes on refait le panier, c'est-à-dire, que celui qui donne y met huit jetons ; & les autres joueurs chacun quatre.

DU REVERSI.

Un joueur a fait le *reversi* quand il n'a laissé faire aucune levée à ses adversaires.

Celui qui a fait le *reversi* est en droit d'exiger seize jetons de chacun des autres joueurs. Il est d'ailleurs fondé à se faire restituer ce qu'il a payé pour les as & pour le *quinola* qu'il a pu recevoir.

Le *reversi* est entrepris aussi-tôt qu'un même joueur a fait les neuf premières levées : il n'est plus question alors de la partie : si ce joueur ne fait pas la dixième & la onzième levée, le *reversi* est rompu & il doit payer seize jetons à celui qui le lui a rompu, c'est-à-dire, qui le premier a mis une carte supérieure

périeure fur la dixième ou onzième qu'il a jouée.

Quand le *reverfi* eft entrepris, les deux dernières levées font franches, c'eft-à-dire, que le as & le *quinola* joués, gorgés, forcés ou donnés en renonce, n'aſſujettiſſent à aucun payement.

Lorſqu'un joueur ayant le *quinola*, vient à faire le *reverfi*, il a le droit de tirer le panier, s'il a joué ſon *quinola* avant les deux dernières levées, même en l'employant ſur un cœur joué pour la première levée. Dans ce cas-ci, il ſe fait non ſeulement reſtituer les huit jetons du *quinola* forcé; mais il ſe fait encore payer ſeize jetons par chaque joueur pour le *reverfi*.

Si l'un des joueurs ayant joué ſon *quinola* & fait les neuf premières levées, ne fait pas les deux dernières, il fait la bête de ce qui eſt dans le panier, & il eſt en outre obligé de payer à celui qui l'a empêché de faire le *reverfi*, ſeize jetons pour le *reverfi* rompu.

Lorſqu'un joueur a fait les neuf premières levées & qu'il lui reſte le *quinola*, il ne peut plus tirer le panier ni faire la bête, ſoit qu'il faſſe le *reverfi* ou qu'on le lui rompe : le *quinola* redevient alors, dans quelque main qu'il ſe trouve, un valet ordinaire.

De ce qui doit être pratiqué tant en écartant qu'en jouant.

Le plus beau jeu qu'on puiſſe avoir au *reverfi*, conſiſte dans la réunion des huit principales cœurs & des as des trois autres couleurs. Avec un tel jeu on ne doit pas écarter puiſqu'on a la certitude de faire le *re-verfi* & de tirer le panier, à moins qu'on ne faſſe la faute de garder le *quinola* juſ-qu'aux deux dernières levées.

Si au lieu de la dame de cœur on en avoit le deux, le *reverfi* ne ſeroit plus ſûr ; mais comme le *quinola* le ſeroit, il ne faudroit pas non plus écarter ſur le coup.

Il conviendroit encore d'en uſer de même, ſi l'on avoit la dame, le valet, le huit, le ſept, le ſix & le cinq de cœur, avec deux deux gardés par les as, & une renonce. La raiſon en eſt que, dans ce cas, on ſeroit aſſuré de placer le *quinola*, à moins qu'on ne fît la faute de ſe défaire des ſorties, c'eſt-à-dire, des deux, avant d'avoir épuiſé les cœurs.

Il eſt pareillement convenable de ne pas écarter, quand on a le *quinola* ſeptième par les plus petits cœurs, & les quatre plus baſſes cartes d'une autre couleur. Avec un tel jeu on eſt également ſûr de placer le *quinola* & de tirer le panier.

Enfin, on ne doit pas écarter quand on a un jeu qui n'eſt compoſé que de deux, de trois & de quatre, parce qu'on eſt ſûr qu'on ne fera aucune levée.

Si vous avez le *quinola* ſeul, ſecond ou troiſième, vous devez l'écarter par préfé-rence à toute autre carte, à moins que vous n'ayez un jeu à faire le *reverfi*, c'eſt-à-dire, le *quinola* troiſième par l'as & le roi ou la dame, avec les cartes ſupérieures dans les autres couleurs, & que vous ſoyez dernier en carte.

Lorſque le *quinola* eſt accompagné de trois autres cœurs, vous pouvez ſuppoſer les huit autres cœurs partagés entre vos trois adverſaires, & conclure de ce partage qu'ils ne pourront pas forcer le *quinola*. Mais vous ne devez pas perdre de vue que ce n'eſt pas ſeulement du nombre des cœurs que dé-pend le gain ou la perte du panier, puiſ-qu'on peut faire la bête en gorgeant le *quinola*. Ainſi, il ne ſuffit pas, pour le porter, qu'il ſoit accompagné de beaucoup de cœurs, il faut encore avoir des ſorties, c'eſt-à-dire, des deux des autres couleurs; & même, quand on n'eſt pas premier à jouer, il con-vient que ces ſorties ſoient gardées par de groſſes cartes.

Il eſt donc à propos que vous conſerviez avec ſoin les groſſes cartes qui ſervent de garde à vos ſorties, ſans vous inquiéter de la perte ou du gain de la partie ; car c'eſt uniquement de vos ſorties que dépend le gain du panier, & par conſéquent la réuſſite de votre principal projet.

Si au lieu d'avoir quatre petits trèfles, vous en aviez quatre moyens, ce ſeroit le jeu, quoiqu'ayant beaucoup de cœurs, d'é-carter le *quinola*, ſur-tout ſi vous étiez pre-mier en cartes. La raiſon en eſt qu'il y au-roit ſix à parier contre un, que vous ſeriez relevé ſur le premier trèfle que vous joueriez après avoir épuiſé les cœurs, & que vous ſeriez obligé de rentrer enſuite par un ſecond trèfle, ſans pouvoir ſortir.

Enfin, ſi au lieu de quatre trèfles, vous ayiez deux moyens carreaux, comme le valet & le neuf, un moyen pique, & un moyen trèfle, vous pourriez risquer de porter le quinola, en vous faisant une renonce à pique ou à trèfle. Vous espéreriez qu'il ne vous rentreroit pas de la couleur écartée, ou qu'il ne vous en rentreroit qu'une très-basse carte : mais il ne faut pas se dissimuler qu'il y a à parier qu'en pareille circonstance le quinola sera gorgé deux fois sur trois.

Il ne suffit donc pas, pour porter le quinola, qu'il soit accompagné de quatre ou cinq cœurs, il faut encore avoir des sorties sur lesquelles on puisse compter, c'est-à-dire, des deux ou des trois gardés par des as, ou du-moins par des rois ou des dames.

Si, étant dernier, vous avez le quinola sixième par les plus gros cœurs, l'as de trèfle quatrième par le deux & le trois, l'as & le deux de carreau, & renonce à pique, vous jouerez bien en écartant le deux de carreau : la raison en est qu'il vous arrivera de trois choses l'une : ou vous placerez votre quinola sur la première levée; si l'on vient à jouer pique, ou vous placerez votre quinola à la bonne, à moins toutefois qu'un de vos adversaires n'ait six cœurs & de quoi vous relever à trèfle; ou enfin vous ferez le *reverse* & gagnerez en même temps le panier.

Si, au contraire, vous écartiez l'as de carreau, on pourroit d'abord tirer votre deux de carreau; ensuite, sur le premier cœur qu'on joueroit & sur ceux que vous seriez obligé de jouer vous même pour les épuiser, on se déferoit des trèfles, & vous vous trouveriez alors dans le danger imminent de gorger le quinola.

Il y a plus : si vous n'aviez ni le roi, ni la dame de cœur, ce seroit encore le jeu d'écarter le deux de carreau plutôt que l'as : la raison en est qu'un joueur habile jugera, en vous voyant relever de l'as le premier carreau, ou que vous avez écarté le carreau, ou que vous voulez faire le *reverse*; ou qu'ayant le quinola, l'as de carreau étoit la garde de votre sortie. En vous voyant les cœurs, il s'en tiendra aux deux dernières conjectures; & en conséquence, il aura soin de relever de son roi ou de sa dame de cœur, soit pour vous tirer votre sortie de carreau, avant de vous faire rentrer en cœur, & alors vous placez votre quinola; soit pour vous faire rentrer en cœur sur le champ, soit en vous remet-

tant dans votre jeu, puisque vous avez votre sortie assurée en trèfle. Si, au contraire, vous avez écarté l'as de carreau, le joueur intelligent qui vous aura tiré le deux n'en rejouera pas ; & si par hazard, ou dans le dessein de vous tirer votre sortie, il vient à jouer trèfle , comme il vous aura vu relever avec l'as , il ne manquera pas de rejouer un second & même un troisième trèfle s'il les a , après avoir pris le premier cœur que vous aurez joué : ensuite il vous fera rentrer en cœur, & vous gorgerez le quinola, attendu qu'il n'y aura plus de trèfle sur le jeu pour vous faire sortir.

Quoiqu'il y ait beaucoup de hazards pour favoriser la réussite d'un quinola troisième, on doit néanmoins tenir pour règle, 1°. qu'un quinola ne doit être porté que quatrième avec des sorties, lorsqu'on n'a point de renonce : 2°. qu'il n'est beau qu'autant que ces sorties sont gardées lorsqu'on n'a pas les petits cœurs, & qu'on n'est pas premier à jouer : 3°. enfin, que si l'on n'a que de gros cœurs, & qu'on ne les ait pas tous, il faut, pour être sûr de ne pas gorger le quinola , avoir autant de sorties gardées, que les adversaires peuvent relever de fois, à cœur ayant qu'on ait pu les épuiser.

Comme il est possible de prendre le quinola au talon, la prudence exige que, quand il y a beaucoup de fiches ou de jetons au panier, un joueur s'abstienne d'écarter, s'il a un jeu composé de manière à lui faire écarter le quinola s'il l'avoit : mais si le panier est simple, & qu'en écartant une grosse carte, il y ait lieu d'espérer qu'on gagnera la partie, on peut courir les risques de faire la bête.

Lorsque vous êtes dernier, & que vous n'avez pas le quinola, vous avez une crainte de moins que les autres, qui est celle de la rentrée : mais vous avez à craindre comme eux de recevoir le quinola simple ou duc, & de payer le *reverse* ou la partie.

Toutes les fois que vous avez une couleur chargée sans en avoir le deux, vous avez à craindre de recevoir le quinola duc sur cette couleur, attendu qu'il est présumable que le deux sera la sortie ou l'une des sorties du joueur qui a le quinola, s'il n'est pas écarté. En ce cas, vous devez en user pour éviter le quinola duc, comme on a vu que devoit faire celui qui a le quinola cinquième par de gros cœurs. Pour le fauver, il ne faut pas écarter les gardes de vos forties, même l'as de cœur, fi vous l'avez accompagné d'un petit cœur, afin de pouvoir conferver votre fortie, pour ne la jouer qu'après avoir tiré les forties de la couleur chargée.

En jouant de cette manière, non-feulement vous êtes fûr d'éviter le quinola duc, mais encore il arrive fouvent que vous tirez les forties de celui qui a le quinola, quand elles ne font pas gardées, & qu'en le faifant enfuite rentrer, ou ceux qui ont des cœurs inférieurs aux fiens, il gorge le quinola.

Si vous avez un jeu tel que vous ne puiffiez pas éviter de perdre la partie, comme quand il eft compofé de l'as, du roi & de la dame, ou du neuf de cœur; de l'as, du roi, de la dame, du valet & du huit de trèfle, & de l'as, du roi & du quatre de pique, vous devez écarter le quatre de pique: la raifon en eft que votre pis aller eft qu'il vous rentre une baffe carte comme celle que vous écartez; & que fi au contraire, il vient à vous en rentrer une groffe, vous pourrez faire le *reverfi*, même gagner le panier s'il vous eft venu le quinola, ou enfin forcer le quinola s'il vous eft rentré un petit cœur; ce qui vous dédommagera de la perte de la partie.

Le plus mauvais jeu qu'on puiffe avoir eft celui qui fe trouve compofé de trois groffes cartes de chaque couleur, fans qu'on en ait les as, & qu'on eft dernier. Avec un pareil jeu on perd néceffairement la partie, & on reçoit le quinola s'il n'eft pas à l'écart. Tout ce qu'on a de mieux à faire eft de diminuer le mal en écartant les as, & fur-tout le carreau fi on l'a. Quand on n'eft pas dernier, & que le panier eft fimple, on peut courir les rifques d'écarter pour raccommoder fon jeu, de manière à pouvoir du moins faire éviter le quinola duc.

Voici comment on doit conduire un jeu où fe trouve le quinola.

Quelque beau que foit ce jeu, le joueur qui l'a ne peut jamais être fûr de donner fon quinola à la bonne, & de gagner en même temps la partie. Pour que cela arrive, il faut de deux chofes l'une, ou que tous les cœurs qu'il n'avoit pas foient joués, ou qu'il foit affuré que le joueur qui les a ne relevera aucune main. Il fuit delà que fi, fans être premier, vous aviez le quinola onzième par les gros cœurs, & qu'on ne jouât pas le deux

pour première carte, il faudroit donner fur le champ votre quinola, attendu que fi vous en ufiez autrement, le joueur qui releveroit la main venant à jouer le deux de cœur, votre quinola feroit gorgé, puifque vous feriez toutes les autres levées.

Lorfque vous avez le quinola feptième par les plus petits cœurs, & qu'il s'eft fait cinq levées fans qu'on ait joué cœur, vous devez donner votre quinola à la fixième levée, fi l'on a encore joué d'une autre couleur que celle de cœur: la raifon en eft que celui qui fait cette fixième levée pourroit avoir dans fa main les cinq cœurs que vous n'avez pas, & forcer par ce moyen votre quinola.

Quand on a le quinola quatrième ou cinquième, par les bas cœurs, & d'ailleurs des petites cartes des autres couleurs, il n'y a point de fcience qui puiffe faire éviter la bête, s'il y a quatre ou cinq cœurs dans la main d'un des joueurs, & qu'il les joue de fuite: mais fi vous avez le quinola cinquième par l'as, le roi ou la dame, le huit & le fix, ou le fept & le cinq, & avec cela le huit ou le neuf de carreau feul; le roi, le huit & le deux de trèfle; & l'as & le deux de pique, le gain ou la perte du panier dépendront de la manière dont vous jouerez. Si vous êtes premier, vous devez d'abord jouer votre fauffe, c'eft-à-dire, le huit ou le neuf de carreau que vous avez feul: après cela, fi vous faites la levée, vous jouerez l'as de cœur, & enfuite le roi ou la dame: fi vos trois adverfaires fourniffent du cœur, il convient de continuer de jouer dans la même couleur votre plus groffe carte, pour tirer tous les petits cœurs qui pourroient vous faire rentrer, s'ils reftoient entre les mains des autres joueurs: quand il n'y en a plus, vous jouez la carte la plus haute de la couleur dont vous avez la fortie troifième, & vous fortez au moins à la troifième carte: alors fi l'on joue dans la renonce que vous vous êtes faite à la première levée, ou que l'on continue à jouer de la couleur par laquelle vous venez de fortir, vous donnez l'as ou le roi qui fervoit de garde à votre feconde fortie. Si l'on joue de la couleur de cette feconde fortie, vous prenez de la garde, vous jouez le deux, & vous finiffez par donner votre quinola à la bonne. Avec un pareil jeu, il n'y a, pour ainfi dire, pas de milieu entre gorger le quinola & le donner duc. Mais fi à la première levée de cœur, vous voyez qu'ils font tous dans la main d'un feul de vos adverfaires, vous ne devez pas continuer à jouer cœur; il faut alors jouer la moyenne carte de la couleur dont vous avez le roi troifième, afin d'effayer de faire entrer en jeu ceux qui ont renoncé à cœur; fi cela réuffit, c'eft-à-dire, fi l'un de ceux qui ont renoncé à cœur prend votre huit de trèfle, vous devez bien obferver fi celui qui a les cœurs n'y renonce pas : s'il y renonce votre jeu eft fûr; car en prenant alors du roi le fecond trèfle, & jouant vos deux piques en commençant par l'as, vous donnerez vraifemblablement votre quinola, foit que celui qui a les cœurs releve le deux de pique, foit qu'il ne le releve pas, attendu qu'ayant moyen de relever à cœur, s'il en joue, vous fortirez par le deux de trèfle, que vous avez encore, & vous ferez certain que le joueur qui fera la levée, ne pourra jouer que d'une couleur à laquelle vous renoncerez.

Il ne faut pas perdre de vue que, pour bien jouer le *reverfi*, vous devez vous fouvenir non feulement des cartes jouées par lefquelles vous pouviez fortir, ou qui pouvoient vous faire rentrer, mais encore des couleurs auxquelles renoncent vos adverfaires.

Vous obferverez auffi que vous devez, lorfque cela dépend de vous, donner beaucoup de points à celui qui en a déjà, plutôt qu'à celui qui n'en a point, fi vous en avez vous même affez pour craindre de perdre la partie : mais fi vous n'avez qu'une main blanche ou très-peu de points, vous jouerez bien en gardant un as ou un roi d'une couleur épuifée, pour le donner dans l'occafion à celui qui n'a point de levée, afin de gagner la partie par préférence à lui.

Du vis-à-vis.

C'eft une manière de jouer, felon laquelle le joueur qui vient à gagner la partie, la fait payer double quand elle eft perdue par le joueur placé vis-à-vis de lui. Le vis-à-vis paye de même doubles, les as, le quinola & le *reverfi*, lorfqu'ils font dus au joueur placé vis-à-vis de lui.

Du jeu du quinola forcé.

C'eft une manière de jouer qui confifte

dans l'obligation de garder le quinola, s'il n'y a point de bête, quand même il feroit feul : de plus, fi l'on ne vouloit point écarter & qu'en regardant la carte elle fe trouvât être le quinola, on feroit tenù de le prendre & d'écarter pour cet effet une autre carte : mais, lorfqu'il y a une bête au panier, on eft difpenfé de porter le quinola.

Du jeu des deux quinola.

Lorfqu'on veut jouer les deux quinola, on met dans un jeu deux valets de cœur, & dans l'autre deux dames de cœur pour y tenir lieu de quinola.

Le jeu des deux quinola ne diffère du jeu ordinaire qu'en ce qu'il y a deux paniers; l'un appelé le *grand panier*, & l'autre le *petit panier*. L'enjeu du grand panier forme le double de l'enjeu du petit.

Le quinola qu'on place le premier, ne gagne que le petit panier & fe paye à l'ordinaire, au lieu que le quinola qu'on ne place que le fecond, gagne le grand panier & fe paye double.

Il arrive quelquefois qu'un joueur qui a un quinola, le joue pour forcer l'autre quinola : dans ce cas il fait la bête du petit panier; mais il fait faire la bête du grand, à celui dont il a forcé le quinola.

Du reverfi entre trois joueurs.

On fe fert d'un jeu de médiateur dont on a ôté les fept; au moyen de quoi il ne refte plus que trente fix cartes, neuf de chaque couleur. On diftribue comme au *reverfi* ordinaire, onze cartes à chaque joueur, & celui qui donne en prend douze. Il n'en refte par conféquent que deux au talon. Il eft rare qu'à ce jeu-là, on force le quinola quatrième; mais en revanche, il eft aifé de le faire gorger, quand le joueur qui le porte ne peut ou ne fait pas empêcher qu'on lui tire fes forties. En effet, comme il n'y a que deux cartes de l'écart que l'on ne connoît pas avant de jouer, fouvent on les connoît promptement : d'ailleurs, fi l'un de vos adverfaires renonce à une couleur dès la première levée, vous connoiffez une grande partie du jeu de l'autre.

Il fuit delà qu'il importe fingulièrement au *reverfi* à trois, de ne pas éfquicher inconfidérément, attendu qu'il ne faut qu'une faute de ce genre, pour faire gorger le quinola, ou pour donner lieu à un *reverfi*.

Règles auxquelles ou eft affujetti quand on joue au reverfi.

1°. Lorfqu'on s'eft trompé en donnant ou qu'il y a une carte retournée dans le jeu, on recommence avec celui des deux jeux que défigne le joueur qui perd le plus.

2°. Si quelqu'un prend fa carte du talon par diftraction, avant d'avoir écarté, il la remet à l'écart s'il s'en apperçoit avant qu'on joue ; s'il ne fe rappelle pas ce que c'eft que cette carte, le premier à jouer lui en tire une au hazard, & il la met à l'écart fans la regarder.

3°. Le premier qui doit jouer eft obligé de vérifier fi tous les joueurs ont mis au panier ; finon il faut qu'il paye pour ceux qui ont omis d'y mettre.

4°. Lorfqu'on a mis une carte à l'écart, on ne peut plus la reprendre.

5°. Si à la fin du coup on s'apperçoit qu'il y a eu erreur dans l'écart, foit parce qu'un des joueurs n'a pas écarté ou qu'il a écarté deux cartes, le coup eft nul, & doit être recommencé.

6°. Quand on a coupé, on n'eft plus fondé à demander les as ni le quinola joués ou gorgés, ni la partie, ni à prendre le panier fi l'on a placé le quinola. Pareillement, fi on a refait le panier, fans y faire mettre une bête qui étoit due, & qu'on ait coupé pour le coup fuivant, celui qui devoit cette bête, en eft quitte.

7°. Il eft permis de demander, avant de jouer fa carte, que celles qu'on a jouées précédemment, foient mifes dans l'ordre où on les a jouées, même de les y remettre ; mais on ne doit pas faire faire cette remarque à ceux qui ne le demandent pas.

8°. Il eft pareillement permis de demander à celui qui renonce pour la première fois, s'il n'a pas de la couleur jouée. On évite par-là l'effet, toujours défagréable, d'une diftraction. On peut d'ailleurs avertir le joueur qui relève une main qu'il n'a pas faite, mais on n'y eft pas obligé.

9°. Lorfqu'un joueur vient à s'appercevoir lui-même qu'il renonce & qu'il reprend la carte fur le champ, il n'eft pas obligé de relever la main quoiqu'il le puiffe ; mais celui qui auroit joué après la renonce, eft libre de reprendre fa carte, pour en fournir une autre.

10°. Si l'on prouve à la fin du coup, à un joueur qu'il a renoncé, tandis qu'il pouvoit faire la main, il ne doit pas être payé du quinola s'il l'avoit, ni tirer le panier, ni gagner la partie : cependant, s'il avoit placé le quinola avant d'avoir renoncé ; il feroit fondé à en percevoir le produit ; mais s'il avoit renoncé à cœur pour fauver fon quinola, il faudroit qu'il le payât à celui qui le lui auroit forcé, & il feroit en outre la bête.

11°. Un joueur peut en toute circonftance examiner les levées qu'il a faites, mais il ne peut voir que la dernière de celles que les adverfaires ont faites, avant que la fuivante fût couverte. On eft fondé à arrêter une levée complette qui eft encore fur le tapis, pour demander à voir la précédente ; mais on ne doit pas la prendre foi-même dans le jeu de l'adverfaire. Si celui-ci l'avoit mêlée avec les levées précédentes, il faudroit qu'il les montrât toutes.

12°. Quand il y a du doute fur la perte ou fur le gain de la partie, parce qu'un ou plufieurs joueurs ont confondu leurs levées enfemble ou avec l'écart, on doit prononcer en faveur de ceux qui ont confervé leurs levées diftinctes.

13°. Si l'on fe trompe de couleur ou de perfonne, en demandant les as joués, le payement n'en eft pas dû.

14°. Le joueur qui jette fon jeu, parce qu'il croit faire le refte des levées, eft cenfé le faire, quand un autre joueur auroit un jeu avec lequel il feroit forcé de prendre. Ainfi celui qui a jeté fon jeu doit payer aux autres les as, & le quinola qu'on met alors dûs, quand même on n'auroit pas eu jeu à les placer de cette manière : mais il en eft autrement lorfqu'il s'agit d'un *reverfi* : le joueur qui peut le rompre, oblige celui qui a jeté fon jeu à le reprendre & à jouer fes cartes l'une après l'autre.

15°. Si un joueur croyant gagner la partie, ou voulant favorifer celui qui la gagne, demande le quinola joué ou les as, avant que celui auquel ils font dûs les ait demandés, il eft obligé de les payer pour ceux qui les devoient.

16°. S'il survient quelque difficulté imprévue, elle doit être décidée à la pluralité des voix, non compris celui qui a fait naître cette difficulté, & la décision doit faire loi durant toute la partie.

VOCABULAIRE explicatif des termes usités au REVERSI.

À la bonne. Expression dont on se sert pour signifier qu'on a placé le quinola ou quelque as sur la dernière levée, afin de recevoir un double payement.

Bête. C'est une sorte d'amende qui a lieu contre un joueur auquel on a forcé ou fait gorger le quinola.

Contrat. C'est une pièce carrée d'os ou d'ivoire, qui vaut dix fiches, & qui sert à faire les comptes du jeu.

Couper. C'est séparer en deux un jeu de cartes, avant de distribuer à chaque joueur les cartes qu'il doit avoir.

Dernier en cartes, ou simplement *dernier.* C'est le joueur qui ne doit jouer qu'après tous les autres, comme cela arrive quand on a donné, ou qu'on est à la gauche du joueur qui a fait la levée.

Donner. C'est distribuer à chaque joueur les cartes qu'il doit avoir.

Duc. On dit un quinola duc, un as duc, pour dire, un quinola, un as donné à la bonne.

Écart. C'est la carte qu'un joueur a rejetée de son jeu pour en prendre une autre au talon, s'il n'est pas dernier.

Écarter. C'est former son écart.

Esquicher. C'est éviter de faire une levée qu'on pouvoit faire.

Fiche. C'est une pièce longue d'os ou d'ivoire qui vaut dix jetons, & qui sert à faire les comptes du jeu.

Forcer. C'est obliger quelqu'un à jouer un as ou le quinola.

Gorger. C'est être forcé de jouer soi-même un as ou le quinola, sans faire le *reversi.*

Jeton. C'est une pièce qui sert de monnoie au jeu, & qui est le dixième d'une fiche.

Levée. C'est une main qu'on a faite en jouant.

Mêler. C'est battre les cartes.

Panier. Il se dit tant de l'ustensile où se mettent les enjeux, que des enjeux mêmes.

Partie. C'est ce qu'on est obligé de payer au joueur, qui, étant le plus près du panier, ne fait aucun point, ou n'en fait pas plus que celui qui en a fait le moins.

Premier en cartes, ou simplement *premier.* C'est le joueur qui doit jouer le premier.

Prise. C'est la totalité des contrats, des fiches & des jetons qu'on distribue à chaque joueur avant de commencer la partie.

Quinola. C'est le nom qu'on donne au valet de cœur, qui est la principale carte du jeu.

Renoncer. Terme qui s'emploie pour exprimer qu'on manque d'une couleur.

Reversi. C'est le nom que porte le jeu dont il s'agit, & c'est aussi l'action de faire toutes les levées.

Talon. C'est les cartes qui restent après qu'il a été distribué à chaque joueur ce qu'il lui en faut.

Tour. C'est la réunion d'un nombre de coups tel que chacun des joueurs ait eu successivement une fois la main.

REVERTIER.

Sorte de jeu de table qui se joue dans un trictrac.

Quinze dames de chaque côté, de deux couleurs différentes ; deux dés & deux cornets pour les pousser, servent à jouer au *revertier.*

Ce jeu n'a lieu qu'entre deux personnes : les joueurs se servent eux-mêmes, c'est-à-dire, qu'ils mettent les dès dans leurs cornets.

Avant de commencer, chaque joueur empile ses dames, de manière que celles avec lesquelles vous devez jouer soient dans le coin à la gauche de votre adversaire, & que les siennes soient dans le coin qui est de votre côté & à votre gauche.

On fait prononcer le sort sur l'ordre dans lequel chacun jouera : pour cet effet, chaque joueur jette un dé, & celui qui amène le plus haut point a l'avantage de jouer le premier.

Les nombres dissemblables, comme deux & as, quatre & trois, &c. sont appelés simples. Ceux qui viennent égaux, comme deux trois, deux quatre, &c. sont appelés doublets.

Chaque doublet a sa dénomination particulière : les deux as se nomment *bezet*, ou *tous les as* ; les deux deux, *double deux* ; les deux trois, *terne* ; les deux quatre, *carme* ; les deux cinq, *quine*, & les deux six, *sonnez*.

On doit, en jouant, pousser les dés de manière qu'ils frappent la bande qui est du côté de l'adversaire.

Le dé est bon par-tout dans le trictrac, excepté quand les deux dés sont l'un sur l'autre, ou sur la bande ou bord du trictrac, ou qu'ils sont dressés l'un contre l'autre, en sorte qu'ils ne soient pas tous les deux sur leurs cubes.

Le dé qui est sur le tas ou la pile des dames, ou sur une ou deux dames, ou sur l'argent, est également bon, pourvu qu'il soit sur cube, de manière à pouvoir porter l'autre dé.

Mais quand le dé est en l'air, c'est-à-dire, que posant un peu sur une dame, il est soutenu par la bande du trictrac contre laquelle il appuie, ou contre la pile de bois, il ne vaut rien. On connoît qu'un dé est en l'air, lorsqu'en tirant légèrement la dame sur laquelle il est, il vient à tomber.

On peut changer de dés quand on juge à propos, & même rompre le dé de son adversaire, à moins qu'il n'y ait une convention contraire.

En commençant la partie, on ne peut point faire de case, c'est-à-dire, mettre deux dames accouplées dans les deux tables du trictrac, qui sont du côté du tas des dames du joueur : pour faire comprendre ceci facilement, je supposerai que vous jouez contre moi, & que le tas de vos dames est dans le coin qui est à votre gauche : vous avez le dé, & vous amenez terne ; vous ne pouvez point faire de case, & il faut que vous jouiez ce terne, de manière que vous ne mettiez qu'une dame sur chaque flèche ou lame.

Observons, avant d'aller plus loin, deux choses ; l'une consiste en ce que les dames que vous avez empilées de mon côté & à ma gauche, doivent aller jusqu'au coin qui est à ma droite, d'où vous devez les passer sur les flèches qui sont de votre côté à votre gauche, & les faire ensuite aller jusqu'à votre droite. Je dois en user de même relativement à vous.

La seconde chose à remarquer, est que les doublets se jouent doublement, c'est-à-dire qu'on joue deux fois le nombre qu'on a fait,

soit avec une seule dame, soit avec plusieurs. Ainsi le terne que vous avez amené, qui ne donne que six points, vous oblige néanmoins d'en jouer douze, parce que c'est un doublet. Or comme c'est le premier coup, & que par conséquent vous ne pouvez le jouer qu'en partant de la pile, il faut que vous jouiez d'abord trois trois avec une seule dame, & que vous jouiez la quatrième trois sur la quatrième flèche.

Il arrive souvent qu'on ne peut pas jouer tous les nombres qu'on a amenés : par exemple, si du premier coup vous amenez un sonnez, il est évident que vous ne pouvez pas le jouer double, attendu que vous ne pouvez mettre sur les flèches du côté de votre pile, qu'une seule dame, & que vous ne pouvez pas jouer tout d'une dame, puisque le passage se trouve fermé par la pile de votre adversaire. Quelquefois aussi vous êtes obligé de passer vos dames de son côté, lorsqu'après avoir joué un ou deux coups, vous amenez un gros doublet qu'il ne vous est pas possible de jouer du côté où est la pile de votre adversaire. C'est un inconvénient qu'il faut tâcher d'éviter, & pour cet effet, vous donnez, autant que vous le pouvez, tous les grands doublets, comme carme, quine ou sonnez, afin que s'ils viennent, vous puissiez les jouer sans gâter votre jeu.

Quoiqu'on ait dit, qu'un joueur ne pouvoit mettre qu'une seule dame sur les flèches du côté de sa pile, il y a néanmoins une flèche sur laquelle il lui est libre d'en mettre autant qu'il le juge à propos. Cette flèche est la onzième, c'est-à-dire, la dernière en comptant depuis la pile, ou si l'on veut, la flèche du coin qui est à la droite de l'adversaire. Cette flèche se nomme *la tête*. On doit avoir soin de la bien garnir, parce qu'on case ensuite plus facilement : on ne risque rien d'y mettre jusqu'à sept, huit & même dix dames.

Lorsque vous avez porté de la gauche à la droite de votre adversaire une bonne partie de vos dames, & que la tête est bien garnie, vous devez commencer à caser du côté & le plus près que vous pouvez de la pile de votre adversaire, en observant de joindre vos cases, ou de faire des surcases de votre mieux, & de faire des surcases quand vous ne pouvez pas caser.

Les surcases se font en mettant une ou deux dames sur une flèche, tandis que deux autres dames y sont déjà accouplées.

Ces furcafes font fort utiles : on les appelle *batadour*, parce qu'elles fervent à battre les dames découvertes, fans qu'on foit obligé de fe découvrir foi-même.

Quand vous avez fait quelques cafes près de la pile de votre adverfaire, vous tâchez de lui battre des dames.

Vous battez une dame lorfque vous en mettez une des vôtres fur la même flèche que celle où votre adverfaire avoit placé la fienne.

On peut même battre en paffant une ou deux dames avec une feule : par exemple, vous amènez cinq & quatre : vous battez d'abord une dame en jouant votre cinq ; enfuite avec la même dame qui vous a fervi à jouer le cinq, vous jouez le quatre, & vous couvrez une de vos dames, ou vous en battez une autre de votre adverfaire.

Toutes les dames qui font battues font hors du jeu : on les donne au joueur auquel elles appartiennent, ou il les prend lui-même, & pour les rejouer, il faut qu'il les ait toutes rentrées.

Chaque joueur doit rentrer les dames qu'on lui a battues, du côté & dans la table où eft la pile ; mais, pour rentrer, il faut trouver des paffages ouverts.

On ne peut pas rentrer fur foi-même ; mais on peut rentrer fur fon adverfaire en le battant lorfqu'il a quelque dame découverte.

Quand vous rentrez vous comptez toutes les flèches, même celle où eft votre pile, qui eft la première & par conféquent la rentrée de l'as : ainfi lorfque vous amenez des as tandis que vous avez encore des dames en pile, vous ne pouvez pas rentrer.

Comme le plus haut point d'un dé eft fix, & qu'on ne rentre que par le nombre que donne chaque dé joué, il eft évident qu'on ne peut rentrer que dans la première table, c'eft-à-dire, dans celle où fe trouve la pile.

Il fuit delà que fi vous avez deux ou plufieurs dames à la main pour les rentrer, & qu'à l'exception d'une cafe de la première table, votre adverfaire ait fait toutes les autres, il vous feroit inutile de rentrer une dame, attendu que ce même adverfaire jouant enfuite, ne manqueroit pas de la battre : ainfi lorfqu'un joueur a plus de dames à la main qu'il n'a de rentrées ou de paffages ouverts,

on dit qu'il eft hors du jeu, & il laiffe jouer fon adverfaire, jufqu'à ce qu'il ouvre les paffages.

Au refte, vous devez avoir l'attention de ne découvrir aucune dame dans la table de la rentrée de votre adverfaire, après avoir mis des dames de votre pile fur toutes les flèches de la table de votre rentrée ; car, quoiqu'on ait dit précédemment que le joueur qui a plus de dames à la main qu'il n'a de rentrées, étoit hors de jeu, il lui eft néanmoins permis de rentrer toujours une des dames qu'il a à la main.

Lorfque vous avez mis votre adverfaire hors de jeu, vous devez vous appliquer à faire des cafes jointes & ferrées, depuis la pile de votre adverfaire.

Quand vous avez fix ou fept cafes, ainfi formées de fuite, il convient de pouffer vos cafes dans la table de la tête de votre adverfaire, en tâchant toujours de les joindre & de laiffer vos dames découvertes dans la table de fa rentrée, afin qu'il foit obligé de rentrer & de vous battre.

Lorfque votre adverfaire eft rentré, & qu'il vous a battu, il eft obligé de jouer tous les nombres qu'il amène, en forte que fucceffivement il paffe fon jeu dans la table de votre tête, tandis que vous menez les dames qu'il vous a battues.

Quand toutes vos dames font paffées dans la table de la tête de votre adverfaire, vous pouvez à chaque coup de dé, lever toutes celles que le nombre amené porte fur la bande du trictrac, comme cela fe pratique au jeu de trictrac, quand on rompt le jan retour.

Cependant, fi votre adverfaire avoit encore quelques dames derrière vous, il feroit à propos de découvrir une de vos dames la plus près de lui, pour vous faire battre, afin de lui faire entièrement paffer fon jeu : car fi vous leviez d'abord tout ce que vous pourriez, ou que vous vinffiez à trouffer votre jeu fur la flèche de la tête de votre adverfaire, il pourroit arriver que par la fuite vous feriez obligé de faire table, c'eft-à-dire, de laiffer découverte une dame qu'il vous battroit ; & peut-être d'en découvrir fucceffivement une autre qu'il vous battroit encore, enforte que s'il venoit après cela à faire de grands coups, il pourroit avoir levé avant vous.

Au

Au surplus, on doit se regler selon la disposition du jeu de l'adversaire ; car si son jeu étoit entièrement passé au fond de la table de votre tête, qu'il fut empilé sur deux ou trois cases, ou même sur quatre, & qu'il n'eût qu'une ou deux dames, ou même trois ou quatre derrière vous, & rien sur la tête, il ne faudroit se livrer à aucune crainte : il n'y auroit nulle nécessité de vous faire battre, & vous pourriez en toute sûreté, lever ou trousser tout votre jeu.

Celui qui a le premier levé toutes ses dames gagne la partie.

En levant, on joue les doublets deux fois comme dans le cours du jeu.

Le joueur qui a gagné la partie, a le dé pour la revanche, à moins qu'il n'y ait une convention contraire.

Quand vous avez dessein de caser, & qu'auparavant vous voulez regarder la couleur d'une flèche couverte par des dames, vous devez dire, *j'adoube* ; autrement on pourroit vous obliger de jouer la dame touchée, attendu qu'on tient pour règle que *bois touché doit être joué.*

Vocabulaire explicatif des termes usités au Revertier.

Avoir le dé. C'est être en tour de jouer.

Beset. C'est un coup de dé par lequel un joueur amène deux as.

Carme. C'est le coup de dé par lequel on amène deux quatre.

Cornet. C'est une sorte de petit vase de corne ou d'autre matière, dans lequel on remue les dés avant de jouer.

Dame. C'est une petite pièce plate & ronde

dont on se sert pour jouer à différens jeux.

Dé. C'est un petit morceau d'os ou d'ivoire de figure cubique, ou à six faces, dont chacune est marquée d'un différent nombre de points, depuis un jusqu'à six, & qui sert à jouer.

Double deux. C'est un coup de dé par lequel on amène deux deux.

Doublet. C'est le coup par lequel les deux dés présentent chacun les mêmes points.

Flèche. On donne ce nom aux figures coniques sur lesquelles on place les dames.

Pile. On donne ce nom aux dames entassées sur la première flèche.

Quine. C'est le coup de dé par lequel on amène deux cinq.

Rompre les dés. C'est brouiller les dés que jette celui contre qui l'on joue, avant qu'on ait pu voir ce qu'ils marquent.

Se servir. C'est mettre soi-même dans le cornet, les dés avec lesquels on doit jouer.

Sonnez. C'est le coup de dé par lequel un joueur amène deux six.

Terne. C'est le coup de dé par lequel on amène deux trois.

Tête. C'est la onzième flèche, c'est-à-dire, celle du coin qui est à la droite de l'adversaire contre lequel on joue.

Trictrac. C'est le tablier dans lequel on joue.

RÉVOLUTION FRANÇOISE. (*Jeu de la*)

Sorte de jeu de tableau, qui ne diffère du jeu de l'Oie que par le nom. *Ainsi voyez* OIE.

S

SIXTE.

Sorte de jeu des cartes qui a beaucoup de rapport avec la triomphe.

Il est ainsi appelé, parce qu'il se joue en six jeux & entre six personnes, à chacune desquelles on distribue six cartes.

On convient d'abord de ce que chacun mettra à la poule. Ensuite on fait prononcer le sort sur l'ordre dans lequel les joueurs seront placés & les cartes distribuées.

On se sert ou d'un jeu composé de trente-fix cartes, c'eſt-à-dire, d'un jeu de piquet auquel on a ajouté les ſix, & alors il ne reſte point de talon après la diſtribution des cartes : ou l'on emploie un jeu entier, & alors il y a un talon compoſé de ſeize cartes.

Dans le premier cas, le joueur chargé de donner, retourne la dernière carte, qui lui appartient, & elle fait la triomphe ou l'à-tout. Dans le ſecond cas, quand les joueurs ont chacun les cartes qu'il leur faut, celui qui donne, retourne la première du talon, & celle-ci eſt la triomphe.

Les ſix cartes que chaque joueur doit avoir, ſe diſtribuent en deux tours, après qu'on les a mêlées, & qu'on a fait couper; on en donne trois à la fois.

Voici l'ordre dans lequel les cartes ſont ſupérieures l'une à l'autre : l'as eſt ſupérieur au roi; le roi à la dame ; la dame au valet ; le valet au dix; le dix au neuf, &c. le deux eſt la carte la plus baſſe.

Le joueur qui donne mal, perd un jeu & doit recommencer à donner.

Lorſqu'un jeu ſe trouve faux, le coup où ce vice ſe découvre eſt nul; mais les coups antérieurs ſont valables.

Quand on a de la couleur jouée, on eſt obligé d'en fournir, & le joueur qui renonceroit en pareil cas, perdroit deux jeux. Ainſi on ne peut ni couper, ni ſurcouper, à moins qu'on n'ait renoncé à la couleur qu'on a jouée.

On eſt pareillement obligé de forcer, ſous peine de perdre un jeu.

Le joueur qui fait trois levées, marque un jeu.

Si deux joueurs faiſoient chacun trois levées, il n'y auroit que celui qui les auroit faites le premier qui marqueroit le jeu.

S'il arrivoit que tous les joueurs euſſent fait chacun une levée, le jeu ſeroit marqué par celui qui auroit fait la première.

Lorſqu'un joueur fait ſix levées, autrement la vole, il gagne la partie.

VOCABULAIRE explicatif des termes uſités au Sixte.

A tout. C'eſt la couleur dont eſt la carte qu'on a retournée pour faire la triomphe.

Couper. C'eſt ſéparer en deux un jeu de

cartes, avant qu'on diſtribue à chaque joueur les cartes qu'il lui faut.

Couper. Se dit auſſi de l'action d'employer un à-tout ſur une couleur à laquelle on renonce.

Donner. C'eſt diſtribuer à chaque joueur les cartes qu'il doit avoir.

Forcer. C'eſt mettre une carte ſupérieure ſur celle qui eſt jouée, au lieu d'y en mettre une inférieure qu'on a en main.

Jeu. C'eſt une diviſion de la partie qui eſt un des ſix coups qu'il faut faire pour gagner.

Levée. C'eſt une main qu'on a faite en jouant.

Mêler. C'eſt battre les cartes avant de les diſtribuer.

Renoncer. C'eſt ne pas fournir la couleur jouée quoiqu'on en ait dans ſon jeu.

Surcouper. C'eſt mettre un à-tout plus fort ſur celui qu'un joueur précédent a employé, pour couper la carte jouée.

Talon. C'eſt ce qui reſte de cartes quand on a diſtribué à chaque joueur celles qu'il lui faut.

Triomphe. C'eſt la couleur qui emporte toutes les autres cartes.

S I Z E T T E.

Sorte de jeu des cartes, dont le nom vient de ce qu'il ſe joue entre ſix perſonnes.

Les ſix joueurs ſont diviſés en deux partis de trois aſſociés chacun. Ils doivent être placés de manière que chaque joueur d'un parti ſe trouve entre deux joueurs de l'autre parti.

On ſe ſert d'un jeu de piquet auquel on a ajouté les ſix, en ſorte qu'il y a 36 cartes. Elles ſont ſupérieures l'une à l'autre dans l'ordre ſuivant : le roi eſt ſupérieur à la dame ; la dame au valet ; le valet à l'as ; l'as au dix ; le dix au neuf ; le neuf au huit ; le huit au ſept, & le ſept au ſix.

On convient d'abord de ce que chacun mettra à la poule, & du nombre de jeux qu'il faudra faire pour la gagner. Enſuite on fait prononcer le ſort ſur l'ordre ſuivant lequel les cartes ſeront diſtribuées.

Le joueur qui doit donner mêle les cartes, fait couper par celui qui eſt à ſa gauche, & diſtribue enſuite en deux tours ſix cartes à chaque joueur : il en donne trois à la fois, & il retourne la dernière carte qui fait la triomphe, & lui appartient.

Il faut remarquer que des trois joueurs d'un parti, il en est un qui est chargé de gouverner le jeu de la société : en conséquence, il a le droit de s'informer de ce que chacun de ses associés a dans son jeu, afin qu'il puisse lui indiquer ce qu'il convient de jouer pour l'utilité commune. Ainsi le gouverneur du parti qui est premier en cartes, fait commencer à jouer par telle couleur qu'il juge à propos. Tout joueur qui a de la couleur jouée est obligé d'en fournir, sans être néanmoins tenu de forcer.

Quand on a renoncé à la couleur jouée, on peut couper si l'on a de l'à-tout, mais il n'y a à cet égard aucune obligation.

Le parti qui le premier parvient à faire trois levées, gagne le jeu ; & s'il arrive qu'il fasse la vole, il compte deux jeux.

Si le jeu de cartes étoit faux, le coup où l'on s'en appercevroit ne vaudroit rien ; mais on ne pourroit pas revenir contre ceux qui auroient été joués précédemment.

Quand il y a une carte retournée dans le jeu, on doit remêler.

Le joueur qui donne mal perd un jeu.

Lorsque le distributeur des cartes oublie de montrer la carte qui doit faire la triomphe, il perd un jeu, & il donne de nouveau après avoir remêlé.

Il en est de même lorsqu'en donnant il retourne quelque carte du jeu d'un de ses adversaires.

Le joueur qui vient à renoncer perd deux jeux, & le coup ne se joue pas.

Aussitôt qu'une carte est lâchée sur le tapis, elle est censée jouée.

Lorsque deux associés ont leur jeu étalé sur la table, il faut que le troisième étale aussi le sien pendant que le coup se joue.

S'il arrivoit qu'un joueur donnât sans que ce fût son tour, le coup vaudroit s'il avoit tourné la triomphe avant qu'on eût remarqué l'erreur ; mais si la triomphe n'étoit pas vue, on feroit donner celui qui seroit en tour pour cela.

Le joueur qui a joué avant son tour, ne peut pas reprendre sa carte, à moins toutefois qu'ayant de la couleur jouée, il n'y ait renoncé ; mais dans ce cas ci il perd un jeu.

S'il arrive qu'un joueur retourne une ou plusieurs levées de ses adversaires, il perd un jeu.

Lorsqu'un joueur fait une faute, ses associés sont censés l'avoir faite avec lui.

Quand on n'a point de jeu à démarquer pour une faute faite, les adversaires marquent en leur faveur ce que la faute auroit fait démarquer.

L'art du jeu dont il s'agit, consiste dans l'attention que doit avoir celui qui gouverne, de ne faire déclarer à ses associés que ce qu'il lui importe de savoir, & de ne jamais faire découvrir inutilement leur jeu.

VOCABULAIRE explicatif des termes usités à la Sizette.

A tout. C'est la couleur dont est la carte qu'on a montrée, pour en faire la triomphe.

Couper. C'est séparer en deux un jeu de cartes avant qu'on donne à chaque joueur les cartes qu'il doit avoir.

Couper, se dit aussi de l'action d'employer un à-tout sur une couleur à laquelle on renonce.

Donner. C'est distribuer à chaque joueur les cartes qu'il lui faut.

Forcer. C'est mettre une carte supérieure sur celle qui est jouée, au lieu d'y en mettre une inférieure qu'on a en main.

Jeu. C'est une division de la partie, qui est un des coups qu'on est convenu qu'il faudroit faire pour gagner.

Levée. C'est une main qu'on a faite en jouant.

Mêler. C'est battre les cartes avant de les distribuer.

Renoncer. C'est ne pas fournir de la couleur jouée, quoiqu'on en ait dans son jeu.

Triomphe. C'est la couleur qui emporte toutes les autres cartes.

SOLITAIRE.

Jeu des cartes, le même que le médiateur ; à l'exception qu'on en a retranché tout ce qui concerne la demande simple.

Il suit delà, qu'à la différence de ce qui se pratique au médiateur, on ne joue pas les coups où tous les joueurs viennent à passer. On tire seulement sur ces coups les fiches de poulans qui appartiennent à fpadille & à bafte. Quant à la fiche deftinée à manille, elle refte pour le premier coup qui vient à fe jouer.

Voyez pour tout le refte l'article MÉDIA-TEUR.

SPHÉRISTIQUE.

On défignoit fous ce nom chez les anciens, les différens jeux ou exercices pour lefquels on employoit une balle.

On a fait honneur de l'invention de la *fphériftique*, à Pithus, à Nauficaa, aux Sicyoniens, aux Lacédémoniens & aux Lydiens. Il paroît que, dans le temps d'Homere, cet exercice étoit fort en ufage, puifque ce poëte en fait un amufement de fes héros. Il étoit fort fimple de fon temps, mais il fit de grands progrès dans les fiècles fuivans chez les Grecs. Ces peuples s'appliquant à le perfectionner, y introduifirent mille variétés qui contribuoient à le rendre plus divertiffant & d'un plus grand commerce. Ils ne fe contentèrent pas d'admettre la *fphériftique* dans leurs gymnafes, où ils eurent foin de faire conftruire des lieux particuliers, deftinés à recevoir tous ceux qui vouloient s'inftruire dans cet exercice, ou donner des preuves de l'habileté qu'ils y avoient acquife; ils propoférent encore des prix pour ceux qui fe diftingueroient en ce genre dans les jeux publics. Les Athéniens entr'autres donnerent un témoignage fignalé de l'eftime qu'ils faifoient de la *fphériftique*, en accordant le droit de bourgeoifie, & en érigeant des ftatues à un certain Ariftonique Caryftien, joueur de paumé d'Alexandre le Grand, & qui excelloit dans cet exercice.

Les balles à jouer étoient compofées de différentes pièces de peau ou d'étoffe coufues enfemble, en forme de fac, qu'on rempliffoit tantôt de plumes ou de laine, tantôt de farine, de graine de figuier, ou de fable. Ces diverfes matières plus ou moins preffées & condenfées, compofoient des balles plus ou moins dures. Les molles étoient d'un ufage d'autant plus fréquent, qu'elles étoient moins capables de bleffer & de fatiguer les joueurs qui les pouffoient ordinairement avec le poing, ou la paume de la main. On donnoit à ces balles différentes groffeurs; il y en avoit de petites, de moyennes, & de trèsgroffes: les unes étoient plus pefantes, les autres plus légères, & ces différences dans la pefanteur & dans le volume de ces balles, ainfi que dans la manière de les pouffer, établiffoient diverfes fortes de *fphériftiques*. Il ne paroît pas que les anciens aient employé des balles de bois, ni qu'ils ayent connu l'ufage que nous en faifons aujourd'hui pour jouer à la boule & au mail; mais ils ont connu les balles de verre, chofe que nous obfervons en paffant.

A l'égard des inftrumens qui fervoient à pouffer les balles, outre le poing & la paume de la main, on employoit les pieds dans certains jeux; quelquefois on fe garniffoit les poings de courroies qui faifoient plufieurs tours, & formoient une efpèce de gantelet ou de braffard, fur-tout lorfqu'il étoit queftion de pouffer des balles d'une groffeur ou d'une dureté extraordinaire. On trouve une preuve convaincante de cette coutume fur le revers d'une médaille de l'empereur Gordien III, rapportée par Mercurial, où l'on voit trois Athletes nuds, ceints d'une efpèce d'écharpe, lefquels foutiennent de leur main gauche une balle ou un ballon, qui paroît une fois plus gros que leur tête, & qu'ils femblent fe mettre en devoir de frapper du poing de leur main droite, armée d'une efpèce de gantelet. Ces fortes de gantelets ou de braffards, tenoient lieu aux anciens, de requettes & de battoirs qui, felon toute apparence, leur ont été abfolument inconnus.

Ces exercices de la *fphériftique*, qui étoient en grand nombre chez les Grecs, peuvent fe rapporter à quatre principales efpèces, dont les différences fe tiroient de la groffeur & du poids des balles que l'on y employoit. Il y avoit donc l'exercice de la petite balle, celui de la groffe, celui du ballon & celui du *corycus*.

De ces quatre efpèces d'exercice, celui de la petite balle étoit chez les Grecs le plus en ufage, & celui qui avoit le plus mérité l'approbation des médecins. Antyllus, dont Oribafe nous a confervé des fragmens confidérables, & qui eft l'auteur dont nous pouvons tirer plus d'éclairciffements fur cette matière, reconnoît trois différences dans cet exercice de la petite balle, non feulement par rapport à la diverse grosseur des balles dont on jouoit; mais aussi par rapport aux différentes manières de s'en servir. Dans la première, où l'on employoit les plus petites balles, les joueurs se tenoient assez près les uns des autres : ils avoient le corps fermé & droit, & sans quitter leur place, ils s'envoyoient réciproquement les balles de main en main avec beaucoup de vitesse & de dextérité. Dans la seconde espèce, où l'on jouoit avec des balles un peu plus grosses, les joueurs, quoiqu'assez voisins les uns des autres, déployoient davantage les mouvemens de leurs bras, qui se croisoient & se rencontroient souvent ; & ils s'élançoient çà & là pour atteindre les balles, selon qu'elles bondissoient ou bricoloient différemment. Dans la troisième espèce, où l'on se servoit de balles encore plus grosses, on jouoit à une distance considérable, & les joueurs se partageoient en deux bandes, dont l'une se tenoit ferme en son poste, & envoyoit avec force & coup sur coup les balles de l'autre côté, où l'on se donnoit tous les mouvemens nécessaires pour les recevoir & les renvoyer.

On doit rapporter à l'exercice de la petite balle trois autres espèces de jeux appelés *Aporrhaxis*, *Ourania* & *Harpaston*.

Le jeu appelé *Aporrhaxis*, dont Pollux nous a conservé la description, consistoit à jeter obliquement une balle contre terre, en sorte qu'elle rebondît une seconde fois de l'autre côté, d'où elle étoit renvoyée de la même manière & ainsi de suite, jusqu'à ce que quelqu'un des joueurs manquât son coup : on avoit soin de compter les divers bonds de la balle.

Dans le jeu appelé *Ourania*, l'un des joueurs se courbant en arrière, jetoit en l'air une balle qu'un autre tâchoit d'attraper en sautant avant qu'elle retombât par terre, & avant que lui même se trouvât sur ses pieds ; cela demandoit une grande justesse de mouvement de la part de celui qui recevoit cette balle : il devoit, pour sauter, prendre précisément l'instant que la balle qui retomboit pût être à la portée de sa main.

Au jeu de l'*Harpaston*, les joueurs s'arrachoient la balle les uns aux autres. Ils étoient divisés en deux troupes qui s'éloignoient également d'une ligne qu'on traçoit au milieu du terrein, & sur laquelle on posoit une balle. On tiroit derrière chaque troupe une autre ligne, qui marquoit de part & d'autre les limites du jeu. Ensuite les joueurs de chaque côté couroient vers la ligne du milieu, & chacun tâchoit de se saisir de la balle, & de la jeter au-delà de l'une des deux lignes qui marquoient le but, pendant que ceux du parti contraire faisoient tous leurs efforts pour défendre leur terrein, & pour envoyer la balle vers l'autre ligne. Cela causoit une espèce de combat fort échauffé entre les joueurs qui s'arrachoient la balle, qui la chassoient du pied & de la main en faisant diverses feintes, qui se poussoient les uns les autres, se donnoient des coups de poing, & se renversoient par terre. Enfin le gain de la partie étoit pour la troupe qui avoit envoyé la balle au-delà de cette ligne qui bornoit le terrein des Antagonistes. On voit par-là que cet exercice tenoit en quelque façon de la course, du saut de la lutte & du pancrace.

L'exercice de la grosse balle étoit différent des précédens, non seulement à raison du volume des balles que l'on y employoit, mais aussi par rapport à la situation des bras ; car, dans les trois principales espèces de petite *sphéristique*, dont on vient de parler, les joueurs tenoient toujours leurs mains plus basses que leurs épaules ; au lieu que dans celle-ci, ces mêmes joueurs élevoient leurs mains au-dessus de leur tête, se dressant même sur la pointe du pied, & faisant divers sauts pour attraper les balles qui leur passoient par-dessus la tête. Cet exercice comme l'on voit, devoit être d'un fort grand mouvement, & d'autant plus pénible, qu'outre qu'on y mettoit en œuvre toute la force des bras pour pousser des balles d'une grosseur considérable à une grande distance, les courses, les sauts, & les violentes contorsions que l'on s'y donnoit, contribuoient encore à en augmenter la fatigue.

La troisième espèce de *sphéristique* connue des Grecs, étoit l'exercice du ballon dont on fait peu de circonstances, si ce n'est que les ballons qu'ils employoient étoient vraisemblablement faits comme les nôtres, qu'on leur donnoit une grosseur énorme, & que le jeu en étoit difficile & fatiguant.

L'exercice du *Corycus* qui étoit la quatrième espèce de *sphéristique* Grec que, la seule dont Hypocrate ait parlé, consistoit à suspendre au plancher d'une salle, par le moyen d'une corde, une espèce de sac que l'on remplissoit de farine ou de graine de figuier pour les gens foibles, & de sable pour les robustes, & qui descendoit jusqu'à la hauteur de la ceinture de ceux qui s'exercoient. Ceux-ci pressant ce sac à deux mains, le portoient aussi loin que la corde pouvoit s'étendre, après quoi lâchant ce sac ils le suivoient, & lorsqu'il revenoit vers eux, ils se reculoient pour céder à la violence du choc; ensuite, le reprenant à deux mains, ils le poussoient en avant de toutes leurs forces, & tâchoient malgré l'impétuosité qui le ramenoit, de l'arrêter, soit en opposant les mains, soit en présentant la poitrine, leurs mains étendues derrière le dos; en sorte que, pour peu qu'ils négligeassent de se tenir fermes, l'effort du sac qui revenoit, leur faisoit quelquefois lâcher le pied, & les contraignoit de reculer.

Il résulteroit, selon les médecins, de ces différentes espèces de *sphéristique*, divers avantages pour la santé. Ils croyoient que l'exercice de la grosse & de la petite balle étoit très-propre à fortifier les bras, aussi bien que les muscles du dos & de la poitrine, à débarrasser la tête, à rendre l'épine du dos plus souple par les fréquentes inflexions, à affermir les jambes & les cuisses. Ils n'estimoient pas que le jeu de ballon fût d'une grande utilité, à cause de sa difficulté & des mouvemens violens qu'il exigeoit; mais en général ils croyoient tous ces exercices contraires à ceux qui étoient sujets aux vertiges, parce que les fréquens tournoiements de la tête & des yeux, nécessaires dans la *sphéristique*, ne pouvoient manquer d'irriter cette indisposition. Pour ce qui concerne l'exercice du *Corycus*, ou de la balle suspendue, ils le jugeoient très-convenable à la diminution du trop d'embonpoint, & à l'affermissement de tous les muscles du corps, se persuadant aussi que les secousses réitérées, que la poitrine & le ventre recevoient du choc de cette balle, n'étoient pas inutiles pour maintenir la bonne constitution des viscères qui y sont renfermés. Arétée en conseilloit l'usage aux lépreux; mais on le défendoit à ceux qui avoient la poitrine délicate.

<hr>

T

TOC.

SORTE de jeu de table, qui se joue entre deux personnes, dans un trictrac, avec des cornets, des dés & des dames.

On a aussi deux fiches ou fichets pour marquer les trous qu'on gagne.

Les dames sont au nombre de trente, quinze blanches & quinze noires: les blanches sont pour l'un des deux joueurs, & les noires pour l'autre.

Chaque joueur a son cornet, & se sert lui-même.

On fait d'abord prononcer le sort sur l'ordre dans lequel les joueurs auront les dés. Pour cela, chacun d'eux prend un dé, & le jette dans le trictrac: celui qui a amené le nombre le plus considérable doit jouer le premier.

En commençant, chacun met ses dames dans la table du trictrac la plus éloignée du jour, en les empilant sur la première flèche de cette table, c'est-à-dire, sur la flèche la plus éloignée de l'autre table. C'est dans celle-ci que le joueur doit mener ses dames, & faire son plein ou grand-jan.

Les dames étant empilées, celui qui doit jouer le premier, remue les dés dans son cornet, & les jette ensuite de manière qu'ils aillent frapper la bande du trictrac du côté de l'adversaire.

Les dés sont bons par-tout dans le trictrac, pourvu qu'ils ne soient point en l'air.

Pour savoir si un dé est en l'air ou s'il n'y est pas, on tire légèrement la dame sur laquelle il pose, & s'il tombe, c'est une preuve qu'il étoit en l'air, & qu'il ne vaut rien.

Les dés se désignent comme au trictrac, c'est-à-dire, qu'on nomme le plus gros nom;

bre le premier : on dit, par exemple , deux & as ; quatre & trois., &c.

Les doublets ont chacun leur nom particulier : ainſi on appelle deux as , beſet ; les deux deux , double deux ; les deux trois, terne ; les deux quatre, carme ; les deux cinq , quine ; & les deux ſix, ſonnez.

Les nombres amenés par le joueur qui a le dé, ſe marquent avec les dames qu'il prend à la pile placée ſur la première flèche : ainſi, en ſuppoſant qu'il ait amené un trois & un quatre , il place une dame ſur la quatrième flèche, & une ſur la cinquième.

On fixe la partie à un certain nombre de trous : on peut jouer en un ſeul trou., ſi l'on veut.

On ne marque pas les points comme au trictrac ; mais lorſqu'un joueur parvient à faire ſon petit-jan ou ſon grand-jan , il marque un trou ; & s'il fait l'un ou l'autre jan par deux moyens, ou par doublet, il marque deux trous.

On bat ſoit une ou pluſieurs dames , ſoit le coin, comme au trictrac , & le joueur qui gagne le trou a la liberté de s'en aller.

On peut, quand on le juge à propos, rompre le dé de ſon adverſaire. Voyez d'ailleurs l'article TRICTRAC.

TONTINE.

Sorte de jeu des cartes auquel peuvent jouer enſemble douze , quinze ou vingt perſonnes.

On ſe ſert d'un jeu compoſé de 52 cartes, c'eſt-à-dire , d'un jeu entier.

Avant de commencer , on diſtribue à chaque joueur une priſe compoſée de vingt jetons qui ont une valeur convenue. De ces vingt jetons, chacun en met trois dans un panier pour former la poule ; enſuite le joueur que le ſort a indiqué pour donner , mêle les cartes, fait couper par le joueur placé à ſa gauche, & diſtribue tant à lui qu'à chacun des autres joueurs, une carte découverte, en commençant par ſa droite.

Si la carte diſtribuée à un joueur quelconque, eſt un roi, il tire trois jetons du panier ; deux, ſi c'eſt une dame, & un ſi c'eſt un valet. Le dix ne produit ni perte ni profit. L'as oblige celui qui l'a à donner un jeton au

joueur placé à ſa gauche. Si c'eſt un deux , on donne deux jetons au ſecond voiſin de la gauche ; & ſi c'eſt un trois , on doit trois jetons au troiſième voiſin du même côté.

Quant au joueur qui a un quatre, il doit mettre deux jetons au panier ; un ſi ſa carte eſt un cinq ; deux ſi c'eſt un ſix ; un ſi c'eſt un ſept ; deux ſi c'eſt un huit, & un ſi c'eſt un neuf.

Lorſque les payemens ſont terminés , le joueur placé à la droite de celui qui a donné, ramaſſe les cartes , mêle, fait couper & donne comme le précédent : le jeu continue de cette manière juſqu'à ce que la poule ſoit gagnée. Il faut pour cela qu'à l'exception d'un ſeul joueur , tous les autres aient perdu leur priſe. Celui qui n'a pas perdu la ſienne emporte le panier.

Lorſqu'il ne reſte plus de jetons à un joueur, on dit qu'il eſt mort : mais tant que la poule n'eſt pas gagnée , il a l'eſpérance de reſſuſciter par le moyen des jetons que ſes voiſins peuvent être obligés de lui donner dans les cas dont on a parlé précédemment.

Tandis qu'un joueur mort n'eſt pas reſſuſcité, on ne lui diſtribue aucune carte, & il ne donne pas lorſque ſon tour de donner arrive : mais auſſitôt qu'il a un ſeul jeton, il joue comme tous les autres ; & s'il vient à perdre pluſieurs jetons d'un ſeul coup , il en eſt quitte en donnant celui qu'il avoit.

VOCABULAIRE explicatif des termes uſités à la Tontine.

Couper. C'eſt ſéparer en deux un jeu de cartes, avant de donner à chaque joueur la carte qu'il doit avoir.

Donner. C'eſt diſtribuer les cartes.

Jeton. C'eſt une pièce qui ſert à faire les comptes du jeu.

Mêler. C'eſt battre les cartes.

Mort. On dit qu'un joueur eſt mort , pour ſignifier qu'il ne lui reſte rien de ſa priſe.

Poule. C'eſt la totalité de ce que les joueurs ont mis au panier pour celui qui vient à gagner.

Priſe. C'eſt la totalité des jetons diſtribués à chaque joueur , avant de commencer la partie.

Reſſuſciter. C'eſt rentrer au jeu par le moyen du gain d'un ou de pluſieurs jetons.

TOURNECASE.

Sorte de jeu de table qui se joue dans un trictrac entre deux personnes, avec des cornets, deux dés & des dames.

Les dames font au nombre de six, trois blanches & trois noires. Les blanches font pour l'un des deux joueurs, & les noires pour l'autre. Chaque joueur a son cornet & doit se servir.

Après qu'on est convenu du prix de la partie, on fait prononcer le sort sur l'ordre dans lequel les joueurs auront les dés. Pour cet effet, chacun d'eux prend un dé & le jette dans le trictrac : celui qui a amené le plus considérable, doit jouer le premier.

En commençant, chaque joueur met ses trois dames sur la bande du trictrac la plus éloignée du jour.

L'objet qu'il doit se proposer est de conduire ses trois dames sur la douzième flèche de son côté, qu'on appelle le *coin de repos*. Le joueur qui remplit le premier cette tâche, gagne la partie.

En jouant, il faut, après avoir remué les dés dans le cornet, qu'on les jette de manière qu'ils aillent frapper la bande du trictrac du côté de l'adversaire.

Les dés sont bons par-tout dans le trictrac pourvu qu'ils ne soient point en l'air.

On reconnoit si un dé est en l'air ou s'il n'y est pas, en tirant légèrement la dame sur laquelle il pose : s'il tombe, c'est une preuve qu'il étoit en l'air & qu'il ne vaut rien.

Des deux nombres qu'on amène d'un coup de dé, on ne peut jouer que le moindre : ainsi lorsque vous amenez six & trois, vous ne pouvez jouer que le trois.

Si ensuite vous amenez quatre & cinq, vous êtes tenu de jouer votre quatre avec la dame qui vous a servi à jouer le trois : la raison en est que si vous jouiez le quatre avec une autre dame, vous seriez obligé de passer par-dessus celle avec laquelle vous avez joué le trois : or, c'est une règle du jeu, qu'on ne peut faire passer aucune dame au-dessus d'une autre : il faut qu'elles se suivent & qu'elles marchent l'une après l'autre.

La marche d'un joueur peut être interrompue & retardée quand les dames sont battues par les nombres que son adversaire amène.

Voici de quelle manière on bat une dame au *tournecase*.

Les deux joueurs marchant vis-à-vis l'un de l'autre, dans les deux tables du trictrac, il doit arriver souvent que l'un des deux ait une dame sur une flèche vis-à-vis de laquelle son adversaire est conduit par le dé qu'il a amené : dans ce cas, la dame du premier est battue, & il est obligé de la reporter sur la bande du trictrac pour ensuite la rentrer dans le jeu.

Si un joueur plaçoit dans le coin de repos ses trois dames, avant que son adversaire y en eût placé aucune des siennes, il gagneroit partie double, à moins qu'on ne fût convenu du contraire.

TREIZE.

Sorte de jeu de hazard qui se joue avec un jeu entier, composé de cinquante-deux cartes.

Les joueurs font un banquier & des pontes : le nombre de ceux-ci est illimité.

Chaque ponte met au jeu une somme convenue. Alors le banquier mêle les cartes, & fait couper par le joueur qu'il a à sa gauche ; ensuite il découvre les cartes l'une après l'autre, & prononce as, en découvrant la première ; deux, en découvrant la seconde ; trois, en découvrant la troisième ; quatre, en découvrant la quatrième ; cinq, en découvrant la cinquième ; six, en découvrant la sixième ; sept, en découvrant la septième ; huit, en découvrant la huitième ; neuf, en découvrant la neuvième ; dix, en découvrant la dixième ; valet, en découvrant la onzième ; dame, en découvrant la douzième ; & roi, en découvrant la treizième.

Si dans cet appel nominal de chaque carte, il n'en découvre aucune telle qu'il l'a désignée, il double l'enjeu de chaque ponte, & il cède la main à celui qu'il a à sa droite. Ce dernier devient alors le banquier, & en use comme a fait le joueur qui l'a précédé.

Mais s'il arrive qu'en appelant chaque carte, le banquier en découvre une telle qu'il l'a nommée ; que, par exemple, elle se

trouve

trouve être un valet quand il à appelé le valet, il recueille tout ce que les pontes ont mis au jeu, & il conferve la main pour recommencer comme auparavant.

Si le banquier ayant gagné & recommencé plufieurs fois, n'avoit plus affez de cartes pour étendre fon appel nominal depuis l'as jufqu'au roi, il remêleroit les cartes, feroit couper, & tireroit enfuite du jeu le nombre de cartes qui lui feroit néceffaire pour continuer le jeu, en commençant par la carte qu'il auroit nommée, s'il en eût encore eu dans fa main. Par exemple, fi en découvrant la dernière carte, vous avez nommé un neuf, vous devez, après avoir remêlé, nommer un dix en découvrant la première, & fucceffivement un valet, une dame & un roi, jufqu'à ce que vous ayez gagné ou perdu.

TRENTE ET QUARANTE, *ou* TRENTE-UN.

Sorte de jeu de hazard, qui fe joue avec trois cent douze cartes, c'est-à-dire, avec fix jeux entiers qu'on a mêlés enfemble.

Les joueurs font un banquier & des pontes: le nombre de ceux-ci est illimité.

Comme il y a dans les cartes deux cou-leurs, la noire & la rouge, on met fur le tapis deux cartons, un noir & un rouge.

Chaque ponte place la fomme qu'il juge à propos fur le carton qu'il choifit: quand le jeu est fait, le banquier découvre l'une après l'autre, une certaine quantité de cartes, & il ne s'arrête que quand les points qu'elles préfentent étant réunis, ils ne font pas au-deffous de *trente-un*, & ne s'étendent pas au-delà de *quarante*.

Les figures fe comptent pour dix points, & les autres cartes pour autant de points qu'elles en préfentent: ainfi, l'as fe compte pour un point, le deux pour deux points, &c.

Les cartes tirées en premier lieu font pour la couleur noire, & celles qu'on tire enfuite font pour la couleur rouge.

Si le point amené pour la couleur noire approche plus de *trente-un* que celui qui est amené pour la couleur rouge, les pontes gagnent une fomme égale à celle qu'ils ont mife fur le carton noir, & le banquier l'énonce en difant *la rouge perd*. Il tire alors

ce qu'on a mis fur le carton rouge, & enfuite il double ce qu'il y a fur le carton noir.

Pareillement, fi le point qui approche le plus près de *trente-un*, est amené pour la couleur rouge, le banquier l'énonce en difant *la rouge gagne*. En ce cas, il tire ce qu'on a mis fur le carton noir, & il double ce qu'il y a fur le carton rouge.

Si les points amenés pour la couleur rouge, font égaux à ceux qu'on a amenés auparavant pour la couleur noire, il en réfulte un refait, c'est-à-dire, qu'il n'y a ni perte ni gain pour perfonne, quand les points égaux font de *trente-deux* à *quarante*.

Jufques-là le jeu est parfaitement égal. Mais lorfque le banquier, ayant amené *trente-un* pour la couleur noire, ramène encore le même point pour la couleur rouge, il tire la moitié de l'argent qu'on a expofé fur les cartons. Cet avantage est un objet qu'on évalue à fix fous deux deniers un quart par louis.

On obferve que des dix points de *trente-un* à *quarante*, les uns arrivent plus facilement que les autres. Par exemple, celui de *quarante* ne peut fe faire que quand la dernière carte est un dix ou une figure:

Celui de *trente-neuf* fe fait par 10 & 9:

Celui de *trente-huit*, par 10, 9 & 8:

Celui de *trente-fept*, par 10, 9, 8 & 7.

Celui de *trente-fix*, par 10, 9, 8, 7 & 6.

Celui de *trente-cinq*, par 10, 9, 8, 7, 6 & 5.

Celui de *trente-quatre*, par 10, 9, 8, 7, 6, 5 & 4.

Celui de *trente-trois*, par 10, 9, 8, 7, 6, 5, 4 & 3.

Celui de *trente-deux*, par 10, 9, 8, 7, 6, 5, 4, 3 & 2.

Et celui de *trente-un*, par 10, 9, 8, 7, 6, 5, 3, 2 & 1.

Comme il est conftant que les effets fe reproduifent en raifon du nombre de leurs caufes, on peut établir que le point de 31 arrivera 13 fois, tandis que celui de 32 n'arrivera que 12 fois:

Que celui de 33 n'arrivera qu'onze fois:

Celui de 34, dix fois:

Celui de 35, neuf fois:

Celui de 36, huit fois:

Celui de 37, sept fois :

Celui de 38, six fois :

Celui de 39, cinq fois ;

Et celui de 40, quatre fois.

Comme il faut le concours de deux de ces points pour former un coup, & que le nombre proportionnel ci-dessus se monte à quatre-vingt-cinq, le carré de cette somme est la quantité où tous les différens évènemens doivent se reproduire en raison du nombre des causes qui leur appartiennent.

Ainsi, dans 7225 coups, 31 & 31 doivent arriver 169 fois :

31 & 32, 156 fois :
31 & 33, 143 fois :
31 & 34, 130 fois :
31 & 35, 117 fois :
31 & 36, 104 fois :
31 & 37, 91 fois :
31 & 38, 78 fois :
31 & 39, 65 fois :
31 & 40, 52 fois :
32 et 31, 156 fois :
32 & 32, 144 fois :
32 & 33, 132 fois :
32 & 34, 120 fois :
32 & 35, 108 fois :
32 & 36, 96 fois :
32 & 37, 84 fois :
32 & 38, 72 fois :
32 & 39, 60 fois :
32 & 40, 48 fois :
33 & 31, 143 fois :
33 & 32, 132 fois :
33 & 33, 121 fois :
33 & 34, 110 fois :
33 & 35, 99 fois :
33 & 36, 88 fois :
33 & 37, 77 fois :
33 & 38, 66 fois :
33 & 40, 44 fois :
34 & 31, 130 fois :
34 & 32, 130 fois :
34 & 33, 110 fois :
34 & 34, 100 fois :
34 & 35, 90 fois :
34 & 36, 80 fois :
34 & 37, 70 fois :
34 & 38, 60 fois :
34 & 39, 50 fois :
34 & 40, 40 fois :
35 & 31, 117 fois :
35 & 32, 108 fois

35 & 33, 99 fois :
35 & 34, 90 fois :
35 & 35, 81 fois :
35 & 36, 72 fois :
35 & 37, 63 fois :
35 & 38, 54 fois :
35 & 39, 45 fois :
35 & 40, 36 fois :
36 & 31, 104 fois :
36 & 32, 96 fois :
36 & 33, 88 fois :
33 & 39, 55 fois :
83 & 34, 80 fois :
36 & 35, 72 fois :
36 & 36, 64 fois :
36 & 37, 56 fois :
36 & 36, - 48 fois :
36 & 39, 40 fois :
36 & 40, 32 fois :
37 & 31, 91 fois :
37 & 32, 84 fois :
37 & 33, 77 fois :
37 & 34, 70 fois :
37 & 35, 63 fois :
37 & 36, 56 fois :
37 & 37, 49 fois :
38 & 38, 42 fois :
37 & 39, 35 fois :
37 & 40, 28 fois :
38 & 31, 78 fois :
38 & 32, 72 fois :
38 & 33, 66 fois :
38 & 34, 60 fois :
38 & 35, 54 fois :
38 & 36, 48 fois :
38 & 47, 42 fois :
38 & 38, 36 fois :
38 & 39, 30 fois :
38 & 40, 42 fois :
39 & 32, 65 fois :
36 & 32, 60 fois :
39 & 33, 55 fois :
39 & 34, 50 fois :
39 & 35, 45 fois :
39 & 36, 40 fois :
39 & 37, 35 fois :
39 & 38, 30 fois :
39 & 39, 52 fois :
39 & 40, 20 fois :
40 & 31, 52 fois :
40 & 32, 48 fois :
40 & 34, 44 fois :
40 & 34, 40 fois :

40 & 35, 36 fois :
40 & 36, 32 fois :
40 & 37, 28 fois :
40 & 38, 24 fois :
40 & 39, 20 fois :
40 & 40, 16 fois.

Dans ces sept mille deux cent vingt-cinq coups, il y a huit cent cinq refaits ; cela revient à un dans huit ou neuf coups, ou environ sept dans deux tailles.

Il suit delà que le refait de trente-un doit arriver dans quarante-deux ou quarante-trois coups, en comprenant toutefois dans ces coups, les autres refaits qui sont nuls ; car en les déduisant on trouvera que le refait de trente-un doit arriver tous les trente-huit ou trente-neuf coups décisifs.

Le refait de 32 doit arriver dans cinquante ou cinquante-un coups :

Celui de trente-trois, dans cinquante-neuf ou soixante coups :

Celui de trente-quatre, dans soixante-douze ou soixante-treize coups :

Celui de trente-cinq, dans quatre-vingt-neuf ou quatre-vingt-dix coups :

Celui de trente-six, dans cent douze ou cent treize coups :

Celui de trente-sept, dans cent quarante-sept ou cent quarante-huit coups :

Celui de trente-huit, dans deux cent ou deux cent un coups :

Celui de trente-neuf, dans deux cent quatre-vingt-neuf coups :

Et celui de quarante, dans quatre cent cinquante-un ou quatre cent cinquante-deux coups.

Pour s'assurer de la justesse de ces probabilités, il faut examiner combien il y a à parier pour le premier point ; ensuite multiplier la somme par le rapport du paroli, & on la trouvera juste. Par exemple, pour le refait de *trente-un*, il y a treize contre soixante-douze, ou un contre cinq sept-treizièmes pour le premier point : la somme du paroli sera de quarante-deux cent-vingt-huit cent soixante-neuvièmes à parier que le coup ne sera pas *trente-un* & *trente-un*.

Voici les proportions de ce que le banquier peut donner ou recevoir par composition ou arrangement, sur la connoissance du premier point.

Si le ponte étant sur la couleur noire, il arrive le point de *trente-un*, le banquier doit

lui donner dix-huit livres neuf sous dix deniers, dix dix-septièmes par louis.

Remarquez que sans l'avantage du refait de *trente-un*, il faudroit, pour l'égalité, que, dans ce cas, le banquier donnât vingt livres six sous sept deniers, au lieu de la somme que nous venons d'énoncer.

S'il arrive le point de trente-deux, le banquier doit donner au ponte treize livres huit sous deux deniers quatorze dix-septièmes par louis.

S'il arrive le point de trente-trois, le banquier doit donner au ponte six livres quinze sous six deniers six dix-septièmes par louis.

S'il arrive le point de trente-quatre, le banquier doit donner au ponte seize sous onze deniers cinq dix-septièmes par louis.

S'il arrive le point de trente-cinq, le ponte doit donner au banquier quatre livres dix sous quatre deniers quatre dix-septièmes par louis.

S'il arrive le point de trente-six, le ponte doit donner au banquier neuf livres six sous quatre deniers quatre dix-septièmes par louis.

S'il arrive le point de trente-sept, le ponte doit donner au banquier treize livres onze sous douze dix-septièmes de denier par louis.

S'il arrive le point de trente-huit, le ponte doit donner au banquier dix-sept livres quatre sous cinq deniers onze dix-septièmes par louis.

S'il arrive le point de trente-neuf, le ponte doit donner au banquier vingt livres six sous sept deniers un dix-septième par louis.

S'il arrive le point de quarante, le ponte doit donner au banquier vingt-deux livres dix-sept sous quatre deniers seize dix-septièmes par louis.

Lorsque le ponte rend sur la couleur rouge le point de *trente un* pour la couleur noire, il doit donner au banquier vingt-deux livres trois sous trois deniers neuf dix-septièmes par louis.

S'il arrive le point de trente-deux, le ponte doit donner au banquier treize livres huit sous deux deniers quatorze dix-septièmes par louis.

S'il arrive le point de trente trois, le ponte doit donner au banquier six livres quinze sous six deniers six dix-septièmes par louis.

S'il arrive le point de trente-quatre, le

ponte doit donner au banquier feize fous onze deniers cinq dix-feptièmes par louis.

S'il arrive le point de trente-cinq, le banquier doit donner au ponte quatre livres dix fous quatre deniers quatre dix-feptièmes par louis.

S'il arrive le point de trente-fix, le banquier doit donner au ponte neuf livres fix fous quatre deniers quatre dix-feptièmes par louis.

S'il arrive le point de trente-fept, le banquier doit donner au ponte treize livres onze fous douze dix-feptièmes de denier par louis.

S'il arrive le point de trente-huit, le banquier doit donner au ponte dix-fept livres quatre fous cinq deniers onze dix-feptièmes par louis.

S'il arrive le point de trente-neuf, le banquier doit donner au ponte vingt livres fix fous fept deniers un dix-feptième par louis.

S'il arrive le point de quarante, le banquier doit donner au ponte vingt-deux livres dix-fept fous quatre deniers feize dix-feptièmes par louis.

Au refte, de pareilles compofitions ou arrangemens ne font fufceptibles des proportions qu'on vient d'établir, qu'autant qu'il n'y a de tiré que le point de la couleur noire: car fi quelques cartes de la couleur rouge étoient déjà abattues, cela changeroit la fituation du jeu.

En bonne règle, la dernière carte du talon ne devroit pas compter, par la raifon qu'elle eft connue: d'ailleurs, comme on peut fpéculer fur le dernier coup, l'égalité du jeu eft rompue, attendu que toutes les fois que le dernier coup finit par la dernière carte, il eft prefque toujours probable que la couleur rouge gagnera préférablement à la noire.

Au furplus, il n'exifte aucune marche ni aucune manière pour gagner avec certitude, ou même pour faire difparoître la moindre portion de l'avantage du banquier. A la longue, tous les évènemens fe balancent, & le banquier ayant plus de chances en fa faveur que le ponte, doit gagner néceffairement. Si un joueur a été affez heureux pour faire en une feule fois un gain confidérable, il le reperdra en détail: pareillement, ce qu'il aura gagné en détail par le moyen d'une martingale, il le reperdra en gros; attendu que de quelque nombre de coups que cette martingale foit compofée, elle doit fauter dans une proportion égale à ce qu'elle peut rapporter.

Le nombre des marches qu'on peut compofer eft immenfe, puifque, fur une fuite de vingt-fix coups, il y en a foixante-fept millions cent huit mille huit cent foixante-quatre; c'eft-à-dire, qu'il y a foixante-fept millions cent huit mille huit cent foixante-quatre manières dont une taille compofée de vingt-fix coups peut arriver. Ainfi quelque manière poffible qu'on veuille déterminer, il y en a contre elle foixante-fept millions cent huit mille huit cent foixante-trois autres qui font toutes également poffibles. Dans ce nombre, il n'y a qu'une chance pour que la couleur noire vienne feule en gain, une pour que la couleur rouge vienne feule en gain; une pour qu'il n'y ait que des intermittences à commencer par la couleur noire, & une pour qu'il n'y ait pareillement que des intermittences à commencer par la couleur rouge. Il eft probable qu'à force de tailles, ces évènemens auront lieu quelquefois, mais la période dans laquelle on peut les attendre eft très-longue; car en fuppofant qu'on fît dix tailles par jour, il faudroit un efpace d'environ dix-huit mille cinq cent ans pour les voir une feule fois.

Si un joueur a eu la chance de doubler, de tripler, ou de quadrupler fa martingale fans fauter, il ne faut pas s'imaginer que fa méthode vaille mieux pour cela: ce n'eft pofitivement que la même mefure de bonheur que celle de gagner un paroli, un fept & le va, &c.

Toutes les progreffions reviennent au même, & celle qui augmente le plus, n'eft autre chofe qu'un plus gros jeu: celui qui croit ne jouer qu'à un louis, parce que le premier coup de fa martingale commence par-là, en joue véritablement davantage: par exemple, fi fa martingale eft de fix coups, & qu'elle fe monte à cent vingt louis par la continuation, chaque coup reviendra, l'un dans l'autre, à cinq louis & un neuvième; de forte que fi fans martingaler, il eût joué par coup cinq louis & un neuvième, cela feroit revenu abfolument au même; & par la continuation il auroit perdu autant d'une façon que de l'autre. Ceci n'exclut pas la poffibilité de gagner momentanément, parce que, dans un petit nombre de coups, l'avantage du banquier eft peu de chofe; mais à la longue, on doit finir par payer le plaisir qu'on a voulu prendre.

Le *trente & quarante* ne comporte point de fauſſe taille. Si le banquier vient à ſe tromper en comptant ; comme tous les pontes comptent avec lui, ils peuvent le reprendre : une carte tirée de trop eſt réſervée pour le coup ſuivant. N'y ayant pas lieu de craindre comme au pharaon, la ſpéculation des joueurs de figures, le banquier détache ſes cartes trop à découvert & trop librement pour qu'il puiſſe être ſuſpecté : auſſi, de deux cartes qui viennent à tomber enſemble, on diſtingue toujours clairement quelle eſt celle des deux qu'on doit compter la première. On conçoit que s'il y avoit fauſſe taille en pareil cas, on pourroit la faire naître à chaque inſtant, attendu que les cartes paſſant par toutes les mains, il ſeroit aiſé de les coller exprès.

La ſeule circonſtance où l'on pourroit faire quelque difficulté, ſeroit le cas où le banquier ne finiroit pas la taille, parce qu'il eſt d'uſage de tailler à fond, & même de prouver évidemment que les cartes qui reſtent ſont inſuffiſantes pour former un coup. Il ne faut pas tirer delà la conſéquence qu'il y auroit fauſſe taille ſi le banquier ne donnoit pas cette ſatisfaction aux pontes ; attendu que, quand il ne peut point y avoir de tromperie, il ne doit être prononcé aucune puniſion : or dans le cas particulier il ne peut point y avoir de tromperie, puiſque l'évenement eſt incertain, & que le nombre des cartes qu'il faut pour le décider écarte l'idée du ſoupçon qui fait déclarer la fauſſe taille au pharaon, où une ſeule carte décidant de la perte ou du gain, le banquier peut être ſoupçonné de la connoître : d'ailleurs, comme le ponte ne peut retirer ſa carte quand il ſe vent : de même auſſi le banquier ne peut renoncer à la partie ſans la perdre. Au *trente & quarante*, au contraire, chaque coup forme une nouvelle partie ; & ſi l'on vouloit parler d'inégalité, cette raiſon militeroit en faveur du banquier, puiſqu'en refuſant de jouer, il ſe priveroit de l'avantage qui pourroit réſulter du refait de *trente-un*.

A aucun jeu, le banquier ne peut jamais ſe prévaloir du défaut de ſa banque pour éluder de payer entier ce qu'il vient à perdre ; attendu qu'avant de tirer le coup, c'eſt à lui à voir s'il a les fonds néceſſaires pour acquitter ce qu'on pourra lui gagner. Il ſuit delà

que ſi ſa banque eſt inſuffiſante pour payer le coup, il reſte débiteur envers ceux qui ont gagné.

Au ſurplus, il dépend du banquier de régler & de limiter ſon jeu comme il lui plaît, & les pontes ne peuvent l'obliger de jouer au-delà de ce qu'il juge à propos.

Vocabulaire explicatif des termes uſités au Trente & Quarante.

Banquier. C'eſt celui qui tient les cartes, & qui joue contre les pontes.

Fauſſe taille. C'eſt une taille où le banquier a fait une faute qui l'aſſujettit à doubler ce que les pontes ont au jeu, quand elle eſt aperçue.

Figure. On donne ce nom aux rois, aux dames & aux valets.

Martingale. C'eſt une manière de jouer qui conſiſte à jouer toujours tout ce qu'on a perdu.

Noire. Ce mot ſe dit de la couleur noire pour laquelle ſont les premiers points que tire le banquier.

Paroli. C'eſt le double de ce qu'on a joué la première fois.

Point. C'eſt le nombre qui réſulte de la valeur des cartes que retourne le banquier.

Ponte. On donne ce nom aux joueurs qui font des miſes contre le banquier.

Refait. C'eſt un coup nul qui a lieu quand le point qu'on amène pour la couleur rouge eſt égal à celui qu'on a amené pour la couleur noire.

Refait de trente-un. C'eſt un coup qui fait gagner au banquier la moitié de l'argent que les pontes ont expoſé, & il a lieu quand, après avoir amené *trente-un* pour la couleur noire, le même point ſe reproduit pour la couleur rouge.

Rouge. Ce mot ſe dit de la couleur rouge pour laquelle ſont les points que le banquier amène après ceux qu'il a tirés pour la couleur noire.

Sept & le va. C'eſt ſept fois la première miſe.

Taille. Ce terme ſe dit de chaque fois que le banquier qui tient le jeu achève de retourner toutes les cartes.

TRE-SETTE- ou TROIS SEPT.

Sorte de jeu des cartes qui nous est venu d'Espagne.

Il se joue entre quatre personnes, dont deux sont associées contre les deux autres.

Les cartes qu'on emploie sont un jeu entier, dont on a ôté les huit, les neuf & les dix : ainsi il ne reste que quarante cartes.

Pour faire les comptes du jeu, on se sert de fiches & de jetons qui ont une valeur convenue.

L'associé ou le partenaire d'un joueur doit être placé vis-à-vis & non à côté de lui. Il suit delà que chaque joueur se trouve entre ses deux adversaires.

Les cartes sont supérieures l'une à l'autre dans l'ordre suivant : le trois est supérieur au deux ; le deux à l'as ; l'as au roi ; le roi à la dame ; la dame au valet ; le valet au sept ; le sept au six ; le six au cinq, & le cinq au quatre.

On fixe la durée du jeu à un certain nombre de tours.

Le joueur que le sort a indiqué pour donner, mêle les cartes, fait couper par le joueur placé à sa gauche, & distribue ensuite en trois fois, dix cartes à chaque joueur.

Les cartes étant distribuées, & chacun ayant examiné les siennes, le joueur qui est à la droite de celui qui a donné, ouvre le jeu en jetant la carte qu'il lui plaît.

Nous observerons ici qu'on fait des points de deux manières ; les uns s'appellent points d'annonce, & les autres points de jeu. La réunion de vingt-un points fait gagner la partie aux associés qui les ont faits avant leurs adversaires, & cette partie se paye une fiche. Si les associés ont fait vingt-un points avant que leurs adversaires en aient marqué onze, la partie doit être payée double par ceux-ci.

Les points d'annonce doivent se compter après qu'on a joué la première carte. Ainsi lorsque celui qui vient de jouer se trouve avoir un trois, un deux, & un as d'une même couleur, il annonce une napolitaine ; la montre, & marque trois points. Si elle est accompagnée de cartes qui la suivent immédiatement, comme le roi, la dame, le valet,

le sept, &c. il montre également ces cartes, & compte un point pour chacune. Quand on a 3 trois, 3 deux, 3 as ou 3 sept, on marque trois points, & quatre, si l'on a à la quatrième de ces cartes. Trois rois, trois dames, trois valets, trois six ou trois cinq valent un point, & la quatrième de ces cartes en fait compter un second.

Les points d'annonce doivent être comptés dans l'ordre où l'on se trouve placé : il n'est permis à un joueur ni d'annoncer, ni de fournir aucune carte avant son tour.

Les points de jeu qui dérivent des levées qu'on a faites, se comptent de la manière suivante : trois figures de quelque couleur qu'elles soient, valent un point ; les trois & les deux sont compris dans les figures, comme les rois, les dames & les valets ; l'as se compte seul pour un point : les autres cartes, depuis le sept jusqu'au quatre, ne comptent que dans l'annonce. La totalité des cartes donne dix points & deux figures. La dernière levée fait seule un point.

Indépendamment de la partie qui se gagne par le moyen des points d'annonce & des points de jeu, il y a les parties d'honneur qu'on peut gagner de cinq manières différentes, connues sous les noms de *strammasette*, *strammason*, *callade*, *calladon*, *calladondrion*.

Deux joueurs associés gagnent par *strammasette*, quand ils font ensemble les neuf premières levées sans qu'il y ait dans aucune un as, ou les trois figures nécessaires pour produire un point. On doit payer trois fiches pour ce coup, & ceux qui les gagnent n'en comptent pas moins les points qu'ils ont dans leurs levées, pour parvenir au gain de la partie de vingt-un points.

Un joueur gagne par *strammason*, quand il fait seul & sans l'aide de son partenaire ou associé, les neuf premières levées telles qu'elles doivent être pour gagner par *strammasette*. On doit payer six fiches pour ce coup.

Deux joueurs associés gagnent par *callade*, quand ils font ensemble toutes les levées. Ce coup leur vaut quatre fiches.

Un joueur gagne par *calladon* lorsqu'il fait seul toutes les levées. On doit payer huit fiches pour ce coup.

Un joueur gagne par *calladondrion*, quand étant premier à jouer il peut montrer une napolitaine dixième. On doit payer seize fiches pour ce coup.

Les joueurs qui, par des points d'annonce, gagnent la partie, soit simple ou double, ne peuvent conserver aucun reste pour la partie suivante : mais il en est autrement de ceux qui gagnent la partie par des points de jeu ; ces derniers conservent pour la partie suivante les points qui excédent le nombre de vingt-un.

On est libre de demander compte de l'annonce jusqu'à ce que la première levée soit couverte ; mais on ne le peut plus lorsqu'on a joué pour la seconde levée.

On convient quelquefois de payer une partie simple pour les *trois sept*, & une partie double pour les quatre : mais sans cette convention on ne peut marquer que trois ou quatre points.

Quant à la manière de jouer les cartes, si vous êtes premier, & que vous ayez en main une napolitaine, il est à propos que vous commenciez par en jouer l'as, & vous annoncez votre napolitaine, pour que votre associé ne soit pas trompé.

Si vous avez un trois avec le deux, & une ou deux petites cartes de la même couleur, en sorte que vous ne puissiez pas espérer de faire tomber là dessus l'as & toutes les grosses cartes, vous devez commencer par le deux : cela avertit votre associé, s'il a l'as troisième ou quatrième, de le prendre en main, & de vous l'indiquer, en se défaisant d'abord d'une petite carte, & ensuite d'une plus grosse de la même couleur ; en mettant, par exemple, sur le deux un six ou un sept, & sur le trois un valet, ou une dame. Si votre associé n'a pas l'as, il doit, en premier lieu, jetter sur le deux la plus forte de ses cartes.

Lorsque vous avez un trois cinquième par l'as, ou sixième par le roi, vous devez commencer par jouer le trois. Votre associé est averti par là de jouer le deux s'il l'a ; sinon il y a lieu d'espérer que les adversaires le joueront, & vous aurez pour vous toute la suite.

Quand vous n'avez point de carte de cette force, vous devez commencer par faire une invite : la plus grande des invites est de jouer le deux, parce que cela suppose qu'il vous reste l'as avec une grande suite : dans ce cas votre associé doit relever avec le trois, s'il l'a, & jouer dans la même couleur, pourvu

toutefois qu'il n'ait pas lui-même dans une autre couleur une napolitaine qu'il n'a pas pu accuser. En pareille circonstance il doit, en premier lieu, jouer ses hautes cartes, & rentrer ensuite dans l'invite qu'on lui a faite, ou dans quelque autre couleur qu'on lui a indiquée par les cartes jetées.

Quand on joue une basse carte, telle qu'un quatre, un cinq, un six ou un sept, c'est une invite sur un trois, un deux ou un as. Pour répondre à l'invite, le partenaire prend la levée avec sa plus haute carte, & rejoue une autre carte inférieure de la même couleur.

Quand on s'empare de la carte jouée, & qu'on rejoue dans une autre couleur que celle que le partenaire avoit désirée, cela s'appelle faire une contre-invite. Cette manière de jouer a lieu lorsqu'on a une suite de cartes qu'on suppose plus étendue que celle que peut avoir le partenaire.

Si vous avez un ou deux trois dans votre main, accompagnés seulement d'une ou deux figures, ou d'une ou deux petites cartes, vous ne devez point y faire d'invite ; attendu que votre partenaire venant à y répondre, & ayant une suite dans cette couleur, vous ne pourriez plus le remettre en jeu.

Si vous n'avez pas de quoi faire une bonne invite, c'est-à-dire, si vous n'avez pas un trois bien accompagné, ou un deux avec l'as, vous devez jouer une figure, tant pour parvenir à connoître la couleur qui domine dans le jeu de votre partenaire, que pour lui fournir l'occasion de prendre le deux de l'adversaire qui aura joué après vous.

Lorsque votre partenaire a annoncé trois 3, & que vous n'avez pas une suite assez considérable pour faire une invite, vous devez jouer un deux, afin que votre associé le prenne, si cela lui convient.

Toute carte que joue celui qui a annoncé trois 3, est censée être une invite, & le partenaire doit jouer en conséquence.

Si la première carte que votre partenaire joue, est un roi, vous devez lui supposer ou l'as gardé, ou une suite étendue dans la même couleur : car ce seroit mal jouer que de commencer par une figure dans une couleur où l'on n'auroit qu'une ou deux cartes.

Quand un joueur ne craint ni strammaselle, ni callade, &c. & que n'ayant nul moyen de faire une bonne invite, il se trouve avoir un roi ou une dame cinquième, il doit jouer une petite carte dans cette couleur, pour tâcher de faire enlever à ses adverfaires un deux ou un as. Cela s'appelle *faire une fauffe invite.*

Pour bien jouer, on doit être fort attentif à se rappeler toutes les cartes annoncées, toutes les invites qu'on a faites, toutes les cartes qui font devenues rois, & en général tout ce qui a été joué.

Vocabulaire explicatif des termes ufités au Tre-Sette.

Affocié. C'eft la même chofe que partepaire.

Callade. C'eft une chance du jeu qui a lieu quand deux joueurs affociés font enfemble toutes les levées.

Calladon. C'eft une chance du jeu qui a lieu quand un joueur fait feul toutes les levées.

Calladondrion. C'eft une chance du jeu qui a lieu quand le premier en cartes peut montrer une napolitaine dixième.

Couper. C'eft féparer en deux un jeu de cartes avant de diftribuer à chaque joueur les cartes qu'il doit avoir.

Donner. C'eft diftribuer les cartes.

Fiche. C'eft une pièce longue d'os ou d'ivoire, qui vaut dix jetons, & qui fert à faire les comptes du jeu.

Figure. Ce terme défigne non-feulement les rois, les dames & les valets, mais encore les trois, les deux & les as.

Jeton. C'eft une pièce qui fert de monnoie au jeu, & qui eft le dixième d'une fiche.

Invite. C'eft l'action d'inviter un partenaire à jouer de la manière qui lui eft indiquée.

Levée. C'eft une main qu'on a faite en jouant.

Mêler. C'eft battre les cartes.

Napolitaine. C'eft dans un jeu la réunion du trois, du deux & de l'as d'une même couleur.

Partenaire. C'eft celui qui a le même intérêt que le joueur placé vis-à-vis de lui.

Partie. C'eft une chance du jeu, par laquelle les joueurs affociés qui font vingt-un points avant leurs adverfaires, gagnent une fiche que ces derniers font obligés de leur payer.

Partie double. C'eft une chance du jeu, par laquelle les joueurs affociés qui font vingt-un points avant que leurs adverfaires en aient fait onze, gagnent deux fiches que ces derniers font obligés de leur payer.

Partie d'honneur. C'eft le nom commun qu'on donne aux parties qui fe gagnent par ftrammafette, ftrammafon, callade, calladon, & calladondrion.

Points d'annonce. Ce font les points qu'on gagne avant de jouer les cartes, comme quand on compte une napolitaine, trois deux, trois as, &c.

Points de jeu. Ce font les points qu'on gagne par les figures qui fe trouvent dans les levées qu'on a faites.

Strammafette. C'eft une chance du jeu qui a lieu quand deux joueurs affociés font enfemble les neuf premières levées, fans qu'il y ait dans aucune un as ou les trois figures néceffaires pour faire un point.

Strammafon. C'eft une chance du jeu qui a lieu quand un joueur fait feul, & fans l'aide de fon partenaire, les neuf premières levées telles qu'elles doivent être faites pour gagner par ftrammafette.

Tour. C'eft la réunion d'un nombre de coups, telle que chacun des joueurs ait eu fucceffivement une fois la main.

TRICTRAC.

Sorte de jeu de table qui fe joue entre deux perfonnes.

Les inftrumens du jeu font trente dames, dont quinze blanches & quinze noires; deux dés, avec deux cornets pour les pouffer, trois jetons pour marquer les points, & deux fichers pour marquer les trous qu'on gagne.

Les joueurs fe fervent eux-mêmes, c'eft-à-dire, que chacun met les dés dans fon cornet.

En commençant, chaque joueur met fes dames dans la table du *trictrac* la plus éloignée du jour, en les empilant fur la première cafe de cette table, c'eft-à-dire, fur la cafe la plus éloignée de l'autre table. Ainfi la table dans laquelle fe fait le grand-jan, doit être du côté de la fenêtre.

Après

Après cela, on fait prononcer le fort fur l'ordre dans lequel les joueurs auront les dés : pour cet effet, chacun d'eux prend un dé, & le jette dans le *trictrac* : celui qui a amené le nombre le plus confidérable, doit jouer le premier.

Les nombres diſſemblables, comme fix-cinq, quatre & trois, deux & as, ſont appelés ſimples : ceux qui viennent égaux, comme deux as, deux trois, deux quatre, &c. ſont appelés doublets.

Chaque doublet a un nom qui lui eſt propre : les deux as ſe nomment befet ou tous les as; les deux deux, double deux; les deux trois, ternes; les deux quatre, carmes; les deux cinq, quines; & les deux fix, ſonnez.

Le joueur qui a les dés, doit les remuer dans ſon cornet, & les jeter enſuite de ma-nière qu'ils aillent frapper la bande du *trictrac* du côté de l'adverſaire.

Les dés ſont bons par-tout dans le *trictrac*, quand même ils ſeroient arrêtés ſur des dames ou ſur l'argent : il ſuffit qu'un dé puiſſe être poſé ſur l'autre ſans tomber.

Mais ſi le dé étoit en l'air, c'eſt-à-dire, qu'il poſât un peu ſur une dame, & qu'il fût contenu par la bande du *trictrac*, ou par la pile de bois contre laquelle il appuieroit, il ne vaudroit rien.

Pour reconnoître ſi un dé eſt en l'air, ou s'il n'y eſt pas, on tire légèrement la dame fur laquelle il poſe, & s'il tombe, c'eſt une preuve qu'il étoit en l'air, & qu'il ne vaut rien.

Il y a trois manières de jouer un coup : on peut le jouer *tout à bas*, ou *tout d'une*, ou *par transport*.

Jouer *tout à bas*, c'eſt prendre deux dames de la pile ou du talon, pour les mettre dans le jeu, ſuivant-les nombres des deux dés.

Jouer *tout d'une*, c'eſt marquer avec une ſeule dame ce qu'on marqueroit avec deux, ſi l'on en employoit une pour chaque dé.

Jouer *par transport*, c'eſt, au lieu de tirer du talon la dame ou les dames qu'on a à jouer, les prendre dans le jeu même où elles ſont déjà abattues. Il n'eſt, par exemple, pas poſſible de prendre le coin de repos, ou de faire les caſes avancées du grand-jan, autre-ment que par transport.

Il eſt à propos, ſelon les nombres que les dés ont donnés, de jouer d'abord deux dames tirées du talon, & de les placer ſur les flèches

qui répondent à ces nombres : c'eſt ce qu'on appelle *abattre du bois*. On joue différem-ment, ſi l'on veut, en n'abattant qu'une dame pour marquer les nombres des deux dés; & cela s'appelle *jouer tout d'une*.

Il eſt preſque toujours de l'intérêt d'un joueur de commencer par faire des caſes, d'abord dans la première table où les dames ſont en pile, & ſucceſſivement dans la ſe-conde où eſt le coin de repos.

Comme le nombre pair va toujours de flèche blanche en flèche blanche, ou de flèche verte en flèche verte, & le nombre impair de flèche blanche en flèche verte, ou de flèche verte en flèche blanche, il réſulte de cette obſervation qu'elle doit régler la mar-che du joueur quand il joue ſes dames, & qu'il ne faut pas qu'il compte les flèches pour ſavoir où il marquera les nombres amenés.

La partie de *trictrac* eſt de douze trous : à meſure qu'on les prend, on les marque ſur les bandes du *trictrac* trouées des deux côtés, vis-à-vis de chaque flèche. Si un joueur prend de ſuite ces douze trous avant que ſon adverſaire en ait pris aucun, il gagne ce qu'on appelle *grande bredouille* ou partie double. Cependant cette partie ne ſe paye double que quand les joueurs ont fait à cet égard une convention particulière.

Pour marquer un trou, il faut avoir gagné douze points. Ces points ſe marquent au bout & devant les flèches du *trictrac*; ſavoir, deux points devant la flèche de l'as; quatre points, entre la flèche du trois & celle du quatre; fix points, contre la bande de ſéparation, devant la flèche du cinq où ſe fait le coin bourgeois; huit points dans la ſeconde table, près de la même bande de ſéparation; dix points, de-vant la flèche du dix ou près de la bande du fond; douze points au coin de repos; quand aux douze points qui font le trou, *partie ſimple* ou *double*, ils ſe marquent avec le fichet ſur la bande du *trictrac*, à commencer du côté où les dames ſont en pile.

Le premier qui marque ne ſe ſert que d'un jeton; quand il a gagné douze points ſans être interrompu par l'adverſaire, il marque deux trous, & cela ſe nomme indifférem-ment *partie double*, *partie une & deux*, ou *partie bredouille*.

Celui qui gagne des points en ſecond, les marque avec deux jetons : quand il en prend douze ſans interruption, il marque de même deux trous ou *partie bredouille :* lorfqu'il eſt interrompu, l'adverſaire en marquant les points qu'il gagne, lui ôte un de ſes jetons, & cela s'appelle *débredouiller.* Alors le joueur qui le premier parvient à faire douze points, ne marque qu'un trou ou *partie ſimple.*

Le joueur qui marque un ou deux trous, efface non-feulement tous les points qu'avoit ſon adverſaire avant le coup de dé ; mais quand il juge à propos de tenir, il conferve encore ce qu'il a fait de points au-delà des douze qu'il falloit pour le trou. Il peut néan-moins arriver que du même coup l'adverſaire ſoit battu à faux : alors il marque de ſon côté en bredouille les points qu'on lui a donnés.

Celui qui, en jetant le dé, a gagné un ou deux trous, a la liberté de s'en aller, c'eſt-à-dire, de lever les dames pour les empiler de nouveau, & enſuite recommencer à les abattre, afin de faire de nouveaux pleins.

Quand on s'en va, les points acquis tant à l'un qu'à l'autre joueur, ſont effacés.

DES JANS.

On partage le tour du *trictrac* en quatre parties égales, qu'on appelle *tables* ; & cha-cune de ces tables s'appelle *jan.* Dans le jeu ordinaire, chaque joueur a deux jans ; & quand on *paſſe au retour,* chaque joueur en a quatre, compoſés chacun de ſix flèches. Dans le jeu ordinaire, les deux jans de chaque joueur ſont devant lui, près de la bande où il marque ſes trous ; & ces jans ſont connus, l'un ſous le nom de petit-jan, & l'autre ſous le nom de grand-jan.

Les jans du *trictrac* ſont au nombre de huit ; ſavoir, le jan de ſix tables ; le jan de deux tables ; le contre-jan de deux tables ; le jan de méſéas, ou des as du coin ; le contre-jan de méſéas ; le petit-jan ; le grand-jan, & le jan de retour.

Le jan de ſix tables, qu'on appelle auſſi jan de trois coups, a lieu quand, en commençant la partie, ou après avoir levé toutes ſes dames, on abat ſix dames de ſuite, dont cinq dans la première table, & une dans la ſe-conde à la première flèche. Obſervez qu'il n'y a nulle obligation de marquer ce jan : il ſuffit que vous ayez amené du troiſième coup le nombre convenable, pour qu'il vaille quatre points ; & alors vous faites la caſe qui vous convient dans la table du grand-jan,

en employant pour cet effet deux des quatre dames abattues dans la table du petit-jan.

Le jan de deux tables a lieu lorſqu'un joueur n'ayant que deux dames abattues, peut aller avec le nombre d'un de ſes dés, à ſon propre coin, & avec le nombre de l'autre dé au coin de ſon adverſaire, que celui-ci n'occupe pas encore : ce coup vaut quatre points par ſimple, & ſix par doublet : mais on ne le joue pas, & il faut abattre d'autres dames, attendu qu'un joueur ne peut prendre ſon coin qu'en y mettant deux dames en même temps, & qu'il ne peut en mettre aucune dans le coin de ſon adverſaire.

Ce jan peut ſe faire une fois ſucceſſivement par chaque joueur quand il n'y a que deux dames abattues, & que les deux coins ſont vides : cela s'appelle *battre les deux coins.*

Le contre-jan de deux tables conſiſte à battre à faux les deux coins : ceci arrive quand le coin de votre adverſaire étant garni, vous venez à battre les deux coins. Vous perdez alors autant que vous auriez gagné, ſi le coin de votre adverſaire eût été vide.

Le jan de méſéas a lieu quand ayant pris votre coin avec les deux ſeules dames que vous ayez abattues, & votre adverſaire n'ayant pas le ſien, vous amenez un ou deux as : dans le premier cas, vous marquez quatre points, & dans le ſecond cas, ſix.

Le contre-jan de méſéas a lieu lorſque, dans la circonſtance précédente, votre adver-ſaire a ſon coin garni : vous perdez alors les points que vous auriez gagnés ſi ſon coin eût été vide.

Le petit-jan conſiſte à faire les cinq caſes de la première table, tandis qu'il reſte encore au moins deux dames au talon. On peut rem-plir le petit-jan d'une, de deux & même de trois façons par ſimple, & chaque façon vaut quatre points.

On peut auſſi remplir, tant par doublet que par double doublet, & chaque façon vaut ſix points.

Le grand-jan qu'on appelle auſſi grand-plein, conſiſte à remplir les ſix caſes de la ſeconde table : le grand-jan peut, de même que le petit-jan, ſe remplir de trois façons par ſimple, & de deux façons par doublet. Chaque façon vaut également quatre points par ſimple, & ſix par doublet.

On remplit d'une façon quand on peut mettre une dame ſur la ſeule qui eſt découverte, soit dans le petit-jan, soit dans le grand-jan : on remplit de deux façons lorsqu'on peut mettre deux dames sur la dame découverte : enfin on remplit de trois façons quand chacun des nombres amenés peut atteindre la dame découverte, & que les deux nombres réunis peuvent encore s'y étendre. Par exemple : il vous reste à remplir la première case du grand-jan lorsque vous amenez deux & as, & que vous avez une dame sur chacune des trois dernières cases du petit-jan : il est clair qu'en ce cas vous pouvez remplir de trois manières : 1°. par as, en jouant la dame de la dernière case du petit-jan : 2°. par deux, en jouant la dame de la case précédente : 3°. & enfin par trois, en jouant la dame de la case antérieure à cette dernière.

Au reste, on ne peut remplir de plusieurs manières, qu'autant qu'il ne reste plus qu'une demi-case à faire.

Observez que, quand vous remplissez de plusieurs manières, vous n'êtes pas pour cela obligé de mettre plus d'une dame sur la case à remplir : vous jouez la seconde où vous le jugez à propos.

Quand vous avez rempli, soit dans le grand-jan, soit dans le petit jan, chaque fois que vous jetez les dés, & que vous conservez votre plein, vous gagnez quatre points par simple & six par doublet. Mais il est à propos de vous en aller quand vous avez pris le trou, & que vous voyez que votre jeu s'avance trop, ou que celui de votre adversaire est plus beau que le vôtre ; autrement vous pourriez être enfilé, & perdre la partie, quand même votre adversaire n'auroit encore aucun trou.

Observez que vous pouvez conserver votre plein en amenant un nombre que vous ne pouvez pas jouer. Par exemple : si vous avez les dames qui excèdent votre plein sur la première & sur la seconde flèche du grand-jan, & que vous ameniez six & cinq, vous ne pourrez jouer que le cinq ; en ce cas votre adversaire marque deux points pour le six que vous n'avez pas pu jouer.

Cependant si dans la circonstance dont on vient de parler, il y avoit du jour dans la table du grand-jan de votre adversaire, pour passer dans celle de son petit-jan, vous seriez obligé de rompre votre plein, & de jouer alors une dame de l'une des cases qui iroit directement à ce passage, selon le nombre amené par l'un des dés, pour la porter ensuite, d'après le nombre de l'autre dé, sur une flèche vide du petit-jan de votre adversaire.

Quelquefois on est obligé de rompre par le coin de repos : ceci a lieu lorsque l'adversaire ne peut plus faire son grand-jan ou grand-plein, & qu'on est porté par un sonnez à la première flèche de ce grand-jan, qui se trouve totalement vide.

Il arrive souvent qu'après avoir rompu le plein, on le refait de nouveau : les points qu'il y a lieu de compter pour ce second plein, sont les mêmes que pour le premier, & sont relatifs à la manière dont on remplit.

Le jan de retour se fait dans la table du petit-jan de l'adversaire, où étoient ses dames en pile lorsqu'on a commencé la partie. En remplissant & tant qu'on tient, on gagne les mêmes points qu'au grand-jan & au petit-jan.

Lorsque toutes les dames sont passées dans la table du jan de retour, on lève, c'est-à-dire, qu'on met hors du trictrac les dames qui battent sur la bande, que par privilège annexé à ce jan, on compte pour une flèche. Remarquez qu'on doit toujours commencer par les dames les plus éloignées, & qu'il n'est permis de lever que celles qu'on ne peut pas jouer. On ne doit d'ailleurs pas jouer tout d'une, à moins que ce ne soit pour conserver le plein.

Le joueur qui a levé le premier gagne quatre points si son dernier coup est simple, & six si c'est un doublet. Ces points lui restent ainsi que le dé pour recommencer.

Des dames battues dans les différentes tables.

Chaque dame que vous battez dans la table du grand-jan de votre adversaire, vous produit deux points, lorsque vous la battez d'une façon par simple ; quatre points, quand vous la battez de deux façons ; & six points, si vous la battez de trois façons. Par exemple, en amenant quatre & trois, vous pouvez battre, 1°. par le quatre ; 2°. par le trois ; 3°. par le quatre & trois.

Si vous battez par doublet d'une façon, vous gagnez quatre points, & huit, en battant de deux façons, c'est-à-dire, par double doublet. Ainsi lorsque vous amenez, par exemp'e, un ternes, & que vous battez par trois & par six, vous gagnez huit points.

Observez que d'un seul coup de dé, vous pouvez battre trois, quatre dames & même davantage, quand elles sont découvertes tant dans la table du grand-jan, que dans celle du petit-jan de votre adversaire.

Pour battre les dames de l'adversaire, un joueur peut, en comptant des siennes, se reposer sur lui ou sur ses propres dames, comme sur l'une des flèches vides de l'adversaire, ou sur celles où il n'a qu'une demi-case; avec cette différence qu'on ne peut se reposer sur aucune demi-case de l'adversaire, pour passer au jan de retour. Il faut, pour ceci, que la flèche soit totalement vide; au lieu qu'une dame seule sur cette flèche, est un vide sur lequel on peut se reposer pour battre plus loin.

Chaque dame que vous battez par simple dans la table du petit-jan, vous vaut quatre points, & six points si vous la battez par doublet.

Remarquez que, dans cette table, vous ne pouvez battre ni de deux ni de trois façons aucune des dames de votre adversaire, à moins que vous n'ayez une ou plusieurs dames passées dans la table de son grand-jan, comme cela arrive quand on a tenu au grand-plein. Il en est de même quand on a tenu au petit-plein, & que, pour le conserver, on a été obligé de passer une dame dans la table du petit-jan de l'adversaire : en ce cas, on peut battre de deux ou trois façons. Chaque dame qu'on bat par simple de deux façons, vaut huit points, & elle en vaut douze si on la bat par double doublet.

On peut encore battre les dames de l'adversaire dans la troisième & dans la quatrième table, lorsqu'il les y a passées pour faire son jan de retour, ou qu'il a été obligé de les y passer, pour conserver son grand-plein ou grand-jan, ou même que son petit-jan. Les points se comptent dans ces tables comme dans celles du grand-jan & du petit-jan.

Du jan qui ne peut, ou battre à faux.

Battre à faux, ou jan qui ne peut, est la même chose. Chaque dame que vous battez à faux dans la table du grand-jan de votre adversaire, lui vaut deux points par simple, & quatre par doublet; & toute dame que

vous lui battez de même dans la table de son petit-jan, lui vaut quatre points par simple, & six par doublet.

Vous battez à faux dans cette dernière table lorsque les dames de votre adversaire auxquelles répondent séparément l'un & l'autre nombre des dés joués, sont couvertes, & que celles de la table de son petit-jan où vont les mêmes nombres réunis ensemble, sont découvertes.

Du coin de repos.

Le coin de repos est ainsi appelé, à cause des avantages qu'il produit au joueur qui se l'est procuré. En effet, tandis qu'on ne l'a pas & que l'adversaire a le sien, on est fort exposé à être battu : il importe par conséquent de ne pas négliger l'occasion de le prendre, pour être tranquille à cet égard.

Le joueur qui prend son coin le premier, peut battre celui de son adversaire, & il le bat effectivement lorsqu'ayant des dames dans la table de son grand-jan, soit en cases ou en demi-cases, les nombres des dés vont l'un & l'autre, de deux de ces dames, directement au coin de son adversaire : ce coup par simple vaut quatre points, & six par doublet : mais remarquez que vous ne pouvez pas battre le coin de votre adversaire avec un ou deux as, que vous n'ayez une ou deux dames en sur-case sur votre coin.

Remarquez aussi que, quand votre adversaire n'a pas son coin, vous pouvez prendre le vôtre par puissance, en diminuant un point de chacun des deux nombres que vous avez amenés; par exemple : si vous avez amené quatre & deux, vous pouvez prendre votre coin par trois & as : mais vous ne pouvez point user de ce droit, quand vous avez des dames disposées de manière que vous pouvez prendre en effet votre coin, sans recourir à aucun privilège. Au surplus, comme vous ne pouvez prendre votre coin qu'en y mettant deux dames à la fois, de même vous ne pouvez les en ôter que toutes les deux ensemble, pour passer dans les tables de votre adversaire, & y faire le jan de retour.

Les avantages qui résultent du coin sont fort multipliés : les principaux sont, 1°, que quand il est garni, il ne peut pas être battu. 2°. Qu'il donne le droit de battre le coin vide.

3°. Qu'il rend ce coin vide plus difficile à prendre par l'adversaire.

4°. Que les dames qui font dans le coin occupent le poste le plus avantageux, pour dominer le jeu de l'adversaire & le battre souvent quand il se découvre, &c.

Des combinaisons.

Si l'on veut connoître les coups qu'on a pour ou contre soi, il faut calculer combien il y a de combinaisons des deux dés, dont on peut tirer avantage, & quel est le nombre de celles qu'on a à craindre.

Pour cela, il faut savoir que les deux dés avec lesquels on joue, font susceptibles de trente-six combinaisons différentes : en voici la preuve :

Si vous combinez chacune des faces d'un dé avec chacune des faces de l'autre, vous obtiendrez un produit de six multipliés par six faisant trente-six, ainsi qu'il suit :

1 & 1 ; 1 & 2 ; 1 & 3 ; 1 & 4 ; 1 & 5 ;
1 & 6 : en tout six combinaisons, ci 6
2 & 1 ; 2 & 2 ; 2 & 3 ; 2 & 4 ;
2 & 5 ; 2 & 6, ci 6
3 & 1 ; 3 & 2 ; 3 & 3 ; 3 & 4 ;
3 & 5 ; 3 & 6, ci 6
4 & 1 ; 4 & 2 ; 4 & 3 ; 4 & 4 ;
4 & 5 ; 4 & 6, ci 6
5 & 1 ; 5 & 2 ; 5 & 3 ; 5 & 4 ;
5 & 5 ; 5 & 6, ci 6
6 & 1 ; 6 & 2 ; 6 & 3 ; 6 & 4 ;
6 & 5 ; 6 & 6, ci 6

TOTAL 36

Pour se rendre familiers les calculs des combinaisons, il faut distinguer les nombres au-dessus de six qu'on ne peut amener que avec les deux dés réunis, de ceux qui font au-dessous de sept, qu'on peut amener tant par un seul dé, que par les deux dés réunis.

Quant aux premiers nombres, il convient de se rappeler que le sonnez ou le point de douze, n'a qu'une combinaison ; que le point d'onze en a deux ; que le dix en a trois ; le neuf, quatre ; le huit, cinq, & le sept six : il suit delà que plus ces six nombres vont en diminuant, plus leurs combinaisons vont en augmentant ; c'est-à-dire, qu'on court plus de risque d'être découvert sur le sept que sur

le huit ; sur le neuf que sur le dix ; sur le onze que sur le douze ; & à plus forte raison, beaucoup plus sur le sept que sur le douze, puisque le sept doit se montrer six fois, pendant que le douze ne doit paroître qu'une fois : ainsi on éloigne le danger, en se découvrant sur les plus grands de ces nombres, pour se couvrir sur les plus petits, quand on ne peut pas se couvrir par-tout.

Il en est tout autrement des nombres inférieurs, c'est-à-dire, des nombres au-dessous de sept, si on les considère aussi comme produits par les deux dés réunis ; attendu qu'alors le six a cinq combinaisons, tandis que le cinq n'en a que quatre ; que le quatre n'en a que trois ; le trois, deux, & le deux une : ainsi, à mesure que ces nombres diminuent, leurs combinaisons diminuent aussi ; c'est-à-dire, qu'on court moins de risque d'être découvert sur les plus petits de ces nombres que sur les plus grands ; sur le deux, que sur le trois ; sur le trois, que sur le quatre ; sur le quatre, que sur le cinq ; sur le cinq, que sur le six ; & à plus forte raison, beaucoup moins sur le deux que sur le six ; car le deux ne doit venir qu'une fois, tandis que le six doit paroître cinq fois : il y a par conséquent cinq à parier contre un, que celui-ci arrivera plutôt que celui-là.

Pour faire à propos l'application de ces calculs, il faut examiner où l'on est découvert, si c'est dans le grand-jan ou dans le petit-jan, & de quelle manière on peut être battu ; car on peut être battu par un & par deux dés ; par chaque dé séparément, & par les deux ensemble ; par simple ou par doublet ; *à vrai* ou *à faux* ; & si l'on a des coups contre soi, on peut aussi en avoir pour soi.

Pour cet effet, on doit s'accoutumer à compter d'abord les hazards qu'on a, ou qu'on auroit contre soi, en jouant de telle ou de telle manière, afin de ne s'exposer qu'autant qu'on ne peut pas faire autrement, ou que cela est nécessaire pour tirer avantage du jeu. Il faut pareillement compter les hazards qu'on peut avoir pour soi, & comparer ensuite les chances : on connoît de cette manière toutes les combinaisons qui peuvent être favorables ou contraires, & l'on se conduit en conséquence.

Des règles qui doivent être observées en jouant.

Une dame touchée est censée jouée, à

moins qu'auparavant on n'ait eu la précaution de dire *j'adoube*.

Le joueur qui cafe mal, ou qui fait une fauffe cafe par méprife ou volontairement, peut être obligé de remettre fes deux dames à leur place, & fon adverfaire eft maître de les lui faire jouer comme il lui plaît, foit en les lui faifant porter où elles doivent aller felon le point amené, quand même elles devroient refter à découvert, ou tomber l'une & l'autre fur une cafe déjà faite ; foit en l'obligeant de jouer d'une feule dame les deux nombres que les dés ont produits, & en faifant paffer cette dame au jan de retour, fi cela eft praticable ; foit enfin en laiffant la fauffe cafe en l'état où elle fe trouve, quand même celui qui l'a faite voudroit en revenir.

Lorfqu'on gagne des points en fecond qu'on oublie de marquer bredouille avec deux jetons, on ne peut marquer qu'un trou au lieu des deux qu'on auroit eu le droit de marquer fans cet oubli.

Le joueur qui marque plus ou moins qu'i ne doit marquer, eft envoyé à l'école de ce qu'il a marqué de trop, comme de ce qu'il a marqué de moins.

Quelquefois un joueur fait des écoles exprès, pour empêcher que fon adverfaire ne lève fes dames, & ne s'en aille : mais il dépend de celui-ci de laiffer faire l'école fans la marquer, ou de forcer celui-là de marquer les points qu'il gagne. Au furplus, tout cela doit fe faire avant qu'on joue un autre coup.

Il n'eft pas permis à un joueur, pour le bien de fon jeu, de n'envoyer à l'école que d'une partie de cette même école ; c'eft-à-dire, de ne marquer, par exemple, que deux ou quatre points pour une école qui feroit de fix ou de huit points. La règle veut qu'on y envoie de tous les points que le joueur n'a pas marqués : ainfi, quand on fait une école, on peut, fi on le juge à propos, obliger fon adverfaire de la marquer toute entière.

On n'envoie point à *l'école de l'école* ; mais le joueur qui envoie mal-à-propos à l'école, & en a marqué les points, eft envoyé lui-même à l'école de ce qu'il a marqué mal-à-propos, & on l'oblige de démarquer les points de cette prétendue école.

Le joueur qui gagne huit points, & n'en marque que fix, fait l'école des deux points qu'il n'a pas marqués ; & pareillement celui qui n'a gagné que fix points, & en a marqué huit, fait l'école des deux points qu'il a marqués de trop.

Le joueur qui a gagné huit ou dix points, & qui n'en a marqué que quatre, ou quelqu'autre nombre au-deffous de ce qu'il a gagné, eft admis à rectifier fon erreur tant qu'il n'a pas joué ni touché fes dames, parce qu'on peut avancer fon jeton après l'avoir quitté : mais il en feroit différemment de celui qui auroit marqué de trop, attendu que l'école du trop eft faite auffitôt que le joueur a quitté fon jeton, parce qu'on ne peut pas le reculer comme il eft permis de l'avancer.

Le joueur qui veut s'en aller, & qui a des points de refte au-delà des douze qu'il lui a fallu pour le trou, ne doit pas les marquer, autrement il ne pourroit plus s'en aller.

Celui qui s'en va après avoir marqué le trou qu'il a gagné en jouant, & qui a oublié de démarquer fes points, ne doit pas être envoyé à l'école de ces points marqués, mais on les démarque.

Si au contraire, le joueur tient, & qu'il oublie, après avoir marqué fon trou, de démarquer les points qui lui ont fervi à le prendre, il eft envoyé à l'école des points marqués : cependant s'il en avoit au-delà de douze, il ne feroit l'école que de ce qu'il y en auroit de marqué au-delà de ce qui devroit lui refter.

Le joueur qui, gagnant deux trous, n'en marque qu'un, ne peut plus marquer l'autre après qu'il y a eu un coup de joué : au refte, il ne fait point l'école de ce trou, attendu qu'on n'envoie pas à l'école des trous, quoiqu'on puiffe y être envoyé pour plus d'un trou en points qu'on a oublié de marquer.

Le joueur qui a marqué des points pour le plein qu'il auroit pû faire, & que cependant il n'a pas fait, parce qu'il a touché une autre dame que celle dont il auroit dû fe fervir, fait l'école de ce qu'il a marqué, & il eft obligé de jouer la dame qu'il a touchée. Obfervez néanmoins, à cet égard, que s'il étoit plus avantageux à l'adverfaire de faire faire le plein, il feroit fondé à le faire faire, & il marqueroit également à fon profit les points de l'école.

L'adverfaire ne peut obliger de paffer une dame dans la première table, pour conferver le petit-jan, tant qu'il peut faire le fien ; &

par la même raison, on ne peut, pour conserver le grand-jan, placer une dame dans celui de l'adversaire, lorsqu'il peut encore le faire; mais on peut, lorsqu'il y a une case vide, enprunter ce passage pour transporter une dame dans la table de son petit-jan, s'il n'y en a aucune sur la flèche où l'on est conduit par le nombre des deux dés.

On peut changer de dés, & arrêter avec la partie inférieure du cornet un dé qui pirouette : on est pareillement autorisé à rompre les dés de l'adversaire quand ils sortent du cornet, & que l'on craint un coup dangereux : mais alors on doit rompre très-promptement & de manière qu'aucun des joueurs n'ait pu connoître le nombre amené par les dés.

Si l'on est convenu de ne pas rompre, & que cependant l'on vienne à rompre, l'adversaire peut jouer le nombre qui lui est le plus avantageux.

On ne doit pas lever les dés, que celui qui les a joués ne les ait vus & nommés.

S'il arrive qu'un dé se casse, la partie dont les points sont en évidence se compte, & le coup est bon : mais si les deux parties d'un dé présentoient chacune des points, le coup seroit nul, attendu qu'on ne joue pas avec trois dés.

En faisant le jan de retour, on ne peut mettre ni une ni deux dames dans le coin de l'adversaire, quoiqu'il ne l'ait plus & qu'il ne puisse pas le reprendre : mais on peut y emprunter passage.

Lorsqu'on a quitté le coin de repos, on peut le reprendre par puissance ou par effet : mais pour qu'on puisse le reprendre par puissance, il faut que l'adversaire n'ait plus le sien.

On ne peut pas lever au jan de retour, que toutes les dames ne soient passées dans cette table, à moins que ce ne soit pour conserver le plein : alors on peut jouer tout d'une sur la bande autant de fois que le cas se présente.

On est obligé de jouer dans la table du jan de retour tout ce qu'il est possible d'y jouer ; il suit delà, qu'on ne doit jamais tirer une dame du *trictrac* que par *défaut*, c'est-à-dire, quand les points excédent le nombre des flèches qui se trouvent entre la dame la plus reculée & le bord du *trictrac*.

Le joueur qui lève le premier gagne quatre

points si son dernier coup est simple : si c'est un doublet, il gagne six points, & il a le dé pour recommencer, comme on l'a déjà dit précédemment.

Regles relatives au coin.

Un joueur ne peut prendre son coin qu'en y portant deux dames à la fois, soit qu'elles partent d'un même côté par doublet, soit qu'elles viennent de deux cases ou demi-cases par un coup simple.

On peut prendre le coin par puissance, quand on peut porter deux dames à la fois dans le coin vide de l'adversaire.

Un joueur est libre de prendre ou de ne pas prendre son coin, à l'exception toutefois du cas où, pour conserver son petit-plein, il ne peut pas se dispenser de le prendre. Il y auroit alors école s'il ne le prenoit pas.

Lorsqu'un joueur peut prendre son coin par effet & par puissance en même temps, il est obligé de le prendre par effet : s'il le prenoit par puissance, il feroit fausse case, & en conséquence, il faudroit qu'il passât au retour si cela se pouvoit, ou qu'il jouât comme l'adversaire voudroit; ainsi il perdroit le droit de prendre son coin par effet ce coup là.

Il faut qu'un joueur ait son coin garni pour battre celui de l'adversaire, & que ce dernier n'ait pas encore pris le sien.

Le coin peut être battu plusieurs fois de suite, jusqu'à ce qu'il soit garni.

Quoiqu'un joueur ait son coin garni, il ne peut pas battre le coin vide, s'il n'a que les deux dames nécessaires : il y a néanmoins une exception à faire à cet égard : elle a lieu quand le joueur n'ayant d'abbatues que les deux dames qui garnissent son coin, amène un as ou tous les as : alors il bat le coin vide de son adversaire, & c'est ce qu'on appelle jan de méséas, ou les as du coin.

Mais si dans cette circonstance, le coin de l'adversaire se trouve garni, l'autre bat à faux, & c'est ce qu'on appelle contre-jan de méséas.

Si le coin garni a une surnuméraire, c'est-à-dire, s'il est garni de trois dames, cette troisième dame en sur-case peut servir, par un as à battre le coin vide, conjointement avec une autre dame du jeu.

Et s'il y avoit sur le coin garni deux dames

furnuméraires, le coin vide pourroit être battu par beſet ou tous les as.

Pour battre les deux coins par jan de deux tables qu'on appelle auſſi jan des deux coins, il faut qu'on n'ait que deux dames abbatues, que les deux coins ſoient vides, qu'on faſſe un coup qui porte ces deux dames ſéparément, la première dans un coin & la ſeconde dans l'autre coin.

Mais quand le joueur qui n'a que deux dames abbatues fait un coup qui les porte chacune dans un coin, & que celui de l'adverſaire ſe trouve garni, alors on bat à faux les deux coins, & c'eſt ce qu'on appelle contre-jan de deux tables.

Le joueur qui bat les deux coins n'empêche pas que ſon adverſaire ne puiſſe les battre a ſon tour dans les mêmes circonſtances.

Quand on paſſe au retour, il n'eſt pas permis de prendre le coin vide de l'adverſaire, quand même il ne pourroit plus le reprendre.

En paſſant au retour, on ne peut pas ôter une dame ſeule du coin, il faut qu'on les ôte l'une & l'autre enſemble.

Pour paſſer au retour, une dame ſeule peut ſe repoſer ſur le coin vide de l'adverſaire, pourvu qu'elle n'y reſte pas.

Quand le coin eſt dégarni, il peut être battu à l'ordinaire comme ſi on ne l'avoit pas pris.

Lorſqu'on a quitté le coin, rien n'empêche qu'on ne le reprenne ſelon la manière ordinaire.

Le jan de retour n'a point de coin ſujet aux règles précédentes : on peut placer indifféremment une ou deux dames dans l'ancien talon de l'adverſaire.

Si un joueur remplit ſon jan de retour de trois façons, dont deux par des dames qui peuvent chacune achever la caſe à faire, & la troiſième par une dame de ſon coin qu'il ne peut pas employer ſeule, il ne doit marquer que pour les dames avec leſquelles il peut remplir réellement.

Lorſqu'un joueur amenant un ſonnez, ne peut jouer ſon coup qu'en tranſportant ſon coin dans le grand-jan de l'adverſaire, pour paſſer delà au retour, il eſt obligé de le faire, ſi les conditions requiſes s'y trouvent, c'eſt-à-dire, ſi la flèche où va ce ſonnez eſt vide, & que l'adverſaire ne ſoit plus en état de faire ſon plein.

Règles relatives au plein.

Le plein d'un jan, quel qu'il ſoit, vaut par ſimple, quatre points quand il n'eſt fait que par un moyen ; huit points, s'il ſe fait par deux moyens, & douze points par trois moyens : lorſque le plein ſe fait par doublet, il vaut ſix points par un moyen, & douze points par deux moyens. Ainſi chaque dame avec laquelle on peut remplir, vaut quatre points par ſimple & ſix par doublet.

Lorſqu'on peut remplir & qu'on ne le fait pas, il y a lieu à l'école.

Il y a pareillement lieu à l'école contre le joueur qui remplit, lorſqu'il joue ſa dame avant d'avoir marqué ſes points.

Le joueur qui ayant marqué les points de ſon plein, joue enſuite ſans remplir, fait école & fauſſe caſe.

Celui qui conſerve ſon plein gagne à chaque coup qu'il joue, quatre points par ſimple, & ſix par doublet : mais le joueur qui, pouvant conſerver, rompt ſon plein, fait école.

L'école a pareillement lieu contre celui qui joue avant d'avoir marqué les points de conſervation.

On fait auſſi école quand, après avoir marqué pour conſerver, on vient à rompre par oubli.

Il y a encore lieu à l'école contre le joueur qui, ayant marqué pour conſerver, n'a réellement pas moyen de conſerver.

Le joueur qui pouvant remplir de pluſieurs façons, en oublie quelqu'une, fait école de ce qu'il a oublié.

Celui qui, ayant ſon plein, fait un coup qu'il ne peut jouer, conſerve par impuiſſance, & gagne, comme s'il conſervoit à l'ordinaire, quatre points par ſimple & ſix par doublet : mais pour chaque dame qu'il ne peut jouer, il perd deux points que ſon adverſaire marque à ſon profit.

Lorſqu'un joueur ne peut rompre qu'en jouant une ſeule des dames de ſon coin, il conſerve par impuiſſance. Mais s'il peut rompre en jouant les deux dames de ſon coin, ſans pouvoir jouer d'ailleurs, il ne conſerve pas, & il eſt obligé de tranſporter ſon coin.

Lorſqu'on remplit & qu'on rompt dans le même coup, on ne doit rien marquer ; c'eſt ce qu'on appelle *remplir en paſſant.*

Le joueur qui remplit par un dé, & qui ne peut pas jouer l'autre, même en rompant, remplit

remplit réellement ; mais son adverſaire marque deux points pour le dé qu'il n'a pas pu jouer.

Celui qui peut conſerver ſon petit-jan en paſſant une dame au retour, avec les conditions requiſes, fait école s'il ne conſerve pas, & on peut l'obliger de paſſer.

Règles relatives au retour.

On paſſe au retour quand on porte ſes dames dans le jeu de l'adverſaire : pour y paſſer, on compte de la même manière que pour battre.

Un joueur ne peut pas placer une dame dans le jeu de ſon adverſaire, à moins que ce ne ſoit ſur une flèche entièrement vide.

On ne peut placer aucune dame dans le grand-jan de l'adverſaire, à moins qu'il ne puiſſe plus y faire ſon plein.

Pour porter une dame dans le petit-jan de l'adverſaire, il faut qu'on emprunte le paſſage ſur une flèche vide de ſon grand-jan.

Quoique l'adverſaire ſoit en état de remplir ſon grand-jan, on peut s'y repoſer ſur une flèche vide, pourvu qu'on ne s'y arrête pas.

Pour dégarnir le coin, il faut en ôter les deux dames enſemble.

On ne peut jamais prendre le coin dégarni de l'adverſaire, même quand il n'eſt plus en état de le reprendre.

Une dame ſeule peut ſe repoſer ſur le coin dégarni de l'adverſaire, mais elle ne peut y reſter.

Le coin dégarni peut être battu ſelon la manière ordinaire.

Le joueur qui a quitté ſon coin peut le reprendre par effet, à l'ordinaire, & même par puiſſance ſi l'adverſaire n'a pas le ſien.

Quand on ne peut jouer ſon coup qu'en rompant & en paſſant au retour, & qu'on refuſe de le faire, on peut y être forcé.

Lorſqu'après avoir joué une dame ſeule, en conformité du nombre amené par un dé, le joueur ne peut plus jouer le nombre amené par l'autre dé, il peut être obligé de remettre la dame jouée à ſa première place, & de jouer celle qu'il eſt poſſible de paſſer au retour. Au ſurplus, l'autre joueur eſt en pareil cas le maître de laiſſer la dame jouée où le premier l'a miſe, mais s'il ne la fait pas déplacer, il

faut qu'il marque deux points pour la dame non jouée, ſous peine d'école.

La dame qui ſe trouve au retour parmi d'autres dames, peut battre & être battue ſelon la manière ordinaire, & elle vaut plus ou moins de points à raiſon du jan où elle eſt établie.

Lorſque deux demi-caſes ſont paſſées parmi les dames de l'adverſaire, il peut ſe repoſer ſur l'une pour battre l'autre ſelon la manière ordinaire : mais s'il eſt obligé de ſe repoſer ſur une caſe entière paſſée au retour, il bat à faux la dame découverte à la manière ordinaire.

Une dame paſſée au retour ne peut pas être couverte par une dame de l'adverſaire.

Le joueur qui n'a pour jouer un coup que deux dames dans ſon coin, & qui n'en peut jouer qu'une troiſième déjà paſſée au retour, ainſi que les douze autres, eſt dans le cas de l'impuiſſance ; c'eſt-à-dire, que s'il amenoit, par exemple, ſix & as, & qu'il eût ſon plein, il ne pourroit pas ôter une dame ſeule de ſon coin, attendu que comme on les y met toutes les deux à la fois, il faut les en tirer de même : il ne pourroit pas non plus les ôter toutes deux, parce que l'une des deux iroit dans le coin de l'adverſaire où l'on ne peut point mettre de dame : il ne pourroit enfin tirer du tablier aucune dame, parce qu'il n'auroit pas toutes ſes dames dans la dernière table de ſon jan de retour : il conſerveroit donc par impuiſſance ; mais il perdroit deux points pour la dame qu'il ne pourroit pas jouer. Si, au contraire, la dame qu'il a pu jouer dans le jan de retour eût été en ſur-caſe ſur la dernière flèche dans l'ancien talon de l'adverſaire, comme il n'auroit pu jouer ni lever cette dame, parce qu'il n'auroit pas en tout dedans, ni ſortir ſon coin par les raiſons qu'on a dites, il auroit été obligé de rompre pour jouer l'as, & il auroit en outre perdu deux points pour le ſix qu'il n'auroit pas pu jouer.

Règles concernant la ſortie.

La première règle de la ſortie eſt qu'on ne peut point tirer de dame hors du tablier avant qu'elles ſoient toutes dans la dernière table du retour.

La ſeconde eſt qu'il faut jouer dans le jan de retour tout ce qui peut y être joué.

Par une suite naturelle de la première règle, on ne doit tirer les dames hors du tablier que par défaut ; c'est-à-dire, lorsque les nombres amenés par les dés, excèdent chacun le nombre des flèches qui se trouvent entre les dames les plus reculées & le bord du tablier.

Le joueur qui fait un coup, dont un point est excédant, & l'autre ne l'est pas, doit lever une dame pour son point excédant, & jouer l'autre dame dans le tablier selon l'usage ordinaire.

Lorsqu'un joueur fait un coup de deux nombres excédans, il doit mettre deux dames hors du tablier.

Le joueur qui amène deux points, dont aucun n'est excédant, doit jouer les deux nombres séparément, si en jouant tout d'une cela pouvoit lui servir à jeter une dame hors du tablier.

Quand un coup peut en tout ou en partie, être joué de plus d'une manière, on est libre de jouer de l'endroit qu'on veut, sans pouvoir être forcé par l'adversaire à jouer les dames les plus reculées.

Le joueur qui pour tirer une dame hors du tablier, au lieu de prendre la plus reculée, en prend une autre, & veut ensuite remettre celle-ci pour lever la plus reculée, peut être forcé par l'adversaire à jouer celle qu'il a levée.

Celui qui achève le premier de lever toutes ses dames, gagne quatre points par simple, & six par doublet : il termine le jeu, & oblige l'autre à dégarnir, quand même son jan de retour seroit plein, parce qu'on ne joue pas seul au trictrac : il marque ses points, & garde le dé pour la reprise suivante.

Si l'adversaire avoit des points au moment de la sortie, ils doivent subsister également après la sortie pour la reprise suivante ; car si l'un ou l'autre des joueurs en dégarnissant son jeu pour recommencer, démarquoit les points qu'il a, il feroit l'école de ces mêmes points.

Le joueur qui gagne un trou en achevant de sortir, peut dire qu'il s'en va, sans faire école des points qui peuvent lui rester de surplus.

Des écoles en général.

Pour établir une règle générale sur le temps auquel chaque école est censée faite, & sur le temps accordé à l'adversaire pour la marquer, il faut considérer les joueurs sous deux différens rapports. A chaque coup & tour à tour, l'un des joueurs est en premier, & l'autre en second. Celui qui jette les dés est en premier, & l'autre n'est qu'en second pour tous les évènemens de ce coup-là.

D'un autre côté, il faut considérer toutes les différentes écoles sous deux espèces : les unes se font par trop, quand on marque plus qu'il ne faudroit ; & les autres par moins, quand on ne marque pas tout ce qu'on devroit marquer.

Un joueur peut marquer en plusieurs temps ou à différentes reprises, les points d'un même coup : par exemple, s'il bat le coin, une dame au grand-jan, & une au petit-jan par simple, il peut marquer dix points tout à la fois, ou bien successivement quatre points pour le coin, deux points pour la dame du grand-jan, & quatre points pour celle du petit-jan. La raison en est que, quoique le jeton ne puisse pas reculer, il peut avancer.

Si le joueur qui est en premier fait école par moins, elle est censée faite aussitôt qu'il a touché ses dames pour jouer son coup ; mais jusqu'alors il peut y revenir, quand même l'adversaire auroit déjà marqué l'école à son profit. Et si le premier, en touchant ses dames & avant d'avoir marqué ses points, disoit j'adoube, ce seroit encore à temps de les marquer, parce qu'adouber n'est pas jouer : mais sans cette précaution, l'adversaire peut les marquer, & il doit le faire avant de jeter les dés pour le coup suivant, sans quoi il n'y seroit plus reçu.

Comme le joueur qui est en second devient en premier à son tour, quand c'est à lui à jouer, la même règle a lieu à son égard pour l'école par moins, laquelle est censée faite aussitôt qu'il a touché ses dames pour jouer son coup, à moins qu'il n'ait pris la précaution de dire j'adoube ; & l'adversaire doit pareillement marquer cette école à son profit, avant de jeter les dés pour le coup suivant.

De même, quand l'un ou l'autre des joueurs fait école par trop, elle est censée faite aussitôt que le jeton est lâché, ou le fichet changé.

Les écoles tant par trop que par moins,

doivent être marquées avant de jeter les dés pour le coup suivant, autrement on n'y seroit plus reçu. Il suit delà qu'un joueur qui a marqué plus de points ou plus de trous qu'il n'auroit dû en marquer, acquiert le droit de les garder, à cause du risque qu'il a couru d'être puni de son erreur, si son adversaire l'eût apperçue.

Des écoles simples.

Un joueur fait école quand il ne marque pas les points que le coup de dé lui donne : par exemple : les deux joueurs ont fait en commençant, chacun six & cinq, qu'ils n'ont pu jouer qu'en mettant tout à bas ; ils n'ont par conséquent l'un & l'autre que deux dames abattues : le premier amène ensuite un sonnez, ainsi il bat les deux coins par doublet, ce qui fait six points : il bat de même les deux dames de son adversaire, l'une dans le grand-jan, pour quatre points, & l'autre dans le petit-jan pour six points, ce qui fait en tout seize points en bredouille, ou deux trous & quatre points de reste. S'il joue son coup sans les marquer, il fait école de ces seize points, & l'adversaire a le droit de prendre deux trous, & de marquer quatre points de reste.

Le joueur qui ne marque qu'une partie des points que son coup lui a produits, fait école du surplus. Si, par exemple, dans le coup dont on vient de parler, il ne marquoit que les dix points des deux dames battues, il feroit école du reste que son adversaire marqueroit en bredouille. Le temps de cette école est le même que pour la précédente, tant pour la faire, que pour la marquer.

Lorsqu'un joueur marque plus de points que son coup ne lui en produit, il fait école de ce qu'il marque de trop. Si, par exemple, dans le cas qu'on a exposé, il s'imaginoit que les deux dames battues par doublet, lui ont valu chacune six points, & qu'il marquât deux trous & six points de reste, il feroit école de deux points, parce que la dame qui est dans le grand-jan n'a produit que quatre points.

Le joueur qui est battu à faux, & qui ne marque pas ce qui lui revient, ou qui n'en marque qu'une partie, ou qui en marque plus qu'il ne faut, fait école du plus ou comme du moins. Par exemple : le joueur qui a jeté les dés, n'a que deux dames abattues, & elles

sont dans son coin de repos, tandis que l'adversaire qui a aussi son coin, a en outre une case faite sur la sixième flèche, avec une dame seulement sur la cinquième ; dans le coin bourgeois : le premier amène six & as ; il bat à faux le coin garni de l'adversaire, par contre-jan de méséas ; c'est quatre points : il bat encore à faux la dame du coin bourgeois, c'est quatre autres points, & en tout huit. Or si cet adversaire jette les dés à son tour, sans avoir rien marqué, il fait école de huit points ; s'il n'en a marqué que quatre, il fait école des quatre autres ; & s'il en marque dix, il fait école de deux.

De la fausse école.

Le joueur qui envoie mal-à-propos son adversaire à l'école, fait lui-même école d'autant de points qu'il en a marqués pour ce coup-là : c'est ce qu'on appelle fausse école. Par exemple : le joueur qui a jeté les dés à une case faite sur la septième flèche, dite la case du diable, & deux demi-cases, l'une sur la sixième, & l'autre sur la neuvième : l'adversaire, de son côté, a trois cases faites dans son grand-jan, la sixième, la septième & la dixième ; avec deux dames dans son petit-jan, l'une sur la troisième flèche, & l'autre sur la cinquième. Le premier fait cinq & trois : il ne bat point, & joue comme il convient, en abattant le cinq, & en se couvrant pour le trois sur la neuvième flèche par la dame qui étoit en demi-case sur la sixième. Le second voyant que par cinq & trois, les dames des septième & neuvième flèches du premier portent dans le coin vide du même second, il envoie ce premier à l'école, pour n'avoir pas marqué quatre points du coin battu. C'est une fausse école, en ce que le premier n'ayant pas son coin, ne peut pas battre celui de l'adversaire. Le joueur doit donc effacer ces quatre points pris mal-à-propos par l'adversaire, & les marquer lui-même à son profit.

Dans un autre cas, le joueur a son plein dans le grand-jan, à l'exception d'une dame qui lui manque sur la sixième flèche : il a, outre cela, une dame en sur-case sur chacune des septième, huitième & neuvième flèches, avec une dame qui lui reste dans son petit-jan, sur la quatrième flèche ; l'adversaire a de son côté sept dames dans son coin de repos, trois sur la dixième flèche, deux sur la neuvième, & deux sur la huitième, avec une dame seulement sur la sixième. Le premier fait cinq & deux : il les joue tout d'une de la surnuméraire de la neuvième flèche dans la septième du second, qui est vide, afin de se conserver encore l'espérance de pouvoir remplir. Après qu'il a joué, celui ci l'envoye à l'école de quatre points, parce qu'il suppose que le premier ne s'est pas apperçu qu'il remplissoit par le deux de la dame qui lui restoit dans son petit-jan. Le premier efface ces quatre points, & en marque quatre à son profit; parce que c'est une fausse école, puisqu'il n'auroit rempli qu'en passant, s'il eût joué la dame de son petit-jan, & qu'il n'avoit par conséquent rien à marquer pour ce coup là.

De l'augmentation d'école.

Un joueur fait augmentation d'école quand, après avoir fait une véritable école, que l'adversaire a marquée, il s'imagine que l'adversaire s'est trompé, le démarque & marque à son profit. Par exemple : celui qui a jeté les dés n'a que quatre dames abattues; savoir, deux dans son coin de repos, & deux dans son coin bourgeois; tandis que l'adversaire a aussi son coin de repos, une case faite sur la huitième flèche, & une demi-case sur la sixième. Le premier amène cinq & as: il bat de son coin la dame découverte du second : c'est deux points; il en marque quatre croyant battre au petit-jan. Dès que le jeton est lâché, le second efface deux points des quatre que le premier a marqués & en marque deux à son profit : il est en règle. Le joueur entêté à croire que la dame battue vaut quatre points, efface les deux points de l'adversaire, & en marque six en tout; savoir, quatre pour la dame découverte qu'il a battue, & deux pour la prétendue fausse école. Dès que le premier a marqué à son profit les deux points de la fausse école prétendue, il a encouru l'augmentation d'école. Ainsi le second doit remettre le jeton du premier à sa véritable place, & marquer quatre points à son profit; savoir, deux pour la première école, & deux pour l'augmentation d'école.

Il est à observer que si le premier effaçoit seulement les deux points de l'adversaire,

sans en marquer deux à son profit, à cause de la prétendue fausse école, il ne feroit point augmentation d'école, parce qu'un joueur ne fait point de faute en touchant les pièces de son adversaire : il ne fait faute qu'en touchant les siennes propres. Ainsi ce n'est pas en démarquant la juste école qu'on encourt l'augmentation d'école; mais seulement en marquant les points de la prétendue fausse école.

Dans un autre cas, le joueur a six dames abattues dans son petit-jan; savoir, une demi-case sur chacune des trois premières & de la cinquième flèche, & une case entière sur la quatrième: l'adversaire de son côté a son coin bourgeois, & deux demi-cases sur les sixième & septième flèches, avec six points, en bredouille. Le premier ayant amené six-cinq, battoit de son coin bourgeois, la dame découverte du second sur sa septième flèche; mais ne s'en étant pas apperçu, il n'a pas marqué les deux points que ce coup lui donnoit; le second l'envoye à l'école, & marque ces deux points qui avec les six qu'il avoit, lui font huit points. Le joueur piqué d'avoir fait cette école, veut l'examiner, & par préoccupation, au lieu de compter depuis son coin bourgeois jusqu'à la case du diable de son adversaire, il compte depuis la quatrième flèche de son petit-jan, où il a une case faite, jusqu'à la huitième flèche de l'adversaire; & comme il n'y a point de dames sur cette huitième flèche, il croit que l'adversaire a marqué une fausse école; & en conséquence il démarque deux points à cet adversaire, & en marque deux à son profit, en bredouille. Celui-ci voyant que le joueur lui a démarqué deux points, & qu'il en a marqué deux à son profit, examine de nouveau les deux jeux, & s'étant assuré que le joueur avoit fait école de deux points, il efface à son tour les deux points que le premier vient de marquer, & en marque quatre à son profit; savoir, deux pour la première école, & deux pour l'augmentation d'école; ou pour les deux points que le joueur avoit marqués mal-à-propos; ce qui fait en tout dix points à l'adversaire.

Voilà ce qu'on appelle augmentation d'école, qu'il ne faut pas confondre, comme on le fait souvent à tort, avec l'école de l'école, dont il sera bientôt parlé. Il y a une grande différence de l'une à l'autre, puisque celle-ci ne se marque pas, & que celle-là se marque

si bien, que si le joueur qui a fait la première
école vouloit s'opiniâtrer à ne pas en demander la raison à l'adversaire, ils pourroient achever le tour à force de marquer & de s'effacer mutuellement. Le nom d'augmentation
d'école convient parfaitement ici, puisque
le joueur qui n'avoit d'abord fait l'école que
de deux points, l'a rendue de quatre par son
entêtement.

On doit remarquer à ce sujet que l'augmentation d'école ne se regle pas sur ce que valoit
la première école, mais sur ce que marque
celui qui l'a faite, & si dans le cas présent,
le joueur eût marqué quatre points au lieu de
deux, l'adversaire en auroit marqué six, qui
joints aux six autres points qu'il avoit déja en
bredouille, lui auroient donné partie double.
Ainsi une école de deux points lui en auroit
coûté dix-huit, attendu que quelques points
marqués mal-à-propos, n'ôtent pas le droit
de gagner bredouille à celui qui l'avoit naturellement, pourvu qu'il s'en apperçoive, &
qu'il les efface à temps, sans oublier de
remettre sa bredouille.

De l'école de l'école.

L'école de l'école ne se marque point; c'est-
à-dire, que si un joueur est à l'école quand
il oublie de marquer les points que le coup
lui donne, il ne fait jamais école pour avoir
oublié de marquer une école de l'adversaire:
ainsi l'un des joueurs oubliant de marquer des
points, si l'autre oublie de l'envoyer à l'école,
le premier ne peut pas y envoyer le second
pour cette cause-là. De même si l'un marque
plus de points qu'il ne doit en marquer, l'autre
doit reculer son jeton, & marquer à son
profit: mais s'il ne fait qu'une de ces choses,
où s'il ne les fait ni l'une ni l'autre, on ne
peut pas l'envoyer à l'école pour cela.

De l'école de privilège.

Si un joueur vient à rompre son jan de
retour, tandis qu'il peut le conserver en vertu
du privilège, il fait école. Par exemple, si
l'un des joueurs ayant son jan de retour formé,
& une dame en sur-case sur chacune des
deuxième, troisième & quatrième flèches de
l'ancien petit-jan de l'adversaire, amène cinq
& quatre; & qu'il prenne la dame en sur-
case de la quatrième flèche, avec une dame

de la cinquième case qu'il découvre, pour
jouer l'une & l'autre par transport auprès de
la bande où étoit le talon de cet adversaire,
il fait école de quatre points, parce qu'il
pouvoit conserver par privilège, en jouant les
sur-cases des troisième & quatrième flèches
sur le bord; & cette école est faite, dès le
moment qu'il a touché la dame de la cinquième flèche.

De l'école particulière.

Un joueur qui gagne un trou sans bouger,
& qui vient à effacer par distraction les points
qu'il avoit fait école de tous ces points
effacés, quand bien même il auroit laissé
ceux de son adversaire, qui sont en même
nombre, sans les mettre de son côté. Si, par
la même distraction, au lieu d'effacer dix
points, par exemple, en remettant son jeton
au talon, il le mettoit ensuite à la place du
huit, il ne feroit école que de deux points;
& ainsi des autres places où il pourroit laisser
son jeton avant de jouer son coup: le jeton
lâché fait l'école: mais si ayant pris son jeton
par distraction, il le remettoit à la même
place, sans l'avoir mis ailleurs, il ne feroit
point école.

Autre école particulière.

Un joueur qui marque un trou, croyant
avoir de quoi le marquer, & touche ensuite
ses dames pour jouer ou pour s'en aller, fait
école de tout ce qui lui manquoit pour le trou.
L'adversaire le fait démarquer, & marque à
son profit autant de points que le premier en
avoit marqués de trop. L'adversaire a l'en-
 quelque autre école de se faire jouer, à son désavantage, les dames qu'il avoit levées, pour s'en
aller.

De l'obligation de marquer l'école entière.

Lorsqu'un des joueurs a commencé d'envoyer l'autre à l'école, il doit marquer tous
les points que le même coup lui donne, &
celui qui refuse de le faire peut y être forcé,
par exemple: le premier a son plein dans
la table du grand-jan, à l'exception d'une
demi-case sur la sixième flèche; en sorte qu'il
reste quatre dames dans la table de son petit-
jan, une sur la quatrième flèche, une autre

fur la première, & deux au talon. Le second qui a six points, & dont le jeu est beaucoup plus avancé, a son plein fait, deux dames en sur-case dans son coin, & une surnuméraire à la case de l'écolier. Le premier fait quatre & deux, & ne s'apperçoit pas qu'il peut remplir : il abat le deux du talon, & joue le quatre par transport de la première flèche dans le coin bourgeois. L'adversaire l'envoye à l'école de quatre points pour n'avoir pas rempli, lesquels, avec les six qu'il avoit, en font dix, qu'il marque, & se dispose à jeter les dés. Le premier s'apperçoit alors que non-seulement il remplissoit de la quatrième flèche par le deux, mais encore du talon par quatre & deux ; & voyant que son adversaire a très-mauvais jeu, puisqu'il ne peut conserver que par sonnez, ou six, &c. il l'oblige à marquer encore quatre points, qui lui donnent un trou & deux points de reste, sans pouvoir s'en aller ; & celui-ci ne peut pas le refuser, soit qu'il n'y ait pas pris garde, ou qu'il ait voulu l'ignorer.

De la conduite qu'on doit tenir en jouant.

Au commencement d'une partie, il est à propos de mettre tout à bas les points au-dessous de six, & de jouer tout d'une quand on amène six & as, six-deux, & six-trois.

Il faut, lorsqu'on a jeté les dés, se mettre dans l'usage de regarder, avant de toucher ses dames, si on ne bat pas le coin, ou les dames découvertes de l'adversaire, d'une ou de plusieurs façons. Les joueurs exercés voient d'un coup-d'œil, même avant qu'on joue, tout ce qui est pour eux ou contre eux ; aussi font-ils peu d'écoles.

On ne doit négliger aucune occasion de faire des cases, & cependant il faut éviter de se trop découvrir, comme de trop avancer son jeu, de peur de passer des dames & de rendre le plein difficile.

Il importe de se conserver, autant qu'on le peut, des six à jouer, soit pour remplir ou pour prendre le coin de repos.

Il ne faut pas chercher à faire le petit-jan, à moins qu'en commençant, on n'amène des as, des deux & des trois.

Lorsque votre adversaire s'arrête à faire le petit-jan, vous devez avancer votre jeu en jouant tout d'une, & étendre vos dames dans la table du gran-jan, afin de prendre plutôt votre coin, & de battre le sien ainsi que ses dames découvertes.

Vous devez faire par préférence la septième case qu'on appelle la *case du diable* ; & lorsque vous pouvez faire à votre choix plusieurs cases, il convient de préférer celles qui sont à la suite des autres, afin de lier votre jeu & d'éviter les *cases alternes*, attendu que celles-ci, en rendant le plein difficile, mettent le joueur qui les a, en danger d'être souvent battu.

Vous devez vous attacher à remarquer les coups qui sont les plus contraires à votre adversaire, & vous découvrir sur ces nombres-là, sur-tout quand il n'y a qu'un coup en sa faveur, & qu'il y en a plusieurs contre lui.

Quand votre adversaire a son grand-jan, & que son jeu est pressé, il faut faire attention aux nombres qu'il ne pourroit jouer sans rompre, tels que sonnez, quine, six-cinq, & ôter les dames qui sont sur la flèche où vont ces nombres : vous l'obligez par là de rompre, & de passer sa dame au retour dans la table de votre petit-jan.

Lorsque votre adversaire a mauvais jeu & qu'il ne lui manque que quatre points pour achever son trou, il est à propos que vous vous couvriez, afin qu'il ne batte point ; car s'il venoit à battre, il marqueroit le trou & s'en iroit.

Si dans une pareille disposition de jeu, vous donniez à votre adversaire, en le battant à faux, une quantité suffisante de points pour achever le trou, & qu'il affectât de ne pas s'en appercevoir, vous l'obligeriez à les marquer, afin de l'empêcher de s'en aller.

Lorsque vous faites votre grand-jan, vous devez tâcher de vous rendre maître du jeu, afin de vous en aller quand vous aurez gagné le trou, si le jeu de votre adversaire se trouve bien préparé. Vous remplirez votre objet, en couvrant ou en ôtant les dames que votre adversaire pourroit battre à faux par *jan qui ne peut* : mais s'il avoit encore deux cases à faire, ou qu'il n'eût pas son coin, vous joueriez bien en étendant vos dames dans la table du petit-jan, afin de les faire battre à faux.

Pour conserver votre grand-jan plus long-temps, il faut, autant qu'il est possible, placer vos dames sur la première flèche de votre seconde table, afin de vous ôter les six à jouer, parce que s'il vous arrive alors d'en amener, vous conservez par impuissance.

Lorsqu'un joueur, après avoir passé toutes ses dames dans la seconde table, peut encore jouer son coup de plus d'une façon sans rompre, il doit jouer, autant qu'il le peut, les dames les plus proches du coin, & réserver les plus éloignées pour les gros points qu'il peut amener.

Quand vous êtes obligé de rompre le grand-jan par cinq & quatre, & que votre adversaire est aussi sur le point de rompre, il vous est quelquefois plus avantageux de découvrir deux dames, au risque de les laisser battre, que de lui livrer passage : si alors il amène cinq & quatre, quine, six-quatre ou six-cinq, il est aussi obligé de rompre.

On appelle *enfilade*, une mauvaise disposition de jeu qui a lieu lorsqu'on n'amène que des nombres défavorables, & qu'on ne peut faire le plein. S'il vous reste encore, en pareil cas, une ou deux cases à faire, il est à propos de mettre des dames sur ces flèches vides : vous bouchez par ce moyen le passage à votre adversaire; & si son jeu est avancé, vous l'obligez de s'en aller, après avoir marqué les points qu'il a gagnés par son plein, & pour avoir battu. Cependant il conviendroit de jouer différemment, s'il ne falloit plus à votre adversaire qu'un ou deux trous pour gagner la partie.

Lorsque votre adversaire a fait son plein, & que vous n'avez pas encore votre coin, vous devez le prendre, quand même il faudroit pour cela vous découvrir. La raison en est, que chaque coup que votre adversaire joueroit, lui vaudroit quatre points pour conserver, & qu'il battroit encore votre coin qui lui vaudroit en outre, chaque coup, quatre points par simple, & six par doublet.

Vous devez avoir attention, quand vous passez au jan de retour, de sortir votre coin, lorsque vous êtes sur le point de remplir, & sur-tout lorsque votre adversaire n'a plus que deux cases dans la table de son grand-jan : autrement vous seriez obligé de passer vos dames, si vous ameniez un ou deux as, & vous manqueriez le plein de retour.

Tout ce qu'il y a de plus important au *trictrac*, est de savoir tenir & s'en aller à propos. Les combinaisons du jeu sont trop multipliées pour qu'il soit possible de donner des règles qu'on puisse appliquer aux différents cas qui

peuvent se présenter : ainsi on se bornera à rappeller les principes avec lesquels on doit particulièrement se familiariser.

1°. Vous ne risquez presque jamais rien à vous en aller, & vous risquez souvent beaucoup à tenir, même avec beau jeu, parce qu'il ne faut qu'un mauvais coup de dé pour faire évanouir toutes vos espérances.

2°. En prenant le nombre sept comme terme moyen des deux dés, & qui ayant en effet le plus de combinaisons, doit arriver le plus souvent, il faut avoir au moins vingt-un points à jouer quand on a son plein, pour tenir trois coups, ou prendre le trou; car il convient de ne pas trop compter sur les points que l'adversaire peut donner en battant à faux, & l'on doit encore moins se flatter qu'on amènera deux doublets de suite, pour n'avoir à tenir que deux coups.

3°. Si le jeu de votre adversaire est moins avancé que le vôtre, s'il peut remplir de plusieurs façons, s'il est en état de conserver assez long-temps pour vous forcer à rompre, & à lui donner passage, il seroit imprudent de tenir dans tous ces cas, comme il seroit contre votre intérêt de vous en aller en pareille circonstance.

4°. Quand on donne quatre points ou plus à son adversaire, il est ordinairement à propos de s'en aller, attendu que le joueur qui s'en va efface tous les points, au lieu que celui qui tient n'efface aucun des points qu'il donne à son adversaire.

5°. Si vous remplissez de deux manières, par doublet, & que vous ne puissiez pas vous couvrir dans votre petit-jan pour être maître du jeu, il faut vous en aller, sans hésiter, quand même vous auriez dix points de reste, sur-tout si vous donnez quelques points à votre adversaire, & que son jeu soit plus étendu que le vôtre : la raison en est que vous devez, en pareil cas, craindre d'être enfilé : cependant, s'il ne vous manquoit qu'un trou pour gagner la partie, il faudroit tenir, parce qu'il seroit probable que votre adversaire vous le donneroit en un ou deux coups.

6°. Lorsque votre adversaire a son coin sans que vous ayez le vôtre, ou que son jeu est en général plus beau que le vôtre, & qu'il vous arrive de gagner assez de points pour prendre le trou, vous devez saisir cette occasion pour vous en aller : car indépendamment de l'avantage que vous trouvez à vous débarrasser d'un mauvais jeu, vous avez encore celui de jouer le premier, attendu que le joueur qui s'en va a les dés deux fois de suite.

7°. Toutes les fois qu'un joueur a de bonnes raisons pour s'en aller, il est clair que son adversaire en a d'également bonnes pour se déterminer à tenir.

8°. S'il arrivoit que votre adversaire eût son plein, deux dames en sur-case dans son coin, & une autre dame surnuméraire sur la case de l'écolier, avec six points de reste, & qu'il n'eût par conséquent que sonnez, ou six & as pour conserver, tandis que si vous veniez à remplir de trois façons, il vous resteroit encore trois dames dans votre petit-jan, qu'il pourroit battre à faux, il ne faudroit point hésiter de tenir. La raison en est, que le jeu de votre adversaire se trouvant fort avancé, il ne pourroit au plus conserver qu'une seule fois, au lieu que vous seriez en état de conserver quatre ou cinq fois, & que pendant ce temps-là il vous ouvriroit infailliblement le passage, & subiroit une enfilade.

9°. A mesure que les jeux s'étendent, il ne faut pas négliger l'occasion de faire une case dans le grand-jan lorsque vous le pouvez sans risque; & si vous avez à choisir, préférez la case du diable, attendu que, quand le plein s'achève par cette case, il est très-difficile à faire : cependant si vous voulez, par préférence, faire les cases les plus avancées pour être plus à portée de battre votre adversaire, vous devez excepter la case de l'écolier, que les habiles joueurs gardent ordinairement pour la dernière, tant pour finir le plein par cette case là, que pour être moins exposés à passer des dames qui deviennent inutiles dès qu'elles sont passées. Mais lorsque vous avez beaucoup de bois à bas, pour avoir fait ou tenté de faire votre petit-jan, & que des débris de ce petit-jan vous pouvez, pour ainsi dire, faire des cases à tout coup, c'est votre jeu de faire les cases les plus avancées : la raison en est que vous avez beaucoup de dames en arrière pour faire face aux évènemens, & qu'à moins d'amener plusieurs sonnez de suite, ou des dés absolument contraires, vous n'avez pas à craindre l'inconvénient de passer des dames, & de perdre votre jeu.

10°. Comme il importe fort d'avoir votre coin, soit pour éviter qu'on ne le batte, soit afin de battre celui de votre adversaire ou ses dames, si elles sont découvertes, vous devez saisir l'occasion de le prendre aussitôt qu'elle se présente : il ne faut toutefois pas qu'en prenant votre coin, vous vous découvriez tellement que vous risquiez de donner la partie à votre adversaire, comme cela pourroit arriver s'il avoit déjà une certaine quantité de points. En pareil cas vous devez attendre une circonstance plus favorable pour prendre votre coin.

11°. Tandis qu'il n'y a qu'un coin qui soit garni, vous devez examiner à chaque coup, si le coin vide n'est pas battu, & marquer les points que vous pouvez gagner, soit en le battant, soit en envoyant votre adversaire à l'école, s'il le bat sans le marquer, ou s'il le marque sans le battre.

12°. Lorsque les deux coins sont garnis, & que chaque joueur a plus de deux dames abattues, on a un embarras de moins dans l'examen du jeu; mais pourlors on doit tourner toute son attention du côté des dames battues, ou à battre, & considérer de quelle manière elles sont ou peuvent être battues; c'est-à-dire, si c'est par simple ou par doubler, à vrai ou à faux.

13°. La différence des couleurs sur les flèches, soulage l'œil & le guide pour connoître promptement si l'on bat, ou si l'on ne bat pas. Par nombre pair, le blanc ne peut battre que le blanc, & le verd ne peut pareillement battre que le verd : par nombre impair, le verd ne peut battre que le blanc, & celui-ci ne peut battre que le verd.

14°. Il est essentiel d'acquérir la connoissance des différentes combinaisons des dés afin de pouvoir être instruit promptement sur le nombre des points favorables ou contraires qu'on peut avoir en découvrant telle ou telle dame : c'est par-là sur-tout que les joueurs habiles se font distinguer.

15°. Il ne faut pas perdre de vue, en commençant une partie, qu'une seule dame mal jouée entraîne quelquefois la perte entière d'un tour de *trictrac* : par exemple, vous avez une case sur la neuvième flèche, une demi-case sur la sixième, trois dames sur la seconde flèche & le reste au talon : votre adversaire a son coin de repos, une case sur la huitième flèche,

flèche, une autre cafe dans fon coin bourgeois, & le furplus de fes dames en pile.
Dans cette pofition, vous amenez fix & as :
il eft naturel d'employer le fix à couvrir votre
demi-cafe ; & à l'égard de l'as, quoiqu'il pa-
roiffe d'abord indifférent de le jouer tout à
bas, ou de la feconde flèche fur la troifième,
il en eft tout autrement : en effet, vous joueriez contre les principes, fi vous abattiez l'as,
parce que votre dame pourroit être battue
par fix-cinq ; au feu qu'en jouant l'as de la
feconde flèche fur la troifième, cette nouvelle dame tourne à votre profit, en ce qu'elle
peut être battue à faux par fonnez ; & il y a
partage pour le neuf, puifque le fix & trois
étant pour vous, il ne vous refte à craindre
que le cinq & quatre. Il eft donc évident que
la manière de jouer qu'on vient d'expofer,
vous fera de moitié plus favorable que celle
de jouer l'as tout à bas.

16°. Le fix ayant par lui-même plus de
combinaifons qu'aucun des autres nombres
qu'on peut amener avec deux dés, il en réfulte qu'il vous importe fort, quand il ne
vous manque qu'une dame au plein, de vous
donner un fix plutôt que tout autre point ; car
indépendamment des combinaifons par lefquelles il peut fe montrer, il vous donne
encore par fon éloignement, l'efpérance d'a-
vancer peu-à-peu, & de profiter, chemin
faifant, des combinaifons qui font propres
aux points inférieurs. En effet, fi vous amenez un as, il vous refte un cinq pour le coup
fuivant ; fi vous amenez un deux, il vous
reftera un quatre, &c., au lieu que fi vous
vous étiez donné un quatre, vous ne pourriez pas en faire un cinq, & encore moins
un fix.

17°. Si vous ne pouvez pas vous donner un
fix, & que vous puiffiez vous donner un cinq,
ou un quatre, vous devez préférer le cinq
par les raifons qu'on vient de donner ; & en
général, le plus gros point jufqu'à fix eft
toujours préférable au moindre, foit pour
remplir, foit pour conferver.

18°. Lorfqu'on peut, dans un même coup,
fe donner un point fupérieur ou deux points
inférieurs, on doit préférer les deux inférieurs, parce que la fomme de leurs combinaifons furpaffe toujours celles du point fupérieur.

19°. On doit, autant qu'on le peut, garnir
le grand-jan de manière qu'on puiffe achever

le plein par la cafe de l'écolier, ou par celle
qui la touche, attendu que, quand le plein doit
fe former par la cafe du diable, ou par les
deux cafes voifines, il eft ordinairement plus
difficile : en effet, on ne peut que rarement
fe donner des fix & des cinq : d'ailleurs, les
dames paffent plus communément, & deviennent par-là inutiles. Cependant cette
règle n'eft pas fans exception : par exemple :
vous avez trois cafes faites dans votre grand-
jan ; favoir, le coin de repos ; la cafe de
l'écolier fur la dixième flèche, & celle de la
fixième flèche, avec une dame furnuméraire
fur cette dernière cafe, en forte qu'il vous
refte huit dames dans votre petit-jan, dont
trois au talon, & une fur chacune des cinq
premières flèches. Votre adverfaire a pareillement trois cafes dans fon grand-jan fur les
fixième, feptième & huitième flèches, &
neuf dames dans fon petit-jan, dont fix au
talon, deux fur la troifième flèche, & une
fur la quatrième.

Vous amenez cinq & quatre : vous pouvez
former à votre choix, la feptième, la huitième ou la neuvième cafe. D'après ce qu'on
vient de dire, il femble que vous devriez
faire la feptième, & réferver la neuvième
pour achever le plein ; mais dans la pofition
où vous vous trouvez, vous devez au contraire faire la neuvième par préférence, à
caufe que les dames découvertes que vous
aviez fur les troifième, quatrième & cinquième flèches, pouvoient être battues par
fix & quatre, fix & cinq & fonnez ; au lieu
qu'en faifant la neuvième cafe, vous couvrez
tout votre jeu, & que la feule dame découverte qui puiffe être battue fur la troifième
flèche, ne peut l'être qu'à faux, & par conféquent à votre profit.

20°. On ne peut pas trop étendre fon jeu
quand il ne manque qu'une dame au plein.
Si vous avez une ou deux cafes dans le petit-
jan, vous devez, autant que cela fe peut, les
divifer en demi-cafes, afin de multiplier, le
plus qu'il vous eft poffible, vos moyens de
remplir. Cette méthode vous donne non-
feulement plus d'efpérance d'achever votre
plein, mais elle vous fait encore fort fouvent remplir de plufieurs manières, ce qui
eft très avantageux.

21°. Lorfqu'il vous manque une cafe entière au plein, vous devez, à danger égal,
préférer un point fimple à un doublet, parce

que le coup simple a toujours deux combinaisons, & que le doublet n'en a qu'une.

22°. Lorsque vous avez un jeu bien disposé par comparaison à celui de votre adversaire; qu'il ne vous manque qu'une case pour avoir votre plein, & qu'en mettant une dame dedans, vous avez tout lieu d'espérer que vous remplirez le coup prochain, sans que votre adversaire, quelque point qu'il amène, puisse prendre le trou, vous devez profiter de cet avantage, & ne point hésiter de faire la demi-case en mettant dedans.

23°. Lorsqu'il ne vous est pas possible de vous couvrir par-tout, vous devez faire en sorte d'éloigner le danger, ou d'avoir plus de combinaisons pour vous que contre vous.

24°. Quand les deux joueurs sont sur le point de remplir, il est essentiel, avant de jouer, de bien examiner les jeux, & sur-tout celui de l'adversaire, pour voir les coups qu'il peut avoir contre lui, afin de les lui donner.

25°. Lorsque de part & d'autre il ne manque qu'une case au plein; que votre jeu est pressé ou fort avancé relativement à celui de votre adversaire, & que vous courez risque d'être enfilé, s'il vient à remplir avant vous, vous devez mettre dedans pour le forcer de s'en aller, parce qu'il vaut mieux perdre un trou & même deux, que de perdre la partie entière.

26°. Si les jeux sont disposés de manière qu'il ne manque qu'une dame au plein de votre adversaire, & qu'il ne puisse remplir qu'au moyen d'un six, tandis qu'il vous faut une case entière pour former votre plein, vous devez faire en sorte que les mêmes points qui doivent lui servir à remplir, tournent à votre profit & à son préjudice : pour cet effet, il faut vous couvrir sur le six, & vous découvrir sur les autres points qui peuvent être pour vous.

27°. Lorsque vous remplissez, vous devez vous appliquer à rester maître du jeu; c'est-à-dire, à conserver la faculté de tenir ou de vous en aller : il faut pour cela vous couvrir, afin d'éviter d'être battu à faux.

28°. On est quelquefois obligé d'ouvrir son jeu pour se couvrir. Ceci doit s'entendre d'un jeu où, par exemple, il ne vous manqueroit qu'une dame au plein, tandis que votre adversaire auroit le sien fait, & que son jeu seroit même fort avancé : or pour

l'empêcher de battre & de prendre le trou, vous ôtez la dame découverte de votre jeu qui pourroit être battue, en même temps que vous livrez passage pour obliger votre adversaire à rompre : sans cela, il pourroit battre, tenir par impuissance, marquer le trou & s'en aller.

29°. Lorsque vous avez rompu votre plein, & que vous avez lieu de craindre d'être enfilé, vous devez faire tous vos efforts pour obliger votre adversaire à rompre aussi le sien, sur-tout si son jeu est déjà avancé : pour cet effet, vous ne lui laisserez que le moins de passage qu'il vous sera possible, quand même cela vous feroit courir le risque de perdre quelques trous.

30°. Après avoir d'abord pris votre coin au commencement du jeu, par deux fois six-cinq, vous avez ensuite amené beaucoup de petits points qui vous ont engagé à tenir un petit-jan; vous avez réussi à le faire, & pour le conserver vous avez été forcé, le coup précédent, par un six & trois, de porter au retour une dame que vous aviez sur la neuvième flèche : vous avez donc dans cette position, votre petit plein, votre coin de repos, une dame passée dans le coin bourgeois de votre adversaire, & huits points. Celui-ci a de son côté, son coin de repos, la case de l'écolier, quatre autres cases au petit-jan, sur les quatre premières flèches, & trois dames au talon, sans avoir d'ailleurs aucun point. Alors il vous vient six-cinq : vous rompez votre plein, & ce point est encore assez favorable pour vous. Vous devez le jouer en portant le cinq de votre coin bourgeois sur la dixième flèche, & le six en sur-case dans votre coin de repos. En voici la raison : votre dame passée au retour est tellement exposée à être battue par les cinq, les quatre, les trois, les deux, les as, & même de deux ou trois manières à chaque coup, qu'elle risque de vous coûter le tour entier, si vous ne parvenez pas à la couvrir à temps, c'est-à-dire, avant que votre adversaire ne lui bouche les passages, en avançant des dames dans son grand-jan. Il faut donc que vous étendiez votre jeu, & que vous vous donniez tous les moyens possibles pour secourir votre dame captive; & c'est pour cela qu'il convient de jouer votre six-cinq de la manière qu'on vient de le dire, parce que par-là vous vous donnez les six combinaisons du sept, & les cinq combinaifons du huit pour tâcher de la couvrir. Si vous ne réuffiffez pas au premier coup de dés, vous devez vous étendre encore fi vous le pouvez, fur la neuvième flèche, afin de vous ménager les quatre combinaifons du neuf. La crainte d'être battu tout à la fois, & fur votre dame paffée au retour, & fur celles que vous aurez expofées fur les neuvième & dixième flèches, ne doit pas vous arrêter : il faut favoir facrifier quelques points à propos, & même quelques trous pour fauver, s'il eft poffible, la perte de la partie entière.

Vocabulaire explicatif des termes ufités au Trictrac.

Abattre du bois. C'eft prendre au talon deux danfes à la fois, pour jouer les nombres qu'on a amenés.

Adouber, j'adoube. Termes qu'on emploie pour avertir l'adverfaire qu'on ne touche aux dames qu'afin de les arranger.

Aller. (s'en) C'eft, lorfqu'on a gagné un ou plufieurs trous, lever les dames & les remettre en pile, pour recommencer de nouveau.

Ambes as. C'eft la même chofe que bezet.

Avancer fon jeu. C'eft jouer fes dames dans la table du grand-jan, afin de prendre plutôt le coin, & d'être à portée de battre l'adverfaire.

Augmentation d'école. C'eft une fuite de l'école qu'un joueur a faite, lorfqu'il s'avife de démarquer mal-à-propos les points que fon adverfaire a marqués, & qu'il fe les approprie, dans la perfuafion que cet adverfaire, en les marquant, a fait lui-même une fauffe école.

Bandes. On donne ce nom aux bords du *trictrac* qui font percés vis-à-vis des flèches, pour y marquer les trous que les joueurs viennent à gagner.

Battre, fe dit lorfque par le point du dé, en partant d'une flèche où vous avez une ou deux dames, vous frappez une dame découverte de votre adverfaire, ou fon coin.

Battre à faux ou *par jan qui ne peut,* fe dit quand l'un & l'autre point des dés du joueur, répondent à deux cafes faites, ou à deux flèches garnies chacune de deux dames,

& que les deux points réunis vont à une autre dame découverte.

Befet. Terme qui fe dit des deux as qu'un joueur amène d'un même coup de dé.

Bredouille. On dit *avoir bredouille, être en bredouille,* pour dire être en état de pouvoir gagner les deux trous. On dit auffi, *marquer bredouille, marquer en bredouille,* pour dire, marquer qu'on eft en état de gagner deux trous. Et *gagner la partie bredouille,* pour dire gagner deux trous à la fois. On dit pareillement *gagner le tour bredouille,* pour dire, gagner les douze trous de fuite.

Carmes. Terme qui fe dit des deux quatre qu'un joueur amène d'un même coup de dé.

Cafe. Ce terme fe dit de chacune des places qui font marquées par une efpèce de flèche. On dit, *faire une cafe,* pour dire, remplir une cafe avec deux dames.

Cafe de l'écolier. C'eft la cafe la plus proche du coin de repos, autrement la dixième cafe après la pile ou le talon.

Cafe du diable. C'eft la feptième cafe près la pile ou le talon.

Cafer. C'eft remplir une cafe avec deux dames.

Coin bourgeois. C'eft le nom qu'on donne à la cinquième cafe après la pile ou le talon.

Coin de repos. C'eft la dernière cafe du grand-jan, autrement la onzième après la pile ou le talon.

Conferver. C'eft être en état de jouer les nombres qu'on a amenés fans être obligé de dégarnir aucune des cafes qui forment le plein.

Conferver par impuiffance. C'eft être difpenfé de rompre, parce qu'on a amené des nombres qu'on ne peut pas jouer faute de paffage.

Contre-jan ou *jan qui ne peut.* C'eft la même chofe que battre à faux.

Contre-jan de deux tables. C'eft un coup par lequel un joueur qui n'a que deux dames abattues, bat à faux les deux coins.

Contre-jan de méféas. C'eft un coup par lequel un joueur qui n'a que deux dames abattues avec lefquelles il a pris fon coin, amène un ou deux as, dont il bat à faux le coin garni de fon adverfaire.

Cornet. C'est une sorte de petit vase de corne ou d'autre matière, dans lequel on remue les dés avant de jouer.

Couvrir une dame. C'est mettre sur une flèche une seconde dame, pour empêcher que la première puisse être battue.

Dame. C'est une des trente petites pièces plates & rondes, avec lesquelles on joue au trictrac.

Dé. C'est un petit morceau d'os ou d'ivoire, de figure cubique ou à six faces, dont chacune est marquée d'un différent nombre de points, depuis un jusqu'à six, & qui sert à jouer.

Débredouiller. C'est faire ôter la bredouille, ou empêcher qu'un joueur puisse gagner partie double.

Demi-case. C'est une dame seule ou découverte sur une flèche.

Double-Jeux. Terme qui se dit des deux deux qu'un joueur amène d'un même coup.

Doublet. C'est le coup par lequel les deux dés présentent chacun les mêmes points.

Double doublet. On se sert de ce terme pour exprimer que les points des deux dés étant semblables, on bat ou l'on remplit tant par chacun des dés séparément, que par les deux dés ensemble.

Ecole. On dit *faire une école,* pour dire, oublier à marquer les points qu'on gagne, ou en marquer mal-à-propos. Et *envoyer à l'école,* pour dire, marquer pour soi autant de points que l'adversaire a oublié d'en marquer, ou qu'il en a marqué de trop.

Enfilade. Ce mot se dit d'un jeu mis dans un tel état, qu'on ne peut presque pas éviter de perdre le tour, ou du moins plusieurs trous.

Enfiler, (s') ou *être enfilé.* Il se dit d'un joueur qui a mis son jeu dans un tel désordre qu'il ne peut éviter de perdre le tour, ou du moins plusieurs trous.

Etendre le jeu. C'est le disposer de manière à se ménager des dames à jouer pour remplir de plusieurs façons.

Il se dit aussi de l'action de s'avancer dans le grand-jan, & d'y faire des demi-cases, tant afin de prendre plutôt le coin, que pour battre celui de l'adversaire & les dames qu'il peut avoir découvertes.

Fichet. C'est un petit morceau d'ivoire ou d'autre matière, qu'on met dans les trous du *trictrac,* & qui sert à marquer les parties à mesure qu'on les a gagnées.

Flèche. On donne ce nom aux Figures coniques sur lesquelles on place les dames.

Grand-jan. Il se dit d'un jeu tel que les six flèches de la seconde table sont garnies de deux dames chacune.

Il se dit aussi de la table même où se fait le grand-jan.

Jan de trois coups ou *jan de six tables.* Il se dit d'un état du jeu, tel qu'en commençant la partie, on peut mettre en trois coups une dame sur chacune des six premières flèches.

Jan de deux tables. C'est un coup par lequel un joueur qui n'a que deux dames abattues, vient à battre les deux coins.

Jan de méséas. C'est un coup par lequel un joueur qui n'a abattues que les deux dames avec lesquelles il a pris son coin, vient à battre le coin vide de son adversaire, en amenant un ou deux as.

Jan de retour. C'est le plein qui se fait dans la quatrième table, c'est-à-dire, dans la table du petit-jan de l'adversaire.

Jeton. On donne ce nom aux pièces avec lesquelles on marque les points qu'on gagne.

Impuissance. Voyez *conserver par impuissance.*

Lame. Terme synonime de flèche.

Lever les dames. C'est la même chose que s'en aller.

Mettre dedans. Cette expression signifie mettre une dame sur la flèche vide qui reste à remplir, afin d'avoir une occasion prochaine de parvenir à former le plein d'une ou de plusieurs façons.

Passage. Ce mot se dit d'une flèche vide dans le jeu de l'adversaire, par laquelle un joueur peut passer une dame au retour; ou bien c'est une flèche où l'adversaire n'a qu'une dame, sur laquelle le joueur s'arrête par un de ses dés, pour ensuite battre plus loin une autre dame découverte, en assemblant les nombres des deux dés. Dans le premier cas, le passage est libre & le joueur peut en profiter pour porter une dame dans le petit-jan de l'adversaire, sur une flèche vide; si ce dernier n'eſt plus en état de faire ſon petit-jan : & dans le ſecond cas, le joueur peut battre, mais il ne peut point paſſer de dames, quand même la flèche où vont ces deux dés réunis, ſeroit vide.

Petit-jan. Il ſe dit d'un jeu tel que les ſix flèches de la première table, ſont garnies de deux dames chacune.

Il ſe dit auſſi de la table même où ſe fait le petit jan.

Pile. On donne ce nom aux dames entaſſées ſur la première flèche.

Plein. C'eſt la réunion de deux dames ſur chacune des ſix flèches d'une table. Il s'applique également au petit-jan, au grand-jan & au jan de retour.

Point. C'eſt le nombre qu'on amène en jettant les dés.

Puiſſance. (Prendre ſon coin par) il ſe dit du droit qu'a un joueur de diminuer un point ſur chacun des nombres qu'il a amenés en jouant les dés, afin de pouvoir prendre ſon coin, lorſque l'adverſaire n'a pas le ſien.

Quine. C'eſt le coup de dé par lequel on amène deux cinq.

Rompre les dés. C'eſt brouiller les dés que jete celui contre qui l'on joue, avant qu'on ait pu voir ce qu'ils marquent.

Se ſervir C'eſt mettre ſoi-même dans le cornet les dés avec leſquels on doit jouer.

Sonnez. C'eſt le coup de dés par lequel un joueur amène deux ſix.

Sur-caſe. C'eſt une troiſième dame ſur une caſe déjà faite.

Table. C'eſt chacune des parties du *trictrac*, qu'on nomme autrement *petit-jan* & *grand-jan.*

Tablier. C'eſt en général tout le *trictrac.*

Talon. C'eſt la même choſe que pile.

Tenir. Il ſe dit du joueur qui, ayant gagné un trou, ne s'en va pas, ne relève pas ſes dames.

Terne. C'eſt le coup de dés par lequel un joueur amène deux trois.

Tout-à-bas. C'eſt jouer avec deux dames priſes à la pile, les deux nombres qu'on a amenés.

Tout d'une. C'eſt jouer avec une ſeule dame les deux nombres qu'on a amenés.

TRIOMPHE.

Sorte de jeu des cartes qui ſe joue entre deux perſonnes.

Le jeu dont on ſe ſert eſt compoſé de trente-deux cartes, huit de chaque couleur : c'eſt ce qu'on a coutume d'appeler un jeu de piquet.

Les cartes ſont ſupérieures l'une à l'autre, dans l'ordre ſuivant : le roi eſt ſupérieur à la dame ; la dame au valet ; le valet à l'as ; l'as au dix ; le dix au neuf ; le neuf au huit, & le huit au ſept.

Après être convenu de ce qu'on veut jouer, & de combien de points ou de coups la partie ſera compoſée, on tire la main au ſort : pour cela, chaque joueur découvre une carte du jeu, & celui qui a découvert la plus baſſe eſt obligé de donner.

Ce dernier mêle les cartes, préſente à couper, & diſtribue enſuite en deux fois cinq cartes à ſon adverſaire, & il en prend autant pour lui. On peut d'abord en donner deux, & enſuite trois, ou trois & enſuite deux.

Les cartes étant diſtribuées, le joueur qui a donné, retourne la première de celles dont le talon eſt compoſé, & cette carte retournée forme l'à-tout ou la *triomphe.*

Alors le joueur qui a la main, commence à jouer par telle carte qu'il lui plaît : ſon adverſaire eſt obligé de fournir de la couleur jouée, s'il en a, & même de forcer. S'il n'a point de cette couleur, & qu'il ait de l'à-tout, il eſt obligé de couper.

C'eſt au joueur qui a fait la levée, qu'appartient le droit de jouer le premier pour la levée ſuivante.

Lorſque les cinq cartes ſont jouées, le joueur qui a fait trois ou quatre levées gagne le point.

S'il arrive qu'un des deux joueurs faſſe la vole, c'eſt-à-dire, les cinq levées, il gagne deux points.

Lorſqu'un joueur a mauvais jeu, ou qu'il craint que ſon adverſaire ne faſſe la vole, il peut lui offrir le point : ſi cet adverſaire rejette l'offre, & qu'il vienne enſuite à manquer la vole, il perd deux points.

Le jeu de la *triomphe* eſt fort en uſage dans ce qu'on appelle les *académies de jeux.* Voici les règles auxquelles les joueurs sont assujettis dans ces maisons.

1°. Tout jeu pour tirer la main est bon, même quand il seroit faux.

2°. Celui qui en tirant la main, remet sur le talon la carte qui lui est venue, sans l'avoir montrée à son adversaire, est censé avoir tiré un sept.

3°. Si en tirant la main, un joueur vient à mettre deux cartes en évidence, c'est la première qu'on a apperçue qui fait obtenir ou perdre la primauté.

4°. Des cartes retournées dans le jeu n'empêchent pas que la main qu'on a tirée ne le soit valablement.

5°. Les cartes doivent être mêlées de manière que l'adversaire ni les parieurs ne puissent en appercevoir les couleurs.

6°. Lorsqu'un joueur, au lieu de couper, remêle les cartes qu'il avoit déjà mêlées, son adversaire peut rejeter ces cartes pour donner avec un autre jeu.

7°. Lorsqu'on n'a pas coupé nettement, & qu'il y a eu quelque carte vue, on doit refaire.

8°. Les spectateurs qui parient pour un joueur, ne doivent pas regarder le jeu de l'adversaire.

9°. Aucun spectateur, soit qu'il parie ou qu'il ne parie pas, ne peut conseiller les joueurs, sans se rendre responsable du tort que son indiscrétion aura pu occasionner.

10°. On est obligé de donner durant tout le cours de la partie, de la même manière qu'on a commencé ; c'est-à-dire, que si d'abord on a donné par deux & trois, on ne peut pas ensuite donner par trois & deux : si cela arrivoit, l'adversaire seroit fondé à faire recommencer la donne, pourvu toutefois que les cartes n'eussent point été portées à vue ; dans ce cas-ci, le coup se joueroit.

11°. Lorsqu'on s'apperçoit qu'un jeu est faux, parce qu'il s'y trouve deux cartes semblables, le coup est nul, mais cette décision ne s'étend pas aux coups joués précédemment avec le même jeu ; ceux-ci sont bons.

12°. Quand on s'apperçoit, après le coup, qu'il manquoit une carte dans le jeu dont on s'est servi, le point n'en est pas moins légitimement acquis au joueur qui l'a fait.

13°. On n'encourt aucune punition pour avoir joué avant son tour ; on est seulement tenu de reprendre sa carte.

14°. S'il arrive qu'un joueur ramasse des levées qui ne lui appartiennent pas, les spectateurs, soit qu'ils parient ou qu'ils ne parient pas, ont, de même que l'adversaire, le droit d'en faire l'observation.

15°. Le joueur qui vient à mêler son jeu avec le talon, perd deux points.

16°. Lorsqu'une personne s'est chargée de mettre au jeu l'argent d'un parieur, elle doit en répondre s'il vient à gagner.

17°. Si un joueur s'étoit trompé en marquant plus ou moins de points qu'il n'auroit fallu, la galerie seroit fondée à faire rectifier l'erreur.

18°. Le joueur qui quitte la partie la perd ; mais lorsque les spectateurs s'y trouvent intéressés, ils peuvent la faire continuer relativement à leurs intérêts.

19°. On ne doit pas refuser la revanche d'un pari, lorsque les parieurs se sont réciproquement imposé cette loi.

20°. Les deux joueurs ont le droit de prendre & de couvrir pour eux-mêmes les paris faits par les personnes qui composent la galerie.

21°. Les joueurs ayant chacun quatre points dans une partie qui se joue en cinq, peuvent réciproquement proposer de refaire ou de composer de telle ou telle manière : mais si la composition admise par les joueurs, ne convient pas à la galerie, elle est libre de la rejeter, & même de faire jouer le coup relativement à ses intérêts.

22°. Dans une partie où il y a des parieurs, il faut que le joueur qui a offert de donner le point, montre son jeu à la galerie, afin qu'elle voie que ses intérêts n'ont point été sacrifiés.

23°. Lorsqu'un joueur a mal donné, le coup est nul, & il doit refaire. La galerie pourroit relever la faute, si les joueurs ne s'en appercevoient pas.

24°. Si un joueur renonce ou sous-force, il perd un point. La galerie est fondée à faire remarquer cette faute. Celui qui l'a faite est d'ailleurs obligé de mettre à découvert sur le tapis les cinq cartes de son jeu, pour jouer & terminer le coup.

Si c'est le premier qui a renoncé ou sous-forcé, il faut qu'il joue sa première carte au choix du dernier.

Si la faute s'eſt faite par celui-ci, le premier recommence par la carte qu'il juge à propos.

25°. S'il arrive que le joueur qui donne retourne, pour former la *triomphe*, une autre carte que la onzième, le premier peut voir ſon jeu & s'y tenir, ou faire recommencer la donne : s'il s'y tient, c'eſt la onzième carte qui doit faire l'à-tout.

26°. Lorſqu'un joueur qui eſt premier, prend par erreur les cartes pour les diſtribuer, il peut revenir de ſon erreur juſqu'au moment de la retourne ; mais auſſitôt qu'il a retourné, il perd ſa primauté, & le coup doit ſe jouer.

27°. Si dans le temps qu'on diſtribue les cartes, les joueurs ou la galerie s'apperçoivent qu'il y en a qui ſont retournées ſoit dans les jeux, ſoit au talon, on doit refaire : mais il faut que l'obſervation ſe faſſe avant que la retourne ait eu lieu ; autrement le coup ſe joueroit.

VOCABULAIRE explicatif des termes uſités à la Triomphe.

A-tout. C'eſt la couleur dont eſt la *triomphe*.

Couper. C'eſt ſéparer en deux un jeu de cartes, avant qu'on diſtribue à chaque joueur les cartes qu'il doit avoir.

Couper, ſe dit auſſi de l'action d'employer un à-tout ſur la couleur jouée.

Donner. C'eſt diſtribuer les cartes aux joueurs après qu'on les a mêlées, & qu'on a fait couper.

Faire. C'eſt la même choſe que donner.

Forcer. C'eſt jouer une carte ſupérieure ſur celle qui eſt inférieure.

Galerie. Terme collectif qu'on emploie pour déſigner la totalité des ſpectateurs qui ſont préſens à une partie.

Levée. C'eſt une main qu'on a faite en jouant.

Mêler. C'eſt battre les cartes avant de les diſtribuer.

Point. C'eſt un des nombres dont la partie eſt compoſée.

Refaire. C'eſt recommencer la diſtribution des cartes.

Renoncer. C'eſt ne pas fournir de la couleur jouée quand on le peut.

Retourner. C'eſt, quand les cartes ſont diſtribuées, découvrir la première carte du talon pour former la *triomphe*.

Talon. C'eſt ce qui reſte de cartes quand on a diſtribué à chaque joueur celles qu'il lui faut.

Triomphe. C'eſt la couleur qui emporte toutes les autres cartes.

Vole. C'eſt l'action de faire toutes les levées.

T R I T R I L L E.

Sorte de jeu des cartes, qui ne diffère du ſolitaire qu'en ce que celui-ci ſe joue entre quatre perſonnes, au lieu que celui-là ſe joue entre trois.

Les cartes qu'on emploie ſont un jeu de médiateur, dont on a ôté le ſix de cœur & tous les carreaux, excepté le roi. Ainſi il ne reſte que trente cartes.

La couleur favorite eſt ordinairement celle de carreau, & le roi conſervé en fait le ſecond matador, ou la manille. On voit que dans cette couleur il n'y a que trois à-touts, ce qui fait qu'on y joue plus ſouvent que dans toute autre couleur. *Voyez au ſurplus l'article* SOLITAIRE.

W

W I S H K.

Sorte de jeu des cartes qui ſe joue entre quatre perſonnes, dont deux ſont aſſociées enſemble, ou partenaires l'une de l'autre.

On ſe ſert d'un jeu compoſé de cinquante-deux cartes, c'eſt-à-dire, d'un jeu entier.

On a coutume de faire indiquer par le

fort l'affocié ou partenaire de chaque joueur.

L'affocié ou partenaire d'un joueur doit être placé vis-à-vis & non à côté de lui. Il fuit de-là que chaque joueur fe trouve entre fes deux adverfaires.

On fait également prononcer le fort fur l'ordre dans lequel les cartes fe diftribueront.

Après ces préliminaires, & qu'on eft convenu du prix de la partie, le joueur chargé de donner, mêle les cartes, fait couper par celui qu'il a fa droite, & diftribue enfuite à chacun treize cartes une à une, en commençant par fa gauche. Il retourne la dernière carte qui lui appartient, & cette carte forme la triomphe ou l'à-tout. Elle doit refter en évidence fur la table jufqu'à ce que le tour de jouer de celui qui l'a tournée foit venu. Alors il la met dans fon jeu, & perfonne n'a plus le droit de lui demander quelle carte il a retournée : on peut feulement s'informer de quelle couleur eft la triomphe.

Les cartes font fupérieures l'une à l'autre dans l'ordre fuivant : l'as eft fupérieur au roi ; le roi à la dame ; la dame au valet ; le valet au dix ; le dix au neuf ; le neuf au huit ; le huit au fept ; le fept au fix ; le fix au cinq ; le cinq au quatre ; le quatre au trois, & le trois au deux.

Les affociés qui les premiers parviennent à faire dix points, gagnent la partie.

Les points proviennent de trois fources différentes, qui font les honneurs ; les levées & les renonces.

Les honneurs font les quatre principaux à-touts, c'eft-à-dire, l'as, le roi, la dame & le valet, de la couleur dont on a fait la triomphe.

Lorfque les honneurs font diftribués de manière que chaque parti en a deux, ils ne produifent rien à perfonne. On dit alors que les honneurs font égaux. Mais fi un joueur & fon partenaire ont entre eux deux, trois honneurs, ils comptent deux points, & ils en comptent quatre, s'ils réuniffent tous les honneurs à l'exclufion de leurs adverfaires.

Les levées que deux affociés font au delà de fix, leur valent chacune un point.

S'il arrive qu'un des joueurs affociés renonce, ils font obligés de démarquer un point, & leurs adverfaires en ajoutent deux à ceux qu'ils ont déjà.

Le joueur premier en cartes eft celui qui fe trouve placé à la gauche du diftributeur des cartes : c'eft à lui à ouvrir le jeu par telle carte qu'il juge à propos. C'eft enfuite à ceux qui font des levées à jouer pour la levée fuivante.

Lorfqu'un joueur & fon partenaire viennent à faire la vole, ce feul coup leur fait gagner la partie.

Si deux affociés font dix points avant que leurs adverfaires en aient fait cinq, ces derniers perdent la partie double, à moins qu'il n'ait été fait une convention contraire.

Lorfqu'un joueur & fon partenaire ont huit points, celui des deux qui fe trouve en main deux honneurs, peut interpeller l'autre de déclarer s'il a auffi dans fa main quelque honneur : fi ce dernier répond à l'interpellation, la partie eft gagnée pour lui & pour fon affocié.

Cependant fi un joueur répondoit fans avoir réellement un honneur, les adverfaires pourroient recommencer à donner, s'ils avoient déjà donné, ou donner eux-mêmes, fi les autres avoient donné.

Remarquez qu'une renonce n'eft cenfée avoir lieu, & ne doit être punie que quand la levée eft faite, & qu'on a joué pour la levée fuivante.

Lorfque deux joueurs affociés ont les honneurs, ils doivent les compter avant que la triomphe ait été retournée pour le coup fuivant ; autrement ils ne font plus admis à les marquer.

Si une carte du jeu fe trouvoit retournée en donnant, il faudroit recommencer la donne.

Perfonne ne doit lever fes cartes ni les regarder avant que la donne foit achevée.

Il n'eft pas permis à un joueur de demander à fon affocié, avant que le coup foit fini, s'il a joué un ou plufieurs honneurs.

VOCABULAIRE explicatif des termes ufités au Wishk.

A-tout. C'eft la couleur dont on a fait la triomphe.

Couper. C'eft féparer en deux un jeu de cartes avant que le joueur chargé de donner, diftribue aux autres les cartes qu'il leur faut.

Couper, fe dit auffi de l'action d'employer une triomphe fur la couleur jouée.

Donner.

Donner. C'eſt diſtribuer les cartes aux joueurs après qu'elles ont été mêlées, & qu'on a fait couper.

Honneurs. On déſigne ſous ce nom les quatre plus hautes cartes de la couleur de triomphe, c'eſt-à-dire, l'as, le roi, la dame & le valet d'à-tout.

Levée. C'eſt une main qu'on a faite en jouant.

Mêler. C'eſt battre les cartes avant de les diſtribuer.

Point. C'eſt une diviſion de la partie : il faut dix points pour la gagner.

Renoncer. C'eſt ne pas fournir de la couleur jouée, quoiqu'on en ait dans ſon jeu.

Triomphe. C'eſt la couleur qui emporte toutes les autres cartes.

WISHK BOSTONIEN.

Sorte de jeu des cartes qui ſe joue entre quatre perſonnes.

On ſe ſert d'un jeu compoſé de cinquante-deux cartes, c'eſt-à-dire, d'un jeu entier.

On emploie pour faire les comptes du jeu, des jetons & des ſiches : chaque ſiche repréſente dix jetons, & l'on attribue à chaque jeton la valeur qu'on juge à propos.

On ſe ſert auſſi d'une corbeille pour y mettre les enjeux.

La partie eſt compoſée de huit tours ; c'eſt-à-dire, qu'avant qu'elle finiſſe, il faut que les joueurs aient donné ſucceſſivement chacun huit fois.

Celui qui donne eſt chargé ſeul du ſoin de faire mettre les enjeux dans la corbeille. Il doit y mettre huit jetons, & chacun des trois autres joueurs y en ajoute quatre, ce qui fait en tout 20 jetons. Si à la fin du coup, ce nombre ne ſe trouvoit pas complet, le joueur qui auroit donné ſeroit tenu de le compléter.

Après que le ſort a indiqué les places que chacun doit occuper, & le joueur qui le premier diſtribuera les cartes, celui-ci mêle, fait couper par celui qu'il a à ſa gauche, & enſuite il donne trois ou quatre cartes à la fois, juſqu'à ce que tout le jeu ſoit diſtribué, & que chaque joueur ait treize cartes dans ſa main. Il retourne alors la dernière carte, pour indiquer la triomphe.

La valeur de chaque carte eſt telle, que l'as eſt ſupérieur au roi ; le roi à la dame ; la dame au valet ; le valet au dix ; le dix au neuf ; le neuf au huit ; le huit au ſept ; le ſept au ſix ; le ſix au cinq ; le cinq au quatre ; le quatre au trois, & le trois au deux.

Le premier en cartes, c'eſt-à-dire, le joueur qui eſt à la droite du diſtributeur des cartes, ayant la parole avant tout autre, doit, après avoir examiné ſon jeu, annoncer s'il paſſe ou s'il demande : il paſſe quand ſon jeu eſt tel qu'il ne peut pas eſpérer de faire cinq levees ; & il demande quand il a un jeu avec lequel il croit qu'il pourra faire ce nombre de levées.

Si le premier en cartes paſſe, la parole appartient aux joueurs ſuivans, qui doivent également dire s'ils paſſent ou s'ils demandent.

Lorſqu'il y a une demande formée, c'eſt une demande ſimple ou une indépendance.

Si la demande eſt ſimple, le joueur qui l'a formée eſt aſſujetti à faire cinq levées, & quand il ne les fait pas, il doit payer la bête : cette bête eſt d'une ſomme égale à ce qu'il y a dans la corbeille. Il faut auſſi qu'il paye à chacun de ſes adverſaires autant de jetons qu'il a perdu de levées, c'eſt-à-dire, qu'il s'en eſt manqué pour qu'il en fît cinq. Il eſt en outre obligé de leur payer un jeton de conſolation.

Mais lorſque le joueur qui a demandé, parvient à faire cinq levées, il tire la corbeille. S'il fait un plus grand nombre de levées, chacun de ſes adverſaires eſt tenu de les lui payer à raiſon d'un jeton par levée, & de lui donner en outre un jeton de conſolation.

Quand quelqu'un a ouvert le jeu par une demande ſimple, un des autres joueurs peut dire *je ſoutiens.* Il prend par-là l'engagement de faire trois levées. Ainſi il faut alors que, pour tirer la corbeille, le demandeur & ſon ſoutien parviennent à faire huit levées. S'ils n'en faiſoient que ſept, celui des deux qui n'auroit pas fait ſon compte, ſeroit ſeul obligé de payer la bête. Mais lorſqu'ils ont fait enſemble les huit levées auxquelles ils ſont aſſujettis, il importe peu que l'un ou l'autre ait fait plus ou moins que ſon compte, ils n'en partagent pas moins la corbeille par égale portion.

Remarquez qu'un joueur qui a paffé, peut rentrer en jeu pour foutenir celui qui a eu la parole après lui.

Si le demandeur & fon foutien viennent à faire plus de huit levées, les deux adverfaires font obligés de payer chacun un jeton pour chaque levée qui excède ce nombre, & en outre un jeton de confolation.

Lorfqu'un joueur *demande une indépendance*, il prend l'engagement de faire feul huit levées. S'il remplit cet objet, il tire non-feulement la corbeille, mais chacun de fes trois adverfaires eft en outre obligé de lui payer deux jetons. S'il fait plus de huit levées, celles qui excèdent ce nombre doivent lui être payées à raison d'un jeton l'une par chacun de fes adverfaires, qui font en outre obligés de lui donner un jeton de confolation.

On appelle *honneurs*, les quatre principaux à-touts, c'eft-à-dire, l'as, le roi, la dame & le valet. On paye quatre jetons au joueur qui les réunit tous, & qui tire la corbeille : mais il les paye lui-même à fes adverfaires, s'il vient à faire la bête.

Lorfqu'il s'agit de jouer fur une demande quelconque, c'eft au premier en cartes à commencer par telle carte qu'il juge à propos. Chacun des autres joueurs doit fournir de la couleur jouée, s'il en a, & la levée appartient à celui qui a joué la carte fupérieure, ou une triomphe.

On n'eft point obligé de forcer, mais il n'eft pas permis de renoncer quand on a quelque carte de la couleur jouée, à moins que ce ne foit pour couper comme on le doit, quand on n'a point de cette couleur.

Si l'on renonce, ou qu'on ne coupe pas quand on y eft obligé, & qu'on a de l'à-tout, on fait une bête égale à ce qu'il y a dans la corbeille.

Remarquez à ce fujet que fi le joueur qui a renoncé, s'apperçoit de fa renonce avant que la carte foit couverte, ou même avant que la levée foit retournée, il peut reprendre fa carte, & éviter par-là de faire la bête de renonce.

C'eft au joueur qui a fait la levée à jouer le premier pour la levée fuivante.

S'il arrive qu'on faffe plufieurs bêtes fur celle qui eft au jeu, on doit les jouer l'une

après l'autre, en commençant par la plus forte. Tandis que ces bêtes fubfiftent, il n'y a que le diftributeur des cartes qui mette au jeu, & il n'y mèt que quatre jetons, au lieu des huit qu'il auroit été obligé d'y mettre s'il n'y avoit point eu de bête.

Lorfque les quatre joueurs viennent à paffer fur le même coup, celui qui donne le coup fuivant n'ajoute pareillement à la corbeille que quatre jetons.

Quand le joueur qui a gagné la corbeille, oublie ou néglige de la prendre avant qu'on ait coupé pour le coup fuivant, il eft privé de fon droit. Il en réfulte pour les autres joueurs la difpenfe de mettre au jeu, & de former une nouvelle corbeille, excepté toutefois que celui qui donne y ajoute quatre jetons : mais il auroit été obligé d'en mettre huit, fi l'on n'eût pas oublié de tirer la corbeille.

Le plus beau coup du jeu eft le chelem, qui confifte à faire toutes les levées. Les joueurs qui le font reçoivent feize jetons de leurs adverfaires, indépendamment de ce qui peut leur revenir pour tout autre objet.

Vocabulaire explicatif des termes ufités au Wishk Boftonien.

À-tout. C'eft la couleur dont on a fait la triomphe.

Avoir la parole. C'eft être en tour de dire ce qu'on veut faire fur le coup qui fe joue.

Bête. C'eft une forte d'amende à laquelle un joueur eft affujetti, quand il ne fait pas les levées néceffaires pour gagner, ou qu'il vient à renoncer.

Chelem. C'eft ce qu'on appelle la vole à différens jeux, ou l'action de faire toutes les levées.

Couper. C'eft féparer en deux un jeu de cartes, avant que le joueur chargé de donner diftribue aux autres les cartes qu'il leur faut.

Couper, fe dit auffi de l'action d'employer une triomphe fur la couleur jouée.

Demander. C'eft annoncer qu'on a deffein de jouer.

Donner. C'eft diftribuer les cartes aux joueurs après qu'elles ont été mêlées, & qu'on a fait couper.

Fiche. C'eſt une pièce qui vaut dix jetons, & qui ſert à faire les comptes du jeu.

Honneurs. On déſigne ſous ce nom les quatre plus hautes cartes de la couleur de triomphe, c'eſt-à-dire, l'as, le roi, la dame & le valet d'à-tout.

Indépendance. (Demande en) C'eſt demander, en s'obligeant à faire ſeul huit levées ſans le ſecours d'un ſoutien.

Jeton. C'eſt une pièce qui ſert de monnoie au jeu.

Jeu entier. C'eſt un jeu compoſé de cinquante-deux cartes.

Levée. C'eſt une main qu'on a faite en jouant.

Mêler. C'eſt battre les cartes avant de les diſtribuer.

Paſſer. C'eſt déclarer qu'on ne veut pas jouer ſur le coup.

Premier en cartes. C'eſt le joueur qui a la main, ou qui doit jouer le premier.

Renoncer. C'eſt ne pas fournir de la couleur jouée, quoiqu'on en ait dans ſon jeu.

Tour. C'eſt une portion de la partie, qui conſiſte dans quatre diſtributions des cartes faites chacune par un des quatre joueurs.

Triomphe. C'eſt la couleur qui emporte toutes les autres cartes.

F I N.

TABLE

Des articles traités par ordre alphabétique dans ce volume.

Fin de la Table.

1	2	3	4	5	6	7	8	9	0

Bordure.   Intérieur.

Figure 1.re

Pair.	1	9	17	25	33	41	49	57	65	73	81	89	97	Impair.
	2	10	18	26	34	42	50	58	66	74	82	90	98	
	3	11	19	27	35	43	51	59	67	75	83	91	99	Grand côté.
Petit côté.	4	12	20	28	36	44	52	60	68	76	84	92	100	
	5	13	21	29	37	45	53	61	69	77	85	93	101	
	6	14	22	30	38	46	54	62	70	78	86	94	102	Couleur rouge.
Couleur noire.	7	15	23	31	39	47	55	63	71	79	87	95	103	
	8	16	24	32	40	48	56	64	72	80	88	96	104	

Tableau du Jeu de Belle.

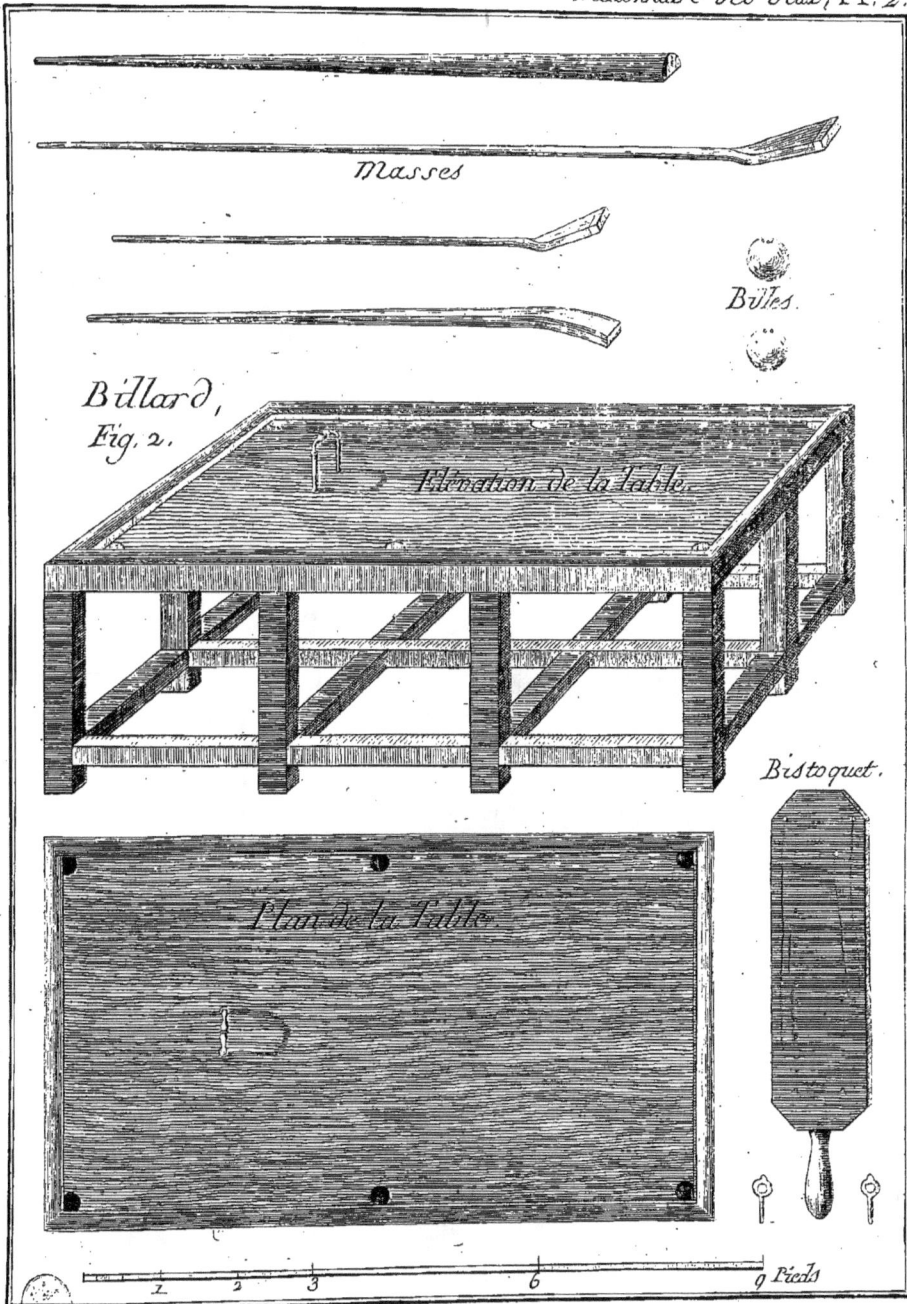

Masses

Billard,
Fig. 2.

Billes.

Élévation de la Table.

Bistoquet.

Plan de la Table.

1   2   3   6   9 *Pieds*

2

Terminaisons.

1	2	3	4	5	6	7	8	9	0

Bordure.

Intérieur.

Figure 3.ᵉ

Pair.

Impair.

1	9	17	25		39	47	55	63
2	10	18	26	33	40	48	56	64
3	11	19	27	34	41	49	57	65
4	12	20	28	35	42	50	58	66
5	13	21	29	36	43	51	59	67
6	14	22	30	37	44	52	60	68
7	15	23	31	38	45	53	61	69
8	16	24	32		46	54	62	70

Petit côté.

Grand côté.

Couleur noire.

Couleur rouge.

Tableau du Jeu de Biribi.

Fig. 4. Damier à la Polonoise, et les Pieces du Jeu.

	1		2		3		4		5
6		7		8		9		10	
	11		12		13		14		15
16		17		18		19		20	
	21		22		23		24		25
26		27		28		29		30	
	31		32		33		34		35
36		37		38		39		40	
	41		42		43		44		45
46		47		48		49		50	

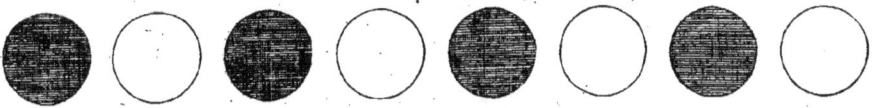

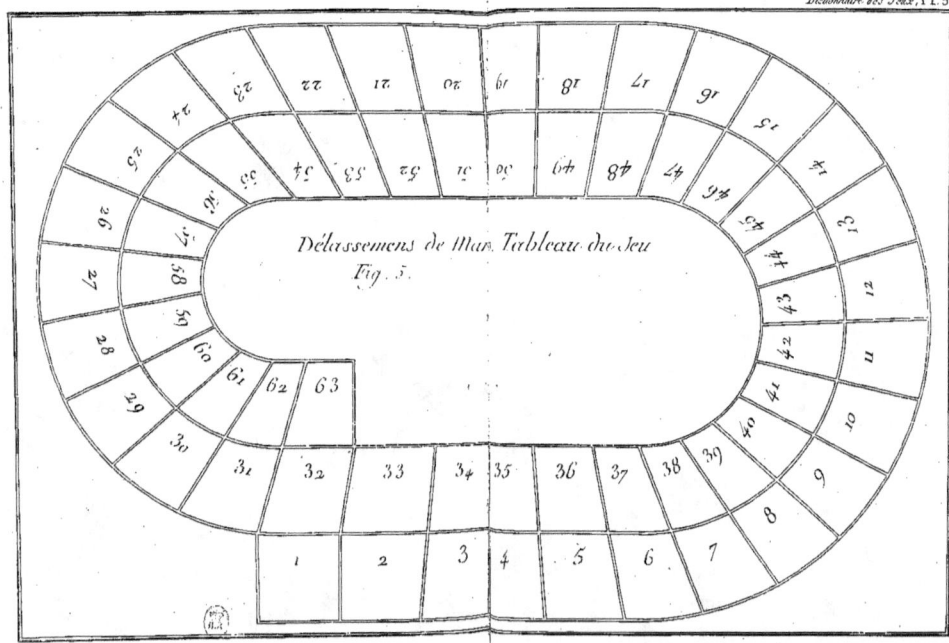

Délassemens de Mars. Tableau du Jeu
Fig. 5.

Domino, *Fig. 6.* Tableau du Jeu.

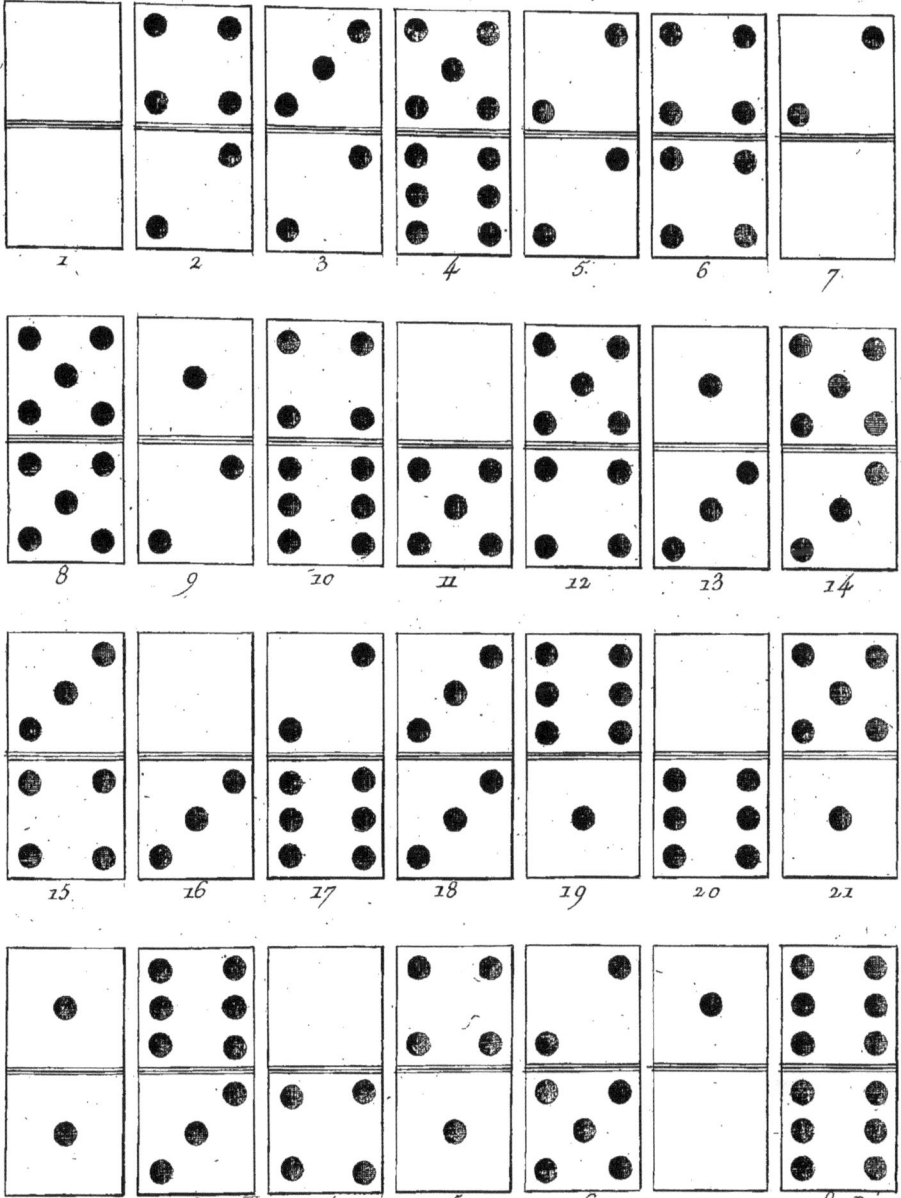

1   2   3   4   5   6   7

8   9   10   11   12   13   14

15   16   17   18   19   20   21

22   23   24   25   26   27   28. Dés

Echecs, Fig. 7. Un Echiquier et les pieces du Jeu.

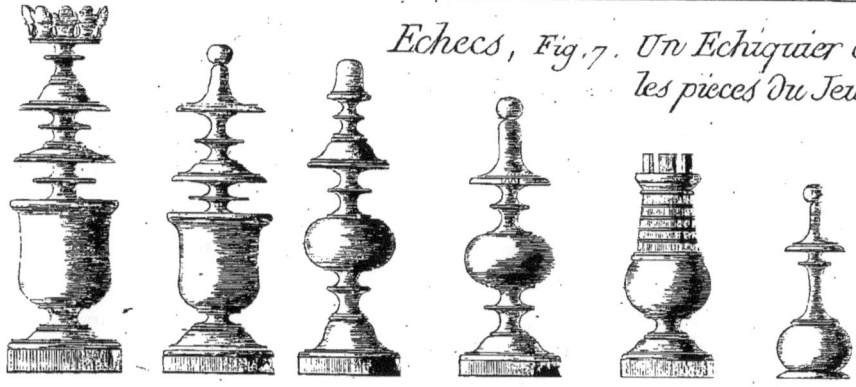

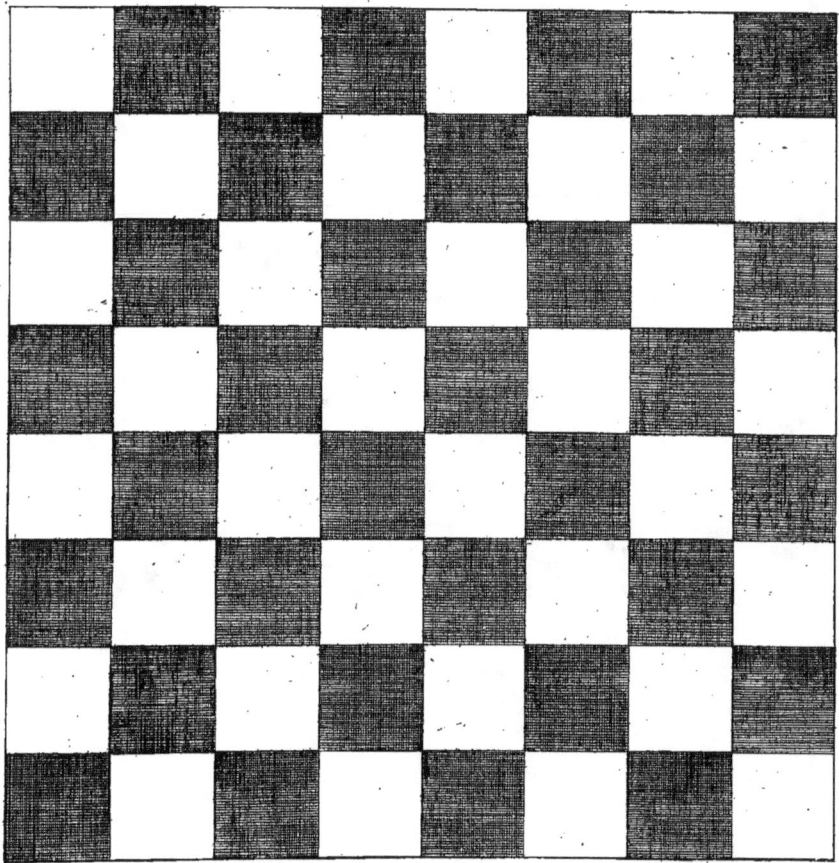

Figure 8.eme

26	25	24	23	22	21	20	19	18	17	16
27	48	47	46	45	44	43	42	41	40	15
28	49	50	51	52	53		Tableau du Jeu de la Guerre		39	14
29	30	31	32	33	34	35	36	37	38	13
1	2	3	4	5	6	7	8	9	10	11	12

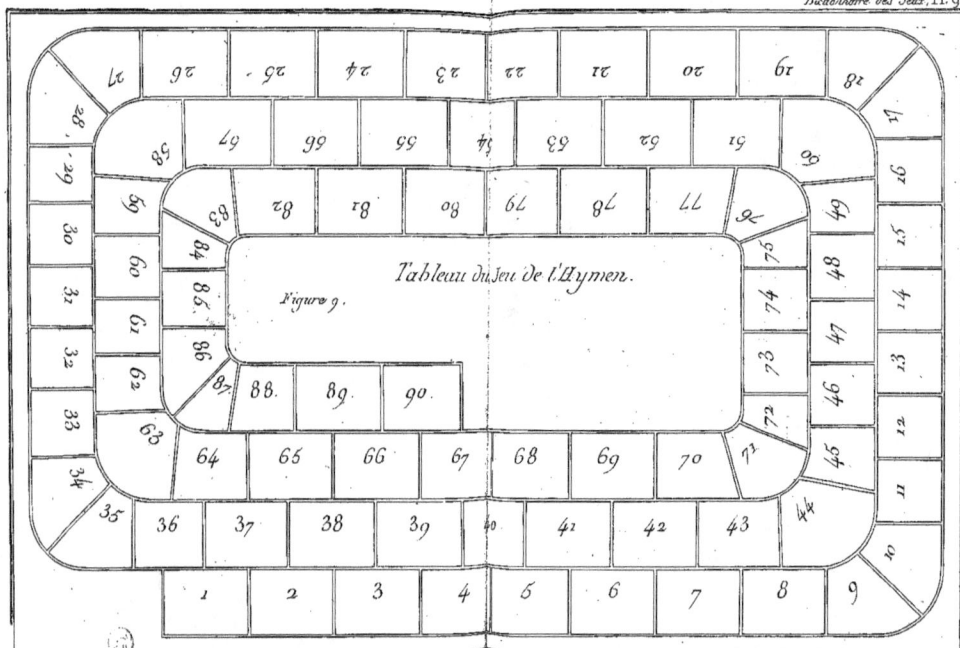

Tableau du Jeu de l'Hymen.

Figure 9.

Pl. 10.

Lindor
Tableau du Jeu.

Fig. 20.

CHARLES

PIERRET

PALLAS

PIERRET

PIERRET

RUE DE RICHELIEU

C. D. PARIS

Dictionnaire des Jeux. Pl. 11.

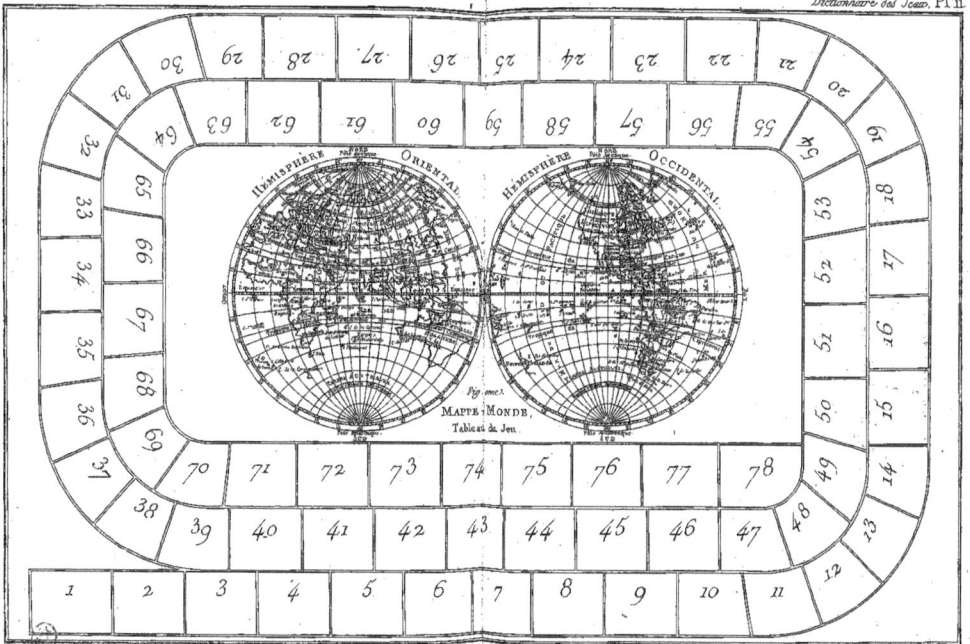

HÉMISPHÈRE ORIENTAL. HÉMISPHÈRE OCCIDENTAL.

Fig. 2.

MAPPE-MONDE.
Tableau du Jeu.

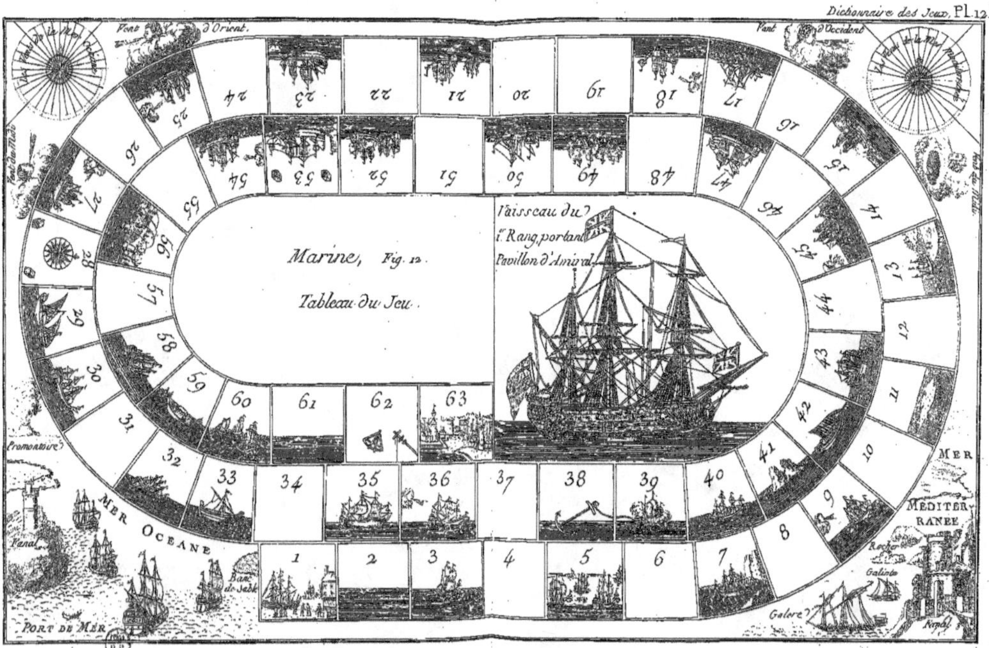

Marine, Fig. 12.
Tableau du Jeu.
Vaisseau du 1.er Rang portant Pavillon d'Amiral
Vent d'Orient.
Vent d'Occident
Promontoire
Fanal
Mer Oceane
Banc de Sable
Port de Mer
Mer Méditerranée
Rocher
Galiote
Galere
Naples

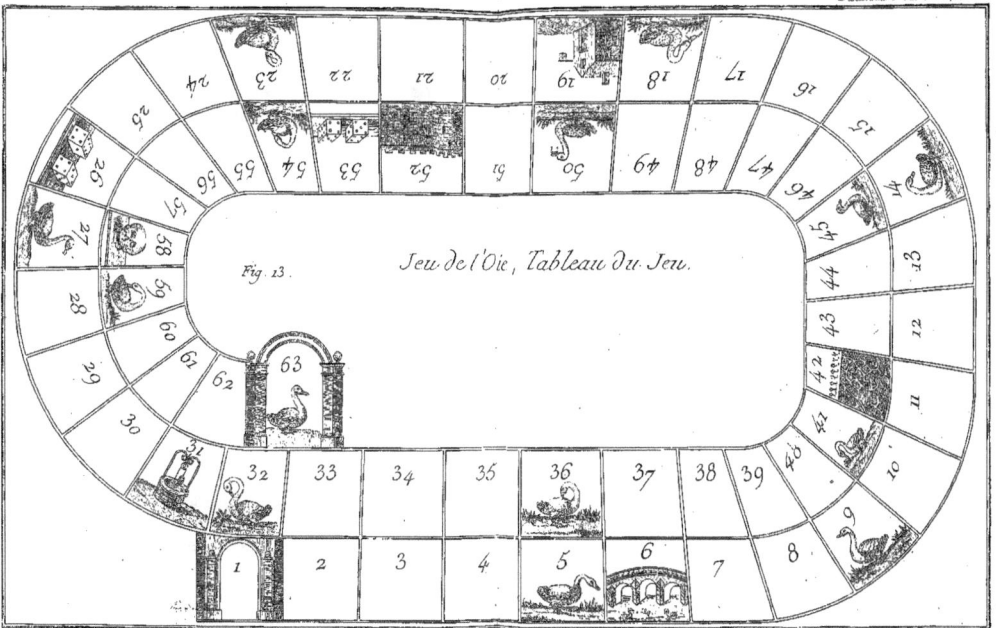

Fig. 13.   Jeu de l'Oie, Tableau du Jeu.

Poule de Henri IV.
Fig. 14.

Tableau du Jeu.

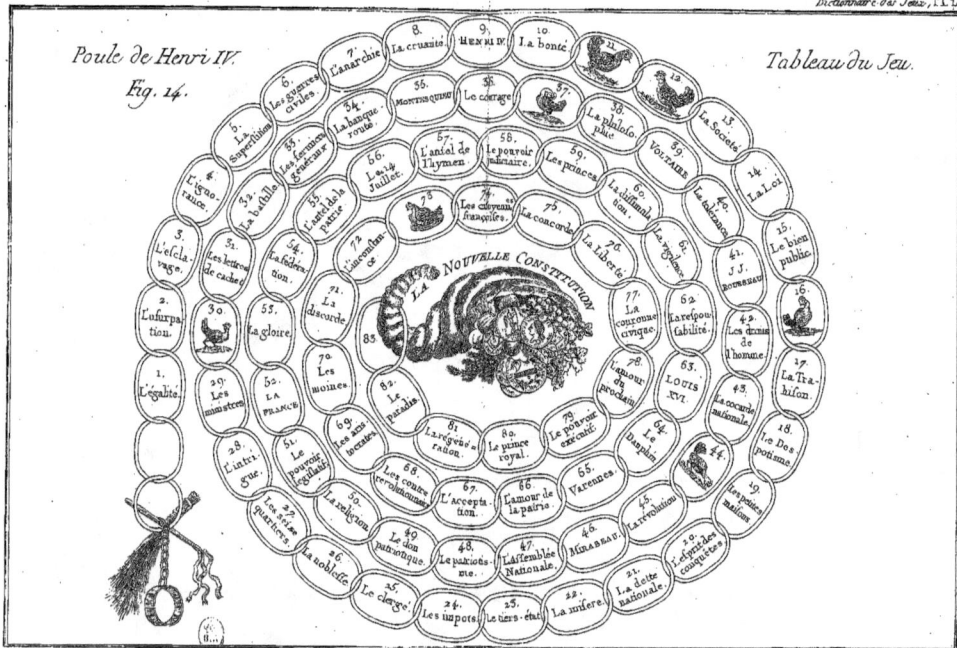

LA NOUVELLE CONSTITUTION

1. L'égalité.
2. L'usurpation.
3. L'esclavage.
4. L'ignorance.
5. La Superstition.
6. Les guerres civiles.
7. L'anarchie.
8. La cruauté.
9. HENRI IV.
10. La bonté.
13. La Société.
14. La Loi.
15. Le bien public.
16.
17. La Trahison.
18. Le Despotisme.
19. Les impôts nationaux.
20. Les libertés conquises.
21. La dette nationale.
22. La misère.
23. Le tiers-état.
24. Les impôts.
25. Le clergé.
26. La noblesse.
27. Les états particuliers.
28. L'intrigue.
29. Les ministres.
30.
31. Les lettres de cachet.
32. La bastille.
33. Les fermiers généraux.
34. La banque-route.
35. Mortmaquing
36. Le courage.
37.
38. La philosophie.
39. VOLTAIRE.
40. La diffamation.
41. J. J. ROUSSEAU.
42. Les droits de l'homme.
43. La cocarde nationale.
44.
45. La révolution.
46. MIRABEAU.
47. L'Assemblée Nationale.
48. Le patriotisme.
49. Le don patriotique.
50. La religion.
51. Le pouvoir législatif.
52. LA FRANCE.
53. La gloire.
54. La fédération.
55. L'amour de la patrie.
56. Le 14 Juillet.
57. L'autel de Thymen
58. Le pouvoir militaire.
59. Les princes.
60. La chicane.
61. La régénération.
62. La respectabilité.
63. LOUIS XVI.
64. Le Dauphin.
65. Varennes.
66. L'amour de la patrie.
67. L'acceptation.
68. Les contre-révolutions.
69. Les ans locaux.
70. Les moines.
71. Le paradis.
72. L'incivisme.
73. Les citoyens françois.
74. La concorde.
75. La Liberté.
76.
77. La couronne civique.
78. L'amour du peuple proclamé.
79. Le pouvoir exécutif.
80. Le prince royal.
81. La discorde.

1	2	3	4	5	6	7	8	9	0

Bordure.   Intérieur.

Pair.   *Petit-côté.*   *Couleur noire.*

Impair.   *Grand côté.*   *Couleur rouge.*   *Dictionnaire des Jeux, Pl.*

Figure 15

1	9	17	25	33	Oeuillet	41	49	57	65	73
2	10	18	26	34		42	50	58	66	74
3	11	19	27	35	Tulipe	43	51	59	67	75
4	12	20	28	36		44	52	60	68	76
5	13	21	29	37	Rose	45	53	61	69	77
6	14	22	30	38		46	54	62	70	78
7	15	23	31	39	Pavot	47	55	63	71	79
8	16	24	32	40		48	56	64	72	80

Tableau du Jeu de Quatre-fleurs

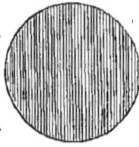

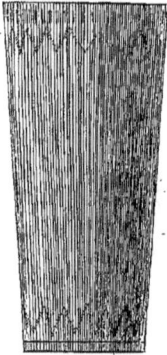

Trictrac, Fig. 26. et Pieces du Jeu.

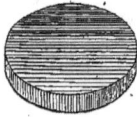

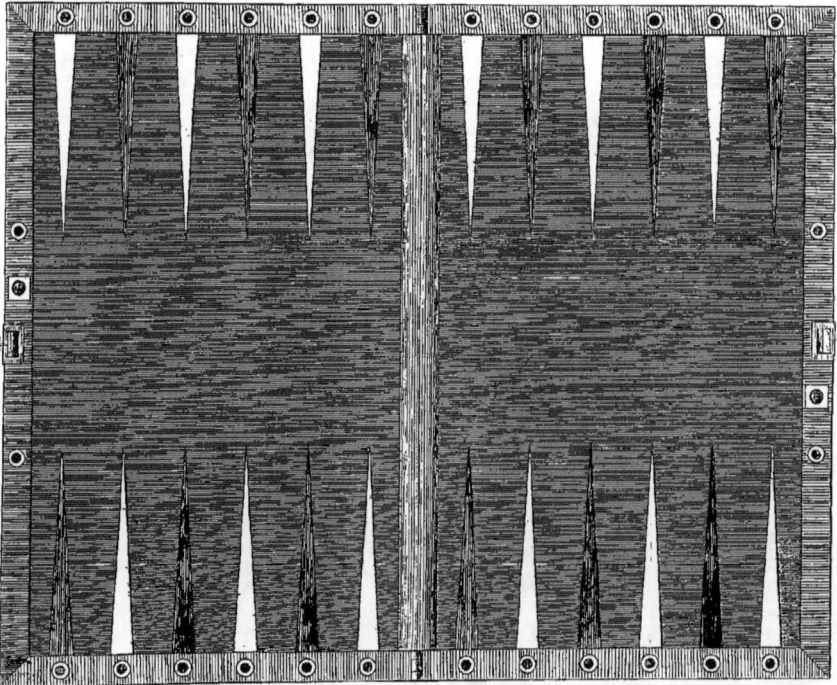